空间法学研究年刊

Yearbook of Space Law Studies

（2015 年）

中国空间法学会　主办

中国宇航出版社
·北京·

图书在版编目(CIP)数据

空间法学研究年刊.2015 /中国空间法学会主办.--北京:中国宇航出版社，2016.9
ISBN 978-7-5159-1183-0

Ⅰ.①空… Ⅱ.①中… Ⅲ.①空间法—中国—2015—年刊 Ⅳ.①D999.1-54

中国版本图书馆 CIP 数据核字(2016)第 229900 号

责任编辑 彭晨光
责任校对 祝延萍　　　**封面设计** 宇星文化

出　版 发　行	中国宇航出版社		
社　址	北京市阜成路 8 号 (010)60286808	**邮　编**	100830 (010)68768548
网　址	www.caphbook.com		
经　销	新华书店		
发行部	(010)60286888 (010)60286887		(010)68371900 (010)60286804(传真)
零售店	读者服务部 (010)68371105		
承　印	中国宇航出版有限责任公司		
版　次	2016 年 9 月第 1 版		2016 年 9 月第 1 次印刷
规　格	787×960	**开　本**	1/16
印　张	43.25	**字　数**	736 千字
书　号	ISBN 978-7-5159-1183-0		
定　价	168.00 元		

本书如有印装质量问题，可与发行部联系调换

The Editorial Committee of *Yearbook of Space Law Studies*

LI Shouping
WU Zongke
ZHANG Tao
YANG Zijing
ZHAO Yun
MO Xiaofeng
GAO Ruofei
SHANG Zhen
LI Juqian
WU Xiaodan
ZHANG Huiting
LUO Gangqiao
ZHAO Haifeng
YUAN Kewen
GAO Guozhu
CAI Gaoqiang
WU Wenzhao
XIAO Weigang
ZHOU Wu
HU Zhaobin
GUO Hongyan
XU Gang
LING Yan
XIONG Pan

总 序

中国航天事业自1956年创建以来，在党中央、国务院、中央军委的正确领导下，在各地区、各部门和全国各族人民的大力支持下，几代航天人自力更生、艰苦奋斗，取得了以“两弹一星”、“载人航天”、“月球探测”三大里程碑为代表的一系列辉煌成就，中国航天的国际地位和国际影响力不断提升，为我国向世界航天强国迈进奠定了坚实基础。中国航天事业长足发展的舞台是外层空间，这是属于全人类的共同财富。以《外空条约》、《营救协定》、《责任公约》、《登记公约》等为代表的联合国外层空间公约诞生于20世纪60、70年代，构成国际社会外层空间基本法律制度，同时直接催生了国际空间法这门新兴边缘学科。

中国空间法学会成立于1992年，是由国家有关部门和空间法律政策研究机构、空间科学技术研究和应用机构及空间法学领域专家学者组成的全国性学术群团机构，是联系广大空间法学工作者、航天科技工作者的桥梁和纽带，是组织开展空间法律政策研究、开展空间法律政策国际合作与交流、推进外层空间活动法治化建设、建设社会主义法治国家的重要力量。

中国空间法学会2011年完成组织换届后，在国防科工局等国家有关部委的正确指导下，在中国航天科技集团公司的坚强领导下，在各发起单位、会员单位的大力支持下，牢牢把握正确的政治方向，确立了“学术立会、民主办会、规范治会、实干兴会、发展强会”的办会方针，明确了“战略引领、创新驱动、自主发展、重点跨越”的发展方针，提出到“十二五”末在建设具有航天特色的国内一流学术社团组织方面取得决定性进展、在建设国际一流学术社团组织方面迈出坚实步伐的奋斗目标。中国空间法学会新一届领导机构凝心聚力，锐意进取，团结带领广大会员单位做了大量卓有成效的工作，圆满完成开展学术课题研究交流、推进国家航天立法进程、强化空间法学工作者队伍建设、举办国际空间法模拟法庭竞赛、加强国际学术交流合作等项工作，开启了科学发展、创新发展的新篇章，树立了作为国家一级学会的新形象，会员凝聚力、社会公信力和自主发展能力大幅度提升，受到广大会员单位的充分肯定，为全面推进国际一流空间法学术社团组织建设奠定了坚实基础。

《空间法学研究年刊》由中国空间法学会主办，是反映中国空间法学界工作动态和学术研究成果的综合性学术文献资料汇编，是宣传外层空间法律政策、研讨国际空间法前沿问题的重要平台。在中国空间法学会迎来20周年华诞之际，《空间法学研究年刊》创刊号能够如期推出，具有特别重要的意义。中共十八大对建设社会主义法治国家、完善中国特色社会主义法律体系、加强重点领域立法提出了明确要求。希望今后有更多从事空间技术、空间应用、空间科学及空间活动管理的航天科技工作者以及有关部门负责同志关注外层空间法律制度建设。希望更多的专家学者深入研究外层空间法律制度，密切跟踪国际最新动态，特别要注重研究全局性、战略性、前瞻性重大课题，为我国空间活动法治化进程和空间外交事业提供决策依据，共同促进空间法学事业大发展大繁荣，为把我国早日建成世界航天强国、为实现中华民族伟大复兴的中国梦作出应有的贡献。

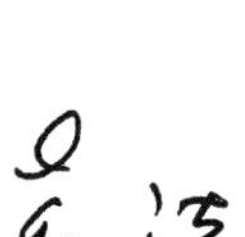

2012年12月28日

目 录

第一部分 中国空间法学会 2015 年度重要会务文献

第二部分 联合国外空委2015年会议动态

第三部分 联合国大会2015年外空领域相关决议

第四部分 中国空间法学会2015年度重点论文

第五部分　中国空间法学会2014—2015年度学术课题研究成果

附　录

Table of Contents

Part Ⅰ. CISL Documents on Major Events in 2015

Part Ⅱ. Reports of the 2015 Sessions of UN COPUOS

Part Ⅲ. Space - related UNGA Resolutions in 2015

Part Ⅳ. CISL Highlight Articles of 2015

Part Ⅴ. Study Reports of CISL Research Projects 2014—2015

Appendices

第一部分
中国空间法学会 2015 年度
重要会务文献

中国空间法学会 2015 年工作综述

中国空间法学会办公室

2015 年是深入贯彻落实党的十八届四中全会精神、全面推进依法治国的开局之年，也是“十二五”规划圆满收官之年，是中国空间法学事业发展历史上很不平凡的一年，也是中国空间法学会继续夯实基础、苦练内功、树立形象的关键之年。在国家国防科技工业局等国家有关部委的正确指导下，在中国航天科技集团公司的坚强领导下，在各发起单位、会员单位的大力支持下，中国空间法学会严格遵循《中国空间法学会章程》（简称为《章程》）规定的办会宗旨，牢牢把握正确的政治方向和国家战略安全大局，牢固树立为会员服务的思想，全面落实《“十二五”发展规划纲要》重点任务，圆满完成了全年各项工作目标和计划，为中国航天事业健康发展做出了积极贡献。2015 年，中国空间法学会进一步强化创新创业意识，有效克服工作任务艰巨繁重、人员紧张、经费不足、基础薄弱等各种困难和挑战，不等不靠，勇于担当，锐意进取，求真务实，管理基础进一步夯实，学术资源整合涵养能力持续提升，学术领导力进一步彰显，国际国内影响力不断扩大，开创了各项工作新局面。

一、基础管理进一步规范化程序化

（一）顺利完成理事会成员届中增补

2015 年，中国空间法学会先后召开第三届理事会第五次理事长会议、第三届常务理事会第五次会议。会议对中国空间法学会 2014 年各方面工作予以高度评价，并完全赞同《中国空间法学会 2015 年工作目标及要点》。根据有关部门推荐意见和《章程》规定，会议增补张建伟、于国斌、张洪太、华崇志、商震、夏春利、苏金远等七人为中国空间法学会第三届理事会理事；增补张建伟、于国斌、张洪太、华崇志等四人为中国空间法学会第三届理事会常务理事。

（二）组织换届筹备工作有序推进

根据中国空间法学会第三届常务理事会第五次会议相关决议精神，中国空间法学会第四次全国会员代表大会筹备工作全面启动。各发起单位、会员单位、有关单位积极推荐中国空间法学会第四届理事会领导机构及常务理事会、理事会组成人选。《中国空间法学会“十三五”规划纲要》（草案）完成核心内容编制。

（三）会费管理工作进一步规范化

在广大团体会员、个人会员的大力支持下，中国空间法学会2015年全面完善会费会籍业务数据库，并实现精细化、常态化、规范化、程序化管理，为全年开展各项工作、实现可持续发展奠定了重要的经济基础。

（四）成功评选年度十大新闻事件

根据民主办会精神，中国空间法学会通过公选权威发布“中国空间法学界2015年十大新闻事件”，进一步提升了会员凝聚力，中国空间法学事业的社会影响力、中国空间法学会的学界领袖地位进一步彰显。

（五）安全保障和党风廉政建设有序推进

2015年，中国空间法学会积极贯彻落实国家有关机构的各项部署和要求，牢牢把握中央协调推进“四个全面”的战略布局，认真贯彻“三严三实”要求，进一步强化依法依规办会意识，对安全、保卫、保密、外事纪律及党风廉政建设等工作常抓不懈，顺利通过全国社会组织年检，全年未发生一起责任事件。积极营造风清气正的工作环境和学术氛围，未利用地位、职务之便谋取任何私利，有力确保了中国空间法学会安全发展。

二、积极开展国际交流合作，国际影响力持续提升

1）2015年9月，联合国首次依托其区域中心在北京举办国际空间法律与政策培训班，中国空间法学会担任协办单位，为会议筹备工作提供重要的学术支持和资源保障。一批中国专家学者登上联合国讲坛，为各国学员进行英文授课，令中国空间法学会和中国空间法学界的国际影响力进一步扩大。

2）中国空间法学会全面参与国际宇航界“三驾马车”学术活动，实现多

点突破。中国空间法学会秘书长张振军高票当选国际空间法学会（IISL）理事，并担任国际宇航联合会（IAF）外空安全委员会委员，成为中国航天进入 IISL 决策机构和 IAF 专业委员会的首位法学专家。

3）中国空间法学会秘书长张振军担任共同主持人，共同主编完成的国际宇航科学院（IAA）英文课题报告《外空矿物资源：挑战和机遇的全球评估》在美国出版。这是国际宇航界首次组织 30 名来自不同国家、具有不同专业背景的技术、管理、法律专家就该前沿领域联合进行的全方位研究，也是中国专家共同主持的 IAA 课题研究成果首次在美国出版，对外空采矿这一世界航天前沿问题研究有效施加了中国影响力，受到了中美两国航天主流媒体高度关注。

4）在中国空间法学会的引导下，中国专家学者积极参加在以色列耶路撒冷举行的第 66 届国际宇航大会空间法律政策研讨活动，一批青年学者崭露头角，中国学术影响力、话语权进一步加大。会后，中国空间法学会按照惯例就“国际空间法学会（IISL）第 58 届学术年会”、“国际宇航科学院（IAA）第 28 届空间政策、规范及经济论坛”定向组稿并刊发会议综述。

5）为更好发挥外国专家作用，中国空间法学会首次设立国际顾问咨询委员会，推动中国空间法学界以更加自信开放包容的胸怀促进空间法学事业发展，对我国全面开展空间法学国际交流合作、吸引更多外国专家服务中国法治航天建设，具有重要的示范意义。

6）中国空间法学会与北京理工大学空间法研究所联合举办“欧空局与欧盟视角下的航天活动”主题报告会，国际空间法学会主席、荷兰莱顿大学航空航天法研究所副所长汤佳·梅森-斯旺（Tanja Masson - Zwaan）应邀发表主题演讲。本次报告会吸引来自政界、业界、学界、新闻界近 40 名专家学者参会，对我国各有关单位和部门更加深入了解欧洲航天管理体制演变进程及其与航天立法的互动关系，以及在我国航天立法中更好地吸收借鉴欧洲国家的实践成果具有重要意义。

7）中国空间法学会成功举办第二期学术沙龙，以美国商业航天最新立法为主题，邀请美国密西西比大学法学院荣誉教授、《空间法学报》荣誉主编、国际空间法学会理事琼安·艾琳·盖博瑞诺维奇发表主旨演讲，全面介绍最新通过的《美国商业航天发射竞争力法》，并与中国专家学者现场深度互动，对我国研究借鉴美国商业航天立法成果、服务国家航天外交活动具有重要价值。

三、积极开展学术研究活动，持续提升影响力及公信力

（一）成功举办 2015 年学术年会

2015 年 9 月，中国宇航学会·中国空间法学会 2015 年学术年会在北京成功举办。经过精心策划，本届年会的四篇空间政策法律类大会主题报告引人注目，内容涵盖了国家航天立法、外空安全、航天国际合作、航天外交等领域的前沿热点问题。空间法律政策分会场吸引了 50 余位专业人士参会交流，录用的 28 篇空间法律政策类论文在数量上再创新高，质量明显提升，使学科融合进一步深化，一批优秀论文作者获奖。中国航天两大国家一级学术群团机构联合举办学术年会的品牌效应进一步彰显。

（二）《空间法学研究年刊（2014 年）》出版发行

2015 年 9 月，中国空间法学会主办的大型学术刊物《空间法学研究年刊（2014 年）》由中国宇航出版社出版发行。本期年刊内容共计 66.2 万字，收录各类稿件 42 篇（含课题研究报告），同比 2014 年增加 20%。首次新增“中国空间法学界年度十大新闻事件”专题，五大板块格局基本定型，其学术权威性和社会影响力进一步凸显。

（三）学术课题研究工作有序推进

中国空间法学会发布 2014—2015 年度学术课题研究成果并圆满完成结题评审。《航天科研生产部门对航天立法的需求研究》《弹道导弹不扩散国际机制研究》《航天器使用核动力源法律问题研究》《外空软法的法理研究》《“国家空间立法示范法索非亚模本”研究》《全球卫星导航服务提供商法律责任研究》《“亚太地区空间机构论坛”（APRSAF）研究》等 7 项课题通过评审并分获不同奖项。中国空间法学会 2015—2016 年度学术课题研究工作启动，“国家‘一带一路’战略与中国航天的应对”等 8 项课题获得立项资助。各课题组就国家“一带一路”战略、航天立法、外空安全等前沿问题深入研究，为国家决策提供解决方案和学术支撑。中国空间法学会以课题研究为抓手的创新平台示范效应进一步呈现，学术共同体建设成效喜人。

（四）出版发行学术年会论文集

2015 年 12 月，《中国宇航学会·中国空间法学会 2014 年学术年会论文

集》出版发行，共计收录空间法律政策类论文 22 篇，为持续打造“中国宇航学会·中国空间法学会学术年会”高端品牌提供了重要支撑。

（五）内部刊物容量持续扩大

《空间法通讯》2015 年共计编发 3 期，内容共计 20 万字，刊载各类稿件 50 篇，同比 2014 年增加 11%。首次在年初刊登上一年度总目录；正文字号改用小四号，版面容量和文字信息量进一步加大。《空间法通讯》已成为反映中国空间法学界最新动态、展示最新学术研究成果的重要载体。

（六）发布年度空间法律政策作品推荐名录

为全面展示中国空间法学界 2015 年学术研究成果、促进学术交流和知识共享、持续打造空间法学研究学术共同体，通过公选权威发布《中国空间法学会推荐的 2015 年度空间法律政策作品名录》。共有 48 篇国内重点中文期刊/年会论文集论文、7 篇课题研究报告、4 篇海外重点英文期刊（文集）论文、2 本专业年刊、1 本英文专著、1 本英文主编著作入围，数量和覆盖面同比 2014 年大幅度提升。此举受到广大专家学者的热烈欢迎，中国空间法学会的学术感召力和组织凝聚力进一步提升。

四、充分发挥专业优势，服务航天事业大局

（一）积极建言献策，深度参与国家航天立法进程

在全国人大常委会和国务院的大力支持下，国家国防科技工业局组织召开航天法论证起草工作领导小组第一次会议，全面启动航天法论证起草工作。中国空间法学会作为核心支撑单位，全程深度参与法律草案论证，其就立法指导思想、法律框架、法条内容、核心概念表述及其定义等提出的大量建议获得采纳。

为持续推动航天立法进程，张振军秘书长在《中国航天》杂志发表“十八届四中全会精神与法治航天建设”专题文章。经过多年持续传播，中国空间法学会首创的“法治航天”理念已被中国政界、业界、学界广泛接受，法治航天建设成为法治中国建设的重要组成部分。

（二）积极宣传《国家安全法》，服务国家安全法治进程

为《中国航天》杂志、《中国航天报》撰写专题文章，深度解读新版《国

家安全法》与中国航天事业战略使命的辩证关系，阐述“外空安全首次入法”的重要意义，并推动“外空安全首次入法”荣登“中国空间法学界2015年十大新闻事件”榜首，受到国家有关部门高度关注。

（三）发挥专业优势，服务国家航天外交活动

积极委派、推荐专家随中国代表团参加联合国外空委届会和届间会，深度研究并参与联合国“外空活动长期可持续性”多边规则谈判，策划并撰写提交联合国的《中国关于“外空活动长期可持续性”问题的立场文件》。按照国家有关部门部署，深度研究欧盟《外空活动国际行为准则》谈判进程，提交中方谈判预案建议，其中多项观点及论据被采纳。委派专家在东盟地区论坛第三届外空安全研讨会上发表英文专题演讲，对中美航天立法宗旨和内容进行对比分析，深入阐述我国的总体国家安全观。中国空间法学会在上述活动中，牢牢把握国家战略安全大局，积极维护我国空间发展权益，较好地支撑了我国的航天外交事业，受到有关部门充分肯定。

（四）发挥专业优势，服务商业航天发展进程

应邀参加首届中国商业航天高峰论坛，发表题为“关于中国商业航天的法律思考”的大会主题演讲，全面论述商业航天与法治航天的关系，为论坛成功举办注入法律元素，受到中国航天主流媒体和各有关方面高度关注。

（五）积极开展前沿空间战略政策法律问题研究

承接并主持国家有关部委下达的重点研究课题两项。积极参加中国航天科技集团公司定期举办的航天国际政策研究活动，积极参与中国工程院“创新驱动建设航天强国的发展战略研究”等多项重点课题研究。多次参加外交部、工业和信息化部、国家航天局、中国工程院、中国航天科技集团公司、中国载人航天工程办公室、中国卫星导航系统管理办公室等机构组织的专题研讨会、专家咨询会、课题评审会，针对国际空间政策、空间法律最新动态、航天战略管理，积极发表看法，并就重要议题研究提对案，受到有关方面充分肯定。

（六）坚持为会员提供国际航天资讯服务

全年共编发《西方媒体空间活动报道链接汇编》50期，每周将国际航天资讯及时送到会员邮箱，受到广大会员单位和专家学者的热烈欢迎。

五、凝心聚力、整合资源，队伍建设成效显著

（一）空间法学工作者队伍建设成效显著

中国空间法学会在竭诚为广大会员服务的同时，始终将空间法学工作者队伍建设放在突出位置。2015 年又有一批专家学者和在校青年学生申请入会，加入国际空间法学会或积极参加中国空间法学会举办的有关活动。通过搭建各类学术活动平台，中国空间法学会为国家成功凝聚起一支研究国际空间法律政策的高素质队伍，成为推动空间法学事业大发展大繁荣的可靠力量，同时为服务国家社会管理大局、创新枢纽型社会组织建设做出积极贡献。

（二）中国宇航学会、中国空间法学会合署办公成效显著

中国宇航学会、中国空间法学会深度融合发展、持续推进，逐步积累了相互支持、共同发展的宝贵经验。实践证明，中国航天科技集团公司关于两会合署办公的决策完全正确，中国空间法学事业充满生机、大有可为。

六、宣传普及空间法，模拟法庭竞赛工作迈上新台阶

2015 年 12 月，中国空间法学会成功举办第 12 届“CASC 杯”曼弗雷德·拉克斯国际空间法模拟法庭竞赛，吸引了来自 7 所知名高校的 10 支队伍参赛。经过多年的精心经营，中国空间法学会主办的竞赛活动已经成为国际空间法学会全球竞赛体系的重要组成部分，中国也已经成为其最为活跃的单一国家赛区。该项赛事已经发展成为中国最具品牌影响力的法律英语类大型竞赛活动之一，是宣传普及国际空间法、培养青年人才、培养国际竞赛队伍的重要平台。本届竞赛专业化、品牌化、国际化程度进一步提升，影响力进一步扩大。通过将竞赛活动以冠名方式与中国航天科技集团公司企业品牌形象塑造工作进行有机结合，有效宣传了中国航天积极履行社会责任的良好形象，提升了中国航天事业的社会影响力和集团公司的品牌美誉度。本届竞赛活动得到国际空间法学会及各参赛高校领导和师生的高度赞许。

七、结束语

经过 2015 年的艰苦努力，中国空间法学事业更加充满生机和活力，学术

研究水平、服务空间法学人才发展水平进一步提升，其对中国航天事业的支撑作用更加突出。中国空间法学会各项工作进一步规范化，谱写了科学发展、创新发展的新篇章，树立了国家一级学会的新形象，会员凝聚力、社会公信力和自主发展能力持续提升，受到广大会员单位的充分肯定，为全面推进中国特色、国际一流空间法学术群团机构和建设新型航天智库奠定了坚实基础。

回首 2015 年，中国空间法学会虽然取得了一定成绩，但与加快推进我国成为世界航天强国的总体要求相比，与广大会员（单位）的新期待相比，工作中还存在一些困难、问题和差距。突出表现在以下三个方面：一是核心管理和研究团队建设亟待加强，人员和经费不足已成为制约后续发展的瓶颈问题；二是需要进一步加强政治学习和专业学习，不断总结经验和规律，持续提升引领学科发展、服务航天事业大局和航天外交活动的水平；三是需要不断提升商业化、国际化的发展能级和层次，持续扩大经营成果。这些问题需要在 2016 年及今后采取有效措施着力解决。

2016 年是全面建成小康社会决胜阶段的开局之年，也是中国空间法学会组织换届之年，改革发展任务重大而艰巨。中国空间法学会将深入学习贯彻党的十八大及十八届三中、四中、五中全会精神和习近平总书记系列重要讲话精神，紧密围绕“四个全面”战略布局，积极践行“五大发展理念”和“三严三实”要求，以“发展航天事业、建设航天强国”为己任，进一步解放思想，更新观念，凝心聚力，锐意进取，团结带领广大会员单位和专家学者，着力推进空间法学事业大发展大繁荣，持续提升服务航天强国建设和法治航天建设大局的能力，为把中国空间法学会建设成为适应社会主义市场经济体制，符合学术群团机构发展规律，具有学术权威性、会员凝聚力、社会公信力和自主发展能力，充满生机与活力的国际一流学术群团机构和新型航天智库而努力奋斗！

中国空间法学会召开第三届理事会第五次理事长会议及常务理事会会议

中国空间法学会办公室

2015年4月24日，中国空间法学会在北京召开第三届理事会第五次理事长会议。中国空间法学会理事长、中国航天科技集团公司副总经理袁洁主持会议并发表重要讲话。徐宏、谢良贵、熊攀、武江涛、肖伟刚、杨俊华、张振军等来自国家国防科技工业局、外交部、总装备部、中国科学院、中国航天科工集团公司、中国宇航学会等单位的学会领导机构成员（或授权代表）出席会议并发表意见和建议。

本次会议圆满完成了既定的八项议程。会议经过认真审议后，决定将《中国空间法学会2014年工作报告》（审议稿）、《中国空间法学会2015年工作目标及要点》（审议稿）、《中国空间法学会常务理事、理事增补方案》、《中国空间法学会组织换届筹备工作方案》等文件提请中国空间法学会第三届常务理事会第五次会议审议。鉴于广大常务理事本职工作繁忙、驻地相对分散，会议决定以通讯方式召开常务理事会第五次会议。

2015年4月27日～5月20日期间，中国空间法学会以通信方式召开第三届常务理事会第五次会议。本次会议应出席（表决）常务理事52名，实际出席（表决）常务理事43名，符合《中国空间法学会章程》规定人数，会议选举表决结果合规有效。本次会议圆满完成既定的五项议程。与会常务理事就中国空间法学会第三届理事会、常务理事会及部分领导机构成员届中调整事项进行了认真审议和选举。

根据会议表决通过的《中国空间法学会三届五次常务理事会会议关于人事事项的决议》，本次会议完成的届中调整选举结果如下：增补张建伟、于国斌、张洪太、华崇志、商震、夏春利、苏金远等七名同志为中国空间法学会第三届理事会理事；增补张建伟、于国斌、张洪太、华崇志等四名同志为中国空间法学会第三届理事会常务理事。

上述两个会议认为，2014 年是中国空间法学会历史上很不平凡的一年。在国防科技工业局等国家有关部委的正确指导下，在中国航天科技集团公司的坚强领导下，在各发起单位、会员单位的大力支持下，中国空间法学会严格遵循《章程》宗旨，牢牢把握正确的政治方向和国家战略安全大局，牢固树立为广大会员服务的思想，全面落实《中国空间法学会“十二五”发展规划纲要》的重点任务，圆满完成了 2014 年各项工作目标和计划，为航天事业健康发展做出了积极贡献。中国空间法学会领导机构团结带领广大会员单位和广大航天科技工作者、空间法学工作者做了大量卓有成效的工作，圆满完成了我国首次举办联合国空间法研讨会学术保障、深度参与国家航天法立法论证、组织开展空间法律政策课题研究、促进学术交流与学科融合、宣传普及国际空间法、编辑发行学术刊物、开展国际交流合作等各项工作任务，有效支撑推进国家航天立法进程和航天外交活动。经过一年的艰苦努力，中国空间法学事业更加充满生机和活力，学术研究水平、服务空间法学人才发展水平进一步提升，其对中国航天事业的支撑作用更加突出；中国空间法学会的社会影响力、国际影响力进一步扩大，谱写了科学发展、创新发展的新篇章，树立了作为国家一级学术群团机构的新形象，会员凝聚力、社会公信力和自主发展能力持续提升，受到广大会员单位和专家学者的充分肯定，为全面推进中国特色、国际一流学术群团机构和建设新型航天智库奠定了坚实基础。会议认为，《中国空间法学会 2014 年工作报告》（审议稿）对中国空间法学会目前工作中存在的困难、问题和差距进行了认真分析，提出了解决思路和后续努力方向。

会议指出，2015 年是全面贯彻落实中共十八届四中全会精神、全面推进依法治国的开局之年，也是“十二五”规划全面收官、“十三五”规划谋篇布局之年，改革发展任务重大而艰巨。在新形势下进一步深化空间法律政策研究、推进国家航天立法进程、加强国际合作交流，对持续提升我国航天事业软实力、扩大中国航天国际影响力至关重要。会议认为，《中国空间法学会 2015 年工作目标及要点》（审议稿）对 2015 年全年的工作部署目标明确，任务具体，重点突出，切合实际，对进一步开创学会工作新局面具有重要的指导意义。

本次会议审议通过《中国空间法学会 2014 年工作报告》《中国空间法学会 2015 年工作目标及要点》两份文件。会议根据《中国空间法学会章程》规定和有关单位推荐意见，研究了人事事项，审议通过《中国空间法学会三届五次常务理事会会议关于人事事项的决议》。

本次会议研究了《中国空间法学会组织换届筹备工作方案》，重点研究了《第四届理事会领导机构及常务理事会、理事会成员名额建议方案》（草案），审议通过《中国空间法学会三届五次常务理事会会议关于组织换届筹备工作的决议》，决定全面启动组织换届筹备工作。会议认为，筹备召开中国空间法学会第四次全国会员代表大会是本会今明两年的一项重点工作。组织换届将在国家有关部委的指导下，按照《章程》规定有序推进。本次换届工作将以党的十八大、十八届三中全会、十八届四中全会精神和中央提出的协调推进“四个全面”战略布局为指引，充分体现发展航天事业、建设航天强国、全面推进依法治国伟大实践的总体要求，宣传展示“十二五”发展成就，总结经验，把握规律，引领中国空间法学事业健康发展新常态，为中国空间法学会实施“十三五”规划及中长期发展战略树立新目标、注入新动力、增添新活力。

会议要求，中国空间法学会全体会员要在第三届领导机构及常务理事会的正确领导下，以邓小平理论、“三个代表”重要思想、科学发展观为指导，深入学习贯彻党的十八大、十八届三中全会、十八届四中全会精神，深入学习贯彻习近平总书记系列重要讲话精神，牢牢把握中央协调推进“四个全面”战略布局，认真贯彻“三严三实”要求，进一步增强发展空间法学事业、建设法治航天的政治使命感，进一步解放思想、更新观念、凝心聚力、锐意进取；团结带领广大会员单位和专家学者着力推进空间法学事业大发展大繁荣，持续提升服务世界航天强国建设和法治航天建设大局的能力；为把中国空间法学会建设成为适应社会主义市场经济体制，符合学术群团机构发展规律，具有学术权威性、会员凝聚力、社会公信力和自主发展能力，充满生机与活力的国际一流学术群团机构和新型航天智库而努力奋斗！

中国空间法学界 2015 年十大新闻事件揭晓

中国空间法学会办公室

在 2016 年新年钟声敲响之际，中国空间法学界 2015 年十大新闻事件如期揭晓。中国空间法学会根据民主办会精神，公开组织评选中国空间法学界 2015 年度最具影响力的十大新闻事件。这也是中国空间法学会自 2012 年起连续第四年通过公选权威发布中国空间法学界年度十大新闻事件。

经过公开征集 2015 年度十大新闻事件候选方案提名及方案公示等程序，中国空间法学会面向全体会员单位和专家学者广泛征求意见，最终入榜的中国空间法学界 2015 年十大新闻事件包括：

1）外空安全纳入新版《国家安全法》，中国航天事业战略地位进一步凸显。在全国人大常委会和国务院大力支持下，国家国防科技工业局组织召开航天法论证起草工作领导小组第一次会议，全面启动航天法论证起草工作。中国航天科技界、中国空间法学界专家学者深度参与，共同推动法治航天建设进程。中国空间法学会及有关会员单位积极发挥咨政建言作用，承担多项国家部委软科学研究课题。

2）中国宇航学会·中国空间法学会 2015 年学术年会在北京举办，320 余位专家学者及工程技术人员深入交流研讨。本届年会首次纳入“中德航天企业对接会”等国际元素，空间法律政策类大会主题报告和录用论文数量再创新高，一批优秀论文获奖，学术交流氛围活跃，学科融合进一步深化。中国航天两大国家一级学术群团机构联手打造的学术年会高端品牌效应进一步彰显。

3）中国空间法学会推荐的多名专家深度参与联合国“外空活动长期可持续性”等空间治理规则多边进程谈判，一批中国专家在东盟地区论坛第三届外空安全研讨会上发表演讲，中国空间法学界对国家航天外交活动的支撑作用进一步凸显。与此同时，中国学者阔步走出国门，广泛参加以第 66 届国际宇航大会（IAC）为代表的空间法学术交流活动，部分中国学者在西方知名大学访学任教，中国学术影响力、话语权进一步扩大。

4）联合国附属空间科学与技术教育亚太区域中心（中国）、亚太空间合作组织、北京航空航天大学在北京联合举办首期国际空间法律与政策培训班，来自亚非拉国家的近 40 名中外学员参加培训。这是联合国首次依托其区域中心举办的此类专题培训。一批中外知名专家登上联合国讲坛，中国空间法学界的国际影响力进一步增强。

5）中国空间法学会发布 2014—2015 年度学术课题研究成果。“航天科研生产部门对中国航天立法的需求研究”、“外空软法的法理研究”等 7 项课题通过结题评审并分获不同奖项。中国空间法学会 2015—2016 年度学术课题研究工作启动，“国家‘一带一路’战略与中国航天的应对”等 8 项课题获得立项资助。各课题组就国家“一带一路”战略、航天立法、外空安全等前沿问题深入研究，为国家决策提供解决方案和学术支撑。中国空间法学会以课题研究为抓手的创新平台示范效应进一步呈现，学术共同体建设成效喜人。

6）亚太空间合作组织、北京理工大学在北京共同主办亚太空间合作组织 2015 年空间法律政策论坛。来自亚太空间合作组织、联合国外空司、中国外交部、中国国家航天局等机构的高级官员，美国、法国、德国、亚太空间合作组织成员国、印度尼西亚，以及国内外空间法律、政策研究机构的负责人和专家学者 80 余人参加本届论坛。

7）中国空间法学会全面参与国际宇航界“三驾马车”学术活动，实现多点突破。中国空间法学会秘书长张振军高票当选国际空间法学会（IISL）理事，并担任国际宇航联合会（IAF）外空安全委员会委员，成为中国航天进入 IISL 决策机构和 IAF 专业委员会的首位法学专家。张振军担任共同主持人，共同主编完成的国际宇航科学院（IAA）英文课题报告《外空矿物资源：挑战和机遇的全球评估》在美国出版。这是国际宇航界首次组织 30 名来自不同国家、具有不同专业背景的技术、管理、法律专家就该前沿领域联合进行的全方位研究，也是中国专家共同主持的 IAA 课题研究成果首次在美国出版。

8）为更好发挥外国专家作用，中国空间法学会首次设立国际顾问咨询委员会，中国空间法学界以更加自信开放包容的胸怀促进空间法学事业发展。中国空间法学会以主题报告会和学术沙龙为平台，邀请西方知名专家担任演讲嘉宾介绍空间法律前沿问题、焦点问题。一批西方知名学者应邀到中国高校开设空间法律课程、举办专题讲座，中外学术交流呈现前所未有的活跃状态。

9）上海航天技术研究院举办的宇航型号骨干培训班安排“外层空间法概

论”专题课程，100 余名宇航型号骨干参加培训，系统学习外层空间国际法规范。这是我国首次在航天技术骨干业务培训中纳入外层空间法课程，彰显出空间法的实践特色。

10）中国空间法学会第 12 届“CASC 杯”曼弗雷德·拉克斯国际空间法模拟法庭竞赛圆满落幕。来自国内 7 所知名高校的 10 支参赛队伍激烈角逐，中国政法大学、北京理工大学、北京外国语大学分获冠亚季军，苏明珠、唐榕婕荣获“最佳辩手奖”，北京外国语大学两支队伍荣获“最佳书状奖”。本项赛事活动的专业化、品牌化、国际化程度进一步提升。

中国宇航学会·中国空间法学会 2015年学术年会在京举办

中国空间法学会办公室

2015年9月21日～23日，中国宇航学会和中国空间法学会在北京成功举办中国宇航学会·中国空间法学会2015年学术年会。

中国宇航学会·中国空间法学会学术年会是中国航天科技界、空间法学界的学术盛会，也是中国宇航学会、中国空间法学会服务广大航天科技工作者、空间法学工作者的重要学术平台。中国宇航学会·中国空间法学会2015年学术年会旨在加强学术交流和学术创新，繁荣学术思想，展示最新科研教学成果，促进跨专业、跨学科的合作与交流，促进学科融合，推动我国航天科技事业和空间法学事业科学发展、创新发展，助力世界航天强国建设。本届年会以大会报告和专题研讨相结合的形式，内容涵盖空间技术、空间科学、空间应用、空间法律、空间政策等领域。来自国家航天行政主管部门、中国航天两大集团公司、科研院所、企事业单位、高等院校、军队等有关单位的320余位专家学者及工程技术人员进行了深入交流与研讨。本届年会首次邀请德国航天专家参会作主旨报告，并在会议期间成功举行第三届中德航天企业对接会，为中德航天企业开展务实合作起到重要的推动作用。

本届年会大会主席由中国宇航学会理事长、中国航天科技集团公司董事长雷凡培和中国空间法学会理事长、中国宇航学会副理事长、中国航天科技集团公司副总经理袁洁共同担任。来自中国航天科技集团公司、国家国防科技工业局、外交部、科技部、国务院法制办、总装备部电子信息基础部、中国载人航天工程办公室、中国科学院、中国航天科工集团公司、北京航空航天大学、北京理工大学、西北工业大学、哈尔滨工业大学等单位的领导担任大会副主席。雷凡培、袁洁对本届年会高度重视，曾多次询问大会筹备工作并提出总体要求。

中国宇航学会名誉理事长、中国空间法学会名誉理事长、中国航天科技集团公司高级技术顾问王礼恒院士，中国北斗卫星导航系统总设计师、中国宇航学会副理事长、中国空间法学会副理事长杨长风，中国航天科工集团公司副总经理刘石泉，中国国家航天局系统工程司副司长张宝红，德国航天局执行理事格尔德·格鲁珀博士，德国驻华大使馆官员大卫·宝格等有关方面负责人先后在开幕式上致辞。本届年会以“创新、合作、发展”为主题，充分反映了航天科技界、空间法学界“以创新促发展、以合作促发展”的时代潮流和共同期待。本届年会共收到论文摘要358篇，其中空间法律政策类论文28篇，经过大会专题评审，共录用256篇。

王礼恒院士、刘竹生院士主持大会主题报告会。本届年会设置的9篇大会主题报告精彩纷呈，我国航天科技界、空间法学界的院士、领导和专家就我国新时期航天发展战略、法律、政策及关键技术等议题进行深入交流研讨，提出一系列具有前瞻性的新思路、新理论、新技术和新方法。其中的4篇空间政策法律类主题报告引人注目，内容涵盖了国家航天立法、外空安全、航天国际合作、航天外交等领域的前沿热点问题，包括中国国家航天局系统工程司航天管理处处长胡朝斌所作的《加快立法进程，建设法治航天》，中国外交部军控司参赞马升琨所作的《当前外空安全国际规则发展动态》，中国航天系统科学与工程研究院副院长王一然所作的《中国航天国际合作政策现状及展望》，以及中国国家航天局空间碎片监测与应用中心副主任、国家天文台研究员刘静所作的《空间交通管理相关问题及中国的应对》等。

本届年会设立空间法律政策分会场，吸引50余名专业人士参会交流。出席本届年会大会主题报告会及空间法律政策分会场的各级领导和专家学者分别来自以下单位和部门：国家航天局、外交部、工业和信息化部、国家无线电监测中心、中国载人航天工程办公室，中国航天科技集团公司、中国航天科工集团公司、中国科学院国家天文台、中国科学院国家授时中心、中国国际战略学会安全战略研究中心、中国国防科技信息中心、中国运载火箭技术研究院、航天动力技术研究院、中国空间技术研究院、四川航天技术研究院、中国卫星通信集团公司、中国长城工业集团公司、中国航天系统科学与工程研究院、北京航天长征飞行器研究所、北京航天长征科技信息研究所、西安航天复合材料研究所、四川航天系统工程研究所、中国航天工业科学技术咨询公司、北京航空航天大学、北京理工大学、哈尔滨工业大学、北京师范大学、华中科技大学、中南财经政法大学、中国民航大学、湘潭大学、深圳大学、装备学院、香港大学、北京市京师律师事务所、广东经天律师事务所、《中国航天》杂志社、《太空探索》杂志社等。来自国务院航天行政主管部门、航天科技工业部门、空间应用部门、高等院校、法律实务部门及行业媒体的专家学者共同参会研讨，集中展现了国际空间法作为一门新兴边缘学科的无限张力。与会领导和专家普遍反映，本届年会形式新颖、内容丰富，出席人数较多、层次较高，充分彰显出中国航天事业、空间法学事业的生机和活力。

中国宇航学会·中国空间法学会2015年学术年会空间法律政策分会场设有主题报告会、专题研讨会和闭幕式等三大板块。中国空间法学会秘书长张振军主持主题报告会和闭幕式环节。三位特邀嘉宾在主题报告会上发表演讲，其演讲内容包括：深圳大学法学院教授、深圳大学空间法律与政策研究所所长尹玉海《当前空间法学研究的若干思考》，香港大学法律学院教授、香港大学中国法研究中心主任赵云《外空活动中国际合作原则的适用》，北京师范大学法学院教授李滨《外空军事利用的法律框架：以MTCR为视角的观察与分析》。

随后的专题研讨会按照演讲主题分为五个环节，其中包括：国际空间法的法理及新近发展研究、空间战略及空间政策研究、外空安全及军控立法研究、新型航天活动法律规制及空间知识产权保护、国家航天立法研究等，分别由赵云、尹玉海、李滨等三位教授及中国空间技术研究院总体部研究员罗钢桥主持。

在空间法律政策分会场的专题研讨会上，共有18位论文作者先后登台宣讲论文，包括：中国民航大学法学院讲师聂晶晶《浅议外空软法的运行机制及其实践》、中南财经政法大学法学院江河副教授《外层空间法的基本范畴及其互动性研究》（盖然代讲）、湘潭大学法学院硕士研究生陈露《论空间活动损害赔偿的法律机制》、湘潭大学法学院硕士研究生童丹《国家承担外空活动致损责任的法律分析——以2015年国际空间法模拟法庭案例为视角》、中国空间技术研究院钱学森空间技术实验室工程师汪夏《国家“一带一路”战略对中国航天的需求分析》、华中科技大学法学院讲师李杜《论中国参与国际航天合作的出口管制问题》、中国航天工业科学技术咨询有限公司咨询师仝俊义《国际空间站项目国际合作的经验教训及启示》、北京航天长征飞行器研究所工程师王上月《国际航天合作法规建设及我国策略分析》、中国航天系统科学与工程研究院高级工程师许红英《美国空间安全政策发展研究》、中国运载火箭技术研究院研究发展中心工程师王邵飞《英国首部〈国家空间安全政策〉解读及启示》、上海政法学院教授何奇松《日本外层空间政策的转变》、北京市京师律师事务所律师朱金虎《太空环境利用育种惠益分享机制研究》（罗钢桥代讲）、湘潭大学法学院教授蔡高强《论全球卫星导航的国际法规制》（刘功奇代讲）、北京理工大学博士研究生高阳《论外空资源开发法律制度的构建》、西安航天复合材料研究所总法律顾问、高级工程师吴健泽《对外层空间专利制度相关问题的思考》、湘潭大学法学院·知识产权学院博士研究生刘功奇《中国航天国际合作知识产权保护研究》、北京航空航天大学法学院副教授高国柱《我国航天法立法中的重点与难点问题研究》、哈尔滨工业大学法学院讲师李晶珠《各国航天活动管理机构比较及对中国航天立法的启示》等。

在空间法律政策分会场的闭幕式上，张振军秘书长充分肯定了本届年会空间法律政策分会场的形式和内容，对开展后续学术交流、特别是深化国家航天立法研究论证提出了具体要求。在闭幕式上，尹玉海、赵云、李滨、罗钢桥等专家共同为本届年会空间法律政策类优秀论文获奖者颁奖。

为确保学术公平和公正，本届大会组委会空间法律政策类录用论文采用双向匿名函审方式，在会前组织专家进行严格评审。参照国家社会科学基金的相关评审标准，专家评审组成员从创新程度、完备程度、难易程度、成果价值等四个维度，对所有录用论文进行了严格、客观、量化评价。上述评审程序和评审结果经大会组委会审定，共计 18 篇论文被评为本届年会空间法律政策类优秀论文。现将获奖情况公布如下：

一、优秀论文特等奖（共计 1 篇）

题目：外层空间法的基本范畴及其互动性研究

作者：江　河

作者隶属单位：中南财经政法大学法学院

二、优秀论文一等奖（共计 7 篇，排名不分先后）

（一）题目：论中国参与国际航天合作的出口管制问题

作者：李　杜

作者隶属单位：华中科技大学法学院

（二）题目：论空间活动损害赔偿的法律机制

作者：陈　露　蔡高强

作者隶属单位：湘潭大学法学院

（三）题目：浅议外空软法的运行机制及其实践

作者：聂晶晶

作者隶属单位：中国民航大学法学院

（四）题目：论全球卫星导航的国际法规制

作者：蔡高强　陈　露　刘思阳

作者隶属单位：湘潭大学法学院

（五）题目：论外空资源开发法律制度的构建

作者：高　阳

作者隶属单位：北京理工大学法学院

（六）题目：中国航天国际合作知识产权保护探析

作者：刘功奇　蔡高强

作者隶属单位：湘潭大学法学院·知识产权学院

（七）题目：美国空间安全政策发展研究

作者：许红英　曹秀云　张莉敏

作者隶属单位：中国航天系统科学与工程研究院

三、优秀论文二等奖（共计 8 篇，排名不分先后）

（一）题目：国家“一带一路”战略对中国航天的需求分析

作者：汪　夏　侯宇葵　罗钢桥

作者隶属单位：中国空间技术研究院

（二）题目：国际空间站项目国际合作的经验教训及启示

作者：仝俊义

作者隶属单位：中国航天工业科学技术咨询有限公司

（三）题目：俄罗斯航天工业现状、困境和改革

作者：何奇松

作者隶属单位：上海政法学院

（四）题目：国家承担外空活动致损责任的法律分析——以 2015 年国际空间法模拟法庭案例为视角

作者：童　丹　蔡高强

作者隶属单位：湘潭大学法学院

（五）题目：太空环境利用育种惠益分享机制研究

作者：朱金虎

作者隶属单位：北京市京师律师事务所

（六）题目：对外层空间专利制度相关问题的思考

作者：吴健泽　杜　沙　莫志刚　赵听会

隶属单位：中国航天科技集团公司四院

（七）题目：我国航天法立法中的重点与难点问题研究

作者：高国柱

作者隶属单位：北京航空航天大学法学院

（八）题目：英国首部《国家空间安全政策》解读及启示

作者：王邵飞

作者隶属单位：中国运载火箭技术研究院研究发展中心

四、优秀论文三等奖（共计 4 篇，排名不分先后）

（一）题目：论太空旅游的法律调整

作者：郑哲皓

作者隶属单位：湘潭大学法学院

（二）题目：国际航天合作法规建设及我国策略分析

作者：王上月　张生俊　王　悦　刘佳琪

作者隶属单位：北京航天长征飞行器研究所

（三）题目：中国航天立法价值取向的若干影响因素
——基于空间碎片的立法实践

作者：韩剑峰

作者隶属单位：上海航天技术研究院

（四）题目：中俄航天立法的比较研究

作者：吕　瑱

作者隶属单位：中国空间技术研究院总装与环境工程部

此外，本届年会首次特设“优秀组织奖”，用以表彰积极组织专家学者及青年学子参会，并提交、宣讲论文的突出贡献单位。最后荣获该项殊荣的是湘潭大学法学院。

希望以上获奖单位和个人珍惜荣誉，再接再厉，在今后的学术研究中取得新的更大成就，为持续打造空间法学研究学术共同体、促进空间法学事业大发展大繁荣、服务世界航天强国建设做出应有的贡献。

中国宇航学会、中国空间法学会联合举办学术年会首创于 2012 年，具有非常重要的管理创新价值。这不仅有助于促进航天自然科学、社会科学之间的学科融合，特别是促进航天软科学健康快速发展，让航天科技工业一线的技术和管理人员更加关注空间法律、空间政策，让空间法学工作者更加关注航天科学技术发展动态；而且也有助于快速提升中国空间法学会的学术影响力、社会影响力，并在更高层次上促进两个国家一级学会的融合发展。

中国空间法学会将认真研究本届年会的学术成果，特别是在国家航天立法、空间外交领域的研究成果，积极做好成果转化工作；同时将认真总结本届年会的成功办会经验，联手中国宇航学会全力做好本届年会论文集的编辑出版工作，积极探索学术年会在整合涵养学术资源、社会资源方面的功效和规律，进一步巩固和扩大工作成果，不断提升社会影响力和学术品牌价值。

联合国国际空间法律与政策培训班在京举办

中国空间法学会办公室

2015年9月17日～25日，由联合国附属空间科技教育亚太区域中心（中国）、亚太空间合作组织和北京航空航天大学联合主办，中国空间法学会、北京航空航天大学法学院、北京航空航天大学外层空间法研究所及中国长城工业集团有限公司协办的首期国际空间法律与政策培训班在北京航空航天大学成功举办。这是联合国首次依托其区域中心举办的此类专题培训班。联合国附属空间科技教育亚太区域中心（中国）执行主任、北京航空航天大学国际学院院长翁敬农主持9月17日的开班仪式并致欢迎辞，亚太空间合作组织教育培训及数据管理部部长 Tsoodol Nyamkhu、中国空间法学会秘书长张振军等有关方面负责人出席开班仪式并先后致辞。

本期培训班以“国际空间法律与政策”为主题，聘请来自美国、加拿大、德国、法国、瑞典、中国大陆及香港地区的14位各有关领域的专家学者、政府及国际组织官员担任授课教师。参加本期受训的亚非拉国家学员近40人，分别来自中国、孟加拉、印度尼西亚、蒙古、巴基斯坦、秘鲁、泰国、土耳其、巴西、委内瑞拉等联合国附属空间科技教育区域中心成员国、亚太空间合作组织成员国及合作伙伴国，其中包括来自中国外交部、中国航天科技集团公司、中国运载火箭技术研究院、北京空间科技信息研究所、北京航空航天大学、北京理工大学、中国政法大学、Kirkland & Ellis 国际律师事务所等国内有关单位的部分中青年业务骨干和青年学子。

本次培训内容涉及国际法与空间法、国际外层空间法的基本框架与体系、国家航天立法、国家航天政策、外空软法、与卫星遥感/卫星导航/卫星通信等空间应用有关的法律问题、外空资源开发法律制度、商业航天发射服务中的法律问题及空间环境保护等，涵盖了由联合国外空司组织编写的《空间法教学大纲》中四个基本模块并有所扩展。培训过程包括专家讲座、课程实践、技术参观和学员交流等环节。

本期培训班得到联合国外空司、亚太空间合作组织、外交部、工业和信息化部、中国国家航天局、国际空间法学会、中国空间法学会、中国长城工业集团有限公司、北京航空航天大学、北京理工大学、中国政法大学、哈尔滨工业大学等国际组织、政府职能部门、企事业单位、学术机构和有关高校的大力支持。

本期培训班授课教师包括：联合国外空司政策法律事务处处长尼克拉斯·海德曼（Niklas Hedman），美国密西西比大学法学院琼安·盖博瑞诺维奇（Joanne Gabrynowicz）教授，德国科隆大学航空航天法研究所所长斯蒂芬·霍贝（Stephan Hobe）教授，法国西布列塔尼大学阿默尔·克瑞斯特（Armel Kerrest）教授，加拿大麦吉尔大学航空航天法研究所研究员安德里亚·J·哈灵顿（Andrea J. Harrington），外交部条约法律司周武副处长，中国空间法学会秘书长张振军研究员，中国长城工业集团有限公司王冀莲总法律顾问，香港大学法律学院赵云教授，中国政法大学国际法学院李居迁教授，北京理工大学法学院李寿平教授、王国语副教授，北京航空航天大学法学院夏春利副教授，中央财经大学法学院吴晓丹博士等国内外知名专家学者和官员。

联合国附属空间科技教育区域中心（中国）于 2014 年 11 月依托北京航空航天大学正式成立。随着本期培训班的圆满举办，区域中心理事会第一次会议确定的各项任务已告全面完成。

东盟地区论坛第三届外空安全研讨会在北京举行

中国空间法学会办公室

2015年11月30日～12月1日，中国与老挝、俄罗斯、美国共同举办的东盟地区论坛第三届外空安全研讨会在北京举行。来自联合国、东盟、欧盟、红十字国际委员会、亚太空间合作组织等5个国际组织，中国、美国、俄罗斯、老挝、意大利、日本、韩国、朝鲜、加拿大、澳大利亚、新西兰、印度、巴基斯坦、缅甸、新加坡、泰国、印度尼西亚、越南、柬埔寨等国家及中外知名智库的近100名代表与会。中国外交部副部长李保东，联合国副秘书长、联合国裁军事务代理高级代表金垣洙出席开幕式并致辞。联合国外空司司长迪皮蓬在开幕式上发表视频致辞。本届会议共同主席——中国代表团团长、中国外交部军控司副司长董志华，老挝代表团团长、老挝外交部国际组织司代理司长冯努乔，俄罗斯代表团团长、俄罗斯外交部防扩散及裁军司副司长伊尔马科夫，美国代表团团长、美国国务院负责军控、核查与遵约事务的助理国务卿罗斯，以及上届东盟地区论坛外空安全研讨会主席、日本外务省外交政策局大使饭岛俊郎等高级别官员出席开幕式。

李保东副部长在讲话中全面阐述了中国在外空安全问题上的立场与主张。李保东指出，空间应用与空间技术快速发展，极大促进了各国经济发展、社会进步和民生改善；各国应倍加珍惜外层空间，妥善利用，使之成为国际社会互利合作、共谋发展的和平新疆域，而不是摩擦斗争、相互角力的战争竞技场。他并就外空安全理念提出三点重要主张：一是树立全面的外空安全理念，全面认识空间环境恶化和外空武器化趋势明显增强两方面的威胁，不能厚此薄彼，更不能顾此失彼；二是树立平衡的外空安全理念，尽快谈判达成防止外空武器化和外空军备竞赛国际法律文书，为外空安全提供制度性保障，适当、可行的自愿性建立信任措施可作为外空军控进程的有益补充；三是树立共享的外空安全理念，打造命运共同体意识，摒弃在外空追求绝对安全的思维，确保各国共创和平安全的外空环境，共享和平利用外空的红利。

李保东强调，中国国家主席习近平在联合国大会上倡导营造公道正义、共建共享的安全格局，不仅为全球和平与发展事业注入了新动力，也为共同维护外空安全提供了重要思路。中国一向主张和平利用外空，切实承担空间国家责任，反对外空武器化和外空军备竞赛，在推动国际社会谈判缔结、防止外空武器化军控条约方面做出不懈努力。中方期待未来与东盟地区论坛各成员国一道，秉持和平安全、互利合作的理念，继续坚定不移地推进外空安全多边进程。

本届研讨会是中国在东盟地区论坛框架下首次就外空安全问题举办的国际会议，是中国积极参与外空安全全球治理的重要努力。与会各国代表在为期两天的会议中就外空安全国家政策、外空军控法律手段、外空透明与建立信任措施、外空安全技术措施等问题展开深入探讨。

中国外交部军控司参赞马声琨就中俄共提的《防止在外空放置武器、对外空物体使用或威胁使用武力条约》（草案）发表英文演讲，全面回顾条约草案的形成过程和中俄立场主张，并回应了一些国家的主要关切，呼吁各国以条约草案为基础，早日达成防止外空武器化的国际法律文书。中国国家航天局系统工程司调研员江辉向与会人员全面介绍了中国的航天政策和航天法律法规情况，重点介绍在全面推进依法治国新形势下的中国航天立法进程。

中国空间法学会秘书长张振军以“外空安全领域国家立法的国际性”为题发表英文演讲，对中美航天立法宗旨和内容进行比较分析，从学术角度阐述中国新版《国家安全法》中的总体国家安全观，呼吁各国戮力同心，一起建设外层空间的人类命运共同体、利益共同体、发展共同体和责任共同体。中国空间技术研究院首席科学家龚自正向与会人员介绍了中国航天科技工业部门对任务后卫星的处置方针及对鑫诺三号卫星的离轨和钝化操作实践，该实践被视为中国维护外空环境安全、展示负责任航天大国形象的典型案例。香港大学法律学院教授赵云在演讲中结合欧盟和欧洲空间局开展区域航天合作的成功经验，阐述了在区域框架内开展航天科技项目合作对促进亚太地区外空安全的作用，强调各国应通过务实合作实现共同安全、共同发展。

东盟地区论坛（ARF，ASEAN Regional Forum）成立于 1994 年 7 月，由东南亚国家联盟（东盟）倡议创办，是目前亚太地区最主要、最具活力的官方多边安全对话与合作机制。其主要目标是，就共同关心的政治与安全问题举行建设性对话和磋商，推动亚太地区国家建立合作关系，为维护地区和平、稳定与繁荣做出贡献。外空安全一直是东盟地区论坛的重要议题。该论坛曾于 2012 年和 2014 年先后两次举办外空安全研讨会，旨在探索维护外空安全、深化地区合作的有效途径。

11 月 30 日，在东盟地区论坛第三届外空安全研讨会期间，联合国裁军研究所举行以“外空安全与国际法”为主题的午餐会，邀请全体与会人员出席。来自红十字国际委员会、美国、俄罗斯、中国的四位专家先后发表演讲。北京理工大学空间法研究所副所长、联合国裁军研究所空间安全顾问王国语作题为“外空透明度与信任措施和外空条约的互动”的英文演讲。

亚太空间合作组织 2015 年空间法律政策论坛在京举行

中国空间法学会办公室

2015 年 9 月 21 日～22 日，由亚太空间合作组织（APSCO）和北京理工大学共同主办，北京理工大学法学院、北京理工大学空间法研究所共同承办的亚太空间合作组织 2015 年空间法律政策论坛在北京理工大学国际教育交流中心举行。来自亚太空间合作组织、联合国外空司、中国外交部、中国国家航天局等机构的高级官员，美国、德国、法国、亚太空间合作组织成员国、印度尼西亚，以及国内外空间法律、政策研究机构的负责人和专家学者 80 余人参加本届论坛。亚太空间合作组织代理秘书长李新军、中国国家航天局系统工程司副司长赵坚在开幕式上致辞。北京理工大学党委书记张炜出席开幕式并致欢迎辞。

本届论坛为期两天，包括四组专题报告会及一场“区域及国际组织面临的法律挑战”专题研讨会，共有 19 位专家学者在专题报告会上发言。中国外交部条约法律司副司长马新民应邀做题为“和平利用外空原则：现行法与应有法”的主旨发言。中国国家航天局系统工程司调研员江辉应邀做题为“中国的空间活动及政策法规建设”的专题报告。联合国外空司政策法律事务处处长尼克拉斯·海德曼和印度尼西亚国家航天智库专家苏帕卡拉也分别做了专题报告。专题报告会由北京理工大学空间法研究所所长李寿平教授主持。

在专题报告会环节，各国专家学者围绕亚太国家空间法律与政策的新发展、促进国际及区域空间法律政策合作、亚太空间合作组织的角色及前景展望等热点话题进行交流，介绍各自国家外空探索活动及相关立法的新进展，并就推动区域国际合作、完善航天立法提出了诸多建设性意见。

亚太空间合作组织空间法律政策论坛自 2012 年起已经成功举办过四届。本届论坛增进了亚太空间合作组织成员国在空间政策法律研究领域的紧密联系，各方对彼此的法律政策机制有了更进一步的了解。

中国空间法学会 2014—2015 年度学术课题研究工作综述

中国空间法学会办公室

2011 年 4 月 2 日，中国空间法学会在北京召开第三次全国会员代表大会，大会主题报告首次提出“学术立会、民主办会、规范治会、实干兴会、发展强会”的办会方针，受到与会代表的热烈欢迎和高度认同。

组织中国航天科技界、空间法学界开展学术课题研究是中国空间法学会成立以来的一项开创性工作，也是中国空间法学会在 2011 年完成组织换届后充分发挥会员主体作用、整合涵养学术资源、服务法治航天建设、服务航天强国建设的凝心聚力工程。在中国航天科技集团公司和国家有关部委的大力支持下，中国空间法学会学术课题研究工作自 2011 年正式启动以来，受到各会员单位和中国空间法学界专家学者的广泛关注、大力支持和积极响应，在实践中取得了良好效果。中国空间法学会在全面总结近年来学术课题研究工作经验的基础上，本着维护国家一级学会学术公信力的原则，确立了课题研究题目公开征集、课题研究题目遴选评审、课题立项自由申报、课题立项申请评审、课题立项计划公布及开题、课题研究合同签约、课题研究进度中期检查、课题研究成果发布、课题结题评审、课题经费拨付、优秀研究成果评选等较为严格的管理程序，充分体现了“学术立会、民主办会、规范治会”的方针。

2014 年 1 月，中国空间法学会向各会员单位印发《关于启动中国空间法学会 2014—2015 年度学术课题研究工作暨公开征集 2014—2015 年度学术课题研究题目的通知》（空间办〔2014〕3 号），自此本年度学术课题研究工作正式拉开序幕。为确保本年度学术课题研究工作有序开展，中国空间法学会成立了由领导小组、领导小组办公室及专家组三个部分构成的学术课题研究领导机构。专家组成员从中国空间法学会第三届理事会成员中产生，主要包括政府官员、各高校专家学者和航天科技工业系统各有关单位法律事务负责同志，并适当吸收了一些未进入理事会的高校专家学者参加。

中国空间法学会发出上述课题研究题目公开征集通知后，在广大会员单位和专家学者中引起积极反响，共收到有效建议题目 20 余项。提出建议题目的会员单位和专家学者分别来自国家有关部门、航天科技工业部门、高等院校等不同领域，具有广泛的代表性。很多建议题目直接来自我国航天外交谈判第一线，具有鲜明的实践特色；部分建议题目直接面对联合国外空委和国际空间法学界关注的重大课题、空间应用领域的重大前沿问题或一些专业课题，具有一定的战略性和前瞻性；还有部分建议题目则从跟踪分析欧美空间立法最新动态、进一步完善国际空间法律体系及加快我国航天立法研究等方面入手体现其独到的视角。

中国空间法学会恪守“学术立会、民主办会”原则，2014—2015 年度学术课题研究工作更加突出实践要求，注重研究课题与国家航天外交事业、航天科技工业和航天应用产业的紧密结合。

在中国航天科技集团公司、国家国防科技工业局、外交部等单位的精心指导和大力支持下，经过前期的课题题目公开征集、课题研究题目遴选评审、课题立项自由申报、课题立项申请评审等严格程序，中国空间法学会于 2014 年 5 月发布《关于印发中国空间法学会 2014—2015 年度学术研究课题立项计划的通知》（空间办〔2014〕25 号），决定将“航天科研生产部门对中国航天立法的需求研究”、“弹道导弹不扩散国际机制研究”、“外空软法的法理研究”、“非传统飞行器的出现与外空划界问题研究”、“航天器使用核动力源法律问题研究”、“‘国家空间立法示范法索非亚模本’研究”、“全球卫星导航服务提供商法律责任研究”、“‘亚太地区空间机构论坛’（APRSAF）研究”等 8 项研究课题正式列入中国空间法学会 2014—2015 年度学术研究课题计划，由冯国栋（上海航天技术研究院）、李滨（北京师范大学）、李寿平（北京理工大学）、苏金远（西安交通大学）、王国语（北京理工大学）、廖敏文（中国政法大学）、高琦（北京航空航天大学）、赵海峰（哈尔滨工业大学）等 8 位同志分别担任上述 8 项研究课题的主持人。中国空间法学会 2014—2015 年度学术课题研究工作由此进入实质性研究阶段。

在前期的课题申报及评审过程中，中国空间法学会在促进高校学术界与政府有关部门、航天科技工业部门合作开展课题研究工作方面做了大量协调工作。不少课题组的研究团队实现了高校专家学者与航天科技工业部门法律政策研究人员、法律实务工作者的有机结合，以此推动学科融合、学用转化。

2015 年 5 月 4 日，中国空间法学会举办 2014—2015 度学术研究课题结题评审暨研究成果发布会。会议在北京理工大学国际交流中心举行。出席会议的各有关方面负责同志、专家学者及高校师生近 40 人，分别来自中国航天科技集团公司、外交部、国家航天局、北京跟踪与通信技术研究所、中国国防科技信息中心、中国国际战略学会安全战略研究中心、中国运载火箭技术研究院、中国空间技术研究院、上海航天技术研究院、中国卫通集团公司、中国长城工业集团公司、中国航天系统科学与工程研究院、中国航天工业科技咨询公司、北京航空航天大学、北京理工大学、哈尔滨工业大学、中国政法大学、北京师范大学、装备学院、北京市炜衡律师事务所等单位。

本次会议首先安排了三个主题报告。国家航天局系统工程司调研员江辉重点通报了联合国外空委科技小组委员会第 52 届大会有关情况，介绍了中国代表团所展开的主要工作，并就空间法学研究如何更好支撑国家航天外交活动提出了具体要求（其中的届会简况部分全文另发）。外交部条法司副处长商震重点介绍了联合国外空委法律小组委员会第 54 届大会总体情况及国际空间立法最新动态，高度评价了中国空间法学会的学术课题研究工作，并对空间法学理论研究创新工作提出了期望（其中的届会简况部分全文另发）。外交部军控司二等秘书纪维维重点介绍了在外空安全多边谈判进程中相关议题的最新动态，针对若干核心敏感议题阐述了中国政府立场，并对学术界在外空安全领域开展学术研究如何把握立场和分寸提出了具体要求。

本次会议发布研究成果并提请结项评审的课题共计 7 项。其中包括："航天科研生产部门对中国航天立法的需求研究"、"弹道导弹不扩散国际机制研究"、"外空软法的法理研究"、"航天器使用核动力源法律问题研究"、"'国家空间立法示范法索非亚模本'研究"、"全球卫星导航服务提供者法律责任研究"、"'亚太地区空间机构论坛'（APRSAF）研究"等。上述课题研究内容涵盖了当前空间法律、空间政策、空间应用、航天立法等领域的热点重点问题，具有一定的实践性和前瞻性。从本次会议发布的课题研究成果看，中国空间法学会组织开展的课题研究已经开始跨越空间科学、空间技术、空间法学、空间政策、国际政治、国际经济、产业经济等不同学科，外层空间法作为一门新兴边缘学科的理论性、实践性、国际性特点进一步彰显。

专家评审组成员在本次评审会上积极发表意见，并认真填写评审表。会后，中国空间法学会已将各项评审意见全部汇总完毕，提请各课题组据此对课题报告进一步修改完善，为纳入《空间法学研究年刊（2015 年）》结集出版工作、形成年度学术研究课题结题评审结论和奖项授予方案奠定坚实基础。

本次会议开幕式、主题报告会和自由评议环节由中国空间法学会秘书长张振军主持。张振军在会议总结时简要回顾了中国空间法学会课题研究工作总体情况，充分肯定了本次会议的学术批评氛围和交流成果，强调要将学术课题研究作为一项重要工作常抓不懈，并对集中学界业界集体智慧、通过有组织的课题活动打造学术研究共同体、持续提升研究水平、进一步贴近航天事业实际需求、服务国家航天外交大局和航天强国建设提出了具体要求。

本次会议的课题评审环节分别由中国空间技术研究院总体部研究员罗钢桥、外交部条法司副处长商震、中国政法大学国际法学院副院长李居迁教授、中国长城工业集团有限公司总法律顾问王冀莲主持。北京理工大学法学院对本次会议高度重视，提供了场地和非常周到的会务保障服务。

2015 年 12 月，经中国空间法学会专家评审组成员联合评审、专家评审组负责人集体研究，并报中国空间法学会课题研究工作领导小组最终审定，中国空间法学会公布 2014—2015 年度学术课题研究项目结题评审及评奖结果。“航天科研生产部门对中国航天立法的需求研究”、“外空软法的法理研究”等 7 项研究课题报告全部通过结题评审，并分别荣获一、二等奖。现将优秀研究成果评选获奖项目公布如下：

一、课题研究一等奖（共计 3 项）

（一）课题名称：外空软法的法理研究

课题合同编号：CISL－2014－03

课题主持人：李寿平

课题主持人隶属单位：北京理工大学

课题组成员：王国语、李　华

（二）课题名称：弹道导弹不扩散国际机制研究

课题合同编号：CISL－2014－02

课题主持人：李　滨

课题主持人隶属单位：北京师范大学

课题组成员：秦晓静、聂明岩、李明天

（三）课题名称：“亚太地区空间机构论坛”（APRSAF）研究

课题合同编号：CISL－2014－08

课题主持人：赵海峰

课题主持人隶属单位：哈尔滨工业大学

课题组成员：李晶珠、聂明岩、郭明玉

二、课题研究二等奖（共计 4 项）

（一）课题名称：全球卫星导航服务提供商法律责任研究

课题合同编号：CISL－2014－07

课题主持人：高　琦

课题主持人隶属单位：北京航空航天大学

课题组成员：薄守省、夏春利、窦海洋、陈　凌

（二）课题名称："国家空间立法示范法索非亚模本"研究

课题合同编号：CISL－2014－06

课题主持人：廖敏文

课题主持人隶属单位：中国政法大学

课题组成员：李居迁、凌　岩、梁　霄

（三）课题名称：航天科研生产部门对中国航天立法的需求研究

课题合同编号：CISL－2014－01

课题主持人：冯国栋

课题主持人隶属单位：上海航天技术研究院

课题组成员：丁成耀、李　欣、李云飞、杨　洋

（四）课题名称：航天器使用核动力源法律问题研究

课题合同编号：CISL－2014－05

课题主持人：王国语

课题主持人隶属单位：北京理工大学

课题组成员：李寿平、李　华

上述获奖课题结题报告将全文刊载于《空间法学研究年刊（2015年）》。中国空间法学会希望以上课题组及获奖人员珍惜荣誉，再接再厉，在今后的学术研究中取得新的更好成绩，为持续打造空间法学研究学术共同体、促进空间法学事业大发展大繁荣、服务航天强国建设做出应有的贡献。中国空间法学会鼓励学界广大同仁针对上述学术课题研究成果从不同角度继续进行深入挖掘，积极开展学术批评；同时也鼓励各课题组长期跟进相关项目研究，积极参与国际学术交流，积极推进中国空间法学研究工作不断向专业化、精细化、国际化方向迈进，为全面提升中国空间法学研究的国际竞争力而努力奋斗。

开展学术课题研究交流是中国空间法学会2011年完成组织换届后所开展的一项重要的开创性工作，是充分发挥国家一级学会学术平台作用、切实增强会员凝聚力、促进学用对接、促进学科融合、服务航天事业大局的有效举措，受到广大会员单位的热烈欢迎和高度认同。

五年来，中国空间法学会积极践行"学术立会、民主办会"精神，确立

了“学术研究课题化、课题研究项目化”的课题研究管理模式，连续安排立项并资助课题 44 项（包括 2014 年立项的 8 项课题），组织广大专家学者对空间法学领域的若干重大前沿问题进行深入系统研究，引领空间法学研究方向，在航天科技界、空间法学界引起积极反响，受到国内外同行的赞赏和关注。国家有关部门、航天科技工业部门及广大高校给予高度重视，一大批中青年骨干专家学者以极高的热情参与其中，一批优秀青年学者脱颖而出，显示出中国空间法学事业应有的学术活力和市场需求。中国空间法学会从中积累了丰富的课题管理经验，中国空间法学研究的组织化管理水平和学术研究水平明显提高，中国空间法学会的凝聚力、公信力获得空前提升，作为学界领袖的引领作用不断彰显。很多课题研究成果受到外交部、国防科技工业局等国家有关部委和航天两大集团公司的高度重视和充分肯定，有效支撑国家的航天外交活动和推进航天立法进程。

需要指出的是，中国空间法学会近年来公开征集到的学术课题研究申请书总体质量很高，很多课题申请的战略性、前瞻性、创新性和实践性都很强。对由于名额所限未能入围的课题申请，中国空间法学会鼓励专家学者继续关注并进行自主研究，希望各会员单位为此提供必要的支持。会员单位和专家学者如果对未能获得立项的建议题目感兴趣，可直接向中国空间法学会办公室索取课题目录（含建议研究方向）。

从本轮课题研究结题评审情况来看，各课题组的研究成果基本得到专家评审组的认可，评审组对各课题组进一步完善、充实课题研究内容提出了很好的建议，达到了组织开展学术课题研究和学术交流工作的预期目的，也进一步坚定了中国空间法学会领导机构继续做好此项工作的信心。中国空间法学会将认真总结学术课题研究工作的经验，广泛听取有关会员单位及专家学者的意见和建议，充分借鉴兄弟法学会的有效做法，积极向国家有关部门寻求、挖掘服务航天事业大局的空间法律政策研究新课题，努力建立具有航天特色的学术课题研究工作长效机制，使之成为中国空间法学会的一项精品业务，为持续推动空间法学事业大发展大繁荣、服务法治航天建设、服务世界航天强国建设而做出不懈努力。

“欧空局与欧盟视角下的航天活动”主题报告会在京举行

中国空间法学会办公室

为活跃学术气氛、促进学术交流、推动国际空间法律政策的深入研究，中国空间法学会、北京理工大学空间法研究所于2015年4月8日在北京联合举办“欧空局与欧盟视角下的航天活动”主题报告会。国际空间法学会主席、荷兰莱顿大学航空航天法研究所副所长汤佳·梅森-斯旺应邀发表主题演讲。会议由中国空间法学会秘书长张振军、北京理工大学空间法研究所所长李寿平教授共同主持。来自中国国家航天局、工业和信息化部无线电管理局、国家无线电监测中心、中国航天系统科学与工程研究院、中国航天工业科学技术咨询有限公司、北京理工大学、中央财经大学、中国政法大学、《中国航天》编辑部、《环球时报》社、伦敦大学/伦敦空间政策法律研究所及荷兰蒂尔堡大学等单位的近40名专家学者和高校师生参加了本次会议。

汤佳·梅森-斯旺主席全面介绍了欧洲空间局（ESA）、欧盟（EU）的历史沿革、成员国概况、组织结构、决策机制、主要航天活动、多边合作项目及空间法律政策概况等内容。针对欧洲空间局与欧盟的关系，汤佳·梅森-斯旺主席指出：一方面，欧洲空间局虽然同样属于政府间国际组织，但并不像欧盟那样具有超国家性；另一方面，两大机构的成员国构成并不一致，并非所有的欧盟成员国都是欧洲空间局的成员国，欧洲空间局成员国也不都是欧盟成员国；欧洲空间局作为一个完全独立的机构，通过一系列相关协议与欧盟保持密切联系，但两大机构间的交流与合作将直接影响欧洲航天发展战略及政策。最后，汤佳·梅森-斯旺主席就欧洲国家在外空安全、航天国际合作领域所面临的挑战进行了分析，并对欧洲空间局与欧盟之间的关系演变趋势进行了展望。

随后，与会专家学者结合报告内容及当前国际实践向汤佳·梅森-斯旺主席提问，并进行互动交流。中国空间法学会秘书长张振军对本场报告会进行了点评，并代表中国空间法学界对汤佳·梅森-斯旺主席为发展中国空间法学事业所做出的贡献表示感谢。

中美专家共同主持的IAA课题成果在美国出版

中国空间法学会办公室

2015年10月，中国空间法学会秘书长张振军与美国航天专家阿尔瑟·M·杜勒（Arthur M Dula）共同主持、共同主编的国际宇航科学院（IAA）课题研究成果《外空矿物资源：挑战与机遇的全球评估》（英文）在美国正式出版发行。这是国际宇航界的科技专家、管理专家、法律专家首次联手对外空矿物资源开发领域进行的全方位专题研究，也是中国专家共同主持的国际宇航科学院课题研究成果首次在美国出版，具有重要的开创意义和战略价值。本课题研究历时三年完成，来自中国、美国、俄罗斯、法国、德国、意大利、澳大利亚、乌克兰、以色列、西班牙、爱尔兰、日本、韩国等国的30名专家担任课题组成员。

随着地球资源日益面临枯竭，人类在地球环境中实现长期可持续发展面临巨大挑战。与此同时，外空矿物资源开发已经成为国际空间外交舞台及各国航天科技界、空间法学界的热议话题，而商业航天企业正在以前所未有的速度和规模发展，深刻影响世界航天的发展格局。近年来，美国加快新一轮商业航天立法进程。2015年11月25日，美国总统奥巴马签署《2015年外空资源探索和利用法》，明确外空矿物资源开采后的所有权归属，国际社会对此广泛关注。本课题从科学、技术、经济、政策、法律等层面，全面客观研究外空矿物资源开发面临的机遇和挑战，展示前沿科技发展动态，研讨外空矿物资源开发、利用的经济技术可行性，探讨时间表和路线图，并分析目前在政策和法律层面的解题路径和工作建议，对中国航天科技工业及商业航天发展具有较高的决策参考价值。

本课题由美国海茵莱茵基金会托管人、美国商业航天企业 Excalibur Almaz公司创业董事长、美国休斯敦大学法学院兼职教授阿尔瑟·M·杜勒发起。2012年，国际宇航科学院（IAA）正式批准启动“外空矿物资源”课题立项研究。2013 年初，国际宇航科学院“外空矿物资源”课题组（SG3.17）正式成立。2015 年 8 月，经过近三年的紧张工作，课题组全面完成课题研究工作，课题报告顺利通过国际宇航科学院相关评审程序。本课题研究成果在美国出版后，在美国主流媒体、各类航天机构及多个国际会议场合引起积极反响和广泛关注。《中国航天报》头版、中国航天科技集团公司官方网站进行了同步报道。中国空间法学会参与的本项课题研究得到中国航天科技集团公司国际合作部、中国宇航学会、国际宇航科学院研究中心（中国）等机构的大力支持。根据外方授权，中国宇航出版社负责中文版的翻译和出版发行工作。

中国空间法学会举办第2期学术沙龙

中国空间法学会办公室

为活跃学术气氛、促进学术交流、推动国际空间法律政策的深入研究，中国空间法学会于2015年12月14日在北京举办中国空间法学会第2期学术沙龙暨美国商业航天最新立法主题报告会。来自中国国家航天局、国家无线电监测中心、国防科技工业局探月与航天工程中心、中国运载火箭技术研究院、中国空间技术研究院、四川航天技术研究院、中国卫通集团公司、中国长城工业集团公司、中国航天系统科学与工程研究院、北京空间科技信息研究所、中国航天工业科学技术咨询公司、北京理工大学、中央财经大学、《中国航天》杂志社、《卫星与网络》杂志社、北京金海洋航天科技有限公司、北京市京师律师事务所、K&E International LIP国际律师事务所等20家单位共计40余人参加本期沙龙研讨活动。

2015年，在美国私营航天部门的大力推动下，美国国会参众两院加快推进商业航天立法进程，于2015年内分别审议通过促进商业航天发展的法案。2015年11月25日，美国总统奥巴马将经过内容整合的国会新法案签署为正式生效的《美国商业航天发射竞争力法》，美国最新一轮商业航天立法进程尘埃落定。该法旨在进一步提升美国商业航天的国际竞争力，推动私营航天部门创业创新，对美国现行《商业航天发射法》《陆地遥感政策法》等做出实质性修改。该法明确，从事“外空资源”、“小行星资源”商业回收的美国公民将拥有所获取资源的权利，对现行外空资源法律制度构成突破，引起国际宇航界、法学界广泛关注。在上述背景下，本期沙龙以“美国商业航天最新立法”为主题，特别邀请美国密西西比大学法学院荣誉教授、《空间法学报》荣誉主编、国际空间法学会理事琼安·艾琳·盖博瑞诺维奇（Joanne Irene Gabrynowicz）女士担任演讲嘉宾。

盖博瑞诺维奇教授曾长期担任美国密西西比大学国家遥感与航空航天法中心研究教授和主任，并为美国航天业多个监管机构提供管理咨询服务。她长期密切跟进美国商业航天立法进程，2014 年曾在美国国会阶段性审议本轮商业航天法案时作证。盖博瑞诺维奇教授演讲时，全面介绍了美国立法体制概况和美国最新一轮商业航天立法进程，重点介绍了各国普遍关切的《2015 年外空资源探索和利用法》，对部分法条涉及的“外空资源”、“小行星资源”、“美国公民”及其“拥有所获取资源的权利”等概念进行了深入分析。演讲嘉宾和与会中国学者在互动环节展开了热烈讨论。

中国空间法学会秘书长张振军主持本期沙龙，并在会议总结时代表主办方向盖博瑞诺维奇教授长期以来对中国空间法学会事业发展的支持表示衷心感谢。《中国航天》杂志副主编吴文代表中国航天主流媒体向盖博瑞诺维奇教授赠送了刊有教授本人新闻报道和采访录的《中国航天》和《太空探索》杂志。

张振军在会上宣布，为推动中国空间法学界以更加自信开放包容的胸怀促进空间法学事业发展、吸引更多外国专家服务中国法治航天建设，中国空间法学会决定设立“国际顾问咨询委员会”。盖博瑞诺维奇教授成为首位获聘的外国专家，并从张振军手中欣然接过聘书。盖博瑞诺维奇教授在答谢致辞中指出，她对中美两国在空间法学领域展开交流合作充满信心，希望今后有更多机会服务中国空间法学事业发展，共同推进外层空间治理法治化进程。

中国空间法学会秘书长张振军当选国际空间法学会理事

中国空间法学会办公室

2015年7月，国际空间法学会揭晓理事会竞选结果。中国空间法学会秘书长张振军高票当选国际空间法学会理事，成为中国航天科技工业部门首次进入该组织决策机构的法学专家，也是目前该国际组织理事会中唯一的中国籍代表。国际空间法学会此次面向全体会员的公开竞选活动严格按照其《章程》规定进行，由国际空间法学会选举委员会组织开展，经过了公开征集候选人提名、候选人资格审查确认、公布有效候选人名单及其竞选材料、邀请全体符合资格会员投票、计票核票、公布选举结果等严格程序。其中投票环节由国际空间法学会符合相关资格认定的全体现任会员以无记名通信方式进行。

中国空间法学会高管人员首次当选国际空间法学会理事职务，充分说明国际空间法学界对中国空间法学会、中国空间法学界相关工作的高度认同，将有助于进一步提升中国在国际空间法学界的话语权，促进中国空间法学界与国际空间法学界的深度融合、交流协作，推动中国空间法学事业向更高水平发展。国际空间法学会公布选举结果后，国际空间法学会主席汤佳·梅森-斯旺及一批国际友人在第一时间向中国空间法学会发来贺电，祝贺中国候选人成功当选，并期待中国为国际空间法学事业做出更大贡献。

国际空间法学会（IISL）成立于1960年，是一个独立的非政府间国际组织，与国际宇航联合会（IAF）、国际宇航科学院（IAA）一起被誉为国际宇航界的“三驾马车”，在外层空间法律政策研究领域的学术权威性和国际影响力独树一帜，其团体会员和个人会员遍及世界主要航天国家和大批空间应用国家。国际空间法学会理事会为该组织决策机构，目前共有16个理事职数（未设常务理事），由国际空间法学界具有广泛学术和社会影响力的各国专业人士通过全球范围的公开竞选获得。2015年的公开竞选竞争异常激烈，共有

八、三等奖（3名）

（一）中南财经政法大学代表队

（胡钰欣、江薇佳、梅文康）

（二）深圳大学代表队

（倪　颖、丘瑞雁）

（三）中国民航大学代表队

（曹　澜、刘　洋、钟梦桢）

九、最佳组织奖（2名）

（一）蔡高强、覃斌武、刘功奇（湘潭大学）

（二）聂晶晶（中国民航大学）

十、优秀领队奖（2名）

（一）尹玉海（深圳大学）

（二）简基松（中南财经政法大学）

本届竞赛活动颁奖式由中国空间法学会秘书长张振军主持。周武、赵云、李剑刚等三位主审法官及北京理工大学法学院副院长李寿平教授分别为优胜队伍、优秀指导教师和优秀选手颁奖。

为系统总结本届竞赛活动经验、提高中国学子后续参赛成绩，颁奖式结束后，主办方立即召开模拟法庭竞赛专题研讨会，围绕“快速提升中国学生国际竞赛成绩的路径探索”这一主题进行专题研讨。会议对本届竞赛活动的组织管理工作和各校参赛选手的出色表现表示高度赞赏，并勉励中国空间法学界全体同仁朝着模拟法庭竞赛的既定目标继续不懈努力。周武、赵云和李剑刚等三位主审法官先后对各参赛队的总体表现进行点评，充分肯定了成绩，实事求是地指出了不足，并对空间法学科发展、青年人才培养、竞赛庭辩技巧、书状写作技巧等提出了具体建议。中国政法大学李居迁教授和北京理工大学王国语副教授作为本届竞赛冠军队、亚军队指导教师，介绍了各自多年从事空间法模拟法庭竞赛教学研究和指导学生训练参赛的经验。北京理工大学法学院副院长、北京理工大学空间法研究所所长李寿平教授主持了本届模拟法庭竞赛活动专题研讨会。

中国空间法学会秘书长张振军代表主办方致闭幕词，对本届竞赛活动做了全面总结，充分肯定了各参赛队的突出表现，勉励大家不断总结、把握规律、持续提高竞赛成绩，为早日实现中国参赛队伍冲出亚太、走向世界的目标而努力奋斗。张振军简要回顾了中国空间法学会举办竞赛活动12年来的风雨历程，结合曼弗雷德·拉克斯竞赛四大国际赛区总体格局，从充分认识快速提高中国学生参赛水平的重要性和迫切性、各高校开展空间法模拟法庭教学的改革方向、空间法模拟法庭竞赛自身的管理等三个方面提出了看法，对青年人才培养和参赛队伍建设提出了具体要求，引起与会领导和参赛队师生的共鸣。

国际空间法学会对本届竞赛活动高度重视。国际空间法学会主席汤佳·梅森-斯旺（Tanja Masson - Zwaan）多次来函询问竞赛进展情况。国际空间法学会模拟法庭委员会联合主席玛莎·梅杰-卡伊瑟（Martha Mejia - Kaiser）、莱斯·泰能（Les Tennen）就竞赛规则、案例内容与中国空间法学会反复沟通，有力确保了本届竞赛活动按照国际规则有序进行。国际空间法学会获悉本届竞赛活动成功举办后，在第一时间发来贺电，对中国空间法学会多年来积极宣传推广、维护曼弗雷德·拉克斯模拟法庭竞赛高端品牌形象表示高度赞赏，对中国空间法学会在本届竞赛活动中展示出来的专业化风范表示钦佩。国际空间法学会认为，中国空间法学会探索出来的品牌化、商业化运营模式和精细化管理模式对各大赛区和有关国家的竞赛活动具有重要的示范作用和借鉴价值。

在本届竞赛活动筹备和举办期间，中国航天科技集团公司总部机关、外交部条法司、中国宇航学会、北京理工大学法学院等有关单位和部门提供了鼎力支持。为激励参赛高校和青年学子，中国空间法学会决定，为本届竞赛冠军队队员报名参加2016年度亚太地区曼弗雷德·拉克斯国际空间法模拟法庭竞赛提供全额国际机票资助。后续，中国空间法学会将认真总结本届竞赛活动的举办经验，力争今后将模拟法庭竞赛活动组织工作办得更加出色，带动更多知名高校和优秀学子参加国内、国际竞赛，以此推动中国参赛水平不断迈上新台阶，早日实现冲出亚太、走向世界的奋斗目标；同时将空间法模拟法庭竞赛活动打造成国内超一流的品牌赛事活动，为宣传中国航天事业辉煌成就、持续提升中国航天软实力、服务航天强国建设做出应有的贡献。

第66届国际宇航大会在耶路撒冷举行

中国空间法学会办公室

2015年10月12日～16日，第66届国际宇航大会（IAC）在以色列耶路撒冷国际会议中心隆重举行。本届大会由国际宇航联合会（IAF）、国际宇航科学院（IAA）、国际空间法学会（IISL）联合主办，以色列国家航天局（ISA）承办。这是以色列继1994年在耶路撒冷承办第45届国际宇航大会之后，第二次承办国际宇航界的“奥林匹克”盛会。中国宇航学会组织来自中国航天两大集团公司所属各院的航天科技工作者共计52人参加本次会议。

2015年10月12日，国际宇航联合会（IAF）主席樋口清司、国际宇航科学院（IAA）主席彼德·杰科维奇及国际空间法学会（IISL）主席汤佳·梅森-斯旺共同宣布大会开幕。本届大会的主题为“太空——通向人类未来之门”，彰显了航天科技对改善人类生活的巨大贡献和万众期待。共有来自全球58个国家和地区的航天政府机构、工业部门、科研院所、学术机构的航天管理专家、科技人员、空间社会科学研究人员、退役航天员、高校师生及媒体人士2095名代表、219家参展单位出席本届大会。

中国国家航天局局长许达哲出席大会开幕式、航天局长论坛、航天局长媒体见面会及航天展览等活动。在航天局长论坛上，中国、美国、俄罗斯、日本、印度和以色列等国航天机构负责人及欧洲空间局局长分别介绍了各自航天活动进展及计划，并就未来太空探索的机遇与挑战、航天技术服务经济社会发展、航天领域的国际合作与交流等话题进行讨论，回答了现场观众的提问。许达哲介绍了我国运载火箭、月球与火星探测、载人航天、空间基础设施等航天工程的进展及后续发展计划，重点阐述了航天工程及空间科学探索、空间技术应用“一体两翼”协调发展的观点，并发表了对航天国际合作的见解。许达哲强调，“中国航天活动是开放的，欢迎各国同行参与中国月球探测、火星探测计划”。与会人员对许达哲的讲话反响热烈，在随后的现场提问环节和新闻媒体见面会上，中国航天未来发展及国际合作政策等成为焦点话题，受到广泛关注，许达哲就上述关切一一作答。

本届大会录用论文数量超过2000篇。在大会录用的各国论文中，美国共有290篇论文雄居第一，中国以240篇位列第二。大会期间共举办7场全体会议、18场“全球网络论坛”（GNF）会议、3场亮点报告、1场最新进展报告、1届议员国际会议、170余场专题分组会，以及各类机构举行的双边会谈、年度会议、社会活动和科普活动共计300场次左右。全体会议和专题论坛充分体现了各国对空间应用、空间资产、商业航天、载人飞行、空间通信、卫星导航、卫星遥感、深空探测、全球气候变化、空间安全、空间治理等热点话题的关注。专题分组会涵盖了空间推进技术、空间运输系统、空间操作、空间碎片、空间能源、空间材料与结构、知识管理、质量管理、安全生产管理、空间基础设施、空间交通管理、微重力科学、空间生命科学、空间教育、空间法律、空间政策、空间经济、空间历史、空间与社会、空间与跨文化交流等各个领域。

本届大会有很多热点话题，比如深空探测问题、空间碎片移除问题，但最大的热点应该是以各种形式、邀请各类专家对小微卫星问题进行的全方位热议。其既涉及研发、制造、在轨操作、寿命末期处理、再入等技术及安全问题，也涉及轨位频率分配、发射许可、国际国内登记、国际责任、成本收益分析、融资、保险等管理和法律问题。2014年，国际电信联盟（ITU）就小微卫星问题发表《布拉格宣言》，呼吁各国加强频率轨位监管和登记，避免发生有害干扰事件。2015年6月，联合国外空委决定将小微卫星所涉法律问题列入正式议题。因此，小微卫星及其所涉管理问题目前已呈风起云涌之势，引起各国代表高度关注。

本届大会期间，中国载人航天工程总设计师周建平举办“全球网络论坛”（GNF）专场报告会。报告会上全面介绍了1992年以来中国载人航天工程的总体情况及历次载人航天飞行任务，描绘了中国空间站建设和运行的路线图、主要功能、应用方向及组装时间表，引起了各国与会人员广泛关注。报告人强调，中国空间站将致力于促进人类的共同利益，欢迎各国与中方开展国际合作。

本届大会期间，中国空间法学会秘书长张振军首次以新任理事身份参加国际空间法学会（IISL）理事会会议，并在各项议题审议中积极发言，这表明张振军秘书长正式进入该机构决策层。会议对来自中国、美国、法国的三位新任理事表示欢迎，对各位离任理事所做出的贡献表示感谢，并就会费标准调整、理事会成员选拔方式、年度奖项的提名、赞助冠名方式、学术会议的组织形式，以及后续如何扩大 IISL 国际影响力等议题进行了深入研究。张振军向理事会简要通报了 2014 年 12 月在北京举办的中国空间法学会第 11 届“CASC 杯”曼弗雷德·拉克斯国际空间法模拟法庭竞赛有关情况、2015 年 9 月在北京举办的联合国区域科技教育中心首届空间法律政策培训班有关情况，并向有关专家拨冗担任书状评委、授课教师表示感谢。

本届大会期间，共有 6 位中国高校师生代表参加国际空间法学会、国际宇航科学院的学术年会并宣讲论文，包括北京理工大学法学院教授李寿平（《空间太阳能电站建设和运行的国际法律问题》）、北京理工大学法学院副教授王国语（《外空自然资源的所有权问题》）、北京理工大学法学院硕士生陶阳子（《外空自然资源开发国际制度制定程序探析》），中国政法大学硕士生富毓（《外空武器化是否不可避免?》），香港大学法律学院教授赵云（《中国加入〈开普敦公约〉空间资产议定书的法律问题探究》）、香港大学法律学院博士生龙杰（《中国空间站项目与国际合作：可行性及相关法律问题》）。国际空间法学会、国际宇航科学院 2015 年学术年会相关情况分别参见本期《空间法学研究年刊（2015 年）》专题刊登的两篇学术会议综述。

2015 年 10 月 15 日，国际空间法学会第 24 届曼弗雷德·拉克斯模拟法庭竞赛全球总决赛圆满落下帷幕。美国密西西比大学代表队击败希腊雅典国立与卡珀德斯兰大学代表队摘得桂冠。随后，国际空间法学会举行 2015 年度颁奖晚会。来自国际法院（ICJ）、国际宇航联合会、国际宇航科学院、国际空间法学会等国际组织的大法官、高级官员，以及各国航天主管机构、各国高等院校、空间法学研究机构的高级官员、航天科技管理专家、空间法学研究人员、空间社会科学研究人员、青年学子近 150 人参会。

国际空间法学会第58届学术年会综述*

苏金远** 许丰娜***

由国际宇航联合会（IAF）、国际宇航科学院（IAA）、国际空间法学会（IISL）联合主办的第66届国际宇航大会（IAC）于2015年10月12日～10月16日在以色列耶路撒冷隆重举行，吸引来自世界各地的2000余名代表参会。

作为第66届国际宇航大会的重要组成部分，国际空间法学会第58届学术年会汇集了来自世界各国及相关国际组织的知名空间法律专家和航天管理专家到会研讨。中国空间法学会秘书长、国际空间法理事张振军研究员，北京理工大学空间法研究所所长李寿平教授、副所长王国语副教授，香港大学中国法研究中心主任赵云教授等中国学者参加本届年会。

国际空间法学会第58届学术年会包含外层空间法主旨演讲会及青年学者论坛，第58届外层空间法研讨会，国际空间法学会科技法律圆桌讨论会（国际宇航科学院），国际空间法学会"航天合作法律框架专题研讨会"（国际宇航联合会），互动展示，以及第24届曼弗雷德·拉克斯空间法模拟法庭竞赛全球总决赛。

根据中国空间法学会总体要求，笔者将本届年会的主要成果整理成文，以飨读者。由于水平、时间有限，纰漏错误难免，恳请学界同仁批评指正。

---

* 本文为作者应中国空间法学会的特别邀约撰写，其基础引证资料来源于第66届国际宇航大会相关录用论文及中国参会专家掌握的论文作者到会宣讲情况，以及国际宇航联合会、国际宇航科学院、国际空间法学会官方网站及有关第66届国际宇航大会的国内外媒体新闻报道。

** 苏金远，西安交通大学法学院教授、院长助理，加拿大麦吉尔大学法学院 Erin J. C. Arsenault 研究员（2014—2015年），英国剑桥大学劳特派特国际法中心客座研究员（2009—2010年）。中国空间法学会理事，国际空间法学会会员，中国欧洲学会欧洲法律研究会理事。主要研究方向为空间法、空间政策、国际航空法、国际海洋法等。

*** 许丰娜，西安交通大学法学院硕士研究生。

一、第七届外层空间法主旨演讲会与青年学者论坛

依照传统，国际空间法学会首先举行第七届 Nandasiri Jasentuliyana 外层空间法主旨演讲会及青年学者论坛。本届主旨演讲会特别邀请美国密西西比大学琼安·盖博瑞诺维奇教授就“外空‘使用’的法律演变：以遥感为例”发表演讲。联合国 1967 年《外空条约》承认各国自由利用外空的权利。随着技术不断发展，出现新的外空利用方式，法律应如何适用于这些新的外空利用成为急需解决的问题。盖博瑞诺维奇教授在主旨演讲中回顾了 1972 年来遥感技术及其国际、国内层面法律适用的演变，并探讨了 3D 打印、卫星群、准实时数据传输等新技术带来的最新法律问题。

本届青年学者论坛照例对 35 周岁以下的空间法青年学者开放，国际空间法学会主席汤佳·梅森-斯旺和以色列 Haim Striks 法学院教授 Orna Ben Naftali 担任共同主持人，荷兰外空创新方案公司（ISIS）Neta Palkovitz 担任报告员。论坛发言涉及外空采矿、外空交通管理、全球卫星导航系统、外空知识产权、外空活动商业化等热点问题。

随着航天科技不断进步，外空采矿越来越接近现实。近年来，随着美国相关立法的推进，有关国家、私人主体外空采矿权的讨论进入了白热化阶段。这一议题吸引了一些青年学者的关注。荷兰莱顿大学航空航天法研究所的 Rishiraj Baruah 和 Nandini Paliwal 以“可持续的外空探索与利用：外空采矿的现今与将来”为题，讨论外空采矿这一新兴活动面临的法律挑战。报告首先指出，现行国际空间法一方面鼓励外空开发活动；另一方面，“禁止据为己有”原则禁止在外空主张公共或私人所有权，但该原则只禁止“区域”所有权，而不妨碍“自然资源”所有权。报告认为，《月球协定》于矿业活动意义非凡，应对其“人类共同遗产”原则进行以行业为导向的动态解释。报告还论述了南极采矿、机构间磋商小组、海底“区域”采矿等机制可为外空采矿活动的可持续发展提供经验，并主张通过“软法”、“硬法”等保障措施来实现外空采矿的盈利前景。

北京理工大学硕士生陶阳子的发言以“外空自然资源开发国际机制：潜在的制定过程”为题，重点关注了两个问题：首先，《月球协定》尤其是“人类共同遗产”原则可在多大程度上影响外空自然资源开发国际制度的构建；其次，应采取何种方式建立这样的制度。报告认为，《月球协定》和《外空条约》在外空自然资源开发的合法性上具有很大的模糊性，并建议通过修订

《月球协定》来明确权利、义务和责任，且有必要成立管理局来授权和监督开发活动，其具体制度可参照《联合国海洋法公约》第11部分规定。

全球化一方面使人类生活日趋同质化，另一方面也使国际法分化为越来越多的专门且相对独立的分支，即所谓的国际法碎片化现象。这一现象在外空法中表现得尤为明显。加拿大麦吉尔大学航空航天法中心博士生 Charles Stotler 以“国际法的碎片化对航天管制的影响”为题，探讨了航空法和航天法的“破碎”问题，认为国际层面上的碎片化致使建立统一的管理体制在各国国内成为必要，美、英等国为此采取了应对措施。报告人按照《联合国国际法委员会系统集成原则》分析这些规则方案，确定国家是否适当地实施这些专门制度，并在全球行政法崛起的大背景下探讨诸如国际民航组织（ICAO）、和平利用外层空间委员会（COPUOS）等高度专业化机构的重要性，同时建议建立全新的、具有准立法权的国际机构。

随着空间碎片的不断增加及空间主体的多元化，外空交通管理已然成为热门话题。来自美国内布拉斯加林肯大学法学院的 Nathan A. Johnson 做了题为“在轨交通管理之于路权”的发言。报告认为，目前还没有统一的、具有法律约束力的权威机构发布卫星避碰指令。实践中，卫星运营商处于其发射国的持续授权和监管之下，而各国出于自身利益对从其管辖范围内发射的卫星实施监管，即根据《国际空间法》规定卫星致损的责任由发射国而非私人运营商直接承担。另一方面，每个卫星运营商为其商业利益而保障其卫星的效用，这使得外空主体都在尽量避免就《责任公约》中的“过错”这一外空中的损害赔偿责任要素做出定义。报告从历史实践、海空交通制度、国际空间大学（ISU）等组织的先前研究中总结空间物体的路权规则，并进一步分析这些路权规则对空间活动、过错责任、“促进安全空间操作，避免物理或电子射频干扰”有效性的影响。

目前，全球卫星导航系统（GNSS）主要有四个，即美国的 GPS、俄罗斯的 GLONASS、欧盟的 Galileo 和中国的北斗。尽管特定频谱已被专门保留和分配用于导航通信，但由于信号强度低而极容易遭受有害干扰，即使是个别错误或信号丢失也可能导致灾难性后果。在国际层面上，有害干扰由国际电信联盟管控，且无论其主观意图或效力强度如何均被认为非法。卢森堡大学法律、经济与金融学院的 Simona Spassova 和 Andreas Loukakis 在《遭受有害干扰而出现错误导航信号的法律问题》的报告中，通过虚拟例子分析了有害干扰发生后的具体法律问题。报告认为，导航业务受许多国际法条款规制，但国际电信联盟缺乏有效的执行机制和责任条款，《外空条约》和《责任公约》的适用性较为间接。报告建议加强其对国际电信联盟有关执行和责任的相关规定。

外空活动商业化的趋势正在日益显现，并已取得初步成效。例如，近年来SpaceX和波音公司分别获得美国国家航空航天局的大额运输合同。如何促进外空活动商业化在国际空间法学会第57届年会即已成为研究热点，本届青年论坛也有多篇论文讨论此议题。

专利是保护商业利益的主要手段之一，在促进外空活动商业化中也是值得探讨的课题。来自美国佳利律师事务所（Cleary Gottlieb Steen & Hamilton LLP）的Brendan Cohen和Elena Carpanelli以“地球外的治外法权：专利从地球到月球的可执行性”为题，分析了有关火箭发射的专利权执行，以及一国授予的专利可否在经过外空、公海上空的火箭上执行的法律问题。报告人认为，传统国内专利法可适用于完全在外空开展的活动，而对发生于多个区域的外空活动的可适用性则不太明确。报告还指出，一般情况下，专利人持有的是外空物体发射国的专利，但在有些情况下，一个外空物体可有多个发射国，使专利法的适用性复杂化。

美国国家航空航天局（NASA）的Brian M. Stanford以“美国航空航天局促进外空活动商业化的方法：一种新颖的方式”为题，讨论了NASA与私人产业主体探索得出的发展航天系统的混合式交易方法。NASA通过战略结盟和交易项目执行等方式，刺激外空活动的商业化，同时改善传统政府采购市场的竞争环境。NASA的方法激励企业去发展应对复杂航天系统商业化的解决方案，接着通过一种更流畅的采购方式从这些供应商手中购买服务，即使有时这些服务尚有待进一步发展和认证。报告人认为，这种具有革新性的采购设计是国家航天机构引领外空商业化、同时兼顾其科学探索使命的一种成熟机制。

比利时鲁汶大学的Dimitri Linden以“国家航天立法对私人主体责任的影响：国家之间的竞争性管制？”为题进行发言。报告认为，伴随着外空活动私有化和商业化的增长态势，国家将国内航天立法视为调控私人航天项目的最适当方式，目的在于确保其与国际空间法原则相一致。数个国家已经制定了实质内容各不相同的国内航天法，也由此产生了规制性竞争和立法统一性的矛盾。就欧洲的实践而言，尽管统一性被明确排除在欧盟的外空职能之外，但似乎存在其他使得欧洲航天立法更为统一的方式。报告主张，为预防“方便旗”和“择地行诉”现象，可通过统一质量标准来提升技术安全性，跨界相互承认授权，提高对《国际空间法》的一致性解释。报告人强调，应鼓励空间物体登记统一，以确保空间活动的所有必要信息透明且可获取。这些建议的现实障碍不仅包括空间活动的政治敏感性和空间产业市场的多样化特点，还有国家在许可、出口控制等监管方面上的自由裁量权。

国际商事要求有与其相匹配的跨国法律规则，非国家实体有时也会创造特定商事领域的规则、程序和体系集合体，这种可能性也存在于外空领域。奥地利维也纳大学的 Anja Nakarada Pecujlic 在题为“识别空间领域中的商人习惯法元素”的发言中主张，可建立一个有约束力规则的机制，来补充国际和国内法的既存制度。报告认为，空间领域的快速进展，使得现行法律制度疲软无力且残缺不全，国内法多仅限于通过授权和监督私人活动方面，软法文书是一种指导性手段但缺乏约束力。报告认为，外空商业主体正建立约束规范、程序和机构的独立机制，例如私人合同中的“交互免责”条款和第三方责任条款。

二、国际空间法学会第 58 届外层空间法研讨会

本届外层空间法研讨会共设“国际人道法和外空法律规制中的领土主权之间的关系”、“媒体和电影中的外空（法）写照”、“外空交通管理法律问题”、“空间法的新近发展”等四项专题进行研讨，内容涉及航天领域的诸多前沿问题。

（一）“国际人道法和外空法律规制中的领土主权之间的关系”专题

一方面，当前外空军事化不断加剧，空间技术在武装冲突及维护一国主权独立和领土完整中的运用愈加频繁。另一方面，由于部分国家的阻扰，外空军备控制谈判处于停滞状态。一些西方鹰派人士认为，外空中发生武装冲突只是时间问题。一般国际法规则适用于外空活动，这得到《外空条约》第 3 条的确认，这当然包括一般国际人道法规则。但学者担忧，现行国际人道法中的诸多规则均依陆海空场景而订立，其适用于外空的可行性有待进一步审查。为此，本届年会设立“国际人道法和外空法律规制中的领土主权之间的关系”专题，讨论外空法律规制与战时法规则、使用武力法规则的互动，尤其是这些规则在什么情形下可适用于在独特的外空环境中开展的行为，以及如何适用。本专题由欧洲空间局的 Ulrike M. Bohlmann 博士、澳大利亚悉尼大学的 Steven Freeland 教授担任共同主持人，卢森堡大学的 Simona Spassova 女士担任报告人。

澳大利亚西悉尼大学的 Steven Freeland 教授和加拿大麦吉尔大学航空航天法中心的 Ram S. Jakhu 教授在题为“联合国外空条约在武装冲突中的可适用性”发言中认为，用于确定武装冲突对条约影响的一般国际法规则应适用于联合国外空条约，这些条约在武装冲突中终结或暂停适用，唯有《营救协定》和《登记公约》可能例外。由于这些条约并不涵盖武装冲突领域，国际社会有必要展开相关条约的谈判。

尼日利亚的非洲区域空间科学技术英语教育中心（ARCSSTE - E）Olusoji Nester John 等作者做了题为“交战正义和诉诸战争权在外空环境法律规制中的实际运用”的发言。报告人认为，现行外空法本身并不足以规制外空中的诉诸战争权，因此有必要适用《联合国宪章》，并且宪章的规定较其他国际法规则具有至上性。根据国际法院判决，一般交战正义规则适用于外空，但国际社会有必要结合外空法和国际人道法，制定适用于外空武装冲突的法律规则，其中应包含条约执行机制。

加拿大麦吉尔大学航空航天法中心的 Cassandra Steer 博士以“避免法律真空：国际人道主义法在外空冲突中的适用”为题进行发言。报告人认为，当外空冲突爆发时，由于外空不能被任何国家主张领土主权，其军事行动的规制和相应的结果是真正国际化的。没有任何国家可在外空违反国际人道法时运用排他的管辖权，但这也意味着存在创造新的法律漏洞、滥用权利之风险。报告人主张，一般情况下国际人道法可以如适用于地面上的冲突那样适用于外空中的冲突，尽管国家可基于国家安全减损其效力，但这样的情形只是例外并且十分有限。对冲突的限制可视为一种互惠主义，确保国际人道法在外空冲突中得以遵守，并将例外降低至最低点，以符合所有国家的利益。

来自阿根廷的独立研究员 Guillermo J. Duberti 博士以“国际人道法框架下的空间武器发展”为题作了发言。报告人认为，现行外空法并未全面禁止外空武器，其合法性问题应依据具体武器分类确定。具体来说，反卫星武器等可能导致大量空间碎片和环境危害的空间武器的使用是非法的，对干扰和激光武器则应区别对待。

日本神户大学的哲学博士 Yuri Takaya - Umehara 的发言以“军事目的原则对武装冲突中的空间物体的适用范围”为题。报告人介绍了网络安全和外空安全的概念，以及军事目的原则对外空军事活动的可适用性。

尼日利亚国家空间研究和发展机构（NASRDA）的 Motolani Fadahunsi - banjo 女士以“将睦邻友好的国际法原则扩展至外空”为题进行发言。报告人认为，睦邻友好是国家对邻国展示友好态度的状态，不仅应适用于地面，而且应适用于外空。具体来说，国家在外空中应履行互不干涉、适当顾及、就国际事务展开合作等义务。睦邻友好原则的此种适用性可为空间碎片、外层军事化等问题提供解决方案，以此促进外层空间的持续合作。

虽然国际法绝对禁止使用武力，然而军事冲突在国际关系中不能完全避免，这可能会产生大量的外空碎片，进而对外空环境产生负面影响。德国航空航天中心（DLR）的 Peter Stubbe 在题为“环境保护作为在外层空间中使用武力限制”的发言中认为，外空已构成人类环境的一部分，空间碎片污染已引发全球关切。报告人主张，国际人道法中的环境保护条款对外空军事参与者有限制功能，这不仅包括对外空武器布置中的污染限制，而且包括对使用碎片作为武器的行为的限制。国家在军事活动的计划和执行中应尽最大努力来保护外空环境。未来可考虑将外空设定为“非军事化保护区”，使人类的后代禁止在外空采取任何武力行动。

卢森堡大学的 Mahulena Hofmann 教授和 Loren Francois Florey 在题为“人道法的实施：服务于国际人道法的航天通信”的发言中认为，秉持战争合法化理念的国际人道法要求采取具体措施来保护平民等特定群体。然而，这些措施必须借助于卫星等可靠的通信渠道方可完成。他们在报告中介绍了旨在保证自然或人为人道主义危机下卫星通信快速部署的项目“emergency. lu”，它基于国际协议而建立，这包括国际电信联盟法律框架，卢森堡的国内立法和相关合同法。

俄罗斯联邦航天局（ROSCOSMOS）的 Olga A. Volynskaya 博士在题为“自卫权在外层空间勘探和开发领域的适用”的发言中认为，近年来关于预防外空武器使用的探讨在国际论坛中愈加频繁，而《联合国宪章》第 51 条所确立的自卫权在外空的适用成为此类讨论的基石。报告人认为，自卫权对外空活动的可适用性主要取决于对宪章第 51 条和《外空条约》的准确解释，以及对《外空条约》进行相应修订的可能性。

（二）“媒体和电影中的外空（法）写照”专题

外空一直是科幻影视作品的重要题材之一。近年来，外空影视作品更是风靡全球荧幕。这些影视作品常常不可避免地涉及人类探索外空的法律和政治问题，如《天地大冲撞》中的行星防卫问题、《阿凡达》中的天体保护问题、《地心引力》中的空间碎片问题。影视作品不仅具有娱乐功能，而且它们在科学普及、提升公共意识等方面具有重要作用，其呈现相关问题的准确程度也会影响大众对外空及外空法的认知，甚至进而影响国家与国际社会在相关议题上的决策。为此，本届年会特设“媒体和电影中的外空（法）写照”专题，回顾并分析其呈现外空法律和政治问题的相关性和准确性，以及其对大众的影响。本专题由美国 MK Force Consulting 公司的 Melissa K. Force 女士和美国乔治敦大学法律中心的 Steven Mirmina 先生担任共同主持人，希腊雅典大学 Michael Chatzipanagiotis 博士担任报告人。

来自西班牙 Orbspace 的 Rafael Moro Aguilar 以“空间法和媒体：关于月球的科幻电影”为题进行发言，探讨四部广受好评的、有关月球探索和定居的科幻电影。其中，弗里茨·朗的经典作品《月球上的女人》（1929）和独立电影《月球》（2009）引发对月球自然资源开采的法律问题的思考。威尔斯的《第一个登上月球的人》（1964）涉及天体有害生物污染问题，这种危害根据《外空条约》第 9 条必须予以预防。最后，库布里克和克拉克的代表作《2001：太空漫游》（1968）在一定程度上触及月球探索的两个重要法律问题，即国家有义务将其在月球上的活动告知国际社会、其他国家的代表有权访问月球基地和其他设施。

希腊雅典大学的 George D. Kyriakopoulos 博士以“当法律遇见影院：詹姆斯·卡梅隆的《阿凡达》作为精神食粮来思考外空法的人类中心主义特性”为题进行发言。报告人认为，从法律角度看，电影的有趣之处在于其默认人类拥有无限的权利去殖民化智慧生灵居住的地外星球，并以商业优先的名义掠夺资源、损害土著居民的权利、毁损环境。尽管联大 1803 号决议与 1514 号决议规定所有民族拥有自决权，而且享有自然资源永久主权，但适用于国家间的国际法并不能自动延伸适用于地球外生物。此外，《外空条约》第 9 条中的“避免有害污染”义务，第 1、第 9 条中的“适当顾及所有其他国的相应利益”义务，以及第 2 条中“外空不能被任何国家据为己有”的规定在对地球外的智慧生灵的适用上也存在法律漏洞。

美国加州州立大学长滩分校的 Larry F. Martinez 在题为“有关地心引力的硬法或软法”的发言中，比较了奥斯卡金像奖获奖电影《蓝烟火》（1969）和《地心引力》（2013）对航天员援助和救济的外空法律规则的描述。虽然两部电影都将国际合作作为关键剧情元素，但它们并未具体提及将外空国际合作视为全人类权利目标的“硬法”制度。然而，《蓝烟火》的确描绘出了国际援助，而《地心引力》中无助的航天员则在一个更加全球化的轨道基础设施中实施自救。报告人还分析了《蓝烟火》和《地心引力》所表现的其相应时代的外空法律制度的政治讨论及其描绘的主流文化取向：“人类使者”是如何被盛行于《蓝烟火》所在的太空探索时代、以“硬法”条约为基础的法律所裹挟，而《地心引力》则描述了人类在外空探索中对更具个性化的、自愿全球合作“软法”的期待。

德国航空航天中心的Annette Froehlich在题为“《兔八哥与达菲鸭》和《火星人马文》——从（地球）国际空间法的角度”的报告中提及与《兔八哥与达菲鸭》、《火星人马文》有关的国际空间法问题，如多国航天器的登记、天体上的武器使用、外空法在确保不污染不破坏天体方面的作用、将月球据为己有等。报告人还对火星人马文从潜在毁灭者向地球拯救者的转变是否受到外空法发展的影响进行了分析。

来自美国亚利桑那州喷泉山的George Anthony Long的发言以“生命的意义以及和商业实体的亲密接触”为题。他以电影《异形》切入，分析了可能影响和管理非国家实体与地球外生物联系的空间法原则。《外空条约》并未确立与地球外生命接触的规定，如第5条只要求发现任何可能危及航天员生命健康的情况时做出紧急通知，第9条要求采取适当措施避免地球外生物的引入对地球环境造成负面改变。《月球协议》第5条第3款明确提及“生命有机体”，但仅仅将义务限制于“披露生命有机体的迹象”。报告认为，国际法并不禁止与地球外生命有机体或细菌的亲密接触或开展与其相关的实验。

在影片《阿凡达》中，矿业开发机构RDA将其基地和人员高度军事化，并使用其军械镇压阻碍超导体矿开采的人们。这一情节使该影片成为一个具有丰富外空法内涵的案例。巴西航空航天法协会的álvaro Fabricio dos Santos和巴西航天局的José Monserrat Filho在题为“电影《阿凡达》：从空间法角度分析”的发言中探讨了RDA是否根据《外空条约》第6条获得本国授权开发潘多拉星球、RDA可否在潘多拉星上建立基地、RDA可否通过携带和部署武器来使潘多拉军事化等问题。作者还讨论了当前的月球和小行星矿产开采问题。

（三）“外空交通管理法律问题”专题

过去60年的人类探索和利用外空活动为人类社会的生活和工作带来了巨大的变革，也造成了大量空间碎片。根据忧思科学家联盟（UCS）统计，截至2015年1月底，共有1265颗卫星在外空中运行。与之相比，空间碎片的数量巨大，目前美国空间监视网络（SSN）跟踪到2.3万片直径大于10 cm的碎片。直径在1～10 cm和小于1 cm的碎片无法被准确跟踪，有人预计它们的数量分别为50万片和1亿片。空间碎片大多集中于近地轨道的2 000 km以内区域，尤其是750～800 km区域，而这些区域正是国际空间站、大多数对地观测卫星、遥感卫星、通信卫星运行的区域。空间碎片的“自然降解”只能依赖于地球的引力，其过程十分缓慢。可以预见，随着空间活动主体的增加，空间碎片将持续增加。卫星和空间碎片都围绕地球高速运行，由于缺乏系统的空间物体交通规则，使得运行中的卫星面临巨大的威胁。更需警惕的是，空间碰撞将导致更多碎片的产生，进而增加碰撞的几率。2009 年的美俄卫星相撞事件为此敲响了警钟，制定外层空间交通管理规则的重要性不言而喻。为此，本届年会设立专题，探讨外空交通管理涉及的法律问题，并就其法律体系框架提供建议。本专题由俄罗斯联邦航天局（ROSCOSMOS）的 Olga Volynskaya 博士、捷克共和国 Jana Robinson 女士担任共同主持人，荷兰莱顿大学的 Deepika Jeyakodi 女士担任报告人。

何为“外空交通管理”？美国内布拉斯加林肯大学法学院的 Frans G. von-der Dunk 教授在题为“外层空间交通管理：宇宙探索面临的挑战”的发言中认为，现有文献将外空交通管理与海空交通管理相类比，但实际上它所涵盖的范围远比后两者宽泛。他从外空活动的特性出发，论述了外空交通管理所包含的内容、既有机制、空中交通管理的借鉴价值，探讨了外空划界和无害通过权问题，并建议从长远考虑建立一个政府间机构负责外空交通管理，从短期考虑建立外空态势感知计划。

美国加州范登堡空军基地 James D. Rendleman 和 Brain D. Green 在题为“外层空间交通管理的机制需求和组织选择”的发言中认为，外空拥塞对空间物体的运行构成了威胁，外空交通管理包括态势感知、控制机制、交通管理，目前在这三方面上都有技术障碍。报告将美国国防部空间态势感知项目作为开展外层空间交通管理的基础，国际民航组织作为负责外层空间交通管理的政府间组织，商业主体提供外空交通管理服务等提议的运行风险、效率、安全性评估，认为商业主体服务是“较灵活、灵敏、与时俱进的”，并且将“反过来降低运营商的守约成本”。

欧洲空间局 Alexander Soucek 等人在题为“欧洲空间局登记其射入地球轨道及外的空间物体的现行实践”的报告中介绍了欧洲空间局空间物体登记的新旧实践。欧洲空间局是第一个履行国际空间法中登记义务的政府间国际组织，自 2014 年起建立空间物体登记和向联合国秘书长告知政策，并于 2015 年建立综合多功能空间物体登记处，在登记信息完整性和准确度上参照联大 62/101 决议的要求。

尽管目前航空交通管理和外空交通管理通常被区别看待，但可回收航天器的发展及私人航天任务的增加使二者的整合研究成为必要。希腊雅典律师

Michael Chatzipanagiotis 在题为“展望未来：航空航天统一交通管理”的发言中建议建立一个包含航空和近地航天轨道的航空航天统一交通管理体制，认为 ADS－B、4d－trajectory、SWIM、ANSPs 等概念和技术对此具有重要借鉴价值，并建议将近地轨道划分为若干区域，其交通管理由根据特定国际条约建立的机构负责。

日本东北大学的 Hatsuru Morita 在题为“全球导航卫星系统法律责任的经济学分析”的发言中，从经济学角度分析了全球卫星导航服务的第三方赔偿责任。报告认为，如果将顾虑水平控制作为最重要要素，那么由于所有者往往是不愿意承担风险的，因此绝对责任辅予可归责过失是最可取的责任机制。在此机制下，全球导航卫星系统接收器的制造商是默认的风险承担者。但如果要同时控制活动水平，过失责任则是最可取的机制。

德国吕纳堡大学的 Lesley Jane Smith 教授在题为“增长市场对下游产业的影响：可连接性和服务要素”的发言中分析了规范下游服务交付的服务层协议及其与一般法律规则的互动。报告人认为，有必要对有关外空服务和非外空服务的义务进行区分，对“用户”进行准确定义。报告人认为，随着导航和通信应用及相关免责的增加，“谁有责任确保可连接性”值得探讨。

空间通信国际组织的 Elina Morozova 在题为“无线电频谱的法律规范”的发言中认为，地球同步轨道已经成为外空中最紧张的资源，国际电信联盟依照其严格程序赋予国家临时使用特定频率和技术参数的权利，而并不允许所有者就轨位出让进行交易。但联合卫星项目并不违反国际电信联盟《无线电规则》0.3 部分的规定，随着无线电频谱和地球同步轨道位置日渐短缺，基于互惠的联合卫星项目必将增加，这是符合共同利益的双赢机制。

日本东北大学的 Makiko Shimizu 等作者的发言以“国内法中全球导航卫星系统运营者的责任：案例研究”为题。报告以日本国内法为例，认为当有关升级或冗余的规定使用户不得完全依赖于导航信号时，导航运营商一般不应负责；接收器制造商或软件供应商更可能承担责任；导航运营商还有可能因错误或失灵，以及未及时提供警告而承担责任。

（四）“空间法的新近发展”专题

本届年会依照传统继续设立“空间法的新近发展”专题，重点探讨 2014 年春季以来外空活动的新近发展及其法律规制。本专题由德国独立研究员 Martha Mejia－Kaiser 博士、印度 NIAS 的 K. R. Sridhara Murthi 先生担任共同主持人，卢森堡大学的 Andreas Loukakis 担任报告员。中国、美国、俄罗斯、德国、日本、巴西、阿根廷等国与会代表分别介绍了本国的航天立法、航天政策的新近发展。

阿根廷布宜诺斯艾利斯大学的 Maureen Williams 教授的发言题目为“有关月球和其他天体自然资源的有争议国际法规则”。报告人讨论了外空财产权利、自然资源法律地位、外空采矿等问题，并认为，《月球协定》第11条第1款只规定月球及其自然资源为人类共同继承财产，而未提及“其他天体”；与此类似，第14条有关国际责任的规定也只限于月球的活动。Williams 教授还认为，《月球协定》第11条第5款规定在开发活动“成为可能”的情况下，建立管理月球自然资源开发的国际制度，对这一条款存在不同的解释。

目前，国际条约中有许多关于“外空探索和利用”的定性。例如，《外空条约》中的“为全人类共同利益”和“全人类共同事业”，《月球协定》中的“人类共同继承财产”。除国际条约外，还有“全球公域”、“共同资源”、“非公域”、“无主地”、“公地”等定性。美国乔治·华盛顿大学空间政策研究所的 Henry Hertzfeld 和来自 Secure World Foundation 的 Brian Weeden 和 Christopher Johnson 在题为“我们如何被简单的用词误导：外空公域陷阱”的发言中认为，这些用词都不能准确对应外空的法律和经济条件，也都不能为未来处理外空资源、外空探索提供足够的框架。发言人建议，应采取更加务实的方式，确保外空环境的有效保护，避免误用、过度使用和滥用行为的发生，这可能包括承认有限的财产权、建立新的具有拘束力的争端解决技术等。

美国内布拉斯加大学法学院的 Dennis Burnett 以“美国2015年外空探索和利用法案假设文本”为题进行发言。他在发言中提出了法案假设文本，并总结这一假设文本相关问题的讨论和观点。报告人认为，法案将禁止美国公民未经许可开展外空探索和利用活动，定义美国公民的范畴，授权总统颁布有关“哪些活动需要许可”的规定，规定许可的程序。报告人还认为，许可通常会被批准，除非活动不符合美国法律、对已经许可的美国公民的活动造成有害干涉、对已经许可的他国公民执行且满足一定条件的空间活动造成有害干涉、危及美国的公共健康或安全及与美国缔结双边条约的国家的公共健康或安全。这一立法还将规定违法行为的刑事和民事责任。

德国科隆大学航空航天法中心的博士生 Kumar Abhijeet 在题为“欧洲对发展中国家的外空立法借鉴”的发言中认为，许多欧洲国家不仅自身积极开展外空活动，而且在欧洲空间局框架内也扮演重要角色。他们的国家航天立法在很大程度上可能是出于损害赔偿责任考虑。报告人分析了国家航天立法的基础，确定了基础立法事项，认为欧洲立法与时俱进，对发展中国家具有很大的借鉴价值。

西班牙哈恩大学的博士生 María - del - Car men Muñoz - Rodríguez 的发言题目为“西班牙：向国家航天立法和西班牙航天局迈进?”。报告指出，西班牙已经加入联合国四大外空条约，并建立了向国防部汇报的国家航天技术研究所和向经济和竞争力部汇报的技术和工业发展中心；西班牙是欧盟、欧洲空间局和其他国际组织的成员国，并已批准许多关于外空活动和政策的双边和多边国际协定。他认为，建立统一的西班牙航天立法和西班牙航天局的需求越来越明显。

日本国家防御研究所所长 Yasuaki Hashimoto 教授介绍了日本最新《基本空间政策方案》的特点和影响。他指出，2015 年 1 月制定的日本《基本空间政策方案》与 2009 年版和 2013 年版相比，更加侧重有关安全的外空活动，并在一定程度上反映了 2013 年 12 月发布的日本国家安全政策的内容。该方案包括三个支柱，即外空安全、通过外空的安全、外空国际合作。

香港大学赵云教授以“中国参与《开普敦公约》空间资产议定书的法律问题探究”为题进行发言。他认为，议定书为空间资产国际利益成功建立了一个国际登记制度，该机制为航天融资添加了透明度。中国积极参与了议定书的谈判和起草过程，并对议定书的通过持正面态度。赵云教授对中国短期内加入该议定书持积极态度，因此研究中国可能作出的声明具有重要意义。报告人分析了议定书对中国航天产业的可能影响，并对加入议定书需要作出的声明提出了建议。

奥地利维也纳大学的 Irmgard Marboe 教授在题为“欧洲对地观测数据政策——通过多个实体达成多个目标”的发言中认为，欧洲在对地观测领域野心勃勃，在技术和法律政策领域都面临挑战。多个实体在欧洲大陆对地观测数据政策的发展中发挥作用，这导致目前尚无统一的欧洲对地观测数据政策，只有可供欧盟—欧空局“哥白尼”项目执行的法律和政策要素，其中有些问题尚未解决。这些问题如何解决将对欧洲数据政策的形成提供参考。

北京理工大学法学院的李寿平副院长在题为“空间太阳能电站建设和运行的国际法律问题”的发言中认为，尽管空间太阳能发电不仅可以从根本上改变人类获取能源的方式、解决工业化带来的能源危机问题，而且还可以带来技术革命，但国际社会需要完善的国际法对空间太阳能电站的建设加以规制。这将对现行国际空间法的基本原则带来新挑战，并给防止外空军备竞赛和外空武器化带来新要求。为此，国际社会不仅需要积极通过国际立法防止外空军备竞赛和外空武器化，而且需要进一步发展空间碎片主动移除技术，以确保空间太阳能的公平分享，同时也要建立外空活动损害赔偿责任的法律制度。

巴西航天局的 José Monserrat Filho 在题为“处于危险中的地球和外空法”的发言中警示世人，地球正面临气候变化、全球地缘政治格局不明、核武器等重大威胁。报告人认为，国际空间法可能成为灾难的牺牲品，但也可能成为防止灾难发生的手段。他提出的国际法领域若干动议有助于确保地球免受这些威胁的破坏，例如举办联合国大会等。

三、第30届国际宇航科学院-国际空间法学会科技法律圆桌讨论会

2015年10月15日举行的第30届国际宇航科学院-国际空间法学会科技法律圆桌讨论会以“大学作为空间活动主体”为主题。圆桌讨论会由国际空间法学会副主席Kai-Uwe Schrogl 教授和南非 Stellenbosch 大学的 Willem (Herman) Steyn 教授共同主持，德国航空航天中心的 Marc Haese 和 Nicola Rohner-Willsch共同担任报告员。

过去几年来，世界各地的一些大学成为空间活动的新主体。大学参与外空活动的方式多种多样，尤其值得一提的是小微卫星任务、国际空间站实验，以及其他低成本高效益、技术复杂程度较低的外空活动。小微卫星和二次载荷机会还为加强学术界和产业界合作、发挥衍生效应、激发创新提供了良好机遇。大学空间活动的一个特点是女性参与程度高，提前介入空间产业可能改变诸多女性的职业规划。在此背景下，本次圆桌讨论会主要探讨大学参与外空活动带来的新问题，例如技术标准化问题、法律边界条件，以及小微卫星和二次载荷的运行等。此外，与会者还探讨了发射机会有限、通过国外地面基站运行存在困难等问题。

四、国际宇航联合会-国际空间法学会航天合作法律框架专题研讨会

近年来，国际宇航联合会和国际空间法学会多次联合举行专题研讨会，探讨航天国际合作法律制度建设问题，尤其是政府外空探索项目及其策划的法律框架。本届联合研讨会侧重探讨《国际武器贸易条例》（ITAR）及类似

出口控制机制对外空国际合作的发展、运作阶段的影响，以及相关经验教训。丹麦 Rovsing A/S 的 Cristian Bank 和德国航空航天局的 Bernhard Schmidt－Tedd 博士担任共同主持人，乌克兰议会、DRSH 集团有限公司的 Olga S. Stelmakh 女士担任报告人。

研讨会上，日本庆应大学的青木节子教授讨论了国际空间合作机制中的普遍法律问题。2012 年，联合国外空委法律小组委员会通过“审查外空和平探索和利用的国际合作机制”工作组五年计划。该计划旨在总结国际合作机制中的普遍法律问题、原则和程序，以此选择可供推动未来合作项目的机制。2013 年和 2014 年，工作组通过旨在搜集成员国国际合作机制范例的意见单，现已有大约 20 个成员国和相关国际组织向法律小组委员会提交了其合作机制类型。青木节子教授认为，各国应在各种国际合作项目中总结出更加可取、重要且不可或缺的条件和规定；同时指出，这些标准应根据合作的类型而有所不同，并且要具有面向未来的现实价值。

美国国家航空航天局副总法律顾问 Sumara Thompson－King 女士介绍了美国在和平探索与利用外空中所使用的国际合作机制，这涉及外空探索、地球和空间科学、外空操作等民用和商用外空活动。她重点介绍了美国、俄罗斯、日本、加拿大及 11 个欧洲空间局成员国（比利时、丹麦、法国、德国、意大利、荷兰、挪威、西班牙、瑞典、瑞士和英国）之间的 1998 年《政府间空间站合作协议》。该协议为国际空间站建立了政府层面的承诺，并就关键政府层面义务创设具有拘束力的国际义务。报告人还介绍了美国国家航空航天局与欧洲空间局、加拿大航天局、俄罗斯航天局、日本政府建立的 1998 年《深解备忘录》。该《深解备忘录》旨在航天局层面为设计、发展、执行和利用国际空间站建立合作基础。

奥地利卡尔·弗朗岑斯格拉茨大学的 Anita Rinner 女士探讨了欧盟《外空活动国际行为准则（草案）》的影响及欧洲对空间合作项目的贡献。她认为，尽管《欧盟运行条约》第 189 条第 3 款规定欧盟没有协调现有成员国航天立法的职权，然而协调似乎是必要的。欧盟《外空活动国际行为准则（草案）》为在空间碎片减缓、外空交通管理和外空可持续利用等方面建立一致的标准提供了可能。此外，欧盟在某些领域，例如对地观测卫星数据的商业传播，试图建立共同的欧洲外空法律，但现实中似乎没有建立地理图像统一市场的需求。报告人还探讨了这些新动向对《欧盟运行条约》第 4 条有关“共同职权”的影响。她在分析迈向欧洲统一外空法律潜在职权的同时，还分析了为欧洲统一外空战略创造额外价值的解决方案。

此外，中国政法大学 Eytan Tepper 博士分享了他对“中国出口管制制度在航天国际合作活动中的适用”的看法；乌克兰议会、DRSH 集团有限公司的 Olga S. Stelmakh 女士从法律视角探讨了确保负责任利用外空、外空可持续性和外空环境安全等全球空间治理问题。

五、海报论文展示

本届学术年会还设立海报论文展示环节，为部分学者尤其是在校学生提供展示研究构想和研究成果的平台。来自德国吕纳堡大学、德国 Weber - Steinhaus & Smith 律师事务所的 Lesley Jane Smith 和来自卢森堡大学的 Mahulena Hofmann 担任协调人。

香港大学博士研究生龙杰的研究展示以“中国空间站项目与国际合作：可行性及相关法律问题”为题，以法律等因素为出发点，审视了不同的空间站管辖模式的可行性问题，包括苏联礼炮号航天站模式、中国-国际空间站模式、欧洲空间局模式、中国引领模式。在分析这些模式的优势和局限性的基础上，报告人认为，鉴于法律、政治、金融、技术等多方面原因，拟议中的中国引领模式对中国即将开展的空间站合作是一种理想的模式。报告人进而主张，在外空商业化背景下，中国应采取务实的方式进行航天立法，优先考虑最重要的法律问题，如知识产权保护、出口管制和争端解决机制等。

来自奥地利卡尔·弗朗岑斯格拉茨大学的 Hannes Mayer 的研究展示以“发射当局援助：要求还是权利?”为题。根据《营救协定》第 2 条，如果援助将有助于实现迅速抢救或大大提升搜救行动的有效性，则发射当局有义务尽其所能营救缔约国的航天员。在实践中，发射当局可能有意协助另一国的航天员着陆：一方面，迅速找到并营救航天员（也可能恢复航天器）符合其利益；另一方面，需要保障潜在的高技能人才、敏感技术和令科学数据最小限度地暴露于外国政府面前。航天员的着陆国基于以下几点原因可能要求发射当局的援助：专业技术的缺失、主权安全、国家声望等。发射当局参与恢复工作有无权利依据、是否只有在缔约国请求后才能实施，都是值得研究的问题。发射当局可能主张在营救行动中发挥实质性的作用；缔约国却认为，发射当局的参与也有可能会阻碍营救工作。

随着政府和非政府部门实体的增加，机器人航天已成为全球性的事业，进而引进了新的太空探索战略。这就促使有关方面对现有法规或政策的修改、额外准则的制定的需求产生，必须加以考虑。加拿大航天咨询委员会的 Chantelle Dubois 介绍了 2014 年在加拿大多伦多举办的空间时代大会情况。在该次大会上，来自 15 个国家的学生和青年学者参与了“人类空间探索伦理和政策新战略”工作组。工作组着眼于伦理、当前及未来的政策，对人类空间探索战略的现状进行了回顾，并提出若干建议。当我们进入以载人航天任务为重点的时代，围绕空间探索战略引发的道德考量可谓纷繁复杂。为了监督道德因素与使命目标的平衡，工作组提议建立联合国道德理事会来制定道德准则，并考虑追求载人航天主动权的实体提出的建议。此外，报告建议扩展现有的政策以促进合作，分散对于跨国公司、多方当事人、商业和人类长期使命的风险。

《欧盟运作条约》（TFEU）第 189 条开辟了发展和促进欧洲空间政策的新前景。欧盟旗舰计划哥白尼的执行，以及能够可靠地获得商业卫星对地观测数据，使得建立具有竞争性的欧盟空间政策获得关键的优先权。来自塞浦路斯电子通信部的 Konstantina Liperi 在题为“欧盟对地观测的监管框架——我们达到了吗?”的报告中，阐明了欧洲对地观测领域的当前发展状况。报告第一部分审查了哥白尼条例的持续实施，以及欧盟和欧洲空间局的新动态关系；报告的第二部分关注欧洲委员会 2014 年 6 月发布的《关于对地观测卫星数据用于商业目的的传播的指令的建议》。指令草案的目的是协调管控地球观测数据，尤其是可能分裂欧盟市场的高分辨率卫星数据传播的规则。然而，欧盟成员国似乎对指令刺激市场的必要性仍持怀疑态度。因此，报告将分析该指令的法律内容和其政治维度。

中国政法大学硕士研究生富毓在题为“外空武器化是否不可避免”的发言中评价了外空去武器化的规则，包括解释现行规则和缔结这方面的新协议。报告人分析了《外空条约》第 4 条关于“外空武器控制”的规定，提出了弥补该条法律漏洞的方式，最后探讨了航天大国试图使外空去武器化的其他方式：订立新规则，例如中俄提议的 PPWT 草案、欧盟提出的《外空活动国际行为准则（草案）》，并对这些文件的可行性进行评价。

鉴于国家和私人实体在外空的巨大利益，现行的规则和机构是否可在国际合作的框架内、适当而充分地确保不断加强的太空探索和平运行并造福全人类，成为重要的问题。波兰雅盖隆大学的 Kamil Dobrowolski 在题为“空间法律行为原则：对角色扮演游戏的三部曲《质量效应》中的人类探索外空的个案研究”的发言中谈到，可以在角色扮演游戏三部曲《质量效应》中找到建议。报告分析了三部曲中人类进行星际之旅的方式，更确切地说，上述游戏中负责人类太空活动的、名为“系统联盟”的国际组织扮演着什么样的角色；外空活动是否及如何尊重外空法原则，如“禁止据为己有”原则、“和平目的”原则和“全人类共同事业”原则；最后，试图确定《质量效应》中的宇宙空间是否存在一个推动或作为执行有关太空活动的新法规或机构基础的元素。

将3D打印技术应用于外空，为空间制造业和空间计划带来了无限的可能性，同时也产生了诸多法律问题。荷兰莱顿大学的Deepika Jeyakodi在题为“外空中的3D打印所涉法律问题”的发言中对此进行了探讨。第一，利用3D打印技术在太空中制造的物体，是否包含在现行空间法所确立的“空间物体”的概念中，进而确定《责任公约》对其的适用性。第二，若干与3D打印有关的知识产权问题，如所有权、商业秘密、专利权等，即便是对于其在地球上的应用也是悬而未决的，太空中的使用也相应地受到该发展进程的影响。第三，面对3D打印可能带来的外空武器化问题，法律是否已做好准备。鉴于技术的发展已远远超越了法律发展的速度，报告人试图按照国际外空法的现有条文分析外空中的3D打印技术，并提出可能弥补法律漏洞的建议。

美国航天基金会的Jillianne Pierce在题为“迈向一个新的国际法律规范：卫星图像及其对‘保护的责任’学说发展的影响”的发言中，研究了卫星遥感数据的扩散如何影响“保护的责任”学说的发展。报告审视了利用卫星图像去识别违反人道主义的行为，以及一旦发现后如何使用这种数据。报告还考虑到这种数据的可用性是否产生或加剧一个国家进行干预的责任，并批判性地分析了利用卫星数据来证明人道主义干预的正当性问题。

美国内布拉斯加大学林肯分校法学院的Anastasia Voronina进行了题为“《外空活动国际行为准则（草案）》：从制度的角度分析”的发言，旨在审查行为准则所支持的合作机制、国际合作的方式和路径，分析其对国际合作造成的影响。报告人认为，准则草案确立了国际会议和国际组织相结合的“混合”合作机制。国际空间合作机制的“混合”性质，是由日益增长的外空探索活动，以及以一种高效和可持续的方式利用外空资源的需要所决定的。

技术发展使得互联网延伸至世界偏远区域的能力可能受到外空法律制度的管控。谷歌和Facebook分别利用高空氦气球、无人机来使其网络普及全球。然而，高空仍然处于一国的主权范围内，故这些公司必须首先得到其所飞越的国家的许可，荷兰莱顿大学航空航天法国际研究所的Dimitrios Stratigentas和Mclee Kerolle在题为“天空中的互联网：法律挑战”的发言中如是说。同时，一旦这些飞行器给第三方造成损害，就会涉及到第三者责任的问题。遵守国际电信联盟（ITU）的无线电法规，并确保免受有害干扰将会是一个巨大的挑战。从这方面来说，与潜在受影响的各方进行协调，将会对项目的实现构成一道障碍。

六、空间法模拟法庭竞赛全球总决赛

作为国际空间法学会第58届学术年会的重要组成部分，第24届曼弗雷德·拉克斯空间法模拟法庭竞赛全球总决赛于2015年10月15日举行。联合国国际法院大法官Peter Tomka（斯洛伐克籍）、Dalveer Bhandari（印度籍）、Kirill Gevorgian（俄罗斯籍）担任主审法官。经过激烈角逐，美国密西西比大学最终荣获冠军和“最佳书状奖”，希腊雅典国立与卡珀德斯兰大学荣获亚军，其参赛队员Athanasios Plexidas荣获“最佳辩手”称号。

七、小结

从本届学术年会的议题设置和研讨成果来看，国际空间法学研究的前沿性不断凸显，学术界、产业界和实务界的联系与互动愈加密切，研究成果不仅法理分析缜密而且富有建设性。具体体现在以下两个方面。

（一）发达国家为私人外空采矿活动保驾护航

国家是空间活动的最主要主体，传统外空法以国家为规范主体，对私人外空活动仅笼统课以受国家监督义务并要求国家承担国际责任。随着私人主体在航天活动中扮演的角色越来越重要，通过国内立法为私人航天活动保驾护航，以此鼓励私人主体投资，已成为近年来空间法的一大发展特点。这在很大程度上是因为国际空间立法举步维艰，国家不得不通过国内层面的立法来填补国际法的空白。

事实上，2015年在加拿大多伦多举办的国际空间法学会第57届学术年会上，就有发达国家学者和实务界人士呼吁为私人外空活动提供法律保障，并侧重探讨了太空旅游和空天运输。如今，这一发展动向延伸至私人主体外空采矿上，本届年会上有多篇论文讨论此议题。

2015年11月18日，美国国会通过《美国商业航天发射竞争力法》；2015年11月25日，该法案经美国总统奥巴马签署生效。该法案涉及私人航天竞争力和产业促进、商业遥感、外空商业办公室、外空资源探索与利用等四个部分。其中，第四部分赋予美国私人主体“持有、拥有、运输、使用和出售依据包括美国国际相关责任在内的适用法所取得的小行星资源和外空资源”的权利，这引起国际社会激烈辩论。其支持者认为，外空资源开发属于《外空条约》第 1 条第 2 款中的“探索和利用”范围，是外空自由之一；批评者则认为，一国赋予其私人主体外空采矿权和所有权，构成《外空条约》第 2 条所禁止的“据为己有”行为。

该法案自提出以来就一直备受关切。2016 年联合国外空委法律小组委员会、科技小组委员会均就此展开了探讨；2016 年 3 月在加拿大蒙特利尔召开的第四届曼弗莱德·拉克斯外空法大会也将外空资源开发法律问题作为主要议题之一；荷兰莱顿大学成立了外空资源法律工作小组；2016 年 9 月在墨西哥举行的国际空间法学会第 59 届学术年会也将“外空资源和离地采矿法律观点”作为重要议题之一；联合国外空委法律小组委员会已将外空采矿所涉法律问题列入 2017 年会议议程。可以预计，随着美国推进其国内立法，其他国家将可能陆续效仿，外空资源开发这一议题将持续升温。

（二）外空冲突规范重要性显现且不容忽视

现行外空法在有效防止外空军备竞赛上存在不足。为此，国际社会存在诸多旨在修补这一不足的进程，例如，中俄《防止外空武器化条约》草案，欧盟《外空活动国际行为准则（草案）》，“俄罗斯不首先在外空放置武器”的单边承诺等。

近两年来，有关外空安全的讨论逐步向外空冲突规范延伸。本届学术年会专门设立议题，探讨外空冲突中的国际人道法问题。据悉，加拿大麦吉尔大学航空航天法中心已经开始着手起草《适用于外空军事活动的国际法手册》，美国、加拿大、澳大利亚、法国等国均有学者参与。该项目不仅将涉及未构成威胁或使用武力的外空“敌意”军事活动的规制，而且将涉及构成威胁或使用武力甚至武装冲突的外空军事活动的规制。尽管其研究成果将毫无疑问不具有任何法律拘束力，但类似由学者起草的课题研究成果对国际立法和国家实践具有一定的影响力，例如有关规制网络冲突的《塔林手册》。

事实上，外空冲突规则属于战时法问题，与防止外空军备竞赛和外空武器化并不产生必然冲突。即使是现有的外空安全进程，也明确说明不影响国家的自卫权利。但问题是，明晰冲突规则是否可能会反而诱导一些国家加强外空军事化进程，甚至在外空放置武器，我们有理由对此心存疑虑。

国际宇航科学院第28届空间政策、规范及经济论坛综述*

吴晓丹**

国际宇航联合会（IAF）成立于1951年，是航天领域世界领先的全球性科研自治组织，致力于建设“为人类利益而合作的航天世界”①，其使命包括促进国际合作和发展、分享知识、认可成就、储备人才和提升意识等。国际宇航联合会1960年创建了另外两个独立的学术组织——国际空间法学会（IISL）和国际宇航科学院（IAA）。出于历史渊源关系，这三个国际学术组织始终保持着密切的合作关系，被形象地比喻成国际宇航界的“三驾马车”。他们联合主办的国际宇航大会（IAC）是航天领域全球规模的年度学术会议，旨在开展多学科、跨领域的学者间、机构间、政府间和国际组织间的交流活动。

2015年10月12日～16日，第66届国际宇航大会在以色列耶路撒冷国际会议中心举行。本届大会的主题是“太空——通向人类未来之门”，从不同层面探讨外空如何惠益于人类，主要包括太空是国际合作和伙伴关系的工具、太空是基于和平目的观测地球的工具、太空是提升教育的工具、太空是促进外交纽带和政治惠益的工具，以及太空是创建全球工业伙伴关系的工具②。在

* 本文为作者应中国空间法学会的特别邀约撰写，其基础引证资料来源于第66届国际宇航大会录用论文和中国参会专家掌握的论文作者到会宣讲情况，国际宇航联合会、国际宇航科学院、国际空间法学会官方网站，以及有关第66届国际宇航大会的国内外媒体新闻报道。

** 吴晓丹，中央财经大学法学院副教授，2011年获意大利米兰大学国际法学博士学位，2013年在中国社会科学院法学研究所完成国际法博士后研究。主要研究领域为国际公法，主要研究方向包括国际空间法、国际人权法、国际刑法及国际法院与法庭等。撰写的中国宇航学会·中国空间法学会2014年学术年会录用论文《立法促进商业航天的发展》荣获该届年会优秀论文一等奖；参与中国空间法学会2012—2013年度特设重点课题“欧洲国家航天立法研究”，并荣获课题研究二等奖。

① 参见http：//www.iafastro.org，2016年1月10日访问。

② 参见http：//www.iac2015.org/congress/iac-2015-theme，2016年1月10日访问。

历时五天的研讨中，政府官员、国际组织官员、专家、教授、工程师、青年学者和高校学生等来自全球不同国家的几千名各个层面的航天人齐聚耶路撒冷，参加了学术会议、全体大会、政府间对话、航天技术和产品展览、模拟法庭竞赛等多种活动。

在国际宇航大会中，除国际空间法学会学术年会，国际宇航科学院组织的空间政策、规范及经济论坛也与空间法律和政策密切相关。与往届一样，本届论坛仍旨在系统概览空间政策、规范及经济的现下发展，不论是一国国内还是多边的空间政策和计划。本届论坛的协调人是德国航空航天中心的Bernhard Schmidt－Tedd和欧洲空间局（ESA）的Jacques Masson。共有来自多国作者提交的约30篇论文被录用。本文第一部分将分专题进行概述。

在本届国际宇航大会期间，国际宇航科学院在其组织的空间碎片论坛中，与国际宇航联合会外空安全委员会联合举办了一个分会场活动，主题是“关于空间碎片监测、减缓、移除的政策、法律、制度和经济问题”，也就是空间碎片的非技术层面问题。鉴于该项学术交流活动与国际宇航科学院第28届空间政策、规范及经济论坛的诸多内容关联度较大，特此纳入本文作为第二部分，以飨读者。

一、第28届空间政策、规范及经济论坛

（一）“区域空间合作的政策、管制及法律工具”专题

本专题从政治、经济和法律角度讨论现有和新兴的区域空间合作框架。政治视角包括平衡公平目标、区域融合、主权和政治荣耀等，经济层面包括资助水平、融资机制和返回规则等，法律制度包括欧洲空间局公约及欧盟的空间能力等。国际空间法学会资深会员、意大利帕多瓦大学空间法教授Elisabeth Back Impallomeni和哥伦比亚学者Ciro Arevalo Yepes担任共同主持人，报告员是美国世界安全基金会的Laura Delgado Lopez女士。

会上四位报告人从不同侧面解析了欧洲地区的外空合作，包括欧洲空间局和欧盟框架内的国际合作。欧洲空间局的Ulrike M. Bohlmann博士在题为《欧空局条约——50年成功的外空区域合作》的发言中总结了欧洲空间局的主要法律和结构性特征，评估了其在合作和创新领域的成就。报告人指出，欧洲空间局对成员国的吸引力主要体现在强健的组织架构、持续性的制度建设和高度的灵活性，这些因素确保欧洲空间局能够获取成员国的信任，进而确立体现各国共同目标的工业政策以提升欧洲工业的全球竞争力。尽管欧洲空

间局是为其成员国量身定制的，这些国家具有政治同质性，能够确保外空合作的工业多样性，但欧洲空间局模式或者其主要特征对其他国家也是很有启发性的。

欧洲空间局的 Christopher Kehnert 等三位作者介绍了北欧国家的共同目标，强调航天应用对制定战略和国家治理的作用。丹麦、芬兰、挪威和瑞典这北欧四国在政治和经济制度、地缘政治和文化方面具有诸多共性，这使得他们在很多领域具有类似的目标、利益和政策。他们都关注可再生资源、环境与气候变化的国际合作，重视教育与科研开发，强调北欧区域合作的重要性；鉴于北极地区是他们的共同利益所在，这些国家历来重视提升欧盟的共同防卫能力，这是他们今后外空政策、战略和项目的基础以及投资外空的动机。导航、地面观测、通信等领域的技术手段能够帮助北欧国家实现可持续发展与外部安全，但各国尚未充分利用航天应用的潜力。虽然目前的政策尚未予以明确体现，可以预测的是，与能源、知识、环境及安全有关的航天活动是这些国家未来的优先发展领域和发展趋势。

西班牙哈恩大学的 María－del－Carmen Muñoz－Rodríguez 副教授考察了欧盟和欧洲空间局的关系。虽然《里斯本条约》授权欧盟与欧洲空间局建立恰当的关系，但并未明确这种关系的性质。需要注意的是，两个组织的合作可能影响欧洲国家的外交和安全政策。意大利航天局的 Silvia Ciccarelli 等三位作者基于欧盟到2020年地平线规划下的创新联盟战略，分析了欧洲工业和研究机构未来几年的合作模式。这一分析对工业政策、国际合作和欧盟的外空职能提供了有价值的信息。2014年到2020年欧盟最大的研究与创新项目的资金资助大概是800亿欧元，其中140亿欧元投向航天产业。

乌克兰科学院的 Yevgeniy Zakharchuk 博士从乌克兰第三个航天五年规划出发，认为在资金特别紧张的情况下，国际合作对于乌克兰航天更加重要，特别是与波罗的海和黑海地区的国家。这些国家可以利用乌克兰的发射能力、卫星技术和基础设施，通过协调有关的政策和法律、采取知识产权保护措施等强化合作，使这些国家更好地融入欧洲科研体系。

俄罗斯联邦航天局的 Yuri Makarov 等4位作者介绍了俄罗斯与白俄罗斯的外空合作机制。两国在工业和科技合作方面渊源已久，外空项目是双边合作的优先领域，2011年两国签署《为和平目的探索和利用外空的政府间协议》。目前的双边合作的主要领域包括地面遥感、大学卫星项目、卫星导航地面辅助网络、机器人技术和电子组建及卫星技术等，两国正在设立提供地面观测服务的股份公司。基于两国的历史纽带和类似航天目标，未来可能在地面遥感商业化、地理信息技术和卫星导航系统等领域拓展合作。

中国国防科技大学国家安全与战略研究中心的朱启超教授在发言中关注“什么样的合作能够预防外空冲突”这一问题。一般认为，合作能够降低冲突风险，但报告人指出，并不是所有的合作都能达到这个效果。报告人首先从历史角度考证了外空合作在预防和防止外空冲突恶化方面的作用；美苏的联合商业发射和国际空间站的建设终止了20世纪70年代末到90年代两国之间的外空冲突。其次，其分析了技术、政治和军事如何触发争端和提升合作。再次，报告研究了四种合作框架，即协调、补充、互相依赖和融合各国的技术和政治表现，具体说明怎样通过合作的形式、范围和目的等降低冲突风险。最后，在上述研究基础上，出于分享外空惠益的目的，报告人提出了全球外空合作的理念。

日本东京大学的 Yuichiro Nagaiu 对日本和印度两国的航天项目进行了政策分析。在亚太空间政策和法律网络（SOLANAP）的框架下，日本东京大学和印度国家高等研究院共同研究了亚太地区外空政策，并起草了一份报告。在比较研究两国外空政策和治理的基础上，寻找共性、差异、特点及特长，以清楚地识别政策挑战、寻求解决办法。

波多黎各的 Carlos Alvarado - Briceno 在其题为《中美洲合作与外空发展：成就与挑战》的发言中介绍了中美洲宇航联盟。这个成立于2010年的非营利性组织旨在引领中美洲地区航天技术发展。在与该地区的政府、私人实体和科研机构合作中，通过起草航天法律框架、促进研究、传播知识和发布项目等措施，激发中美洲的人才投身到航天领域，包括支持危地马拉、波多黎各等国向国际宇航大会提交论文。报告人建议在未来五年内成立区域性技术项目，建立区域性空间机构。

（二）“国际空间探索政策与发展计划”专题

国际合作计划和伙伴关系近年来发展势头强劲，政策是其中重要一环。本专题是为了反映空间探索的发展趋势和最新成果，为国际宇航科学院“太空探索战略和未来动态发展”研究提供支撑。主持人是欧洲空间局的 Nicolas Peter 先生和刚刚在德国航空航天中心履新的 Pascale Enrenfreund 女士。

欧洲空间政策研究所的 Serge Plattard（奥地利）代表近20位专家介绍了国际宇航科学院外空探索动态发展的最终研究成果。这项研究是为了全面研究各国有关空间探索的政策。合作是解决空间探索挑战和困难的最佳路径，专家们建议树立大胆、共同、全面、可持续的新愿景，成立国际空间探索理事会作为国际探索太空项目的筹划和决策机构。这个理事会由所有航天国家的高级政府官员、空间机构、创业实体及航天产业、科技界和市民世界的代表组成，由自下而上的活动支撑这个自上而下的机构。2014年，该建议提交给了国际宇航科学院主办的空间机构领导人峰会。

接下来的三份发言围绕美国载人航天工程展开。美国乔治·华盛顿大学空间政策研究所的Nikolai Joseph等为注重能力的载人航天方法提供了整合政策的框架。2010年，在奥巴马政府提出的航天政策中，建议2035年将人类送上火星，但并未明确路径，也没有具体任务分派，导致载人航天项目混乱、不聚焦，受制于政治的心血来潮和财政上的不确定性。这种以达至某一终点为目标的方法在本质上是不可持续的。因此，报告人建议，国家航天政策应当采用促进具体航天能力增长的方法，无须明确终点。这种方法对财政、政治、纲领等变化的适应力强，能够解决美国民用航天政策长久以来存在的问题。美国佐治亚理工学院的Mariel Borowitz对载人航天的下一步，即深空飞行做了跨学科评估，从技术和战略角度分析了月球定居点、小行星重定向、飞越火星和月球表面等四个选项，主要的标准包括：技术经济可行性、对火星登陆的贡献、国际合作的潜力、全球是否准备就绪及政治可行性。报告最后将月球定居点作为首选。美国乔治·华盛顿大学空间政策研究所的Zachary Hester等剖析了NASA近地商业载人航天能够成功的关键政策。过往公共服务向私人转让的经验说明，政府扶持国内市场越久，市场越发无法自我维系；但抽离过早的话，私人需求还无法支撑一个市场。商业载人运输系统有助于强化国际空间站项目，确保NASA聚焦深空，减低货物和人员的近地轨道运输成本，推动美国经济。2014年，在NASA举办的关于国际空间站和近地轨道商业化的专题研讨会中提出了几项政策。报告人认为，这些政策中最重要的一是将《国际空间站政府间协议》等文件延展到2020年之后，二是划定路线图，帮助NASA从供给方转变成需求方。

外空资源开采，特别是财产权问题是本专题的关注焦点。以色列特拉维夫大学的Deganit Paikowsky等从政治角度剖析了外空采矿问题。对于外空采矿，现有研究大概分为四类：技术可行性；经济和商业潜力；法律和规制，特别是所有权问题；政治角度，特别是外空采矿对地球政治的影响。针对外空采矿的政治角度的研究很少见。报告人模拟了外空采矿这一场景，结论是：各国对此反应不一，强者主张先到先得，其他国家则坚持外空是全人类的。强者采用实用主义方法，建议基于现实情况建立机制向外空环境提供服务。缺少开发能力的国家的担忧可以理解，但强烈反对的立场和主张建立补偿机制的策略都不可能更好地满足他们的长期目标，因为这只会增加采矿限制，而不是积极抓住机遇参与到这个过程中来。关注补偿机制而不是航天能力建设，只会维持甚至拉大现有差距。限制技术发展会损害创新精神，补偿机制也不会创造发展的动因和基础。现有的外空公约产生于政府主导航天活动的时代，折射的是国家的需求和愿景，而私人和商业企业的参与则需要新的规制方法和想法。空间一代咨询理事会的 Milan Mijovic（塞尔维亚）分析了外空、月球和其他天体的财产权问题。他强调“不得据为己有”原则阻碍外空探索活动，确立外空财产权制度具有重要性和紧迫性，以确保外空不成为又一个美国西部荒野。

印度国家高等研究院的 Mukund Kadusrinivas Rao 博士等三位作者参与了印度长期航天政策和战略的研究项目。他们认为，印度航天活动应当符合其工业化和发展目标，在政府和私人之间形成有活力的伙伴关系，促进科技进步和战略性国际合作制度发展。

（三）“太空经济的社会经济影响力”专题

太空经济是指从发射到卫星和航天服务的整个航天部分，及其各种下游应用的价值链。本专题的焦点是展示投资航天系统及其下游的空间应用对于国家、地区或者公司的回报，例如，创造就业、航天技术应用产生的直接或间接的增值、成本节约和生产力提升等。本专题主持人是经济合作与发展组织的 Clair Jolly（法国）和加拿大航天局的 Joan Harvey 先生。报告员是荷兰管理咨询公司 Strategy&（前 Booz & Company）的 Luigi Scatteia 博士。

欧洲空间局的 Luca del Monte 和荷兰管理咨询公司 Strategy& 的 Luigi Scatteia 博士评估了欧洲发射工业的社会和经济影响。政府需要证据确定外空投资不仅是落实国家政策的战略手段，也能创造就业，为欧洲经济打造有竞争力的未来。对于事关欧洲航天工业未来 30 年发展生息攸关的决定尤其如此，2014 年 12 月欧洲空间局部长会议就面临这样的难题。在 2014 年 12 月欧洲空间局部长会议上，部长们在决定研发一个新的阿丽亚娜 6 号发射器和织女星运载火箭的时候，就着重考虑了成员国的战略工业能力和保障欧洲进入外空的可持续性。特别邀请一个独立的咨询团队评估了此前的阿丽亚娜 5 号发射器和织女星项目在全球、欧洲和每个成员国内部引发的直接、间接影响和引发的社会经济影响，揭示了欧洲空间局的投资流向非核心航天企业和航天工业的横向边际效应。评估报告指出，阿丽亚娜 5 号发射器对所有成员国的国民生产总值都产生巨大影响：总体上来看，欧洲空间局每 1 欧元投资给经济带来了3.2欧元的附加值；其60%的服务提供给非欧盟消费者，给贸易逆差带来了积极的影响；产生了很多新技术和知识产权，促进基础设施建设，同时带来了很多商机。

欧洲国际空间年协会（Eurisy，法国）的Grazia M. Fiore等评价了卫星的社会作用，切入点是欧洲公共管理部门利用卫星提供服务的运行使用事项。自2014年以来，Eurisy定期报告欧洲公共管理部门利用卫星提供服务的情况。目的是给政府部门提供一个独立的声音，引导他们利用卫星服务，分析他们面临的挑战和得到的惠益，该免费的公开报告向决策人提供有价值的信息，以更好地将空间活动的惠益带给社会。报告人利用在线问卷搜集信息，并初步分析了2015年3月～9月的问卷结果：各个层面的公共管理部门都利用卫星服务，费用低廉且长年无休；有助于提升政府服务的效率；私人企业、国际组织和研究中心对卫星服务的研发和提供发挥了重要作用；但仍面临技术挑战，需要技术培训。最终报告见Eurisy 2015年12月在其官网的发布内容。

巴西国家空间研究院的Monica E. R. Oliveira等三位作者关注巴西的航天政府采购项目。自20世纪80年代起，巴西国家空间研究院主要负责巴西卫星研发工程，包括卫星技术和航天项目管理办法等。在这些项目中，一些中小企业逐渐被建立起来，并越来越多地参与其中。参与的方式类似于政府采购，即政府界定要求、企业通过竞争拿到订单负责设计和生产。他们以中巴合作框架中的CBERS 3和CBERS 4两颗卫星及其有关系统的研发和供应为例，说明巴西的卫星工程促进了一个工业部门的确立和发展，进而带动了其他工业部门的发展和技术进步，给整体的社会和经济发展带来了很多直接和间接的惠益。来自日本宇宙航空研究开发机构（JAXA）的Takahiro Uedo等三位作者利用数据，分析了JAXA采购制度的演变及其影响。2008财年以前，JAXA的研发项目主要依靠非竞争性合同，很少进行招标；此后在采购制度中引入更多的竞争，但并没有吸引到更多投标人。其原因在于JAXA的采购制度忽略了航天产业的特殊性，建议通过改革降低私人企业的风险。

意大利航天局的Giacomo Primo Sciortino等描述了Distretto Virtuale数据工作小组的工作，以2012—2014年的问卷调查为基础，采用案例分析的方式描述了航天产业的研发、技术、人力、生产力是否衍生了副产品，以及衍生了什么样的副产品。报告人认为，副产品的存在是衡量航天产业效用的重要方式，意大利航天局应当将此纳入其发展战略。

（四）“为航天活动确保外空环境的安全和可持续性”专题

航天活动能够增进人类福祉。但外空活动者均已意识到，人类社会的福祉有赖于国际社会通过科技、法律、政策和政治手段保证安全、可持续的外空环境。该专题关注目前在多边进程、私人部门和各国国内取得的有关进展。多边进程特别关注联合国外空委“外空活动长期可持续性”工作组和欧盟的《外空活动国际行为准则》。本专题的主持人是世界安全基金会 Ray Williamson 博士（美国），报告员是欧洲空间局的 Charlotte Mathieu 女士。

西安交通大学法学院苏金远教授在其提交的论文《主动移除碎片：法律问题和政策选项》中指出，外空环境的独特性使得空间碎片的自然降解远比其他环境污染物要慢。过去 10 年间，非强制性减缓措施已经在很大程度上放慢了空间碎片的产生速度。但随着外空活动主体的增加和多样化，外空活动的拓展特别是军事活动的拓展，空间碎片的数量仍然逼近了临界点，主动移除碎片已经成为必要。但主动移除面临若干法律障碍，比如，如何界定空间碎片、主动移除可能侵犯国家的管辖权和控制权、移除过程中可能造成损害的赔偿责任、对外空武器控制的影响等。联合国五大外空公约均未提到空间碎片，机构间空间碎片协调委员会和联合国外空委的有关文件虽然给出了定义，但不具法律约束力。依据现有的国际空间法，即使空间物体成为碎片也并不意味着其他国家可以自由移除，未经许可的移除可能侵犯登记国的管辖权或者其他国家的所有权。《外空条约》和《责任公约》规定，“如果一个空间物体对其他国家或其自然人或法人造成损害，发射国承担赔偿责任”。这些制度给控制空间碎片产生施加的压力微乎其微。主动移除空间碎片的技术具有军民两用性，例如用于改变空间碎片轨道的地基或天基激光束很容易转变成反卫星武器。针对这些问题，苏金远教授提出了可行性的政策性选择。他建议强化空间物体登记，设立空间碎片登记册；借鉴《联合国海洋法公约》中迫近海洋环境污染的通知义务，以及预防、减少和控制海洋环境污染的义务；空间碎片的主动移除应当通过国际合作而不是单边行动，避免国家间不信任的恶化；建议设立空间碎片主动移除基金为损害提供赔偿。

欧洲空间政策研究所的 Serge Plattard 的发言题目是“审视未来定位导航卫星系统的规制计划”。报告人指出，到 2020 年，导航卫星系统的情势将发生根本性变革，从今天的两个全球系统（GPS 和 GLONASS）增加至四个全球系统（中国北斗和欧洲伽利略）和日本、印度两个区域系统。届时，大约 120 颗卫星以确定的频率但不同的方法向 80 亿个导航设备发射无线电信号，而2014年的数字是36亿个。到时候，人类的每一个活动领域都会利用定位导航服务，因此很有必要保障这些系统的坚固性、可靠性和可持续性。为保护、增强和补充全球卫星导航系统，避免信号受到干扰，并保护提供者的特权，建议在全球卫星导航国际委员会框架内起草不具有法律拘束力的全球卫星导航行为守则，并成立一个单独的国际组织或在联合国中设立一个专门机构。

意大利米兰理工大学博士生 Aureliano Rivolta 等八位作者的发言题目是"提供在轨服务的国际航天器设计政策"。报告人认为，在轨服务的实施面临几个障碍，特别是现有卫星的设备，它们的设计都没有考虑维修或补给燃料。在国际层面上，达成这个目标的第一个关键步骤是制定一套指导设计的规则和工程标准。这套规则不仅有利于卫星服务的提供者和使用者，也有助于解决今天面临的外空安全与可持续性的核心问题。作者们提议，可接受服务的卫星子系统的识别和建议；从经济角度，通过有关设计降低费用和延长寿命；通过国际层面的政策促进提供此类服务公司的成立，并分析了有关国际赔偿责任和联合国的作用。

（五）第30届国际宇航科学院-国际空间法学会科技法律圆桌讨论会

本届圆桌讨论会的主题是"大学作为外空行为主体"。总体上讲，扩大和提升大学外空活动参与度的潜力还是存在的，但有些问题值得讨论。本届圆桌讨论会有意从跨学科角度深入探讨大学参与外空活动的有关问题。主持人是国际空间法学会副主席 Kai - Uwe Schrogl 教授和南非斯坦陵布什大学的 Willem Steyn 教授。报告员是德国航空航天中心的 Marc Haese 先生和 Nicola Rohner - Wilsch 博士。

德国维尔茨堡大学的 Klaus Schilling 教授介绍了本校的皮卫星项目。教育界一般认为，皮卫星①是容易上手并激发学习兴趣的。受美国斯坦福大学2002年第一颗皮卫星启发，德国维尔茨堡大学于2005年发射维尔茨堡大学试验卫星一号（CubeSat UWE - 1），这也是德国第一颗皮卫星。此后，为继续

① 进入21世纪后，卫星逐渐呈现轻量化、小型化、低成本，以及高功能密度和高性价比优势。主要的航天国家都有意在此领域取得领先地位，但各国的界定标准存在差异。我国把质量在1 000 kg以下的卫星定义为小卫星，美国联邦航空管理局（FAA）的标准是不到900 kg，欧洲有些国家限定在450 kg以下。小卫星又可以进一步分为：质量在100～500 kg的超小卫星（minisat），质量在10～100 kg的微卫星（microsat），质量在1～10 kg的纳卫星（nanosat），质量在0.1～1 kg的皮卫星（picosat），以及质量小于0.1 kg的飞卫星（femtosat）。

研发有关的技术，确立了皮卫星发展路线图，以吸引学生参与其中。与欧洲大学合作伙伴一道设立 SpaceMaster 项目，并得到欧盟依拉斯莫奖学金项目（EU Erasmus Mundus Programme）的支持。另一个溢出效应是在校外成立远程信息处理技术中心，为皮卫星合作提供服务。上述皮卫星项目已经给学生提供了很好的就业机会，并参与了航天项目标准制定和跨国校际合作。

皮卡第儒勒-凡尔纳大学（法国）和维尔纽斯-格迪米尼兹科技大学（立陶宛）的 Matteo Emanuelli 等五位作者总结了 CubeSat 项目的经验教训。冯·卡门流体动力学研究所领导的 QB50 项目的目标是：自 2016 年 7 月开始，从国际空间站向近地轨道发射 50 颗卫星，在未探索的低热空气层开展一流的科学研究。这是截至目前最有野心的 CubeSat 项目。法国高等科技学院（INSSET）自 2013 年开始参与这个项目，从航天项目零经验开始，整个团队已经闯过若干关，卫星待选发射。在这个过程中，科研团队克服了很多障碍，在技术、资金、管理方面获取了很多宝贵的经验。其中最难的不是技术，而是资金，这也是很多大学共同的体会，该团队的解决经验是从不同的渠道融资，与政府和非政府组织合作。

（六）“互动展示”环节

本届国际宇航大会新设的“互动展示”环节是对过往海报论文专栏的升级，虽然形式相对松散、发言人较多，但论文作者仍然能够进行热烈的互动交流。

德国哥廷根大学的 Alana Krolikowski 和美国哈佛-史密松天体物理研究中心的 Martin Elvis 分析说明了小行星的政策前景是竞争还是互补的。小行星的独特性使得采矿和行星防御等政策面临挑战。任何可行的采矿政策都应当基于小行星上外空活动的长期、基本目标，而不是对特定商业目标或其他倡议的临时性回应。报告人指出，有关的活动可以分为四类：科学、太阳系其他地方的人类安居、行星防御和商业采矿。这些活动并不具有竞争性，而是彼此相容的。但不同的政策取舍对有关活动的成功具有至关重要的影响，其规范和管理需要权衡这些活动的公共惠益，以决定是否和怎样克服不同政策需求之间的矛盾。主要的矛盾包括：谨慎保护外空环境的责任，获取利益的公共性和私人性，公平保证先行者的优势，国际协商、协调和合作的必要性。

英国华威大学的 Ana Raposo 介绍了英国纳卫星业务的端至端发展。意识到航天的经济潜力之后，英国已经增加了投入，包括在哈维尔科技创新园区和欧洲空间局框架内。在政府的影响下，整个国家都更加意识到航天技术应用价值，特别是纳卫星。报告人分析了纳卫星纵向整合策略中的主要问题和收益，以及给英国航天带来的挑战和机遇，结论是纳卫星的主要驱动力及其灵敏度和研发速度降低了航天技术应用风险。尽管有政府的扶持，然而相比美国，英国的严格规范增加了成本，对风险资本的保守态度给航天有关的业务带来了诸多挑战。报告人最后指出，在英国创设端到端的纳卫星生意时应当考虑各种因素，包括风险、费用、融资机遇、内部通信、客户类型和政府扶持等。

英国牛津布鲁克斯大学的 Thorbjørn Waal Lundsgaard 阐释了企业在外空的社会责任。外空活动对人类社会有影响，但私人活动主体在外空的社会责任尚不明确。报告人从人权、环境、健康、安全等角度，分析了在外空开采资源、外空旅游、外空探索和运输等中，企业对外空环境保护、地球环境保护，地球稀有的矿物资源对市场的冲击等事项具有的特殊责任。现有的国际空间法和企业社会责任指导原则给企业在外空的社会责任提供了基本的制度框架，但是鉴于伦理、法律等原因，企业在外空的社会责任具有特殊性，主要体现在员工的身心健康、外空环境和太空垃圾、安全和责任等。企业在外空的社会责任可以帮助企业识别风险、填补现有的法律和政策空白，并根据国际空间法和企业社会责任的最新发展确保企业以负责任的方式进行外空活动；对企业来说，也有助于他们实现外空资源的可持续性商业开发。

由联合国空间应用项目支持的空间一代咨询理事会成员，来自德国、澳大利亚、奥地利和加拿大的 Martin J. Losekamm 等四位作者共同探讨了未来“在轨服务”的法律和政策含义。向卫星或其他的外空基础设施提供在轨服务的建议设想，凸显了在国际层面确立有关法律和政策框架的必要性；而低轨道空间碎片密度增加则提升了发展主动移除和操纵失控或丧失功能在轨卫星技术的紧迫性。2014 年在多伦多举行的空间一代咨询理事会大会成立了工作小组，以研究在轨服务的优势及其对航天国家国际空间的影响。该工作小组梳理了现在有意或计划未来提供在轨服务的企业，分析了他们的首要和次要的利益相关人及其关注点，指出了国内和国际规范的挑战和不足，并给出了确保在轨服务和空间碎片主动移除的可行性的具体建议和办法。具体包括：将《外空条约》延伸适用到在轨服务和主动移除碎片活动，国内政府机构对此进行授权和监督，明确政府对此的需求并提供扶持，提供足够的透明度以防止外空武器化，倡导全球空间碎片移除，为限制空间碎片产生和主动移除创设国际规则。

二、“关于空间碎片监测、减缓、移除的政策、法律、制度和经济问题”专题研讨会

本专题研讨会涵盖了机构间空间碎片协调委员会、联合国和平利用外层空间委员会和其他多边机构的政策、法律和制度，特别是国际合作。经济问题包括空间碎片减缓和移除的保险、财务激励和资金。主持人是澳大利亚航天工业联合会的 Brett Biddington 和美国 Integrity Applications 公司的 Darren McKnight。报告员是欧洲空间局的 Charlotte Mathieu。

鉴于现有国际法条约和软法规则无法保证外空的长期可持续发展，加拿大麦吉尔大学的 Andrea Harrington 建议通过保险公司实施更加严格的碎片减缓要求，使减缓空间物体与空间碎片相撞的危险对保险人和承包人均有利。空间碎片越多，发生碰撞的可能性越大、保险赔付的可能性越大，保险费用也就越高。保险公司可以联合制定国际统一标准。

泰雷兹阿莱尼亚宇航公司（欧洲最大的卫星制造商）的 Nassisi Annamaria 认为，迫切需要具有可操作性的空间碎片减缓国际政策和规范制度。保护外空环境免受空间碎片威胁需要三个维度：监测可能的威胁和潜在的碰撞，通过强化空间资产结构保护外空环境，移除或提供在轨服务等清扫外空环境。移除空间碎片的法律和政策问题对未来的操作至关重要。由于涉及国家主权限制和商业吸引力，法律的不确定性不利于减缓措施的落实。因此，需要起草一系列国内和国际层面的具体规则，明确空间碎片相关定义、责任制度和保险等。

欧洲空间政策研究所的 Serge Plattard 认为，搭载物管理可能成为外空交通管理的下一措施。搭载物性质和有关任务的信息不充分是保障外空环境安全与稳定的重大瑕疵，目前尚未得到足够重视。建议成立一个只为避碰的空间态势感知系统，以监察卫星靠近、识别其他卫星并获取有关信息。这种交通管理措施，可以由一个政府间组织来做，也可以在联合国框架内实现。

日本空间论坛 Susumu Yoshitomi 认为，自 2010 年以来，纳卫星的大量发射给外空活动长期可持续发展带来了新的挑战。2014 年，超过 300 个纳卫星进入近地轨道，因其缺少推进系统可能给其他卫星带来重大威胁。建议修改联合国《空间碎片减缓指南》，限制和缩短用于教育和能力建设的纳卫星的在轨时间。

中国运载火箭技术研究院研究员张生俊指出，中国越来越重视外空安全

与外空环境保护，过去30年间中国政府资助了很多研究。其中有两类研究群体，由教授和学生组成的学院派及航天机构，研究题目包括外空法律事务、空间碎片减缓等内容。他们的研究及其国际合作实践有助于政府决策，有助于提升外空“透明和建立信任措施”，也有助于推广中国政府提出的PPWT草案。目前面临的问题主要包括：技术与决策部门的有效沟通与融合、学者与官方及国内外的互动、国际合作的推进等。

三、小结

本届空间政策、规范及经济论坛与往年一样，各个专题包涵的信息量很大，值得深入研究消化。第一，从区域空间合作这个专题可以看出，外空合作始终体现出各国在地缘政治关系中的纵横捭阖，是国际关系的折射。例如，乌克兰的外空合作明确指向西欧，与其多年来走西方路线、加入欧盟的努力不谋而合①。俄罗斯则更加明确提出要与白俄罗斯等其他独联体国家加强合作。在日本和印度学者联合提交的报告中，将日本和印度视为亚太地区首要航天国家，强调两国联合能在亚太地区外空发展中发挥重大作用；两国政府有意致力于高水平政治协作，双边和多边领域均有广阔合作潜能，这一局势值得我国特别警惕和注意。欧洲空间局依然是区域空间合作专题的闪光点，我国倡导的亚太空间合作组织借鉴了欧洲空间局的一些制度安排，但其发展方向仍然值得我们思考，特别是如何将其宗旨落到实处、寻求落实更多的实质性项目方面，从而实现各国优势互补。中国国防科技大学朱启超教授的文章说明，中国学者更加理性地认识国际合作，以及如何合作才能降低争端和冲突风险，有助于中国打破航天合作的瓶颈。他提出的“全球外空合作”理念呼应了习近平总书记多次提及的“命运共同体”理念，这是超越民族国家和意识形态的全球观，是国际秩序新主张，体现出对人类航天文明走向的中国判断。

---

①　乌克兰1991年8月24日宣布独立后，第一任总统克拉夫丘克对外政策的重点是欧洲，外交目标是融入欧洲。此后的几任总统中，有奉行“一边倒”政策的，也有倡行“多头外交”以期在俄罗斯和欧盟之间寻求平衡的，但总体上乌克兰政府和主要反对党都同意乌克兰应该与欧盟而非俄罗斯发展更紧密的关系。1994年，乌克兰和欧盟签署《伙伴关系与合作协议》，成为第一个签署此类协议的前苏维埃国家。乌克兰和欧盟自2008年开始《联系国协定》的谈判。俄罗斯吞并克里米亚也推动了乌克兰倒向欧盟。2014年3月乌克兰和欧盟签署了《联系国协定》，9月欧盟议会和乌克兰议会同时批准了该协定，这是乌克兰加入欧盟的第一步。

第二，对于空间探索政策和发展计划，国际宇航研究院有关外空探索动态发展的研究成果值得我们持续关注，虽然由于缺少政治意愿国际空间探索理事会目前的价值主要停留在纸面上。美国载人航天发展的有关论证为中国载人航天走向提供了很好的参考，特别是以能力建设为驱动力、而不是以登月或登陆火星为目标的方法。同时值得注意的是，虽然由于资金紧张俄罗斯推迟了登月计划，但其也设计了新的登月方案，计划在 2023 年后安排 5 名俄罗斯航天员登陆月球，建立月球基地作为人类的永久居住地。在本届国际宇航大会上，俄罗斯公开了其调整后的月球战略，并征集国际合作伙伴。据了解，NASA 正在考虑这个提议。

美国在近地轨道航天领域采取的“国退民进”策略是成功的战略性选择：一方面将国家有限的资源投向深空探测的前沿，解决了资金短缺的困境；另一方面，通过技术转让和政府采购等方式培育几家公司迅速成长为全球领先企业，推动了美国经济的发展。无论如何，谈到火箭回收，一般民众可能记不住 SpaceX 也说不出马斯克这个名字，但总会记得那是一家美国公司，且是由美国人率先完成的。

在开采外空资源方面，美国再一次走在其他国家前面。过去几年间成立的几家美国公司具有相当的资金实力，且志在必得，比如 Planetary Resources、Deep Space Industries、Kepler Energy and Space Engineering 等。2015 年 11 月，美国通过的《商业航天发射竞争力法》为这个新兴产业提供了坚实后盾，其核心制度包括财产权保护（美国个人或企业在没有生命存在的小行星获取矿物质和水资源的所有权受到联邦法律保护）和政府补充赔付外空飞行参与人受到的损害。暂且不论这个财产权保护是否符合《外空条约》第 2 条“禁止缔约国通过主权要求、使用或占领等方法将外空的任何部分据为己有”的规定，但这确实为美国企业扫除了后顾之忧。正如以色列特拉维夫大学的 Deganit Paikowsky 和空间一代咨询理事会的 Milan Mijovic 所指出的，随着私人企业的参与，确立外空财产权制度是不可逆转的趋势，且指日可待。我国应加紧研究以准备好应对策略，包括明确在未来的航天法中是否有必要确立相关制度。

第三，太空经济已经逐渐落地变成了现实，有关其社会经济影响力的研究也越发深入具体。中国航天也逐步认可和重视太空经济商业开发的重要性，但对具体做法及其影响仍处于摸索阶段。欧洲空间局对发射工业和卫星的社会作用的分析和评估给我国提供了很好的范例，除了传统上使用单位欧元投资创造的附加值说明问题，更全面系统评价其直接和间接影响，特别是溢出效应，从而全面深入说明空间活动的惠益。

政府采购是公共部门获取私人提供的货物和服务，以保证其运转并满足社会利益的行为。普遍认为，政府采购有刺激经济发展和鼓励创新的作用。巴西和日本航天的经历验证了这一点。政府在高技术集中的工业部门作为需求方能够发挥重大作用，推动航天部门供应链的确立和发展，促进技术、基础设施、人力资源等方面的工业获能与技术整合；甚至巴西的中小企业都因此受益，很多企业是在签署合同后才获取了必要的技能或得以雇佣相应的人员。相比之下，中国航天活动还局限在比较狭窄的传统范畴，或许可以通过政府采购强化与企业的互动。

第四，不断拓展的航天活动和人类社会对外层空间的利用不断增加，使得外层空间愈加脆弱。保障外空环境的安全和可持续性已经成为人类社会的共识。西安交通大学法学院苏金远教授提出的“解决主动移除空间碎片法律障碍”的政策性提议颇具可行性和现实性，也反映了“无法用法律手段解决的问题可以求助于政治解决”的观点。鉴于国际社会很快就将拥有四个全球性和两个区域性定位导航系统，如何维护这些系统的正常运转、避免其相互干扰，需要确立相关的国际规则。近来，有关在轨服务的研究较多，目的是衡量通过这种方法延长卫星寿命、降低成本及提升航天安全与可持续性的可能性。在轨服务的技术可能性越来越大，但法律障碍依然存在，如何解决法律障碍很可能是未来几年的热点。从本次“关于空间碎片监测、减缓、移除的政策、法律、制度和经济问题”专题研讨会可以看出，与会者讨论的热点还包括小微卫星的规制问题，以及如何强化现有的空间碎片减缓规则及搭载物的管理等。

第五，过去几年间，世界各地的不少高校均已成为外空活动中的新主体。他们通过不同方式参与其中，主要是CubeSat微型卫星[①]项目；也有通过国际空间站实验及其他耗费低廉或者不那么复杂的方式进行的项目。CubeSat微型卫星和二级搭载物开启了学术界和工业界合作的新契机，培育溢出效应并激发创新，而大学生参与航天活动可能改变他们的职业选择和发展路径。来自

① 这是20世纪90年代末美国加州州立理工大学和美国斯坦福大学提出的微型卫星概念，改变了原来建造和发射卫星耗资巨大且只有政府才能参与的状况。CubeSat的标准体积是1 L，也就是边长10 cm的立方体，质量一般不到1 kg，一般使用商业元件而不是昂贵的定制部件，同时统一了与运载火箭连接的方式。所有这些因素都降低了成本，其优势是研发时间短、人力和基础设施要求低，使得普通人从事航天活动成为可能。迄今已经有100多所大学甚至中学开展了相关的课题研究。参见http：//www.cubesat.org，访问时间为2016年1月5日。

欧洲的两位教授总结了本校的小微卫星项目效果并介绍了经验，说明了其在促进创新、提升航天设计水平方面的重要教学价值。我国的哈尔滨工业大学、西北工业大学、北京航空航天大学、清华大学、国防科技大学、浙江大学及中国科学院等高校和科研机构也在拓展小微卫星项目，甚至开始出现由学生自主设计、研制并控管的小微卫星，这意味着有必要同步关注相关的国内和国际法律制度建设。

第二部分
联合国外空委 2015 年
会议动态

联合国外空委科技小组委员会第52届会议简况

江　辉*

2015年2月2日～13日，联合国外空委科技小组委员会第52届会议（以下简称科技小组会议）在奥地利维也纳召开。中国政府由国家航天局负责组团参会，国家航天局系统工程司时任副司长李国平担任团长，代表团成员来自国家航天局、外交部、工业和信息化部、民政部、中国科学院、中国卫星导航系统管理办公室、中国航天科技集团公司、中国核工业集团公司、中国空间法学会、北京航空航天大学、北京理工大学等单位，共计22人，中国常驻维也纳联合国和其他国际组织代表团也参加了会议。

一、大会概况

本届大会共有59个联合国外空委成员国和34名观察员代表参加。各国代表及观察员根据16项议题进行了议题发言或作技术报告。本届大会新设立的空间天气、空间和全球健康两个工作组分别召开首次会议，确定了后续工作计划。

中国代表团团长李国平在代表中国政府所做的一般性发言中，全面阐述了中国航天2014年在空间技术、空间应用、空间科学和航天国际合作等四个方面取得的进展。中国代表团还分别针对联合国空间应用项目、空间碎片、空间灾害管理、空间遥感、全球卫星导航系统、外空活动长期可持续性、空间天气、外空核动力源等9个议题进行发言或作技术报告，并组织相关专家参加了外空活动长期可持续性、外空核动力源、近地天体、空间天气、空间

---

* 江辉，中国国家航天局系统工程司调研员，高级工程师，主要负责航天领域国际合作。本文仅代表作者个人观点。

和全球健康工作组（或专家组）会议，参加了空间研究委员会主办的“测量宇宙：以现代天文学回首往昔”专题讨论会，并积极跟踪空间天气、空间碎片、近地天体有关议题的国际最新发展情况，全面参与了以“外空活动长期可持续性”为代表的新一轮空间治理规则多边谈判。

二、重点议题介绍

（一）外空核动力源

鉴于一些国家对中国在嫦娥三号上首次使用放射性同位素产品的安全管理高度关注，并希望中国代表团全面介绍实践《外层空间核动力源应用问题安全框架》的有关情况，中方组织国内有关专家就中国在外空核动力源使用、安全管理及实践安全框架的经验进行了专题介绍，取得了较好效果。通过全面参加外空核动力源工作组，美俄等航天大国高度认可中国的外空核安全管理能力和水平，中国作为外空核动力俱乐部核心成员的地位得到确认。

（二）近地天体

美国、俄罗斯、日本、罗马尼亚、韩国、德国介绍了各自在加强近地天体监测方面的国际合作、无人航天器开发及近地天体数据收集技术等方面的情况。各方普遍呼吁，在发现和监测可能造成危害的近地天体方面应加强合作、共享信息，并均表示将不断加大在此领域的研究投入。

（三）空间天气

中国、美国、加拿大、日本等国认为，应加强在空间天气领域的国际合作，推动全球空间天气事业协同发展。巴基斯坦、印尼、南非、巴西等新兴航天国家则希望通过国际合作快速提升本国空间天气服务能力。近年来，我国通过实施国际子午圈计划，在空间天气领域开展的有关活动受到了各方高度关注。

（四）空间碎片

在本届大会上，空间碎片观测和持续监测、空间碎片重返预测、避免碰撞和碰撞概率建模、在轨卫星机器人维护，以及确保空间系统免遭空间碎片袭击等方面的技术发展得到各方关注。加拿大、捷克和德国在会上继续推广其共同发起并编写的《各国和国际组织为减缓空间碎片而采用的标准汇编》

（包括政策法律机制）。

三、“外空活动长期可持续性”多边谈判进程介绍

“外空活动长期可持续性”（LTS）工作组在其下设的四个专家组 2014 年所完成相关报告的基础上，正式出台《“外空活动长期可持续性”工作组报告》草案及系列指南草案，标志着“外空活动长期可持续性”指南多边进程进入实质谈判阶段，引发了各方高度关注。各方围绕指南结构、走向及具体案文展开激烈争论。美俄等航天大国围绕“空间治理新规则制定”争夺主导权，众多新兴航天国家也纷纷发表实质主张，使得该议题的争论进入前所未有的白热化阶段。

（一）美俄角力升级

美国认为，“外空活动长期可持续性”指南案文系 LTS 工作组项下四个专家组多年充分讨论的成果，应尽快予以通过；俄罗斯则认为指南案文尚不成熟，还需进行大量修改。俄方提出就“空间碎片主动移除”制定国际规则，建议在联合国框架内建立“近地空间信息监测中心”；美国强烈反对俄方建议，法、英、德、加、日、韩等国对此予以附和。双方多次强烈交锋，争执不下。俄方相对孤立，但仍坚持其立场，在其实质要求均被美方阻挠后，遂建议在联合国框架内先设立一个开放式的非正式专家组，就其提出的“近地空间信息监测中心”一事进行可行性研究。由于美英等国的强烈反对，俄罗斯的上述建议仍然未能获得大会通过。俄罗斯表示将考虑联合有关国家组建非正式专家组进行专题研究。

（二）发展中国家积极表达诉求

巴西代表拉加集团 15 国提出“全面反对外空武器化、将外空活动严格限定于绝对和平利用性质”的主张。委内瑞拉、墨西哥、埃及等国则要求各航天大国能够有效管控本国的空间活动，帮助发展中国家加强能力建设，让发展中国家充分表达诉求，促进各国公平、均衡、合理使用外空的频率和轨位资源。

（三）和平利用外空与外空安全领域的规则博弈出现融合交叉趋势

2014 年第 69 届联大决定，联大一委与联大四委将于 2015 年首次联合召

开特别会议，就涉及外空活动长期可持续发展和外空安全等领域的问题进行讨论。在本届大会上，越来越多的国家在传统的技术类“安全”（safety）概念之外，还强调了对另一类更为敏感的空间战略“安全”（security）问题的关注。拉加集团提出，应将外空安全和禁止在外空部署武器等内容纳入案文。俄罗斯亦提出，应将“外空活动长期可持续性”指南案文与外层空间“透明度和建立信任措施”政府专家组报告所载的建议统筹考虑，并为此提交书面意见。

联合国外空委法律小组委员会第54届会议简况

商　震*

联合国和平利用外层空间委员会（以下简称联合国外空委）法律小组委员会是联合国外空委的下设机构，是推动外层空间法发展演进的主要平台，致力于确保外层空间法同外空活动的同步发展。2015年4月13日～24日，联合国外空委法律小组委员会第54届会议在奥地利维也纳举行。中国政府由外交部组团参会，中国国家航天局、北京理工大学分别委派官员和专家参加。在本届大会上，各国更加关注当前空间法的发展问题，不仅通过协商，一致同意增设两个新议题，还就联合国五大外空公约的适用、外空软法文件、外空国际合作等议题展开深入讨论。

一、大会讨论情况

（一）增设两个新议题

在本届会议上，德国提出增设“空间交通管理”（space traffic management）议题，巴西提出增设“国际法适用于小卫星活动”（application of international law to small satellite activities）议题。两个议题均得到各国的重视和支持，体现出法律小组委员会对当前新型外空活动和外空活动安全的高度关注。

首先，“空间交通管理”着眼外空法的发展，是对外空“应有法”的倡议。这一概念系由国际宇航科学院（IAA）推动，早在2006年就出版了首份相关报告。目前，各国专家正参与关于空间交通管理第二份报告的撰写，拟

* 中国外交部条法司官员，现任中国驻欧盟使团法律顾问。2003年以来，曾多次出席联合国外空委及其科技小组委员会、法律小组委员会会议。本文仅代表作者个人观点。

于2016年首份报告出版10周年之际完成。在本届会议上，国际空间法学会和欧洲空间法研究中心联合举办研讨会，重点宣介“空间交通管理”概念及其重要性，指出“空间交通管理”主要涵盖与空间物体发射、在轨运行和再入三阶段相关的外空活动安全问题，将为外空活动总体安全和可持续发展提供重要保障。目前来看，这一概念面临最大的难题是不确定性。因为从现有定义看，其可能包罗万象，或将重构现有外空法中所有相关的法律原则和具体规则。据了解，德国等国认为，通过讨论该议题，国际社会可以共同完善空间交通的国际管理体系，包括设立相关的国际管理机构。因此，该议题虽然将作为一年期议题，由2016年法律小组委员会进行初步讨论，但其未来发展态势值得密切关注。

其次，“国际法适用于小卫星活动”主要关注外空条约在新型外空活动中的适用，是对“现有法”的讨论。其缘起主要是近年来小卫星发射活动大量增加，特别是美国的SpaceX公司宣布拟发射数千颗小卫星后，引起国际社会广泛关注。法律小组委员会2014年曾就此举行专题研讨会，与会专家均一致认为，现有外空法应适用于小卫星活动。当然，由于小卫星定义不明，所在轨位和停留时间不同，现有的登记制度、发射国制度、责任分担制度如何适用于小卫星活动确实值得探讨。目前发展中国家开展的外空活动虽然较少，但对未来外空活动的安全和可持续发展一直保持高度关注，因此巴西等拉美国家积极主张讨论现有外空法对小卫星活动的适用，希望借以有效规范小卫星发射活动。

（二）一些传统议题引发更多关注

除上述新议题外，各国就传统议题也展开热烈讨论。首先，外空定义和划界问题历经数十年讨论后，再次成为热点。主要有两个方面的关注：一是鉴于国际民航组织开始讨论亚轨道飞行相关的法律问题，联合国外空司正积极同国际民航组织加强沟通，会议就如何协调航空法同航天法的关系进行了讨论；二是拉美多国积极主张尽快确定外空界限，以便据此进一步明确领空界限及国家主权界限。

其次，各国关于外空软法议题激烈争论。2014年首次审议软法议题时，各国便一直就该议题的范围和讨论重点进行争论，未能达成一致意见。本届会议期间，各国继续就此展开辩论。讨论的焦点问题包括两个：一是在该议题下应讨论现有软法的执行情况，还是审议软法的作用并视情况对有关软法进行修改；二是应否仅仅审议联合国框架下的软法文件，能否纳入欧盟《外空活动国际行为准则》（ICOC）等联合国框架外的文件（草案）。由于各方意见不一，该议题最终仅获再次延期一年进行审议的结论。

再次，外空国际合作机制议题稳步推进。该议题系中美两国共提，分五年期开展工作。本次会议上，日本、美国、意大利等介绍了各自的国际合作机制情况。从讨论情况看，美国主张国际合作可以采取多种形式，可以依据有法律约束力的协议开展，也可以通过没有法律约束力的松散形式推进。拉美等发展中国家则希望在该议题下能实质讨论具体项目的务实合作。

（三）改革法律小组委员会议程未有进展

该议题建议由德国代表团于 2014 年提出，主要内容是将会议拆分为两周，第一周为专家组筹备会议，第二周为政府间会议。德国代表团认为，通过第一周专家研讨达成的报告文件，可以为第二周政府代表会议注入更多议题和成果。但由于这实质上缩短了法律小组委员会的会期，而且专家组构成和讨论形式不明确，未能得到大多数国家支持。在本届会议上，德国代表团简要介绍了 2014 年以来同各国进行非正式磋商的情况，表示将继续就该议题征求各国意见并加以改进。

二、大会主要动向

（一）外空法的制定进入新一轮活跃期

从外空法发展历史来看，其传统上是立法先行。但自 1979 年《月球协定》谈判完成后，现在的情况是外空法的制定远远滞后于外空活动的发展。近年来，随着新型外空活动增多、新兴航天国家不断出现，加强现有外空法的解释适用和新规则制订的呼声日渐升高。各种不具法律约束力的软法进程纷纷出台，但由于缺乏相互协调，已经造成外空法的发展不成体系。因此，各国纷纷呼吁外空委在外空国际规则制定过程中做好协调引领工作。预计外空委将逐步加强外空法的制定，这可能包括现有规则的适用、不同规则之间的关系，以及新规则的发展等。

（二）对外空治理现有机制进行协调的迫切性上升

由于外空法发展呈现不成体系的趋势，涉外空国际组织和国际机制在实践中相互协调的必要性和迫切性上升。2015 年 10 月，联合国大会第一委员会和第四委员会举行联合工作组会议，由分管禁止外空武器化及和平利用外空的联合国两大机构共同研究外空安全和可持续发展所面临的挑战。在外空委内部，各国也一致呼吁科技小组和法律小组两个委员会之间要加强协调。2014年以来，联合国外空司也逐渐同国际民航组织、国际电信联盟等就具体外空法律问题加强互动协调。此外，除各国一直在讨论的外空规则四大进程（PPWT、TCBMS-GGE、LTS、ICOC）相互协调的问题外，在2015年新提出的“空间交通管理”议题下，如何统筹相关治理规则也成为一个新挑战。

（三）外空法不断向具体技术标准的方向发展

现有外空法律体系以联合国五大公约为核心，基本特征是较为原则性、缺乏具体的技术标准和行为规范。由于外空活动技术性很强，外空法向具体技术标准方向发展是内在必然要求，也是有效落实补充现有原则的重要手段。近年来外空委制定的软法文件均体现出这一发展趋势。在本届会议上，不少国家积极主张法律小组委员会审议科技小组委员会正在制定的“外空活动长期可持续性”（LTS）指南草案，也表明国际社会认为这些技术标准及其反映的基本原则是外空法发展的重要方向。

三、未来展望

在本届大会期间，中国代表团积极参与各项议题的讨论，并主动同各国代表团和专家进行广泛交流。展望未来，我们现在不仅要做好各项会议议题准备工作，更应该立足推出“中国学者”口碑，努力扩展中国空间法学界的“朋友圈”，争取在空间法发展过程中更多更好地发出“中国声音”、打造“中国方案”，提高设置议题和引领议题的能力。同时，期待国内各有关方面积极有效整合资源，统筹好政府部门、产业界、学会及高校的力量，共同推动中国空间法学事业的发展。

联合国外空委第58届大会简况

商　震*

联合国和平利用外层空间委员会（以下简称外空委）是联合国框架下和平利用外层空间国际合作的主要平台，是各国宣传航天技术发展和开展航天交流合作的重要渠道，也是国际社会制定外层空间“游戏规则”和发展国际空间法的主要平台。同时，从外空委全年工作来看，大会主要议题包括审议科技小组委员会和法律小组委员会的工作报告，是在两个小组委员会年度会议的基础上开展工作的。因此，每年的联合国外空委大会都能够集中反映各国航天活动新进展，突出体现航天国际合作的新动向和新趋势。

2015年6月10日～19日，第58届联合国外空委大会在奥地利维也纳举行。中国外交部组团与会，中国国家航天局、中国载人航天工程办公室、中国卫星导航系统管理办公室、中国空间法学会、北京航空航天大学、北京理工大学、中国常驻维也纳联合国和其他国际组织代表团等单位的代表参加该会议。联合国外空委63个成员国及部分观察员国和国际组织出席会议。中国外交部条法司副司长马新民任中国代表团团长，并担任本届大会副主席兼报告员。

一、大会基本情况

本届大会集中讨论了“维持外层空间用于和平目的的方法和途径”、“科技小组委员会第52届会议报告”、“法律小组委员会第54届会议报告”、“空间与可持续发展”、“空间技术的附带利益”、“空间与气候变化”等11项议题，反映出以下动态和发展趋势：

---

* 商震，中国外交部条法司官员，现任中国驻欧盟使团法律顾问。自2003年起，曾多次出席联合国外空委及其科技小组委员会、法律小组委员会会议。本文仅代表作者个人观点。

（一）国际社会高度关注外空治理体系的发展

随着航天科技迅猛发展，开展空间活动国家的不断增加，联合国外空委的工作日益受到国际社会的高度重视。如何构建未来外空活动法律体系、积极参与外空治理体系，已经成为空间活动国家普遍关注的焦点。这首先表现为外空委成员国数量的不断增加。本届会议集中审议了以色列、阿联酋、斯里兰卡等6个国家提出的加入外空委申请，不仅申请国数量创下新高，而且因各国就申请接纳标准严重对立，在外空委大会历史上首次出现未能同意接纳新成员的情形，也反映出外空委会议更加政治化的一面。其次，近两年来，外空委一改以往议题难有进展的旧况，新议题和新动向不断增多，这表明各国有意愿提升外空委作用并积极引导讨论方向。例如，在本届大会上，日本主导的“外空软法”议题仍然争议不断，会议还通过了德国新提出的“空间交通管理”议题和拉美国家提出的“小卫星活动的国际法适用”议题。第三，各国支持外空委加强联合国系统内外的协调，维护外空委作为外空活动治理体系主平台的地位。这表现为各国纷纷要求加强科技小组委员会和法律小组委员会之间的工作协调，支持联大一委和四委就“外空安全”与“和平利用外空工作”加强互联互通，支持联合国外空司代表外空委同国际民航组织和国际电信联盟等国际组织就外空事务加强合作。最后，各国在“外空委未来的地位和作用”议题下竞相建言，希望以2018年纪念第一次联合国探索及和平利用外层空间会议举行50周年为契机，开展系列纪念活动，彰显外空委工作取得的重要成就。

（二）外空安全问题在外空委的热度有所上升

联合国外空委自创建之初，就将“避免美苏争霸、维护外空安全”作为首要和优先议题。此后，随着外空活动的民用化和普及化，外空委工作重心转至如何有效规范民用航天活动，但外空安全始终是外空委无法回避的话题。在本届大会期间，关于外空安全的讨论也逐渐增多。一是在“外空活动长期可持续性”工作组5次正式会议和10次非正式磋商中，空间基础设施安全、空间碎片主动移除等外空活动安全问题成为各方关注的重点；各方还就增加外空活动透明度、提升空间态势感知能力等方面基本达成意向，初步同意2016年考虑建立“空间物体及事件专家组”的可行性。二是关于外空安全和外空自卫权的讨论增加，有更多国家支持俄罗斯关于“讨论外空自卫权”的提议，拉美国家还明确提出要全面禁止在外空部署武器。三是各方就欧盟主导的《外空活动国际行为准则》进程展开激烈交锋。俄罗斯等国认为，该准则内容涵盖外空安全和外空自卫权问题，既牵涉裁谈会等联合国机构，也同“外空活动长期可持续性”工作组的工作重复；大多数国家也都要求准则谈判应在联合国框架下开展，认为欧盟不应自行强力推进谈判。

（三）航天技术、航天活动与国际热点问题的联动性明显增强

随着航天技术应用更加广泛，国际社会更加关注外层空间与全球可持续发展、气候变化等重大问题的关系。本届大会期间，法国国家空间中心专门就“空间与气候变化”举行边会，邀请气候变化大会主席国、中国、美国、日本、印度等国及欧盟代表做主旨发言，有效增加国际社会对使用空间技术应对气候变化的认知和兴趣，会议还就此要求外空司与《联合国气候变化框架公约》秘书处进一步加强合作。同时，“空间与可持续发展”也是本届大会的一项主要议题，各国普遍认可空间技术应用在增进社会经济可持续发展方面的重要作用，支持外空司积极参与联合国 2015 年后发展议程的制定工作，其主张充分反映航天技术对推动全球可持续发展的作用。在区域可持续发展方面，非洲国家表示，今年是空间科学和技术促进可持续发展非洲领导人会议 10 周年，该会议一直致力于促进非洲内部开展合作，利用空间科学和技术帮助非洲发展。此外，众多发展中国家还呼吁发达国家向其提供技术援助，转让空间技术知识，促进其空间能力建设。

二、中国代表团主要工作

在本届大会上，中国代表团分别在“一般性辩论”、“科技小组委员会工作报告”、“法律小组委员会工作报告”、“外空委的未来作用”等议题下发言，中国多项航天成就和政策主张被载入大会报告。经会前充分协调，智利代表 77 国集团和中国在“维持外空用于和平目的的途径和方法”等诸多议题下发言，俄罗斯代表“金砖国家”首次在“外空活动长期可持续性”工作组会议上发言，充分宣示了发展中国家和“金砖国家”对外空委工作的重视及共同立场。中国代表团全面深入参与会议各项议题讨论和边会活动，就“嫦娥四号月球探测国际合作的初步建议”、“中国北斗卫星导航系统的国际合作”、“联合国附属北航区域中心工作成果”、“中国载人航天工程”等议题做专题报告，并积极参与日本组织的“空间探索论坛”非正式磋商会，主动提出建设性意见。

本届大会期间，中国外交部和北京航空航天大学在联合国维也纳办事处共同举办“让太空探索插上艺术的翅膀——中国航天探索成就”主题画展，主要目的是宣传中国航天探索历史和成就，推介联合国附属空间科学与技术教育亚太区域中心（中国）取得的工作进展。中国常驻维也纳联合国和其他国际组织代表团大使成竞业、联合国外空司司长迪皮蓬、第 58 届联合国外空委会议主席奥赛迪克以及各国与会代表出席。本次画展共展出北京航空航天大学宫浩钦副教授专门创作的画作 20 余幅，画作以中国航天探索为主线，涵盖了华夏先民早期创造的天文历法等宝贵遗产，以及新中国航天事业取得的巨大成就。各国与会人员兴致勃勃地参观了画展，观看了北京航空航天大学中心的介绍短片，并高度评价了中国航天成就和不断加强外空国际合作、促进空间能力建设的良好形象。联合国电台、人民日报等中外媒体对活动进行了报道。

本届大会期间，“外空活动长期可持续性”（LTS）工作组继续讨论其工作组报告及指南草案，中国代表团全面参与各次正式会议和非正式磋商，并根据现场谈判情况积极提出中国主张和中国方案，为促进谈判工作早日完成发挥了建设性作用。总体来看，各国围绕工作组主席彼得·马丁内（南非籍）提出的指南草案整合方案及有关国家提出的新指南草案展开了热烈讨论，取得了一些积极进展，但报告的总体结构、连贯性和一致性方面仍然需要改进，俄、美等航天大国在一些重要、敏感问题上仍然存在很大分歧。由于国际社会对 LTS 多边谈判进程高度关注，各国一致同意在 2015 年 10 月增加一轮非正式磋商。根据 2014 年调整后的工作组授权计划，“外空活动长期可持续性”工作组报告及相关指南文件预定于 2016 年草拟完成后向联大四委提交报告。

此外，欧盟在本届大会期间专门就《外空活动国际行为准则》（ICOC）谈判进展做专题介绍，中国代表团积极参与了有关讨论互动，并全面参与了于 2015 年 7 月底在纽约举行的 ICOC 多边谈判。由于各方对 ICOC 谈判授权等程序性问题分歧较大，纽约会议未能取得实质进展。这也反映出国际社会更加关注空间治理新规则的制定，使得争夺主导权的斗争更加激烈；特别是新兴空间活动国家和发展中国家也纷纷发声，使得外空国际治理规则领域进入前所未有的多方博弈状态。中国相关政府部门、空间法学界和航天产业界有必要更多关注和积极参与各大进程，发挥航天大国应有作用，有力促进人类航天事业的长期可持续性发展。

第三部分
联合国大会 2015 年
外空领域相关决议

2015年12月7日大会决议
[根据第一委员会的报告(A/70/458)通过]

70/26. 防止外层空间的军备竞赛

大会,

确认全人类在为和平用途探索和利用外层空间方面具有共同利益,

重申所有国家的意愿,认为对外层空间包括月球和其他天体的探索和利用应为和平用途而进行,并应造福和有利于所有国家,不论其经济或科学发展程度如何,

又重申《关于各国探索与利用包括月球和其他天体在内外层空间活动的原则条约》[①] 第三和第四条的规定,

回顾所有国家在国际关系包括在空间活动中都有义务遵守《联合国宪章》有关不使用武力或威胁使用武力的规定,

重申大会第十届特别会议《最后文件》[②] 第80段,其中指出,为了防止外层空间的军备竞赛,应本着《条约》的精神,采取进一步措施,并进行适当的国际谈判,

回顾其以往关于这一问题的各项决议,并表示注意到向大会第十届特别会议和各届常会提出的提案,以及向联合国各主管机关和裁军谈判会议提出的建议,

确认防止外层空间的军备竞赛可使国际和平与安全免于严重危险,

强调严格遵守与外层空间有关的包括双边协定在内的现有军备限制和裁军协定以及现有法律制度至关重要,

考虑到广泛参加适用于外层空间的法律制度有助于提高其效力,

注意到防止外层空间军备竞赛特设委员会,考虑到自1985年设立以来所作的努力,并为了设法提高工作质量,继续审查和确定与防止外层空间军备竞赛有关的各种问题、现有协定和提案以及今后的倡议,而这些工作有助于

---

① 联合国,《条约汇编》,第610卷,第8843号。

② S-10/2号决议。

更好地了解若干问题和更明确地认识各种立场，

又注意到裁军谈判会议中原则上没有人反对重新设立特设委员会，但须重新审查裁军谈判会议 1992 年 2 月 13 日的决定所载任务规定[①]，

强调在防止外层空间军备竞赛方面双边和多边努力是相辅相成的，希望这些努力能尽快产生具体成果，

深信在探索有效和可核查的双边和多边协定时应审查防止外层空间军备竞赛，包括外层空间武器化的其他措施，

强调由于外层空间的使用日增，国际社会更加需要提高透明度和提供更完备的资料，

在这方面**回顾**其以往的各项决议，特别是 1990 年 12 月 4 日第 45/55 B 号、1992 年 12 月 9 日第 47/51 号和 1993 年 12 月 16 日第 48/74 A 号决议，其中除其他外，重申建立信任措施作为有助于确保实现防止外层空间军备竞赛目标的手段至为重要，

意识到军事领域建立信任和安全措施的益处，

确认谈判缔结一项或多项防止外层空间军备竞赛的国际协定仍然是裁军谈判会议的优先任务，而有关建立信任措施的各项具体建议可以构成这种协定的组成部分，

满意地注意到在 2009、2010、2011、2012、2013、2014 和 2015 年裁军谈判会议上，就防止外层空间军备竞赛进行了建设性、有条理和有重点的辩论，

注意到中国和俄罗斯联邦于 2008 年在裁军谈判会议介绍了关于防止在外层空间放置武器以及防止威胁使用或使用武力攻击外层空间物体的条约草案，并于 2014 年提交了最新版本[②]，

表示注意到裁军谈判会议决定在其 2009 年会议上设立一个工作组，就与防止外层空间军备竞赛有关的所有问题进行实质性和无限制的讨论，

1. **重申**防止外层空间军备竞赛的重要性和紧迫性，而所有国家也愿意按照《关于各国探索和利用包括月球和其他天体在内外层空间活动的原则条约》的规定为此共同目标作出贡献；

2. **再次确认**如防止外层空间军备竞赛特设委员会的报告所指出的，适用于外层空间的法律制度本身不能保证防止外层空间的军备竞赛，但这一制度

---

① 见《大会正式记录，第四十七届会议，补编第 27 号》（A/47/27），第 76 段。

② 见 CD/1839 和 CD/1985。

在防止外层空间军备竞赛方面发挥着重要作用，需要加以巩固和加强并提高其效力，同时必须严格遵守现有的双边和多边协定；

3. **强调**有必要采取包括适当有效核查规定的进一步措施以防止外层空间的军备竞赛；

4. **促请**所有国家，特别是拥有强大航天能力的国家，对和平利用外层空间和防止外层空间军备竞赛的目标作出积极贡献，并为了维护国际和平与安全和促进国际合作，不要采取违背这一目标和现有有关条约的行动；

5. **重申**作为唯一多边裁军谈判论坛的裁军谈判会议在酌情缔结一项或多项全面防止外层空间军备竞赛的多边协定的谈判中应发挥主要作用；

6. **邀请**裁军谈判会议在其2016年会议期间尽早在题为“防止外层空间的军备竞赛”的议程项目下设立一个工作组；

7. **确认**在这方面，为加强和平利用外层空间的透明度、信任和安全而拟订措施的意见已日趋一致；

8. **敦促**从事外层空间活动的国家以及有意从事这种活动的国家，将有关这个问题的任何双边和多边谈判的进展情况随时通知裁军谈判会议，以利会议工作的进行；

9. **决定**将题为“防止外层空间的军备竞赛”的项目列入大会第七十一届会议临时议程。

2015年12月7日

第67次全体会议

（资料来源：联合国官方网站；供稿：中国空间法学会）

2015年12月7日大会决议
[根据第一委员会的报告(A/70/458)通过]

70/27. 不首先在外层空间放置武器

大会,

确认全人类在为和平用途探索和利用外层空间方面具有共同利益,

严重关切可能爆发外层空间军备竞赛和外层空间变成军事对抗的舞台,并铭记《关于各国探索与利用包括月球和其他天体在内外层空间活动的原则条约》[①] 第3条和第4条的重要性,

意识到防止外层空间的军备竞赛可使国际和平与安全避免一个严重危险,

重申应研究和采取切实措施,以求达成防止外层空间军备竞赛的协定,

强调严格遵守关于和平利用外层空间的现有法律制度至关重要,

重申适用于外层空间的法律制度本身不能保证防止外层空间的军备竞赛,而且需要巩固和加强该制度,

在这方面**欢迎**中国和俄罗斯联邦在2008年裁军谈判会议上提出《关于防止在外层空间放置武器以及防止威胁使用或使用武力攻击外层空间物体的条约》草案[②]并在2014年提交更新版本[③],

考虑到外层空间活动中的透明度和建立信任措施是上述条约草案的重要组成部分,

回顾其2014年12月2日第69/32号、1990年12月4日第45/55B号和1993年12月16日第48/74B号决议,其中除其他外,确认透明度和建立信任措施作为有助于确保实现防止外层空间军备竞赛目标的手段至为重要,

注意到若干国家[④]关于不首先在外层空间放置武器的政治声明的重要性,

---

① 联合国,《条约汇编》,第610卷,第8843号。

② 见CD/1839。

③ 见CD/1985。

④ 阿根廷、亚美尼亚、白俄罗斯、巴西、古巴、印度尼西亚、哈萨克斯坦、吉尔吉斯斯坦、俄罗斯联邦、斯里兰卡、塔吉克斯坦和委内瑞拉玻利瓦尔共和国。

1. **重申**防止外层空间军备竞赛目标的重要性和紧迫性，并重申各国愿意促进实现这一共同目标；

2. **重申**裁军谈判会议作为唯一多边谈判论坛[①]在酌情缔结一项或多项全面防止外层空间军备竞赛的多边协定谈判中应发挥主要作用；

3. **敦促**以中国和俄罗斯联邦在裁军谈判会议题为“防止外层空间的军备竞赛”的议程项目下提交的关于防止在外层空间放置武器以及防止威胁使用或使用武力攻击外层空间物体的条约更新草案[②]为基础，早日开始实质性工作；

4. **强调指出**，虽然尚未达成此种协定，但可采取其他措施，促进确保不在外层空间放置武器；

5. **鼓励**所有国家、特别是航天国家考虑是否可能酌情作出不首先在外层空间放置武器的政治承诺；

6. **决定**在大会第七十一届会议临时议程中列入题为“不首先在外层空间放置武器”的项目。

2015年12月7日
第67次全体会议
（资料来源：联合国官方网站；供稿：中国空间法学会）

① 见第S-10/2号决议。

② 见CD/1839，CD/1985。

2015年12月7日大会决议
[根据第一委员会的报告（A/70/460）通过]

70/53. 外层空间活动中的透明度和建立信任措施

大会，

回顾其2005年12月8日第60/66号、2006年12月6日第61/75号、2007年12月5日第62/43号、2008年12月2日第63/68号、2009年12月2日第64/49号、2010年12月8日第65/68号、2013年12月5日第68/50号和2014年12月2日第69/38号决议，及其2011年12月2日第66/517号决定，

又回顾秘书长1993年10月15日提交大会第四十八届会议的报告，其附件载有政府专家关于在外层空间适用建立信任措施的研究报告①，

重申所有国家有权根据国际法开发和利用外层空间，

又重申防止外层空间军备竞赛有利于维持国际和平与安全，并且是推动和加强为和平目的探索和利用外层空间方面国际合作的必要条件，

在这方面**回顾**其1990年12月4日第45/55B号和1993年12月16日第48/74B号决议，其中除其他外，确认增强透明度的必要性并认可建立信任措施的重要性，以此作为强化防止外层空间军备竞赛目标的手段，

注意到裁军谈判会议就这一问题开展的建设性辩论和会员国表达的意见，

又注意到中国和俄罗斯联邦在裁军谈判会议上提出了防止在外层空间放置武器和对外空物体使用武力或威胁使用武力的条约草案②，并于2014年提交了其更新版本③，

还注意到2004年以来，有几个国家④推出了不最先在外层空间放置武器

---

① A/48/305和Corr. 1。

② 见CD/1839。

③ 见CD/1985。

④ 阿根廷、亚美尼亚、白俄罗斯、巴西、古巴、印度尼西亚、哈萨克斯坦、吉尔吉斯斯坦、俄罗斯联邦、斯里兰卡、塔吉克斯坦和委内瑞拉玻利瓦尔共和国。

的政策，

注意到欧洲联盟提交了不具法律约束力的《外层空间活动国际行为守则》草案，

确认和平利用外层空间委员会及其科学和技术小组委员会和法律小组委员会开展的工作，对促进外层空间活动的长期可持续性作出了重大贡献，

注意到已按照第61/75号决议第1段、第62/43号决议第2段、第63/68号决议第2段和第64/49号决议第2段向秘书长提出关于外层空间的国际透明度和建立信任措施的具体建议的会员国作出的贡献，

欣见秘书长在公平地域分配基础上召集政府专家组在2012年和2013年就外层空间的透明度和建立信任措施进行研究工作，

注意到委员会2015年第五十八届会议审议了这项研究工作，会议确信委员会应在加强透明度和建立各国间信任，以及在确保为和平目的利用外层空间方面发挥重要作用①，

又注意到委员会请属于联合国系统的外层空间活动机构间会议（联合国空间会议）就政府专家组关于外层空间活动中的透明度和建立信任措施的报告的执行情况编写一份特别报告，供委员会2016年第五十九届会议审议，

欣见2014年10月20日至11月7日国际电信联盟在大韩民国釜山召开的全权代表会议上通过的关于加强国际电信联盟在外层空间活动中的透明度和建立信任措施方面的作用的2014年11月7日第186号决议，

1. **强调**秘书长转交大会于2013年12月5日审议的外层空间活动中的透明度和建立信任措施问题政府专家组报告的说明②至关重要；

2. **鼓励**会员国继续通过相关国家机制在符合其国家利益的情况下，尽最大可能自愿审查和执行报告所载拟议透明度和建立信任措施；

3. **又鼓励**根据报告所载建议，为促进切实落实透明度和建立信任措施，就和平利用外层空间委员会、裁军审议委员会和裁军谈判会议执行这些措施的前景定期进行讨论；

4. **请**根据第68/50号决议向其分发报告的联合国系统相关实体和组织酌情协助有效执行报告所载结论和建议；

5. **鼓励**联合国系统相关实体和组织酌情就报告所载建议的相关事项进行协调；

---

① 见《大会正式记录，第七十届会议，补编第20号》（A/70/20）。

② A/68/189。

6. **欣见**根据报告于 2015 年 10 月 22 日召开了第一委员会和第四委员会联合特别会议，以应对空间安全和可持续性方面的可能挑战，并欣见会议期间就外层空间的各种安全问题进行了实质性意见交流；

7. **吁请**会员国以及联合国系统有关实体和组织支持执行报告中的所有结论和建议；

8. **请**秘书长向大会第七十二届会议提交一份关于联合国系统外层空间活动中的透明度和建立信任措施协调工作的报告，并在附件中载列会员国就有关外层空间活动中的透明度和建立信任措施的看法提交的呈件；

9. **决定**在大会第七十一届会议临时议程题为“全面彻底裁军”的项目下列入题为“外层空间活动中的透明度和建立信任措施”的分项。

2015 年 12 月 7 日

第 67 次全体会议

（资料来源：联合国官方网站；供稿：中国空间法学会）

2015年12月9日大会决议
[根据特别政治和非殖民化委员会（第四委员会）的报告
（A/70/495）通过]

70/82. 和平利用外层空间方面的国际合作

大会，

回顾其1996年12月13日第51/122号、1999年12月6日第54/68号、2004年10月20日第59/2号、2006年12月14日第61/110和61/111号、2007年12月17日第62/101号、2007年12月22日第62/217号、2010年12月10日第65/97号、2011年4月7日第65/271号、2011年12月9日第66/71号、2012年12月18日第67/113号、2013年12月5日第68/50号、2013年12月11日第68/74和68/75号和2014年12月5日第69/85号决议，

强调使人类得以探索宇宙的空间科学技术及其应用方面的发展已取得的巨大进步，以及过去50年来在空间探索活动方面取得的卓越成就，包括加深对行星系及太阳和地球本身的认识，还强调在利用空间科学技术造福全人类和制定规范空间活动的国际法律制度方面取得的巨大进步，

确认在此方面，和平利用外层空间委员会及其科学和技术小组委员会和法律小组委员会在秘书处外层空间事务厅协助下，为促进空间活动方面的国际合作提供了独特的全球平台，

欢迎将于2018年纪念联合国探索与和平利用外层空间会议五十周年，届时将有机会审议委员会对全球外空治理的贡献的现状并就此进行未来规划，委员会及其附属机构已经为此启动了2018年专题届会的筹备工作，

深信推动和扩大为和平目的探索和利用属于全人类的外层空间并继续努力使所有国家都从中受益符合人类共同利益，深信在该领域开展国际合作的重要性，联合国应继续作为这种合作的协调中心，

重申国际合作对于法治发展的重要性，包括空间法有关规范及其在为和平目的探索和利用外层空间方面的国际合作中的重要作用，重申必须尽可能广泛加入各项促进和平利用外层空间的国际条约，以应对不断出现的新挑战，特别是发展中国家面临的挑战，

严重关切外层空间军备竞赛的可能性，并铭记《关于各国探索和利用包括月球和其他天体在内外层空间活动的原则条约》[①] 第四条的重要性，

确认所有国家，特别是拥有强大空间能力的国家，都应为防止外层空间军备竞赛作出积极贡献，以期推动和加强为和平目的探索和利用外层空间方面的国际合作，

深为关切空间环境的脆弱性和外层空间活动长期可持续性所面临的挑战，尤其是空间碎片的撞击，这是一个事关所有国家的问题，

注意到在和平空间探索和应用方面的发展以及在各种国家空间项目和合作空间项目方面取得的进展，并指出进一步建立法律框架以加强外空方面国际合作的重要性，

深信空间科学技术及其应用，诸如卫星通信、地球观测系统和卫星导航技术，为切实可行地长期解决可持续发展问题提供了不可或缺的工具，可更有效地帮助努力促进世界所有国家和区域的发展，为此强调指出，有必要利用空间技术的惠益以执行《2030 年可持续发展议程》[②]，

严重关切灾害造成毁灭性影响[③]，希望所有国家均能更多地获得和利用天基服务和地理空间信息，促进灾害管理方面的能力建设并加强这方面的机制，尤其是在发展中国家，以期加强灾害管理和应急方面的全球一级国际协调与合作，

坚信空间科学技术及其应用在远程医疗、远程教育、灾害管理、环境保护、自然资源管理以及海洋和气候监测等领域的应用，有助于实现联合国讨论经济、社会和文化发展，特别是消除贫穷所涉各方面问题的各次全球会议的目标，

深为关切传染病，包括埃博拉病毒疾病对人类生命、社会和发展的严重破坏性影响，敦促国际社会加强天基解决方案，特别是远程流行病学，在流行病监测、防备和应对活动方面的作用，

回顾指出，2012 年 6 月 20 至 22 日在巴西里约热内卢举行的联合国可持续发展大会确认空间科学技术在促进可持续发展方面可发挥重大作用[④]，

审议了和平利用外层空间委员会第五十八届会议工作报告[⑤]，

---

① 联合国，《条约汇编》，第 610 卷，第 8843 号。

② 第 70/1 号决议。

③ “灾害”一词是指自然或技术灾害。

④ 第 66/288 号决议，附件，第 274 段。

⑤ 《大会正式记录，第七十届会议，补编第 20 号》（A/70/20）。

1. **核可**和平利用外层空间委员会第五十八届会议工作报告①；

2. **同意**委员会第五十九届会议审议其五十八届会议建议的实质性项目②，同时考虑到所有国家，特别是发展中国家关切的问题；

3. **注意到**委员会法律小组委员会第五十四届会议继续开展大会第 69/85 号决议为其规定的工作③；

4. **同意**法律小组委员会第五十五届会议按照委员会的建议审议实质性项目并重新召集工作组④，同时考虑到所有国家，特别是发展中国家关切的问题；

5. **敦促**尚未成为外层空间利用问题国际条约⑤缔约国的国家考虑依其国内法批准或加入这些条约，并将这些条约纳入本国立法；

6. 满意地注意到，秘书处外层空间事务厅制订并以所有联合国正式语文出版的空间法大纲可以鼓励各国与相关实体合作开展进一步研究，为支持空间法和空间政策方面的能力建设；

7. **注意到**委员会科学和技术小组委员会第五十二届会议继续开展大会第 69/85 号决议为其规定的工作⑥；

8. **同意**科学和技术小组委员会第五十三届会议按照委员会的建议审议实质性项目并重新召集工作组⑦，同时考虑到所有国家，特别是发展中国家关切的问题；

9. **重申**必须分享关于发现、监测和物理定性可能造成危害的近地天体的信息，以确保所有国家，尤其是在预测和减缓近地天体撞击影响方面能力有限的发展中国家认识到潜在威胁，强调需要开展能力建设，以期在发生近地天体撞击事件时能有效地紧急应对和管理灾害；并满意地注意到，为落实对

① 《大会正式记录，第七十届会议，补编第 20 号》(A/70/20)，第 360 段。

② 同上，第 360 段。

③ 同上，第二.C 章；A/AC. 105/1090。

④ 《大会正式记录，第七十届会议，补编第 20 号》(A/70/20)，第 266～271 段。

⑤ 《关于各国探索和利用包括月球和其他天体在内外层空间活动的原则条约》(联合国，《条约汇编》，第 610 卷，第 8843 号)；《关于援救航天员，送回航天员及归还发射到外层空间之物体之协定》(联合国，《条约汇编》，第 672 卷，第 9574 号)；《外空物体所造成损害的国际责任公约》(联合国，《条约汇编》，第 961 卷，第 13810 号)；《关于登记射入外层空间物体的公约》(联合国，《条约汇编》，第 1023 卷，第 15020 号)；《关于各国在月球和其他天体上活动的协定》(联合国，《条约汇编》，第 1363 卷，第 23002 号)。

⑥ 《大会正式记录，第七十届会议，补编第 20 号》(A/70/20)，第二.B 章；A/AC. 105/1088。

⑦ 《大会正式记录，第七十届会议，补编第 20 号》(A/70/20)，第 192～195 段。

近地天体撞击威胁作出国际反应的建议，设立了国际小行星警报网和航天飞行规划咨询组，并且两个机构已开展工作[①]；

10. **赞赏地注意到**一些国家已经通过国内机制，并按照空间碎片问题机构间协调委员会《减少空间碎片准则》和大会第 62/217 号决议核可的和平利用外层空间委员会《减少空间碎片准则》[②]，自愿采取减少空间碎片措施，邀请其他国家通过相关国内机制实施和平利用外层空间委员会的《减少空间碎片准则》；

11. **认为**各国必须更加关注空间物体特别是核动力源物体与空间碎片碰撞的问题及空间碎片所涉其他方面问题，呼吁各国继续研究这个问题，开发更完善技术来监测空间碎片，汇编和传播关于空间碎片的数据，并认为应尽可能向科学和技术小组委员会提供这方面的资料，还同意需要通过国际合作推广适当且负担得起的战略，以尽量减少空间碎片对未来航天飞行的影响；

12. **敦促**所有国家，特别是拥有强大空间能力的国家，为防止外层空间军备竞赛作出积极贡献，以此作为推动为和平目的探索和利用外层空间方面国际合作的必要条件；

13. **请**委员会继续优先审议如何保持外层空间用于和平目的，并就此向大会第七十一届会议报告，并同意委员会应继续从更广的视角审议有助于确保安全而有责任地开展空间活动的空间安全保障及相关事项，包括如何为此目的促进国际、区域和区域间合作；

14. **满意地注意到**委员会第五十八届会议核可了 2018 年联合国探索与和平利用外层空间会议五十周年（“外层空间会议＋50”）的工作计划，欢迎为筹备“外空会议＋50”设立指导委员会，其组成包括由委员会及其附属机构的主席团成员构成的小组（“15 人小组”）、委员会各工作组主席，以及外层空间事务厅主任，鼓励指导委员会酌情与其他专家合作[③]；

15. **确认**外层空间事务厅在促进能力建设、以期利用空间科学技术及其应用造福所有国家尤其是发展中国家方面所具有的中心作用，敦促所有会员国向支助联合国和平利用外层空间方案信托基金捐款，以便加强外层空间事务厅在优先专题领域提供技术和法律咨询服务的能力；

---

① 《大会正式记录，第七十届会议，补编第 20 号》（A/70/20），第 153 段；《第六十八届会议，补编第 20 号》（A/68/20），第 144 段；A/AC. 105/1038，第 198 段和附件三。

② 《大会正式记录，第六十二届会议，补编第 20 号》（A/62/20），附件。

③ 同上，《第七十届会议，补编第 20 号》（A/70/20），第 350 和 351 段。

16. **赞同**委员会核可的 2016 年联合国空间应用方案①；

17. **满意地注意到**在联合国灾害管理与应急反应天基信息平台（天基信息平台）框架内并在其区域支助办公室网络的宝贵贡献下所取得的重大进展及为 35 个会员国提供的咨询帮助，鼓励会员国自愿向该方案提供必要的额外资源，以确保它成功和及时地响应不断增加的支助需求；

18. **欢迎**通过《2015—2030 年仙台减少灾害风险框架》②，其中认识到天基技术和地球观测对灾害管理和应急反应的价值，满意地注意到，外层空间事务厅及其天基信息平台努力促进国际合作，以加强国家和地方对天基技术及相关服务的利用；

19. **满意地注意到**全球导航卫星系统国际委员会在作为该国际委员会执行秘书处的外空事务厅支持下在实现全球和区域天基定位、导航和定时系统的兼容性和互操作性方面，以及在推广使用全球导航卫星系统和将其纳入各国特别是发展中国家基础设施方面不断取得进展，并赞赏地注意到 2015 年为国际委员会成立十周年，委员会将于 2015 年 11 月 1 至 6 日在美国博尔德举行第十次会议；

20. **赞赏地注意到**附属于联合国的各个区域空间科学技术教育中心，即分别设在摩洛哥和尼日利亚的法语和英语非洲区域空间科技教育中心、设在中国的亚洲及太平洋区域空间科技教育中心、设在印度的亚洲及太平洋空间科技教育中心、分设在巴西和墨西哥的拉丁美洲和加勒比区域空间科技教育中心以及设在约旦的西亚空间科技教育中心，在 2015 年继续落实各自的教育方案，鼓励各个区域中心继续推动妇女更多参与这些教育方案，并同意各个区域中心应继续向和平利用外层空间委员会提交活动报告；

21. **强调**空间活动领域的区域内和区域间合作对于加强和平利用外层空间、协助各国发展空间能力以及推动执行《2030 年可持续发展议程》至关重要，为此请相关区域组织及其专家组提供必要援助，以便各国落实区域会议的各项建议，并在这方面指出妇女平等参与所有科技领域的重要性；

22. **确认**在这方面亚太空间合作组织和欧洲空间局等组织、各类会议和其他机制，例如空间科学和技术促进可持续发展问题非洲领导人会议、亚太区域空间机构论坛、美洲空间会议，在加强各国间区域和国际合作方面的重要作用；

---

① 同上，第 79 段。

② 第 69/283 号决议，附件二。

23. **强调**有必要增进空间技术及其应用所产生的惠益，推动空间活动的有序增长，使其有利于所有国家的持续经济增长和可持续发展，包括加强区域和国家一级的可持续空间数据基础设施及建设减轻灾害影响的抗灾能力，特别是在发展中国家；

24. **重申**应在联合国关于经济、社会和文化发展及有关领域的各个主要会议和首脑会议上促进空间技术及其应用所产生的惠益，确认在制定和实施政策和行动方案时，包括在努力实现这些会议和首脑会议的目标以及在执行《2030 年可持续发展议程》时，应宣传空间科学技术及其应用对于全球、区域、国家和地区可持续发展进程的至关重要性；

25. **鼓励**在外层空间事务厅的参与下，会员国为此推动这些会议、首脑会议和进程考虑空间科学技术应用和天基地理空间数据使用问题的实际意义；

26. **鼓励**外层空间事务厅酌情积极参与这些会议、首脑会议和进程，以及其他支持“外层空间会议＋50”目标的活动；

27. **敦促**联合国空间会议在外层空间事务厅领导下继续研究空间科学技术及其应用如何推动《2030 年可持续发展议程》，鼓励联合国系统各实体酌情参与联合国空间会议的协调工作；

28. **满意地注意到**，外层空间事务厅将发布天基信息平台关于外层空间活动中的透明度和建立信任措施问题政府专家组报告①与联合国系统有关内容的执行情况特别报告，供委员会第五十九届会议审议，并将与联合国相关实体协调该特别报告的编写工作②；

29. **鼓励**外层空间事务厅酌情并结合外层空间活动的长期可持续性，开展与空间安全保障以及外层空间活动中透明度和建立信任措施有关的能力建设和外联活动；

30. **欢迎**委员会及其法律小组委员会在 2015 年各自届会上商定，不再使用未经编辑的录音誊本，今后将固定使用数字录音，并进一步加强数字录音的应用③；

31. **核可** 2016—2017 年期间委员会及其各小组委员会主席团的构成，并重申，委员会及其各小组委员会应在 2016 年各自届会上从获提名者中选出该

---

① A/68/189。

② 《大会正式记录，第七十届会议，补编第 20 号》（A/70/20），第 339 段。

③ 同上，《第七十届会议，补编第 20 号》（A/70/20），第 355 段。

期间的主席团成员[①]；

32. **鼓励**各区域组推动属于本区域组的委员会成员国积极参与委员会及其附属机构的工作。

2015 年 12 月 9 日
第 70 次全体会议
（资料来源：联合国官方网站；供稿：中国空间法学会）

① 第 69/85 号决议，第 29～31 段；《大会正式记录，第七十届会议，补编第 20 号》（A/70/20），第 353 和 354 段；外层空间事务厅 2015 年 7 月 29 日给委员会成员国的正式函件。

2015 年 12 月 23 日大会决议
［根据特别政治和非殖民化委员会（第四委员会）
的报告（A/70/495）通过］

70/230. 与 2016 年联合国空间应用方案活动有关的事项

大会，

回顾其 2014 年 12 月 5 日第 69/85 号决议，特别是核可了 2015 年联合国空间应用方案，

承认由秘书处外层空间事务厅执行的联合国空间应用方案旨在通过国际合作，推进利用空间技术和数据促进发展中国家的经济和社会发展，为此将推动决策者更多认识到可获得的成本效益和其他惠益，建立或加强发展中国家利用空间技术的能力，并加强外联活动以宣传已获惠益，

认识到在此方面，会员国，尤其是发展中国家参与联合国空间应用方案开展的能力建设活动将特别受益，

重申空间科学技术应用方面的技术援助和能力建设的重要性，尤其是对发展中国家有裨益，

注意到 2015 年 6 月 10 至 19 日在维也纳举行的和平利用外层空间委员会第五十八届会议未能就 2015 年剩余时间内联合国空间应用方案实施工作商定意见，

1. **同意**重启联合国空间应用方案下列活动，在 2016 年实施：

a）联合国/哥斯达黎加人类空间技术讲习班；

b）联合国/南非基础空间技术专题讨论会；

c）联合国/肯尼亚空间技术和应用促进野生生物管理及生物多样性保护讲习班；

d）联合国/伊朗伊斯兰共和国利用空间技术监测中东区域沙尘暴和干旱讲习班；

2. **决定**根据 2016 年联合国空间应用方案开展上文第 1 段所列活动，使用已为 2015 年这些活动分配的预算；

3. **请**秘书长采取行动落实本决议，使上文第 1 段所列活动能成功开展。

2015 年 12 月 23 日

第 82 次全体会议

（资料来源：联合国官方网站；供稿：中国空间法学会）

第四部分
中国空间法学会 2015 年度重点论文

外层空间法的发展：框架、目标与方向

马新民*

摘　要：外层空间法（以下简称“外空法”）与人类外空活动和航天科技的发展相生相伴。现行外空法以联合国五大外空公约为核心，以联合国大会决议、区域性或双边条约以及习惯国际法为补充，并辅之以有关国家和政府间国际组织的航天立法和实践。从法律性质上讲，外空法是国际法上的部门法和特别法，既有其独特性，也具有国际法的一般特点。外空法的发展宗旨以维护国际社会共同利益和价值为首要，以尊重各国自身利益和价值为其次，核心是如何在两大利益和价值之间建立合理的平衡。关于外空法发展的方向，一是要坚持《联合国宪章》的基础和优先适用地位，同时借重一般国际法的原则和规则；二是要完善规范外空活动的初级规则和次级规则，包括完善外空共同利益原则和月球共同财产原则、健全外空军事活动规范、积极完善外空环境和资源立法、不断健全新型外空活动立法，以及健全外空活动的次级规则。

关键词：外层空间法；国际公域；国际共同体利益；外空条约；联合国宪章

外层空间法是20世纪60年代后期由联合国主导发展起来的国际法新分支。作为一个年轻的国际法部门，它伴随着空间技术应用和人类外空活动的发展而产生，目前仍在进一步发展演变之中。在航天技术日新月异、空间活动蓬勃发展的新形势下，外空法将向何处去、在整个国际法体系中应居于何种地位、其发展目标与方向是什么，本文拟作些探讨。

---

* 马新民，外交部条法司副司长。本文系作者应邀于2014年11月17日在北京举办的联合国/中国/亚太空间合作组织空间法研讨会上发表主旨演讲的核心内容。在写作过程中，外交部条法司齐大海、商震、申钦民、周武、曾思琪、潘昆等同事曾提出许多宝贵意见和建议，西安交通大学苏金远教授提供了大量资料，在此一并致谢。本文仅代表作者个人观点。本文原载于《国际法研究》2015年02期，收录本刊时作者对全文作了进一步修改和内容更新。

一、外层空间法的法律框架和地位

现行外空法以联合国五大外空条约为核心，以联合国大会外空决议、区域性或双边条约以及习惯国际法为补充，并辅之以有关国家和政府间国际组织的航天立法和实践。一般认为，外空法主要由两个层次或方面的法律规范组成。

一是国际法，主要是以国家和政府间国际组织在外空活动中的权利、义务及责任关系为调整对象。由1967年《关于各国探索和利用包括月球和其他天体在内的外层空间活动的原则条约》（以下简称《外空条约》）、1968年《关于援救航天员、送回航天员和归还发射到外层空间之物体之协定》（以下简称《营救协定》）、1972年《外空物体所造成损害的国际责任公约》（以下简称《责任公约》）、1975年《关于登记射入外层空间物体的公约》（以下简称《登记公约》）和1979年《关于各国在月球和其他天体上活动的协定》（以下简称《月球协定》）等5项公约，以及1963年《各国探索和利用外层空间活动的法律原则宣言》（以下简称《外空法律原则宣言》）、1982年《各国利用人造地球卫星进行国际直接电视广播所应遵守的原则》（以下简称《电视广播原则》）、1986年《关于从外层空间遥感地球的原则》（以下简称《遥感原则》）、1992年《关于在外层空间使用核动力源的原则》（以下简称《核动力源原则》）和1996年《关于开展探索和利用外层空间的国际合作，促进所有国家的福利和利益，并特别要考虑到发展中国家的需要的宣言》（以下简称《国际合作宣言》）等5项原则宣言构成国际外空法的基本法律框架。此外，还有其他一些联合国大会决议和联合国和平利用外层空间委员会（以下简称“联合国外空委”）文件等软法[①]作为解释和实施上述条约和原则的辅助手段，以及外空自身所特有的习惯国际法。历史上，条约与国际习惯一直是创立有约束力的国际法的主要方法，但近年来软法在外空领域的重要性日益突出。

---

① 联合国大会通过的有关决议：1）1961年12月20日第1721A和B（XVI）号决议：外空和平使用的国际合作；2）2000年12月8号第55/122号决议第4段：和平利用外层空间的国际合作（关于使用地球静止轨道的一些问题）；3）2004年12月10日第59/115号决议：适用“发射国”概念；4）2007年12月17日第62/101号决议：关于加强国家和国际政府间组织登记空间物体的做法的建议；5）2013年12月11日第68/74号决议：就有关和平探索和利用外层空间的国家立法提出的建议。此外，联合国外空委还通过两个文件：《空间碎片减缓指南》、《外层空间核动力源应用安全框架》。

二是国内法，既涉及专门实施相关国际条约义务的内容，也涉及条约以外应由国家调整和规范的外空事务和活动。国内法在一定程度上填补了国际立法的不足。目前世界上有 20 多个国家制定了航天立法。

但将外空法的法律框架界定为上述两个方面有一定的局限性，尚不足以概括外空法框架的全貌及其特点。从整个国际法体系来看，外空法既有其独特性，也具有国际法的一般特点。下面分别进行分析。

第一，外空法作为国际法的特别法（lex specialis），有其独特性。从法律性质上讲，外空法作为国际法上的部门法和特别法，其规范的是国际社会[①]的利益，具有"普遍义务"或"对国际社会整体的义务"（obligation erga omnes）的效力和性质。《外空条约》被誉为"外空宪章"，作为外空领域的框架性条约，不仅奠定了外空法的法律基础，而且构建了未来外空法发展的法律框架。其他四项条约在该条约的基础上，充实、细化和发展了有关原则和制度。Vladimir Kopal 教授认为，由 1963 年《外空法律原则宣言》提出并为 1967 年《外空条约》重述的有关原则，已经被国际社会整体接受，具有一般国际法上的强行规则的效力。按照 1969 年《维也纳条约法公约》第 53 条，此类规则不得损抑且只能为以后具有同等性质的一般国际法强行规则所修改[②]。

"普遍义务"反映了国际价值体系，是国际价值体系执行的一种法律手段[③]。创设"普遍义务"的规范应属于"整个国际社会"。所有国家，不管他们在此事中有什么特殊利害关系，遇有违反规范的情况都有权援引国家责任。但一项义务的普遍性并不表明该项义务明显高于其他义务。虽然在实践中公认具有普遍效力的规范无疑规定了重要义务，但这种重要性并没有转化为像

---

① 又称国际共同体（the international community）、国际社会整体或整个国际社会（the international community as a whole）。上述概念被广泛应用，但其定义和范围并不确定。《维也纳条约法公约》第 53 条和 1970 年国际法院巴塞罗那电力案中，国际共同体限于国家间国际共同体（inter－state international community）或国家共同体（the community of states），但也有学者认为，国际共同体除包括国家间国际共同体外，还包括全人类。参见 Menno T. Kamminga and Martin Scheinin，The Impact of Human Rights Law on General International Law（Oxford University Press，2009），p. 21。本文所称的国际共同体、国际社会或国际社会整体概念指同一含义，包括国家间国际社会和全人类。

② Vladimir Kopal，The Progressive Development of International Space Law by the United Nationa and its Present System，in B. Vukas and T. M Sosic（eds.），International Law：New Actors，New Concepts（Koninklijke Brill NV，2010），p. 248。

③ Jure Vidmar，Norm Conflicts and Hierarchy in International Law：Towards a Vertical International Legal System?，in E. De Wet & J. Vidmar（eds），Hierarchy in International Law：The Place of Human Rights（Oxford University Press，2012），p. 17。

《联合国宪章》第103条和强制法那样的等级优先[1]。并非所有“普遍义务”都是一般国际法的强制性规范所确立的，例如，同“国际公域”等有关的一些义务就属于这样的情况[2]。因此，外空法原则应属于非强制性规范性质的“普遍义务”，从法律效力的等级看，并不具有优先适用性。

外空（包括月球及其他天体）属于自成一类的“国际公域”。外空法与“公海”、“国际海底区域”、南极洲等“国际公域”的国际立法具有共同特点，都涉及“普遍义务”，都属于全体国家和全人类的共同利益，应由各国和全人类共享，且应尊重未来几代人的需要；而不属于任何国家的主权管辖范围，不能由某个国家所有和占有，各国对“国际公域”都享有自由利用的权利，也有义务予以保护，防止其受到损害。

“普遍义务”表明存在一个与国家利益并存的国际共同体利益和价值。这种国家之国际共同体（the international community of states）利益关系到各国整体和全人类的共同利益，保护的是国际社会或全人类的基本利益。它不等于各个国家的国家利益简单相加或总和，而是国际社会或全人类作为一个整体所享有的利益。相关的权利为各国、国际社会和全人类所共同拥有，所有国家都享有法律利益。

目前在国际实践中，还不存在一个单独的国际实体作为国际社会整体利益的拥有者，也没有形成统一的保护国际共同体和全人类共同利益的管理体制和规则，除《联合国海洋法公约》设立专门的国际海底管理局来代表全人类进行管理和分配海底资源等相关利益外，多数国际公域的保护和管理机制尚付诸阙如。保护国际社会整体利益只能通过每个国家单个进行。正如法国国际法学者安-劳瑞·沃-叟梅特（Anne - Laure Vaus - Chaumette）所说，国际共同体（the international community）并不是作为一个国际法主体存在；当今的国际共同体概念并非指法人，其法人地位尚不存在，而是包含至少所有国家的“法律虚构”（legal fiction），或称“规范性共同体”（normative community）；国际共同体已经表明其自身是拥有普遍共同价值的新主体。当源于强行法规范的义务被严重违反时，所有国家这一集体才是受损害的利益的持有者，也是他们才有能力惩戒违反者。目前，“制度性共同体”（institu-

① 参见联合国国际法委员会，《国际法不成体系问题：国际法多样化和扩展引起的困难》，第380段。

② 参见联合国国际法委员会，《国际法不成体系问题：国际法多样化和扩展引起的困难》，第38段。

tional community）尚未建立①。但国际共同体利益在国际实在法上的确立，突破了传统国际法以国家同意为基础的双边主义契约模式，超越了狭隘的国家间自身利益，将规范的对象扩大到国际共同体利益（包括国家共同体利益和全人类利益）。对于国际法的这一历史演变，前国际法院法官西玛（Bruno Simma）精辟地指出，传统国际法建立在"双边主义"的基础上，但随着对"国际共同体"的共同利益的认识加深，国际法已不仅限于规范国家间的相互权利义务关系，而且包含了整个"国际共同体"的利益，这不仅包括国家，而且包括所有人类。国际法正迈向真正的"公共"国际法②。

由于国际共同体利益与国家利益形成现代国际法的两种利益观和价值观，因此外空法成为保护国际共同体利益的国际法规则，是国际法的重要发展。

第二，外空法作为国际法的重要组成部分，具有国际法的一般特点，应该在一般国际法体系下把握外空法的框架。《外空条约》第3条明确规定，本条约各缔约国探索和利用外空，包括月球和其他天体在内的活动，应按照国际法，包括《联合国宪章》，并为维护国际和平与安全及增进国际合作与谅解而进行。国际法院前院长和外空法的奠基人曼弗雷德·拉克斯（Manfred Lachs）曾指出，上述规定明显意味着在所有同外空相关以及在外空及其天体上开展的活动都应该遵从国际法规则。国际法规则是指在世界范围内对各国双边关系中所有其他相关领域均有约束力的法律体系。这不仅包括在历史发展中演变形成的基本原则和规则，还包括最新发展的规则③。

解构外空法与包括《联合国宪章》在内的一般国际法是一种什么关系，首先需要明确外空法在整个国际法框架中的法律地位。原则上，《联合国宪章》与其他一般国际法适用于外空活动的效力是不尽相同的。

关于外空法与《联合国宪章》关系：在整个外空法的发展过程中，联合国始终发挥着建设性主导作用。联合国不仅主持召开了三次外空大会，适时为外空法的发展指明方向，而且制定和通过了一系列国际公约和原则宣言，

① Anne-Laure Vaus-Chaumette, The International Community as a World, in: James Crawford, Alain Pellet, and Simon Olleson (eds), The Law of International Responsibility (Oxford University Press, 2010), pp. 1024, 1027。

② Bruno Simma, Universality of International Law from the Perspective of a Practitioner, (2009) 20 EJIL 265, p. 268; Bruno Simma, From Bilateralism to Community Interest in International Law, (1994) 250 Recueil des Cours 217, pp. 231-234。

③ Manfred Lachs, The Law of Outer Space: An Experience in Contemporary Law-Making (Martinus Nijhoff Publishers, 2010), p. 13。

确立了现行外空法的基本法律框架，特别还确定了《联合国宪章》优于会员国缔结的《外空条约》的地位。根据《联合国宪章》第103条，各国在《联合国宪章》下的义务与各国“依其他国际协定所负之义务”相比，享有优先适用地位。同时，该项规定也被认为意味着《联合国宪章》的义务可能优于不一致的习惯国际法[①]。因此，《联合国宪章》作为“更高法”，其法律效力应高于以国际条约、已发展成为习惯国际法的部分原则宣言以及习惯国际法为主要法律渊源的外空法律体系。这意味着不仅《联合国宪章》规定的诉诸武力法（jus ad bellum），即禁止使用武力原则及其两项例外，包括国家自卫或安理会授权使用武力的规则原则上是适用于外空的；同时，作为一般国际法的武装冲突法（jus in bello）原则上也应适用于外空，如外空发生武装冲突，交战方也应遵循武装冲突法。但外空有其特殊性，诉诸武力法和武装冲突法如何适用于外空，仍是一个值得深入探讨的问题[②]。

关于外空法与其他一般国际法规则的关系：基于特别法优于一般法的原则，如现有专门的外空法没有规定的事项，原则上应适用一般国际法。《外空条约》第3条有关外空活动应按照国际法进行的规定，意味着具有普遍适用性的一般国际条约和习惯国际法是外空法的补充。联合国国际法委员会《国际法不成体系问题》报告曾明确指出，特别法优于一般法，是国际法中公认的解释和解决法律冲突的方法，一般法在特别制度中的作用在于填补空白，或在特别制度失效时得以适用[③]。在实践中，诸如国际环境法、国际责任制度等国际法规则均能补充外空法空白或不足。

因此，国家、政府间国际组织等开展的外空活动，不仅受到外空法的约束，还适用包括《联合国宪章》在内的一般国际法。从法律地位上看，外空法的适用受制于《联合国宪章》而优于其他一般国际法。

二、外空法发展的目标

外空法的发展目标包括制度与理念两个方面。在制度方面，当今外空法

---

① 联合国国际法委员会，《国际法不成体系问题：国际法多样化和扩展引起的困难》，第35段。

② 2015年9月，加拿大麦吉尔大学航空法与外空法中心发起并组织国际法学者编纂《适用于外空军事利用的国际法手册》（Manual on International Law Applicable to Military Uses of Outer Space），拟于三年内编纂可适用于外空军事利用的空间法、诉诸武力法和武装冲突法规则等。

③ 参见联合国国际法委员会，《国际法不成体系问题：国际法多样化和扩展引起的困难》，第5段、第15～16段。

的主导框架仍然是建立在实在法体系基础上。国际条约和习惯国际法仍是国际社会规制外空活动的主要法律依据。《外空条约》一方面确认探索和利用外空应本着“为所有国家谋福利与利益”和应是“全人类的事情”，另一方面规定各国具有“在平等、不受歧视的基础上”进行探索和利用外空的自由以及各国对外空进行科学考察的自由（第 1 条）。这表明，《外空条约》不仅确认各国为所有国家整体和全人类的共同利益探索和利用外空的原则，而且也认可尊重各国平等自由探索和利用外空的权利和利益的原则。因此，维护共同利益与尊重各国自身利益是以《外空条约》为核心的外空法所保护的两条利益主线。

第一条主线维护共同利益。这是外空法的首要目标。共同利益主要包括以下五方面内容。

（1）共有与公平分享利益

主要包括不得据为己有、公平分享和共同管理等三个核心要素。《外空条约》确认外空活动“应为所有国家谋福利与利益”，应属于“全人类的事情”（第 1 条），《月球协定》进一步发展和补充了上述原则，规定月球及其自然资源是“全人类的共同财产”，并承诺在月球资源的“开发即将可行时”，为其建立月球资源的国际开发制度，让所有国家公平分享月球和其他天体及其自然资源（第 11 条第 1 款）。同时，《外空条约》确认任何国家、非国家实体和个人不得通过对外空提出主权主张，不得通过使用或占领或以任何其他方法据为己有（第 2 条）。《月球协定》进一步指出，月球或其自然资源均不应成为任何国家、国际组织、国家组织或非政府实体或自然人的财产（第 11 条）。

但在实践中，对于如何解释和适用“为所有国家谋福利与利益”、“全人类的共同财产”、“不得据为己有”等原则，存有不同看法。在 2016 年 4 月联合国外空委第 55 届法律小组会议上，围绕着美国 2015 年 11 月《商业航天发射竞争力法》有关私人实体对其获得的外空资源享有所有权的规定是否符合上述外空法原则问题，各国曾有过激烈的争论。不少国家认为，外空自由探索原则意味着私人实体在国家持续监管下有权从事外空探索和利用活动，包括开发利用外空资源，但各国（包括私人实体）在探索利用外空时应履行“为所有国家谋福利”、“妥善照顾其他缔约国同等利益”等义务，不得采取“排他性”的开发利用。对于私人实体对其获得的外空资源主张所有权是否符合“不得据为已有”等原则，各方分歧也很大，俄罗斯等批评美国立法违反上述原则。2015 年 12 月，国际空间法学会专门就此发表《关于外空资源开采的立场文件》[①]，认为 1967 年《外空条约》并没有明确禁止开采外空资源。因为根据《外空条约》第 2 条规定，国际法禁止对外空（包括轨位）或天体作为“领土”据为己有，但对于是否禁止开发外空资源，该条款并未作明确规定。《外空条约》第 1 条第 2 款规定了自由探索和利用外层空间的原则，并规定各国应在平等基础上依据国际法自由探索和利用，且不得有任何歧视。但是，对于“自由利用”的权利是否包括取走并利用不可再生的自然资源，包括天体上的矿物和水资源，国际社会并未达成一致。并认为，尽管 1979 年《月球协定》对月球及其自然资源有更为明确的规定，如第 11 条第 3 款规定，“月球的表面和表面下层或其任何部分或其中的自然资源均不应成为任何国家、政府间或非政府间国际组织、国家组织或非政府实体或任何自然人的财产”；并规定，缔约国承诺，“当自然资源的开发即将可行时”，建立一项国际制度来“指导此种开采”。但该协定仅对 16 个缔约国具有法律约束力，有关条款尚未成为习惯国际法规则。该文件最后强调，该问题目前尚无定论，美国对《外空条约》第 2 条的解释能否获得其他国家的认可，在很大程度上决定了未来国际社会将如何理解“禁止据为己有”原则以及该原则的发展方向。国际社会也可以此为基础，通过国际合作来发展相关规则，协调各国在外空的自由探索和利用活动（包括资源开发利用），从而实现全人类的共同利益。上述解释是否符合外空条约的目的和宗旨，值得我们进一步研究。

（2）维护和平与共同安全

外空是维护国际和平与安全的不可或缺领域。《联合国宪章》适用于外空（《外空条约》第 3 条），意味着《联合国宪章》规定的“维护国际和平与安全”的宗旨（第 1 条）和集体安全制度也适用于外空活动。《联合国宪章》确认维护国际和平与共同安全是联合国的首要宗旨和最高价值。特别是第 2（4）条关于禁止使用武力的规定“是国际法最重要的规范”，“宣布和平是最高价值”，“高于国家间的公平正义，甚至高于人权或人类其他价值”[②]。依据《联合国宪章》第 103 条规定的优先适用条款，国际和平与安全作为国际社会的公共利益，具有优于国际社会其他共同利益以及各国的国家利益的地位。

联合国的集体安全制度适用于外空，要求外空活动应遵循《联合国宪章》的集体安全规范和机制。联合国致力于维护的国际和平与安全是由安理会代

---

① The International Institute of Space Law, Position Paper on Space Resources Mining, December 20，2015，http：//www.iislweb.org/docs/SpaceResourceMining.pdf。

② Louis Henkin，International Law：Politics，Values and Functions（Martinus Nijhoff，1990），p. 146。

表国际社会实施的集体安全，体现了共同安全的价值理念。共同安全理念改变了各国通过对抗性竞争谋求国家安全的“零和博弈”旧思维，成为当今国际关系和国际法的核心价值。

《外空条约》以《联合国宪章》的宗旨和原则为指导，并将共同安全的规范与理念具体化。《外空条约》重申《联合国宪章》对外空的适用性以及为维护国际和平与安全而利用外空的原则（第 3 条），确认“为和平目的而探索和利用外空所取得的进展关系到全人类的共同利益”（序言），探索和利用外空应符合所有国家的利益，应是“全人类的事情”（第 1 条第 1 款）；并确认在外空与月球和其他天体分别实行不同的制度，规定在地球轨道、天体及外层空间禁止“放置、配置、部署任何携带核武器或任何其他类型大规模杀伤性武器的实体”（第 4 条第 1 款），而对月球和其他天体则必须“绝对用于和平目的”，禁止在月球和其他天体试验任何武器、进行军事演习和建立军事基地、设施及工具（第 4 条第 2 款）。因此，外空也是各国谋求共同安全的领域，虽然目前仅以最低限度的裁军和军控措施作为起点。

（3）加强国际合作

《联合国宪章》将达成“国际间友好关系以及国际合作”作为联合国的宗旨。《外空条约》把加强国际合作作为条约义务，规定各国在科学调查方面促进并鼓励国际合作（第 1 条第 3 款），要求外空活动应为维护国际和平与安全及增进国际合作与谅解而进行（第 3 条）；要求各国对发生意外或遇难的航天员和空间物体应予援助（第 5 条）；要求发射国应就外空活动或试验可能产生的危险，主动或应他国请求事先与他国磋商（第 9 条）；同时，要求各国公开和透明，应为其他国家提供机会观察空间物体的飞行（第 10 条）；还应在最大可能和实际可行的范围内，将外空活动的性质、进行情况、地点和结果通知联合国秘书长，并通告公众和国际科学界（第 11 条）。外空法如此强调广泛的国际合作义务，体现了外空领域的国际社会团结精神，这在其他国际领域（包括网络和海洋等领域）并不多见。

（4）厉行法治

法治是外空治理的基本形式，也是整合国际社会利益的有效机制。《联合国宪章》为依法治理外空提供了指导原则。《外空条约》第 3 条进一步要求各缔约国探索和利用外空，应按照国际法包括《联合国宪章》进行。外空法始终与人类的外空活动相伴随，坚持法治是外空秩序和外空治理的要素和特色。

（5）可持续发展

《外空条约》要求发射国应避免对外空造成污染以及对地球环境造成不利影响，并在必要时为此目的采取适当预防措施（第 9 条）。《月球协定》进一步规定，月球的探索和利用应充分注意今世与后代人类的利益以及提高生活水平与促进经济和社会进步和发展的需要（第4条第1款）。这些规定旨在促进外空可持续探索和利用，不仅使外空活动惠及当代人，而且也为后代人的利益着想，体现了外空活动长期可持续理念和“代际公平”理念。2010年，联合国外空委科技小组委员会引入“外空活动长期可持续性”（LTS）议题，并于2011年开启“外空活动长期可持续性”多边谈判进程。“外空活动长期可持续性”关乎外空活动的“科学发展”问题，受到国际社会的广泛关注。目前，“长期可持续性”已逐步发展成为规范和引领外空活动的重要政策理念，必将对外空国际立法的发展产生广泛而深刻的影响。

第二条主线尊重各国权益。这是外空法的次要目标。外空法确认各国拥有依据国际法对外空进行探索和利用的权利。《外空条约》规定，外空应由各国在平等基础上并按照国际法自由探索和利用，不得有任何歧视，天体的所有地区均可自由进入（第1条第2款），对外空应有科学调查的自由（第1条第3款）。根据上述规定，各国在外空享有的权利包括自由探索和利用的权利、自由进入权利、科学调查自由等。此外，各国对于在外空遭受的武力攻击，还有权依据《联合国宪章》第51条行使自卫权等。

但此类权利并非绝对。根据《外空条约》，上述权利主要受到以下几方面的限制：一是确保外空活动为所有国家谋福利和维护共同利益（第1条第1款），二是尊重其他国家的权利和利益（第9条），三是外空活动应为维护国际和平与安全及增进国际合作与谅解而进行（第3条），四是外空活动应按照国际法包括《联合国宪章》而进行（第3条），如禁止使用武力原则、不干涉内政原则。此外，原则上还应与其他国家分享外空活动收益和成果。

在理念方面，主要指上述外空实体法背后的政策和理念，这是外空法立法与解释和适用的精髓。外空法的两条利益主线体现了六个核心价值目标，即共有与公平分享利益、维护和平与共同安全、加强国际合作、厉行法治、可持续发展、各国平等自由。其中，前五项体现了“为全人类造福”的核心理念，最后一项反映了维护本国利益的价值目标。国际法的历史与现实证明，在国际关系中实现、维护国际和平、安全、发展、合作、正义和国家合法权益，也是国际法的一般功能和价值追求。外空立法及其解释和适用的核心就是国家如何在国际共同体和全人类的共同利益与各国的国家利益之间建立合理的平衡问题，如何在不同的共同利益之间以及不同的国家利益之间建立合理的平衡问题。外空法的核心价值观将为外空立法及其解释和适用提供重要指导。

维护国际共同体利益与国家利益是外空法的规范目标和价值追求。国家利益是维系国际共同体利益的基础，是国际共同体利益必不可少的一部分。同时，国际共同体利益也构成各国国家利益的一部分，各国对国际共同体利益都享有权利。任何国家对外空的探索和利用，只有在造福各国和全人类、确保所有国家公平分享利益的情况下才符合外空法及其价值目标。

在各国利益与国际共同体利益之间建立合理平衡，寻求各国利益与国际共同体利益的最大公约数，扩大各方利益汇合点，实现国家利益与国际共同体利益的和谐统一，有利于实现外空法的根本目标。

三、外空法发展的方向

现行外空法确立了外空的法律地位和法律制度，在规范国家和国际组织的空间活动、维护空间秩序和促进空间国际合作以及立法先行引领外空活动实践等方面发挥了有效作用，基本满足了各国探索和利用外空的需要。但当前外空领域面临新的重大挑战，包括空间活动商业化快速发展，外空武器化和外空军备竞赛趋势加剧，空间碎片激增和空间核动力源应用对外空环境、物体和活动的威胁增加，卫星频率和轨道资源日益紧张。同时，外空旅游、外空资源开发利用等新型外空活动提出新的法律问题。面对新形势和挑战，除了要立足于强化外空法的有效实施解决现实问题外，应重点加强以下两方面的工作。

（一）坚持《联合国宪章》的基础和优先适用地位

《外空条约》有关探索和利用外空按照国际法（包括《联合国宪章》）的规定（第 3 条）可以引申出两个适用原则：一是坚持《联合国宪章》的优先适用地位；二是借重一般国际法的原则和规则，如外空类条约对有关问题无专门规定，可参照适用相关一般国际法规则，如国家责任法、国际环境法的原则和规则等。

《联合国宪章》为国际社会普遍接受，具有很强的适用性。《联合国宪章》规定，联合国的宗旨是“构成一协调各国行动之中心”，以达成维护国际和平与安全、国际间友好关系以及国际合作等共同目的（第 1 条）。《联合国宪章》就国际和平与安全、发展与合作等主要问题明确了法律指导原则，其所包含的各项国际法基本原则和制度对外空法有重要指导意义。外空立法及其解释和适用应符合《联合国宪章》，坚持以《联合国宪章》为根本遵循。当然《联合国宪章》适用于外空是就其整体而言的，并非指其每项制度和规则都适用。《联合国宪章》适用外空时必须考虑外空活动的特殊性。正如曼弗雷德·拉克斯（Manfred Lachs）所指出：国际法，包括《联合国宪章》适用外空和其他天体并不意味着其完全地自动扩展到外空和天体上。它们中的很多章节是基于特定背景制定的，因此不能适用于其他领域。有些规则不能依其定义适用于外空，有些规则属于特定情境中的特殊法，还有一些则需根据新情境的特征和需要进行调整，因此尚有修改的必要。实际上将国际法扩展到外空和天体仅是第一步，仅构成其进一步发展的基础，制定特别和具体规则已经并将持续变得必要[①]。

（二）完善规范外空活动的初级规则和次级规则

完善外空立法要坚持现有外空条约体系基本不变，外空和平探索与利用的基本原则不变。任何外空制度的设计既要注意与其他国际公域立法的协调，也要注意与空气空间和陆地相关立法的衔接。如外空安全不能脱离地面安全，外空可持续利用不能脱离地面的可持续发展。立法重点包括以下几个方面。

1. 完善外空共同利益原则和月球共同财产原则的法律框架和机制

目前，外空与月球和其他天体分别实行共同利益原则与人类共同财产原则，这实际上在外空领域形成了两套不同的法律制度。但两项法律制度存在诸多不确定因素，尚未成为“现行法”，在很大程度上还属于“应有法”的范畴。未来应该借鉴其他国际公域国际法规则和机制，积极探讨健全外空共同利益原则和月球共同财产原则的具体制度和机制安排。特别是在外空资源开发利用问题上，需要考虑依据共同利益原则建立统一的规范机制，从而最终实现各国分享外空收益的理想和目标。

2. 稳步推进外空军事安全立法

外空武器化已经成为外空安全的最大潜在威胁。《外空条约》只禁止大规模杀伤性武器，存在明显不足，难以确保外空军事安全。中国与俄罗斯从 2002 年起长期致力于“在裁谈会框架内谈判缔结限制外空武器化公约”方面的努力。2008 年两国共同提出《防止在外空放置武器、对外空物体使用或威胁使用武力条约（草案）》（PPWT），在听取和借鉴各方意见和建议的基础上，两国于 2014 年 6 月提交了新草案。制定禁止外空武器化和外空军备竞赛的国际条约是维护外空战略安全的有效路径。

3. 积极完善外空环境和资源立法

目前国际上没有关于空间碎片、核动力源等方面专门的国际条约，有关国际公约对轨位和频率资源的规定存在明显不足，为应对外空环境污染和加强对外空轨位、频率资源管辖，确有必要在现有法律基础上进一步完善核动

① Manfred Lachs，The Law of Outer Space，pp. 13 – 14。

力源、空间碎片、轨位、频率等方面的制度。

4. 不断健全新型外空活动立法

根据实践需要，积极推动建立健全外空资源开发、空间站、太空旅游、全球卫星导航、空天运输、外空诉诸武力、载人航天、空间交通管理、火星探测等方面的法律规范。

5. 健全外空活动的次级规则

目前的外空法存在重权利、轻义务和责任的问题，应进一步加强外空各个领域的责任立法，完善外空争端解决制度和机制，探讨建立外空国际管理机构，强化外空履约。

历史的经验告诉我们，外空活动和航天科技发展离不开法律的规范、保障和引领。航天科技的持续发展将推动外空活动不断迈上新台阶，外空法不能也不会止步。保护国际共同体利益和全人类利益需要外空法，维护外空和平与安全需要外空法，确保外空活动长期可持续发展需要外空法。外空法必须与时俱进，为造福全人类作出新的更大贡献。

参考文献

一、著作类

[1] 贺其治．外层空间法．北京：法律出版社，1994 年 6 月．

[2] 詹宁斯，瓦茨．奥本海国际法［M］．王铁崖，陈公绰，汤宗舜，周仁，译．北京：中国大百科全书出版社，1995 年 12 月．

[3] Manfred Lachs. The law of outer space：an experience in contemporary law - making (Martinus Nijhoff Publishers，2010).

[4] Stephan Hobe，Bernhard Schmidt - Tedd，Kai - Uwe Schrogl. Cologne commentary on space law (《科隆空间法评注》)，第 1 卷 (2009)、第 2 卷 (2013)、第 3 卷 (2015)，Carl Heymanns Verlag.

[5] Louis Henkin. International Law：Politics，Values and Functions［M］. Martinus Nijhoff，1990.

[6] 张振军．月球资源开发国际法律制度研究．北京：中国宇航出版社，2012 年 6 月．

二、联合国公约及文件类

[1] 《联合国宪章》：Http：//www. un. org/zh/documents/charter/.

[2] 1967 年《关于各国探索和利用包括月球和其他天体在内的外层空间活动的原则条约》(《外空条约》)，载于联合国外层空间事务厅编纂的《联合国关于外层空间的条约和原则、大会有关决议以及其他文件》(ST/SPACE/61/Rev. 1).

[3] 1968 年《关于援救航天员、送回航天员和归还发射到外层空间之物体之协定》（简称《营救协定》），载于联合国外层空间事务厅编纂的《联合国关于外层空间的条约和原则、大会有关决议以及其他文件》（ST/SPACE/61/Rev. 1）.
[4] 1972 年《外空物体造成损害的国际责任公约》（简称《责任公约》），载于联合国外层空间事务厅编纂的《联合国关于外层空间的条约和原则、大会有关决议以及其他文件》（ST/SPACE/61/Rev. 1）.
[5] 1975 年《关于登记射入外层空间物体的公约》（简称《登记公约》），载于联合国外层空间事务厅编纂的《联合国关于外层空间的条约和原则、大会有关决议以及其他文件》（ST/SPACE/61/Rev. 1）.
[6] 1979 年《关于各国在月球和其他天体上活动的协定》（简称《月球协定》），载于联合国外层空间事务厅编纂的《联合国关于外层空间的条约和原则、大会有关决议以及其他文件》（ST/SPACE/61/Rev. 1）.
[7] 1963 年《各国探索和利用外层空间活动的法律原则宣言》（简称《外空法律原则宣言》），载于联合国外层空间事务厅编纂的《联合国关于外层空间的条约和原则、大会有关决议以及其他文件》（ST/SPACE/61/Rev. 1）
[8] 1982 年《各国利用人造地球卫星进行国际直接电视广播所应遵守的原则》（简称《电视广播原则》），载于联合国外层空间事务厅编纂的《联合国关于外层空间的条约和原则、大会有关决议以及其他文件》（ST/SPACE/61/Rev. 1）.
[9] 1986 年《关于从外层空间遥感地球的原则》（简称《遥感原则》），载于联合国外层空间事务厅编纂的《联合国关于外层空间的条约和原则、大会有关决议以及其他文件》（ST/SPACE/61/Rev. 1）.
[10] 1992 年《关于在外层空间使用核动力源的原则》（简称《核动力源原则》），载于联合国外层空间事务厅编纂的《联合国关于外层空间的条约和原则、大会有关决议以及其他文件》（ST/SPACE/61/Rev. 1）.
[11] 1996 年《关于开展探索和利用外层空间的国际合作，促进所有国家的福利和利益，并特别要考虑到发展中国家的需要的宣言》（简称《国际合作宣言》），载于联合国外层空间事务厅编纂的《联合国关于外层空间的条约和原则、大会有关决议以及其他文件》（ST/SPACE/61/Rev. 1）.
[12] 联合国 1961 年 12 月 20 日第 1721A 和 B（XVI）号决议《外空和平使用的国际合作》，载于联合国外层空间事务厅编纂的《联合国关于外层空间的条约和原则、大会有关决议以及其他文件》（ST/SPACE/61/Rev. 1）.
[13] 联合国 2000 年 12 月 8 号第 55/122 号决议《和平利用外层空间的国际合作》（关于使用地球静止轨道的一些问题），载于联合国外层空间事务厅编纂的《联合国关于外层空间的条约和原则、大会有关决议以及其他文件》（ST/SPACE/61/Rev. 1）
[14] 联合国 2004 年 12 月 10 日第 59/115 号决议《适用“发射国”概念》，载于联合国外层空间事务厅编纂的《联合国关于外层空间的条约和原则、大会有关决议以及其他文件》（ST/SPACE/61/Rev. 1）.
[15] 联合国 2007 年 12 月 17 日第 62/101 号决议《关于加强国家和国际政府间组织登记空

间物体的做法的建议》，载于联合国外层空间事务厅编纂的《联合国关于外层空间的条约和原则、大会有关决议以及其他文件》(ST/SPACE/61/Rev. 1).

[16] 联合国 2013 年 12 月 11 日第 68/74 号决议《就有关和平探索和利用外层空间的国家立法提出的建议》，载于联合国外层空间事务厅编纂的《联合国关于外层空间的条约和原则、大会有关决议以及其他文件》(ST/SPACE/61/Rev. 1).

[17] 联合国国际法委员会，《国际法不成体系问题：国际法多样化和扩展引起的困难》.

三、论文类

[1] Vladimir Kopal. The Progressive Development of International Space Law by the United Nations and its Present System, in B. Vukas and T. M Sosic (eds.), International Law: New Actors, New Concepts (Koninklijke Brill NV, 2010).

[2] Jure Vidmar. Norm Conflicts and Hierarchy in International Law: Towards a Vertical International Legal System?, in E. De Wet & J. Vidmar (eds), Hierarchy in International Law: The Place of Human Rights (Oxford University Press, 2012).

[3] Bruno Simma. Universality of International Law from the Perspective of a Practitioner, (2009) 20 EJIL 265, p. 268; Bruno Simma, From Bilateralism to Community Interest in International Law, (1994) 250, Recueil des Cours 217.

[4] The International Inistitute of Space Law, Position Paper on Space Resources Mining, December 20, 2015, http://www.iislweb.org/docs/SpaceResourceMining.pdf.

[5] Anne-Laure Vaus-Chaumette. The International Community as a World, in: James Crawford, Alain Pellet, and Simon Olleson (eds), The Law of International Responsibility (Oxford University Press, 2010).

[6] Ram Jakhu. Legal Issues Relating to the Global Public Interest in Outer Space, 32 Journal of Space Law, 2006.

The Development of Space Law: Framework, Objectives and Orientations

MA Xinmin

(Department of Treaty and Law, Ministry of Foreign Affairs, Beijing 100701, China)

Abstract: Space law is rooted in and triggered by the development of human's space activities and space technologies. The current corpus of space law consists of the five UN treaties on outer space as the core, complemented by relevant UNGA resolutions, regional or bilateral treaties and customary international law, as well as legislations and practices of States and intergovernmental organizations as subsidiary sources. As far as the legal nature is concerned, space law, as lex specialis and part of international law, contains not only its own features, but also general characters of international law. As for the objectives of the development of space law, the protection of international common interests and values is the primary objective, while the secondary objective is respect for the interests and values of individual States. In order to achieve these fundamental objectives, the core is to strike a rational balance between the national interests and the international common interests. With regard to the orientations for the development of space law, two aspects should be focused and promoted. The first aspect is adherence to the fundamental and prevailing status of the UN Charter and the reliance on general principles and rules of international law. The second aspect is to refine primary rules and secondary rules regulating outer space activities. This could be illustrated in 5 points, i. e. to refine the legal framework and mechanisms related to the principle of common interests in outer space and the principle of common heritage of humankind on the Moon, to advance steadily on the regulation of military activities in outer space, to improve legislation on the environment and resources of outer space, to continuously progress the legislation on newly emerging space activities, and to develop secondary rules for outer space activities.

Key Words: Space law; Global commons; Interests of international community; Outer space treaties; Charter of United Nations

新版《国家安全法》与中国航天事业的战略使命

张振军*

摘　要：2015年7月1日，中国最高立法机构通过新版《国家安全法》，首次以法律形式确认外层空间在国家安全总体格局中的重要地位。此举对于依法维护拓展中国与外层空间相关的国家权益、在外层空间这一更加广阔的战略纵深中维护国家安全、促进人类和平探索和利用外层空间具有重要的政治意义和法律价值。出台新版《国家安全法》，不仅凸显出新形势下中国航天事业的战略价值，更为中国航天全行业依法维护国家战略安全、积极推动外层空间治理现代化法治化，提出了新的更高要求。在新版《国家安全法》指引下，坚持总体国家安全观，全面推进外空领域国家安全体系建设，统筹安全与发展两个大局，加快法治航天建设进程，将为确保外空领域的国家安全和国际共同安全、全面建立外层空间新秩序、共同开创人类航天新文明提供坚实保障。

关键词：国家安全；外空安全；核心利益；法治航天

2015年7月1日在我国全面推进依法治国实践中将是载入史册的一天。

---

* 张振军，中国航天科技国际交流中心副主任、中国空间法学会秘书长、《空间法学研究年刊》创刊主编，兼任欧美同学会留美分会理事、国际空间法学会（IISL）理事、国际宇航联合会（IAF）外空安全委员会委员、哈尔滨工业大学法学院客座教授等职，国家社会科学基金项目成果鉴定专家。研究员级高级经济师、高级国际商务师、企业法律顾问。长期研究国际关系、国际政治、国际经济、国际法、国际空间法、国际组织运行及空间战略、空间政策、空间外交等领域的理论与实务。主要代表作包括专著《月球资源开发国际法律制度研究》（2012年）、共同主编英文著作《外空矿物资源：挑战与机遇的全球评估》[国际宇航科学院（IAA）研究课题报告，2015年在美国出版]。2011年起担任联合国外空委“外空活动长期可持续性”进程专家组成员，多次作为中方谈判团队核心成员参加外空治理国际规则多边谈判，多次应邀在国际会议或高峰论坛场合发表主题演讲，深度参与国家航天立法促进和论证工作。本文原载于《中国航天》杂志2015年第7期，收录本刊时略有修改和删节。

第十二届全国人大常委会第十五次会议高票表决通过新的《中华人民共和国国家安全法》[①]，国家主席习近平同日签署第29号主席令公布施行，成为指导我国新时期国家安全工作、促进和厉行国家安全法治、推动国家安全治理体系和治理能力现代化的基本法。在新版《国家安全法》表决通过后当天举行的新闻发布会上，全国人大常委会法工委副主任郑淑娜就该法作出详细解读时指出，中国制定《国家安全法》，维护的是中国国家核心利益和其他重大利益[②]。中国的核心利益，中国政府在2011年发布的《中国的和平发展》白皮书[③]中已作过明确阐述，新版《国家安全法》首次以法律形式予以重申，意义十分重大。

新版《国家安全法》明确了政治安全、国土安全、军事安全、文化安全、科技安全等11个领域的国家安全任务。其中第32条明确指出，国家坚持和平探索和利用外层空间、国际海底区域和极地，增强安全进出、科学考察、开发利用的能力，加强国际合作，维护我国在外层空间、国际海底区域和极地的活动、资产和其他利益的安全。这是我国首次以法律形式确认外层空间在国家安全格局中的重要地位，对于依法维护拓展我国与外层空间相关的国家权益、在外层空间这一更加广阔的战略纵深中维护国家安全、促进人类和平探索和利用外层空间具有重要的政治意义和法律价值[④]。

中国航天事业长足发展的舞台是外层空间。与外层空间和外层空间安全密切相关的条文此次能够纳入新版《国家安全法》，不仅凸显出新形势下中国航天事业的战略价值，更为中国航天全行业依法维护国家战略安全、发展航天事业、建设航天强国、为实现中华民族伟大复兴的中国梦保驾护航，对确保外层空间在和平、安全、可持续的理念基础上实现全球共建共治共享提出了新的更高要求。虽然新版《国家安全法》只有第32条直接涉及外空安全，但实质上其全文内容、特别是总则部分的很多条款均与中国航天事业密切相关，是我国加快航天立法进程、推进法治航天建设、依法开展航天外交活动、

① 2015年新版《中华人民共和国国家安全法》全文参见中国人大网 http：//www.npc.gov.cn/npc/xinwen/2015-07/07/content_1941161.htm#，2015年7月7日访问。

② 参见中国新闻网 http：//www.chinanews.com/gn/2015/07-01/7378056.shtml，《全国人大常委会法工委详解新国家安全法》，2015年7月1日访问。

③ 根据中国国务院新闻办公室2011年9月6日发布的《中国的和平发展》白皮书，中国的核心利益包括：国家主权，国家安全，领土完整，国家统一，中国宪法确立的国家政治制度和社会大局稳定，经济社会可持续发展的基本保障。

④ 张振军：《为外层空间安全入法点赞》，载于《中国航天报》2015年7月11日《飞天科普周刊》第1版“名家观点”专栏。

积极推动外层空间治理现代化法治化的重要指针。因此，全面、准确理解这部法律的精髓，对全行业正确认识把握中国航天事业的发展方向具有重要的理论和实践意义。

一、坚持中国共产党的领导，自觉维护国家战略安全基石

国家安全是国家生存和发展的最基本、最重要的前提。维护国家安全是国家的头等大事，国家安全立法是国家安全的基本法律保障。通过立法维护国家安全是各国通行的做法。新版《国家安全法》的一大亮点，就是在第4条明确写入"坚持中国共产党对国家安全工作的领导，建立集中统一、高效权威的国家安全领导体制"，同时在第15条明确写入"国家坚持中国共产党的领导"，强调"维护中国特色社会主义制度，发展社会主义民主政治，健全社会主义法治，强化权力运行制约和监督机制，保障人民当家作主的各项权利"。我国现行《宪法》序言全面回顾了中国共产党领导全国各族人民建立新中国、进行社会主义现代化建设的艰辛历程和伟大实践，确认了中国共产党的领导地位。新版《国家安全法》作为我国在法律正文中确认中国共产党领导地位的首部实体性法律规范，不仅是在立法技术上的突破和创新，更是对现行《宪法》核心精神的坚持和发展，对于凝聚全党全军全国各族人民的共同意志、维护国家长治久安、确保中华民族实现伟大复兴和永续发展，提供了可靠的法律保障和基本遵循。

中国航天事业自1956年创建以来，在党中央、国务院、中央军委的正确领导下，在各地区、各部门和全国各族人民的大力支持下，在一个工业基础极其薄弱的发展中国家建立起较为完整的航天科研生产体系和空间基础设施，取得以"两弹一星"、载人航天工程、月球探测工程、北斗卫星导航工程及若干战略武器型号成功研制为代表的一系列辉煌成就。这不仅筑牢了国家战略安全基石，极大地提升了我国的科技实力、国防实力、综合国力和民族凝聚力，而且将大量航天技术成功转化应用到经济建设各领域，有力促进了科学技术进步、经济社会发展和人民生活水平的提高，走出了一条中国特色航天科技创新发展道路，培养造就了堪当重任的航天科技人才队伍，孕育形成了航天传统精神、"两弹一星"精神和载人航天精神，中国航天的国际地位和国际影响力不断提升，为我国向世界航天强国迈进奠定了坚实基础。邓小平同志曾指出，如果自20世纪60年代以来，中国没有原子弹、氢弹，没有发射卫星，中国就不能叫有重要影响的大国，就没有现在这样的国际地位。2013

年，习近平总书记提出“发展航天事业，建设航天强国，是我们不懈追求的航天梦”，不仅体现了新一届中央领导集体对中国航天事业的高瞻远瞩，更是对全体航天人的关心、厚望和重托。

中国航天事业是中华优秀儿女在中国共产党的坚强领导下，在极端艰苦和困难的条件下通过自力更生、自主创新发展国防军工和现代高科技产业，维护国家战略安全的一面旗帜。中国航天事业从小到大、由弱到强，正是中国共产党开创的宏伟大业的光辉写照，是社会主义制度优越性的重要标志，是中华民族自强不息精神的集中体现。中国航天事业的发展历程和辉煌成就充分证明，坚持和加强中国共产党的领导是根本保证。在“发展航天事业、建设航天强国”的新形势下，我们必须更加自觉维护中国共产党的领导地位和执政地位，确保中国航天事业始终沿着正确的政治方向健康发展。我国现行《宪法》和新版《国家安全法》为此提供了一脉相承的法律规制依据。中国航天全行业必须进一步强化使命责任，弘扬优良传统，旗帜鲜明地站稳政治立场，自觉抵御各种杂音的侵袭，不仅成为国家军事安全、科技安全的建设者维护者，也要成为维护中国特色社会主义制度、维护国家政治安全的典范。中国航天人历来有讲政治、讲大局的光荣传统，“做政治上的明白人”将不仅成为国家对每一位航天人的政治要求，也是作为公民必须履行的法律义务。

二、坚持总体国家安全观，全面推进外空领域国家安全体系建设

进入新世纪新阶段以来，世界安全形势开始发生深刻变化，大国博弈越来越表现为综合国力的竞争，在政治、经济、军事、科技、信息、生态、资源、能源等领域的全方位较量取代了以往以军事或政治对抗为主的斗争形式，非传统领域安全风险和威胁日益凸显。作为一个正在经历大国崛起并全面走向世界强国的发展中国家，我国面临的国家安全形势和挑战比以往任何时候都要更加复杂严峻。

为顺应世界主流国家积极构建国家安全体系的大趋势，2013 年 11 月，中国共产党十八届三中全会决定“成立国家安全委员会，完善国家安全体制和国家安全战略，确保国家安全”①。2014 年 1 月，中共中央政治局研究决定设

① 《中共中央关于全面深化改革若干重大问题的决定》，2013 年 11 月 12 日中国共产党第十八届中央委员会第三次全体会议通过。资料来源：《党的十八届三中全会〈决定〉学习辅导百问》，党建读物出版社、学习出版社，2013 年 11 月第 1 版。

置中央国家安全委员会，明确其作为中共中央关于国家安全工作的决策和议事协调机构，由习近平任主席，李克强、张德江任副主席，下设常务委员和委员若干名。2014年4月，习近平同志主持召开中央国家安全委员会第一次会议时强调，要准确把握国家安全形势变化新特点新趋势，坚持总体国家安全观，走出一条中国特色国家安全道路。习近平同志提出的“总体国家安全观”内涵丰富、外延周密，充分展现了新一届中央领导集体的战略自信，将为中华民族实现伟大复兴增添一道坚实的战略保障。2014年10月，中国共产党十八届四中全会通过的《中共中央关于全面推进依法治国若干重大问题的决定》[①]明确指出，贯彻落实总体国家安全观，加快国家安全法治建设。这是中共中央首次以全会文件形式确认“总体国家安全观”对国家安全工作的指导地位，并对加快推进国家安全法治建设提出了明确要求。

新版《国家安全法》积极贯彻落实十八届三中、四中全会精神，坚持总体国家安全观，强调统筹内部安全和外部安全、国土安全和国民安全、传统安全和非传统安全、自身安全和共同安全，不仅以法律形式确立了“总体国家安全观”的指导地位，明确了维护国家安全的各项任务；也为建立集中统一、高效权威的国家安全领导体制，建立维护国家安全的各项制度，走出一条中国特色国家安全道路奠定了坚实的法律基础。在新版《国家安全法》的指引下，国家安全工作必将全面走上依法治理轨道，需要更加强调统筹兼顾多重安全要素、协调动员各方面力量和资源共同推进国家安全保障能力建设，特别是要对各领域的国家硬实力和软实力进行统筹建设和综合应用；要坚持预防为主、标本兼治、专群结合，促进安全保密和反间防谍工作长抓不懈，防范、制止和依法惩治一切危害国家安全的行为；既要重视解决不同层面的个案和表象问题，更要重视加强国家安全战略及国家安全法治顶层设计与加强基础设施及基础能力建设的有机结合，分清任务排序和轻重缓急，着力构筑中国特色国家安全治理体系。

在新版《国家安全法》语境下坚持“总体国家安全观”，为全面推进外空领域的国家安全体系建设提供了重要的法律遵循，将对重新审视中国航天事业的战略使命、进一步深化航天管理体制改革提出新的更高要求。中国航天全行业必须正确处理全局与局部、当前与长远、历史与现实的辩证关系，在

① 《中共中央关于全面推进依法治国若干重大问题的决定》，2014年10月23日中国共产党第十八届中央委员会第四次全体会议通过。资料来源：《党的十八届四中全会〈决定〉学习辅导百问》，党建读物出版社、学习出版社，2014年10月第1版。

国家安全利益至上的原则基础上正确对待一切必要的利益格局调整。鉴于外层空间作为“全球公域”的战略特质，外空领域的国家安全体系建设必须高屋建瓴、依法而行，既要统筹国内、国际两个大局，妥善处理国内法与国际法的有机协调，更加注重对国际通行规则的研究和运用；也要按照十八届三中全会《关于全面深化改革若干重大问题的决定》的相关要求，积极推动军民融合深度发展，健全国防科技工业体系，完善国防科技协同创新体制，改革国防科研生产管理和武器装备采购体制机制；要正确处理好政府和市场的关系，使市场在资源配置中起决定性作用和更好发挥政府作用实现有机结合。在新的历史时期，党中央和习近平总书记作出了建设中国特色先进国防科技工业体系的重大决策部署。我们有理由期待，全面推进外空领域的国家安全体系建设，必将有助于进一步理顺各方面的管理关系，加快法治航天建设进程，进一步解放生产力，为大幅度提升中国航天的国际影响力和竞争力营造更加良好的制度环境。

中国共产党十八届三中全会《决定》指出，国有资本投资运营要服务于国家战略目标，更多投向关系国家安全、国民经济命脉的重要行业和关键领域，重点提供公共服务、发展重要前瞻性战略性产业、保护生态环境、支持科技进步、保障国家安全①。以中国航天科技集团公司、中国航天科工集团公司为代表的中国航天企业和科研院所肩负着维护国家战略安全、建设创新型国家、发展航天战略性新兴产业经济的历史使命和时代重任，航天重大工程已经成为举国关注、举世瞩目的特殊高科技公共产品。保持战略定力，坚持总体国家安全观，以科技强军、航天报国为己任，大力弘扬以国为重、国家利益高于一切的航天精神核心价值，坚定不移地走创新驱动发展道路，正确处理国家安全利益与企业经济效益的关系，将是中国航天全系统干部员工发展航天事业、建设航天强国的共同思想政治基础。中国航天企业必将在依法全面推进外空领域国家安全体系建设中勇于担当，攻坚克难，再立新功，再创辉煌，为实现中国梦航天梦强军梦、建设世界科技创新强国提供强大物质技术支撑。

---

① 《中共中央关于全面深化改革若干重大问题的决定》，2013年11月12日中国共产党第十八届中央委员会第三次全体会议通过。资料来源：《党的十八届三中全会〈决定〉学习辅导百问》，党建读物出版社、学习出版社，2013年11月第1版。

三、统筹安全与发展两个大局，推进外空全球治理现代化法治化

人类社会的发展历史表明，随着科学技术的不断进步，人类活动的足迹由陆地到海洋，再到空气空间，国家战略空间的外延和内涵也随之不断拓展。航天技术的兴起和发展，又使国家的战略纵深进一步延伸到外层空间，形成了一个空天地一体化、多维交融的战略新疆域。外层空间在国际法上不专属于任何国家，每一个国家都有自由进出、和平探索利用的天赋权力。以1967年《外空条约》为代表的国际外层空间法律体系排除了任何国家对外层空间（包括月球及其他天体在内）提出主权主张的法理基础，但外层空间早已不再是一方世外桃源式的净土。发达国家从未停止过对外层空间的军事化利用，国际社会防止外空军备竞赛和外空武器化任重道远。

20世纪60年代初，美国时任总统肯尼迪提出“谁控制了空间，谁就控制了地球”的观点，外层空间成为冷战时期美苏两个超级大国角力的竞技场。冷战结束后，少数国家对外层空间的垄断已被打破，多极化格局正在形成，外空安全形势日趋复杂。进入21世纪后，欧美发达国家愈来愈将外空作为国际竞争新的战略制高点，追求空间利益成为国家间战略对抗的新焦点。充分利用法律手段确保自由进出外空、利用外空、控制外空，已成为世界各航天大国制定实施国家安全战略、建立国际竞争新优势的重要内容。随着各航天大国围绕“制天权”和外空资源的争夺日益激烈，我国在外空安全领域面临前所未有的新挑战，在外层空间的国家安全权益保护需求比以往任何时候都更加迫切。

目前，中国航天法立法工作已经纳入国家立法规划并正在抓紧推进，法治航天建设已经成为法治中国建设的重要组成部分[①]。2015年新版《国家安全法》直接填补我国在空间战略安全、空间资产安全、空间物体运行安全管理等方面的一项法律空白，在中国特色社会主义法律体系建设中可谓历史性突破。新版《国家安全法》总则第2条以法律形式明确了国家安全的定义，即国家政权、主权、统一和领土完整、人民福祉、经济社会可持续发展和国家其他重大利益相对处于没有危险和不受内外威胁的状态，以及具备保障持

① 中国提交联合国外空委的《中国关于“外空活动长期可持续性”问题的立场文件》，2016年2月，A/AC.105/C.1/2016/CRP.13，联合国外空司官方网站。

续安全状态的能力。我们只有结合上述法条的精髓，才能对第32条有关增强对外层空间安全进出、科学考察、开发利用能力、维护外空活动/资产/利益安全的要求进行全面理解。当我国的空间战略安全、空间资产安全、空间物体运行安全受到不法侵害时，依法维护我国的合法权益便具备了直接的法律依据。而从更高层次看，根据新版《国家安全法》第2条，我国还必须确保自身在外层空间“相对处于没有危险和不受内外威胁的状态”，并且具备“保障持续安全状态的能力”，体现了立法者对当事人行为规范和能力保障的一体重视，是我国立法技术日渐成熟的重要标志，而客观上则对新时期中国航天事业的战略使命提出了新的更高要求。只有具备与我国大国地位相适应的外空安全保障能力，我们才有条件寻求以法律手段规制各种空间行为，才能切实维护国家安全核心权益。太空是国际战略竞争制高点。有关国家发展太空力量和手段，太空武器化初显端倪。中国一贯主张和平利用太空，反对太空武器化和太空军备竞赛，积极参与国际太空合作，密切跟踪掌握太空态势，应对太空安全威胁与挑战，保卫太空资产安全，服务国家经济建设和社会发展，维护太空安全①。

在国际层面，外层空间属于人类社会共同享有的“全球公域”，各国必须遵循共同的空间活动游戏规则。诞生于20世纪60～70年代冷战时期的联合国外空公约体系为国际社会确立了空间活动的基本法律规范，但在操作层面需要落实、细化，同时也需要及时回应各国航天活动及空间环境保护的一些最新变化和最新发展要求，在确保航天活动自身长期可持续发展的同时，有效促进地球环境的长期可持续性。近年来，全球空间治理体系正在发生深刻变革，在联合国外空委、裁谈会等空间外交多边舞台上，各航天大国围绕全球空间治理、外空安全问题的“规则之争”已经开始超越“市场之争”，但大时代显然需要大格局。新版《国家安全法》第10条指出，维护国家安全，应当坚持互信、互利、平等、协作，积极同外国政府和国际组织开展安全交流合作，履行国际安全义务，促进共同安全，维护世界和平。

中国是联合国外层空间法律制度的积极践行者和坚定维护者。作为负责任的航天大国，中国始终遵循联合国外空公约确立的宗旨和基本原则，认真履行条约义务，积极参与联合国主导的外层空间治理多边谈判进程，始终坚持以开放、透明、负责任的态度开展航天活动。2015年中国颁布《国家安全

① 2015年《中国的军事战略》白皮书，中华人民共和国国务院新闻办公室，2015年5月，中国国防部官方网站。

法》，首次从法律层面明确中国坚持和平探索和利用外层空间①。作为一个负责任的航天大国，我们要深刻把握“总体国家安全观”的精髓，科学统筹国内与国际、安全与发展两组大局关系，以建设性姿态加强多边、双边对话与合作，积极推进外层空间全球治理的现代化、法治化。我们既要重视自身的外空安全，也要重视各国在外层空间的共同安全，既要重视自身航天事业的发展，也要重视各国航天事业的共同发展，与各国携手打造外层空间的人类命运共同体、利益共同体、发展共同体和责任共同体，推动各国在外层空间朝着战略互信、经济互惠、共同安全、共同发展的目标相向而行，为人类和平、安全、可持续利用外层空间贡献中国智慧和中国力量。

新版《国家安全法》出台于世界安全形势发生重大变革的关键时刻，可谓恰逢其时。对于中国航天事业而言，这部法律的特殊意义不仅在于其深刻揭示出我国对国家安全及国家核心利益的认知已经实现重大跨越，更对我们充分利用塑造和平发展的战略机遇期、积极打造中国航天事业升级版、持续提升维护国家安全权益核心能力提出了新的更高要求。中国航天面临的机遇和挑战前所未有，承载的艰巨任务前所未有，肩负的创新发展责任前所未有。全行业必须进一步增强战略使命感和时代紧迫感，主动适应新常态和新形势，把国家安全工作与航天事业发展大局、航天强国建设大局更加紧密地结合起来，自觉做到守土有责、守土负责、守土尽责，为确保外空领域的国家安全和国际共同安全、全面建立外层空间新秩序、共同开创人类航天新文明提供坚实保障。

参考文献

[1]　中华人民共和国国家安全法（2015），中国人大网.

[2]　中华人民共和国宪法（1982），中国人大网.

[3]　中国国务院新闻办公室.《中国的和平发展》白皮书（2011).

[4]　中共中央关于全面深化改革若干重大问题的决定（2013).

[5]　中共中央关于全面推进依法治国若干重大问题的决定（2014).

[6]　中国提交联合国外空委的《中国关于“外空活动长期可持续性”问题的立场文件》（中英文），2016 年 2 月，A/AC. 105/C. 1/2016/CRP. 13，联合国外空司官方网站.

① 中国提交联合国外空委的《中国关于“外空活动长期可持续性”问题的立场文件》，2016 年 2 月，A/AC. 105/C. 1/2016/CRP. 13，联合国外空司官方网站。

［7］ 2015 年《中国的军事战略》白皮书，中华人民共和国国务院新闻办公室，2015 年 5 月，中国国防部官方网站.
［8］ 常显奇，等．军事航天学［M］．北京：国防工业出版社，2005.
［9］ 刘彦军，万水献，李大光，郭彤．论制天权［M］．北京：国防大学出版社，2003.
［10］张振军．中国航天软实力与世界航天强国建设［J］．中国航天，2013（11）：18－21.
［11］刘纪原．中国航天事业发展的哲学思想［M］．北京：北京大学出版社，2013.
［12］张振军．关于法治航天建设的再思考［C］//中国空间法学会主办．空间法学研究年刊（2014 年）．北京：中国宇航出版社，2015.

China's New National Security Law and the Strategic Mission of China's Space Program

ZHANG Zhenjun

（China Center for Aerospace Science and Technology International Communications and China Institute of Space Law，Beijing 100048，China）

Abstract：On July 1，2015，China's top legislature adopted a new National Security Law，in which China for the first time confirms the crucial status of outer space in its overall pattern of national security. This move has significant political implications and legal value in that it would facilitate the maintenance and expansion of national rights and interests related to outer space，preserve national security within a broader strategic arena，and promote peaceful exploration and use of outer space for humankind. Promulgating the new National Security Law has not only showcased the strategic value of China's space program under new circumstances，but also means new and higher demands of the whole space industry in maintaining national strategic security by legal means and proactively promoting the modernization and the rule of law in outer space governance. Under the guidance of the new National Security Law，adhering to a holistic concept of national security，comprehensively advancing the construction of national security system in outer space，coordinating the two overall situations of both security and development，and promoting the rule of law in China's space program，will provide solid safeguards for ensuring both national security and international common security in outer space, the comprehensive construction of a new order in outer space, and the pioneering of new human civilization in outer space with joint efforts.

Key Words: National Security; Space Security; Core Interests; Rule of Law in Outer Space

外层空间法的基本范畴及其互动性研究

江 河*

摘 要：任何学科的发展都是以其社会实践和理论上的范畴体系的互动为基础的，外层空间法学也不例外。人类在外空活动中的初步实践在理论上得到了主体论和客体论的指导，随后价值论又通过主观能动性在实践中界定了本体论和运行论的理论坐标；同时，万物的必然联系和本质区别又揭示了关联论和本体论之间的界限。本体论，即外空的法律规则体系，是外层空间法学独立性和完善性的标志。外空活动的行为主体决定了外层空间法所追求的基本价值。外空行为主体和航天技术利用的非国家化，都将使外层空间法的不同价值得以体系化，外空活动的商业化也必然削弱法律主体的“民主赤字”。随后，从外层空间法的基本价值中发展出一般法律原则，并以此为基础派生出各种行为规则，外层空间法的本体论也就逐渐完善，外层空间法学才能得以确立。航天大国的空间法实践则从法律实效的路径影响外层空间法的运行论。当外层空间法的基本范畴分别确立并发生初步的互动时，具有体系性的外层空间法才会形成。

关键词：外层空间法；基本范畴；主体论；法律价值；熵增原理

引 言

一个学科的形成和发展在理论上取决于其基本范畴的确立和它们在实践中的互动和体系化，外层空间法的发展也毫不例外。就其类型而言，法学的

---

* 江河，男，中南财经政法大学法学院教授，法学博士（武汉大学），博士生导师，瑞典隆德大学博士后/瓦伦堡人权与人道法研究所访问学者。中国海洋协会会员、湖北国际法协会会员。主要研究方向为国际基础理论、国际组织法和国际海洋法。本文为作者荣获中国宇航学会·中国空间法学会2015年学术年会优秀论文特等奖的录用论文。

基本范畴包括主体论、价值论、本体论、客体论、运行论以及关联论[①]。任何社会学科的发展都根源于主体论的萌芽和完善，随后自然人、法人等各种行为主体都因其社会性在各种社会关系中追求主观价值，这最终在运行论中导致了本体和客体在内涵和外延上发生变化。同时，关联论阐释了人类活动空间的延伸和现代科技的发展对法学的本体和客体的影响。对于外层空间法而言，尽管法人在国家的担保下可以从事特定的外空活动，但主权国家目前是该领域具有绝对主导性的法律主体。这样，航天大国与未来的大多数国家通过外空活动所追求的价值与大部分外空条约所表述的基本宗旨发生冲突，因为后者在主体性上是与整个人类相对应的。随着现代科技的迅速发展，国家之间的国际社会的主体性逐步增强，而且外空活动的商业化及其“公地悲剧”等因素也会使越来越多的非国家行为体成为外层空间法主体论必须面对的问题。这种发展趋势促进了民族国家之间的平等性，并缩小航天大国所支配的外空关系之下的现实价值与重要外空条约所追求的价值理念之间的差距。就法律渊源的形成、实体性的基本法律原则以及具体法律规则而言，外空行为主体的多样化和民主化必然会推动外层空间法本体论的发展。外层空间法的主体、价值和内容的历史演进最终也会促进其客体论的发展，例如“人类共同继承遗产”原则及其实践。关联论有利于揭示影响外层空间法发展的外部因素，特别是价值论中的“文化多元”、本体论和运行论中的“国际公民社会”以及关联论中的“大国政治和科技全球化”。上述外层空间法基本范畴的渐进性发展将不断增强外层空间法的体系性，并使之成为一门相对成熟的部门法[②]。

一、外层空间法的主体论

法律主体的发展应以国内法和国际法为参考系，换句话说，外层空间法主体的合法性来自于国内法或国际法。无论是国内法还是国际法，其发展过程实质上就是法律主体的发展史，而且在人类的法律演进中两者之间存在一

① 参见张文显：《法哲学范畴研究》，中国政法大学出版社 2011 年版，第 13 页。

② 在相对成熟的法律学科中，客体也是重要的研究内容，但是由于太空技术的有限性和太空的无限性，外层空间法所实际调整的客体种类和数量还无法达到客体论所要求的概括性和普遍性。而且外空和天体的法律地位也削弱了客体论的重要性，万物的客体性与民法上的物权存在一定的联系，能够被据为己有，被实际控制的物体具有更强的客体性。同时，外层空间法的客体研究必然反映于其主体论、价值论、本体论以及关联论的互动关系之中。所以本文没有将客体论列为外层空间法的基本范畴进行专门研究。

定的关联性和相同的发展轨迹。在国内法律秩序中，根据社会契约论和天赋人权，自然人是最原始的法律主体，所有社会实体的法律人格都派生于自然人。但是就实证法的历史演进而言，法律与政治的相互关系决定了法治的实效状态，从寡头政治到精英政治再到平民政治或民主政治，国王或主权者在法律中的主体性逐渐减弱，而自然人的主体性逐渐增强。在现代社会，随着宪政的普遍实践，自然人通过选举制度决定了法律的制定和执政者的产生，因而也规定了各种法律人格及其优先性。相反，在奴隶社会，奴隶只被视为法律的客体，而非法律主体。因此，在现代国内法律秩序中，自然人是原始的天赋的法律主体。国际关系发展史表明，国家是国际法的原始主体，到现代国际社会，国家才派生出国际组织等国际法律人格。“有社会就有法”，法律是调整一定社会关系的行为规范，这也就意味着法律规范奠基于一定的行为者和行为场域。因此，在任何原始的法律秩序中，只有实际的行为主体才能成为其行为规范的天赋法律主体。

由于现代航天技术的限制，自然人无法成为外空活动的行为主体。在一般情况下，只有国家才能掌握火箭发射的技术和拥有卫星、航天飞机等人造天体，所以国家是外空活动的原始主体。同时，根据联大决议，“国际法，包括联合国宪章，适用于外层空间和天体”[①]，而事实上和法理上也没有任何国家将其国内法适用于外空领域。所以外空活动中法律人格的基本规定应渊源于国际法。事实上，多数学者也将外层空间法视为国际法的一个重要分支[②]。根据《关于各国探索和利用包括月球和其他天体在内的外层空间活动的原则条约》（以下简称《外空条约》）第 2 条，任何国家及其法人和自然人都不能将外层空间及其天体据为已有，也就是说，它们是无法成为国家疆域扩张的对象，亦不能成为任何主权国家的领土。根据国内法在空间上的适用范围，它无法适用于非领土的外空，国内法上的法律人格在实践中不可能延伸为外空活动的法律人格。尽管有些国家制定了适用于外空活动的国内法，但是这种立法管辖是基于属人原则而非属地原则，这种国内法无法适用于其他主权国家、法人和自然人。然而，在人类法律的宏观演进史中，国内法主体的多样化发展规律仍然具有一定的普遍性意义，在这种进程中，自然法或自然权利主导着人类各种法律秩序的发展，但是在特定的历史时期，实证法或社会

① 联合国大会决议 1721（XVI）号决议，1962 年 12 月 10 日。

② 李寿平、赵云：《外层空间法专论》，光明日报出版社 2009 年版，第 3 页；何其治、黄惠康：《外层空间法》，青岛出版社 2000 年版，第 14 页。

实践决定了各种行为主体的法律人格。

国际法主体是指具有直接享受国际法上权利和承担国际法上义务的能力的国际法律关系的独立参加者[①]，所以外空活动主体要成为外层空间法的法律主体，就必须具有主动和被动的法律人格。主动的法律人格就是法律为其规定了权利而且当这种权力受到侵害时可以提起诉讼以获取救济，被动的法律人格就是法律为其规定了义务而且当这种义务被违反时可以在法律救济中以被告资格承担相应的责任。按照这种标准，在一般情况下，主权国家才能成为外层空间法的主体。当然，随着区域一体化的深入发展，主权国家的部分功能性规制权力也会向超国家组织转移，某些国际组织也就具有外层空间法上的法律人格，例如欧洲空间局。尽管国内的空间法可以为外空活动中的法人或自然人设定权利和义务，他们也为此承担特定的法律责任，但这种法律人格是基于属人原则而归因于国内法。《外空条约》和《空间物体所造成损害的国际责任公约》（以下简称《责任公约》）中有关外层空间法律责任的规定表明[②]，主权国家应该为其法人和自然人所造成的损害承担绝对责任或过错责任，一国法人和公民不直接对外承担国际责任。因此，法人和自然人还不能成为外层空间法律秩序中的行为主体。

任何社会领域法律主体的发展是与这种法域所调整的行为主体的发展相适应的。在人类探索和利用外层空间的初期，只有主权国家从事外空活动，但随着外空技术的发展以及外空活动的商业化，更多的跨国公司和自然人参与外空活动，外空活动的主体逐渐多样化，但是这并不意味着外层空间法的主体多样化。外层空间的法律人格总是在国内法和国际法、实证法和自然法的冲突和互动过程中得以确立和完善。按照自然法的逻辑，“人类共同继承遗产”从海洋法发展到外层空间及其资源，航天员也被视为人类派往宇宙的使者，这便体现出人类在整体上的主体性。然而，外空活动的军事化、武器化以及商业化却展示了实证法路径下各种外空活动主体多样化及其国际法规制的困境。当国际法无法适应外空活动商业化的趋势时，国内法不但可以通过

① 王献枢主编：《国际法》，中国政法大学出版社 2007 年版，第 53 页。

② 《外空条约》第 6 条规定：“本条约各缔约国对本国在外层空间，包括月球与其他天体在内的活动应负国际责任，不论这类活动是由政府或是非政府团体进行的。它并应负国际责任保证本国的活动符合本条约的规定。”《责任公约》第 2 条规定：“发射国对其空间物体在地球表面或给飞行中的飞机造成损害，应负有赔偿的绝对责任。”第 3 条规定：“任一发射国的空间物体在地球表面以外的其他地方，对另一发射国的空间物体，或其所载人员或财产造成损害时，只有损害是因前者的过失或其负责人员的过失而造成的条件下，该国才对损害负有责任。”

实施行为来完善或弥补外层空间法律制度，而且它还可以赋予法人和自然人以外空活动的法律人格，从而发展外空经济。地球上的能源危机说明，没有经济实力或经济安全也就没有传统的军事安全，航天强国的外空战略必然是大力开发和利用外空资源，其最终结果是以国内空间法来确定法人和自然人的法律人格，从而实现使外空活动中商业利益最大化。“哪里有交往，哪里就有法”。行为主体的多样化必然会导致外层空间法的发展，主体论的发展必然导致法律价值的变化和法律体系的完善。

二、外层空间法的价值论

法律的价值是一个法理学范畴，它具有双重属性：一方面体现出作为主体的人与作为客体的法之间需要和满足的对应关系；另一方面，它又体现出法所具有的，对主体有意义的、可以满足主体需要的功能和属性[①]。不同的法律体系为法律人格界定了不同的标准，法律主体的多样化会导致法律的价值定位发生变化，因为法律对主体的满足状况和属性，始终是评价法律的重要指标，同时也是法律所追求的目标。作为国际法的一个重要分支，外层空间法的价值论既奠基于国际法的价值论，也同时具有自身的价值特性，而两者都是以其主体论为基础的。

在国际法的框架下，由于主体的多重性、国际法的碎片化和部门化，其价值呈现出一个复杂的体系。在价值体系中，要确定法律价值的优先性，必定要从其主体入手，主体最迫切的需要决定了法律的首要价值。但对于国际法而言，基本价值的界定较为复杂。首先，自然人在国内法中具有明确的天赋的法律人格，现代民主制度使公民成为法律价值的基本主体；但国际法则不然，国际法的基本主体为国家而非自然人，国际组织只是派生的法律主体，在特定情况下个人才成为其主体。因此，国际法的主体较之于国内法的主体更为复杂，确立其价值体系和价值位阶的难度较大。其次，对于价值内容的认同是基于文化一致性。在国内法中，纵然每个地域的实际情况和发展水平有所不同，但价值追求及其历史渊源始终是一脉相承的，因此取得价值上的共识并非难事。然而，国际社会的基本主体是国家，国家在发展历史、发展水平、文明程度、宗教信仰上都存在极大的差异。以“正义”价值为例：国际社会对正义内涵外延的不同理解，使正义无法成为国际法的核心价值。文

① 江河：《国际法的基本范畴与中国的实践传统》，中国政法大学2014年版，第146页。

明与文明的碰撞、各大宗教的“上帝”之间的纷争，都为价值体系的形成和实践带来了极大的困难，这在国际社会以及国际组织的实践中已经得到印证。

就法律价值的外延而言，大多学者都认为它主要包括正义、自由、安全、福利、公平、秩序、效率和人权等[①]。在法律实践和学术理论中，具有代表性的法律价值主要有正义、秩序、平等和效率，这四种法律价值基本上涵盖了现有法律价值体系内部的主要冲突和对立性，它们体现了法律主体对法律客体的属性和作用所作出的本质上的不同评价。任何法律体系都存在其社会基础，经济发展水平和民族文化差异都会导致法律价值的不同实践。在原始的自然状态下，社会秩序或生存安全是人类早期法律的首要价值，同时它也构成国家的合法性基础。在人类生产力水平逐步提高的情况下，效率便成为法律的重要价值，在部分资本主义国家，资本追逐利润的本能使效率在现代化大生产中异化为法律的首要价值。而正义价值无所不在，从人类的大脑有意识活动以来，正义观念就开始萌芽，正义贯穿于人类的文明史，它渗透到现实生活的所有领域。然而，法律正义的出现则是以民族文化或价值共同体的形成为历史前提的。

根据社会契约论，国家及其法律的产生是以个人所享有的天赋权利为前提的，自然人因此构成国内法的原始主体，只有根据他的意志才能派生出新的法律主体。从实证法的角度出发，国家构成了国际法的基本主体，而且曾经是唯一的法律主体，所以在国际关系的初步发展阶段，由主权平等的国家组成的相互交往的国际社会是认识国际法基本价值的社会基础。传统国际法的产生在某种意义上是为了避免国家之间的自然状态，即一切国家对国家的战争状态，因为在国家形成的早期，对外发动战争曾被认为是国家的一种权利。最初，禁止战争的主张只是表现为部分国际法学者的主张或者部分国家的外交实践。在欧洲资本主义革命时期，威斯特伐利亚和约说明战争并非解决国家争端的有效手段，国际会议开始成为国际争端解决的一种方式；同时，国际会议是后来得以建立的国际组织的雏形，而国际组织的发展在某种程度上制止了国家间的战争。所以，国际法的基本价值是维护国际社会和平与安全，究其实质，“和平”乃国内法中的“秩序”价值，国家之间的和平本质上等同于国内社会的秩序，即自然人之间生命和财产的一种安全状态。

---

① 张文显教授认为，秩序、正义、自由和效益应作为法律的基本价值；卓泽渊教授认为，自由、平等、人权、公平、正义乃至整个人类的全面自由发展都是法的价值；张恒山教授认为，法的价值包括秩序和正义两大基本价值，而正义又包含安全、自由、平等、效率四大主要价值。

以《联合国宪章》等造法性公约为基础，国际和平与安全无疑构成了现代国际法的首要价值。随着国际贸易的迅速发展，经济全球化成为现代国际社会的基本特征，在取得冷战的胜利后，美国通过其国际霸权主导着经济全球化的发展，于是效率便成为国际法的重要价值。当经济实力决定一个国家的综合实力和国际地位时，作为国际法的基本主体的国家也视经济效率为国际法的重要价值。从近代具有体系性的国际法形成开始，国家主权原则就成为了威斯特伐利亚体系的基本支柱①。法律的平等价值应该是法律主体之间的平等，而不是法律客体（例如国际贸易中的商品）之间的平等。国家曾经是国际法唯一的主体，即使在现代国际法中仍然是国际法的基本主体。国家主权原则是国际法的基石，从威斯特伐利亚和会开始，它便确立了国家无论大小一律平等的内涵。在现代社会，它仍然是国际法最重要的基本原则，尽管这在某种程度上体现了其实证性。然而，在无政府状态的国际社会中，它实质上是一种自然法精神的体现。当然，在这里不能以主权国家的不平等来否定现代国际法的正义性。它只能理解为特定的社会基础决定了各种法律价值的优先性。在很多情况下，国际法的秩序价值优先于国家之间的平等价值。

自然人及其政府之间的政治博弈为国内宪政的发展和国际法价值的历史演进提供了自然法的动力。从古希腊城邦的自然法思想到现代社会的欧盟宪政，天赋权利不断地制约公共权力，自然人的主体性和法律地位不断地超越历史上各种政治共同体的主体性及其“主权”权力。国际法的发展史已证明，自然人已经超越国内法的主体性而具有人类性，国际人权法在主观意识和法律价值上逐步确立了自然权利在国际社会的实践。历史上的毁灭性战争和经济全球化的“公地悲剧”都使人类的主体性意识得以加强，基本人权的国际保护、可持续发展原则以及人类共同利益的形成，都促使了“人类共同继承遗产”原则在国际海洋法中的实践，并进而影响了现代外层空间法的发展。

有关外层空间法的价值研究主要取决于外空活动及其行为主体的变化和外层空间法规范体系的宏观分析，因为主体论、本体论和价值论之间都存在互动，尽管主体论发挥着某种程度的先导作用。同时，作为国际法的一个分支，外层空间法的价值分析也必须以国际法的价值论为理论基础。根据《联合国宪章》第1条有关组织及其成员国宗旨的规定，“秩序”即国际社会的和

---

① 有的学者将“国家主权原则”明确地表述为“国家主权平等原则”，这在语义表达上有些重复，因为国家主权的内涵本身就意味着平等。当国家主权包含着独立和平等内涵时，如果要着重强调特定语境下的平等内涵，国家主权平等原则也是可以接受的。

平与安全，是现代国际法的首要价值（第 1 款），其次才是第 2 款的“国家之平等”和第 3 款的“基本人权”。但是第 2 款也隐含着市场效率的价值。从第 1 款到第 3 款，联合国的基本宗旨整体上可以理解为从消极的和平（禁止武力和战争）到积极的和平（各国的平等友好关系和经济联系以及基本人权的国际保护）①。因为经济、政治和文化发展水平的差异，各国政府对国际法的价值体系及其重心定位有所不同，这与国际法学者的理论派系存在错综复杂的对应关系。国际和平与安全（即法律秩序）、市场自由与效率、主权国家之平等是国际法的基本价值。体现国家之平等的国家主权原则对于人权的价值来说它是实证法的体现，但是对于国际关系及其大国政治来说，又具有自然法之精神。整体而言，维护国际社会的和平与安全是国际法的首要价值，主导经济全球化的西方发达国家却竭力通过国际法来追求其剥削性的国际利润，而处于弱势的发展中国家则对外通过国家主权原则来寻求国际法主体之平等。

从人类开始涉足太空到现在，外空活动的商业化和私人化还没有成为主流，外层空间法的基本价值既渊源于国际法，也深受国际海洋法的影响，因为外层空间法和海洋法都是一种广义的空间法，两者分别代表了横向和纵向的维度。1982 年《联合国海洋法公约》所追求的基本价值往往直接被移植到外层空间法之中，甚至在国际法研究中许多学者就直接将两者进行类比借鉴②。因此，维护国际社会的和平与安全成为了外层空间法的首要价值，同时，国际海洋法中的基本自由与人类共同利益也成为了外层空间法的基本价值取向，后者使外层空间法具有浓厚的自然法色彩。这些法律价值深刻地影响了国际社会有关外空条约的谈判和缔结，也间接促成了相关国际习惯法的形成和发展。在国内法中，因为法律文化的同质性，广义的法律体系涵盖了宏观、中观和微观三个层面，它们依次为法律的价值、法律的基本原则以及法律的规则体系，而三者具有共同的外围资源系统，即法律文化。因为国际社会的文化多元，国际法的价值成为了一个敏感的法律术语，但是它无处不在地影响着国际法的发展和实践。从实证法的角度出发，外层空间法的基本价值往往体现于造法性外空条约的主要宗旨中以及外层空间法的基本原则之上。

---

① 江河：《法外国家的游离与规制——以朝核危机中的朝美外交博弈为例》，《法商研究》，2012 年第 4 期。

② See M. J. Peterson, The Use of Analogies in Developing Outer Space Law, 51 INT’L ORG. P. 245, pp. 252 - 260, 1997；蔚丽华：《外空和平利用的国际法规制及其发展——从对海洋法借鉴的角度》，凌岩主编：《国际空间法问题新论》，人民法院出版社 2006 年版，第 40 页。

联合国框架下五大外空公约和若干国际法律文件组成的外层空间法律体系有利于实证地分析外层空间法所追求的基本价值。联合国与外层空间有关的条约和原则[①]，主要对外空及其天体的法律地位、空间探索、开发和利用所遵循的基本原则、空间环境保护、航天员的营救、卫星遥感和直播、外空活动国际责任以及射入外层空间物体的登记等问题进行规定，除了营救、登记和责任分担等程序问题外，其实体法问题主要体现在和平探索和利用外层空间及其非军事化，外空活动应为全人类谋福利和利益，外层空间和天体是“人类共同继承遗产”，各国根据国际法自由地、平等地探索和利用外层空间及其天体。因此，国际社会的和平与安全、人类共同利益以及主体平等之下的外空活动自由成为了目前外层空间法体系的基本价值。共同的法律文化会形成和而不同的法律价值体系，不同法律价值之间的逻辑性及其重心定位又会发展出富有体系性和实效性的法律规则体系。文化多元所造成的国际法价值冲突对于外层空间法来说尤为严重。因为各国外空活动实践的不充分性，不同领域的法律原则和规则所追求的价值出现了不可调和的冲突。例如，自由利用太空与“人类共同继承遗产”、太空自由探索、太空非军事化之间的冲突。法律价值的内在冲突会导致法律本体的碎片化或不成体系性，同时在法律的运行论中也会削弱法律的实效，甚至使之名存实亡。

三、外层空间法的本体论

法律的本体是指由不同规范所组成的整个法律体系，通常所说的法律的发展史就是指法律体系的发展过程。法律的本体不同于特定的法律原则或法律规则，它具有宏观的整体性，法律的本体应具有法律体系的最基本元素，例如一般法律原则及其相对应的法律规则。对于宏观的法律体系或自然法学派来说，法律本体有时还涉及法律的价值性规范，当然这种观点更多地反映了大陆法系的法律文化，对于普通法系而言，法律的本体就可能仅指特定社会关系领域的实证性行为规范，无论它是否具有体系性的基本要求。外层空间法不但继承了国际法的原始性，而且因为自然人和法人等主体对其所调整

① 这些公约有《外空条约》、《营救协定》、《责任公约》、《登记公约》以及《月球协定》，大会通过的原则主要有《各国探索和利用外层空间活动的法律原则宣言》、《各国利用人造卫星进行国际直接电视广播所应遵守的原则》、《关于从外层空间遥感地球的原则》、《关于在外层空间使用核动力源的原则》、《关于开展探索和利用外层空间的国际合作，促进所有国家的福利和利益，并特别要考虑到发展中国家的需要的宣言》。参见李寿平、赵云：《外层空间法专论》，光明日报出版社2009版，第228页。

的社会关系的实践不够充分，所以以实证法意义上的本体概念来研究外层空间法似乎更为合理。由于缺乏统一的立法机关和判例法实践，国际法不可能像国内法那样具有完善的效力位阶的法律体系。国际法的本体论研究往往与国际法的渊源相联系；但是国际法的本体又不同于国际法的渊源，后者只是构建和分析前者的历史路径和实践方法，两者分别具有实体与程序的含义①。

根据《国际法院规约》第 38 条，条约、国际习惯、一般法律原则、司法判决、国际公法学家的学说都可以构成国际法的渊源②。随着国际组织法律人格及其行为能力的发展，国际组织的决议在某种程度上也构成国际法的渊源。但对于外层空间法而言，其法律渊源主要体现为条约、国际习惯、一般法律原则以及相关国际组织的决议，其中一般法律原则只是法律本体的基本构成要素，而非形式意义上的法律渊源。因为特定的一般法律原则并不是无中生有的，它的实质内容的载体必然是条约、国际习惯或国际组织的决议等。外层空间法的本体要么由所有法律原则和具体规则组成横向的法律体系，要么由调整特定行为的原则、规则而组成的若干纵向的次级体系组成。而后者往往适用于本体较为完善的法律研究。当然，法律的本体也有可能简单地分解为实体规范和程序规范。就外层空间法而言，横向的本体范式更有利于其本体论研究。当然对于某些特定外空活动的调整规范，如果相关规则较为完善，对这种次级体系的研究也可利用纵向的范式。

纵观联合国框架下的《外空条约》、联合国大会和外空委等国际机构所通过的决议以及主权国家有关外空活动的国际实践，外层空间法的一般法律原则主要有：1）探索和利用外层空间，必须为全人类谋福利和利益原则；2）各国在平等的基础上，根据国际法自由探索和利用外层空间及天体原则；3）外层空间和天体不能通过主权要求、适用或占领或其他任何方法据为己有原则；4）各国探索和利用外层空间必须遵守国际法原则；5）各国对本国在外层空间的活动负有国际责任原则；6）各国在探索和利用外层空间时应遵守合作和互助的原则（该原则也可以理解为国际法一般原则在外层空间法中的适用）；7）和平利用外层空间和限制军事化原则；8）保护外空环境原则③。

---

① 国际法的渊源是指那些能够指引人们发现具体法律规范的外在形式，例如国际司法机构适用法律时会从条约、国际习惯等外在形式中去寻找特定的法律规范，而法律的本体则是指所有规范组成的法律体系，它具有静态横向的规范整体含义。

② 参见［英］罗伯特·詹宁斯、阿瑟·瓦茨（修订）：《奥本海国际法》（第一卷第一分册），王铁崖等译，中国大百科全书出版社 1995 年版，第 14 页。

③ 李寿平，赵云：《外层空间法专论》，光明日报出版社 2009 版，第 14－19 页。

当然，作为国际法的一个分支，国际法的基本原则也构成外层空间法的一般法律原则[①]，同时，在外层空间法的次级法律体系中也存在更为具体的法律原则。与上述八大法律原则一样，外层空间法不同领域的具体规范都体现在特定的国际条约中，而《外空条约》构成其他条约的基础，被称为“外空宪章”。

因为航天大国和航天强国的数量有限，外层空间法的渊源主要体现为条约，除了《外空条约》以外，这些条约构成了外层空间法的主要次级法律制度，而相关的国际习惯法以及国际组织决议等软法则发挥着补充作用。根据人类外空活动的时间逻辑，《登记公约》确立了射入太空的人造天体的登记制度，《月球协定》确立了月球和其他天体的探索和利用制度，《责任公约》确立了外空活动的损害赔偿制度，《营救协定》确立了外空活动的营救制度。同时，这几个条约还共同确立了外层空间中的资源开发利用制度以及外空环境保护制度。因为外空活动主要为少数大国所垄断，外空旅游和商业化资源开发还没有成为现实，法人和自然人还没有成为外层空间法的主体，甚至都没有成为间接的利益相关者，因此外空活动领域的立法进程较为缓慢。尽管卫星遥感和卫星直播服务日益普遍化，并对人们的生活产生了重要影响，然而由于这些空间利用活动依附于现代科技，发展中国家和发达国家在权益诉求上存在较大的差异，因此，这些领域的行为规则只能渊源于以大多数表决制度为基础的国际组织决议。这些决议虽然缺乏强制的法律约束力，但是它们对未来外层空间法的发展产生了重要作用，有的学者将其称为软法[②]。在现有的五大外空条约中，除了《月球协定》的缔约国较少[③]，其他公约都为国际社会许多国家所接受，它们构成了外层空间法本体的主要内容，也被称之为外层空间法的硬法[④]。但是，由于外层空间法的一般法律原则之间的内在冲突，而且这些公约都是在联合国框架下缔结的，它们更多地体现了大多数国家的利益。外交谈判和条约的实施也存在较大的差别，外空条约在内容上较为概

① 凌岩主编：《国际空间法问题新论》，人民法院出版社2006年版，第42页。

② 李寿平，赵云：《外层空间法专论》，光明日报出版社2009版，第4页。

③ 《月球协定》于1979年12月5日经联合国大会通过，1979年12月18日开放签字，1984年7月11日生效。到目前为止，《月球协定》的签字方有11个国家，随后批准或加入协定而成为当事方的有16个国家，没有航天大国或航天强国成为该协定的当事国。详见联合国官方网站：https：//treaties. un. org/pages/ViewDetails. aspx? src=TREATY&mtdsg _ no=XXIV - 2&chapter=24&lang=en，访问日期：2015年8月13日。

④ 李寿平，赵云：《外层空间法专论》，光明日报出版社2009版，第4页。

括，许多核心概念在国际实践中缺乏明确的界定；同时，这些实践者都是少数大国，这便使外层空间法本体缺乏体系上的逻辑性和完整性。例如，在对法律的行为主体（如“发射国”）、法律的客体（如“外层空间”和“人类共同利益”）等主要概念缺乏最基本的界定时，相关条款在外空活动中就缺乏明确的调整和规范作用。尽管随着外空活动的进一步扩展，国际社会通过《合作宣言》等国际文件对这些条约进行了解释①，但是在实践中并没有得到航天强国的认可。

外层空间法的主体论和价值论研究为本体论分析提供了理论基础和社会动力。外层空间法主体的单一性及其外空活动实践的不充分性，使外层空间法的基本价值难免发生不可克服的冲突，进而使外层空间法的本体缺乏外在的体系性和内在的逻辑性。碎片化或不成体系性（fragmentation）是国际法基本特征的体现②，这种现象对于外层空间法同样存在，但是后者的碎片化和不成体系性又具有不同的含义。积极的不成体系性可以理解为法律本体的各个次级体系形成后的碎片化，它意味着积极的法律冲突，消极的不成体系性可以理解为法律本体的次级体系还不完备而无法构成其上位体系的法律框架，它意味着消极的法律冲突，即规则之缺失。外层空间法基本价值的冲突导致一般法律原则的冲突，法律原则的非协调性与其所对应的次级法律体系的消极冲突也存在必然联系。另外，由于少数航天大国的外空活动得不到外层空间法的有效调整，航天大国的国内空间法也在某种程度上间接地导致了外层空间法的碎片化现象。由于消极的非体系性，大陆法系意义上的外层空间法本体并不存在；或者说，外层空间法还没有形成其基本的法律体系，它只是在实证法的意义下存在。

① 这些国际文件主要有：1996 年的《关于开展探索和利用外层空间的国际合作，促进所有国家的福利和利益，并特别要考虑到发展中国家的需要的宣言》（简称《合作宣言》），1999 年的《关于空间和人的发展的维也纳宣言》以及 2004 年适用“发射国”概念的联大决议。

② 21 世纪以来，体系结构的碎片化是国际法发展的重要趋势，这种现象引起了国际社会的高度关注，联合国也成立了专家小组（国际法委员会）来研究国际法的碎片化，并撰写了《国际法不成体系性问题：国际法多元化和扩展引起的困难》，参见 http：//www. un. org/law/ilc/index. htm，访问时间 2015 年 7 月 20 日。“碎片化”是对英语“fragmentation”的直译，意指体系内部的各种要素之间缺乏有机联系和统一性，也有国内学者将其翻译为“不成体系性”，有关国际法碎片化问题的研究，详见古祖雪：《现代国际法的多样化、碎片化与有序化》，《法学研究》，2007 年第 1 期；莫世健：《国际法碎片化和国际法体系的效力》，《法学评论》，2015 年第 4 期。

四、外层空间法的运行论

法律的运行论主要涉及法律的实施问题，如果就法律的整个运行机制和法律价值的实现过程而言，动态的立法过程应属于法律运行论的范畴，而立法结果则表现为静态的法律本体。国际社会的“立法”过程主要表现为条约的缔结和习惯的形成。外层空间法的本体论和运行论的交集为外层空间法律规范体系，而运行论更关注外层空间法规范是如何形成的、在国际实践中又是如何实施的，它决定了法律的实效。因此静态的实效问题也是外层空间法运行论的范畴，法律的实施与法律的实效存在一定的互动关系。

外层空间法的“立法”主要涉及外层空间法基本价值和一般原则的实现，它包括立法的动机以及议题设置等问题。由于国际社会缺乏统一的立法机构，外空条约的动议和缔结往往取决于主权国家和相关的国际组织。在外层空间法领域，造法性公约或多边条约主要是在联合国框架下缔结的。同时，因为少数大国主宰了外空活动的国际实践，航天大国之间也缔结了部分双边条约。尽管这些条约的普遍性不强，但是其为未来的外层空间法预示了一定的发展方向，也影响了外层空间法的实效。外层空间法的萌芽渊源于冷战时期美苏之间对于外空的探索和利用。苏联 1957 年成功发射第一颗人造卫星标志着人类进入外空时代，它也标志着美苏两个超级大国开始争夺外空的控制权，为全球军备竞赛取得绝对的优势①。因此，在冷战期间，美苏之间的外空活动严重威胁到国际社会的和平与安全。而二战后联合国成为维护国际和平与安全的全球性国际组织，于是以国际和平与安全为宗旨，联合国积极推动各国缔结了五大外空公约，联合国在外层空间法的发展中发挥了关键性作用②。

国际社会有关外层空间法的议题主要由联合国大会提出和讨论，大会也通过了系列外空探索和利用的宣言③。为实现全人类的共同利益并和平利用外层空间，1958 年联合国大会成立特别委员会，第二年联合国大会通过决议将其更名为“和平利用外层空间委员会”（以下简称为“外空委”），它是联合

---

① Marco Pedrazzi，赵海峰：《国际空间法教程》，黑龙江人民出版社 2006 年版，第 4 页。

② Bin Cheng，Studies in International Space Law，London：Clarendon Press，1997，p. 61。

③ 这些宣言主要有：《各国探索和利用外层空间活动的法律原则宣言》、《各国利用人造地球卫星进行国际直接电视广播所应遵守的原则》、《关于从外层空间遥感地球的原则》、《关于在外层空间适用核动力源的原则》、《关于开展探索和利用外层空间的国际合作，促进所有国家的福利和利益，并特别要考虑到发展中国家的需要的宣言》。

国机构中最大的委员会之一，下设两个委员会：科学技术小组委员会和法律小组委员会。联合国外空委及两个小组委员会每年各举行一届会议，审议联合国大会或成员国提出的有关外空的报告和问题，从而向每年召开的联合国大会提交报告、建议和决议案。在外空委的推动下，联合国大会先后通过了外层空间和平利用、外空活动非军事化等方面的决议，这些国际文件为五大外空条约的顺利出台奠定了基础。根据外空委的建议，联合国先后召开三次外空大会（联合国探索与和平利用外层空间大会）。外空大会的交流与合作促进了外层空间法的发展。例如，第三次外空大会的《维也纳宣言》便为新时期的外空活动制定了基本原则和行动计划[①]。外空活动是一种职能性较强的行为，联合国体系下的特定专门机构也推动了外层空间法的发展，其中主要有国际电信联盟和世界气象组织[②]。由此可见，联合国大会、联合国外空委及其专门机构在外层空间法的"立法"活动中发挥了重要作用。

外层空间法"运行论"的重点在于实证法意义上外层空间法体系在宏观上的实施问题，所有法律体系的实施效果完全取决于静态的法律文化、法律主体、法律价值、法律本体内部的发展水平及其互动关系，而关联论则会从外部影响这种发展和互动。国际实践中的外层空间法主体与实证法意义下的外层空间法本体所追求的法律价值，并没有体现航天大国对于外空活动的主观需求，而且这些价值之间的内在冲突导致外层空间法规范的不成体系性，这都严重影响了外层空间法的实施，特别是在外层空间的非军事化和环境保护领域。对于美国等航天强国而言，和平利用外层空间法律制度几乎形同虚设。大国政治和国际法治的关系决定了国际法的实施状态，航天大国在外空活动中形成的国际关系以及航天强国的外空政策，也在很大程度上决定了外层空间法的实效，因为它们是外层空间法的主要实践者。

就"行动中的法"或社会法学而言[③]，国际法的发展依赖于国际法的实

---

① 李寿平，赵云：《外层空间法专论》，光明日报出版社 2009 版，第 13 页。

② 李寿平，赵云：《外层空间法专论》，光明日报出版社 2009 版，第 14 页。

③ "行动中的法"，亦被理解为"活法"、"活动中的法"、"事实上的法"，与"本本上的法"、"纸上的法"相对。"活法"的概念最初是由奥地利法学家、欧洲社会法学、自由法学创始人之一埃利希提出的。参见沈宗灵：《现代西方法理学》，北京法学出版社 1992 年版，第 273 页。而霍姆斯在《法律之路》中说："我所说的法，就是法官事实上将做什么的预测。"参见何勤华：《西方法学史》，中国政法大学出版社 1996 年版，第 395 页。庞德也认为，法律是"依照一批在司法和行政过程中使用的权威性法令来实施的高度专门形式的社会控制"。法律包括三个方面：法律秩序；一批据以作出司法或行政决定的权威性资料、根据或指示；司法过程或行政过程。参见庞德：《通过法律的社会控制》，沈宗灵等译，商务印书馆 1984 年版，第 22 页。

施。国际条约不同于国内法，前者主要由行政机关的代表即外交人员来谈判和缔结，有些关键术语或概念的政治性较强，在法律实践中缺乏明确的界定。正因为如此，美国在国际法的实践中将条约分为自动执行和非自动执行条约。对于非自动执行条约而言，缔约国必须通过立法转化来履行国际条约所载的国际义务①。大国政治影响了国际法的实效，航天强国的国际实践也会影响外层空间法的实施，就目前外空活动的现状而言，这种作用主要体现在积极和消极两个方面。国家外空活动及其所追求的价值体现在国家的外空战略、政策及其国家立法之上。主权国家的空间立法有可能对外履行其外层空间法上的义务，也有可能对内实践其外空战略。当然，对于特定规则和政策而言，它们有可能发展为未来的外层空间法规则。但事实上，航天强国也是国际关系中的强国甚至霸权国，其外空战略与外层空间法基本价值之间的冲突必然导致国际法和国内法之间的冲突，从而削弱国际法的实效。提高国内法和国际法的协调性以及国际法的实效性，必须以关联论来分析外层空间法的必然发展趋势。

五、外层空间法的关联论

法律的体系性、强制性和实效性是评价法律发达与否的重要标准。作为国际法的分支学科，外层空间法学的形成和发展是以其主体论、价值论、本体论和运行论等基本范畴的发展和完善为基础的，而关联论主要研究那些影响这些基本范畴发展的关联性因素，关联论的重要性与实践中社会分工的专业化和理论上的学科分化呈逆向趋势。社会分工和学科体系越复杂，其外在的关联因素越多；但是，学科的逐步完善会增强其专业性和封闭性，关联论研究的必要性也逐步削弱。因此，原始的国际法及其分支外层空间法的关联论具有重要的研究意义。在人类科学的发展中，跨学科研究在人文和社科领域将越来越具有决定性作用。关联因素的复杂化与关联性的强弱是纵横维度下两个不同的问题。大国政治是国际法关联论最重要的研究对象，它同样适用于外层空间法；同时，因为外空活动是以科学技术为前提的，空间科技也构成其关联论的重要因素。经济全球化的进程显示，人类经济活动的正外部性和负外部性，也是影响外层空间法演进的客观因素。

① 关于自动执行条约和非自动执行条约的区别，详见李浩培：《条约法概论》，法律出版社1987年版，第387-388页。

大国政治及其积极作用是国际法发展必然要经历的阶段。国际法排斥霸权政治和强权政治，但对于国际法的首要价值即国际社会的和平与安全维护而言，《联合国宪章》与《国际联盟盟约》的比较分析说明，大国政治在国际关系的特定时期有利于实现国际法的基本价值①。大国政治和自然国际法的辩证关系犹如国内法中实证法和自然法的关系②。以大国政治为基础的安理会和以主权平等为基础的大会之间的互动关系，使联合国框架下动议的"立法"与大国政治所影响的法律实施保持了最低限度的平衡；没有这种平衡和互动，国际法将缺乏生存和发展的社会土壤。在国际关系中，大国政治和自然国际法之间的微妙平衡及其发展都会影响外层空间法的完善和实效。当国家主权原则超越大国政治的作用时，体现人类共同利益的"人类共同继承遗产"、和平利用外层空间以及外层空间的非军事化等基本原则将会得到国际社会的充分实践。就外层空间法本身而言，航天强国的外空战略对外层空间法的发展发挥着更为重要的作用，未来外层空间法的发展将取决于人类共同利益和少数航天大国国家利益的博弈。

航天技术的发展必然会推动外空行为主体的普遍化和多样化，从而导致法律主体的多样化、法律价值的协调化以及法律本体的体系化。尽管法人和自然人无法成为外层空间法的主体，但是航天强国为了促进外空产业的发展，都通过国内空间法赋予外空资源开发实体以法律人格，从而在外空资源的探索和利用中处于领先地位。技术革命进程的加快也将使外空旅游逐步发展成为自然人的日常活动，因此自然人在特定情况下成为外层空间法的主体。当外空及其天体不能成为任何国家的领土时，个人成为外层空间法主体与国家主权之间的冲突性也将会削弱。当个人和国内法人在特定情况下成为外层空间法的主体时，主权国家的主体性会被削弱，这种发展趋势类似于现代人权法对传统国际法的挑战；当国家主权被某种程度地空心化时，实践中的超国家组织的主体性和理论上的人类的主体性都会使法律的价值追求发生变化。外层空间法主体和价值的发展最终会使本体日益体系化，法律的实施也会提高其实效性，并使外层空间法的基本范畴形成互动，其结果是外层空间法的专业性和封闭性随之增强。

经济全球化对于国际法及其外层空间法的影响可以沿着人类经济活动的

---

① Russell S. Sobel, The League of Nations Covenant and the United Nations Charter: An analysis of Two International Constitutions, Constitutional Political Economy, Vol. 5, No. 2, 1994。

② 有关自然国际法的概念，详见罗国强：《论自然国际法的基本原则》，武汉大学出版社2011年版；[德] 塞缪尔·冯·普芬道夫：《自然法与国际法》，罗国强、刘瑛译，北京大学出版社2012年版。

外部性进行分析。经济的外部性，是指经济主体在生产、经营、消费活动中，故意或无意地没有承担全部成本或没有分享全部收益的现象①。经济全球化对于国际法的发展也存在正外部性和负外部性。20 世纪两次世界大战的经历和教训说明，国际联盟和联合国等普遍性国际组织及其所主导的国际法律制度的主要宗旨在于有效地维护国际社会的和平与安全。冷战结束之后，市场经济在全球的扩张迅速推动了经济全球化的深入发展，跨国经济活动给国际社会形成了正外部性和负外部性。就国际法而言，全球经济活动的正外部性主要体现在各国之间的“复合性相互依赖”②。这种“复合性相互依赖”不但有效地维护了国际社会的和平与安全，而且也促进了国际市民社会的形成和发展，国际法的主体和价值也逐渐发生演变，国际人权法的发展代表了这一趋势。经济全球化的负外部性就在于全球性“公地悲剧”的产生，全球气候变化、核污染以及生物多样性的破坏等国际环境问题便是其主要体现。

科技是第一生产力，外空技术最初都渊源于军事目的，经济全球化使军事技术的民用化成为历史必然，因为没有经济实力，国家不可能真正安全。经济全球化必然加快广大发展中国家的工业化进程，国际能源危机使外空资源的探索和开发成为各国外空活动的重要战略目标。就现存外层空间法而言，未来必然兴起的外空产业的负外部性将超越其正外部性，但是外空产业要素的自然流动必然推动自然人在天空中的自由流动，太空旅游则直接使自然人成为外空活动的主体。这一切都将引起人类时空观的改变，人类在哲学上的主体性将会改变，人文科学的革命也随之发生，从而最终在人类共性和人类共同利益的框架下使世界文化多元的消极性得以削弱。在这种人文主义革命

① 经济外部性由庇古等在 20 世纪初提出，有人称之为“庇古理论”。经济活动的外部性是相对于市场系统而言的，指的是那些被排除在市场机制之外的，更确切说是未被反映在产品价格上的副产物。这些副产物对外部的作用可能是有益的，但更多、更常见的是有害的，即经济的负外部性。经济外部性具有非市场性、难以补偿性、伴随性以及相互性。当发生成本外部化时，亦即由社会来承担部分成本时，经济外部性被称为负外部性。例如，在生产、经营或消费活动中所产生的环境污染就是负外部性；当发生收益外部化时，亦即由社会来分享部分收益时，经济外部性被称为正外部性。例如，林农的植树造林行为并不一定是为了美化环境和净化空气，但其在追求利润的过程中为社会提供了这些伴随性收益。经济活动的负外部性经常被理解为“公地悲剧”的现代概念。

② “复合性相互依赖”是新现实主义构建其理论的核心概念，它由罗伯特·基欧汉和约瑟夫·奈在其合著的《权力与相互依赖》中首次提出。随着全球化的加深，复合相互依赖性逐渐成为探讨国家间关系和超国家关系的主体理论之一。跟传统现实主义截然不同，复合相互依赖的主要假定是“非国家的行为体直接参与世界政治；世界政治中的问题无法明确地划分等级；武力是一种无效的政策工具。”参见 Robert O. Keohane and Joseph S. Nye，Power and Interdependence：World Politics in Transition，Boston：Little Brown Company，1977，P. 24。

的影响下，由于个人更多地融入跨国性社会关系，其主体性需要得到跨国法的保障，其共同利益必须得到更多超国家机制的保护，国家主权因为疆界的束缚而不断空心化，特别是在未来的太空时代，地球村和人类主体性的意识必然日益强烈，个人的价值观也必将向未来的国际正义和人类的共同利益转变。

航天产业对外层空间法的负外部性可用自然科学的熵增理论来进行分析。根据熵增原理[①]，经济全球化和未来太空产业的兴起必然会使外层空间朝着自发的无序状态演变，克劳修斯的热能熵和申农的信息熵均可以论证这一规律。热能熵描述了系统能量分布的均匀性，能量分布越均匀，熵越大；而熵越大，内部系统形态越是混乱无序。作为独立的主权国家而言，它们在外层太空享有的权利与义务是均等的，国家主权原则使各国在外空中的能量分布是均匀的，在无外力干扰的情形下，各国随机地、自发地沿着国家利益路线做无序运动。同样，信息熵是一个系统失去了“信息”的度量，一个系统的“信息量”越小，熵越大。在外空活动商业化的初期，主权国家都可以视为单个的“信息量”，经济、政治、文化等各方面的传输也可以视为单个的“信息量”。在孤立状态下，这些“信息量”并不能直接转移到外层空间，由此这一系统所内含的信息量是有限的，由于能量消耗，这种限度会越来越小，熵值却越来越高，此时便会出现一种无组织的混乱局面。熵增原理所揭示的无序状态与外空经济的负外部性是一致的。经济活动的负外部性最典型的体现是“公地悲剧”[②]，而外空活动则因此导致了空间碎片等环境污染等问题。根据熵增

① 熵增就是不存在外力或环境影响的条件下，系统内部各粒子或组成要素自然地向紊乱的状态转变的过程。任一系统内部粒子的活动总是趋于两种状态：一种是自然或自发的混乱或无序，一种是在外界拉力下规则排列的有序。熵概念用以描述第一种状态，它表明系统本身由于不可逆的运动过程引起熵增加，熵越大，系统内部越是混乱。参见冯端，冯少彤：《溯源探幽：熵的世界》，科学出版社 2005 年版，第 64 - 66 页。熵在当前国际关系中表现为，整个世界系统中每个国家作为独立的粒子无序地演变和发展。在经济全球化背景下，国际市场及其自由贸易倾向于削弱各区域之间的有形边界，逐步推进一体化的实践。显然，人们无法将国际社会视为一个完全孤立的系统，其内部的政治互构、经济互惠以及自然人的流动和交往等都是无形的“外力”，这些外力为自然演变的熵增过程供应“负熵流”，为无序的国际关系引进了有序的变量或因子。

② “公地悲剧”理论来源于美国著名学者哈丁（Garrett Hardin）教授的《公地悲剧》（The Tragedy of Commons）。哈丁以牧民对草场的过度放牧来阐述这一“悲剧”的产生过程：在这里，草地是天然的，因而是公有的，而牛羊则是牧民的私有财产。每一个牧民都力求通过对草地的利用来尽可能增加自己的牛羊数量，随着牛羊数量无节制地增加，牧场最终成为不毛之地。将这种情形进一步延伸，在私有制条件下，公有资源的无限制使用促使每个人尽可能地将其蚕食为私有财富，该行为的最终结果是公有资源的衰竭和所有人（包括自己）在内的整体利益的丧失。这是一种由微观的趋利行为导致的宏观不经济后果。

原理，随着人类科技的迅猛发展，人类所利用的能源急剧增加，但是无用能量也随之增多[①]，随之太空有可能成为人类各种经济活动的垃圾场，空间碎片也严重威胁到国际社会的安全。

熵增的自然演变规律揭示了物质能量的消耗和无序状态的滋长，但这并不是自然唯一的演变过程，一个系统之外存在另一个更大的系统，在内部系统能量消耗时外部事物生长进化也同步进行，这种生长进化便是一种“信息”、“负熵流”，它的功效在于进入系统内部以抵制熵增带来的无序。涨落放大而产生有序，涨落即信息，放大即吸取无序能量，系统演化的总效果是内部的熵增与外界传输的“负熵流”的融合，无序随着这种融合的加深而有一定程度的降低，这就是耗散结构理论[②]。这一理论可以用以论证太空的熵增达到一定的程度后它会从无序转变为有序的过程。当太空产业及其无政府状态使熵值达到极限时，国际社会的个人会在民族文化和价值观领域进行信息沟通，主权国家会进行制度、意识等信息沟通，这些“信息”放大吸取外层空间的无序能量，从而推动了外层空间法基本范畴的发展和完善。战争、武力冲突以及非正义的竞争都是人类特定历史时期社会熵值或无序达到极大值的外在体现，此后，系统内的信息熵和系统外部能量熵都使社会系统的熵值降低，因为信息的获取意味着社会关系的确定化和有序化，它可被视为一种负熵。多元文化之信息沟通意味着秩序将成为所有法律的基本价值，随着民族文化的进一步融合，信息熵的绝对值逐步增加，个人在国际社会中的主体性日益凸显，国际法的价值的体系性也逐渐增强，随之，法律的本体和运行也发生相应的演变。

在唯物史观的基础上，生产力决定社会分工的深化和社会关系的确立。当特定法域所对应的系统的能量熵或无序化达到极值而信息熵无法平衡熵增时，就会从系统外部获取有用能量并使法律所调整的社会关系向系统外部延伸，系统内的秩序性将会有所增强。然而，科技是悬在人类头上的达摩克利斯之剑，其两面性与经济的正负外部性相一致。人类获取能量或生存资源的过程就是征服大自然的过程。为降低熵值而实现社会的有序化，社会共同体的规范在不断地扩大，人类征服自然的能力日益提高，“公地悲剧”和科学技术使现代社会成为风险社会。也就是说，当人类向系统外获取能量越大时，

① 参见冯端，冯少彤：《溯源探幽：熵的世界》，科学出版社2005年版，第36-38页。

② 耗散结构理论是由世界著名物理化学家、比利时布鲁塞尔学派领导人普利高津教授于20世纪60年代创立的，该理论的主要观点详见湛垦华，沈小峰：《普利高津与耗散结构理论》，陕西科技出版社1998年版。

人类摧毁自身的风险也就越大，核技术和外空技术就体现了这种风险性。法律体系内在的变革都渊源于法律基本价值体系的历史演进。就能量熵和信息熵对人类法律秩序的决定性作用而言，国际海洋法是一般国际法和外层空间法的中间形态。海洋法发展的时空性说明，外层空间法本体的发展与完善将经历漫长的历史过程。虽然构建完善的外层空间法体系过于理想化，但是主权国家的外空活动越来越威胁到人类的生存，因为地球只是太空中的一颗普通天体而已，所以和平利用太空与太空的非军事化将成为外层空间法的基本原则。如果要依据这些原则来重构外层空间法体系或使现存法律体系更富有实效，则必须依赖于国际法框架下国际社会信息熵的绝对值的增加，即民族文化进一步融合，人文科学之“理解”将成为塑造和协调一般国际法和外层空间法基本价值的内在自变量，这种变革也会降低能量熵递增过程中科学技术给现代社会所带来的生存风险。

结　语

法律在某种程度上是人的主体性和价值观在社会领域的体现。任何法律的原始价值都以客观的秩序或社会关系的有序化为基础。当社会关系日益复杂和社会分工日益专业化时，特定社会系统的熵增使其有序化依赖于信息熵的绝对值的递增，即文化之融合或人文之“理解”，正义便成为人类文明的体现和法律的基本价值。民族文化是集体之人的主体性的体现，同质性的政治文化和法律文化可以演化出“和而不同”的法律价值体系，在实质价值和程序价值的互动中，不同层次的法律原则得以形成，最后随着不同层次和不同领域的法律规则的完善，以这些原则为支柱的“法律大厦”便得以建立。在国际法的框架下，外层空间法的基本范畴之间也存在着辩证的互动关系，但这种互动一般始于外层空间法本体的初步确立，而事实上，大陆法意义上的外层空间法本体并不存在。只有当个人的法律人格、国家主权以及人类的主体性在太空活动中得到充分发展，外层空间法的主体论和价值论将会更加完善，而这又必须以外空产业的兴起和外空活动的普及化为前提。主体论和价值论将通过法律的基本原则在社会实践中构建法律的本体。同时，法律人格的多样化和法律价值的协调性也会促进法律的运行，法律的实效也随之得以加强。在这种情况下，外层空间法的基本范畴之间的互动开始形成。当然，外层空间法并不是在法律真空中产生的。它以一般国际法为基础，以国际海洋法为参照系。因此，它在实践中又以和平利用外空以及人类共同利益为核心原则，而这些原则的法律构建作用及其具体实施都受到外层空间法基本范畴发展状态的影响。

参考文献

[1] 张文显．法哲学范畴研究［M］．北京：中国政法大学出版社，2011.

[2] 王献枢．国际法［M］．北京：中国政法大学出版社，2007.

[3] 李寿平，赵云．外层空间法专论［M］．北京：光明日报出版社，2009.

[4] Marco Pedrazzi. 国际空间法教程［M］．赵海峰译．哈尔滨：黑龙江人民出版社，2006.

[5] 江河．国际法的基本范畴与中国的实践传统［M］．北京：中国政法大学，2014.

[6] 何其治，黄惠康．外层空间法［M］．青岛：青岛出版社，2000.

[7] 凌岩．国际空间法问题新论［M］．北京：人民法院出版社，2006.

[8] 江河．法外国家的游离与规制——以朝核危机中的朝美外交博弈为例［J］．法商研究，2012（4）.

[9] 古祖雪．现代国际法的多样化、碎片化与有序化［J］．法学研究，2007（1）.

[10] 莫世健．国际法碎片化和国际法体系的效力［J］．法学评论，2015（4）.

[11] 何勤华．西方法学史［M］．北京：中国政法大学出版社，1996.

[12] 冯端，冯少彤．溯源探幽：熵的世界［M］．北京：科学出版社，2005.

[13] 罗国强．论自然国际法的基本原则［M］．武汉：武汉大学出版社，2011.

[14] 沈小峰．普利高津与耗散结构理论［M］．西安：陕西科技出版社，1998.

[15] Robert O. Keohane and Joseph S. Nye. Power and Interdependence. World Politics in Transition. Boston：Little Brown Company，1977.

[16] M. J. Peterson . The Use of Analogies in Developing Outer Space Law，1997.

[17] Russell S. Sobel. The League of Nations Covenant and the United Nations Charter：An analysis of Two International Constitutions. Constitutional Political Economy，2，1994.

[18] Bin Cheng. Studies in International Space Law. London：Clarendron Press，1997.

Study on the Basic Categories of Space Law and their Interactivity

JIANG He

(Faculty of Law, Zhongnan University of Economics and Law, Wuhan Hubei 430073, China)

Abstract: The growth of any discipline is based on the interaction between its social practice and theoretical system of its basic categories, the science of space law included. The rudimentary practice of humankind in outer space is guided by the subject theory and object theory, and then axiology defines the theoretical coordinate for ontology and operation theory in outer space activities. Meanwhile, the inevitable links and substantial differences between all things demonstrate the boundary between ontology and relevance theory. The ontology of space law, as a system of legal norms, is the indication of its independence and perfection. The pursuit of basic values for space law is decided by the subjects of outer space activities. The increase of non - state actors in outer space activities and non - state utilization of space technologies lead to the systematization of different values of space law, and the commercialization of outer space activities also reduces the "democratic deficit" for its legal subjects. Subsequently, the general principles of space law will be developed from its basic values, and various norms will further derive from these principles. As a result, the ontology of space law is improved and the discipline of space law is established. What's more, the practice of great powers in outer space influences the operation of space law in term of efficacy. Only after the respective formation of basic categories of space law followed by subsequent interactions between them, will a systematic space law take shape.

Key Words: Space law; Basic categories; Subject theory; Legal value; Principle of entropy increase

欧盟“外空活动行为准则”草案与预防性自卫权浅论

尹玉海* 颜永亮

摘 要：自卫权是一种自然权利，在外空领域强调自卫权，特别是预防性自卫权，具有合法基础，也有现实的必要性和紧迫性。然而，由于其概念与行使条件和要求的模糊性，预防性自卫权很容易被霸权国家肆意滥用。在外层空间更加有必要对预防性自卫权进行严格的界定和限制。结合联合国安理会的改革，建立一套“事先限制、事中报告核查和事后审查”的约束机制，为外空活动的开展提供一个安全有序的环境。

关键词：外空活动行为准则；自卫权；武力攻击；外空预防性自卫权

前 言

《联合国宪章》第51条规定：“联合国任何会员国受武力攻击时，在安全理事会采取必要办法，以维持国际和平及安全以前，本宪章不得认为禁止行使单独或集体自卫之自然权利。会员国因行使此项自卫权而采取之办法，应立向安全理事会报告，此项办法于任何方面不得影响该会按照本宪章随时采取其所认为必要行动之权责，以维持或恢复国际和平及安全。”这是现有国际条约唯一一条关于自卫权的规定。自联合国成立以来，多个国家绕过《宪章》第2条关于禁止使用武力的规定，直接以“自卫”为名发动多次军事行动甚至是战争。我们不能否认其中一些行动是合法正当的，但是我们必须承认其中很多是不合法的。造成这种情形的部分原因是，国际社会没有对预防性自

---

* 尹玉海，深圳大学法学院教授，深圳大学空间政策与法律研究所所长，中国空间法学会常务理事。代表性著作有《航天开发国际法律责任研究》（法律出版社，2004），《国际空间法概览》（中国民主法制出版社，2005），《国际法原论》（译著）（中国民主法制出版社，2006）等。本文为作者提交中国宇航学会·中国空间法学会2015年学术年会的录用论文。

卫权达成一致共识，才使得西方国家，特别是美国经常利用自卫权概念和行使条件的模糊性，以"先发制人的自卫"为名多次发动地区性局部战争。长达十年的伊拉克战争就是这一典型。面对这种不正常不合理的现象，我们有必要对此做出深刻检讨。

而在由欧盟起草的《外空活动国际行为准则》（草案）总则中又规定："承认《联合国宪章》赋予各国的单独或集体自卫的固有权利。"这说明大家对自卫权问题的关注已扩展到外空领域。但问题是，在各国对这一概念和使用条件还没有一致意见的情况下却要在该文件中承认外空自卫权，这使得问题更加复杂化。外空的军事化和武器化必然会牵引出自卫权问题，特别是预防性自卫权问题。这种自卫权跟传统的自卫权有所不同，因为它应付的不是实际武力攻击，而是某种武力攻击威胁。而做出应对这种威胁的决定完全依靠受威胁者的单方面判断，也正是因为这样，这种权利容易被一些霸权国家滥用。有鉴于此，我们需要在联合国这个平台上在国际法层面对预防性自卫权的性质、行使条件和要求做出严格界定，并对处理善后事宜做出妥善安排。

一、关于预防性自卫权存在与否的争议

在 20 世纪 50、60 年代曾有一批学者对是否存在预防性自卫权有过激烈的讨论。他们大致分为以英美学者为首的支持方和以苏联学者为首的反对方。下面将一一介绍。

反对方认为，自卫权必须在受到实际的武力攻击之后才可行使。如，Joseph L. Kunz 在《〈联合国宪章〉第 51 条的单独和集体自卫》一文中指出，《联合国宪章》第 51 条把自卫权的行使限定在成员国受到武力攻击的情形，"武力攻击"的意思是"实际发生的武力攻击"，侵略的威胁和迫近的武力攻击不能作为行使自卫权的合法理由①。又如，Hans Kelses 在《联合国的法律》一文中指出，第 51 条没有使用"侵略"一词而是使用更为狭义的"武力攻击"，这意味着仅仅是迫近的攻击和任何侵略行动都不能作为行使《宪章》第 51 条所赋予的自卫权的合法理由②。Philip C. Jessup 在《国家的现代法》一文中指出，第 51 条规定显示了对自卫权进行的限制，即自卫权只有在武力攻

① Joseph L. Kunz, Individual and Collective Self - Defense in Article 51 of the Charter of the United Nations, 41 Am. Jour. Int. Law (1947), p. 871.

② Hans Kelses, The Law of the United Nations (1950) pp. 787 - 789.

击出现时才可以实施。对第51条的限制非常明显地缩小了国家根据传统法所享有的行动自由。根据传统法，如果一方发出伤害威胁，就算没有发生实际攻击，另一方也是可以自卫的。而凡是根据《联合国宪章》的规定，预防性军事准备只能由联合国安全理事会实施，而不能由那些认为自己受到威胁的国家实施①。著名法学家 Krylov 在1958年的国际法协会会议上指出，第51条讲到自卫，但是《联合国宪章》的条文并没有提到预防性自卫。自卫只能是在武力攻击出现时才能被允许。所以他认为，第51条是限制性的解释。他对有人援引发生在1837年的“加罗林号”案所确定的规则作为支持预防性自卫权的理由感到惊讶②。

支持一方对上面的观点表示无法接受。如美国学者 John Cobb Cooper 认为，《联合国宪章》第2条和第51条都没有明文限制或破坏国家通过使用武力反抗迫近的攻击或威胁其生存的危险来保护自己的基本权利。如果限制性解释是正确的，那么东京审判的判决就无效了。当年荷兰以日本的攻击威胁十分紧迫为由，对日宣战并使用武力，但这在东京审判中被判决是合法的。又如，美国学者 Arthur L. Goodhart 认为，所有没有清楚地或没有经过必要的暗示转移给联合国的国家权利都依然由个体国家保留，这些权利不是被赋予的，而是由于主权而享有的③。对自卫权进行限制性解释的观点显然是把国家的自卫权解释为第51条所限制规定的内容。如果《联合国宪章》被看作是把所有剩余的权利留给个体国家，那么不禁要问：《宪章》的规定以何种程度限制单个国家已存的自由呢？因为《宪章》并没有规定以某种方式限制自卫权，所以单个国家或集体组织可以任何与其目的相一致的方式保护自己。其又指出，《联合国宪章》第2条禁止使用武力并没有确定普遍不得使用武力的义务，其禁止的只包括以下三种情况：一是不得使用武力侵犯任何国家的领土完整，二是不得使用武力侵犯任何国家的政治独立，三是不得以任何与联合国宗旨不一致的方式使用武力。我们不能认为通过自卫对抗肆意的攻击这种做法与联合国宗旨不一致，自卫权是一项独立的、固有的权利，它并不在《联合国宪章》第2条限定的范围内④。又如，英国大法官 Kilmuir 于1956年

---

① Philip C. Jessup, A Modern Law of Nations (1958) pp. 163 – 166.

② Int. Law Assn., Report of the 48th Conference (New York, 1958) p. 512.

③ A. L. Goodhart, The North Atlantic Treaty, 79 Recueil des Cours, Academic de Droit International (1951 – I) p. 188, 193.

④ A. L. Goodhart, The North Atlantic Treaty, Recueil des Cours, Acedemie de Droit International, Bd. 79 (1951 – II), S. 188, 193; Goodhart, op. cit., p. 231.

在英国议会在指出，《联合国宪章》第 51 条并没有通过限制针对武力攻击实际发动而进行的武力性自卫来删除自卫权这一自然权利；如果这种自卫权受限制，将扭曲《联合国宪章》的宗旨而强迫自卫的国家允许其敌人进行第一轮致命性的攻击；其所支持的是 100 多年前就已经由发生在美国和英国之间的“加罗林号”案所确立的信条，该信条的基础就是侨民面临迫近的威胁，这个信条认为，当迫近的威胁实际存在时自卫便是合法的①。再如，英国学者 Tim Hillier 认为，国际法主体可以做任何国际法不加禁止的事情，他的逻辑就是，既然《联合国宪章》第 51 条没有明确排除预防性自卫权，那么国家当然享有这种权利②。

很显然，反对方是站在实证法的立场来解释第 51 条，而支持方则站在自然法的角度去解读。《联合国宪章》第 51 条肯定自卫权是一种自然权利，是国家主权中一个最基本的组成部分，但是它要求自卫国应该立即向安全理事会报告行使自卫权所采取的方法，显然这是为了监督自卫国是否会滥用自卫权，从而导致事态扩大失控而危及国际和平和安全。因为就算是正当的自卫，国家之间的武力攻击对双方而言都是不利的，联合国安全理事会作为居间调节者比自卫国更能胜任平息战争和维护和平的重任。但是限制自卫权、防止自卫权滥用并不是否定预防性自卫权，而且《联合国宪章》第 51 条并没有明确禁止预防性自卫权，这一点英美学者分析得比较清楚。但是笔者所持观点与英美学者观点的不同之处是，要对预防性自卫权进行限制，而且这种限制的条件要比事后自卫权的标准还要严格。这种标准将在另外一节讨论。

对比两方的观点，还有一个值得注意的问题是，双方都没有详细讨论国家所面临的安全形势和时代背景。双方都是在假设中讨论，这种假设是建立在国家间互不信任以及军事不透明的情况下。我们知道，任何法律规则都是为了解决现实问题的，而这些问题往往发生在一个多样复杂的时代背景下，我们不可能用过去的陈规或为遥远的未来设想的规则来引导现在的人们、组织甚至国家的行为。所以，要讨论预防性自卫权存在的合法和合理性，还必须分析我们所处的国际环境。二战之后，国际社会成立了联合国，原本的和平愿景被美苏争霸所导致的冷战所打破，大规模毁灭性武器被大量制造和部署。苏联解体和冷战结束后，国际形势稍微缓和，但是局部战争、跨国有组

① Int. and Comp. Law Quar.，vol. 6 (1957) p. 330，quoting “House of Lords Debates”，vol. 200，cols. 847 and 849，Dec. 11，1956；see also Base，op. cit.，p. 1.

② TIM HILLIER 著．《国家公法（导读本）》杨泽伟编注．北京：中国人民大学出版社，2005。

织犯罪和恐怖主义袭击成为新的安全威胁。而具体到在外空领域，美苏争霸的一个副产品就是外空的军事化和武器化，这种状况一直延续到现在。而随着近年俄罗斯与美国和欧洲国家关系的恶化，新一轮太空军备竞赛有可能重演。在这样的背景下，强调预防性自卫权有现实的紧迫性。因为外空武器与传统武器所不同的是，它们能在极短的时间内进行摧毁性打击，如从陆海空发射穿越外空的弹道导弹，以及以外空为基地使用各种武器系统。还有一个特点就是，在外空领域的军事运用和武器系统的信息化程度非常高，因而隐蔽性更强，更难发现攻击威胁。若一国在外空的卫星指挥系统和导航系统受到攻击，那么它在现代化战争中就会完全失去主动权而被动挨打，几乎失去反击能力。要求一国受到实际攻击之后才可以进行反击，在现代化战争中是极不现实的。设想一下，一国在受到载有核弹头的弹道导弹攻击之后可能已经丧失反击能力。因此，笔者赞同预防性自卫权。

21世纪初，美国发生“九一一”恐怖袭击事件后，美国据此制定了“先发制人的自卫”的国家战略，用以应对恐怖袭击。但由于这一主张过于霸道，而且其以此为理由发动了备受争议的伊拉克战争，从而再一次引发中西方学者对预防性自卫权的激烈讨论。有人建议，对预防性自卫权须严格限制，甚至建议修改《联合国宪章》第51条，对预防性自卫权的行使条件和要求作出更为具体的规定，谨防其被肆意滥用。

联合国对此问题怎么看？这里需要介绍一下2004年12月联合国“威胁、挑战和改革问题”高级别小组发布的《一个更加安全的世界：我们共同的责任》报告[①]（下文简称为《报告》）。《报告》第188条认为，《联合国宪章》第51条关于自卫权的规定具有局限性。《联合国宪章》第51条规定：“联合国任何会员国受武力攻击时，在安全理事会采取必要办法，以维持国际和平及安全以前，本宪章不得认为禁止行使单独或集体自卫之自然权利。”但是，根据长期以来得到公认的国际法，只要威胁发动的攻击随时可以发生，又没有其他办法可以阻止，而且采取的行动是相称的，那么受威胁的国家就可以采取军事行动。但是，在这种威胁并非紧迫，但仍被称为真实威胁，例如，在有人据称不怀好意地获取制造核武器的能力时，就会出现问题。

《报告》第189条指出：在这种情况下，一个国家是否可以不经过安全理事会，就声称它有权提前为了自卫，不但采取先发制人的行动（对付紧迫威胁或近期的威胁），而且采取预防行动（对付非紧迫威胁或非近期的威胁）？

---

① 参考来自http：//www.un.org/chinese/secureworld/ch2.htm。

那些说“可以”的人认为，有些威胁（例如持有核武器的恐怖分子）可能造成的危害是如此之大，使得不能坐等它们变成紧迫威胁，且提早采取行动可能减小危害（例如，避免核武器交锋，或避免反应堆被毁产生的放射性尘埃）。

《报告》第190条又指出：“如果有充足的理由采取预防性军事行动，并有确凿的佐证，就应将其提交给安全理事会。安全理事会如果愿意，它可以授权采取军事行动。如果安全理事会不愿意，那么必然会有时间来采用其他做法，包括劝说、谈判、威慑和遏制；然后再考虑选择军事行动。”这是联合国对预防性自卫权的态度，即国家可以实施联合国安全理事会授权下的预防性自卫权，不赞同绕开安全理事会单方面的预防性自卫权。笔者赞同这种看法。有人可能会问，自然权利是否可以限制呢？答案是肯定的。二战后，在经济全球化的作用下出现了国家经济主权的部分让渡，就是最好的实例。自卫权作为一种自然权利，每个国家都享有。但是这并不意味着它不受限制。因为我们建立联合国的目的之一，就是以和平方式解决国际争端，只要能够以和平手段化解所谓的迫近的武力攻击，最好不用武力，因为使用武力的代价太大。

再者，我们所面临的现实是自卫权容易被滥用，即一些国家会把一些并不是那么紧迫的威胁夸大并作为其先发制人军事行动的理由。一个很好的实例就是1981年6月以色列轰炸和摧毁伊拉克正在建设中的一个核反应装置[①]。以色列在没有充分证明伊拉克核设施有可能严重且紧迫危及其国家安全的情况下，实施了所谓的先发制人的自卫军事行动。这个问题本来可以通过和平方式[②]解决，但以色列选择了武力攻击。其做法明显并不符合公认的国际习惯法规则，即自卫的需要必须是刻不容缓的、压倒一切的和无其他手段可供选择以及无时间仔细考虑的。这种做法对全球秩序和这一秩序继续据以存在的不干涉规范造成极大的挑战。

还有人可能会担心，根据目前安全理事会的决策效率和反应速度，如果必须先向安全理事会报告，并在获得其授权之后再采取行动，那么可能会延误时机而造成无可挽回的后果。这种担心是否合理、是否现实？《报告》第

① 很多美国学者认为这一行动是正当的，如Beth M. Polebeam在1984年发表了《National Self—defense in International Law：An Emerging Standard for a Nuclear Age》一文就讨论了这个问题，但其理由无法令笔者信服。

② 如向国际原子能机构救助，尤其派遣核专家到伊拉克进行调查化验，在用尽和平方法后再实施所谓的自卫措施才令人信服。况且其核设施的军事威胁还不具有现实紧迫性。

197 和第 198 条对此作出回应，“在冷战期间，联合国显然没有起到一个有效的集体安全体制的作用，因此这样做是完全可以理解的。但是，世界现在已经发生了变化，人们现在更加期望国际社会是一个有秩序的社会，各国都必须根据国际法行使自己的权利、履行自己的义务。”既然《联合国宪章》赋予安全理事会权限和义务，那么现在“解决问题的办法不是削弱安全理事会，让它丧失效力，置身事外；而是要从内部来改革它，使它比现在更加有效率，因为《联合国宪章》第 7 章充分授权安全理事会处理各国关注的各种安全威胁”。而且《报告》还对如何提高安全理事会的决策效率提出一套系统的建议。笔者认为这种安排可取。中国作为安全理事会五大常任理事国之一，这一安排符合我国的利益。

总而言之，笔者赞同预防性自卫权，但是建议对其进行严格的限制。自卫国在怀疑迫近的武力攻击威胁现实存在时，应先向联合国安理会报告和向威胁制造国发出呼吁和警告。在联合国安理会同意或在寻求联合国安全理事会无果和威胁制造国不予理睬的前提下，才可以行使预防性自卫权。

二、行使预防性自卫权的前提条件

自联合国成立以来，很多国家援引“先发制人的自卫权”进行了多次的军事行动甚至发动战争。我们不能否认，其中一些国家是有理有据的。如二战期间，荷兰对日本发动预防性攻击，这一军事行动的合法性和正当性得到远东国际军事法庭的肯定。但是必须承认，很多国家是在理由很不充分的情况下发动先发制人的自卫攻击，以达其其他目的。如美国 2003 年绕过联合国安全理事会发动了伊拉克战争，其理由是怀疑伊拉克拥有大规模杀伤性武器，有必要先发制人地摧毁这些武器，以保护美国的安全。但是在战中和战后美国并没有找到伊拉克拥有大规模杀伤性武器的证据。而本次伊拉克战争造成伊拉克大量的人员伤亡和财产损失。鉴于预防性自卫权容易被滥用而造成很恶劣的后果，我们有必要对其行使的前提条件进行严格的界定。

第一是要面临迫近的武力攻击。前面已经对武力攻击做了讨论，在此不再赘述。首先，武力攻击只是一个威胁，还没有实际发生，那么如何判断它是迫近的呢？仅仅是敌国某个将军或领导人在公开场合发表了一些好战言论就能作为武力攻击迫近的初步证据吗？如 2013 年，朝鲜领导人金正恩曾公开宣称要向韩国发动“热核战争”。这种言论当然不能被视为迫近的武力攻击，因为他并没有实际行动。既然没有行动就谈不上是迫近的。迫近是时间上的要求，它要求武力攻击是即将发生的。预防性自卫国有理由相信，如果再不采取预防性措施将再也没有机会有效化解威胁。这种威胁使得预防性自卫国在“刻不容缓”又“没有时间考虑”的情形下实施自卫措施。笔者之所以不认同以色列轰炸伊拉克核设施的先发制人的自卫行动，正是因为它不符合“面临迫近的武力攻击”这一要件。该设施的运作并不是武力攻击，而且也没有足够证据证明它是迫近的。

第二是严重性。在判断是否存在武力攻击时，存在判断武力的程度问题。因为使用武力不等于武力攻击。对于此问题，联合国原子能委员会在 1946 年指出：“在考虑违反条约或者条约条款的问题时，还必须记住，这种违反在性质上非常严重才可引起第 51 条所承认的自卫之固有权利。”① 国际法院在 1986 年尼加拉瓜案中也指出：“有必要将最严重的使用武力的形式（即那些构成武力攻击的行使）与其他不甚严重的使用武力的形式区分开来。”② 因此，判断严重性是作为行使预防性自卫权的重要依据。在判断敌国使用武力是否达到武力攻击的程度时，预防性自卫国必须综合考虑武力使用的规模和可能产生的后果。对于规模的要求，国际法院在 1984 年尼加拉瓜案中认为，“武力攻击无需大规模军事行动”③，意味着就算是小规模地使用武力，只要其危及国家生存、独立或安全，那么预防性自卫国都可以以此作为自卫的根据之一。在考虑可能发生的后果时，可以作出如下判断：如果迫近的武力攻击变为现实，国家将在长期或短期内丧失自卫能力，因此可能被灭绝或其国民产生重大伤亡，其财产遭受重大损害④。

第三是威胁明显存在。明显性包括两种情况：一是敌国已经公开做出向其发动武力攻击的明确声明；二是如果不存在第一种情况，自卫国通过情报工作已获得敌国将对其发动武力攻击的确凿证据。这种证明标准要比传统的事后自卫权的证明标准高。预防性自卫国应该在搜集足够的情报证据的基础上才能做出判断，不能道听途说。而且这种证据应该在向联合国安全理事会报告和向敌国呼吁和警告时公开。仅仅是猜测而拿不出确凿的证据证明存在

---

① D. W. Bowett，Self - Defense in International Law，London：Manchester University Press，1963，P189.

② See the Nicaragua Case，ICJ Report，1986，Paras. 123 - 127。

③ See the Nicaragua Case，ICJ Report，1986，Para. 195。

④ 国家自卫权研究——以先发制人自卫权为视角，http：//www.doc88.com/p - 405987092645.html，第 17 页。

这种武力攻击威胁，自卫国不能把这一猜测作为其行使自卫权的合法性理由[①]。

第四是符合必要性原则。在著名的国际法案例“加罗林号”案中确立了自卫权行使的两个限制性条件：必要性和比例性原则。必要性原则就是只有在必须通过行使自卫行为来确保其权益时才能行使。对于一个迫近的武力攻击，如果受攻击国可以不用对攻击国进行武力还击而是用其他和平的方式就可以阻止或补救，那么武力自卫就不存在必要性[②]；如果受攻击国只有使用武力才能保卫自己的独立、安全和生存，那么它就存在必要性。如1984年以色列对伊拉克核设施的导弹袭击，就缺乏行使自卫的必要性：一是因为以色列声称的威胁并不紧迫，二是因为他们完全可以选择向联合国报告，并由联合国和平处理。当然如果有证据证明该核设施军事用途比较明确，而且以色列已向伊拉克政府提出呼吁或寻求联合国帮助而无法化解危机，那么以色列是可以实施自卫措施的。但是很遗憾其并没有这么做。

三、对预防性自卫权的限制性行使要求

一般而言，自卫措施以击退进攻者并将进攻者赶出国境为限。而对于预防性自卫权则以化解武力攻击威胁为必要。一国在行使预防性自卫权时，应该遵守以下两条准则。

第一是限度准则，它包括效果限度和时间限度。效果限度就是自卫的措施达到使攻击国在短期内无法再次发动武力攻击的效果为限。时间限度就是达到消除武力攻击威胁的效果时为止。如1962年，美国发现苏联把导弹部署在古巴境内，为阻止其进一步运入古巴境内，以自卫为理由对古巴进行海上隔离，直到古巴导弹危机解除才解除海上隔离。所以，如果受威胁国在消除威胁后还进行所谓的自卫措施，那么就超出自卫的范畴。安全理事会得知后应要求其停止行动，并对其进行谴责。如1964年联合国安全理事会谴责英国轰炸也门，其理由之一是，英国的军事行动是在最初的武力使用经过很长时间后才采取的。

---

① 国家自卫权研究——以先发制人自卫权为视角，http：//www.doc88.com/p－405987092645.html，第29页。

② ［英］詹宁斯 瓦茨修订，王铁崖、陈公绰、汤宗舜、周仁译，《奥本海国际法》，中国大百科全书出版社，1995年12月，312页。

第二准则是比例性原则。1986 年 6 月 27 日国际法院在“尼加瓜拉案”的判决书中指出，自卫权仅保证“与武力相称且是回应进攻所必要的措施”。这是对事后自卫权措施的要求。对于预防性自卫权更加要强调这一点。预防性自卫措施应该与所面临的攻击威胁程度相当，不可自卫过当，以致造成惩罚性报复行为甚或侵略行为。因为武力攻击还没有发生，所以预防措施以阻止或化解威胁为限。这种要求应该比事后自卫权的比例原则的标准要低。因为攻击还没有实际发生，它没有像事后自卫权所面临的危险严重，所以要求即将受攻击国不能以武力还击作为第一选择。只有在采取其他手段无法化解威胁的情况下才能使用武力还击，而且武力措施要从弱到强进行。例如，面对常规军事威胁，只能用常规军事措施应对，而不能运用核自卫。

四、对欧盟《外空活动国际行为准则》（草案）中自卫权条款的建议

“承认《联合国宪章》赋予单独或集体的自卫权”在欧盟《外空活动国际行为准则》（草案）中是一项原则，这是在所有外层空间条约和原则中所没有的。所以从一定层面上讲，它是对现有外空法律规范的一个补充。当然就算此文件不强调这一权利，也不会妨碍国家享有和行使这项权利。不管怎样，在外空领域强调预防性自卫跟在地球上强调一样重要。由于预防性自卫权容易被滥用，所以我们有必要对预防性自卫权的行使建立严格的行为规范。

一是事前限制。要求预防性自卫国严格按照预防性自卫权行使的前提条件判断是否有必要行使预防性自卫措施。如果其认为确有必要，应该立即向联合国安全理事会报告并向敌国呼吁或提出警告。只有在安全理事会同意或安全理事会没有及时回应、敌国不予理睬的情况下，根据威胁性的严重性和紧迫性，才可以自行采取措施。而且自卫措施要遵守限度准则和比例性原则。

二是事中限制。预防性自卫国在决定实施自卫措施时或之后①，应及时向联合国安全理事会报告情况，其中包括自卫措施的大致情况及具体原因。安全理事会接到报告后，应该召开安全理事会常委会紧急会议对报告进行讨论、审查和评估。对威胁的严重性、正当的目的、万不得已的办法、相称的手段、

① 有时可能因为特殊情况无法及时向联合国报告，那么预防性自卫国应该在无法报告的原因消除后立即向联合国报告。

权衡后果等五个方面进行评估①。如果会议决定授权实施预防性自卫措施，自卫国则可进行相当的自卫措施；若自卫国已经进行预防性自卫，则可继续进行；如果安全理事会决定不授权，则自卫国不应该进行预防性自卫措施，已经进行的则应该停止实施。但安全理事会应同时迅速派遣斡旋委员会赶赴事发地对双方进行劝说、调解。

三是事后审查。若预防性自卫国实施了预防性自卫措施，而相对方对预防性自卫措施的合法性提出异议，则应由国际法院裁判自卫国预防性自卫措施的合法性问题。如果自卫措施不合法，而且对他国造成损害和伤亡，则应公开道歉并承担赔偿责任。

结　语

《联合国宪章》承认自卫权是每个国家固有的自然权利。这种权利对国家遭受外来武力攻击时维护自身的生存、独立和安全发挥着重要的作用。预防性自卫权自被引用对抗武力攻击威胁时起，就备受关注甚至争议。预防性自卫权容易被滥用。自联合国成立以来多次出现这种问题。造成这种局面的部分原因是国际社会对其行使条件和要求无法达成一致的看法。进入外空探索、开发和利用时代，外空军事化和武器化使得在外空领域强调自卫权特别是预防性自卫权具有现实的紧迫性和必要性。但它同样存在被滥用的问题，所以有必要对预防性自卫权行使的条件、要求进行科学的界定，并建立一套相对科学的约束机制，使外空活动能够在安全有序的环境中开展。

参考文献

一、著作类

[1] 贺其治．外层空间法［M］．北京：法律出版社，1994.

[2] 詹宁斯，瓦茨．奥本海国际法［M］．王铁崖，陈公绰，汤宗舜，周仁，译．北京：中国大百科全书出版社，1995.

[3] T HILLIER. 国家公法（导读本）［M］．杨泽伟，编注．北京：中国人民大学出版社，2005.

① 具体参照联合国“威胁、挑战和改革问题高级别小组”《一个更加安全的世界：我们共同的责任》报告第207条，网址为 http：//www. un. org/chinese/secureworld/ch9. htm＃note9。

［4］ 尹玉海．国际空间法论［M］．北京：中国民主法制出版社，2006.
［5］ 邵津．国际法［M］．北京：北京大学出版社，2008.
［6］ 李寿平，赵云．外层空间法专论［M］．北京：光明日报出版社，2009.
［7］ 杨彩霞，高国柱．欧洲空间政策与法律问题研究［M］．北京：法律出版社，2011.
［8］ 梁西．国际法［M］．武汉：武汉大学出版社，2011.

二、中文论文类

［1］ 王斌．从伊拉克战争透视“先发制人”对自卫权规则的挑战［J］．法制论丛，2004（5）.
［2］ 余民才．自卫权适用的法律问题［J］．法学家，2003（3）.
［3］ 丁平．国家自卫权研究——以先发制人自卫权为视角［J］．华东政法学院．网址：http：//www.doc88.com/p－405987092645.html.
［4］ 张龙星．国际法在反恐怖主义“自卫权”中的应用［J］．法制与社会，2007（6）.
［5］ 俞蕾．反恐背景下自卫权滥用的法律分析［J］．法制与社会，2007（8）.
［6］ 赵振华．论国际法上的国家自卫权［J］．理论界，2006（11）.
［7］ 贺富永，段进东．反恐中国家自卫权的国际法透视［J］．世界经济与政治论坛，2005（2）.
［8］ 李涛，张莹．从伊拉克战争看国际法上的预防性自卫［J］．北京航空航天大学学报（社会科学版），2004（1）.
［9］ 汪自勇．美国反恐自卫权理论之批判——从阿富汗战争到伊拉克战争．法学评论，2003（4）.
［10］ 李鸣．联合国安理会授权使用武力问题探究［J］．法学评论，2002（3）.
［11］ 余民才．“武力攻击”的法律定性［J］．法学评论，2004（1）.

三、外文论文类

［1］ Joseph L Kunz. Individual and Collective Self－Defense in Article 51 of the Charter of the United Nations，41 Am. Jour. Int. Law（1947）p. 871.
［2］ A L Goodhart. The North Atlantic Treaty. 79 Recueil des Cours，Academic de Droit International（1951－I），p. 188，193.
［3］ D W Bowett. Self－Defense in International Law. London：Manchester University Press，1963.
［4］ Beres，Louis Rene. Israel and Anticipatory Self Defense. Emory International Law Review，Vol. 6，Issue 1（Spring 1992），pp. 71－104.
［5］ Beres，Louis Rene，Israel. Iran and Anticipatory Self Defense：Preempting Global Condemnation［article］Chitty's Law Journal including Family Law Review，Vol. 43，Issue 1（1995），pp. 1－12.
［6］ Quigley，John. Weak Defense of Anticipatory Self－Defense. A［comments］Temple International and Comparative Law Journal，Vol. 10，Issue1（Spring1996），pp. 255－258.

[7] Ramirez，Jorge Alberto，Iraq War：Anticipatory Self - Defense or Unlawful Unilateralism [article] California Western International Law Journal，Vol. 34，Issue 1（Fall 2003），pp. 1 - 28.

[8] Martinez，Lucy. Iraq and the Doctrine of Anticipatory Self - Defense [article] . UMKC Law Review，Vol. 72，Issuel（Fall2003），pp. 123 - 192.

[9] Rouillard，Louis - Philippe. Caroline Case：Anticipatory Self - Defense in Contemporary International Law. The Miskolc Journal of International Law，Vol. 1，No. 2（2004），pp. 104 - 120.

[10] Nungesser Donald. United States' Use of the Doctrine of Anticipatory Self - Defense in Iraqi Conflicts [comments] . Pace International Law Review，Vol. 16，Issue 1（Spring 2004），pp. 193 - 220.

[11] Woods，Jeanne M Donovan，James M. Anticipatory Self - Defense and Other Stories [article] Kansas Journal of Law & Public Policy，Vol. 14，Issue 2（2004 - 2005），pp. 487 - 524.

[12] Giu，Terny D；Ducheine，Paul A L. Anticipatory Self - Defense in the Cyber Context [article] International Law Studies Series. US Naval War College，Vol. 89，pp. [i] - 471.

[13] Sadoff，David A. Question of Determinacy：The Legal Status of Anticipatory Self - Defense，Georgetown Journal of International Law，Vol. 40，Issue 2（2009），pp. 523 -584.

[14] Dunlap，Charles J Jr. Anticipatory Self - Defense and the Israeli - Iranian Crisis：Some Remarks ILSA Journal of International and Comparative Law，Vol. 19，Issue 2（Spring 2013），pp. 319 - 334.

[15] Hoisington，Matthew. International Law and Ungoverned Space . Indonesian Journal of International & Comparative Law，Vol. 1，Issue 2（April 2014），pp. 423 - 473.

The EU Draft Code of Conduct for Space Activities and the Right of Anticipatory Self - Defense

YIN Yuhai and YAN Yongliang

（Faculty of Law，Shenzhen University，Shenzhen Guangdong 518060，China）

Abstract：The right of self - defense is a natural right. It is not only legitimate，but also necessary and urgent to emphasize the right of self - defense in outer space, especially the right of anticipatory self - defense. The ambiguity in its concept, exercise conditions and relevant requirements, however, makes the right of anticipatory self - defense susceptible to random and even vicious abuse by pro - hegemonism powers. It is even more necessary to define and constrain this concept rigorously in outer space. In association with the reform of UN Security Council, it is advisable to establish a regulatory mechanism of "prior restriction, in - process report and verification followed by *post hoc* review", so as to create a safe and orderly environment for outer space activities.

Key Words: Code of Conduct for Space Activities; Right of Self - Defense; Armed Attack; Right of Anticipatory Self - Defense in Outer Space

论中国参与国际航天合作的出口管制问题

李　杜*

摘　要： 自改革开放以来，中国即以双边和多边等形式积极开展航天国际合作活动，并寻求参与大型国际航天项目的机会。参加国际航天合作必然涉及到技术流转问题。由于一方面，航天技术很多都具有“军民两用”的特点，另一方面出于国际政治和历史原因，美欧国家对我国心存忌惮，不希望我国通过国际航天合作接触相关的技术和资料，这无疑会阻碍我国合作的达成和进展。因此对影响我国参与国际航天合作的出口管制制度进行研究，探究我国应采用何种对策以便更多地参与到国际航天合作中来，具有重要的实践意义。本文将基于我国参与国际航天合作的政策和目标，从应对相关出口管制制度的角度展开研究，提出相应的建议。

关键词： 中国；国际航天合作；出口管制；对策

国际航天合作是我国发展航天事业的重点环节，已作为重要组成部分列入 2000 年、2006 年和 2011 年三版《中国的航天》白皮书中。目前，中国不仅积极参与各相关国际组织的交流与合作活动，并已与俄罗斯、欧洲空间局、法国、英国、巴西、乌克兰等多个国家或区域性航天机构在卫星导航系统、气象卫星、航天发射等多个领域建立了合作关系并开展合作项目。但我国迅猛发展的航天事业需要更大的国际舞台并参与到更多重大国际航天合作项目

---

* 李杜，女，现任华中科技大学法学院讲师，分别于 2007 年和 2011 年在法国巴黎第十一大学获得法学硕士学位和法学博士学位，主要研究方向为国际空间法和知识产权法。参加 2014 年国家社科基金重大项目《3D 打印产业发展与知识产权制度变革研究》，主持 2015 年国家社科基金青年项目《中国参与国际太空合作的知识产权制度创新研究》。发表《欧洲国家空间立法新发展》、《Le rôle des institutions administratives dans l’ industrie spatiale en Chine》、《外层空间 3D 打印对知识产权制度的挑战》等论文多篇。本文为作者在中国宇航学会·中国空间法学会 2015 年学术年会上荣获优秀论文一等奖的录用论文，系国家社科基金青年项目《中国参与国际太空合作的知识产权制度创新研究》（项目编号：15CGJ007）的阶段性成果。

中。然而，由于诸多政治和历史原因，以美国为代表的一些国家对于中国参与国际航天合作持观望甚至反对态度，他们严苛的出口管制制度严重阻碍中国进一步参加国际合作。我国应采取切实可行的措施应对这一问题，以期更好地参与到国际航天合作之中。

一、中国参与国际航天合作的现状及前景

中国目前参与国际航天合作兼采多边和双边两种形式。尽管中国已参与到一些多边合作之中，但其往往是在一定的多边机构框架之下进行的，如全球卫星导航系统国际委员会、世界气象组织、亚太空间合作组织、国际宇航联合会等①，且这类合作较少涉及到具体的航天项目，鲜有涉及技术转移的问题。双边合作是中国目前在航天合作方面的主要形式。通过这种形式，中国与合作国家可共同完成特定航天项目的建设，技术层面的交流更为深入。在中国的合作对象国中，既有俄罗斯、欧洲国家等航天强国，也有巴西及亚太地区发展中国家，其合作程度和侧重点均有所不同。由于种种原因，中国与美国这一航天领域的领军国家之间却因各种原因而迟迟未能建立有效的务实合作机制。

（一）中国与航天强国的合作现状及前景

苏联为中国航天业的诞生提供了助力。早在 1957 年，中国就和苏联签署了协定，由苏联派遣专家提供数类导弹样本和相关技术资料以帮助中国制造导弹[1]。然而，随着中苏关系的破裂，该合作于 1960 年结束。苏联解体后，中国与俄罗斯开始逐步恢复各类交往。由于中俄皆持有外层空间非军事化的立场，因而具有较好的基础以支撑双方航天合作的发展。自 2000 年中俄总理定期会晤委员会航天合作分委会设立以来，中俄航天合作得以进一步深化。在该分委会的框架下，中俄分别于 2009 年和 2012 年签署了《2010—2012 年中俄航天合作大纲》② 和《2013—2017 年中俄航天合作大纲》③，明确了中俄航天合作的具体领域和优先方向。目前，中俄已经在 Phobos - Grunt 宇宙飞

① 参见 2011 年《中国的航天》白皮书。

② 中俄签署《2010—2012 年中俄航天合作大纲》，2009 年 10 月 15 日，http://www.miit.gov.cn/n11293472/n11294464/n11295873/12743115.html，2015 年 7 月 29 日访问。

③ 中俄发布深化全面战略协作伙伴关系联合声明（全文），2015 年 5 月 9 日，http://www.chinanews.com/gn/2015/05-09/7264051.shtml，2015 年 7 月 29 日访问。

船、Spektr－UF 等航天项目上进行了合作。俄罗斯联邦航天署副署长萨韦利耶夫认为：从短期来看，俄中航天领域最可能的合作形式是在国际空间站中俄罗斯部分合作开展科学实验；而在更远的未来，双方可能在各自国家空间站建设、自动轨道实验室“OKA－T”等项目上展开合作①。尽管中俄航天合作较为稳定，但进入 21 世纪，俄罗斯对于技术转移开始实行较为严格的控制，这对于中国而言显然不利[2]。

尽管欧洲将“外层空间”放在较高的战略地位②，但与美国不同的是，其并未将外层空间的重心置于军事方面，因此对与中国开展航天合作持较为开放的态度[3]。中欧航天合作始于 20 世纪 70 年代。该合作以中国与欧洲国家之间开展为主，同时也存在于中国与欧洲空间局这一层面。其合作的主要领域在于外空探测③、卫星遥感④、卫星开发⑤等。总的来看，中欧之间的航天合作依然存在阻碍因素：首先，欧洲各国之间对于中欧航天合作的程度及领域存在异议，这将导致中国难以全面参与欧洲空间局层面的航天项目；其次，欧洲对中国航天的意图及具体活动依然持不信任态度，希望中国在这些方面能够更加透明；再次，欧洲希望中国能够加入导弹及其技术控制制度(Missile Technology Control Regime，后简称 MTCR)⑥；最后，欧洲亦希望中国能够在参与国际空间站项目方面与美国达成谅解[3]。

（二）中国与发展中国家的合作现状及前景

中国与南美洲、亚太地区和非洲的发展中国家在航天活动方面进行着不同程度的合作与交流。针对发展中国家，中国主要采取的是“走出去”这一合作模式，即“通过输出产品、技术、服务、培训人才、设施建设等方式，帮助对方发展航天同时取得经济利益，开创国际商业市场”[4]。

航天活动对于除了巴西和阿根廷之外的大多数南美洲国家而言依然算是新生事物。由于经济社会发展水平等原因，这些国家的民众尚未完全认识到

① 俄罗斯航天署称中俄航天领域合作前景广阔，2015 年 1 月 13 日，http：//news.xinhuanet.com/2015－01/13/c_1113976988.htm，2015 年 7 月 29 日访问。

② 参见 Institute for Security Studies：Space and Security Policy in Europe，EU Occasional Papers No.48，December 2003。

③ 如双星探测计划。

④ 如欧洲空间局 Galileo 计划。

⑤ 如中法海洋卫星 CFOSAT 计划。

⑥ “导弹及其技术控制制度”是美国、法国、英国、德国、日本等西方七国建立的集团性出口控制制度，旨在防止可运载大规模杀伤性武器的导弹和无人驾驶航空飞行器及相关技术的扩散。

航天活动的重要性及其经济回报性，政策和经济层面无法支持他们独立自主地进行航天技术开发并开展相应活动，因此他们大都认为通过国际合作开展航天活动应是最好的方式。而由于南美洲国家的特殊地理位置和战略地位，并且中国一直推行“南南合作”，中国亦有与之进行航天合作的意愿[5]。中国与巴西的航天合作具有较长的历史。1988年7月6日，两国在北京签署《中华人民共和国和巴西联邦共和国政府关于核准研制地球资源卫星的议定书》；至今该项目，即中巴地球资源卫星项目，已发射三颗卫星，且均已圆满完成使命①。2013年6月24日，中国国家航天局局长马兴瑞和巴西航天局局长黑蒙多分别代表中巴两方，签署了《2013—2022年中国国家航天局与巴西航天局航天合作计划》，为中巴未来十年航天合作指明了方向②。中巴航天合作发展态势良好，具有进一步深入的可能性。除巴西之外，中国与玻利维亚、委内瑞拉、墨西哥等南美国家已初步建立航天领域的合作关系；但由于政治原因，中国与阿根廷则迟迟未能在航天领域开展合作[5]。

在亚太地区和非洲，中国已经与尼日利亚、巴基斯坦等国进行整星及地面设施出口，以实施对外航天发射服务的形式进行合作。在亚太地区，中国更加希望通过亚太空间合作组织这一平台来主导并促进这一地区的航天合作。

（三）中美航天合作进展现状

航天事业在美国的国防、军事中占有极为重要的战略地位，同时受中美整体关系的影响，近年来的中美航天务实合作始终未能实现突破。进入21世纪，中美开始了在航天领域的对话。2006年9月23日到28日，美国国家航空航天局局长访问中国③，对中美航天合作的可能性进行了初步探讨，释放了中美航天合作的“积极信号”。但是此后，中美航天合作并没有实质性进展，且处于持续不稳定状态。2013年3月，美国国会通过法案，以“反间谍”名义禁止中国人进入NASA的所有设施，严重限制了中美航天领域的互动④。

① 中国与巴西建交40年航天领域合作获傲人成果，2014年6月24日，http://www.miit.gov.cn/n11293472/n11293832/n11293907/n11368277/16044308.html，2015年7月29日访问。

② 中国与巴西签署航天合作十年计划，2013年11月7日，http://politics.people.com.cn/n/2013/1106/c1001-23456749.html，2015年7月29日访问。

③ 参见《美国航空航天局局长格里芬首次访问中国》，载《国际太空》2006年11月，第31-32页。

④ 参见《NASA禁止中国科学家出席学术会议，称依据美国反间谍法》，2013年10月6日，http://www.guancha.cn/america/2013_10_06_176586.shtml，2015年7月30日访问。

2014年，美国特别邀请中国参加由美国国务院主办的第二届国际空间探索论坛，再次释放中美航天合作的“积极信号”[①]。但总的来说，中美航天合作前景依然扑朔迷离。然而，美国对待中国参与国际航天合作的态度不仅关系到中美航天合作本身，还严重影响着中国与其他某些国家或区域的合作，如欧洲国家、阿根廷等，同时也限制中国参与国际空间站等大型国际合作项目的可能性。出口管制制度即是美国限制中国参与国际航天合作的重要手段之一。

二、影响我国参与国际航天合作的出口管制制度

由于航天技术很多为军民两用技术，具有重要的战略价值，因此在国际航天合作中，对这些技术的输出进行管制无疑是一项重要工作。从国际层面来看，西方国家已签订了针对导弹技术等两用技术的国际协定。而从国内层面来看，以美国为首的国家对于这些技术向中国等国的输出进行着极为严苛的出口管制，阻碍着我国参与某些国际航天合作项目。

（一）出口管制的国际协定

与航天技术最为相关的国际出口管制体系是MTCR。该制度于1987年4月16日由7个西方发达国家发起，同日《MTCR准则》（guidelines for sensitive missile - relevant transfers，后简称《准则》）得以通过。该《准则》旨在通过限制可搭载核武器的弹道导弹和巡航导弹技术的扩散来降低核扩散的风险，并由此降低恐怖组织和个人获取这些受限物品及技术的可能性[②]。《准则》附有《设备、软件和技术附件》（equipment，software and technology annex)，作为受出口管制物品和技术的详细清单。1993年，15个国家新加入这一机制，其适用范围扩大至包含可搭载生化武器的导弹技术。截至2011年，已有34个国家加入这一机制。加入这一机制的国家应修订国内相关立法以使得其国内法律符合《准则》的要求[③]。MTCR将管制物品及技术分为两类：“I类项目”主要包含诸如主要参数超过300千米射程/500千克载荷完整火箭系统和无人驾驶航空飞行器系统等最核心的设备及技术。该项目中的设备和技术转让受到最为严苛的限制，适用“强烈推定不予转让原则”，即不论

① 参见《中国国家航天局局长：中美航天合作积极信号》，2014年1月10日，http://www.chinanews.com/gn/2014/01-10/5719496.shtml，2014年7月30日访问。

② 参见《准则》第1条。

③ 同上。

目的如何，该转让原则上不应予以批准。“Ⅱ类项目”包括可用于运载大规模杀伤性武器、但未包括在Ⅰ类项目中的完整火箭系统和无人驾驶航空飞行系统等，这类设备和技术的转让与“Ⅰ类项目”相比，较为宽松，但相对其他物品或技术的转让而言，仍然受到更为严格的管制。

针对两用品的国际制度主要有两项，“瓦森纳安排机制”（The Wassenaar Arrangement）和“联合国常规武器登记制度”（UN Register for Conventional Arms）。瓦森纳安排机制的全称为“关于常规武器和两用物品及技术出口控制的瓦森纳安排”（The Wassenaar Arrangement on Export Controls for Conventional Arms and Dual - Use Good and Technologies），其起源可追溯到1949年的巴黎统筹联合会[6]。1994年“巴统”解散后，在美国的推动下，以西方国家为主的33个国家于1996年7月签订了《瓦森纳协定》，以期建立一个多边出口管制体制以保障区域安全和稳定。该机制旨在促进常规武器和两用物品、技术转让的透明化，并加大成员国的相关责任；促使成员国制定国内政策防止这些物品和技术被转让给威胁安全、稳定的势力以提升其军事实力；加强对大规模杀伤性武器的控制等①。该机制下设“军品清单”和“两用品与技术清单”，要求成员国采用国内法的方式对清单上的物项进行管制，成员国可以自行决定是否对于清单上的物品或技术予以转让，但向非成员国的出口应向机制通报。联合国常规武器登记制度于1992年1月1日正式生效，其前身是1991年12月9日第46届联合国大会通过的第46/36L号决议《军备透明》。这是一个相对松散的登记制度，中国于2007年8月31日恢复加入该制度②。

（二）对中国影响较大的国内出口管制制度

对中国影响最大的国内出口管制制度是美国的制度，这不仅体现在其阻碍中国参与国际航天合作，也体现在诸多其他方面。而欧洲国家作为中国航天合作的重要对象，欧盟的出口管制制度无疑也影响着合作的成败。

美国法区分“军品”和“两用品”，分别以《国际武器交易条例》（ITAR，International Traffic in Arms Regulations）和《出口管理条例》（EAR，Export Administration Regulations）对其出口进行规制。ITAR的规

① 参见《瓦森纳协定》第1条。

② 中国恢复“联合国武器登记”的背后，2007年9月10日，http://news.xinhuanet.com/world/2007-09/10/content_6697023.htm，2015年8月2日访问。

定适用于《美国军品清单》（Unites States Munitions List）中列出的所有物品、设备及技术，而 EAR 的规定则适用于《商业用品清单》（Commercial Control List）中的物品、设备和技术。ITAR 第 126.1 项规定，拒绝向某些国家颁发进出口国防物品和国防服务的许可是美国的基本政策，这些国家包括白俄罗斯、古巴、朝鲜、叙利亚和委内瑞拉，以及包括缅甸、中国、利比亚和苏丹在内的美国对其实施武器禁运的国家[7]；而 EAR 的规定则相对宽松，《商业用品清单》中物项的出口一般只需由商务部颁发许可证即可。自《1999 财年国防授权法》以来，美国一直将航天发射器、卫星以及相关物项作为军品进行管制，即受到 ITAR 管辖。《2013 财年国防授权法》则将这一状态恢复至 1999 年以前，即卫星和相关物项不再全部列入《美国军品清单》受 ITAR 管辖，其中有些部分列入《商业用品清单》中受 EAR 管辖。但该法指明，此后 EAR 管辖下制造的卫星或相关物项，不论其是否列入《商业控制清单》之中，均不得向该法规定的国家政府或政府代表直接或间接地出口、再出口或转让，也不得在该国进行发射，或者成为该国政府或者该国政府代表所拥有、操控或制造的发射工具的一部分，这些国家主要包括中国、朝鲜和任何资助恐怖主义的国家[8]。

欧盟绝大多数成员国都是 MTCR 及《瓦森纳协定》的参加国，因而需要遵守相关规定。除此之外，欧盟也为区分“军品”和“两用品”制定了自己的出口管制制度。1998 年通过的《欧盟军品出口行为准则》（European Union Code of Conduct on Arms Exports）管辖《欧盟共同军品清单》（Common Military List of the European Union）。《欧盟军品出口行为准则》设置了 8 项标准，呼吁欧盟成员国在出口《欧盟共同军品清单》中列出物项时予以遵守，这也是欧盟成员国在军品出口时的最低标准。然而由于该《准则》不具有强制性，且各成员国皆有一套自己的标准，因此欧盟层面未能建立统一的军品出口管制制度。2000 年 6 月，欧盟通过了第 1334/2000 号理事会条例①为两用品的出口设立了共同管制制度，同时也根据 MTCR 和瓦森纳安排设立相应的管制物品清单。该制度为两用品的出口设置“欧盟通用出口许可”（Community general export authorization）、“国家通用出口许可”（National general export authorization）以及“拒绝颁发申请”（Denials of export authorization）等三种情形，且直接适用于各成员国，但各成员国可自行决定上

① Council Regulation (EC) No. 1334/2000, Setting up A Community Regime for the Control of Exports of Dual - use Items and Technology.

述三种情形的适用范围。

三、西方出口管制对中国参与国际航天合作的影响及对策分析

（一）出口管制制度对中国参与国际航天合作的影响

以美国为首的西方发达国家通过MTCR、瓦森纳安排以及国内法的形式对与航天相关物项的出口进行严格管制，尤其是将其中众多物项作为军品对中国实行禁运。MTCR的最核心目的在于防止导弹及相关技术的扩散，且在这一方面确实已做出不小贡献。但由于MTCR在很大程度上受美国操纵，且中国无法接受美国在全球反扩散中实施的双重标准和歧视性安排等，中国与MTCR的关系经历了较长的发展[9]。直至2003年，中国才开始积极申请加入MTCR，这无疑符合欧洲与中国进行更深入航天合作的期望。但在正式加入MTCR以前，MTCR中严格的出口限制性制度依旧对中国有效。瓦森纳安排表明了西方国家对中国军事和高技术封锁的目的[6]。在其“军品清单”中列有军用航天器、全球卫星定位系统等，并未包括与航天活动相关的所有物项，但这一清单仅是各成员国应将其作为军品控制出口的最低限度，即各成员国可依据国内法将该清单以外的物项列为军品进行管制；在《两用品与技术清单》中，第7类“导航与航空电子”和第9类“推进系统与航天器”包括了大量与航天相关的物品、设备、软件及技术，即原则上向瓦森纳安排之外的国家出口这些物项须向该机制进行通报。然而，诸如美国等国家若知悉这些信息，则可能施压而使得出口无法完成。这也就意味着这些国家在与中国进行航天合作的过程中，不能让中国接触到相应的物项，从而使得合作的深度和广度大受影响，甚至成为不可能。

同与发展中国家进行合作不同，我国寻求与西方发达国家进行航天合作的目的在于提升我国的航天业，即获得一定的物项或技术，而美国的法律直接规定与航天相关的几乎所有物项都对华禁运。因此从某种程度上来看，美国有关出口管制的法律规定直接否认了中美航天合作的可能性。不仅如此，ITAR不仅适用于从美国出口，也适用于源于美国物项的再出口；EAR则管辖源于美国物项从美国的直接出口，或从欧洲的间接出口，或其一定比例以上配件源自美国（根据不同的物项最低比例为10%～25%）产品的出口，或采用美国技术/美国设备生产的产品的出口。由此可见，美国的出口管制制度“触手”极长，大大阻碍了中国和其他国家进行航天合作的可能性。从欧洲层

面看，欧盟的相关立法并未直接阻碍中国与其进行航天合作。如欧洲可根据其战略需要，在美国和中国之间选择合作伙伴[①]。而在欧洲国家层面，各国控制的物项和针对的国家均有不同，但总的来说，要比美国的出口控制制度宽松得多。

（二）中国的对策建议

首先，要继续加强与已建立合作国家的合作交流。中国与俄罗斯的航天合作目前状态比较稳定，但涉及的领域并不宽广。由于俄罗斯和中国具有深刻的历史渊源，在国际政治舞台上多方面立场一致，且俄罗斯亦已掌握众多航天领域的核心技术，因此，可以在现有基础上寻求合作领域的扩大。中国和欧洲空间局以及不少欧洲国家已经建立了航天合作关系，但由于种种因素并未特别深入，很多合作仅仅流于表面，即签订某种形式的合作议定书，但并未有实质性的合作活动。虽然欧洲很多国家都加入了MTCR和《瓦森纳协定》，且欧盟层面、欧洲国家层面都有出口管制制度，情况较为复杂，但与美国相比，欧洲国家依然是具有巨大潜力的合作对象。虽然欧洲国家亦对中国崛起有所忌惮，但并未像美国那般将中国一直视为假想敌，反而有时也同中国一样反对美国的霸权主义。因此，中国一方面应对如法国、比利时、瑞典等对华较为友好的国家"主动出击"，寻求更多的合作机会；另一方面也应加强与欧洲空间局的联系，寻求参与各种合作项目的可能性。俄罗斯、欧洲一直对中国参加国际空间站持肯定态度，中国可以通过与这些合作伙伴的深入合作加深其对中国的信任，促使他们以更为积极的态度推进此事，搭建中国和这个重要国际合作项目的桥梁，协助中国突破瓶颈。发展中国家是中国重要的合作对象，不仅因为中国有持续推进"南南合作"的政策，也因为发展中国家是值得争取的重要商业航天市场。同时，西方国家对于中国以外的发展中国家并无诸多顾忌，因此某些发展中国家也是中国通过国际合作实现互利共赢的枢纽。所以中国应根据自身需要努力加深与特定发展中国家的航天合作。

其次，中国需加快加入MTCR的步伐，以消除西方国家的一些顾虑，同时给自己寻求机会。加入MTCR之后，尽管美国等国对中国的出口控制制度依旧严苛，但与该集团其他成员之间的军品转让则成为可能，由此可打开与某些国家开展航天合作的大门。

---

① 例如，旨在建设欧洲自己的卫星定位系统的Galileo计划，欧洲曾接纳中国成为合作伙伴。

再次，通过以上分析可见，美国其实是造成中国参与国际航天合作的主要原因，且其国内出口管制制度“触手”极长，不仅阻碍着中美航天合作的发展，也阻碍着中国和其他国家进行某些航天合作。因此，针对美国，中国一方面可加强民间的联系，如学术交流等活动建立合作基础，另一方面可采取外交途径加强对话和加深相互理解，以期寻求突破。

对于中国而言，上述各出口管制制度确实是其参与国际航天合作的巨大障碍。只要国际局势不发生重大改变，西方国家对中国的态度不发生重大转变，这些制度在短期内难以更改。因此，中国首先应该坚持独立自主的道路，加大对航天产业的投入力度，争取通过自己的努力攻克各项核心技术。只有这样才能使得中国航天在世界上真正站稳脚跟，并吸引潜在合作对象主动前来交流。

参考文献

[1] 张钧．当代中国的航天［M］．北京：中国社会科学出版社，1986.

[2] Charlotte Mathieu. Assessing Russia's space cooperation with China and India—opportunities and challenges for Europe. Acta Astronautica 66（2010），pp. 355－361.

[3] Joan Johnson－Freese，Andrew S. Erickson. The emerging China－EU space partnership：a geotechnological balancer. Space policy 22（2006），pp. 12－22.

[4] 张伟．多边合作，共创未来——亚太空间合作前景广阔［J］．中国航天，2012（3）.

[5] Laura M. Delgado－López. Sino－Latin American space cooperation：a smart move. Space Policy 28（2012），pp. 7－14.

[6] 许晔，孟弘．《瓦森纳协议》对我国高技术的出口限制［J］．科技管理研究，2012（24）.

[7] 李剑刚．美国对华航天产品出口控制制度改革评析（上）［J］．中国航天，2013（11）.

[8] 李剑刚．美国对华航天产品出口控制制度改革评析（下）［J］，中国航天，2013（12）.

[9] 任远喆．中国与“导弹及其技术控制制度”：进程与前景［J］．国际论坛，2012（2）.

On Export Control Issues Relating to China's Participation in International Space Cooperation

LI Du

(Law School, Huazhong University of Science and Technology, Wuhan Hubei 430074, China)

Abstract: Since the Reform and Opening – up policy was initiated in late 1970s, China has been developing bilateral and multilateral space cooperative activities, and seeking for opportunities to take part in grand international space programs. Participation in international space cooperation inevitably gives rise to problems concerning transfer of technologies. However, since many space technologies are dual – use, countries led by the USA and European countries always feel "threat" from China for political and historical reasons, and thus do not wish to see China obtain related technologies and documents through international space cooperation. This attitude will, no doubt, hinder China's engagement in cooperative programs. Therefore, researches on foreign export control regimes that greatly influence China's participation in international space cooperation, and developing countermeasures that China should adopt in order to gain more chances in international space cooperation turn out to be of great practical importance. This article, based on the policies and aims of China's participation in international space cooperation, makes suggestions in perspectives of coping with related export control regimes.

Key Words: China; International space cooperation; Export control regimes; Countermeasures

论外空活动损害赔偿的法律机制

陈　露* 蔡高强

摘　要：任何法律制度都包含违背其规定义务的责任制度，为保障受损害一方能有效追偿，法律确立了损害赔偿制度。根据国内民法规定，存在损害事实且该事实与损害结果存在因果关系时，承担损害赔偿责任；国际法上确立的国际责任制度则提出，不论是国际不法行为还是国际法上不加禁止的行为，皆应通过恢复原状、赔偿或补偿等方式来承担损害赔偿国际责任；空间法上的损害赔偿责任主要见于《外空条约》的原则性规定和《责任公约》具体规定。现有的外空活动损害赔偿制度存在着条约规定分散、术语定义模糊、缺少对外空活动私营化立法、条约间选择适用不明确等不足。因此，完善外空活动损害赔偿机制，应从统一外空条约方面入手，通过定期修订外空立法，进一步明晰对损害、发射国、空间物体的定义，增加外空活动私营化的立法规定，使得损害赔偿条约间的选择适用更加明确。

关键词：外间活动；损害赔偿；国际责任

在人类探索外层空间的初期，整个外空活动蒙着浓厚的政治、军事色彩，外层空间成为大国争夺世界霸主地位的较量场。随着冷战的结束，国际局势趋向缓和，外空活动从最初的政治目的开始注重商业开发，民营企业对外层空间开发和利用表现出前所未有的兴趣。随着卫星通信、遥感等航天技术进一步发展，商业化和私营化渗透到空间活动的各个领域，既助力外空探索却也带来更多发生损害赔偿的可能，亟待通过法律机制进行规范。探究外空活动损害赔偿的法律制度显得日益重要。

---

* 陈露，湘潭大学法学院硕士研究生，主要从事国际空间法、国际经济法的研究。本文为作者在中国宇航学会·中国空间法学会2015年学术年会上荣获优秀论文一等奖的录用论文，系国家社科基金项目“基于太空竞争的航天贸易管控及法律规范研究”（16BGJ024）的阶段性研究成果。

一、外空活动损害赔偿法律责任机制的确立

随着各国探索外层空间活动的频繁，意外事故逐渐增加，空间损害赔偿责任问题引人注目。在人类发展的法治进程中，外空活动损害赔偿的法律机制主要源于三个基本制度：一般法律原则规定对本国公民或自然人造成损害的赔偿制度，国际法确立国际责任的损害赔偿制度，外空条约有关空间活动对自然人或法人的损害赔偿制度。

（一）损害赔偿制度在一般法律原则中的确立

在古老的社会，侵权法作为保障社会成员的财产和人身的法律，曾经被誉为“法律程序的原始形态”。公元前6世纪，民间发生侵权纠纷，通常以受害人及其血亲通过同态复仇的方式来解决，习惯法主要表现为私人复仇制度，其使命是解决部族成员之间的矛盾和冲突。随着社会进步，习惯法后期逐渐产生一种用损害赔偿代替同态复仇的方法。最初的损害赔偿是由双方协商确定数额，加害人向受害人支付若干匹马。这是侵权损害赔偿的初级阶段，奠定了侵权损害赔偿的基础，被称为自由赔偿时期。

成文法时期，法律规定明令禁止私人报复，赋予受害人及家属损害赔偿请求权，侵权损害赔偿在各国法典法规中出现。法律对最重要的侵权行为进行规定，并明确损害赔偿的金额和计算标准，譬如《亚奎利亚法》规定，“杀人四足家畜者，以该家畜最后一年内的最高价格为赔偿标准”①。罗马法时期，查士丁尼在法典中确立了人身伤害的金钱赔偿制度，将侵权行为依性质分为“私犯”和“准私犯”。

步入文明社会，侵权法得以进一步发展，成为民法体系中的独立分支，损害赔偿制度日渐法规化。1804年《法国民法典》承袭了罗马法体系，将侵权行为作为“非合意而生之债”，制定了普遍适用的侵权损害赔偿条文“任何行为使他人受损害时，因自己的过失而致使损害发生之人，对该他人负赔偿责任”②。1900年《德国民法典》关于侵权赔偿的规定更加细化，制定了更为概括的原则：“因故意或过失不法侵害他人的生命、身体、健康、自由、所有

---

① 《亚奎利亚法》于公元前286年制定，该条规定在法典第1章中。

② 条文引自1804年《法国民法典》第1382条。

权或其他权力者，负向他人赔偿因此所受损害的义务”①。这一条文对于整个侵权损害赔偿之债的关系具有划时代的重大意义。《法国民法典》和《德国民法典》中有关侵权损害赔偿的规定对其他国家的民事立法产生了重大影响，得到了大陆法系和英美法系国家的一致认可，侵权损害赔偿制度在国内一般法律原则中得以确立。

（二）损害赔偿制度在国际法中的建立

有关国家责任的实践，源于近代国际法形成之前国际法上的国家责任，亦称为国际责任。17 世纪以前的国际法，“处于一种游离状态，多与宗教、正义、道德等观念联系在一起”，这一时期的国际责任也处于一种游离状态②。17 世纪上半叶，欧洲大陆发生了“三十年战争”。为结束这场战争召开了威斯特伐利亚和会，并缔结了《蒙斯特条约》和《奥斯纳布吕克条约》，成为近代国际法体系的基础，标志着近代国际法的产生[1]。随着主权国家出现，国家间交往日益增多，外交关系逐步发展，确立了一些关于外交方面的国际法规则和违反这方面规则的责任的习惯做法。《威斯特伐利亚和约》确立了诉诸武力，成为国家间追责的方式；1794 年英美签订的《杰伊条约》，开创了以国际仲裁来追究国际责任的方法。与此同时，国际法的基本理论也开始涉及国际责任。17 世纪雨果·格老秀斯在其著作《战争与和平法》中就有关于国际责任的理论。19 世纪下半叶，美国学者弗朗西斯·沃顿在其《美国国际法要略》一书中将国家求偿单独列为一章。

第二次世界大战后，国际关系发生了根本变化。为维护来之不易的和平、惩罚违背国际义务的行为，人们迫切要求以法律准则来判断国际是非，以法律方式来追究违法者的法律责任。有关国家责任的法律规则在国际社会中逐渐确立。国家责任最初作为国家违反对外国人的生命及其财产等待遇方面的义务的后果，被理解为只涉及对外国侨民人身和财产保护的责任。

20 世纪 60 年代，随着国际形势的发展，国际法委员会开始扩大国家责任的范围。1962 年国际法委员会设立专门小组重新研究起草国家责任公约，集中讨论“国家所负国际责任的一般规则的定义”，并于 1963 年审议通过《关于国家责任的条文草案》。在编撰和审议国家责任时，国际法委员会也开始注

---

① 条文引自 1900 年《德国民法典》第 823 条。

② 由于国际法和国际责任都处于一种游离状态，因此这个时期很难说具有真正法律意义的国际责任。

意到国际组织的国际责任问题和国际法不加禁止行为造成损害的国际责任问题[①]。1978年，国际法委员会将这一议题列入议程，开始着手准备“因国际法所不禁止的行为造成损害后果的国际责任公约草案”。历经多次修改，国际法委员会在1999年会议上通过了《关于国际法所不禁止的行为造成损害后果的国际责任公约草案》。国际法委员会起草的《关于国家责任的条文草案》和《关于国际法所不禁止的行为造成损害后果的国际责任公约草案》，是对国际责任制度发展过程的完整总结，标志着损害赔偿国际责任制度的正式确立。

（三）损害赔偿制度在外空条约中的发展

1957年，世界上第一颗人造地球卫星成功发射，开启了人类利用和探索外层空间的历史。半个多世纪来，人类的外空活动愈来愈广泛，外层空间超越了各国主权管辖范围，制定专门的外空法来规制空间活动十分必要。于是，联合国在1958年提出设立“和平利用外层空间特设委员会”。随着委员会扮演角色的日益重要，1959年联合国大会将特设委员会改为常设委员会，称其为“和平利用外层空间委员会”（简称外空委）。外空委起草并制定了一系列调整外空活动的国际条约，奠定了外空法的基本体系。

1962年，美国在第一次联合国外空委会议上提出解决外空赔偿责任问题的草案。各国对外空损害赔偿问题开始重视，促成了1967年《关于各国探索和利用包括月球和其他天体在内外层空间活动的原则条约》（简称《外空条约》）的出台。该条约从宏观上对参与外空活动的主体、损害赔偿原则进行规定，被认为是国际外空法的基石、外空活动的“准宪法”。但《外空条约》对损害赔偿的具体规则、赔偿标准及相关责任机制等未作规定，仍亟待新的条约来解决，因而推动了《空间物体造成损害的赔偿责任公约》的形成。1967年联合国大会要求外空委制定草案，在多番讨论之后于1972年批准生效的《责任公约》，不仅明确了联合国框架下空间物体损害赔偿的主体、范围、内容，也对赔偿方式等进行了规范，规定了赔偿损失的具体程序，标志着联合国框架下的空间物体损害赔偿责任制度基本确立。

---

① 《1973年国际法委员会年鉴》第2卷中涉及国际组织的国际责任问题，《1975年国际法委员会年鉴》第2卷中涉及国际法不加禁止行为造成损害的国际责任问题。

二、外空活动损害赔偿法律责任的主要机制

经过长期的历史演进过程，损害赔偿机制得以产生和发展。目前，解决外空活动损害赔偿责任的法律机制主要是以下三种：一般法律原则的赔偿机制、国际法上的国际责任机制和外空条约确立的损害赔偿机制。

（一）一般法律原则中的赔偿机制

在中国，损害赔偿在一般法律原则的规定主要体现在我国 1986 年《民法通则》和 2009 年《侵权责任法》之中，侵权行为引发损害赔偿法律关系，完整的侵权行为包含损害事实、因果关系。

在民法中，损害事实是行为致使公共的或公民的财产、非财产的减少或损失的客观事实，损害包含主体权利的侵害和利益的损害，行为造成主体的权利损害即可构成侵权行为，确定利益受到损害则成立侵权责任及赔偿范围。实际损害引起赔偿责任产生。换言之，如果仅有违法行为而无损害结果，那么侵权损害赔偿责任无从谈起。当行为产生损害结果时，行为人应当承担侵权损害赔偿责任。违法行为作为承担赔偿责任的基本形态，并不局限于此，各国有关于非因违法行为而造成损害，或是合法行为造成损害的赔偿[2]。行为作用于权利主体的财产权利或人身权利，造成财产利益以及人格利益和身份利益的损害，侵权责任成立。

按照一般法律原则，损害归因于侵权者，归责的形式和手段是赔偿，一般侵权行为由加害人作为赔偿责任主体，特殊侵权行为由替代责任的责任人作为赔偿责任主体[3]，譬如“国家机关工作人员执行职务致人损害，由国家机关承担赔偿责任”。在补充责任的法律关系中，对他人负有约定或法定安全保护义务的人，若未尽到安全保护义务致损的，应当作为赔偿责任主体承担补充的赔偿责任。侵权行为主要对人身损害、财产损害和精神损害进行赔偿，赔偿责任的大小依据实际损害的范围来确定。人身损害包括轻伤害、重伤害和轻微伤害、致人死亡以及对身体权的损害。人身权的损害，以主观计算为标准，客观计算为例外，将财产赔偿作为唯一的方法。对于“侵害他人人身权益，造成他人严重精神损害的，被侵权人可以请求精神损害赔偿”。精神损害是公民因侵权行为而引起他人的精神痛苦和精神利益的丧失或减损。为了救济遭受侵害的精神性人格权和身份权，既要赔偿精神利益的损害，也要赔偿精神痛苦的损害。财产损害的赔偿“应按照损失发生时的市场价格或其他

方式来计算”，以赔偿财产价值减少和可得财产利益的丧失[4]。对财产损害的赔偿以所造成的损失为限，“损失多少，赔偿多少”，既赔偿直接损失，也赔偿间接损失。但是，赔偿范围并不按过错程度、行为的损害程度确定，损害赔偿的责任作为财产责任是精确的。

（二）国际法中的国际责任机制

勒泰提出，“任何违反国际义务的行为，都包含有损害”[5]。国际法上的损害是一个广义范畴，不仅包括国家和私人受到的物质损害，也包括精神损害。不论是国际不法行为还是国际法不加禁止行为，损害是肯定的，损害的存在是前提，无损害即无责任[6]。损害是国际责任产生不可或缺的因素，损害一方面是违背国际义务的必然结果，另一方面是产生国际责任的前提条件。国际责任是“国家对其国际不法行为所承担的责任”[7]或“一国对其国际不法行为的责任”，是国家作为责任主体所应承担的一种法律后果，包括违背国际义务的行为和国际法不加禁止的行为。行为违背国际义务既包括对条约、国际习惯或一般法律原则的违背，也包括对国家单方面产生的国际义务的违背。具体情形下国家的作为或不作为均可能产生违背其国际义务的行为。随着科技发展，国家按其意愿在领土内从事国际法不加禁止的行为时，如果造成跨国损害则构成滥用权利，也属于违背国际习惯法确定的义务的行为，应当承担国际赔偿责任。

国际赔偿责任的承担主体为国家，代表国家行事，其违法行为的法律后果依国际法归属于国家的行为，均由国家承担赔偿责任。国家行为是一国国家机关的行为。任一国家机关，在行使职能时都属于该国的国家行为，但是以私人名义行使权力的政府官员的行为并不视为国家行为，以官方名义滥用权力的行为视为国家行为。当个人或实体与国家间存在某种明确的事实关系而施行某种行为时，该行为也应当归因于国家。《国家责任条款草案》规定：“责任国有义务在该行为持续时停止该行为”，“责任国有义务对国际不法行为所造成的损害提供充分赔偿”。“赔偿”的具体形式包括恢复原状、补偿和抵偿，“赔偿必须尽可能消除非法行为所造成的一切后果和重建该行为未发生时可能存在的形势。恢复原状如果不可能，就给予相当于恢复原状的赔款，当赔款仍不足以弥补损失时，则判以损害赔偿。这就是借以确定违反国际法的行为所应给予赔偿的数目的原则”[8]。为了达到“充分赔偿”，受害国可以合并地采取以上三种方式。

（三）外空条约中的损害赔偿机制

鉴于外空活动的新发展，国内和国际关于损害赔偿的规定已远不能满足现有的需求。《外空条约》、《责任公约》应运而生，成为针对空间活动损害产生国际责任的专门国际法文件。《外空条约》被外空法学者认为是“外空宪章”，其要求各国在外空活动时为所有国家谋福利和利益，不得以主权要求、使用或占领及其他任何方式，将外层空间据为己有。《外空条约》第 6 条和第 7 条规定：损害责任“由该国际组织及参加该国际组织的本条约缔约国共同承担”；“凡进行发射或促成把实体射入外层空间的缔约国，及为发射实体提供领土或设备的缔约国……应负国际上的责任”。这些规定皆具有原则性，而具体条款则在《责任公约》中得以细化。

《责任公约》首先对损害进行定义，是“生命丧失、身体受伤或健康的其他损害；国家、自然人、法人的财产或国际政府间组织的财产的损失或损害”。此类损害是由空间物体给他国造成的，是一种毫无预兆造成的损害，因此不适用于发射国本国民受到的损害，以及在空间物体发射至降落任何阶段内参与操作的知情的国民受到的损害[9]。损害发生由发射国承担责任。此处的发射国包括“发射或促使发射空间物体的国家”、“从其领土或设施发射空间物体的国家”，即除亲自发射空间物体的国家之外，任何在本国领土为其他国家发射空间实体的也是发射国；或者虽未提供发射场地，但提供了设备的也是发射国。《责任公约》第 22 条规定：“如果任何从事空间活动的政府间国际组织声明接受本公约所规定的权利和义务……完全适用于该组织”。因此，承担损害责任的主体除发射国外还包括国际组织，譬如欧洲空间局、亚太空间合作组织等。

损害主体的确定，为受害国求偿指明方向。《责任公约》为受害国的求偿规定了三项应当遵循的损害赔偿的归责原则：“空间物体在地球表面或给飞行中的飞机造成损害的，承担绝对责任”，即绝对责任原则，不论是一个空间物体直接造成损害，还是空间物体之间相互作用而间接造成他国的损害[10]均是如此；“空间物体在地球表面以外的其他地方造成损害的，只有损害是因前者的过失或其负责人员的过失而造成的条件下，该国才对损害负有责任”，即过失责任原则，换言之，当损害发生在外层空间，加害者和受害者都是空间物体且存在过错时适用“过失责任”[11]；“当两个或两个以上的国家共同发射空间物体时，对所造成的任何损害应共同及单独承担责任……从其领土或设施上发射空间物体的国家，应视为参加共同发射的国家”，即连带责任原则，也就是说，当一个空间物体有多个发射国时，众多发射国共同对外承担损害赔偿的连带责任。

依据《责任公约》，受害国可以通过以下途径提出损害赔偿要求。《责任公约》第8条规定，受害国可以直接向发射国提出赔偿要求，多国发射时，受害人只能向一个发射国提出请求。第9条规定，有关国家代表受害人通过外交途径向发射国提出赔偿要求，有权代表受害人提出要求的国家包括受害人的原籍国、所在地国以及永久居民的居住国[12]；若求偿国与发射国无外交关系，也可以通过联合国秘书长提出要求，前提是该求偿国与发射国均为联合国会员国。赔偿损害的要求，必须在损害发生之日起或判明应负责的发射国之日起一年内提出。赔偿数额的确定，应遵循公平合理的原则，依据《责任公约》第12条“发射国根据本公约负责偿付的损害赔偿额……能保证提出赔偿要求的自然人或法人、国家把损害恢复到未发生前的原有状态”。

三、外空活动损害赔偿法律责任机制存在的缺陷

现有的空间活动损害赔偿法律责任机制，实现了国内外对空间活动损害赔偿保护零的突破，初步解决了无法可依的局面。但是，在高新科技飞速发展的新形势下，外空活动损害赔偿法律责任机制仍然存在缺陷。

（一）条约规定分散，术语定义模糊

目前，关于外空活动损害赔偿的规定相对分散，其多在不同的条约和原则性的决议之中。《外空条约》规定外空活动损害赔偿的一般性原则，具体实际操作中仅能流于形式。关于营救、责任、主体、国际合作等规定，散落在《责任公约》、《营救协定》等其他公约之中。另外，外空活动相关条约涵盖范围不广，仍存在立法空白的现象。譬如，对于空间碎片的定位、定性及责任问题，现有的国际公约并未作出明确的界定，国际上也没有就空间碎片达成一个各国可接受的意见，仍然存在许多分歧。不仅如此，对相关术语的规定，更显缺失。

首先，《责任公约》规定“损害指生命丧失、身体受伤或健康的其他损害，自然人、国家、法人的财产受损害”，未将空间环境污染损害包括在内，这与现行的国家实践和国际空间法的发展是不一致的[13]。环境损害应当包括以环境为媒介造成的损害和对环境本身的损害[14]，虽然国际惯例显示各国接受对环境损害承担责任的一般原则，但这一原则的确切内容和界

限仍有许多不确定的地方。《责任公约》对环境损害的国际赔偿责任的法律依据和形式均未作规定，在《外空条约》规制下难以寻求保护，只能依靠国内机制救济。

其次，《责任公约》关于“间接损害是否需要赔偿”没有明确规定，各国的立场也非常不一致。美国曾试图对直接损害和间接损害进行区分，并提出“应当只对直接损害负责”。另一些国家则认为，并不需要区分两者，应当根据每一具体案件做出判断，因此在实践中对一些间接的隐晦损害，如何依据《责任公约》进行求偿，有待法律进一步完善。另外，《责任公约》也没有具体规定精神损害。实践中若一空间物体失事坠落，使得不远处某人遭受惊吓但并未直接受到打击，该人能否要求精神损失赔偿呢？

再次，《责任公约》对发射国的界定模糊不清。现有定义不能很好地回答空间活动商业化和私有化过程中出现的新问题。商业化是外层空间未来发展趋势，因此澄清发射国的概念迫在眉睫。另外，发射国不确定，求偿就无从谈起。诸如公海发射时发射国的确定、促使发射国的确定等问题，使得对发射国定义的重新考察连续多年成为外空委的重要课题①。

最后，《责任公约》仅仅规定了“空间物体”包括空间物体的组成部分、物体的运载工具及其部件，将自然界的物体排除在外。这一定义显然不能满足建立国际空间站的需要。有些学者认为，“空间物体应当是为外层空间活动而设计的物体”[15]，但这也未能从根本上解决诸如空间碎片、国家用来建造空间站的零部件、航天员携带进入外空的物体等是否属于空间物体等问题。用语模糊不清，在实践中使得《责任公约》适用不便。

（二）条约规定滞后，缺少对外空活动私营化的规制

外空活动商业化趋势增强，越来越多的私营实体开始涉足空间活动，主要集中在卫星通信、广播、遥感、教育、气象以及空间旅游、商业发射等领域[16]。私人实体参与到空间活动中去，直接为客户提供相应的服务，使得空间探索的目的转变为追求利益的最大化[17]。私营实体参与外空活动带来一个问题：在现有的机制下，各国是否需要为国内私营实体的空间活动负责呢[18]？依照《责任公约》，私营实体并不是该公约的合格主体。这一规定在起草公约时是合理的，因为当时在探索外空活动时私营实体鲜有涉足，但如今情况已

① 出自 Report of legal Subcommittee on its forty - frist session，held in Vienna from 2 to 12 April 2002，A/AC. 105/787。

然发生改变。若发射空间物体造成损害，承担损害赔偿责任的一定是国家。国际移动卫星组织观察员就曾明确指出，“鉴于私人大量介入空间活动，因此《责任公约》规定的国家赔偿责任制度正逐渐变得不适宜”。伴随越来越多的私营实体参与到空间活动中，要求国家在一切情况下都承担损害赔偿责任似乎不公平。此外，当空间物体被出售、租借给非发射国的私营实体时，《责任公约》并未涉及该私有实体的个别责任[19]，在这种情况下仍要原籍国承担责任也是不公平的。

（三）条约的选择适用不明确

国际法上确立的国际责任制度，是外空活动立法、法律执行以及损害赔偿的基础，是《联合国宪章》的具体化，具有极强的原则性，可以适用于所有的活动领域，是一般法；而外空条约的损害赔偿规定是适用于特定领域的特别法，操作性较强。国内一般法律是国内法系普遍承认的原则，存在于几乎所有国家的国内法中，并且是国内法中比较成熟的原则[20]，可作为外空条约的补充。但是，在实践中，国际法院却很少使用一般法律，仅仅在涉及私人利益的问题上才会对一般法律中的概念进行引证。针对国际责任制度与外空条约，虽然“特别法优于一般法”是法律适用中的一条重要规则，但这一原则是有限制的：一项国际规则是一般还是特殊，与主题事项有关，也与受其约束的当事方的数量有关。一般法离不开特别法，特别法也不能推翻《维也纳条约》规定的“后法原则”，即“在特定情况下，先产生的规则是特别法这一事实，不妨碍后产生的一般法的优先适用”。在外空领域中，真正缔结空间活动条约的国家并不全面，特别法的普遍性和有效性并不乐观[21]，《外空条约》、《责任公约》、《月球协定》以及一般法律原则的适用仍需要明确的法律规定。

四、外空活动损害赔偿法律责任机制的完善

随着航天技术的发展和政治环境的变化，针对外空活动损害赔偿机制的现状及存在的问题，完善该法律责任机制势在必行。当前应主要做好三方面工作：首先，从法律规定上对相关术语概念进行明晰界定；其次，从法律适用上明确法律的选择顺序；最后，修订空间条约中的落后规定，对空白处进行立法。

（一）完善法律体系

1. 统一外空条约

“空间活动的日益发展迫切要求制定统一的空间法条约”。虽然外空条约存在的缺陷可以由各国通过国内法来弥补，但由于各国立法不同以及国家利益趋向会导致国内立法也大不相同。制定统一的外空条约，完善损害赔偿法律机制势在必行。在联合国和平利用外层空间委员会法律小组委员会第 44 届会议上，一些代表团（包括中国在内）就曾提出，“外空活动的法律框架仍需要修订和进一步发展，普遍和全面的外层空间条约草案虽然目前还没有国家或国际组织提出，但在未来，联合国必然会对统一的外层空间条约作出专门规定”。

2. 明确相关术语的范围

第一，确立损害赔偿的范围。

《责任公约》中对于“损害”的定义有待明确。首先，应增加间接损害的规定。间接损害指的是以外空活动为直接原因而产生的结果，由此结果所派生的损害。有学者分析认为，定义间接损害的关键在于对“导致”一词的理解，1978 年卫星坠毁事件中的清理费用就可以被视为是对间接损害的赔偿[22]。实际上，外空条约没有将间接损害完全排除在救济之外，其在计算赔偿数额时提出“应当按国际法公正合理的原则来确定，以便对损害所作的赔偿能保证把损害恢复到未发生前的原有状态[23]”。换言之，无论是直接损害还是间接损害，都应当“恢复到未发生前的原有状态”。无论如何，如果损害与某事件存在因果联系，那么就可以确定责任承担问题；只是为了防止某些国家利用法律漏洞来逃避所应当承担的国际责任，应在条约中明确规定间接损害。

其次，应增加对环境损害的规定。环境损害应当不限于对人造成的财产或人身损害，还应当包括对自然环境造成的重大不利影响和其他非经济损失。《责任公约》中对于“损害”的界定不包括环境损害，对此缔约国不承担责任，除非该损害在相关缔约国管辖权范围之内[24]，公约也没有具体规定环境损害赔偿的标准[25]，这一缺陷在实践案例中带来了不便。在 1978 年苏联与加拿大的“宇宙 954 号案”中，苏联的核动力卫星坠入加拿大境内，既未造成人员伤亡，也未对财产造成具体损害，但是其放射性碎片污染了加拿大的领土。当时加拿大的诉求支撑并未直接提起环境损害赔偿，而是提出依据国际法一般原则，“对财产的损害赔偿应包括清理碎片的成本和预防坠落的碎片对国家领土和领土上居住者所可能带来的潜在的损害”[26]。实质上，环境损害赔偿责任也是国际责任的一种，因此可将环境损害违背的义务纳入基本的习惯法规则。如此规定，国家便不是因为对损害后果承担责任，而是对国际不法行为承担责任，更能在诉讼中便于归责。

第二，规定空间物体的范围。

《责任公约》一个显而易见的缺点就是其缺乏针对在空间环境中或者天体上发生的空间活动造成损害的条文[27]。增加这一内容方能使《责任公约》涵盖在外层空间可能发生的责任，未来的方向之一就是对“空间物体”概念进行详尽的解释。对于空间物体的定义，各国学者提出了诸多的批评意见。一方面对空间碎片的地位作出规定，以便解决原发射国对原空间物体产生的空间碎片造成损害是否负责的问题；另一方面，应规定发射国事先同意登记国依据公约将整个组合物作为一个新的空间物体登记[28]，这样国际空间站的建设问题就迎刃而解。再者，可以通过穷尽式列举的方式来定义空间物体，并在外空活动发展的同时及时更新立法，以保障基本定义和实践日趋同步。当然，如果未来空间活动出现了不能识别造成损害的物体时，还可以在公约中规定索赔的指导性原则，以方便确认或直接采取实用的方式进行赔偿[29]。

第三，明晰发射国的范围。

对发射国作出合适的定义，对认定《外空条约》和《责任公约》下国家行为的国际责任至关重要。首先，要准确定义“促使发射国”。《责任公约》规定“发射国既可以指发射或促使发射空间物体的国家，也可以指从其领土或设施发射空间物体的国家”，但却并未规定何为“促使发射”。《责任公约》及《登记公约》的中英俄文三种标准文本中对此也并不统一。中文的“促使”通常是指“推动使达到一定的目的”，英文中“procure”通常指某个国家为发射行为支付成本并获得某种利益，俄文中“организуем”通常指国家对“发射”活动进行管理。“促使发射国”在学界也难有统一的定义。但我们应该意识到，促使发射国本身就是发射国，只是外空发射程序的繁杂和参与主体过多才使得促使发射国的确定成为难题。有学者认为，促使发射国应当在发射卫星时积极介入或至少促进某一特殊空间物体的发射。那么，何为“积极介入”呢？学界多数学者认为，积极介入要求促使发射国积极地且有实质性地参与发射活动。学者迈特亦提出，“只要介入、参与了某一发射活动即是促使”。因此，要界定“促使发射国”，就必须对“积极介入”或是“积极地且有实质性地参与”作出明确定义，否则“发射国”定义问题仍不能从根本上解决。

其次，确定公海发射主体。当从公海上而不是任何国家领土发射人造卫星时，责任的确定成为难题[30]。著名的“海射公司”案件，就显示出了相关的公海发射时主体如何确定的法律问题。海射公司全名为“海上发射公司”，其从成立以来进行了多次发射，主要都是在公海上发射，并悬挂利比里亚国旗。依据国际空间法相关规定，在所发射的空间物体造成一定损害的情况下，利比里亚作为发射国或促使发射国要承担相应的国际责任。但是，大多数悬挂利比里亚国旗的航空器与该国并无实质联系，要利比里亚承担相应责任变得不现实。因此，有必要在公约中就此问题增加条款，或许我们可以要求实质发射国或者促使发射国对在公海上发射造成的损害承担赔偿责任。

最后，私有实体介入时发射国的确定。私有实体包括国际组织、跨国公司与个人，这些私有实体不断介入卫星发射活动。就国际组织而言，其适用公约并无太大问题，而当其他私有实体介入时，情况就不同了。国家并不一定清楚了解这些实体的运营情况，也不可能对其有实质的控制。因此，当私有实体的发射活动造成损害时，国际责任应如何确定呢？依据现有制度，如一些国家国内法所规定，国家应维持本国对空间物体的登记制度，而不论其是由政府还是私有实体发射或购买的。换言之，我们也可以要求有关国家通过国家立法及行政程序来批准并持续监督本国国民在外层空间的活动。

3. 制定外空活动私营化的立法

私营实体参与空间活动并从中获得利益的，也应当要求其承担相应的国际责任，至少应当为因其发射活动而对第三方国家造成的损害负责[31]。在国际合作日益加强的背景下，建立相应的国内责任机制对外空活动进行协调和控制显得尤为重要。毫无疑问，国际条约应当作为国内立法的起点，这些条约的原则和规则提供基础和有利的指引。各国无疑有义务贯彻实施上述规则，将国际责任问题在国内立法中进行扩展，不再仅仅是国际条约的转化形式，而应当详细阐述如何通过国内立法来规制私营化问题。另外，国际习惯法也是规制外空私营活动不可或缺的一部分。我们可以将国际习惯载入书面文件，以指导外空私营活动的进行。这样对于外空私营活动中的法律真空顾虑便可以稍微降低。同时，空间活动中呈现的商业化趋势下在轨卫星所有权转移的问题，也应当在签订相关的转让协议时对国际责任的问题进行约定，并将卫星转让的相关情况通知给联合国秘书长。如果私营实体对此没有进行相关的约定，则应当由相关国家和私营实体承担连带赔偿责任，并在对受害国赔偿后依据过错来分担责任。

（二）明确条约的选择适用

外空法的执行基本依赖于缔约国的政治意愿，欠缺有效的执行机制，《外空条约》及《责任公约》未提及设立公约执行机构或者程序，表明国家希望在有关领域的法律适用上保留自主权。因此，应密切注意该原则下可能会出现少数国家通过创制特别法来改变一般国际法的危险[32]。从现行外空损害赔偿制度来看，国际法确立的国际责任制度应当是承担损害赔偿责任的首要前提，空间条约主要是针对整个天体在内的原则性规定，一方面细化了国际责任制度中的规定，另一方面有针对性地提出空间活动的赔偿责任。外空领域存在着的国际软法，在各国对外空活动行为规范的增量需求方面发挥了一定作用，弥补了外空条约的不足。对此，应全面研究理想的外空法所应有的体系和内容，将一般法律原则、决议、宣言或行为准则视为国际软法和非正式机制，在一定程度上抑制各国随意自主选择法律的困境。

（三）定期修订立法

国际外空法在规制外空活动方面占据重要地位。在多数国家还没有进行国内外空立法的时期，这些条约是人们可以引据的仅有的成文法渊源。随着外空活动经历着巨大变化以及外层空间商业化进程正在进行，在国际层面现有的外空法已不足以处理所有的新问题，空间碎片污染、外空旅游等所产生的损害赔偿法律问题亟待解决，重新审视公约并完善公约势在必行。定期对航天技术进步所带来的法律问题进行研究和讨论，及时更新外空活动立法，补充和完善其中富有争议和规定不明的条款。如《责任公约》缺乏对在空间环境中或者天体上遭受损害的条文[33]，增加此类条款能使《责任公约》名副其实，不仅涵盖外空活动中所发生的责任，而且使追究责任的赔偿机制和免责机制也得以完善。

参考文献

[1] 李寿平．现代国际责任法律制度［M］．武汉：武汉大学出版社，2003.

[2] 后藤孝典．现代损害赔偿论［M］．日本评论社，1984.

[3] 杨立新．侵权责任法［M］．上海：复旦大学出版社，2010.

[4] 王胜明．中华人民共和国侵权责任法解读［M］．北京：中国法制出版社，2010.

[5] 朱文玉．国家在保护外层空间领域的国际责任［J］．学术交流，2003（10）.

[6] 姜茹娇．国际私法中损害赔偿法律适用问题研究［M］．北京：中国政法大学，2006.

[7] 斯塔克．国际法导论［M］．北京：法律出版社，1984.

[8] Chorzow Factuory Case. Series A［M］．1928.

[9] 赵云．外空商业化和外空法的新发展［M］．北京：知识产权出版社，2008.

[10] Natalie Bormann，Michael Sheehan. Securing outer space：international relations theory and the politics of space. Routledge，2012.

[11] 周忠海．国际法［M］．北京：中国政法大学出版社，2004.

[12] 赵云．外空商业化和外空法的新发展［M］．北京：知识产权出版社，2008.

[13] 李寿平．空间碎片造成空间环境污染的国际责任［J］．河北法学，2006（12）.

[14] 阙占文．跨界环境损害责任导论［M］．北京．知识产权出版社，2010.

[15] N Jasentuliyana，R Lee. Manual on Space Law［M］．1981.

[16] 杨俭波．太空旅游的法律原则和制度设计［J］．郑州航空工业管理学院学报（社会科学版），2008（1）.

[17] Julian Hermida. Legal basis for a national space legislation［M］．Kluwer Academic，2004.

[18] 赵云．试论外空《责任公约》及其完善［J］．北京航空航天大学学报（社会科学版），2008（3）.

[19] P B Larsen. Future protocol on security interests in space assets［J］．Journal of Air Law & Commerce，2012（67）.

[20] Mann F. Reflection on a Commercial Law of Nations. BYIL. See his criticism of the Award in the Diverted Cargoed Arbitration between Greece and the UK［M］．1957. 41.

[21] 夏春利．外空国际法治：现状与前景［J］．北京航空航天大学学报（社会科学版），2014（1）.

[22] P Haanappel. Some observation on the crash of the cosmos 954［J］．Journal of Space Law，1978（6）.

[23] 李寿平．试论联合国框架下空间物体造成损害的赔偿责任法律制度［J］．时代法学，2009（2）.

[24] 汪劲．环境法学［M］．北京：北京大学出版社，2006.

[25] Carl Q Christol. International Liability for Damage Caused by Space Objects［J］. American Journal of International Law，1980（74）.

[26] 王峰．浅析外空活动中的国际损害责任［J］．中南财经政法大学研究生学报，2007（1）.

[27] Reis. Some Reflections on the Liability Convention for Outer Space［J］．Journal of Space Law，1978（6）.

[28] A Gorbiel. Large Space Structure：The Need for a Special Treaty Regulation，Proceedings of the 26th Colloquium on the Law of Outer Space［M］．1984.

[29] L R Roberts. Orbital Debris：Another Pollution Problem for the International Legal Community［J］．Florida Journal of International Law，1997（11）.

[30] A Kerrest. Launching spacecraft from the sea and outer space treaty［M］．1998.

[31] 高真茹．试论空间活动商业化的法制建设 [J]．民营科技，2007（3）.
[32] 王秀梅．国际法体系化机制及其进路 [J]．政法论丛，2007（11）.
[33] 杨彩霞．外层空间环境保护的国家立法研究 [J]．兰州学刊，2011（4）.

The Damage Compensation Legal Mechanism for Space Activities

CHEN Lu and CAI Gaoqiang

(Faculty of Law, Xiangtan University, Xiangtan Hunan 411105, China)

Abstract: Any legal system contains breach of its obligations under the responsibility system, so as to ensure that one party can effectively obtain indemnity, and thus as a result, the law has established the system of damage compensation. The domestic civil law stipulates that when certain fact has causal relationship with the harmful consequences, compensation liabilities arise. The international law establishes an international responsibility regime, whether with international wrongful acts or non-forbidden acts under the international law, and international liability shall be born by means of restitution, reparation or compensation for the damages involved. In outer space law, the damage compensation system mainly exists in some treaties, including the principle rules of Outer Space Treaty and the specific provisions of the Liability Convention. There are issues such as vaguely defined terminologies, lack of legislation governing private activities, unclear choices among various treaties, etc. As a result, completing the damage compensation mechanism for outer space activities should start from unifying the outer space treaties, followed by regular revisions on the outer space legislation, with a further clear definition on concepts such as damages, launching states, space objects. It is also advisable to increase legislation on the privatization of outer space activities, so as to makes the selection of applicable treaties on damages even more clear.

Key Words: Outer space activities; Damage compensation; International responsibility

浅议外空软法及其实践

聂晶晶*

摘　要： 近年来，国际软法在外空活动规制中逐渐占有重要地位。文章试图从软法兴起的根源、软法实施的现状以及软法发展的前景等三方面探讨外空活动中软法规则的价值。首先，软法的兴起，来自于现有国际条约和国际习惯等硬法的缺失和无力，在飞速发展的外空活动中留有诸多法律空白。其次，软法相对硬法而言，在实施上具有一定的优越性，主要体现在效率和接受程度等方面。从国际空间法的实践来看，遥感规则、空间碎片减缓机制等规则体系的建立，显示出软法机制对外空法律发展的促进。最后，文章将探讨外空软法发展的前景，即软法、硬法并行状态下多元化的规制体系，并简要分析软法规制的限制。

关键词： 空间法；软法；约束力；实施

软法（soft law），亦称“不具约束力的规范”（non－binding norms）[①]，是指在形式上不具备法律约束力，但具有实际效力的规则。对于软法概念的经典描述来自于法国学者 Francis Snyder“原则上没有法律约束力但有实际效力的行为规则”[②]。形式上，它不是有约束力的法律文件，也未必符合习惯法

---

* 聂晶晶，中国民航大学法学院讲师，中国民航大学航空法律与政策研究中心助理研究员，中国政法大学国际法学院博士生，荷兰莱顿大学航空航天法研究所法学硕士。主要研究方向为国际空间法、国际航空法。本文为作者在中国宇航学会·中国空间法学会 2015 年学术年会上荣获优秀论文一等奖的录用论文核心内容，收录本刊时略有修改和删节。

① 关于 soft law 是否应当被作为一种法律规范以及是否应当被译作“软法”一直存在争议。反对者因软法不具备强制约束力的属性，不赞成将其纳入法律规范，愿意称其为“不具约束力的规范”(non－binding norms)。而“软法”概念的部分拥护者认为将其译为“柔法”更为贴切。参见杨海坤、张开俊：《软法国内化的演变及其存在的问题——对“软法亦法”观点的商榷》，载于《法制社会与发展》，2012 年第 6 期，第 112－113 页。

② 罗豪才等：《软法与公共治理》，北京大学出版社（2006 年），第 88 页。

的构成要件，大多采用模糊的、建议性的语词，或者在不具有约束力的规范文件中表达严格的权利义务要求。而事实上，虽然缺乏实施力的保障，但是它能获得广泛的尊重，国家通过某些形式表达遵守该规则的意愿，或者该规则在事实上得到了遵守。国际软法的表现形式多样，包括决议、宣言、指南、行为准则、技术标准等，广泛存在于国际环境、经济、人权、运输等领域，近二十余年来也在国际空间法的发展历程中发挥了不可忽视的作用。

一、外空软法兴起的根源

在外空法律体系中，有学者将1967年《外空条约》签订之前称为“前条约时代”，而将1979年《月球协定》签订后至今称为“后条约时代”。与国际商法、国际人权法、国际环境法等领域相似，国际空间法领域的软法兴起并非偶然，而是国际社会背景造就的必然。有学者将其根源总结为三方面：第一，新生事物的国际影响为国际软法的出现造就了条件；第二，传统国际法的渊源与形成为国际软法的产生留下了余地；第三，国际社会的组织化为国际软法的形成奠定了基础①。在国际空间法中，抛开其余两个显而易见的因素暂且不论，国际条约和国际习惯等硬法在调整飞速发展的外空活动中面临的缺失和无力是外空软法兴起的重要原因。

硬法（hard law）是在国际法上对国家有强制约束力的、属于国际法正式渊源的法律规范。根据《国际法院规约》的描述，人们通常将硬法的种类限定为国际条约、国际习惯与一般法律原则②。然而，一个时期以来，无论是国际条约，还是国际习惯（在国际空间法领域尚未形成公认的一般法律原则），都遭遇了难以对外空活动进行有效调整的困境。

（一）国际条约的困境

在外空活动中最常被提及的是联合国五项外层空间公约：1967年《外空条约》、1969年《营救协定》、1972年《责任公约》、1975年《登记公约》和1979年《月球协定》。这些公约对外空活动的基本原则和主要问题做出规定，在外空法律体系中具有一般法的地位。此外，尚有十余项与外空活动相关、

① 何志鹏，孙璐：《国际软法何以和能：一个以环境为视角的展开》，载于《当代法学》，2012年第1期，第37-40页。

② 1945年《国际法院规约》第38条。

就某一具体事项做出规定的公约，例如《部分禁止核试验条约》、《国际电信联盟公约》，在外空法律体系中的地位相当于特别法。下表展示了各公约批准国、签字国的数量以及声明接受其义务约束的国际组织的情况①。

	United Nations treaties					Other agreements										
State, area or organization	(1) 1967 OST	(2) 1968 ARRA	(3) 1972 LIAB	(4) 1975 REG	(5) 1979 MOON	(6) 1963 NTB	(7) 1974 BRS	(8) 1971 ITSO	(9) 1971 INTR	(10) 1975 ESA	(11) 1976 ARB	(12) 1976 INTC	(13) 1976 IMSO	(14) 1982 EUTL	(15) 1983 EUM	(16) 1992 ITU
Total R (ratifieation, accettace, approval accession or succession)	**103**	**94**	**92**	**62**	**16**	**126**	**37**	**150**	**26**	**20**	**20**	**10**	**99**	**49**	**30**	**193**
Total S (signature)	**25**	**24**	**21**	**4**	**4**	**11**	**10**	**1**	**0**	**0**	**0**	**0**	**0**	**0**	**0**	**0**
Total D (declaration of acceptance of rights and obligations)	**0**	**2**	**3**	**3**	**0**	**0**	**0**	**0**	**0**	**0**	**0**	**0**	**0**	**0**	**0**	**0**

Note: When there is no entry in a row in which a State's name appears, that State has not signed the agreement referred to in that column heading or is not a party to it or has withdrawn from it.

a　Burundi has not yet filed an instrument of ratification, acceptance or approval in accordance with its declaration under article XIX and has not yet signed the operating agreement.

b　Canada has a cooperation agreement with the European Space Agency but is not a member of the Agency.

从上表可以看出，联合国五项外空条约在联合国外空委的不懈努力下，缔约国数量日增，暂且不论绝对数量多少，至少包含了绝大多数外空活动的参加国和利益相关国（《月球协定》除外）。右侧 11 项条约中，有 9 项为组织法公约，其中 6 项为区域性组织公约；剩余 2 项中，《部分禁止核试验条约》和《关于播送由人造卫星传播载有节目的信号的公约》，航天大国均有缺席②。此外，还有未被列入表中、尚未生效的《移动设备国际利益公约》之《空间资产议定书》，这是一套专门规制空间资产权利的公约。

据此分析可以得出，现行的与外空活动有关的国际公约大致分为三类：第一，具有一般法地位的联合国外空公约，绝大多数空间活动参加国受其约束，但条约大多涉及原则性的内容，用词比较模糊，为其适用留下了不确定性，且制定时间较早，对于当下许多新兴的外空活动无法有效适用；第二，作为国际组织或区域组织的组织法公约，无法直接调整具体的外空活动；第

① 来源：Status of International Agreements relating to activities in outer space as at 1 January 2015, Committee on the Peaceful Uses of Outer Space Legal Subcommittee, A/AC. 105/C. 2/2015/CRP. 8.

② 同上。

国家是否愿意将其作为法律义务而接受①。即便国际法院在“庇护案”②与“通行权案”③的判决中表明，国际习惯可以在有限的几个国家甚至于两个国家之间形成，即便时间因素可以被忽略、即便国家的“法律确信”可以被作为唯一的考量因素，然而“即时习惯”的有效性也不断遭受挑战和质疑④。

此外，缺乏权威机构的认定，也使国际习惯的形成难以普遍认同。实践中，国际习惯的认定通常依赖于裁判机构对某一具体争端的裁决。而在缺乏司法实践的空间法领域，只有学术论著或者非正式场合会宣称某项规则构成习惯法规则。联合国外空委设立的“联合国五项外层空间条约的现状和使用情况工作组”就将空间活动国际习惯法的形成作为工作组调查问卷的主要问题之一：“联合国五项外层空间公约中是否有任何规定可视为构成国际习惯法的一部分？如果有，有哪些？可否解释您的答复基于什么法律和（或）事实依据？”⑤在对于上述问题的答复中，一些成员国认为外空活动的基本原则应已形成国际习惯⑥。然而，这并未在外空委成员国，或者主要空间活动参加国之间达成一致认同，遑论这些国家对于其他原则和具体规则能否形成国际习惯达成一致意见。

综上，不论是国际条约还是国际习惯，在调整涌现出的新外空活动时都面临各自的困境。在国际条约和国际习惯都难以对外空活动进行有效调整的情况下，软法在外空法律体系中的作用逐渐突显出来。

---

① Bin Cheng, United Nations Resolutions on Outer Space: ‘Instant’ International Customary Law? In Studies in International Space Law, Clarendon Press (1997)，第125－149页。

② Asylum Case Colombia v Peru (1950)，ICJ Rep 1950，第266页。

③ Right of Passage Case India v. Portugal (1957) ICJ Rep 1961，第6页。

④ 例如 O. Schachter, International Law in Theory and Practice, Cambridge University (1992)，第88页。

⑤ 《联合国五项外层空间条约的现状和适用情况工作组主席的报告》之附录《联合国五项外层空间条约的现状和适用情况工作组主席提供的一组问题》，和平利用外层空间委员会法律小组委员会 A/AC. 105/C. 2/2015/TRE/L. 1。

⑥ 例如德国代表在问卷答复中表示：《外空条约》确立的外空活动一般原则应当被认为业已形成国际习惯，包括外空自由、不占有、遵循国际公法、国际责任和赔偿责任、对非政府外空活动的授权和监督，以及登记空间物体的义务。其理由为，几乎所有参与空间活动的国家都签署了《外空条约》，这些原则在数十年的外空活动中得到各国的一致遵守，并且尚无非缔约国不遵循这些原则的情况。见 Responses to the set of Questions provided by the Chair of the Working Group on the Status and Application of the Five United Nations Treaties on Outer Space, UNCOPUOS A/AC. 105/C. 2/2015/CRP. 11。

二、外空软法实施的现状

（一）软法的优越性

软法得以实施，依赖于人们遵守软法的意愿。软法的优越性亦与人们愿意遵守软法密不可分。有学者从协调机制理论、损失规避理论、委托理论和国际普通法理论等四个层面解释了国际软法为何受到青睐①。与上述硬法相比较，软法的优越性主要体现在以下两个方面。

第一，成本优势。尽管国际立法并不是一项经济活动，但对立法的“成本-效益”预判也是考量立法可行性的因素之一。因为国际立法活动不仅寻求文案本身的通过，更希望其得到缔约国的签署、批准，在合理时间内达到规定的批准国数量而生效，从而尽快、充分发挥其法律功能。现实中，受到各国批准程序的影响，一些耗费数十年终获通过的公约，因为批准国数量不足而迟迟无法生效；反之，软法制定的参与者通常对核心事项迅速达成共识，从而使其谈判历程缩短而能尽早付诸实施。

软法制定的典型是国际组织中的工作组模式。例如，联合国外空委设立若干工作小组，每个小组只有有限的成员。这些成员对某一特定问题进行深入研究，向成员国发放调查问卷、撰写报告，经过数次审议、修改直至相对成熟，并在此基础上形成相应的宣言、指南等，提交国际组织审查，通过后可在更大场合寻求表决通过。该模式同样存在于非政府组织，例如国际航空运输协会（IATA）。就联合国外空委设立的工作小组来看，通常运作周期在三至五年，即可形成具有软法效力的文件来建议、引导成员国去遵循。而条约制定则不然，以《移动设备国际利益公约》之《空间资产议定书》为例，其起草工作始于 20 世纪 90 年代，《公约》案文在 2001 年获得通过、2004 年生效，《议定书》的文案于 2014 年通过，待批准国达到规定数量时方可生效（至今尚未生效）。在这个例子中，一项条约从起草到生效要经过至少二十多年。如前所述，20 世纪 60、70 年代每 2～3 年出台一项外空法条约的历史条件已不复存在，如同《移动设备国际利益公约》之《空间资产议定书》的情形将成为常态。

又如，在前述有关 GNSS 的例子中，国际民航组织以大会决议的形式通

① 详见 Andrew T. Guzman，Timothy L. Meyer，International Soft Law，2 Journal of Legal Analysis 171 (2010)。

过《关于 GNSS 服务的国家权利和义务的宪章》（ICAO Charter on the Rights and Obligations of States Relating to GNSS Services），其中提及 GNSS 用户国的基本权利和服务提供国的基本义务、服务提供者的服务标准及其他原则问题，对 GNSS 提供者和用户都具有指引作用。并且，国际民航组织在其附件的国际标准和建议措施中也以技术标准的形式对导航服务提供方提出了要求。与僵持的制定新公约议案相比，以决议和技术标准的形式出现的软法，无疑在运行效率和效果上都胜于前者。

第二，效果优势。软法因其不具强制约束力而相较于条约更“易于”被接受，不仅缩短了各国达成一致意见的时间，也降低了各国遵循的门槛，从而增加了其被普遍接受的可能性。反之，条约因其属性为“硬”，在现实中阻却了一部分国家加入的步伐。在此举一个与外空法同属运输法领域的例子：2009 年通过的《非法干扰公约》[①]，是始于 20 世纪 90 年代的“罗马公约现代化”的成果[②]，自开放签署至今仅有 13 个签字国[③]。《非法干扰公约》设立国际民用航空赔偿基金组织的规定在国际民航组织的法律会议上引发了很多争论[④]。国际民航组织接连数年召开专题研讨会，各国政府代表、企业代表、行业代表就基金干事的安排、各国各企业的投入数额、基金给付赔偿的情形、监管机制等实质问题无法达成一致，国际民航组织某些法律官员甚至悲观地认为，对赔偿基金的讨论已陷入死局，该公约在相当长的时间内无法生效。

包括决议、宣言、指南等形式的软法逐渐成为调整新出现外空活动的主要文件。虽然这种宣言式的文件时常因用语含糊而被诟病不能解决实质问题，但其形成周期短，并且能够在较短时期内就原则问题对成员国产生宣示、建议、指引的作用。

从上述两方面分析可以看出，软法相较于传统的硬法，能够更迅速地应对新情势，并且能够为相关国家提供较为清晰的行动指南。它可以在规范订立过程中绕开缔约所需的诸多形式要求和漫长艰辛的谈判过程，省去习惯形

① 全称为《关于因涉及航空器的非法干扰行为而导致对第三方造成损害的赔偿的公约》（Convention on Compensation for Damage to Third Parties，Resulting from Acts of Unlawful Interference Involving Aircraft，02/05/2009 done at Montréal），2009 年 5 月 2 日生效。

② 1952 年《罗马公约》是关于外国航空器对地（水）面第三人的损害赔偿公约，随着当代民用航空非法干扰行为的增加，国际民航组织在罗马公约现代化中特别制定了非法干扰情形下的第三人损害赔偿公约。

③ http：//www.icao.int/secretariat/legal/Lists/Current% 20lists% 20of% 20parties/AllItems.aspx（最后访问日期 2015 年 8 月 15 日）。

④ 《非法干扰公约》第九条是关于设立“国际基金”的规定。

成所需要的长期而一致的实践过程，直接树立起具有一般性的规范[①]。在国际空间活动中，一些空间活动的主要国家出于某些原因不愿制定或实施新的条约，使得新条约难以获得通过。在此情况下，软法就成为初步解决问题的替代措施。“它以普遍性的形式和较为迅捷的形成过程补充了既有体系的不足，为应对和解决新问题带来了可能。”[②]

（二）软法对外空法律发展的促进

虽然没有如同其他领域中软法推动新公约制定的成功实例，外空软法更大的贡献在于促进各国国内空间立法与政策的发展，促进双边或多边国际合作条约的签署，从而吸引新的国家加入外空活动，对潜在的争端解决具有指导作用。例如，2007 年通过的《空间碎片减缓指南》倡导国家设置空间碎片减缓的国内法制度。根据联合国外空委的不完全统计，截至 2014 年 6 月，有 26 个国家和国际组织建立了自己的空间碎片减缓机制[③]。在 1996 年《关于开展探索和利用外层空间的国际合作，促进所有国家的福利和利益，并特别要考虑到发展中国家需要的宣言》的指引下，至今已有成百上千个国家、国际组织间的空间合作协议，并衍生出不同领域、不同态势的国际合作模式[④]。1986 年《遥感原则》与 1999 年《空间与重大灾害问题国际宪章》促进各国制定自己的遥感规则或减灾制度，并促进有关领域的国际合作，同时“因促进形成成功的国际遥感制度并惠及所有国家而得到广泛赞誉”，“可能比条约更能促进实现合作目标”，被赞许为“此类机制中的出色范例”[⑤]。

从以上事实可以看出，软法一方面可以通过促进形成新的双边或多边条约、制定新的国内立法，充实国际空间法律体系的内容；另一方面可以通过

---

① See A. T. Guzman and T. L. Meyer, International Common Law: the Soft Law of International Tribunals, 9 Chicago Journal of International Law, 515 (2009); A. T. Guzman and T. L. Meyer, International Soft Law, Journal of Legal Analysis (2010)。

② 何志鹏，孙璐：《国际软法何以可能：一个以环境为视角的展开》，载于《当代法学》，2012 年第 1 期，第 39 页。

③ Compendium of space debris mitigation standards adopted by States and international organizations, Committee on the Peaceful Uses of Outer Space Legal Subcommittee, A/AC. 105/C. 2/2015/CRP. 20。

④ 详见 Categorization of International Mechanisms for Cooperation in the Peaceful Exploration and Use of Outer Space Committee on the Peaceful Uses of Outer Space Legal Subcommittee Fifty - fourth session A/AC. 105/C. 2/2015/CRP. 15。

⑤ 和平利用外层空间委员会法律小组委员会第五十四届会议报告，A/AC. 105/1090。

指引空间活动，在参与者之中自发生成新的规则，从而为空间活动提供保障，对于国际空间法的发展有重要作用。

三、外空软法的发展的前景

在国际法律体系的各个领域中，软法从来不能完全脱离硬法而独行，软法与硬法之间互为补充、互为辅佐、有时互为转化。外空软法也不例外，软法可通过下列三个途径作用于外空法律制度。

（一）软法转化为国际公约或国际习惯

软法转化为条约方面非常突出的是国际人权法领域。从《世界人权宣言》开始，很多人权保护如妇女权利、儿童权利、残疾人权利等，最初都是在联合国的层面上呈现宣言，而后将宣言转化为条约。而在外空软法中，由国际组织决议转化成条约的唯一例子就是1963年《各国探索和利用外层空间的法律原则宣言》转化为1967年《外空宣言》。

软法演变为国际习惯与前述“即时习惯”逻辑相同。因为国际组织制定的软法对于成员国而言，虽然没有需遵守的法律义务，然而通常会存在政治义务或道德义务[①]，这种政治或道德上“愿意受其约束”的表示可能通过国内立法、缔结双边/多边条约、发表单方宣言等形式转化为法律上的表示。因而软法运行一段时间并获得一定程度的普遍认可之后，有可能被大家普遍接受而形成新的国际习惯。

然而，基于现实情况，大多数软法并没有成功转化为条约或被认定为习惯法规则。如前文所述，硬法规则自身的缺陷和面临的困境，导致软法转化成硬法将成为一个长期性的议题。

（二）软法通过被司法机构援引得到实施

软法通过被司法机构援引得到实施多见于国际环境法。在国际环境法的司法实践中，往往援引一些国际软法作为对现有国际法体系的补充与辅助，以防止国际法规则缺失导致的不合理、不公正现象。在国际法院1995年关于核试验案的裁定中，援引了1972年《斯德哥尔摩宣言》中的“代际权利的概

① Bin Cheng, United Nations Resolutions on Outer Space: ‘Instant’ International Customary Law? In Studies in International Space Law, Clarendon Press (1997)，第145页。

念”、1992年的《里约宣言》的“预警原则”、1987年联合国环境规划署的《环境影响评价目标与原则》的“环境影响评价”指南、1992年《联合国环境与发展会议报告》中关于《21世纪议程》阐释的国家义务，以及《里约宣言》与《斯德哥尔摩宣言》中“不应给其他国家带来损害原则”等[①]。

迄今为止，鲜少有因国际空间活动而在国际司法机构提起争端解决的事例。然而，参考国际法其他领域的实践，通过裁判机构援引软法，对现有成文法、习惯法和判例法进行补充和平衡，可以有效地矫正现行法律的缺失。

（三）软法继续以软法的形式得到接受和实施

在国际经济法领域，有学者提倡，“各国政府下属经济管理职能部门组成跨政府组织网络开展辅助性的国际经济立法活动，制定具有‘硬效果’的软法，构成一种值得关注的特殊国际经济法律渊源”[②]。此种规则实施的保证并不来源于规则本身的执行力，而是来源于相关领域运行的作用力，例如，政治、经济、技术、行业等。此种措施在国际贸易、国际金融、国际运输等领域非常多见。例如，国际民航组织关于航行安全和便利的规范，通过定期对《芝加哥公约》19个附件中的技术标准（国际标准与建议措施）进行审计得到实施，航空器制造的节能减排标准通过市场手段得到实施。

外空法领域的软法也尝试制定“硬性”的规则，通过其他机制共同调节，促使参加国在某些方面达成一致并履行相应的义务。空间碎片减缓机制就对此做出了一定的尝试。然而，此种途径有可能受到国际格局中大国政治、强权治理模式的影响，激化出新的法律问题。

四、结论

软法的制定和运行以其灵活性和经济性，在条约法与习惯法规则缺乏的时代，受到外空活动参与者的青睐。软法调整外空活动的重要作用不容忽视也不容否认。近二三十年来，外空活动的规制和外空法制的进展很大程度上依赖软法规范，软法虽然缺乏强制约束力，但也可能通过制定国内法或通过裁判机构在裁决中的解释而得以实施。然而，软法毕竟不是真正意义上的法

① 何志鹏，孙璐：《国际软法何以可能：一个以环境为视角的展开》，载于《当代法学》，2012年第1期，第41-42页。

② 徐崇利：《跨政府组织网络与国际经济软法》，载于《环球法律评论》，2006年第4期，第413-424页。

律，也没有可能完全取代硬法，甚至可能被有些国家任意地以政治理由克减其义务；或在很多时候为使软法规范能够形成故意采取模糊的措辞，使得权利义务的清晰性无法实现，衍生出实施中的随意性和不确定性。尽管如此，外空软法仍然是缺乏条约法和习惯法情形下较优化的选择。

认真对待外空软法，不仅因为它是现实下的"优选"，更因为它将成为完善外空法治的进阶。

参考文献

[1] 杨海坤，张开俊．软法国内化的演变及其存在的问题——对"软法亦法"观点的商榷［J］．法制社会与发展，2012（6）.

[2] 罗豪才，等．软法与公共治理［M］．北京：北京大学出版社，2006.

[3] 何志鹏，孙璐．国际软法何以和能：一个以环境为视角的展开［J］．当代法学，2012（1）.

[4] N Jasentuliyana，R S K Lee，Manual on Space Law，Vol 1，Dobbs Ferry，Oceana Publications，New York (1979).

[5] Legal and institutional issues and the status of CNS/ATM. The United States in the Eleventh Air Navigation Conference，Montreal，22 September to 3 October 2003，AN-Conf/11-WP/160.

[6] Ian Brownlie. Principles of Public International Law (7th edition，2008).

[7] V S Vereshchetin，G M Danilenko. Custom as a Source of International Law of Outer Space. 13 lnternational Space Law 24 (1985)，cited in Andrei D. Terekhov，PASSAGE OF SPACE OBJECTS THROUGH FOREIGN AIRSPACE：INTERNATIONAL CUSTOM? Journal of Space Law，vol. 25 (1997)，3.

[8] Bin Cheng. United Nations Resolutions on Outer Space：'Instant' International Customary Law? In Studies in International Space Law. Clarendon Press ，1997.

[9] Andrei D Terekhov，Passage of space objects through foreign airspace：international custom? Journal of Space Law，1997 (25).

[10] Asylum Case Colombia v Peru (1950)，ICJ Rep 1950，at 266.

[11] Right of Passage Case India v. Portugal (1957) ICJ Rep 1961，at 6.

[12] O Schachter. International Law in Theory and Practice. Cambridge University，1992 (25).

[13] UNCOPUOS A/AC. 105/C. 2/2015/TRE/L. 1.

[14] UNCOPUOS A/AC. 105/C. 2/2015/CRP. 11.

[15] Andrew T Guzman, Timothy L Meyer, International Soft Law. 2 Journal of Legal Analysis 171 (2010).
[16] A T Guzman and T L Meyer, International Common Law: the Soft Law of International Tribunals. 9 Chicago Journal of International Law, 515 (2009).
[17] UNCOPUOS A/AC. 105/C. 2/2015/CRP. 20.
[18] UNCOPUOS A/AC. 105/C. 2/2015/CRP. 15.
[19] UNCOPUOS A/AC. 105/1090.
[20] 徐崇利．跨政府组织网络与国际经济软法［J］．环球法律评论，2006（4）．

Soft Law in Outer Space and its Practice

NIE Jingjing

(Faculty of Law, Civil Aviation University of China, Tianjin 300300, China)

Abstract: Soft law has been gradually playing a more essential role in the international space law regime. This paper discusses the value of soft law rules in outer space activities from the following three aspects: the emergence, implementation status and future development of soft law. First, soft law, deriving from either lack of or the difficult enforcement of "hard law" such as international conventions and international customs, is the product of many legal lacunae in governing the rapidly developing outer space activities. Second, soft law, when compared with hard law, enjoys some advantages in its implementation because it is more cost - effective and easier to accept. From the practical aspect of international space law, the establishment of soft law mechanisms, for example, the remote sensing rules and the space debris mitigation mechanisms, has been a good demonstration of its contribution to international space law development. Last but not least, the author tries to discuss the future development of soft law, i. e. a multiple regulatory regime with a combined application of both soft law and hard law, as well as the limitations of soft law mechanisms.

Key Words: Space law; Soft law; Binding force; Implementation

中国航天国际合作知识产权保护刍议

刘功奇* 蔡高强

摘 要：我国航天国际合作新形式导致合作方的知识产权关系日趋复杂，合作项目中的国家利益以及我国航天企业参与国际竞争，都对我国知识产权保护制度提出了更高要求。然而，现有知识产权法律规范缺失，政府介入权行使模糊，航天国际合作中合同管理和监督机制缺乏，难以适应我国航天国际合作的发展形势。因此，合作双方需要通过双边或多边协议确定知识产权利益，并制定国内空间法律规范，明确政府介入权的行使条件，完善我方合作单位的内部管理合同。通过监督机制，督促合作单位完成项目的知识产权要求。

关键词：外空探索；国际合作；知识产权；政府介入权；管理制度

近年来，随着航天国际合作的进一步增强，我国航天国际合作的范围不断扩展，合作形式不断丰富，从早期的双边合作扩大到多边合作，从传统的浅层次合作发展到共同研发等深层次合作[①]。合作中的知识产权关系也日趋复杂，不仅涉及现有知识产权的运用，也有因合作而新生科技成果的知识产权归属、保护等问题。而我国现有科技合作知识产权法律规范存在法律效力层级低、合作项目中政府介入权规定不明确、对外合作知识产权管理制度滞后等问题，难以适应航天国际合作的发展要求。因此，为保护航天国际合作中的国家利益、增强我国航天产业国际竞争力，探讨我国航天国际合作知识产权保护制度存在的问题并提出完善建议，对于促进我国航天国际合作健康、

---

* 刘功奇，湘潭大学法学院博士研究生，主要从事国际空间法、国际知识产权法的研究。本文为作者在中国宇航学会·中国空间法学会 2015 年学术年会上荣获优秀论文一等奖的录用论文核心内容，系国家社科基金项目“基于太空竞争的航天贸易管控及法律规范研究”（16BGJ024）的阶段性成果，收录本刊时略有修改和删节。

① 参见中国国务院新闻办公室 2011 年 12 月 29 日发布的《中国的航天》白皮书。

顺利开展具有重要意义。

一、我国航天国际合作呼唤知识产权保护

随着我国科研创新能力的显著进步和空间探索计划的不断推进，我国参与航天国际合作的广度和深度在不断扩展，航天国际合作的形式也越来越多样化。通过航天国际合作，创造了一大批关系国计民生的科研成果。由此，外空活动国际合作对知识产权保护的需求也愈加强烈。

（一）航天国际合作的深入开展需要知识产权保护

我国在空间领域的国际合作始于20世纪70年代中期①。20世纪90年代中期以前，我国外空探索的国际合作主要为低水平的传统合作形式，包括制定互利的空间计划、互派专家学者、组织研讨会等。合作中主要是涉及现有技术的运用，而不产生新的专利技术。

20世纪90年代中期以后，尤其是进入21世纪以来，我国航天国际合作在保持传统合作方式的同时，不断开拓新的合作方式，从早期单纯的人员交流、商业发射服务等浅层次合作，发展到整装出口、共同研制等高水平合作。多边合作、区域合作深入开展，合作领域也不断拓展，包括空间科学实验、空间技术应用和空间服务②。

航天国际合作形式的多样化、合作程度的不断深入，使得合作中的知识产权关系越来越复杂。在共同开发研制的过程中，既有合作一方将自己已掌握的技术成果应用于合作项目的情形，也有合作双方在合作中共同投入智力成本所获得的新的技术成果。这两类技术成果的知识产权保护分别称为合作中知识产权的内部保护和外部保护。内部保护是指合作各方要建立科学合理的知识产权制度，切实保障发明人的知识产权利益，激励科研人员的创新积极性，同时确保己方已有专利技术运用于合作项目时的知识产权利益。知识产权的外部保护包括该新技术所涉知识产权的归属及其对外保护等。而在多边合作、区域合作中，由于合作各方经济发展水平参差不一，存在知识产权

---

① 参见中国国务院新闻办公室2000年11月发布的《中国的航天》白皮书。

② 2011年《中国的航天》白皮书指出，自2006年以来，中国积极开展多种形式的国际空间交流，与多个国家、空间机构和国际组织签署多项和平利用外层空间的合作协定或谅解备忘录，积极开展多种形式的国际空间交流与合作，支持国际空间商业合作，双边、多边合作领域取得一系列积极成果。

归属制度不相同、保护标准不统一等问题①，共同开发所得知识产权的归属及其对外保护往往产生诸多争议。因此，航天国际合作的深入发展，不仅需要完善我国相关科技合作知识产权法律规范，也需要在合作双边或多边之间寻求一致方案。

（二）航天国际合作中的国家利益需要知识产权保护

外空的丰富资源和潜在的军事价值使其成为各航天国家竞争的重要领域，各国纷纷斥巨资推动外空探索计划。由此生发出的空间技术是体现国家利益的高精尖技术，不仅有利于促进国民经济和科学技术的发展，对于国防军事能力的提高也具有重要意义。

专利制度的特点在于“公开的垄断”，以公开技术成果的方式获得排他性的权利[1]。发明人如要获得专利权的保护，则要在申请授权的过程中公开技术方案。航天国际合作中涉及的国防敏感技术本身不宜向社会公开，如果采用普通专利予以保护，则极有可能泄密，造成国家利益的重大损失②。因此，国防利益的保密性与知识产权的公开性之间客观上存在的矛盾，要求对我国航天国际合作采取特殊的知识产权保护方式。不仅需要通过商业秘密、技术秘密、国防专利等方式予以特殊保护，在合作研发及产品出口的过程中，政府还应当有适当的介入职权，有权决定对研发所得成果采取何种方式予以保护，有权决定所得技术成果及其知识产权的归属。介入权的行使体现了国家对航天国际合作的干预，其目的在于维护外空探索中的国家利益。合理的知识产权制度不仅有利于发挥先进技术成果对国民经济和科技水平的带动作用，而且也有利于保护国际合作中的国家利益[2]。欧美等航天强国，为维护国际合作中的竞争优势，都出台有比较完善的空间技术国际合作的政府干预机制，比如合作项目的立项与产品出口审查机制，以保护合作开发中的核心技术③。

（三）参与激烈的国际空间竞争需要知识产权保护

近年来，我国不断深化航天国际合作与交流。2011 年《中国的航天》白

---

① 知识产权制度往往与一国的经济发展水平和法律制度相适应。在航天国际合作中，由于各国经济法律制度和空间战略相去甚远，因此，外空知识产权制度也难以一致。

② 我国普通专利申请实行早期公开制度。根据《专利法》第 34 条规定：“国务院专利行政部门收到发明专利申请后，经初步审查认为符合本法要求的，自申请日起满十八个月，即行公布。”虽然我国《专利法》为早期公布提供了临时保护，但申请人无权禁止他人实施因公布所知技术。

③ 美国通过《国家航空航天法》、《商业航天发射法》、《国防部出口管理规章》等法规，加强对空间技术知识产权出口与转让的管制，严防核心专利技术的扩散与泄露。

皮书明确指出，未来 5 年，中国将重点在载人航天工程空间实验室、空间站相关技术合作、空间科研研究与实验等八个领域开展国际空间交流与合作，并提出要合理利用国内外两个市场和两种资源，开展积极、务实的国际空间合作。

但是，国际空间技术合作与竞争日趋激烈。自 20 世纪 90 年代以来，美国为保持技术竞争力和市场垄断地位，通过《美国军火管制名单》、《出口管理条例》等法规限制对华卫星出口。美国《2013 财年国防授权法案》仍严格控制卫星及相关物项的对华出口，不仅禁止对华出口、再出口或转移，而且也不允许在中国发射①。据美国相关法律规定，中国或其他国家的卫星所含美国产部件或技术比例不得超过 25%②。这不仅妨碍了我国卫星产业引进国外先进技术、提高自身科技水平，而且也间接阻碍了我国与其他国家的航天合作。另一方面，航天技术知识产权已经成为各航天强国维持竞争优势的重要手段。近些年来，一些航天技术强国纷纷向我国申请技术发明专利，积极进行航天专利布局。据统计，外国在华专利申请年均增长 20%，是全球平均水平的 5 倍[3]。虽然我国在 2012 年已经成为全球第一大专利申请国，但在核心发明专利中，我国的申请量尚不到 20%。在世界知识产权组织的 35 个 IPC 分类领域中，维持 10 年以上的有效专利，国外在华拥有量是我国的 5 倍之多。我国专利申请量虽然连年保持高速增长，但是高新技术原创性发明少，外层空间领域专利拥有量更少。截至 2013 年，我国卫星专利授权量不过 300 余件③。因此，我国航天企业要破除外国的技术封锁和专利布局，参与外空领域的合作与竞争，必须借助强有力的知识产权保护制度。

二、我国航天国际合作知识产权保护面临的困境

与航天国际合作的深入发展不同的是，外空知识产权保护制度建设明显滞后。无论是国际知识产权保护公约，还是我国知识产权法规，都存在诸多不完善之处。我国国内对外科技合作知识产权保护机制也难以发挥应有作用，我国航天国际合作知识产权保护面临诸多困境。

---

① 参见新华网 http：//www.qh.xinhuanet.com/2014－04/18/c_1110306503.htm。

② 参见新华网 http：//news.xinhuanet.com/world/2012－04/20/c_123009458.htm。

③ 根据来自国家知识产权局专利检索平台数据，我国卫星专利年平均申请量超过 30 件，到 2013 年总量达 300 余件，但是与发达国家空间技术专利拥有量相比，我国差距较大。

（一）航天国际合作知识产权法律规范缺失

目前，国际社会已经出台了多项国际知识产权保护公约，以统一世界知识产权保护标准，促进贸易公平。其中主要有《保护工业产权巴黎公约》、《保护文学艺术作品伯尔尼公约》、《与贸易有关的知识产权协议》（简称《Trips协议》）等国际条约。虽然上述国际条约确定了国民待遇、最惠国待遇、临时过境等原则，但是并未考虑外空专利的特殊性，未将外空知识产权保护问题纳入其中，外空知识产权保护在国际法上还是空白。尽管《关于国际合作和平利用外空，为了所有国家的利益、开发利用外空的宣言》第2段指出："国家在参与国际合作开发外空中，在平等、互惠的基础上自由解决所有问题。合同条款应该公平、合理，不得侵害有关当事人的合法权利和利益，如知识产权。"但是，该规定过于空泛，"有关当事人"的表述亦不明确，发达国家与发展中国家对此可做截然不同的理解。因此，该规定对于解决航天国际合作中具体的知识产权纠纷缺乏可操作性。

在航天国际合作知识产权保护问题上，空间技术强国主张强化知识产权保护水平，降低侵权认定标准，加大侵权打击力度，以维护自身技术优势；而发展中国家则主张航天国际合作要考虑全人类的利益，尤其是发展中国家利益，国际外空知识产权立法应以促进专利技术的传播为目的，主张空间技术强国负有以合理价格转移专利技术的义务。因此，两者的矛盾造成了国际外空知识产权公约的长期缺失[4]。

国内法层面，我国现有的《专利法》、《著作权法》对普通知识产权的申请、授权等工作做了详细规定，但并未考虑航天国际合作知识产权的共有性、涉外性、敏感性等特点，在制度上未给予明确规定①。我国科技部印发的《关于国际科技合作项目知识产权管理的暂行规定》（以下简称《暂行规定》）对我国国际科技合作项目涉及的知识产权问题的处理原则和管理措施进行了规定，是进行航天国际合作知识产权保护的直接法律依据②。但是，该规定依然存在不完善之处。首先，《暂行规定》由科技部颁布，属于部门规范性文件，

---

① 航天技术是高精尖技术，合作一方难以掌握所有技术，航天国际合作所产生的技术成果大多属合作方共有，由于属于国际合作，各方知识产权制度不尽相同，因此空间合作所得成果亦具有涉外性。

② 《关于国际科技合作项目知识产权管理的暂行规定》在第14条规定："国际科技合作研究成果，按照合作各方在合作协议的约定确定有关知识产权的归属，其申请专利等知识产权的权利一般属于合作各方单位共有，并可以按照下列原则办理。"

法律效力位阶低，且明确规定适用范围仅限于官方国际科技合作项目，而目前我国的航天国际合作已经在科研机构、工业企业、高等院校之间全面展开①。因此，《暂行规定》的指导作用极其有限。其次，《暂行规定》第19条规定了航天国际合作中国内企业违反该规定所应承担的行政管理上的责任，但是对于航天国际合作中涉外知识产权侵权应该承担的法律责任、执法程序等未作出规定，而是由项目承担单位自行与国外合作单位协商确定。最后，《暂行规定》出台之后并未有相关的配套法规监督航天国际合作项目承担方履行《暂行规定》中确定的责任与义务。

目前，我国尚未制定专门的、法律效力较高的法律规范规制航天国际合作的知识产权问题，现有部门规章仅有指导性规定，法律条款可操作性不强，因而，难以规制我国航天国际合作的知识产权保护工作。

（二）航天国际合作政府介入权不明确②

在我国，外空探测活动是国家重大科技计划项目，航天国际合作单位主要是接受政府资助的国有科研院所。根据我国《科技进步法》第20条规定："利用财政性资金设立的科学技术基金项目或者科学技术计划项目所形成的发明专利、计算机软件著作权、集成电路布图设计专有权和植物新品种权，除涉及国家安全、国家利益和重大社会公共利益的外，授权项目承担者依法取得。"该条在规定科研技术成果知识产权由项目承担者取得同时，保留了政府为国家利益的介入权[5]，但是依然存在不完善之处。

首先，相关法规对于知识产权权属只有原则性规定，没有出台具体的实施细则。我国国防科研成果长期以来受"国家单一所有"模式的影响，"由项目承担者享有知识产权"实现起来颇为困难[6]。其次，对于"除涉及国家安全、国家重大利益和重大社会公共利益"的例外，没有明确的标准具体规定例外的情形，存在一定模糊空间。具体操作时，完全可能因此排除合作项目承担单位的知识产权利益。最后，该条款对于政府介入权的行使主体、介入权提起的方式和程序都缺乏具体规定[7]。而政府介入权的不确定，为政府侵

① 《关于国际科技合作项目知识产权管理的暂行规定》第2条规定："本规定适用于下列国际科技合作项目：国家科研计划以及其他由政府财政资金资助设立的国际科技合作项目。"

② "介入权"一词，最早来自于美国的拜杜法案，指国家对于发明的干预和处置。2008年，我国商务部第一次正式翻译"介入权"，虽然词义与拜杜法案有所不同，但其共同的特点均是指国家在一定的情形下，依据国家安全或社会公共利益的需要，对政府资助项目进行的研发及其科技成果进行一定的干预。

犯项目承担单位的知识产权埋下了隐患。

（三）国内航天国际合作知识产权管理制度不健全

我国对外科技合作管理制度研究尚处于完善阶段，外层空间知识产权保护研究还不够成熟①，在此背景下，我国航天国际合作知识产权管理制度亦存在诸多漏洞。

我国外层空间开发活动大多是国家行为，政府部门直接管理具体科技项目。航天国际合作大多是在国务院有关部门的主导下开展的。对外合作时，我方合作项目具体实施单位并不直接与合作对方订立合同，合作双方的知识产权利益关系往往藉由政府间的双边协议确定。而政府间的谈判，不可避免掺有政治色彩，而非完全商业化的契约关系。即对外而言，我方合作单位是共同研发的主体，而不是权利义务的责任主体，一旦发生知识产权纠纷，依据协议规定，往往由政府部门通过协商或外交途径予以处理，而非按照商业规律加以解决。因此，这种“政府主导-企业实施”的对外合作模式，客观上忽略了企业作为市场经济主体的地位，使得合作企业难以独立自主地处理对外合作中的知识产权事宜。在我方合作企业内部，由于受我国传统国防科研体制的影响，单位与科研人员之间是一种行政上的人事关系，而非劳动合同关系，单位与科研人员之间的知识产权利益分配多是依据内部的规章和纪律，而非彼此间的合同内容，这种管理模式已经不适应现代企业的发展要求[8]。

此外，我国航天国际合作知识产权监督机制不健全。我国政府部门组织实施航天国际合作项目时，虽然在项目申请与立项中对项目承担单位提出了具体的知识产权目标，但是，对知识产权目标的落实缺乏有力的监督。目前仅有的项目中期检查和结题评审机制也不完善。在项目中期检查中，没有列入知识产权考察项目。在项目的结题评审过程中，虽然规定由项目管理部门组织知识产权管理和保护的评价工作，但由于我国现阶段外空探索计划涉及多个管理部门②，知识产权评价工作的具体组织者难以确定。外空探索项目本

① 2013年，中国共产党十八届三中全会决定在科技计划管理上推行重大改革。据科技部科研条件和财务司司长张晓原介绍，我国科技计划在体系布局、管理体制、运行机制、总体绩效等方面存在诸多问题，突出表现在政府部门多头管理、重复投入、科技计划“碎片化”和科技项目取向聚焦不够两个方面。

② 目前，我国的航天国际合作项目计划主要是由中国航天科技集团公司及其所属中国长城工业集团公司、中国科学院及部分高校实施，涉及的管理部门包括科技部、工业和信息化部、国家航天局、教育部、财政部等机构。

身具有一定的风险性，对于风险系数不同的项目，监督机制评价的重点也应不同，但是现有项目知识产权验收制度并未区分对待。而当项目承担方未完成知识产权目标时，项目组织方也仅限于收回资助款项或者终止项目，一般而言不会追究项目承担方的违约责任，因此，现有知识产权监督机制难以对项目承担方形成合理有效的制约。

三、完善我国航天国际合作知识产权保护的建议

国际知识产权保护公约大多形成于20世纪60～70年代，国内知识产权制度形成于20世纪80～90年代[9]，但是随着经济全球化的推进，航天国际合作不断深入发展，现有的法律制度也不可避免地出现了滞后的现象。因此，完善现有国际国内法律制度成为当务之急。

（一）通过国际双边和多边协议规范航天国际合作知识产权关系

面对目前外空知识产权保护国际条约难以出台的困境，航天国际合作的有关各方通过制定外空知识产权保护的双边或多边协议，既能解决航天国际合作知识产权保护无法可依的问题，又能为将来国际外空知识产权保护条约的制定积累立法和实践经验[10]。

我国政府在组织航天国际合作的过程中，应将知识产权条款作为双边或多边协议的重要内容，并根据知识产权成果的不同性质，分别采取不同的保护措施。对于合作之前我方已经掌握的知识产权成果，在运用于合作项目时，应该通过双边协议明确该项成果的运用范围和保护方法。在这个过程中尤其要注意核心技术的保密工作，尽量缩小技术知悉范围。通过合同明确在此项知识产权成果基础上改进专利的实施条件，并规定相应的违约责任；对于合作中产生的新的技术成果，应通过协议确定其知识产权权属和利益分享机制，其基本原则是：合作所得知识产权的权益分配应当根据双方在合作中分别做出的贡献来确定。而在制定具体分配方案时，应综合考虑构成“贡献”的各类因素及其他因素，明确各种因素在综合考虑时的权重[11]。

此外，在与不同的国家进行航天国际合作时，我国知识产权保护的策略也不尽相同。在与空间技术落后国家的合作中，我国要主张强化知识产权的保护水平，防止自身科技成果被侵权或者被对方采取逆向工程手段获取；在与航天强国签订合作协议时，我国应积极主动发声，运用国际空间法关于“人类共同利益和照顾发展中国家利益”的原则，通过双边或多边知识产权协

议，促进航天强国先进外空技术向我国的转移和传播。目前，我国与俄罗斯的科技合作机制比较成熟，双方达成的科技合作协议较好地解决了双方科技合作过程中的知识产权保护问题，积累了国际科技合作知识产权保护经验，对我国与其他国家的航天国际合作知识产权保护具有借鉴意义①。

总之，目前航天国际合作中的知识产权保护问题，应从务实的角度，由各成员国在遵循《联合国宪章》及相关外空法条约的基础上，通过协商谈判制定多边或双边协议来解决。在这方面欧美发达国家做出了诸多努力，也取得了很好的效果。2003年修订后的《欧空局一般条款和要件》着重强调航天活动中私营企业的知识产权保护，鼓励各成员国企业之间的航天合作以及知识产权开发利用，是一部具有一定前瞻性且较为成熟的多边协定，对其他国家或国际组织有借鉴意义。

（二）以立法明确政府介入权的行使

由于我国尚缺乏专门规制外空活动的法律，航天国际合作知识产权保护缺乏法律依据，因此，建议由全国人大以现有科技合作法律规范为基础，制定《航天活动法》以提高航天活动法律规范的效力，对我国航天国际合作中的知识产权归属、权益分配、违约责任和纠纷处理等事项作出具体规定[12]，规制航天国际合作中的知识产权问题。

正如孟德斯鸠在《论法的精神》中所言，“一切拥有权力的人都容易滥用权力”，这是万古不易的一条经验，而程序是制约权力的有效手段[13]。为明确“政府介入权”的行使条件，首先，应建立政府资助科技计划的知识产权评估机制，具体规定评价标准，评估航天国际合作中科技成果的产业和国防意义，以在国家利益与项目承担单位利益之间取得合理的平衡，从而为“政府介入权”的行使奠定前提条件。其次，应在法律中明确“政府介入权”的行使程序，并建立介入权听证制度，让项目承担单位直接参加到介入权的行使过程中，听取政府部门介入决定的理由，并有权提出申辩，从而抑制介入权行使的随意性。再次，要明确企业实施知识产权的责任以及政府强制许可的情形，以促进航天国际合作项目专利技术向民用领域、商业领域转移。最后，“政府介入权”的行使，可以因相关利害关系人的提出而启动，同时也保留合作项

① 中国和俄罗斯于1999年2月25日签订《中华人民共和国和俄罗斯联邦政府关于1992年12月18日签订的〈中华人民共和国和俄罗斯联邦政府科学技术合作协定〉附加知识产权保护和权利分配原则议定书》。

目管理部门依职权主动提起的权利。这既可以强化利害关系人对合作项目的监督作用，也便于合作项目管理部门依法行使职权，从而使政府尽早介入那些具有重大意义的关键合作项目中，以切实维护国家和社会利益。

当然，政府行使介入权不应仅关注合作成果的社会公共利益这一结果，还应更多地关注合作成果的产业化、商业化运用过程，以发挥科技成果对经济社会发展的带动作用。

（三）健全航天国际合作知识产权管理制度

第一，加强航天国际合作项目的合同管理。在航天国际合作中，通过合同对合作双方的知识产权事宜进行管理是非常重要的[14]。目前，国际知识产权保护公约以及国际空间法条约尚未规制外空知识产权，而各国知识产权法规的保护标准、保护范围等各不相同。因此，航天国际合作中的知识产权保护可以由各合作方以合同形式进行规制。在国内层面，随着我国国防科研人事制度的改革，科研单位与科技工作者之间将更多形成一种劳动合同关系，双方的权利义务责任关系也可通过合同确定。

航天国际合作的合同管理有两个层次的内容。其一，对国际合作合同的管理。航天国际合作中我国参与单位应与对方签订合作合同，详细约定现有知识产权的使用与管理，以及合作中新创知识产权的权属及利益分享方式，并明确违约责任和知识产权纠纷解决方式，约定知识产权争议的管辖法院和适用法律，通过合同管理最大限度减小合作中的不确定性。其二，我国参与单位内部的合同管理。通过内部合同，具体规定单位与科研人员之间的知识产权利益关系，并明确单位外派人员科研成果的权属。此外，在与科研人员的合同中，还应有明确的保密条款和竞业限制条款，规定违反条款所应承担的责任，防止科研人员携带技术离职造成重大知识产权和国家利益损失[15]。

第二，完善知识产权监督机制。鉴于航天国际合作项目通常涉及诸多单位参与，国家应该整合科技项目的管理平台，设立统一的项目知识产权评价与监督机构，以协调各合作项目的知识产权监管工作，避免分散的多头管理，避免无序的重复开发。大型航天企业内部要建立专门的知识产权监管机构，赋予其充分的管理职权，并配备专门人员。在外空探索合作项目中，要增加知识产权在项目结题验收中的权重，并组织知识产权专业人员对项目的科技成果进行评价。对于风险较大的项目，应该重点评价合作项目的基础研究和前沿科技探索创新意义。对于风险较小的项目，应重点评价合作项目知识产权转化和产业化情况，或者将项目知识产权交由第三方专业机构进行评价[①]。对于未达到预期知识产权目标的项目，除收回资助金额外，还应追究项目承担方的违约责任，以此督促项目承担方严格落实项目的知识产权要求。

参考文献

[1] 孙国瑞．航空航天技术与知识产权［J］．知识产权研究，2004（2）.
[2] 陈海秋，陈昌柏．国防科技工业中长期科技发展中知识产权问题研究［J］．科技与法律，2004（2）.
[3] 毕克新，李婉红．国际科技合作知识产权保护与对策研究［M］．北京：科学出版社，2012.
[4] 李寿平，赵云．外层空间法专论［M］．北京：光明日报出版社，2010.
[5] 李顺德，闫文军．知识产权与科技法律探索［M］．北京：科学出版社，2013.
[6] 袁晓东．论我国科技计划项目中的知识产权政策［J］．科学研究，2006（01）.
[7] 李顺德，闫文军．知识产权与科技法律探索［M］．北京：科学出版社，2013.
[8] 蔡高强，刘功奇．论嫦娥工程专利保护制度的完善［J］．北京航空航天大学学报（社会科学版），2014（4）.
[9] 李明德. 知识产权法［M］．北京：法律出版社，2008.
[10] 郑友德. 论外层空间中的知识产权保护［J］．中国法学，2006（11）.
[11] 古雪祖，柳磊．国际科技合作中的知识产权归属：中国的缔约和立法实践［J］．湘潭大学学报（哲学社会科学版），2008（4）.
[12] 郑友德．我国外空相关发明的专利保护［J］．知识产权，2007（6）.
[13] 胡平仁．法理学［M］．长沙：湖南人民出版社，2008.
[14] 李兆阳．高新技术知识产权的保护和产业化［M］．北京：华夏出版社，2002.

① 科技部与财政部共同起草的《关于深化中央财政科技计划（专项、基金等）管理改革的方案》针对国家科技管理平台改革提出，要依托专业机构管理项目，设立战略咨询和综合评审委员会，建立统一的评估和监管机制。

The Intellectual Property Rights Protection in China's International Space Cooperation

LIU Gongqi and CAI Gaoqiang

(Faculty of Law, Xiangtan University, Xiangtan Hunan 411105, China)

Abstract: The relationships of intellectual property rights among international partners have become increasingly complex as China is exploring various new forms of international space cooperation. There are now even higher requirements on China's intellectual property rights protection system given the national interests involved and participation in international competition through cooperation projects by Chinese space enterprises. However, the lacunae in China's existing intellectual property laws and norms, the vague regulation on the use of the government intervention power, and the lack of supervision mechanisms in contract management in international space cooperation, have made it difficult to adapt to China's development in international space cooperation. Therefore, partners of cooperation need to identify intellectual property interests through bilateral or multilateral agreements, to promulgate national legal norms, and to clarify conditions on the exercise of the power of government intervention. It is also advisable to improve the internal management of project contracts, and satisfy relevant requirements on intellectual property rights protection through supervision mechanisms.

Key Words: Outer space; International cooperation; Intellectual property rights; the power of government intervention; management regime

美国空间安全政策发展研究

许红英[*] 曹秀云 张莉敏

摘 要： 空间安全是关乎国家安全和利益的重大战略问题，已引起国际社会广泛关注。美国是最早将空间安全纳入国家安全体系的国家之一，其空间安全战略和政策发展对各国空间安全政策乃至国际空间规则制定都产生了深远影响。纵观美国空间安全政策的演变，经历了从冷战时期美苏对抗、关注战略弹道导弹通过空间的核打击；到世纪交替之际，关注战略弹道导弹与导弹防御系统在空间的攻防对抗；再到当前聚焦空间的安全稳定性及其空间资产的安全使用等不同的发展阶段。尽管各阶段美国空间安全政策的关注焦点和策略不尽相同，但美国始终强调：空间安全对美国至关重要，保护美国的空间利益并确保其国家安全是美国空间安全政策的总目标；保持美国的空间霸主地位、发展军事控制空间能力是美国实现空间安全目标的根本举措。本文系统梳理了不同时期美国空间政策制定的背景、空间安全战略与政策的内涵，研究其空间安全政策发展的基本脉络走向和特点。

关键词： 美国；空间安全；空间政策；空间系统；空间控制

一、冷战时期美国空间安全政策的发展

冷战时期，美苏全面对抗。作为两大航天强国，与苏联在外层空间的竞争与对抗，始终是美国空间安全政策的一个重要着眼点。

---

* 许红英，中国航天系统科学与工程研究院科技与情报部高级工程师。曾参与《2030 年的武器装备》撰写，参与国外国防工业与技术重大发展动向研究、国外航天科技发展研究、国防重大科技发展问题研究等，负责其中空间对抗领域专题报告撰写及动态分析。本文为作者在中国宇航学会·中国空间法学会 2015 年学术年会上荣获优秀论文一等奖的录用论文。

（一）冷战初期（1957—1962 年）

冷战初期，在核战背景下，美国与苏联展开争夺空间战略优势的竞赛。当时，美国空间安全政策的关注焦点是：应对苏联战略弹道导弹通过空间的核打击威胁，空间竞赛关注核武器和近期空间防御能力的部署（特别是依靠军事引领实现空间安全）。主要措施包括：积极筹建完善的航天组织机构，发展空间支援技术（包括可确定苏联导弹研发实力及核攻击的探测与预警能力）、反卫星技术。

二战之后，美苏竞相发展弹道导弹核力量，导弹成为核武器之外美苏两国最大型的军事研发项目。空间能力的发展在很大程度上受益于导弹研发，弹道导弹核威胁又催生了空间安全问题。受到苏联首颗人造卫星升空的技术突袭后，意识到卫星为核攻击侦察预警提供了最佳途径，艾森豪威尔政府迅速做出反应：一方面积极筹建完善的航天组织机构，另一方面着手发展卫星侦察、监视、预警手段。艾森豪威尔授权成立总统科学顾问委员会、国家航空航天委员会（最高决策咨询机构）、国家航空航天局（NASA，民用航空航天领导机构）。在军事航天领域，成立高级研究计划局（DARPA 的前身），设立国防研究与工程主任职位。国会参众两院也成立相应的航天委员会。上述举措为美国军民航天项目的分头管理与经费划拨建立了渠道。

与此同时，美国发展了多种火箭、卫星，并多次测试利用核爆实施导弹防御的可行性。例如，美国中央情报局（CIA）和美国空军于 1959 年联合制定了多项卫星侦察计划，包括哨兵计划、氩气计划、火绳计划、后发制人计划和六角形计划等。其中哨兵计划含有卫星反导弹观测系统计划、导弹防御警报卫星等。1958 年夏，美国三次在平流层之上测试核武器，距离苏联发射卫星不到 1 年。美国国防部也开始筹划月基核武器瞄准地球、核反卫星武器、载人军事空间站，以及许多其他攻防系统。空军还提出研发新型可重复使用飞行器的 X-20 计划[①]，用于执行反卫星攻击、天对地轰炸以及侦察等任务。

（二）冷战中期（1963—1980 年）

冷战中期，美国政府开始担心，发展空间武器技术不成熟可能带来不良的政治、环境、战略影响。美国空间安全政策的关注焦点从艾森豪威尔政府有节制地发展军事空间项目、伴有少量民用空间项目，转向肯尼迪政府大规

① 可能是 X-37B 空间机动飞行器的前身。

模的民用项目为引导、伴有有效能的军事项目。主要措施包括：在武器设计方面进行自我约束，但在政治、经济、军事侦察领域继续开展竞争；签署国际协议，以促成更大范围的空间安全。

这一时期，肯尼迪政府不但要与苏联竞争夺回军事优势，还要重塑民族信心。事实证明：核爆试验证实空间环境并不适合核辐射，不但受到国际舆论谴责，而且商业航天利益也会受到核辐射影响。有鉴于此，肯尼迪政府明确表示，载人飞行优先于核试验。因而，从20世纪60年代早期开始，美苏转而在载人航天飞行和军事空间支援技术（侦察、通信、预警以及导航）方面开展竞赛，并出现竞争高潮。肯尼迪政府大幅增加空间武器项目，发展军事空间支援技术。1960—1963年，美国国防部空间预算从艾森豪威尔政府1960年的5.61亿美元上升为肯尼迪政府1963年的15.5亿美元，增长了3倍。

随后执政的美国总统约翰逊更热衷于载人登月。这一时期美国的空间政策有三大特点：一是强力承诺发展载人航天计划，二是力促实现美国在空间的全球领导地位，三是显著裁撤军事空间项目。约翰逊政府时期的民用航天优先于军事项目；军事空间政策强调谈判协商，而非发展新式武器。此时，美国商业卫星有了初步发展，政府对空间资产安全的关心与日俱增。

尼克松政府继承约翰逊政府的思想，不愿与苏联开展竞赛，更愿意推进双方的空间合作。这一时期美国登月成功，航天飞机的设计方案获得批准。

福特政府除推动美苏合作外，在军事航天方面，由于1975年苏联以激光照射美国卫星，促使福特下令研发作战用的反卫星能力。其间，美国部署了KH-11侦察卫星，从而获得高精度、实时侦察的能力。尽管如此，美国政策始终没有正式强调苏联的空间威胁。

此后卡特政府的空间安全政策主要包括：1）不采取措施退出现有条约，而是通过与苏联正式谈判强化条约的作用；2）推进空间防御相关项目的发展。美国国防部的空间开支剧增，从24亿美元增长到48亿美元。其中部分资金用于发展机载动能杀伤武器，但更多资金用于海军导航网、军事通信网络、长曲棍球雷达成像卫星，以及新的KH-12侦察平台，以发展空间监视、通信与导航能力。

这一时期，美国发展空间武器的想法数次起落，但空间武器化并没有真正出现。主要有两方面原因：一是美苏两国筹划的空间武器系统在技术上并不具备可行性，无法在空间部署；二是核试验对空间造成的恶劣影响促使两国决定采取措施避免发生冲突，双方通过明确的条约和默认的自我限制的战略准则，都对可能危及其他空间应用的项目（例如民用载人航天、商业卫星等技术）做了限制。两国领导人都撤回甚至完全取消所有武器计划，特别是那些测试或部署可能会危及空间进入的项目。1962—1975 年，两国签署了一系列管控空间竞争、限制有害行动的条约，其中包括：1963 年《禁止在大气层、外层空间和水下进行核武器试验条约》、1967 年《外空条约》、1972 年《美苏关于限制反弹道导弹系统条约》（简称《反导条约》），对维护空间的安全与可持续发展起到一定的保障作用①。

（三）冷战后期（1980—1991 年）

冷战后期，美苏对抗陷入核僵局，美国盟主地位受到挑战。美国空间安全政策的目标是：发展战略弹道导弹与导弹防御系统与苏联展开空间攻防对抗。主要措施包括：对军事空间利用给予政策支持，推行“战略防御倡议”（SDI，即星球大战）与空间产业化构想。

美苏争霸的结果是：一方面，美国未能取得对苏联的军事战略优势，双方陷入核僵局；另一方面，欧日在经济上迅速崛起，导致西方出现三个经济中心，危及美国盟主地位。而此时，美国在弹道导弹防御技术及空间技术方面已处于领先地位。在此背景下，里根政府制定“高边疆”国家战略，旨在依靠美国高度发达的空间技术，选择空间作为振兴美国的突破口，以“空间军事化”和“空间产业化”作为这个战略的两大支柱，实现其对苏联军事战略优势，恢复其对盟国的控制和霸主地位②。

里根政府寻求以军事引领的空间安全，将空间优先发展事项从民用项目转为军事项目。1982 年 7 月，里根政府发布包含空间政策的《第 42 号国家安全决策指令》（NSDD - 42），表明美国空间计划的主要目标之一是建立“宇宙防御”。1981—1983 年，国防部航天预算从 48 亿美元增长到 85 亿美元，军事航天费用在 1960 年之后首度超过 NASA 航天预算。1982 年，美国成立航天司令部，推动空间系统从支持战略应用向支持作战应用扩展。同年，美国正式发布第一部空间作战条令，即 AFM - 6《军事航天理论》，从理论上阐释了空间力量的职责、任务和空间作战的主要行动等。1983 年，美国启动战略防御倡议（SDI），提议发展国家航空航天飞机（NASP）。同年，白宫发布

① JAMES CLAY MOLTS：THE POLITCIS OF SPACE SECURITY，AN IMPRINT OF STANDFORD UNIVERSITY PRESS，2011。

② 朱昕昌、刘菁文：《美国“高边疆”战略的发展历程及其影响》，载于解放军报，2004 年。

NSDD－85 号文件指出，美国将通过长期努力消除核弹道导弹构成的威胁。

作为“高边疆”战略的组成部分，SDI 要在 200～1 000 km 高空建立一个以定向能武器（包括天基激光武器、陆基激光武器、天基粒子束武器）为主、以动能武器（高性能反弹道导弹、密集发射火箭弹、精确制导的高速炮弹）为辅、空间武器与地基武器相结合的多层次、多手段的反弹道导弹系统，防御苏联对美国的大规模导弹攻击，增强美国的战略核威慑力量[①]。SDI 发展的技术主要包括：监视、捕获、跟踪和杀伤评价技术，定向能武器技术，动能武器技术，系统分析与作战管理技术，生存能力、杀伤能力和后勤保障技术，创新科学技术计划等几个方面。1984 年，里根总统签署 119 号国家安全指令，命令着手研究激光和粒子束等空间定向能武器，这标志着 SDI 正式付诸实施。“高边疆”战略与 SDI 的实施，极大地提升了美国的空间军事能力，促进了美国国防经济的发展，同时也储备了大量的相关空间技术，为后续航天发展奠定了技术基础。

乔治·布什（老布什）执政后，美国政府转而重视民用航天项目，寻求通过政治途径解决空间安全问题，与苏联的竞争趋势减缓。在导弹防御政策方面，由于成本、技术以及违反国际条约等原因，SDI 遭到国会反对，1989 年政府缩减 SDI 经费。海湾战争之后，美国国会关注重点从应对苏联威胁转为应对无赖国家的导弹扩散。1991 年，美国调整 SDI，从以针对苏联大规模导弹攻击为主，重点研究第一阶段战略防御系统（SDS－1），转向以针对苏联意外发射或未经授权发射的、第三世界国家发射的少量导弹攻击为主，重点研究防御有限攻击的全球保护（GPALS）系统，强调先实施战区导弹防御计划，升级爱国者导弹，为防御战略导弹储备技术[②]。布什政府还诱使苏联同意修改反导条约，允许部署有限的非核防御系统。美国国会对 SDI 的支持进一步加强，将开支从 1991 财年的 29 亿美元提高到 1992 财年的 41 亿美元。

这一时期，外层空间并没有发展成为军备竞赛的竞技场。究其原因，主要包括：一是已有国际公约发挥了约束作用，如《外空条约》、《反导条约》等；二是美国的 SDI 发展进程面临很大的技术挑战；三是迫于现实压力，苏联不愿卷入这场竞赛中。尽管美苏就外空军事控制开展了磋商，但美国一味追求防御性外空武器，谈判并没有取得实质性进展。不过，随着军事空间支援能力与商业航天服务能力的不断提高，美国对外空安全的关注程度正日益加深。

---

① 李永锋等：《美国弹道导弹防御系统发展研究》，飞航导弹，2014 年第 2 期。

② 温德义、李贺春：《1991 年美国 DSI 计划发展态势跟踪研究》，专题研究，1992 年。

二、冷战结束至 21 世纪初美国空间安全政策发展

冷战结束后，美国获得全面空间优势，逐渐走上军事控制空间的道路。

（一）克林顿政府时期（1992—2000 年）

苏联解体后，美国一超独霸。克林顿政府选择“折中”战略，保留武器选择权，抑制俄罗斯采取措施应对美国的空间活动。在空间安全政策上倾向于依靠条约束缚，而不是强调发展军事手段。采取的措施主要有：一是大幅度调整发展导弹防御系统的计划，放弃老布什的防御有限攻击的全球保护系统计划，大幅度削减用于导弹防御系统的预算开支；二是主张维护《反导条约》有效性，并承认《反导条约》是“战略稳定的基石”①。克林顿发展与苏联的空间合作，还推动了空间碎片工作的发展。

1993 年，克林顿政府下令将 1994 财年导弹防御的资金砍掉 41%，削减为 37.63 亿美元；彻底终止 SDI 项目；将战略防御计划局更名为弹道导弹防御局；将发展陆基战区导弹防御系统作为重点，而不是天基国家导弹防御。克林顿政府《1994 财年国防授权法案》还强调，美国将遵守《反导条约》，转而与俄罗斯合作寻求联合导弹防御。

克林顿执政后期，强硬派势力抬头。迫于国会压力，克林顿政府于 1996 年宣布了三年研制、三年部署的“3 加 3”新计划，正式将国家导弹防御计划从“技术准备”转为“部署准备”，并重启动能反卫星（KEASAT）系统项目。1999 年，在包括国会在内的各种弹道导弹威胁评估的压力下，克林顿政府又大量增加导弹防御预算，签署《国家导弹防御法案》，要求尽快部署国家导弹防御系统保卫本土。尽管如此，克林顿政府的基本主张仍然是在不突破《反导条约》的前提下，发展有限的、陆基国家导弹防御系统。1999 年 12 月，克林顿政府明确提出决定部署系统的四条必备标准：威胁迫近、技术可行、费用可承担以及对军控与国际关系无负面影响。2000 年，克林顿宣布推迟部署国家导弹防御系统。

（二）小布什政府时期（2001—2008 年）

进入 21 世纪，美国面临更多挑战。其空间安全政策关注焦点是：谋求绝

① 顾国良：《布什政府与克林顿政府军控政策之比较》，国际经济评论，2001 年 9～10 月。

对空间优势，实现军事控制空间。具体措施包括：退出《反导条约》，发布具有浓厚军事单边主义思想的空间政策，在导弹防御上加倍投入资金，大力发展全球打击的空间攻防武器。

“九一一”事件后，美国调整国家安全战略，将恐怖主义和大规模杀伤性武器确定为美国面临的最大威胁，对内加强本土防卫，对外强调“先发制人”。在美国空间相关技术迅速发展的同时，俄罗斯空间复兴计划也对美国构成了压力。

2003 年，美国宣布退出《反导条约》，其理由是：《反导条约》限制美国发展防范恐怖主义的防务能力；《反导条约》是冷战产物，《反导条约》阻碍美俄两国合作发展；《反导条约》禁止拥有核武器国家发展导弹防御系统。美国退约后，使得小布什政府建立导弹防御系统的努力合法化。这就必然会将“战略防御”概念正式引入战略力量建设，使美国战略力量的威慑体系兼备了进攻性威慑和防御性威慑的双重内容[①]。

小布什政府全方位发展的导弹防御项目包括：用于导弹预警的天基红外系统（高轨/低轨），用于导弹跟踪的 X 频段雷达，拦截近程和中程导弹的爱国者-3、战区高空防御、海基宙斯盾系统，机载激光器，以及拦截远程导弹的陆基中段拦截器、天基激光、天基动能杀伤拦截器。2004 年秋，美国国会批准为导弹防御投资 90 亿美元。在小布什的第二任期，来自鹰派的批评使美国政府大力发展天基能力，开展一系列试验，包括：机载激光器试验、微卫星近距离飞越、众多跟踪与拦截测试等。

美国 2006 年发布的《国家空间政策》提出，为保持美国的空间领先地位和“制空间权”，将塑造健全、有效和高效的空间能力作为战略目标，要求国防部“提供空间能力以支持持续的、全球战略性的、战术预警性的多层次一体化导弹防御”。新政从空间自由进入和通过的能力、空间监视能力、空间攻防能力和航天产业发展、基础能力建设、保障能力建设等方面全方位提出了战略任务，形成任务体系框架，突出从空间基础能力建设向空间军事化攻防能力建设转变、从防御和开发型政策向进攻和控制型政策转变[②]，强调空间武器化，单边主义和霸权主义意图十分强烈。

① 《美国退约：是耶，非耶？——评布什退出反导条约声明》，中国日报网，2003 年。

② 蒋宇平：《美国〈国家航天政策〉（2006 年）解读》，专题研究，2006 年。

三、美国现行空间安全政策研究（2009 年至今）

奥巴马政府时期，美国逐渐确定“亚太再平衡”战略。空间安全政策上，意图重塑新型领导地位、综合控制空间，利用政治、经济、外交、军事等多种手段实现空间安全战略目标。

奥巴马执政以来，美国先后颁布一系列报告，使美国的再平衡战略日益清晰，其称谓也由“重返亚太”、“战略中心东移亚太”确定为“亚太再平衡”。2010 年以来，美国颁布一系列空间顶层政策文献，对当前空间安全战略环境、空间安全战略目标与措施等做出阐释。2010 年 6 月，美国发布《国家空间政策》，在强调发展硬实力的同时，提出构建空间新秩序，以软实力实现国家安全目标。2011 年 2 月，美国发布《国家安全空间战略》，提出未来 10 年空间安全战略目标，为国防部发展军事航天提供了行动指南。2012 年 11 月，美国国防部发布《空间政策指令》（DoD 3100.10），就全面落实上述空间政策与战略进行具体部署①。

（一）空间安全战略环境与战略目标

美国认为，当前及未来空间安全战略环境呈现三大趋势，即空间变得越来越拥挤，越来越具有对抗性和竞争性（即所谓“3C”）。在空间安全战略目标方面，美国将国家安全空间目标概括为三点：一是增强空间的平安、稳定与安全，二是保持并增强空间赋予美国的战略性国家安全优势，三是使支撑美国国家安全的空间工业基础充满活力。为实现上述空间安全战略目标，美国将综合运用各种国家力量。奥巴马政府通过空间安全态势评估，在空间安全观的阐释上已经有所转变。奥巴马政府已经意识到，仅仅依靠空间力量维护不了空间安全，无论空间武器有多先进，仍然无法遏制其他国家；同时，空间战争对于美国自身来说也是受损的一方。因此，美国政府目前强调的空间威慑，不仅包括空间武器威慑，还包括政治、外交、经济等一系列威慑手段，美国政府希望采用多种手段的综合运用来实现战略目标。

① 曹秀云：《美国的空间安全政策与战略》，国防科技工业，2013 年 6 月。

（二）空间安全战略措施

1. 主导构建国际空间新秩序

在2010年新版《国家空间政策》中，美国提出：以“负责任的空间行为”扩大美国的空间利益。《国家安全空间战略》提出：美国倡导负责任地、和平地、平安地使用空间，并以此作为应对空间拥挤问题和对抗性问题的基础，使其他战略方针成为可能。第一，美国鼓励负责任的空间行为，并用以身作则的影响力来牵头。鼓励盟国、伙伴和其他国家都这样做。第二，美国还将通过外交接触提高与盟国和伙伴的合作能力。第三，美国将支持制定数据标准、最佳做法、透明和信任建立措施，以及“负责任的空间操作”行为规范。第四，倡导改善空间飞行活动相互告知制度，以促进全球空间飞行的平安，有助于预防事故、误解和猜疑。第五，美国国防部继续改善其所获空间态势感知信息的数量和品质，扩大对美国政府各部门、对其他国家和商业公司的平安飞行服务。

美国倡导的“负责任的空间行为”有利于减少美国面临的现实威胁，保护有利于美国的空间环境及空间利用，同时也有利于营造符合美国发展利益的国际法律氛围。

2. 巩固航天工业基础以期提升空间能力

美国2010年《国家空间政策》指出，美国将以实力为后盾维护美国空间利益不受侵犯。新政激励商业航天抢占国际空间服务市场，重振民用航天提升航天技术创新能力。美国2011年《国家安全空间战略》指出：美国将研制、采购、部署、运行并维持空间能力。保持美国领先地位的关键在于：改善采办流程、激活航天工业基础（包括改革出口管制制度）、加强技术创新、发展航天人才。

巩固航天工业基础，有利于国防部和情报界优先投资那些积聚最大优势的能力，将为国家长期安全奠定基础。

3. 建立美国主导的、广泛的国际空间合作联盟

美国2010年《国家空间政策》强调：以国际合作为先导，推行空间秩序新理念。新政提出，美国号召所有国家一道采取负责任的空间活动方式，通过国际合作共同维护自由进入与利用空间的自由；美国寻求制定双边和多边透明与信任建立措施，鼓励在和平利用空间方面采取负责任的行为。美国2011年《国家安全空间战略》指出：美国强调与负责任的国家、国际组织以及商业公司建立广泛的伙伴关系。方式包括：认可既定的ITU频谱轨位申请及使用规则，维护本国的最大既得利益；探索主导制定新规则；推介美国制造，共享空间信息；分担成本与风险，共享能力。

通过国际合作，美国可以强化领导地位，为推行空间新秩序奠定基础；同时利用整个联盟之力，依靠“软实力”提升美国自身能力，孤立、约束潜在对手，提高潜在对手与其进行对抗的风险与代价。

4. 多层次提升慑退与空间对抗实战能力

美国2010年《国家空间政策》指出，将强化军事空间能力，全面保障国家空间安全。美国2011年《国家安全空间战略》提出“多层次慑退”概念，其内容包括：支持那些倡导负责任空间行为规范的外交努力；寻求国际伙伴关系，以迫使潜在敌人自我克制；优先发展空间态势感知能力，提高美国追查攻击者的能力；增强美国的体系架构的抗毁能力，使攻击方得不到什么收效；保留反击的权利，以防万一威慑失效。此外，美国还进一步施加战争升级威慑。明确攻击其空间资产等同于攻击其本土，要综合运用政治、军事、外交、经济等多重手段进行严厉报复，且报复的目标不限于空间目标。

美国借助多层次、多手段威慑，目的是迫使敌方相信攻击美国空间资产得到的好处不及承受报复所付出的代价，从而达到不战而屈人之兵的效果。

四、美国空间安全政策特点分析

纵观美国空间安全政策与战略发展演变过程可知：尽管各阶段美国空间安全的关注焦点及其所采取的措施不尽相同，但美国始终强调，空间安全对于美国至关重要，保护美国的空间利益并确保其国家安全是美国空间安全政策总目标；保持美国的空间霸主地位，发展军事控制空间能力是美国实现空间安全目标的根本举措。

（一）空间安全内涵不断丰富

随着空间安全地位的逐年提升，空间安全已跃居为国家安全的战略制高点。美国从国家安全层面上谋划空间安全问题，并将空间安全界定为：确保可持续、稳定、安全、自由进出、利用外层空间，用以维护国家重要利益[①]。

---

① State Department: Space Security - An American Perspective, January 31, 2012. Remarks by Frank A. Rose, Deputy Assistant Secretary, Bureau of Arms Control, Verification and Compliance, U.S. Department of State, the 7th Ilan Ramon International Space Conference。

与此同时，空间安全的内涵也得到进一步扩展，其中包括：空间活动安全，空间资产和设施的有效性、安全性和可靠性，防止来自空间的威胁，航天可持续发展。冷战期间，空间安全的关注焦点主要集中在战略弹道导弹通过空间的核打击问题。世纪交替之际，战略弹道导弹与导弹防御系统在空间的攻防对抗成为空间安全的关注焦点。近期，美国空间安全观的出发点从基于能力向基于威胁转变，包括在轨空间系统可能受到攻击、潜在空间武器化、日益增多的空间碎片及在轨航天器的互碰对在轨航天器的威胁、对空间资源的争夺、保障空间能力可持续发展的航天工业基础，以及地外天体撞击地球的威胁等，但重点是在轨空间系统的安全问题。

（二）空间安全政策目标发生转变

冷战期间，美国政府的空间安全问题与美苏争霸的对抗关系紧密结合在一起，空间安全的首要目标是取得对苏联的空间优势。冷战结束后，空间技术向全球扩散，空间行为体增多。美国强调在空间的绝对优势和主导地位，控制空间思想逐渐发展成为美国空间安全战略的总目标。

（三）空间安全战略措施得到扩展

从冷战初期依靠军事引领实现空间安全，到冷战后期空间军事化，再到 21 世纪初谋求空间霸权，美国的军事控制空间思想不断得以丰富完善。奥巴马执政期间，依托强大的军事实力，运用所谓“巧实力”策略，采取更加灵活务实的方式，力图综合运用国家权力的所有要素，从政治、经济、外交与军事等方面，通过“相互关联”的多种途径，应对空间日益拥挤、越来越具对抗性和竞争性所带来的挑战。

五、小结

当前，由于美国在航天领域遥遥领先，只要不受攻击，就能保持绝对领先优势。因而，美国认为应对空间攻击的最佳策略是慑止攻击。美国选择了综合运用其强大的国际话语权、国际规则主导权、全球空间资源配置和协调能力、自身军事和经济实力等一系列综合能力，通过缔结国际条约、建立国际利益联盟、提升空间攻击追查与报复性打击能力等，慑止对手攻击。

作为世界上唯一的超级大国和航天实力最强的国家，美国的空间安全政策已经对其他国家的空间政策乃至国际空间活动产生了重大影响。近年来，英国、日本等国先后发布与美国类似的空间安全政策，均提出将综合利用政治、经济、军事、外交等手段，维护空间既得利益，确保空间生存安全与发展安全。为主导国际空间新秩序的构建，美国联合日本、澳大利亚等国研究自己提出的《空间行为准则》，加剧了大国间关于国际空间规则制定的博弈。同时，美国以缔结“国际空间联盟”为由，联合英、法、日、澳等多国，加强空间态势感知能力建设，进一步监视其他国家的空间活动，对其他国家的有限制天权带来重大挑战。为提高空间系统的抗毁能力，美国提出了“抗毁与分解”发展战略，以体系能力对抗可能的不对称打击，以期大幅降低其他国家不对称打击的效果。

美国新时期的空间安全策略已从单纯的军事行动拓展到综合运用政治、经济、外交与军事等国家权力的所有要素，既强调制定国际准则、构建空间利益联盟等“软实力”，也不放弃武力攻击等“硬手段”。面对新的发展形势，我国应尽早制定与我国国家地位及发展利益相匹配、相适应的空间安全政策，认真研究多个全球性国际空间治理规则谈判进程对我国空间安全的影响，积极参与国际谈判，为实现空间安全目标提供政策法律保障。

参考文献

[1] 北上．风起青萍——星球大战计划诞生之回顾［J］．现代兵器，2010（10）.

[2] 何世华．艾森豪威尔政府的外层空间政策及其影响［J］．东北师大学报（哲学社会科学版），2001（2）.

[3] 侯宇葵，等．美国航天政策的演变与布什新空间计划［J］．卫星应用，2004（2）.

[4] 杨秀敏．美国侦察卫星近年来的发展［J］．1982.

[5] 程永曾．里根政府的全国空间政策咨文简介［J］．全球科技经济瞭望，1988（10）.

[6] 罗伯特·M·鲍曼．里根“星球大战”演说，星球大战——防御星还是死亡星（附录B）［M］．程不时，叶惠民，译．上海：上海科学普及出版社，1988.

[7] 谭家骥，等．美国军事卫星通信系统发展概况［J］．军事通信技术，1985（14）.

[8] 刘晓恩．转型下的美军空间力量发展［J］．中国航天，2004（11）.

[9] “飞行转型”计划出台：美军欲独霸太空.

[10] 焦亮．试析美国空军新版《空间作战》条令［J］．外国军事学术，2007（5）.

[11] 孙哲，等．奥巴马政府战略中心东移对美俄关系的影响［J］．美国研究，2013（1）.

[12] Hillary Rodham Clinton. America's Pacific Century. Foreign Policy，2011，www.state.gov.secretary/rm/2009a/117345，html.

［13］US Department of Defense. Sustaining US Global Leadership：Priorities for 21st Century Defense. January 2012，www. defense. gov/…/Defense _ Strategic _ Guidance. pdf.
［14］徐鹏，等．构建以美国为主导的世界空间新秩序——美国 2010 年版国家空间政策评析［J］．863 航空航天技术，2010（8）.
［15］Air Force Space Command Resiliency and Disaggregated Space Architectures White Paper，April 2013.
［16］The Future of Milsatcom Center for Strategic and Budgetary Assessments，2013.
［17］张占月．美国新版《空间作战》条令浅析［J］．装备指挥技术学院学报，2009（5）.
［18］张占月．美国新版《空间作战》条令剖析［J］．863 航天航空技术，2013（8）.
［21］王若衡，等．英国《国家空间安全政策》解读［J］．中国航天，2014（8）.
［22］宇宙開発戦略本部，宇宙基本計画，平成 27 年（2015 年）.
［23］李云，等．日本加速军事航天能力建设值得警惕［J］．专题研究，2014.
［24］张振军，美国外空安全新政策及其国际影响［J］．北京理工大学学报（社会科学版），2013（6）.
［25］曹秀云．美国的空间安全政策与战略［J］．国防科技工业，2013（6）.
［24］James Clay Moltz. The Politics of Space Security，2011.
［25］Jim R Holmes，James J Rrzystup. Between diplomacy and deterrence：strategies for U. S. relation with China. The Heritage Foundation，1997.
［26］杨毅．中国国家安全战略构想［M］．北京：时事出版社，2009.
［27］US National Security Space strategy，2011.
［28］王克，等．国外空间目标监视系统组织体制研究［C］．学术论文，2010.
［29］刘馨阳．中国国防科技研发投入特点及对策分析［J］．北京航空航天大学学报，2013（5）.
［30］戴阳利，等．航天强国发展与启示．卫星应用，2014（3）.

Analysis on the Evolution of US National Security Space Policies

XU Hongying，CAO Xiuyun and ZHANG Limin

（China Aerospace Academy of Systems Science and Engineering，
Beijing 10048，China）

Abstract：Space Security，pertaining to national security and interests，is one of the most critical strategic issues and has been an international focus. The United States is among the first nations to put space security into their national security frameworks. The US space security strategies and policies have far - reaching implications on other nations' space security policies as well as international space norms. From a historical perspective, the evolution of US space security polices can be divided into three stages: 1) focusing on nuclear attacks carried by strategic ballistic missiles running through outer space during the cold war USA - USSR confrontations; 2) focusing on attack - defense confrontations of ballistic missiles and missile defense systems at the beginning of the 21st century; and 3) focusing on safety, stability and secure use of US space assets at present. Although the focuses and tactics of US space security policies varied at different times, the United States always stresses that space security is crucial, with protecting US interests and ensuring US security in outer space as the general goal of US space policy. Maintaining supremacy in outer space and developing military space control capabilities have been the fundamental measures to achieve US space security objectives. This paper analyses the background and content of US space security strategies and policies at different stages so as to identify their evolutionary trends and characteristics.

Key Words: United States; Space security; Space policy; Space systems; Space control

论全球卫星导航的国际法规制

蔡高强* 陈 露 刘思阳

摘 要：目前，全球主要有美国 GPS、欧洲 Galileo、俄罗斯 GLONASS 和中国北斗等四大卫星导航系统。随着全球卫星导航技术的不断发展和商业化，引发了一系列国际法问题，如卫星导航技术在军事侦察领域的运用对国家领空主权原则形成了严重冲击，卫星导航数据的商业化利用侵犯了被遥感国的自然资源主权，卫星导航技术对导航信息的获取和利用会造成未掌握该技术国家的信息主权被侵犯，等等。为解决全球卫星导航面临的国际法问题，国际社会应借鉴国际民航组织关于全球卫星导航在民航领域应用的法律制度，确立全球卫星导航的基本原则，对卫星导航活动进行全面的法律规范，并将涉及卫星导航的国际法规较好地转化为国内法。此外，建立规范卫星导航的专门性国际公约已经成为适应全球卫星导航发展的必然趋势。在有关国际公约出台之前，有必要重申并继续遵守现有国际法的原则，建立全球卫星导航纠纷解决机制，实现国内法与国际法的协调，以促进全球卫星导航系统快速稳定的发展。

关键词：全球卫星导航；法律冲突；国际法规制；航天国际贸易

目前，全球主要有美国 GPS、欧洲 Galileo、俄罗斯 GLONASS 和中国北斗等四大卫星导航系统。随着全球卫星导航技术的不断发展和商业化，引发了一系列国际法问题。研究如何确立全球卫星导航系统的基本原则和法律规范，并将涉及卫星导航的国际法规较好地转化为国内法，实现国内法与国际法的协调，对于促进全球卫星导航系统快速稳定发展具有重要意义。

---

* 蔡高强，法学博士，湘潭大学法学院教授，博士研究生导师，中国空间法学会常务理事。主要从事国际空间法、国际经济法的教学与研究。本文为作者在中国宇航学会·中国空间法学会 2015 年学术年会上荣获优秀论文一等奖的录用论文，系国家社科基金项目“基于太空竞争的航天贸易管控及法律规范研究”（16BGJ024）的阶段性研究成果。

一、全球卫星导航系统及其发展

20 世纪 50 年代，苏联第一颗人造地球卫星成功发射，为卫星导航时代拉开了帷幕。美国紧随其后推出第一代卫星导航 Transit，用于当时的定位、导航及测绘。苏联不甘落后，也在不久后推出了 Cicada。这两个系统开创了世界卫星导航新时代，为全球卫星导航系统的出现奠定了基础。20 世纪 70 年代，美国开始推出第一代 GPS，俄罗斯开始推出 GLONASS，两个系统几乎同时在 20 世纪 90 年代投入运营，几乎垄断了全球导航定位信息资源。随着全球信息化的普及，全球卫星导航的作用已经渗透到人们日常生活的各个方面，并且在各国经济、国土、公共安全等体现综合国力的领域发挥了无可替代的作用。因此，各大国竞相寻求建立本国独立的卫星导航系统。目前，全球主要有四个卫星导航系统，他们分别是美国的 GPS、欧洲 Galileo、俄罗斯的 GLONASS 和中国的北斗卫星导航系统。

（一）美国 GPS 的出现与全球应用

GPS 出现于 20 世纪 70 年代，1994 年建成并投入运营，共历时 20 多年，花费 200 亿美元，是目前应用最广泛、最为成熟的卫星导航系统[1]。GPS 系统的发展经历了一个不断完善的过程。到目前为止，GPS 在卫星信号、服务范围、应用领域等方面都日趋成熟。

首先，GPS 卫星信号实现从军用到军民共享转变。GPS 最初出现是为了冷战时期与苏联抗衡军备。美国曾颁布 Selective Availability 政策，即“信号选择性使用政策”，目的在于限制民用信号、保证军用信号的强度。随着美苏冷战结束，为巩固其信号的垄断地位，美国大力推广民用信号。1996 年，美国颁布《国家 GPS 政策》，取消了“信号选择性使用政策”，增强了 GPS 民用信号，并承诺 10 年内免费向用户提供。2000 年，GPS 纳入《美国法典》。至此，美国卫星信号的使用规范以最具强制力的法律固定下来，坚定了民众使用卫星民用信号的信心，为民用信号市场进一步扩大提供了保障。

其次，GPS 的服务范围从国内扩大到全球。卫星导航作为一种战略资源，信号服务的供应范围最初被严格限定在本国国内。1991 年前，美国对 GPS 相关产品的出口进行了严格限制。冷战结束后，美国意识到抢占卫星导航民用市场的重要性，简化了 GPS 设备出口手续，不再设置出口限制，美国 GPS 信号的终端接收设备出现在各大海外市场，为 GPS 争取了极大的市场份额。加之美国 GPS 导航服务技术已经达到世界领先水平，使得 GPS 服务范围从国内迅速扩展到全球，用户设备销售额到 2010 年已经突破 200 亿美元①。美国在技术上提升了 GPS 信号的精度、增强了 GPS 的星座部署，同时还将 GPS 信号服务标准写入法律，使 GPS 信号服务质量得到全方位保障。近年来，随着 GPS 与其他卫星导航系统的合作走向深入，美国推出一系列政策，如《国家空间政策》、《PNT 政策》等，从国内立法方面保证 GPS 的服务质量，让 GPS 提供的信号服务与全球市场需求保持一致。

再者，GPS 的应用领域从单一到多元。GPS 建立之初只应用于军事领域的定位、授时，而随着民用信号的推广，其应用已经渗入到通信、交通等多个领域。GPS 导航服务在陆地活动、航空活动、航天活动、海洋活动，甚至在人们的日常生活中，都有极其广泛的应用。在陆地上，人们日常的交通导航、位置定位、地面测量、搜救活动、货物追踪、军事应用等一系列要求进行位置定位的活动都离不开 GPS 的使用。对于民航客机、军用飞机的导航，飞机空中加油、空中交通管理、飞机起飞着陆等空中活动而言，GPS 信号是其主要信号源之一。可以说，没有 GPS 信号的使用，这些活动甚至无法正常开展。

（二）俄罗斯 GLONASS 的强制使用

GLONASS 是由苏联在 20 世纪 70 年代组建，与 GPS 有着长期的竞争关系。太空军备竞赛时期，苏联发射大量卫星入轨，因此 GLONASS 在 20 世纪 90 年代就组成了拥有 24 颗卫星的全球卫星导航系统。GLONASS 在系统设计时，出于军事用途的考虑，将其卫星发射频率与 GPS 区别开来。GLONASS 采用频分多址体制，即每个卫星的信号频率都不相同，这样的信号区分方式在战时可以防止整个系统同时被敌军干扰，这在当时既是优势，但同时也成为 GLONASS 进行商业推广的阻力因素。

由于 GLONASS 卫星发射时间较早，而且缺少维护，因此大多处于超期运行状态。随着卫星故障越来越多，到 2000 年初，GLONASS 中能正常工作的卫星只有 7 颗。当用户需要进行定位时，其同时看到两颗卫星的概率只有很低的 35％。鉴于 GLONASS 系统严重老化、缺少维护，而且没有新的卫星及时补充，曾有专家预言，GLONASS 最多支持到 2000 年即会崩溃[2]。在

① 李宇华，刘文平，魏俊峰，赵超阳，朱锐：《美国 GPS 政策的演变规律及启示》，载于第四届中国卫星导航学术年会电子文集。

GLONASS 开始停滞不前的这段时期内，GPS 基本独霸了卫星导航市场，全球当时有 97％的用户都在使用 GPS。美国的信息霸权地位，让许多国家心生不安。加之美国曾关闭过部分地区的信号，且加强了本国的军用信号，使得信号使用国长期处于被动地位。于是，很多国家都将打破美国垄断地位的希望寄托在曾经辉煌过的 GLONASS 身上。

针对美国展示 GPS 的军事野心及其获取的全球 97％的卫星导航市场的形势①，俄罗斯制定了 GLONASS 强制使用政策。俄罗斯联邦航天局通过名为《2020 年前 GLONASS 联邦计划》的方案。该方案计划对 GLONASS 注资约 144 亿美元，用于卫星数量的维持，以加快对卫星、地图的研发和用户设备的研发，并同时强制推广 GLONASS 的国内应用。首先是国家政策上的支持，俄罗斯政府规定，从 2009 年起取消 GNSS 部分进口关税；此外，俄罗斯交通部要求，将 GLONASS 接收机部署在所有的国内制造的汽车、船只和飞机上。其次，国家颁布专门法令为推广应用提供法律支撑，法规确立了 GLONASS 导航活动的法律框架，具体规定了各级实体的权力。再者，对不支持 GLONASS 的硬件，俄罗斯政府开始征收关税。

然而，GLONASS 信号在诸多方面并未达到 GPS 的水平，俄罗斯强制推广使用的措施也有悖于民众的意愿。但是，从俄罗斯的国防目的与 GLONASS 迅速复兴计划来看，俄罗斯政府的行为具有一定的预见性，不失为发展国家独立卫星导航系统的有效手段。

（三）欧洲 Galileo 计划的提出与实施

1996 年 7 月 23 日，欧洲议会和欧盟交通部长会议提出欧洲自主建设卫星导航系统问题。1999 年 2 月 10 日，欧洲委员会发表名为《伽利略（Galileo）——欧洲参与新一代卫星导航服务》的报告，首次提出 Galileo 计划。Galileo 计划的提出考虑到卫星导航对国家安全、经济发展两方面的重大影响。在国家安全方面，欧盟经济发展到一定程度后，最需要的就是在地区安全上努力减少对美国军事和技术的依赖。在经济方面，卫星导航市场存在巨大的经济利润，Galileo 建成后，平均每年的经济效益可达 100 多亿欧元[3]。此外，Galileo 计划附加的经济效益也十分诱人，仅仅是在卫星导航领域，Galileo 计划就可以产生大约 150 000 个就业岗位。预计到 2020 年左右，Galileo 计划大

① 冷战结束后，美军在随后几次参与的战争中，GPS 都发挥了超乎想象的作战能力。美国“反卫星实验”的成功、外空武器化的步伐不断加快，给各国敲响了警钟。

约可产生 740 亿欧元的产业效益[4]。

根据最初的建设规划，Galileo 作为全球首个民用卫星导航系统，其导航信号将被应用在农业、渔业、土木工程、能源、环境、财政、银行、保险、通信、航空、民防、海事、公共交通、公路、铁路等多个领域[5]，应用范围几乎涵盖日常生活的方方面面。但卫星导航在民事上的应用与在军事上的应用存在较大差异。军事领域对导航信号服务的精准度与传播速度要求较高，而民用领域对信号服务的精准度与传播速度要求则根据具体的应用领域而有所不同。因此，Galileo 在应用中对信号服务类型做了独创性的分类。

与传统的全球定位相同，Galileo 在应用中能够提供的信息服务类型是有限的，包括位置、速度和时间。但是，Galileo 的导航服务根据不同应用领域对精度和可靠性的需求不同，将其导航信号按功能进行了分类。Galileo 能提供五种服务[6]：一是公开服务信号（OS）。该信号服务是免费的，但是不提供保证，使用简易终端设施即可接收，其定位精度相当于 GPS 的标准定位服务，如日常生活中的车辆导航与移动电话定位。二是生命安全服务信号（SoL）。这种服务适合更高的定位要求，并且能与其他交通模式兼容，其性能满足国际民航组织的要求，专门用于涉及生命危险的航海、航空等领域。三是商业服务信号（CS）。它是以公开服务为基础的一种增值服务模式，可以对导航数据进行加密和鉴别，并且收取相应的信号加工费用。四是公共特许服务（PRS）。该服务的卫星信号具有高连续性和强抗干扰性，受欧盟成员国控制，是针对国家安全部门设置的。五是搜救服务（SAR）。该服务将失事船只和飞机的精确定位信息发送给救援中心，提供多颗卫星覆盖和高频率的信息发送，能保证信息的畅通和迅速扩散，确保救援工作的顺利开展。

（四）中国北斗导航系统的试验与应用

近年来，我国致力于自主研发北斗卫星导航系统，一方面是基于卫星导航系统目前已成为国家经济社会发展、国家安全保障必备的空间基础设施，另一方面也是出于对过度依赖他国导航定位信号的担忧。与其他国家一样，中国对美国提供信号服务的持续性和完整性存有疑虑。美国曾公开表示："在其本国安全遭受威胁的情况下，会采取降低对方 GPS 信号精度或者暂时关闭信号源等措施"；并且在我国一次军事演习时，美方人为关闭了 GPS 信号[7]。早在 20 世纪 80 年代，我国就提出自主研发的双星定位系统——北斗导航系统的设想。目前，GPS 产品在我国市场的占有率在 90%以上，巨大的市场份额让中国政府意识到，建立卫星导航不仅是经济社会发展的需要，更是国家安全的保障。

鉴于双星定位工作的复杂性，以及自主研发项目需要不断实验和推演的特点，我国制定了卫星导航研制的三个漫长步骤：试验阶段、试用阶段及使用阶段[8]。北斗卫星导航工程包括：北斗一号和北斗二号。前者是北斗卫星的导航试验，后者是导航定位。北斗一号的自主研发从1994年开始，到2002年结束，从第一颗卫星入轨到完成部署共花四年时间。目前，北斗一号已在测绘、勘探等多方面发挥作用[9]。但是，由于北斗一号还在试验阶段，仍存在信号不稳定、覆盖范围小、接收系统短缺的不足。

北斗二号是我国导航卫星部署的第二阶段，也就是试用阶段建设的卫星导航系统。北斗二号是一个具有独创性的开放系统，它在设计时就考虑了与GPS、GLONASS、Galileo的兼容和互操作问题，并且其提供的功能完全可以取代美国的GPS和俄罗斯的GLONASS。北斗二号一期的定位精度为10 m，授时精度为20ns[10]。北斗二号导航电文还包含将数据转换成GPS、GLONASS、Galileo等卫星导航的参数。目前，北斗二号的地面设施建设已基本完成，国家有关部门已开始各类信号接收设备的研制，部分已投入生产，北斗卫星导航系统已进入对外合作、宣传、市场开发阶段。

相对于其他卫星导航系统而言，我国的北斗卫星导航发展具有其自身特点。在区域部署方面，北斗卫星导航的部署计划是从区域到全球部署，先完成对亚太地区的覆盖，然后逐渐转向对全球地区的覆盖。在信号质量方面，北斗静止轨道卫星数目将会增加，可结合非静止轨道卫星提供广域差分信息和完好性信息。北斗卫星导航的独创功能——短信报文通信方式将会得到继承，并在北斗一号的基础上扩充容量。

二、全球卫星导航产生的主要国际法律问题

随着科技的发展，卫星导航技术取得了惊人的突破。目前，全球卫星导航的运作以卫星群为依托，可以实现对地球24小时无间断、三维立体、无缝隙的导航定位。在卫星导航全球化的趋势下，导航信息的获取成为保障国家政治、经济、领土安全的关键。相较其他航天活动来说，卫星导航活动具有其特殊性。卫星导航的范畴不仅包括卫星的发射、在轨运行，还涵盖了卫星信号的地面接收设施建设、外空与地面之间信息传送等内容，其中涉及了许多国际法问题。卫星导航在受到越来越多国家关注的同时，涉及的诸多国际法问题也亟待解决。

卫星导航涉及的重要问题就是卫星导航是否构成了对国家主权的侵害。由于国际上对卫星遥感是否需要经过被遥感国同意这一问题上一直没有达成一致意见，因此卫星的遥感、导航活动的范围并未受到相关法律的限制[11]。在卫星导航所获取信息的发散问题上也暂无国际法进行规制，国家主权面临多方挑战。

（一）对国家领空主权的侵害

国家主权，是指“国家固有的、独立自主地处理其对内、对外事务的最高权力”[12]。国家领土，是指处于国家主权管辖下的地理范围，一般包含领土、领空、领水和水域底土。领空是国家领土的一部分，固然受国家主权管辖。《国际民用航空公约》第 1 条规定：“缔约国之间必须承认，每个国家对其领空（含领土之上的空气空间）享有充分的、完全的和排他性的主权”。目前，世界上仅有美、俄、中、欧等几个大国或地区具有独立的卫星导航系统，这就使得这些国家在卫星导航领域拥有一些“特殊的权利”[13]。而没有独立卫星导航的国家，在航空事务上就有可能处于劣势，甚至领空主权都面临着遭受侵犯的可能。

1. 领空军事侦查

在分析卫星导航活动是否侵犯国家领空主权这一问题之前，界定国家领空高度对于确定卫星活动是否在国家领空范围之内显得尤为必要。自外空活动开始至今，领空高度问题一直争论不休，国际法上至今都未达成统一共识。在人类第一颗人造地球卫星升空之后，根据关于太空战略系统部署的设想以及出于防御系统建设的战略需要，各国争相拔高领空主权的高度。领空界限的确定出现了不同声音，目前主流的观点是“人造卫星轨道最低点说”[14]。根据这一观点，领空的界限应介于离地面 90～110 km 处，与离地面最低卫星轨道的高度毗邻。这种领空高度的确定方式在实践中被国际社会广泛接受。由于领空高度低于卫星运行的最低点，那么卫星在轨运转的物理活动将不构成对领空的侵犯。

卫星导航在领空军事侦查活动的作用主要是协助侦查飞机：通过卫星导航定位，指引其进入别国领空获取他国军事信息。1996 年 5 月 1 日，美国 U－2飞机为获取苏联劳动节阅兵信息，企图从巴基斯坦飞往挪威的途中穿过苏联的领空，并通过 GPS 定位图像系统对苏联进行卫星图像采集。后来，这一计划被暴露，侦察机一进入苏联领空便被立即击毁[15]。国家对领空享有绝对的管辖权规定，凡是需要进入一国领空范围的行为，都必须获得所在国的同意。空气空间与海洋法规定不一致，因为在空气空间不存在所谓的“无害通过权”：“国家对其领空的飞行器活动都享有管辖权”；“任何飞行器都不得在未经允许的情况下，擅自穿越他国领空”。军事侦查行为属于对国家信息的窃取，一旦被发现，被侦查国家有权对空气空间飞行的侦查设备采取措施。

2. 领空电磁干扰

根据导航应用的需求，卫星导航传递数据的电磁波信号不断加强，必然会对与外层空间毗邻的空气空间活动造成干扰，其中最易受到影响的就是航空运输。在战争期间，美国曾有过关闭 GPS 区域信号服务的先例。美国还公开表示，“在特殊时期，为保护本国信号的正常使用，会弱化其他区域的信号”。信号服务的中断或者不完整，将直接影响到国家领空通信是否正常运行。并且，现有的各种航天器的发射都是借助空气动力原理，这就不免会在发射过程中穿越他国领空。这种返回式的发射途径，不能排除飞行器在发射或者返回时在他国上空搜集数据资料。当发射活动或者日常卫星通信活动对领空形成电磁干扰时，国家对领空通信的管辖能力就会弱化。

（二）对自然资源永久主权的侵害

自然资源是一个国家赖以生存和发展的基础。自然资源的永久主权是一个国家主权不可分割的部分，同时也是一个国家固有的、不可侵犯的权利。联合国于 1962 年将自然资源永久主权以宣言形式确立。国际上对自然资源的永久主权已经得到广泛肯定。关于卫星导航对自然资源永久主权是否构成侵害的争议焦点主要有：导航数据资料的占有与商业利用是否符合国际法。

1. 对自然资源数据资料的占有

目前，自然资源永久主权原则在国际社会已经得到普遍认可，在现阶段卫星导航服务不断扩展的情况下，自然资源永久主权涵盖了对自然资源遥感数据的拥有权，即对自然资源资料的所有权，这项新权利对探讨导航数据散播的效力问题具有重要意义。

对于自然资源数据的占有是否符合国际法，首先需要讨论的是自然资源数据的来源是否合法。地面数据收集形式主要有穿透性数据收集和外围数据收集两种方式[16]。前者需要进入一国领土范围收集，且根据国际法主权原则，应当征得被收集国家同意；后者是从非国家领土范围的公海或者外空收集数据。因此，位于外空的导航卫星以这种方式收集到的任何信息都是能得到国际法支持的。其次，关于国家是否有权占有数据的问题，由于国家卫星导航的所有权属于国家，导航卫星所属国理所应当享有卫星导航数据的所有权[17]。

2. 对自然资源数据的商业利用

导航卫星对地面进行遥感具有监测功能，可以辨认出地面上农作物的种类，发现地面裸露的矿产，甚至还能根据农作物的面积预计出农作物的年产量。因此，导航数据对于每个国家的经济社会发展都具有重大的利用价值。可以想象，一国的关键经济信息如果掌握在别国手中，或者被散发、滥用，那么将对一国的经济安全构成极大的威胁。目前，因为导航数据都掌握在卫星导航大国手中，所以这种担忧主要来自于没有独立卫星导航的国家，尤其是发展中国家。发展中国家为防止自己的经济信息被窃取，积极主张自然资源数据不应被商业利用。蒙古国代表早在 1976 年就提出，将“被遥感国领土内获取的有关国家财富的数据资料，应当视为自然资源主权不可分割的一部分，应当受到一切国家的尊重”①。而美国等发达国家对此持反对态度，他们主张“共同开发和利用太空原则”，意味着世界各国可以平等享有地面信息的权利。美国政府已经同意本国卫星私营公司将数据资料以合同形式售给其他国家或者公司，并且从中赚取高额利润。法国的 SPOT 卫星也是商业化经营的，且销售业绩斐然。据统计，SPOT 卫星图片目前占全球卫星图片市场的六成份额，且为了扩大市场占有率，SPOT 卫星的经营公司正在努力降低图片价格。现在一张分辨率为 30 m、幅面为 185 km×175 km 的定位图片，已从原来的 2500～3000 美元下降到 600～1675 美元[18]。

（三）对国家信息主权的侵害

国家的信息主权，即国家对网络信息所享有的管辖权，是指国家对信息具有的保护、管理和控制的能力[19]。信息主权主要分为以下三个方面的内容：一是信息控制权，即主权国家有效控制跨境的数据交流方法和交流内容；二是信息管理权，即国家对信息在本国内外流通的管理权；三是信息资源共享权，即通过国家间的交流、合作等方式，实现全球的信息共享[20]。信息主权是现代国家主权的一部分，是国家主权在信息全球化背景下的新表现。卫星导航的出现让国家信息主权面临着新的挑战。

1. 信息控制权被剥夺

信息控制有广义和狭义之分。广义的信息控制权，是指采取措施保护其具有管辖权的信息，以保证信息内容的安全，也就是保护信息的完整与真实；狭义的控制权，是指针对网络数据被窃取、篡改的风险，主权国家采取有效

① 引自联合国外空委文件：A/AC. 105/171. 附件九，1976－5－28。

措施，抵抗外来有害信息对自身的侵犯和破坏[21]。国家对主权管辖范围内的信息都享有控制权。因此，卫星导航获取的地面数据信息应属于其所在国信息控制范围内。

目前，由于各国在经济和技术发展水平的差异，有卫星导航能力的国家并不多，使得卫星导航的信息控制权也仅在拥有卫星导航系统的国家得以实现。《遥感原则》曾明确了信息收集的基本原则，但对被遥感国家对本国被遥感的信息享有什么样的权利并未提及。因此，对于还未具备导航能力的国家的信息主权及信息控制权如何保障还没有国际法上的依据。并且，导航卫星在获取地面信息之前以及使用数据之前是否应征得地面信息所在国同意这一问题，国际上尚无统一说法。国家的卫星导航信息的控制权目前并没有获得法律保障。

2. 信息管理权被侵蚀

信息管理权，是指信息控制权被一国掌握之后，为维护信息安全而采取的具体管理措施。信息管理权主要包含以下几点内容：第一，国家制定相关的法律与政策，对信息进行引导与有效的管理；第二，为对流动的信息进行有效管理，对国家输入与输出的信息，建立有效的市场监管机制；第三，依据一国的法律，对本国信息相关的纠纷提供司法依据与司法管辖。第一点是在信息领域中国家行使立法主权的表现，第二点主要是为了保护国家信息的安全以及防范危及国家主权的不利信息。国家对卫星导航信息的管理权主要体现在对导航数据流通的管理上。国际法对导航数据的流通规定仅限于《遥感原则》中的“支付合理费用条件”，但这一定义相当模糊。由于缺乏有强制性的国际规定，国家对导航数据的流通管理行之有效的方式只能是通过国内法订立合同。虽然国内法在合同的订立和执行上对信息的流通和传播以及对信息纠纷管辖都具有一定的约束力，但是，由于缺乏统一的信息使用范围以及导航信息的知识产权保护的统一标准，导致各国的信息管理权缺乏依据和保障[22]。

3. 信息资源共享权被限制

信息资源共享权意味着一国拥有相对独立的信息产业市场和信息资源带来的利润，并且具有可以与其他国家的信息资源进行平等的共享与交换的权利[23]。通过国家对信息资源的占有与交换活动，维护主权国家参与国际信息规则制定活动的话语权和参加国际事务的权利。该项权利在卫星导航的背景下难以得到实现的首要原因是导航信息资源的高度集中[24]。目前，卫星导航的数据资源只掌握在少数国家手中，确切地说是掌握在少数拥有卫星导航国家的卫星运营商手中，这意味着信息资源的利润也相应被垄断了。

早在外空委法律小组拟定《遥感原则》草案时，就对“卫星获取的地面信息能否被导航系统所有国占有”的问题进行了讨论。发展中国家强调对本国的地面信息的无条件占有，包括“处理其自然资源和有关这些资源的资料的不可剥夺的权利”[①]，主张未经信息被获取国同意不能被散播或使用。而发达国家则要求加上“应适当考虑其他国家及其自然人和法人按照国际法所拥有的权利和利益”[②]，要求肯定对导航信息资料的所有权及其带来的利润。最后，外空委法律小组采取了折中的方案，提出在不损害《外空条约》规定的“自由探索和利用外空原则”的条件下，遥感地球应尊重一切国家对其自然资源享有充分主权的原则[③]，但这一表述至今未得到导航大国的认同。

三、加强国际法对全球卫星导航的规制

随着全球卫星导航的发展，各国在技术研发、设施部署和开展国际合作的过程中出现了诸多的法律问题，特别是卫星导航侵犯国家主权应如何界定、国际空间法的绝对责任原则是否适用等问题都亟待国际法的规制，但由于现行国际法在卫星导航方面的立法空白而出现法律规制的困境。加强国际法对全球卫星导航法律规制，已成为国际社会的当务之急。

（一）借鉴国际民航组织关于卫星导航的立法经验

卫星导航一个重要的应用领域就是民用航空的导航。精准的导航信号对于安全、稳定的飞行航程来说极其重要。国际民航组织（ICAO）作为民航领域最具权威性的国际组织，自卫星导航系统运作之初就积极参与卫星导航的立法活动。目前，ICAO 在全球卫星导航法律框架制定过程中已经做了不少工作。虽然任重道远，但其相关经验对卫星导航法律的制定具有极大的借鉴意义。

1. 借鉴国际民航组织的相关立法内容

ICAO 关于卫星导航的法律分别是《芝加哥公约》与《关于全球卫星导航服务的国家权利与义务章程》。前者是有关国际航空运输现行法律中最重要的航空公约，后者是 ICAO 针对规制全球卫星导航系统的民航应用而制定的法律文件。芝加哥国际民用航空会议于 1944 年签订《国际民用航空公约》，即

① 联合国外空委文件：A/AC. 1/1047，1974 年 10 月 15 日，阿根廷—巴西方案。

② 引自联合国外空委文件：A/AC. 105mi，附件九，1976－5－28。

③ 引自联合国外空委文件：A/AC. 105mi，附件九，1979－4－10。

《芝加哥公约》，是目前被广泛接受的国际民用航空公约，涉及政治、经济、技术等领域各方面的问题。《芝加哥公约》第 44 条规定，ICAO 的工作目的就是促进空中交通的规划与发展，管理全球卫星导航。2001 年 10 月，ICAO 成员国大会第 32 届会议通过 A32－20 号决议，即《关于全球卫星导航服务的国家权利与义务章程》（以下简称《章程》），《章程》是国际上首个由 ICAO 主持制定的专门性卫星导航的法律文件。

《芝加哥公约》和《章程》都对保证国家权利与义务的一致性方面进行了规定。《芝加哥公约》规定，“缔约国必须承认每个国家对其领土之上的空气空间享有完全排他的主权”①；“缔约国有权拒绝外国飞机在其国内两地之间的商业运输，并且根据军事理由可以设定禁飞区”②。在国家义务方面，缔约国需要配合 ICAO 的管理活动，保障合法通过本国领土的航空器的安全。《章程》提出各国保持权利与义务法统一应遵循三个原则：一是国家无歧视地获得导航信号原则，即国家在同等条件下应当享有卫星导航统一质量的信号服务；二是国家对领空享有完全的管辖权且不受任何限制原则，该原则明确国家领空主权的管辖范围，这对避免卫星导航的管辖权争议十分必要；三是国家有积极参与国际协作制定信号标准的义务，体现了全球卫星导航信号资源的平等共享，有利于平衡发展中国家与发达国家的利益。

为保障国际标准在民用航空服务的高度可行，《芝加哥公约》第 37 条规定了 11 项 ICAO 可以根据实践所需随时制定并修改的国际标准及其建议措施和程序。第 38 条进一步规定，“任何国家在不能遵守国际标准或程序时，应当立即将本国标准与国际标准之间的差异通知 ICAO；如果在国际标准修改之后，仍不能通过修改本国规定使其与国际标准相适应，则 ICAO 会将其国家标准与国际标准的差异通知其他国家”。这一规定在于建立一个灵活的国际民航服务标准适用机制，既可以普及国际标准的适用，又能协调少数国家国内法与国际公约的冲突，及时通知其他国家采取相应措施。而《章程》中对于卫星导航信号标准的变化或者与国际标准出现差异时的规定则更具前瞻性。根据其原则规定，“任何民航信号的变动都要提前通知”。鉴于导航信号的任何变动都会给民用航空活动带来不可估量的影响，预先通知是非常必要的。

2. 借鉴国际民航组织的立法形式

由于全球卫星导航的法律框架构建是个漫长的过程，法律内容的充实需

① 《芝加哥公约》第 1 条。

② 《芝加哥公约》第 4 条。

要长时间的实践检验。因此，ICAO立足于卫星导航在民航领域的实践经验，根据法律需要规制内容的不同，确定与之相适应的法律文件形式。

首先，ICAO设立了全球卫星导航指导原则、政策、建议。目前，在《章程》中确定了基本原则，保证了法律内容与立法目的的一致性。此外，民航组织也将其制定的相关政策分别纳入已有国际法公约的附件或指导手册中，如《芝加哥公约》附件十，这有利于弥补全球卫星相关法律在适用上的空白，保证国际法对卫星导航活动及时有效的规制。而ICAO建议的独创性法律文件形式对全球卫星导航的借鉴意义更是重大，国际立法机构与国内立法机构的相互建议保证了国际法与国内法在共同规制卫星导航活动中的一致性[25]。

其次，ICAO制定了全球卫星导航国际标准。国际标准的建立有利于卫星导航的全球化，制定卫星导航的相关国际标准是《芝加哥公约》赋予国际民航组织的职责。目前，卫星导航信号的持续性和完整性成为国际社会普遍关注的问题。长远来看，全球卫星导航信号的标准应该由国际公约进行统一规定。但是现阶段，信号标准都是在双边协议中进行规定的，出现区域性信号误差的可能性较大。因此，制定国际导航信号的通用标准是现阶段的当务之急。当前，国际民航组织的做法是要求各成员国保证国内电信局与民航局的无线电信号频率一致，进而保障国际合作中卫星服务信号的一致性。

最后，ICAO达成了全球卫星导航国际协定。国际协定在形式上可分为国际公约与双边协定，其中，国际公约的制定是解决卫星导航法律问题的长远出路。依据国际民航组织的计划，制定《章程》的原则只是第一步，关于其内容的制定应该考虑到卫星信号误传致损的责任机制、卫星导航信号的兼容性等。而在民航领域的卫星导航责任机制中，主要使用国内法的过错责任原则。这种规制方式对于民航领域的实践性较强，但是涉及到主权豁免等问题时，责任的认定应通过确定性较高的双边协议来解决。签订双边协议是目前卫星导航跨国合作的主要形式，它具有约束力强、内容明确等其他法律文件形式无法比拟的优势。ICAO希望通过在国家间双边协定中明确主权豁免、风险保障、责任机制，以保证全球卫星导航法律机制运用的稳定[26]。

（二）重申国际法的相关原则与规定

各国在构建新的法律体系及概念达成共识之前，新的全球卫星导航公约的制定和签署都会步履维艰。因此，维持现有法律机制，重申与卫星导航的相关国际法的基本原则，倡导各国在现有国际法基本原则内进行导航活动，不失为一种明智的选择。

1. 共同利益原则

根据 1967 年《外空条约》第 1 条，外空活动应当“为全人类谋求共同利益而开展”①。有学者曾经说过，“人类共同利益原则的重要性，体现在它的普遍适用性中”[27]。在 1979 年《月球协定》中，为保护整个国际社会的利益，“人类共同继承财产”这一概念被囊括进共同利益原则的保护对象之中。根据联合国《空间利益宣言》，近地轨道资源属于“人类共同继承财产”的范畴②，应当遵守共同利益原则。共同利益原则的另一个重要内容就是“应本着为所有国家谋福利与利益的精神”。这一内容被很多学者解释为“不损害他国利益”。但是，由于数据资料可能存在被遥感国家滥用的风险，因此，卫星导航活动不应只是消极适用共同利益原则，而应当积极追求《外空条约》中“为人类谋求共同利益”的目标。

2. 国家责任与赔偿

《外空条约》第 6 条、第 7 条分别规定了外空活动中赔偿责任主体为发射国；《责任公约》则进一步解释了发射国的适格条件。依据规定，国家和国际组织对卫星导航造成的损害承担赔偿责任。当多国发射时，发射该导航卫星的国家或者国际组织承担连带赔偿责任。实际上，卫星导航活动中的发射国与信号提供主体不再仅限于国家。因此，有学者认为，根据《外空条约》中的“发射国”来确定责任主体具有不合理性。因为信号提供者并不等同于发射导航卫星的国家和国际组织，不同的卫星导航在明确各自的卫星导航的信号提供者方面又有着区别[28]。对此，《责任公约》第 6 条规定“国家应对本国内的外空活动负有监督的义务”完美解答这一问题。鉴于卫星导航系统的建立以及运营导航卫星需要强大的科技水平与经济实力作支撑，单靠一国国内企业是很难完成的，因此，国家对企业的外空活动负有监督义务。本国的卫星运营商要经过严格的审核后再获得卫星导航运营资格，并且在国际法与国内法规定的活动范围内进行卫星导航服务。国家若未尽其监管义务，应承担相应的法律责任。

3. 国际合作原则

《外空条约》第 1 条“为所有国家谋福利与利益的精神，不论其经济或科学发展的程度如何，这种探索和利用应是全人类的事情”；第 3 条“应按照国

---

① 《外空条约》第 1 条第 1 段：“探索和利用外层空间，包括月球与其他天体在内，本着为所有国家谋福利与利益的精神，不论其经济或科学发展的程度如何，这种探索和利用应是全人类的事情。”

② 卫星导航活动，包括卫星的发射、卫星在轨运行以及卫星获取地面资料的活动都是利用外空资源的活动，都属于对人类共同继承财产的利用。

际法，包括联合国宪章，并为了维护国际和平与安全及增进国际合作与谅解而进行”；第 9 条“以合作和互助的原则为指导”等与国际合作相关的条约，都充分体现了国际合作原则的精神[29]。外空活动具有高投资、高风险的特点，多数国家单凭本国实力很难独立完成一项外空活动。随着卫星导航的全球化发展与卫星导航产业的专业化分工，从卫星研发到生产再到地面信号接收设施的建设，都需要国际合作。在卫星导航服务中再次重申国际合作原则，更能促进卫星导航大国与未拥有卫星导航系统国家的合作，共同开发，共享资源，缩小国家之间卫星导航发展的差距。

（三）增加国际法对全球卫星导航的新规范

目前运营的卫星导航系统大部分都是为军事初衷而建立的，更换系统的巨大花费需要靠卫星导航带来的经济利益进行弥补，所以导航系统所有者在确定能有法律维护其利益之前，他们的动作都是小心谨慎的。因此，在增加新的全球卫星导航法律规范时，应从多元化立法形式及确定新规范的基本内容两个方面入手，以适应不同法律规范内容的需要。

1. 多元化全球卫星导航的法律文件形式

经过长期的实践，ICAO 的法律专家一致认为，“全球卫星导航的法律框架不应只存在一种单一的法律文件，而应该由不同形式的法律文件构成”。多样化的法律文件形式可以解决适航、赔偿责任、管理、金融等方面的法律问题。譬如，在规制国家之间的卫星导航问题时，应当运用国际协议或者国际公约的法律文件形式。国际协议或者国际公约是国际法中最具有约束力的法律文件形式。此类形式的法律文件有利于得到国际上的一致认可。另外，当外空活动与国际法存在摩擦时，可以提交立法小组讨论，由联合国立法小组会颁布相应的大会或者理事会决议来解决。再者，还可以根据导航服务的需要，既在技术层面统一使用标准，又在法律层面制定统一的标准，如卫星信号误传致损的责任认定标准、卫星军事化界定标准等。

2. 关于全球卫星导航新规范基本内容的设想

（1）设立卫星导航活动的许可、登记、通知制度

在卫星导航活动中，设立有关全球卫星导航活动的许可、登记及通知制度具有十分重要的意义，既可以将发射致损和卫星信号误传致损的责任主体明晰，又能明确卫星活动的合法范围，在一定程度上抑制卫星活动的军事化。鉴于目前还未设立专门管理卫星导航事务并且得到国际认可的机构，联合国外空委应根据一定的标准，对卫星导航信号提供者的资格进行审核，并在审

核通过后颁发相应的卫星导航活动许可证，未得到许可证的都不允许参与卫星导航服务[30]。当国家授权本国私营企业经营卫星导航服务时，国家应当到联合国进行相关情况的登记，明确该国仍是卫星导航活动的责任主体[31]。这种登记制度有助于督促国家对本国私营企业的卫星经营活动进行的监管。

（2）规范卫星导航与国家主权之间的协调

为规范卫星导航的商业利用，协调卫星导航与主权国家关系，卫星导航信号的提供国、使用国与联合国之间应建立通知制度。通知的内容包括：1）卫星导航信号提供国在信号服务出现错误时，应及时通知信号使用国；2）信号使用国发现导航信号对本国通信信号造成干扰或其他侵犯国家主权行为时，应及时通报联合国，同时还应提醒信号提供国；3）联合国在发现私营信号提供者做出违反国际法规定、侵犯国家主权的导航行为时，应当通知其所属国家以及信号使用者采取相关措施。通知制度的优势在于其灵活性与高效性，及时有效的通知可以减少主权侵害行为的发生。同时，通知制度还应成为国家为排除卫星导航主权侵害行为而采取相应措施的前置行为。

（3）增加禁止外空军事化的条款

外空军事化不仅威胁国家与外空的安全，还违背国际法中“共同利益原则”与“和平利用外空”原则。因此，应当限制外空军事化的扩张，以进一步维护外空安全。对此，全球卫星导航的立法有必要将禁止外空军事化的条款纳入其规范内容之中。在制定具体的禁止卫星导航军事化条款时，可以从以下几方面进行考虑。首先，导航卫星在轨道运行时不能做出攻击其他卫星的物理行为，也不能通过电磁波干扰其他导航卫星的运行。其次，在卫星数据资料的处理方面，不得将获取的资料运用在军事方面。同时，在禁止卫星导航军事化方面可建立起相应的审查制度[32]，指定特定的国际机构或国际组织对卫星导航的发射目的及卫星的使用情况进行审查，确保导航信号的使用在和平利用外空的范畴之内。

（4）完善全球卫星导航的责任机制

建立何种责任机制是讨论卫星导航立法中最复杂的一个问题，主要是由于卫星导航服务同时涉及了私法领域与公法领域。在私法领域，卫星导航服务的提供者与使用者是合同关系，二者之间的问题可以通过合同中的责任条款解决。在公法领域，根据《责任公约》，国家始终是空间责任的承担主体，因此，即便私法领域将卫星导航的责任直接归置于信号服务合同的双方，也无法消除国家的一般责任。由于全球卫星导航责任机制问题在公、私法领域的不同，全球卫星导航更应当在立法中制定明确的责任条款，方便准确划分各方的赔偿责任[33]。国家作为外空活动的主体，应当承担导航服务的安全责任。因此，在卫星导航相关法律中，可要求私营企业必须获得卫星导航的资格，必须通过国家相关部门的严格审批，并限定卫星导航经营许可的范围[34]。

（四）实现国内法与国际法的协调

1. 吸收欧美国内立法的国际法因素

（1）欧美的国内立法

美国的GPS立法随着GPS现代化的发展，立法形式已经不限于判例法，而是进行了相应的法律形式调整。目前，GPS受到国内法律和政策的共同调整，如《美国法典》第10编规定，“GPS信号应由国防部和交通部共同管理，制定的GPS信号政策应与商务部协商，政府应保证GPS民用信号与军用信号的质量相当”①；《美国法典》在国际合作方面规定，“总统采取的措施应以促进国际合作，增加商业利润，维护公共安全为目标”。欧盟关于Galileo的立法体现在《欧洲联盟运行条约》与欧盟关于卫星导航的二级立法之中。《欧洲联盟运行条约》规定：“欧盟应致力于在运输、通信和能源等基础设施领域建立和发展泛欧网络；在一个开放和竞争的市场体系框架内，欧盟的行动旨在促进各国网络的互联性、互通性以及对此网络的使用”②，“欧洲议会和部长理事会应按照普通立法程序来通过行动指南和其他措施”③。在欧盟的二级立法中，对卫星导航最具有指导意义的是2010年通过的第912/2010号条例，提出“建立欧洲全球卫星导航局”④。

（2）欧美卫星导航立法中体现的国际法因素

美国以最高法律形式规范GPS运作，表现了其对GPS的高度重视，也表明其对美国国防、经济的重要性。从最新的《国家空间政策》（2010）我们可以看到，美国发展GPS的目的就是维护其在全球卫星导航中的领导地位。虽然国内政策的制定都是出于维护本国利益，但也应是对国际法基本原则的贯

---

① 引自10 U. S. C. § 2281：Global Positioning System。

② 参见《欧洲联盟运行条约》（Consolidated version of the Treaty on the Functioning of the European Union［2010］OJ C83），第170条。

③ 参见《欧洲联盟运行条约》（Consolidated version of the Treaty on the Functioning of the European Union［2010］OJ C83），第172条。

④ 参见欧盟部长理事会第912/2010号条例（Regulation（EC）No. 912/2010 of the European Parliament and of the Council of 22 September 2010 setting up the European GNSS Agency［2010］OJ L276/11）。

彻实施。

欧盟关于卫星导航的立法体现了国际法中的责任原则与国际合作原则。国际合作原则体现在“泛欧网络”的第三国合作制度。这有利于Galileo卫星导航的市场推广，同时也让更多没有导航能力的国家通过与欧盟的合作分享到欧盟卫星导航建设中先进的经验，并共享卫星导航资源。欧洲全球卫星导航局被赋予法人人格，并规定了相关的责任追究机制，充分体现了导航大国的“权责一致”原则。

2. 实现国际法与国内法对全球卫星导航的共同调整

（1）促进国内法与国际法中全球卫星导航的标准化

国内法是国际法的法律渊源之一，国内法的不断改进对促进国际法完善具有积极作用。美国《国际民用航空组织与美国的信件交换》、俄罗斯《国际民用航空组织与俄罗斯的信件交换》，为各国主动协调卫星导航服务标准树立了典范。

这两次信件交换的提交为卫星导航服务在协调全球卫星导航国际法与国内法方面做出了表率，在统一全球卫星导航应用的国际标准方面具有巨大的促进作用。首先，统一了全球卫星导航的应用标准。自1996年起美国就以政策形式确定了国内的卫星导航应用标准，之后又向国际社会保证提供导航信号的质量与可互相操作性。基于与ICAO目标的相似性，美国政府同意ICAO关于卫星导航应用标准化的提议，并且积极配合ICAO在促进全球卫星导航信号标准化的一系列工作。其次，在国际上卫星导航收费方面建立了普遍的标准。受到美国与俄罗斯的影响，后来新建卫星导航系统的国家都将相关的卫星活动收费标准纳入到本国卫星导航政策或法律文件之中。如欧洲与中国都表示对基本的导航服务不会收取任何费用，但是针对特殊的导航服务要求会收取合理费用。

（2）建立全球卫星导航的争端解决机制

国家是国际空间法的重要主体，但其并非国际空间法的唯一主体。随着外空商业化的发展，越来越多的国际组织和私营企业参与到卫星发射、卫星导航等外空活动中来。因此，外层空间商业化带来的合同当事人，尤其是非国家主体的权利义务问题，成为近年来各国学者和学术机构研究的焦点。如何制定有效的空间商业活动争端解决机制已成为国际社会最关注的问题[35]。

由于外空活动中的非国家主体并未被认可为国际法的主体，所以现有的国际法与国际空间设立的争端解决机制都不能解决卫星导航商业运营中的法人或者自然人的权利义务问题。对此，将国际商法的商事仲裁制度纳入争端解决机制的选择范围，无疑为各国政府、国际组织以及私营企业提供了有效的问题解决方式[36]。正如国际货物销售或服务合同中可约定仲裁条款一样，当事人也可以在卫星导航商业运营中协议或者在合同中约定仲裁条款，还可以在签订合同或者争端发生之后，单独签订仲裁协议。目前，各国已有成千上万的私营企业从事外空活动，而且各空间活动的私营企业之间以及私营企业与国家空间机构之间，已签署了许多关于外层空间活动和与外层空间活动相关的合同。在商事仲裁中，仲裁员有时候会为了追求合理裁决，采用商事法的一般原则进行仲裁。这对于空间商业活动参与者来说，正是商事仲裁相对于国际公法仲裁更具吸引力的地方。由于商业活动参与者在全球卫星导航的商业管理和运作中更加熟悉一般交易中的商业惯例与习惯，采用商事仲裁制度将能更有效地解决全球卫星导航的商业争端。

参考文献

[1] 曹冲．全球卫星导航系统的现状和前景［J］．中国测绘报，2009（1）．
[2] 陈念茹，唐云．GLONASS加速现代化进程［J］．卫星与网络，2012（1）．
[3] 蔡艳辉，程鹏飞，李加洪．伽利略计划进展简述［J］．测绘科学，2009（1）．
[4] 刘泰，郑晓光．欧洲“伽利略”导航卫星系统浅析（下）［J］．中国航天，2011（1）．
[5] 徐菁．欧洲伽利略卫星导航系统的进展（中）［J］．中国航天，2011（1）．
[6] 孙亚伟，曹乃．全球卫星导航系统GPS/GLONASS/伽利略的对比研究［J］．中国航天，2010（1）．
[7] 陈俊勇．中国的“天眼”北斗卫星导航系统［J］．军民两用技术与产品，2012（2）．
[8] 王杰华．外国卫星导航定位系统的新进展及发展趋势［J］．数字通信世界，2008（1）．
[9] 谭述．卫星导航定位工程［M］．北京：国防工业出版，2007.
[10] 杨元喜．北斗卫星导航系统的进展、贡献与挑战［J］．测绘学报，2010（1）．
[11] 周丽瑛．外层空间活动商业化的法律问题［D］．北京：中国政法大学，2006.
[12] 王铁崖．国际法［M］．北京：法律出版社，1995.
[13] 何奇松．约束太空武器化法律机制的困境及其出路［J］．北京理工大学学报，2012（5）．
[14] 仪名海，王晗．外层空间定界问题及其解决途径［J］．中国海洋大学学报，2010（2）．

[15] 济贵．领空到底有多高 [J]．国防安全，1995 (2)．
[16] 郭景放．卫星遥感商业化与国际合作法律问题浅析 [D]．北京：中国政法大学，2010.
[17] 仪名海，王晗．外层空间定界问题及其解决途径 [J]．中国海洋大学学报，2010 (2)．
[18] 朱毅麟．遥感卫星商业化路在何方 [J]．北京空间科技信息研究所论坛，2003 (1)．
[19] 孔笑微．全球化进程中的信息主权 [J]．国际论坛，2005 (1)．
[20] 任明艳．互联网背景下国际信息主权问题研究 [J]．河北法学，2007 (1)．
[21] 孔笑微．全球化进程中的信息主权 [J]．国际论坛，2005 (1)．
[22] Futron Corp. Satellite industry association. State of the Satellite Industry Report，2006 (6)．
[23] 任明艳．互联网背景下国际信息主权问题研究 [J]．河北法学，2007 (2)．
[24] C Chao，R AGick. Long - term evolution of navigation satellite orbits：GPS/GLONASS/GALILEO [J]．Advances in Space Research，2004 (5)．
[25] 王杰华．外国卫星导航定位系统的新进展及发展趋势 [J]．数字通信世界，2008 (2)．
[26] N Jasentuliyana. Space law：development and scope [M]．Praeger，1992.
[27] 贺其治．外层空间法 [M]．北京：法律出版社，1992.
[28] Official Records of the General Assembly [J]．Twenty - First Session，First Committee，Summary Records of Meetings [J]．New York. 1966 (1)．
[29] 周丽瑛．外层空间活动商业化的法律问题 [D]．北京：中国政法大学学位论文．2006.
[30] 邵沙平，余敏友．国际法问题专论 [M]．武汉：武汉大学出版社．2002.
[31] 王峰．浅析外空活动中的国际损害责任 [J]．中南财经政法大学研究生学报．2007 (1)．
[32] Julian Hermida. Legal basis for a national space legislation [M]．Kluwer Academic，2004.
[33] 夏春利．外空国际法治：现状与前景 [J]．北京航空航天大学学报（社会科学版），2014 (1).
[34] 谭述森．卫星导航定位工程 [M]．北京：国防工业出版，2007.
[35] Christina Giannopapa. Securing Galileo′s and GMES′s place in European policy [J]. Space Policy，2012 (4)．
[36] Paul B Larsen. Issues relating to civilian and military dual uses of GNSS. Space Policy，2001. 2.

The International Legal Aspects of Global Satellite Navigation Activities

CAI Gaoqiang , CHEN Lu and LIU Siyang

(Faculty of Law, Xiangtan University, Xiangtan Hunan 411105, China)

Abstract: At present, there are four global satellite navigation systems, i. e. the US GPS, the European Galileo, the Russian GLONASS and the Chinese BeiDou. The continued development and commercialization of global satellite navigation technology have triggered a series of international problems. For example, applying satellite navigation technology in the field of military surveillance has produced serious impact on the principle of national airspace sovereignty, the commercial use of satellite navigation data may violate the natural resources sovereignty, the acquisition and use of satellite navigation information may cause information sovereignty violations for countries yet to master relevant technologies, etc. To solve these international legal problems, the international community should draw lessons from International Civil Aviation Organization about global satellite navigation application in the field of civil aviation legal systems, establish the basic principles of the global satellite navigation, and transfer the international regulations on satellite navigation to domestic law. In addition, it is an inevitable trend to establish a special international convention for satellite navigation activities, and before that, it is necessary to reiterate and continue to abide by the existing principles of international law, to establish a global satellite navigation dispute resolution mechanism, and to coordinate the domestic law and international law, so as to promote the stable and rapid development of global satellite navigation systems.

Key Words: The global satellite navigation activities; Conflict of laws; Governing of international law; the international trade of space products

美国《商业航天发射竞争力法》解读

张莉敏*

摘　要：2015 年 11 月 25 日，美国总统奥巴马签署《商业航天发射竞争力法》，进一步促进发展商业载人航天飞行、商业航天发射等一系列商业航天活动，并赋予美国公民利用外空资源的合法权益。这是美国为顺应商业航天发展新态势，对此前颁布的 1984 年《商业航天发射法》、2013 年《航天运输政策》等航天政策法规的整体修订，旨在明确政府的行业监管和产业促进职能，同时通过保护企业利益、激励创业创新，鼓励私营企业参与商业航天活动。美国商业航天活动将在良好的政策法规环境下继续快速发展，但有关美国企业和公民外空资源的所有权条款引起了国际社会广泛争议。本文对该法的主要内容、发布背景和潜在影响进行分析研究。

关键词：美国；商业航天；外空资源；空间法律；空间政策

2015 年 11 月中旬，美国参、众两院分别通过《商业航天发射竞争力法案》。2015 年 11 月 25 日，随着美国总统奥巴马的签署，《商业航天发射竞争力法》[①] 正式生效。美国《商业航天发射竞争力法》包含多项提升美国商业航天创新创业和竞争力的条款。其中，进一步支持发展商业载人航天飞行和商业航天发射活动，并赋予美国公民利用外空资源的合法权益是其主要目的。

---

*　张莉敏，中国航天系统科学与工程研究院科技情报研究部高级工程师，中国人民大学管理学硕士。本文原载于中国空间法学会《空间法通讯》2016 年第 1 期（总第 39 期），收录本刊时略有修改和删节。

①　参见 https：//www. congress. gov/bill/114th－congress/house－bill/2262/text.

一、主要内容

美国 2015 年《商业航天发射竞争力法》主要包括以下六方面内容①。

（一）国际空间站运行期限从 2020 年延长至 2024 年

2014 年，美国总统奥巴马已经宣布这项决定，但直至此次立法，该项决定才开始正式具有法律效力。加拿大、俄罗斯和日本已经同意延长国际空间站的运行时限，但欧洲方面尚未公开支持延期。相关条款还要求最大限度地利用国际空间站上的各类试验能力。

（二）再度大幅延长商业载人航天飞行的“学习期”

美国航天产业界和国会认为，美国迄今仍未成功实施一例商业载人航天发射，该行业发展仍然处于“学习期”。根据 2015 年 9 月通过的一项法案，该“学习期”将于 2016 年 3 月 31 日结束。为丰富商业载人航天飞行的实践经验、促进该产业的成熟和创新，美国 2015 年《商业航天发射竞争力法》将“学习期”延长至 2023 年 9 月 30 日。美国商业航天发射主管部门美国联邦航空管理局（FAA）仍需积累制定严格管理措施所需的足够技术数据和经验。在“学习期”内，FAA 的管制权限受到限制，不得发布商业载人航天安全飞行的规则。例如，不得对太空旅游活动参加人员安全提出规制要求，除非发生严重或致命的事故或事件。但鼓励工业界制定自愿性的统一标准，以提高乘员、政府航天员和航天飞行参与人员的安全性。

（三）延长政府为商业发射企业提供第三方损失赔偿的期限

根据美国法律，商业发射服务企业要对发射事故造成的第三方损失负责（如发射失败导致地面或海上人员损伤、设施损毁与环境污染等）。美国政府授权 FAA 承担部分第三方损失赔偿，政府承担的最高赔偿额接近 30 亿美

① 参见《总统签署 2016 财年国防授权法、商业航天法》，http：//www. spacepolicyonline. com/news/president - signs - fy2016 - ndaa - commercial - space - bills - into - law；

《商业航天立法进程接近尾声》，http：//www. thespacereview. com/article/2867/1；

《参议院商业委员会关于通过促进美国航天工业竞争力法案的联合声明》，http：//www. spacepolicyonline. com/news/white - house - commercial - space - companies - praise - new - space - law。

元[①]。虽然迄今为止，还没有企业使用过该条款，但它对于鼓励发展商业航天发射十分重要。鉴于政府承担部分第三方损失赔偿的条款将于2016年底失效，《商业航天发射竞争力法》将其延长至2025年9月30日。相关条款还要求FAA对商业发射最大可能损失的计算方法进行评估。如有必要，经与商业航天界和保险企业协商后，更新目前使用的方法，新方法应确保政府不承担比预期更多的成本，发射企业也不用支付更多保险费。

（四）要求对非政府商业航天活动监管进行评估并提出建议

根据1967年《外空条约》，各国需要对非政府实体的航天活动进行持续监管。美国2015年《商业航天发射竞争力法》明确政府部门对商业航天发展的监管职能，并提出安全为先、提高监管效率、减轻监管对企业造成的负担等要求。该法规定，美国白宫科技政策办公室（OSTP）在与国务院、交通部、国家航空航天局（NASA）和相关联邦机构、商业航天界磋商后，应就当前及近期非政府实体在外空开展的商业活动进行评估，明确政府部门对上述活动的监管权限。

（五）规定NASA新型重型运载火箭“航天发射系统”（SLS）的使用政策

根据美国2015年《商业航天发射竞争力法》，凡“符合国家航空航天局（NASA）目标、用于探索近地轨道以外任务的载荷”，均可使用NASA新型重型运载火箭“航天发射系统”（SLS）进行发射。

（六）赋予美国企业和公民利用外空资源的合法权益

美国2015年《商业航天发射竞争力法》所辖第四部分《2015年外空资源探索和利用法》规定，计划从事小行星资源或外空资源商业开发的美国公民，在与相关法律、包括美国的国际义务相一致的前提下，赋予其所获取的小行星资源或外空资源的权利，包括控制、拥有、运输、使用和销售所获得的小行星资源或外空资源。与2015年5月众议院通过的相关法案条款相比，总统此次签署通过的最终法条将“小行星资源”扩展至“外空资源”，即“外空就地存在（in situ）的无生命资源”，包括水资源和矿物资源两大类。

此外，美国2015年《商业航天发射竞争力法》还对“政府航天员”进行

---

① 《商业航天立法进程接近尾声》，http：//www.thespacereview.com/article/2867/1。

专门界定；规定商业发射企业可以灵活使用飞行许可证，即使企业获得了商业发射许可证，其开展的飞行试验仍然可使用要求更低的试验许可证；同时将“航天商业化办公室”更名为“航天商业办公室”。

二、本轮美国商业航天立法背景

20世纪80年代以来，美国商业航天主要集中于商业卫星运营、服务及其地面设备制造领域，商业卫星应用是商业航天的主体力量。随着航天技术的不断成熟、新兴技术与航天技术的深度融合，近年来，航天发展新业态、新概念层出不穷，商业航天领域不断扩大。商业航天从传统的商业卫星应用扩展到商业运输与载人航天服务、建设太空互联网并提供接入服务、发展个性化天基遥感应用服务，并筹划在低地轨道建立商业空间站、开展小行星采矿活动等。但美国政策法规在为上述领域提供保护、明确政府监管促进职能等方面还存在空白。

以蓝色起源公司、维珍银河公司、太空探索技术公司（SpaceX）等为代表的新兴航天企业，致力于通过降低飞行成本发展太空旅游业。继2015年11月蓝色起源公司成功开展亚轨道火箭回收试验之后，SpaceX公司2015年12月也成功回收一级火箭，低成本商业载人航天获得重大技术突破。SpaceX和波音公司自行研制的载人飞船，计划于2017年为NASA提供商业载人运输服务。行星资源公司、深空工业公司等企业已经提出小行星采矿计划，正着手研制前往小行星及其他天体进行矿产资源开发的航天器。但在得到法律明确对外空资源利用的授权之前，该项产业发展一直受到限制。

为顺应商业航天发展新态势，美国经常适时修订相关政策法规，为商业航天发展营造良好的政策氛围。例如，1984年发布的《商业航天发射法》分别于1988年、1998年和2004年完成三次修订，2013年完成《航天运输政策》最新修订。此次出台《商业航天发射竞争力法》实质上是对上述相关政策法规的整体修订。其中有关商业载人航天飞行、小行星采矿活动的条款，正是在相关行业拥有快速发展前景的背景下产生的，旨在明确政府的行业监管和产业促进职能，并通过保护企业利益、激励创新，鼓励私人企业参与商业航天活动，为商业航天发展创造良好的法律环境。

此外，除国会修订商业航天立法外，美国商务部国家海洋大气局（NOAA）2015年发布《商业航天政策（草案）》，为利用商业天基气象观测活动提供政策依据；国家地理空间情报局（NGA）发布《商业化地理空间战略》，制定商业小卫星遥感数据采购政策。其共同目的是促进对商业航天产品与服务的利用、扩大政府对商业数据的采购范围，从而推动商业航天发展。

三、影响分析

（一）美国商业航天将在法律推动下继续快速发展

美国 2015 年《商业航天发射竞争力法》的出台，迎合了航天产业界的发展要求，在很大程度上是航天产业界通过其在国会的代言人助推的结果，同时也反映了美国各界发展商业航天的迫切心情。航天产业不能仅依靠政府投资，还必须通过商业航天的蓬勃发展来“自我造血”，这已成为美国国会、政府和工业界的共识。当前，美国航天活动已经从过去以政府投资为主进入到由政府和商业企业共同投资的“新航天”时代。商业航天已经成为美国航天在新时代继续保持世界领先的关键因素之一。对商业航天立法的修订，延长商业载人航天飞行“学习期”及商业发射第三方损失政府补偿期，明确小行星资源开采后的归属权等，都将为该行业获得更多私人投资创造法律条件，从而推动商业航天快速发展，确保美国的全球领先地位。

（二）小行星采矿条款可能引起国际担忧

美国 2015 年《商业航天发射竞争力法》明确美国企业和公民对从小行星及地外天体“就地”获取资源的所有权，与国际社会长期以来形成的一些“共识”不符。联合国 1967 年《外空条约》第 2 条规定，包括月球与其他天体在内的外层空间不得由任何国家通过提出主权主张，使用、占领或以任何其他方法据为己有。小行星采矿条款的出台是否会对现行国际空间法格局造成冲击，是否引发外空“淘金热”和新一轮“地外圈地”恶性竞争，已引起多国关注和不安①。2015 年 12 月 20 日，国际空间法学会（IISL）理事会以协商一致方式发布立场文件②表达关切。事实上，外空资源开发必然涉及国际法的制定和适用。如果来自不同国家的若干企业同时看上特定小行星上的同一宗矿物资源地块，那么将立刻面临复杂的国际协调和法律适用问题，更遑论开采、运输、使用过程中可能造成的外空和地球的环境污染问题（在此情形

① 张振军：《美国国会加快推进新一轮商业航天立法——小行星采矿所获资源所有权归属引发广泛关注》，《中国航天》2015 年第 6 期。

② 参见 The 2015 Position Paper on Space Resource Mining of the International Institute of Space Law (IISL)，www.iislweb.org/docs/SpaceResourceMining.pdf.

下，各国均可能成为受害者）。因此，相关活动蕴藏的潜在国际纠纷和法律冲突绝不是一国法律所能解决的[①]。

四、结束语

20世纪80年代，里根政府正式将航天活动分为军、民、商三部分，提高航天产品在国际市场的竞争力首次成为美国航天发展的目标之一。此后，美国陆续发布一系列促进商业航天发展的政策法规，强调商业航天对于航天工业基础乃至国家安全的重要性，并提出具体的发展举措。

除在《国家航空航天法》、《国家空间政策》、《国家安全太空战略》等顶层法律和政策中强调商业航天发展的重要性及促进发展的基本原则外，美国还出台了包括《商业航天发射法》、《发射服务采购法》、《陆地遥感政策法》、《商业航天法》、《商业遥感政策》、《天基定位、导航与授时政策》、《航天运输政策》等多项专门性商业航天法律和政策。2010年，《美国法典》增加“第51编：国家商业航天项目”，这是83年来首次就一个特定项目在《美国法典》中增设专编，标志着美国航天立法在《美国法典》中获得了独立的重要位置[②]。航天政策法规对美国商业航天活动的保障与推动作用主要表现在以下两个方面：

一是明确政府部门对商业航天活动的管理职能与权限。目前，联邦通信委员会负责分配卫星频谱资源、发放商业通信卫星许可证，交通运输部联邦航空局（FAA）是商业航天发射的主管部门，商务部国家海洋大气局（NOAA）负责管理商业航天遥感产业，商务部和国务院共同审查受管制航天物项的出口许可，并对违规出口的企业和个人进行处罚或提起诉讼。

二是要求和鼓励政府部门最大限度地利用商业性的航天服务和设备，激发对商业航天活动的需求。法律与政策规定，政府主要发展商业航天不能满足的天基能力，同时鼓励利用政府开发的航天技术发展航天产业，私人可以通过租赁、购买等方式获得政府资产和服务。在相关政策的引导下，为降低成本，NASA从商业公司购买国际空间站（ISS）货物补给与载人运输服务，并为太空探索技术公司（SpaceX）等新兴航天企业提供专业技术、试验设施、

---

① 张振军，《美“单边”立法直指外空资源开发》，《中国航天报》“飞天科普”周刊2016年1月16日第1版。

② 周武、刘可依：《美国航天法律体制的启示——专访美国著名空间法专家琼安·艾琳·盖博瑞诺维奇》，《太空探索》2015年第3期。

设备租赁和软件等支持。

综上，完备、成熟的政策法规体系不仅保障美国航天活动的有序开展，还培育了新兴商业航天产业，推动商业航天快速发展，值得所有国家借鉴。

参考文献

[1] H R. 2262. U. S. Commercial Space Launch Competitiveness Act. http：//www. govtrack. us/congress/bills/114/hr2262.

[2] http：//www. spacepolicyonline. com/space－law.

[3] http：//www. spacepolicyonline. com/commercial.

[4] Joanne Irene Gabrynowicz. One Half Century and Counting：The Evolution of U. S. National Space Law and Three Long－Term Emerging Issues. Harvard Law & Policy Review，VOL. 4，2010.

[5] The 2015 Position Paper on Space Resource Mining of the International Institute of Space Law（IISL），www. iislweb. org/docs/SpaceResourceMining. pdf.

[6] Arthur M. Dula & Zhang Zhenjun . Space Mineral Resources—A Global Assessment of the Challenges and Opportunities. International Academy of Astronautics（IAA）Study Report. Virginia Edition Publishing Company，2015.

Analysis on the U. S. Commercial Space Launch Competitiveness Act

ZHANG Limin

（China Aerospace Academy of Systems Science and Engineering，Beijing 10048，China）

Abstract：After being signed by U. S. President Obama on November 25th，2015，the U. S. Commercial Space Launch Competitiveness Act became public law to further promote commercial space activities including commercial human spaceflight and commercial space launch activities. Meanwhile，this new Act empowers U. S. citizens to utilize in－situ resources obtained from outer space. This Act is a comprehensive revision to some previous U. S. space laws and policies, such as the Commercial Space Launch Act of 1984, the National Space Transportation Policy of 2013, etc. The aim of the Act is not only to further define governmental functions in supervising and facilitating commercial space industry development, but also to encourage private enterprises to engage in space activities by protecting their interests as well as inspiring entrepreneurship and innovation. This paper analyzes the content, background and potential implications of the Act with the belief that the U. S. commercial space industry will continue to maintain rapid growth. The author also introduces some controversial clauses of the Act concerning the ownership of U. S. citizens on outer space resources obtained, which have triggered extensive international debate.

Key Words: United States; Commercial space; Space resources; Space law; Space policy

第五部分
中国空间法学会 2014—2015 年度
学术课题研究成果

航天科研生产部门对中国航天立法的需求研究*

上海航天技术研究院课题组

目　录

*　本文为中国空间法学会 2014—2015 年度第 1 号学术课题研究项目结题报告，荣获中国空间法学会 2014—2015 年度学术课题研究项目二等奖。课题主持人为上海航天技术研究院冯国栋高级经济师。课题组成员包括：丁成耀、李欣、李云飞、杨洋。

航天事业既是大国综合实力的象征，也是一国国民经济的重要组成部分。综观世界各主要航天国家，由于其对航天产业发展思路的差异，进而导致在相关产业经济立法的迥别。美国作为当今世界航天产业最发达的国家，其产业立法也凸显出与众不同的显著特点，其中所贯穿的经济立法思路对中国的立法实践无疑具有非常重要的借鉴意义。

同时，鉴于中国对航天产业的特殊定位和历史上形成的管理模式，决定了中国的航天产业立法又有着其固有的特点和任务。本课题以航天科研生产单位为视角分析研究我国航天立法的需求和框架。为较全面地了解航天科研生产管理者和设计生产人员对航天立法的想法，课题组分别面向科研院所领导、型号两总层面，一线科研管理层面及一线设计制造人员层面，开展了针对性的问卷调查和访谈，形成大量的第一手资料。以此为基础，结合国内外公开发表的有关文献开展本课题研究。同时，本课题对如何建立有利于我国航天产业发展的国际法律制度也进行研究，在力求对国内法进行系统梳理的同时，谋求与国际法发展方向的有效衔接。

一、航天经济产业的形成与内涵

（一）航天经济产业的提出

人类的航天事业起步于二战，成长于冷战时期，但真正的发展则是在冷战结束以后。美国和欧洲最早关注到航天事业对经济发展的巨大价值，并率先开启了航天产业化的道路[1]，推动了航天事业由国家任务型向经济产业型的转变。小布什担任美国总统期间，美国首先提出商业航天的概念，明确“美国致力于鼓励和支持形成一个日益增长和企业性的美国商业航天产业”[1]。随后，与商业航天紧密相关的“太空经济”一词也由之诞生。无论是商业航天，还是太空经济，这些概念的提出均准确无误地说明，航天事业已不再仅仅运用于军事，亦不再只是超级大国政治竞赛的秀场，其完全可以为人类的经济社会发展做出更大的贡献。如果试着给航天经济产业下一个定义，可以概括为：航天经济产业系指着眼于航天活动所产生的经济利益，并受市场经济调整所涉及的研发、制造、应用服务等各环节的经济共同体。

（二）航天经济产业的构成

航天事业“小核心、大协作”的特点决定了航天产业和建筑产业、汽车产业一样，产业链长、辐射面广、涉及经济板块众多。既包括前端的设计、中端的制造，也包括后端的发射和应用服务。如，仅制造环节就可再分为火箭、卫星、飞船等不同类型，这些不同类型又延伸出各自不同的材料、有效载荷、燃料、电源、机构与结构要求。美国航天基金会在其发布的《航天报告——全球航天活动指南》中，曾将全球的太空活动及太空产业分为 6 大类 31 个小类，从中可见航天产业之庞大复杂。从目前世界各国的关注度来看，航天产业中经济附加值比较显著的领域主要包括：卫星导航定位应用产业、卫星遥感应用产业、卫星通信产业[2]、运载火箭对外发射产业、航天旅游及保险产业。

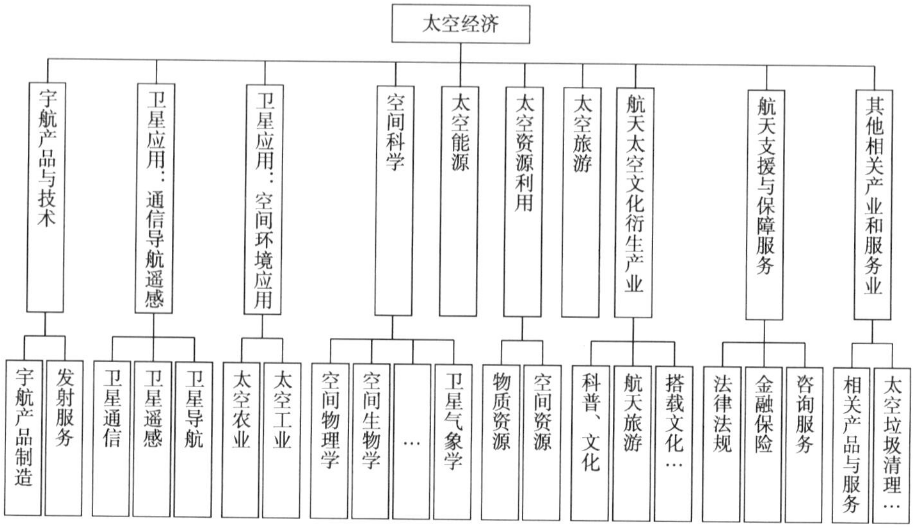

航天经济产业的构成

（三）航天经济产业的规模

从全球发展趋势来看，人类航天活动的规模在 50 多年时间里增长了上千倍，是迄今为止增长最快的经济形态之一（类似的有互联网经济、移动通信、生物工程等）[3]。从全球经济总量来看，2011 年商业航天产品和服务总收入达到 1105.3 亿美元，比 2010 年增长 9%[4]。从航天产业对一国的经济带动来看，航天产业仅 2004 年对美国经济发展的贡献就近 9 800 亿美元，并直接或间接创造了超过 55 万个就业岗位，在不到 5 年的时间里，航天产业对美国经济总的贡献增长近 60%[5]。

二、美国航天产业经济立法分析

（一）立法定位

综观世界各主要航天大国，许多都制定了规制本国航天活动的基本性法律，如美国在 1958 年制定《关于航天与外层空间研究法》，俄罗斯于 1993 年颁布《俄联邦空间活动法》，日本制定了《宇宙基本法》等[6]。上述立法旨在建立对本国航天活动的基本组织管理体制，因此在法律性质上属于行政法范畴，而非着眼产业培育的经济法。真正的产业经济立法，典型的如美国颁布的《零重力零税收法》《商业航天法》《航天现代投资法》《商业航天发射法》等。其中，《零重力零税收法》明确了对航天企业的减税政策；《商业航天法》明确了对尚处起步阶段的太空旅游业的扶持；《航天现代投资法》明确了加快发展航天商业运输业的方法；《商业航天发射法》明确了对商业载人航天活动的鼓励[7]。从中可以清晰地感受到，航天产业经济立法定位于经济法中的产业促进法，旨在鼓励、培育、扶持相关航天产业的发展，而并非单纯的管制、约束和限制。

（二）立法思路

美国的航天产业经济立法清楚表明，美国国会及政府始终将航天摆在国家战略发展的优先方向，并以法律的刚性来全力维护自己在该方面的竞争优势和商业利益。

1. 培育本土化的竞争企业，而非向外国企业进行充分开放

虽然美国一直鼓吹贸易自由化，但在航天领域，美国所奉行的是一种单边自由主义，即推动美国本土航天企业获取全球性的商业利益，同时限制其他国家的企业对美国商业航天利益的分享。最典型的是自 20 世纪 80、90 年代，伴随着欧洲和中国在商业航天发射市场的崛起，美国采取了不同的法律策略，分别对欧洲和中国的商业发射活动进行遏制。鉴于欧洲的盟友地位，美国对其的遏制主要是间接性的，如通过颁布《商业航天发射法》制定针对美国本国企业的发射补贴政策，同时对国家承担商业卫星发射的风险责任和金额、发射服务失败给第三国造成损害时的责任等做出了明确规定，从而有效提高美国本土航天发射服务公司的市场竞争能力[8]；通过颁布《商业航天法》，明确对于动用美国政府财政资金的公共发射，必须选择美国本国发射商的强制性规定[9]。而对于中国商业发射服务的挑战，美国则是采取直接的遏制方针。美国国会颁布 10214 法律，不许可任何美国公司到中国发射卫星，还通过《反倾销法》在发射价格和发射数量方面制约中国承接国际商业卫星发射业务。

2. 扶持具有竞争力的市场化企业，而非树立国营机构（NASA）的垄断地位

1958 年成立的美国国家航空航天局（NASA），既是一个美国联邦机构，同时又是一个科研经济实体。在早期的美苏太空竞赛中，NASA 扮演了非常重要的角色。为提高 NASA 的内在活力，美国国会曾专门颁布了《NASA 灵活性法案》，允许 NASA 在内部机制方面与市场化企业接轨。但美国国会和政府始终坚持商业航天必须充分遵循私营化原则，没有将 NASA 扶持成一个具有政府背景的航天寡头，而是极力扶持其他具有竞争力的私营企业。美国在其相关法律和国家航天政策中明确表明：除涉及国家安全利益的发射任务不可私营化外，寻求一切机会将日常的航天发射任务转至可带来高性价比的私营公司[10]。也正因为有如此宽松的环境，美国轨道科学公司等一大批极具抱负和勇气的私营公司才能蓬勃发展起来。20 世纪 90 年代后，美国大幅削减航天方面的联邦投资，一系列官方合同被终止，但私营公司的兴起确保了美国航天产业并不会走向衰弱（与之形成鲜明对比的是俄罗斯）。目前，由商业牵引的航天合同总额已经远超联邦政府拨款的项目金额。

3. 对航天新兴产业持开放性的鼓励态度，而非封闭性的限制态度

冷战结束后，美国的航天事业进行了战略性的结构调整，军用航天和民用航天均有较大的萎缩，美国全力推动商业航天的发展。而商业航天发展的核心是挖掘出航天事业中的商业价值，并在市场运作中实现其产业化。美国在此方面进行了大胆的探索，最具代表性的就是实现卫星导航的产业化和培育太空旅游业。卫星导航产业化的决定性事件是时任美国总统克林顿颁布法令，将 GPS 向民用领域免费开放，同时自 2000 年 5 月 1 日起停止 S/A 政策，对民用码不加干扰，使民用定位精度大大提高。美国的这一做法，既体现了商业上的高瞻远瞩，更表明了政策上的开放包容。毕竟，GPS 技术是从军用技术中发展而来①，对其向全球民用市场免费开放，美国军方一直是戒心重重。对于太空旅游业的培育，美国国会和联邦政府更是体现了极大的包容性。在其起步阶段，美国国会就在《商业航天法》中表明了鼓励态度。作为主管机构的美国联邦

① GPS 的初衷是为美国核潜艇提供定位和精确打击的导航服务。其目前仍属于美国联邦财产，由美国国防部管理。

航空局，也对其采取了极其宽松的管理政策：为航天员提供在线培训课程，对其健康证的要求也远低于民航飞行员，从而实现了大众化和低门槛。

（三）立法模式

美国航天产业的经济立法采取统分结合的立法模式。既有如《商业航天法》之类的基本法，也有调整发射、空间通信、卫星导航、地面遥感等具体领域的专门法律规则[11]。在基本法律规则方面，2010年12月18日，美国国会专门修订《美国法典》，在原来50编的基础上专门增加了调整“商业航天”的第51编。其中的第5分编分章规定“空间商业”、“空间商业运输”、“空间商业竞争”等内容[12]，并指出国际空间站的商业化、全球卫星定位活动的商业化、航天发射业务的商业化、联邦采购的商业化等重点商业方向。在专门法律方面，也设置了很多鼓励航天商业产业发展的条款内容。如，《电信法》要求减少规范电信行业的规则，鼓励新型服务业的发展；《轨道法》要求保证卫星应用的私有化，以促成建设一个完全竞争的通信卫星市场；《商业航天发射法》则鼓励私营部门提供运载发射服务。

上述基本法律和专门法律共同构成了美国航天产业的经济立法。值得一提的是，在立法技术上，美国十分注重法律的实践性和可操作性，确保上述立法内容能够真正促进美国航天经济产业的发展。在实践中，这些法律也具有极高的权威性，得到了实务部门的高度重视，并已在具体的司法判例中得到援引，由纸面走向了实践。

三、中国航天经济产业发展的阶段特点及立法需求

（一）中国航天经济产业发展的现状

产业立法必须着眼产业现状，以期以法律的形式固化现有的经验做法、破解发展的瓶颈难题、指明产业发展的方向。鉴于外界对中国航天事业知之甚少，因此学界对中国航天经济产业发展的研究非常有限。总体而言，我国航天经济产业发展有两个基本特点：

1. 发展能力

我国已经建成完整的航天科技工业体系，成为世界上少数几个具备整体竞争能力的航天大国之一，具备综合竞争优势。其中，我国的商业发射服务能力已进入了国际商业发射服务市场，并具有一定的价格和服务竞争优势。我国已经拥有地球资源卫星、北斗导航卫星、海洋卫星等。载人航天技术水

平已经达到世界第三位。卫星应用方面初步建立了覆盖全国的卫星地面接受站及相应的数据处理系统能力，并向国内外用户提供信息服务[13]。

2. 发展阶段

我国航天经济产业正处于全面转型的阶段。包括由产品制造商向系统集成商转型，由制造为主向制造与服务相结合转型，由以航天型号为主的任务型向军民融合发展的任务能力型转型，由单一产权为主向以市场为导向的多元产权转型，由粗放型管理向集约化、精细化管理转型，由以国内市场为主向国内、国际两个市场并重转型[14]。

综上所述，我国已经具备了培育航天经济产业的基础条件。据媒体估算，我国航天经济产业已经拥有约1 200亿元的规模。但受制于传统计划经济运行模式的影响，我国的商业航天无论在规模效益还是在企业化市场化程度上，与美国相比都相差甚远，总体上仍然还处于初阶的培育阶段。

（二）航天经济产业对经济立法的需求分析

我国现阶段推进航天经济产业立法，核心是通过相关法律的建立，扫除航天经济产业发展的制度障碍，建立与之相配套的市场运行机制，鼓励和保障更多的市场主体参与到商业航天的孵化与培育中来。

1. 打破航天亚垄断壁垒

目前，我国的航天产业仍然主要由中央企业垄断，有限的竞争仅存在于个别央企之间，属于经济学中的“亚垄断市场结构”[15]。在培育航天经济产业的过程中，民营企业对挖掘航天经济产业的市场增值点、推动航天技术的民用产业化具有国企所不具备的动力和优势。中国的航天经济产业要想真正做大做强，必须要有大量优质民营企业的参与。但目前民营企业要想进入航天经济产业链，面临着工商层面的经营许可、行业方面的三项许可、项目争取中的观念歧视等一系列现实障碍，个别能够参与产业链的民营企业也主要集中在单机以下的配套环节。在各方的积极呼吁下，自2004年以来，我国陆续颁布《国防科技工业产业政策纲要》《国务院关于鼓励支持和引导个体私营等非公有制经济发展的若干意见》，使民营企业进入包括航天经济产业在内的相关行业成为可能。但上述文件要想真正落地，还需要一系列具体的法律支撑[16]。

2. 扶持重点项目的产业化

航天经济产业包罗万象，但从商业价值分析，各主要大国均将焦点集中在卫星导航定位应用产业、卫星遥感应用产业、卫星通信产业、运载火箭对外发射产业等方面。这些产业化项目欲想得到蓬勃的发展，均需要国家综合运用法律、经济、行政等多种手段进行必要的扶持。在卫星导航定位应用产业方面，我国的北斗卫星导航系统已经初步建成，要考虑如何在美国GPS一统天下的情况下另辟蹊径，大力拓展其应用。在运载火箭对外发射产业方面，面对美国的封锁和遏制，要考虑如何闯出一条生路，使中国企业能够在对外发射服务中占据一席之地。在卫星通信产业方面，要考虑如何扶持综合卫星应用技术运营，实现我国在该领域的系列化、规模化发展。在卫星遥感应用产业，要考虑如何推进三大遥感卫星体系的建设，扩大卫星遥感的应用……在这些方面，法律对产业的促进作用都不可获缺。国外以法律来推动相关产业的发展，已有诸多先例可循[17]。

3. 推进产业融合

考虑到我国的国情，在未来相当一段时间里，国家对航天的投资仍将扮演十分重要的角色[18]。为了进一步提高国家投入的经济产出比、实现国家投入对国民经济的辐射效应，推进产业融合无疑是其必经之路。长期以来，我国航天管理体系往往存在相互隔离情形，不同系统的研制及保障条件彼此独立，由此导致国家对航天的投入无法有效形成民用产业及商业航天产业的发展能力。推进产业融合，需要航天企业、高校、市场化企业、中介组织彼此的衔接和协调，需要有效的组织和推动，而此方面的立法对推进航天经济产业的发展可以起到催化剂的作用。

4. 完善与之匹配的金融保险机制

航天企业以资产证券化的方式走向市场，有助于吸纳社会资本，使航天企业真正实现自身的企业化转型。国内航空企业在此方面已经进行了有益而大胆的探索。同时，对外发射服务也需要与之相适应的保险服务。国内在此方面虽已取得长足进步，但与国外同类服务相比，仍然存在着很多需要完善提高的方面。无论是资产证券化，还是为对外发射提供完善的保险服务，都需要在法治框架内进行。而在此方面，我国现阶段更多的还是依循政府的部门意志进行操作。通过出台相关立法，将对与航天经济产业发展相匹配的相关服务业产生深远的影响。

四、对中国航天经济产业经济立法框架的设想

（一）立法目标

长期以来，我国航天事业一直没有相应的国家立法，实际起规范调整作用的主要是部门规章和大量的内部规范性文件（包括通知、意见、规定、办法等），这在世界航天大国中堪称孤例。在广大专家学者的多年呼吁下，我国

已经启动航天立法的调研论证工作。但对于今后的航天立法到底应如何定位，目前学界较普遍的看法是强调该法作为航天基本法，在立法内容上重在明确我国航天管理的组织体制，建立和完善航天登记和许可制度，开展强制性商业保险等。本课题组认为，上述内容固然重要，但我国航天事业毕竟已走过60年的漫长道路，在组织管理体制和登记许可制度方面虽然未有法律层面的明确规定，但相应的责权机制已相当明确，各部门的管理界面和流程规范也比较清晰。在此背景下，如将未来的航天立法单纯定位为行政组织法，未免太过单薄。当前，我国航天事业正处于转型升级的关键期、经济产业的发展期和商业航天的培育期。在此背景下，应充分借鉴美国早期的产业立法经验，在国家立法层面除明确基本的航天组织管理体制外，还要更多地关注对商业航天的培育和扶持，突出这部法律作为“产业促进法”的定位。进而以此法为基础，切实破解一些长期制约我国航天经济产业市场化发展的体制机制障碍，推动我国由航天大国向航天强国迈进。

（二）立法结构

我国的航天立法在结构上宜覆盖我国航天经济产业的主要方面。借鉴《合同法》的立法体例，采取总则、分则相结合的立法结构。在总则部分，宜明确航天立法的基本目的、航天活动的宗旨和原则、航天活动的基本组织管理体制、政府对航天活动的登记和许可制度、航天活动参与主体的权利义务等内容。总则部分偏重于行政组织法。

在分则部分，宜涵盖宇航产品设计和制造、航天器发射、载人航天活动、空间观测、卫星在轨维护、卫星导航、卫星遥感、卫星通信、空间星际探索、空间科学试验、空间碎片减缓、军民融合与航天技术转化、航天产业配套的金融保险、国际合作等方面的内容。分则部分定位于产业促进法，旨在贯彻我国对航天产业发展的基本思路，明确我国商业航天发展的优先方向，为相关产业的培育和发展扫除体制机制障碍，营造宽松有序的法律环境。为了结构的完整性，在总则和分则之后宜再设法律责任和附则两部分。其中，法律责任旨在明确违反上述法律规定所应承担的法律后果和救济途径；附则部分主要是对有关概念进行界定，并明确该法律的生效时间等。

（三）立法思路

航天立法是一项系统工程，内容繁杂、涉及面广。在内容上，既要符合国家战略利益，又要切合市场运行规律；在效果上，既要保证刚性和权威，又要给产业发展营造宽松环境。围绕航天产业的转型升级这一目标，本课题组认为我国的航天立法应努力在以下三个方面形成突破：

1. 构建市场竞争机制

指令性计划机制有利于集中力量完成国家的重大型号任务，而市场竞争机制则有助于挖掘航天产业中的商业价值，构建更加开放和灵活的经济产业。围绕市场竞争机制的构建，关键是要在立法中突破三大核心问题。首先，要在航天项目中引入公开招标机制，切实打破垄断利益格局，坚决反对一切排除竞争的行政干预行为，鼓励航天企业与优质民营企业联合竞标。其次，建立受市场调整的定价机制，使市场价值规律真正在航天产业中发挥作用，有效降低航天领域的生产制造成本，提高航天项目的性价比。此外，还要进一步降低民营企业的进入门槛，努力培育一批本土化的航天高科技民营企业，并在整个航天经济产业布局中为这些优质民营企业留下足够的发展空间，保持航天经济产业生态的多样性。

2. 构建产业融合机制

产业融合是实现我国航天经济产业“弯道超车”的重要途径，也是航天经济产业更好地为国民经济服务、提高航天投资产出度的必然出路。围绕产业融合机制的构建，在立法方面关键是要明确三方面的重要内容。首先，要探索建立航天固定资产投资的共建共享模式，由航天企业单一建设和使用转变为多元股权的共同建设和使用，为航天经济产业的发展夯实硬件能力基础。其次，要进一步畅通航天技术向民用的转化渠道，建立航天技术孵化—中介组织推介—民营企业产业化的接力机制，发挥航天高科技企业的技术溢出功能和民营企业的成本控制及市场开发功能。此外，要建立对航天产业化项目的鼓励扶持政策，采取必要的税收减免，鼓励更多的企业家加入到航天技术产业化的推广和应用中来，共同培育航天技术的衍生产业。

3. 提高国内航天企业的国际竞争力

航天骨干企业是我国航天事业的主力军，也是我国航天经济产业介入国际化竞争的国家队。在航天立法中，必须充分考虑如何进一步激发现有航天骨干企业的活力，提高其产业发展能力和国际化竞争能力。首先，要充分尊重其参与市场竞争的主体地位，保障其经营自主权和平等竞争权，用更加符合市场规律的方式方法调整航天企业的运营。其次，要着眼于国际化竞争力的培养，在企业内部的人员流动、薪酬分配、考核导向等方面采取更加灵活多样的运作模式，避免不恰当的“一刀切”管控。在此方面，美国颁布的《NASA灵活性法》为我们提供了很好的借鉴。同时，应充分考虑到航天企业承担了大量的社会责任和历史遗留包袱，要从国家层面制定相应的扶持政策，使航天企业能够“轻装上阵”，真正在其主战场与国外航天巨头一决高下。此外，要推进产业资本和金融资本的对接，为航天企业资产证券化扫除各种障碍，引入更加多样化的市场投资者，推动航天企业由单一股权企业向多元股权公司转变，使航天企业能够冲破体制机制的束缚，更加主动地走向市场。

（四）具体立法建议

1. 制定北斗卫星导航系统的强制应用与鼓励应用原则及分类范围

所谓强制应用原则，是指国家在特定领域内限定使用北斗卫星导航系统，不允许使用其他的导航定位系统；所谓鼓励应用，是指国家在特定领域内通过一系列的鼓励措施推广北斗导航系统的应用，以尽可能增大北斗卫星导航系统的使用范围。其中，强制应用领域包括：国防、外交等涉及国家主权的领域，国家产业安全、能源安全、公共安全等领域，水利水文数据传输领域，森林防火指挥调度领域，铁路列车调度领域，船舶监控调度领域。鼓励应用原则，是指国家通过产业规划、政策引导、市场调节等经济、行政、法律手段扶持北斗卫星导航系统的发展。在市政交通、金融服务、石油管道等与社会生活紧密联系的产业内，各级地方政府及相关行业主管部门应积极鼓励北斗导航系统的应用，明确北斗卫星导航定位系统在政府采购中的优先购买[19]。

2. 制定北斗导航产业市场准入门槛

建议以立法形式明确国家建立统一的北斗卫星定位、导航和授时民用产品准入制度。具体包括：建立卫星导航系统终端设备通用和专用认证平台，对拟投入市场应用的国内外芯片、部件、终端设备和应用软件进行认证，通过认证的产品方可使用，禁止非法引进和侵犯知识产权的产品流入市场；制定确保卫星定位导航授时应用的软硬件产品质量及维护用户权益的认证标准；制定卫星定位导航授时服务许可的相应规则，对符合条件从事北斗导航系统的企业颁发服务许可证，只有获得许可的企业方可向公众提供卫星定位导航和授时服务；按照认证和服务准入管理制度对北斗卫星定位导航和授时企业分类设定企业生产或服务准入条件，并定时公开发布。此外，北斗卫星导航系统民用产品的授权许可应统一管理，只能由国家民用主管部门实施。侵害市场准入机制的违法行为，将承担相应的行政责任、民事责任和刑事责任[20]。

3. 制定政府公共遥感数据的国内开放共享原则与定级保密规则

建议在立法中明确，对于政府投资研制的民用遥感卫星所产生的卫星数据，国内用户应该无偿使用；同时规定对哪些用户免费使用、通过何种渠道获取，

国空气空间之上的外空时，产生相应的违法责任，由此导致人类航天活动的举步维艰。为此，遵照时任美国总统艾森豪威尔的要求，美国国务院法律顾问于 1956 年 10 月向美国国务院递交一份参考报告，初步界定了“外空自由”概念，即“一个国家几乎不能在一个物体的轨道速度可以实现的高度（或许在 200 英里附近的某处）宣称领土主权；最终建立起来的与领土主权无关的自由航行的空间领域将不仅向一个国家或少数国家开放，而是向所有国家开放”。外空自由学说提出后，一直被美国政府视作其空间政策的基石。该学说的核心，一是明确提出了外层空间的边界问题，主张一国政府的主权应限定于大气层以内；二是借鉴海洋法中的公海航行自由原则，强调一国航天器拥有在外层空间自由飞越的权利，而不受其空域覆盖国的管辖。对此学说，美国当时的主要竞争对手——苏联领导人表示认可。原因正如前文所说，苏联的卫星早于美国发射升空。苏联在该方面拥有与美国相同的战略利益。但外空自由学说在提出之时，还是明显突破了当时的国际法规则。正如 G. Haley 在其《空间法及政府》中明确指出，“按照现行国际法原则，如果发射的卫星其运行轨道侵犯其领土的上空，应构成战争行为”。同时，该学说也与一些国家的国内法相抵触。典型的如玻利维亚 1930 年《航空兵役法》规定，其国家主权延伸到这个国家防御武器能够到达的高度。虽然与当时的国际法规则及一些国家的国内法相抵触，但在 G. G. Fenwick、R. Quadri、J. L. Brier 等一批法律学者的支持下，最终该学说还是被主流法学界所认可，并在《外空条约》所明确，成为当前空间活动的一项基本原则。

2. 和平利用外空学说

在冷战背景下，美苏两国均以对方为竞争对手，加速进行军备竞赛，并不可避免地将这场军备竞赛延伸到了外空。鉴于航天项目的高风险性，如果放任外空军备竞赛的加剧，必将对地球环境产生巨大的威胁。为此，空间法学界始终在积极推动和平利用外空这一主张，并直接反映在 1960 年国际法律协会第 49 次汉堡会议通过的决议上。苏联鉴于其自身战略利益的考虑，于 1962 年提出一个关于约束各国在外空活动的《基本原则宣言》，其中最重要的一项原则是“外空不应当用于宣传战争、民族或种族仇视与敌对”，并主张“使用人造卫星来收集关于外国领土的情报信息不符合人类探索外层空间的目的”。从而使和平利用外空由理论学说变成一项政治议题。虽然，美苏两国各自从其自身利益出发，对是否可以“出于维护和平的目的”在外空放置防御性的军事设备、是否禁止侦察卫星/观测卫星等军事卫星的使用具有明显的分歧，但在将“和平利用外空学说”上升为一项外空基本法律原则及禁止在地球轨道或天体放置大规模杀伤性武器方面达成了共识。这些共识均在后续的国际条约中得到了体现。

3. 国家责任学说

根据国际法的基本准则，在国家违背其国际义务的情况下，其应承担相应的法律责任。但具体到外空领域，在相当长一段时间里，很多法学家认为，对这类空间活动无须承担任何责任，直到 L. F. E. Goldic、McDougal、Vlasic 等学者提出“损害责任与国际法的进一步发展”命题后，国际法学界才逐渐接受这一主张。这一理论学说最终在美国的倡导下变成了现实——1964 年，美国向联合国外空委提出向外空发射物体的国家对于该物体引起的伤害负有国际责任，并要求将此作为一项基本原则确定下来。根据外空责任学说，国家责任包括外空致害的过错责任、大气层以内致害的绝对责任及争端解决机制等三个方面的内容。

除上述学说之外，马尔他代表还最早提出了人类共同继承财产学说。但由于美苏未达成共识，因此该学说虽然在《月球协定》中得到明确，但美苏均未签署《月球协定》，导致该学说是否已构成国际法原则尚存在异议。在外空条约法时代还形成了一系列具体制度：发射登记制度、救助航天员制度、送还航天器制度等。鉴于这些制度作为国际空间合作的具体内容，并不存在法学理论方面的争议，因此，不应纳入法律学说的范畴。

概括而言，在外空条约法时代，虽然欧洲的空间法学界十分活跃，并率先提出一系列理论学说；但鉴于美苏争霸的总体格局，该阶段的空间法学说如想进入国际社会的视野，必须得到美苏两国的首肯。因此，该阶段的条约立法具有鲜明的大国烙印，属于美苏之间所达成的最低限度共识。条约法体系诞生的深层次背景是：美苏两国都认识到了对方强大的太空实力，为避免无休止的太空军备竞赛，同时为了争取其他国家对本国的支持而做出的有限度妥协。

（二）先软法时代的主要空间法学说

20 世纪 80 年代以后，五大外空条约体系业已成形，没有再产生新的外空领域国际条约。但伴随着发展中国家主体意识的觉醒及美苏战略力量的消长博弈，联合国大会自 1982—1996 年先后通过《各国利用人造地球卫星进行国际直接电视广播所应遵守的原则》《关于从外层空间遥感地球的原则》《关于在外层空间使用核动力源的原则》《关于开展探索和利用外层空间的国际合作，促进所有国家的福利和利益，并特别要考虑到发展中国家的需要的宣言》等决议。这些决议的出现，是新兴空间法律学说努力推动的结果。由于一般认为联大决议并无强制性法律效力，所以国际法学界形象地称之为“软法”。

1. 国家主权保护学说

在外空条约法时代，美国主导确立了外空自由原则。鉴于当时卫星技术发展水平的制约，苏联、东欧国家及广大发展中国家，均未意识到通信卫星的蓬勃发展。到20世纪80年代，美国及西欧国家已经确立在通信卫星领域的全面优势。从意识形态出发，美、欧利用其通信卫星向有关国家发送广播电视信号、推广宣扬其价值观，引起被动接收国的强烈不满。这些国家以国家主权保护学说为武器，主张通信卫星向接收国发送广播电视信号，必须经过接收国的同意。该学说认为，外空自由原则应以大气层为限，通信卫星的广播电视信号一旦从卫星发射进入大气层，就会对接收国的广播电视管理产生直接影响。为此，应当依据国家主权原则，对其国内的信号传输进行管辖。而欧美国家则以信息传播自由学说对国家主权保护学说进行抗衡。经过长期的交锋，联合国大会通过《各国利用人造地球卫星进行国际直接电视广播所应遵守的原则》的决议，既明确播放国不得侵犯各国主权和违反不干涉原则；同时也明确接收国不得侵犯人人有寻求、接受和传递信息和思想的权利，使得国家主权保护学说得到有限制的承认。

2. 自然资源资料权学说

随着卫星遥感技术的发展，发达国家依托自身在遥感技术方面的优势，利用外层空间自由原则，肆意对有关国家的国土资源、地质资料、气象信息等进行窥探。为此，以阿根廷、巴西为首的广大发展中国家提出自然资源资料权学说。该学说以国家自然资源永久主权原则为基础，强调国家享有对其国土范围内的自然资源资料权。基于该权利，他国卫星对其国土的遥感勘探应事先征得其同意；遥感信息未经被遥感国同意，不得泄露和传播；被遥感国有权以低廉价格优先和连续获得有关其领土的数据和资料。对此，苏联和法国予以部分接受；而美国等部分西方国家则坚决反对。美国反对的理由主要是基于外空自由原则，认为其遥感活动并未对国家自然资源永久主权构成影响，且依据其国内法，美国政府不得禁止其公民接受从美国外层空间获得的信息。经过长期协商，联合国大会于1986年通过《关于从外层空间遥感地球的原则》，既保护了遥感国的遥感权利和信息散发权利，同时也明确被遥感国可以在不受歧视的基础上依照合理费用规则取得相关遥感信息。

3. 地球静止轨道固有权益学说

地球静止轨道是指位于地球赤道平面正上空离地面约35 800公里的环绕地球的圆形轨道。该轨道因其独特的空间位置，在人类空间活动中具有十分重要的战略价值。但同时，由于其周长仅为 26 万公里，同一时间内最多只能容纳 180 颗人造卫星。因此，地球静止轨道属于稀缺性资源。对该轨道的使用，长期以来在实践中形成了“先登先占”的做法，使得地球静止轨道为世界主要航天大国所抢占，这引起了赤道国家的强烈不满。1976 年，哥伦比亚、巴西、刚果、厄瓜多尔、印度尼西亚、肯尼亚、乌干达和扎伊尔等赤道国家在波哥大签署关于地球静止卫星轨道的宣言，宣布对同它们领土相应的弧形轨道拥有主权。该学说直接冲撞了外空条约法时代所确立的外空边界理论，对外空自由学说构成了直接挑战，因此招致了美国等国家的强烈反对。此后，赤道国家的立场有所软化，从主张对静止轨道的国家主权，退化到主张对静止轨道的优先权，再退化到仅主张静止轨道应明确国际优先次序等。但上述主张均未能获得美国等国家的积极回应，因此影响力有限。

此外，国际社会就限制在外空使用核动力源、兼顾发展中国家空间利益等问题也形成了相应的共识。但鉴于上述两方面内容均属于外空条约法时代有关国际法规则的延续和深化，理论上并未有实质性创新，因此，不宜纳入外层空间法律学说的范畴。

综观先软法时代，发展中国家以各种创新性的法律学说为武器，着眼自身的国家利益，试图挑战美苏所确定的包括外空自由原则在内的主流法律学说。虽然，这为发展中国家争取到了一定的太空权益，但鉴于发达国家在航天发展水平和科技实力的巨大优势，因此该阶段的上述法律学说影响力有限，并未真正撼动条约法时代所确立的原则体系和法律框架。

（三）后软法时代的美欧空间法学说及其对中国的挑战

20 世纪 90 年代以后，随着苏联解体，苏联航天工业的主要承继国家俄罗斯在航天领域全面收缩，美国开始全方面推进其太空“新边疆”政策。同时，随着欧洲、中国为代表的新兴航天国家的快速崛起，以及俄罗斯重新将航天工业明确为其战略优先方向，人类的太空活动正呈现出“一超多强”的多样性特点。在此背景下，虽然国际社会并未再制定空间领域的国际条约，但各主要航天国家均试图通过制定不具备国际法约束力的所谓“软法”，来重塑造冷战后的空间国际规则，从而构成围绕空间法律新秩序的第三轮博弈。这一时期，美国出台一系列具有鲜明霸权色彩的《国家航天政策》，欧盟推出《外空活动国际行为准则（草案）》，而中俄也共同提交《防止在外空放置武器、对外空物体使用或威胁使用武力条约（草案）》（PPWT）。在美欧提出的众多法律学说中，有三种学说值得特别关注。

1. 安全壁垒学说

该学说又称为“美国国家安全例外论”。主要是美国可以以国家安全为由，排除有关国际规则限制，对个别国家采取壁垒措施。面对中国在航天领域的崛起，美国通过各种法律壁垒，阻碍中国参与国际卫星发射、阻碍中国学者参与美国组织的空间学术会议、阻碍中国参与国际空间站的运行等。1999年至今，美国通过《1999财年国防授权法》第1513节规定，所有卫星和相关物项①均受控于《美国军品管制清单》；该法实际上剥夺了总统以行政命令方式对卫星出口政策进行调整的权力②。1999年开始，美国“全面禁止中国火箭发射美制卫星和含有美国制造部件的卫星”的政策一直持续到今天③。

2. 空间安全自卫学说

美国在其发表的历次《国家航天政策》中，均强调要“确保美国自由进出和利用外层空间”，并将此作为美国的重大战略利益；为保护上述权益，美国必须有能力“运用其国力的全部或任何要素”做出反击。该学说为美国在外空部署军事力量并在外空采取直接军事行动（包括先发制人的外空军事行动），提供了理论支持。在美国的积极游说下，该学说已经得到了欧盟和美国其他盟国的认可和支持。在欧盟制定的《外空活动国际行为准则（草案）》（2014版）的“一般原则”中，就专门设置了“单独或集体自卫权”条款。空间安全自卫学说强化了美国在外层空间的军事霸权，为美国军方所谓的“制天权”提供了合法的外衣，表面上着眼于所谓的正当自卫权，但本质上是为了维护美国在外层空间的军事优势，与中俄所积极倡导的《防止在外空放置武器、对外空物体使用或威胁使用武力条约（草案）》的精神背道而驰。

3. 外空活动可持续学说

人类空间活动的繁荣，也同时导致了外空环境的恶化。伴随着空间碎片大量增加、空间碎片临界化④的严峻现实，导致国际社会对外空活动可持续性

---

① 该法第1516节规定，“相关物项”是指卫星燃料、地面支持设备、测试设备、载荷适配器或者接口硬件、替换配件、外设固体推进剂轨道转移发动机。

② 1999年以后，美国的卫星出口管制政策虽根据实际情况进行了多次调整，但是对中国的政策未曾改变。

③ 虽然美国《2013财年国防授权法》对美国卫星和相关物项的出口管理又做出了新的调整，但对中国的出口管制政策并未放宽。

④ “空间碎片临界化”是指：空间碎片超过一定密度，就会发生大量的碰撞，进而形成更多的空间碎片，造成恶性循环，导致该空间区域变成航天器的“死亡区”。

的关注。1984年，美国国际法学会副会长、乔治敦大学法律中心的爱迪·布朗·维斯教授首次提出了外空活动可持续学说。该学说的核心是强调人类的每一代人作为后代人地球权益的托管人，必须对传给下一代的外空环境质量加以保护，以满足后代人进一步发展的需要。由于空间碎片致害事件的大量出现，国际空间法学界对此学说越来越重视。经过多次空间法学会议，该学说已经在当代空间法学界具有举足轻重的影响力。该学说后来为联合国外空委科技小组委员会拟定的《空间碎片减缓指南》修订草案所确认。该学说一经提出，即受到美国和欧盟的高度重视，并在多版美国《国家航天政策》中得到援引和延伸，构成了美国政府要求其他国家开展“负责任空间行为”的法理基础。外空活动可持续学说无疑具有正当性和合理性，应该是国际社会努力的方向。但该学说往往被美国所利用，成为要求包括中国在内的其他航天新兴国家承担更多的国际义务，甚至超越自身发展阶段对本国航天事业进行限制和约束的所谓法理依据。

（四）第三轮博弈背景下中国空间法学说的现状与出路

当前，欧洲仍然占据国际外层空间法学研究的制高点，而美国则建立了世界上最完整且有效的国内航天法体系。欧美正联手推广欧盟制订的《外空活动国际行为准则》（以下简称《行为准则》）的国际影响力，试图以此为基础构建国际空间法律新秩序。而对中国提出的有关的意见，欧盟采纳有限。面对外空外交的第三轮博弈，中国的空间法研究路在何方？本课题组认为，中国空间法学界必须创新学术思路，构建一个符合中国国家利益且具有国际影响力的学说体系，深度参与到国际空间法律新秩序的构建中。

1. 有区别的共同责任学说

该学说最早由印度学者普拉萨德在2007年的国际空间法大会上提出。该学说借鉴《气候变化框架公约》所确立的基本精神，强调在“空间碎片减缓”等一系列议题上，应充分考虑到发达国家对此问题的造成应负主要责任（目前外层空间45%的空间碎片是由美国造成的），因此，在规划相关国际义务时，新兴航天国家与发达国家应有所区别，发达国家理应承担更多的国际义务。在2013年5月召开的欧盟“外空活动国际行为准则”多边磋商会议上，部分发展中国家也表达了类似的观点。应充分认识到这一学说对构建更加公平的国际空间法律新秩序具有积极意义和战略价值，也符合包括中国在内的发展中国家和新兴航天国家的立场。以此学说为基础，可以有效制约美国以“负责任空间行为”为由肆意对发展中国家提出过高要求。

2. 空间碎片减控和空间碎片数据国际开放学说

目前，国际空间法学界均普遍接受并使用空间碎片“减缓”的概念。而“减缓”概念存在两方面的缺陷，一是空间碎片危害的应对，涉及空间碎片减缓、航天器防护、监测与预警三方面内容，这三者构成一个有机的整体，不可分割；而“减缓”一词因其特定含义，无法涵盖航天器防护、监测与预警的内容。二是空间碎片问题发展到现在，已经逐渐进入新的历史阶段，该阶段仅提出减缓的任务，已经无法适应时代的要求，比如对于空间碎片的主动移除等措施就显然超越了减缓概念。而相较之下，“减控”一词更具外延性，可以有效涵盖应对空间碎片危害的其他各要素。面对空间碎片临界化的严峻局面，空间碎片治理应跨入新的阶段——“减控”阶段（可参见“军控”一词）。如果我国能够率先采用并提倡空间碎片减控学说，将有助于从国家外交斗争及国际合作的需要出发，打破现在由美欧空间法学家垄断空间法话语体系的不利局面，强化中国在该方面的话语权和引导力。由中国率先提出并适用空间碎片减控概念，符合中国负责任大国和构建航天强国的战略目标，符合空间碎片由技术问题拓展到机制构建问题的实践特点。同时，采取空间碎片减控，有助于新兴航天国家要求技术优势国家——美国向国际社会开放其空间碎片观测数据库，并将此项义务作为《外空条约》《登记公约》所确立的“所属国善良告知”和“其他有能力国家协助预警”国际义务在空间碎片领域的具体化。

3. 无歧视公平竞争原则下的安全例外论

美国国会基于国家主权原则，根据联邦宪法的授权，固然有权制定相关法律对其内部事务进行规制。但鉴于美国相关做法的影响已经远远超出了美国国内，不仅对中国的商业航天发射活动产生了实质性的制约，而且对全球商业发射市场也产生了重大影响。在此背景下，应有必要从美国签署的相关国际条约、联合国大会通过的具有软法性质的相关决议及国际法的基本原则入手，深入剖析美国通过国内立法对他国航天活动恣意进行限制的行为是否违反国际法。

（1）与 WTO 法律制度的冲突

作为全球最主要的多边贸易体系，WTO 法律架构已为全球各主要国家所认可。根据“条约必须被遵守”的古老国际法原则，美国已承诺接受 WTO 项下相关法律制度的规制。因此，WTO 法律制度作为当前公认的国际法渊源，也自然成为审议美国相关国内立法国际合法性的准绳。美国《2013 财年国防授权法》第 1261 节（c）项第（1）款规定“卫星或者相关物项，不论是否列入《商业控制清单》中，均不得向（中国）政府或者代表（中国）政府的个人或者实体，直接或者间接地出口、再出口或者转让；也不得在（中国）

发射，或者成为（中国）政府或者代表该国政府的个人或者实体所拥有、操控或者制造的发射工具的一部分。”鉴于美国在其签署的《服务贸易总协定》具体承诺减让表中第11大项“运输服务”中，只提到了AIR TRANSPORT（航空运输）、RAIL TRANSPORT（铁路运输）、ROAD TRANSPORT（公路运输），未涉及“空间运输”的有关内容，因此本文仅对卫星及相关物项的出口限制内容进行合法性分析。

首先，关于民用卫星或者相关物项的出口不属于国家安全的例外情形。关税及贸易总协定（General Agreement on Tariffs and Trade，GATT）（1994）第21条规定了国家安全例外原则的四种情形，明确在这四种情形下，一国可以对相关产品出口进行限制：“（a）裂变材料或提炼裂变材料的原料；（b）武器、弹药和军火的贸易或直接和间接提供给军事机构用的其他物品或原料的贸易；（c）战时或国际关系中的其他紧急情况；或（d）阻止任何缔约方根据《联合国宪章》为维护国际和平与安全而采取的行动。”经过对照，本课题组认为，对纯粹民用之卫星及卫星中所涉及的诸如微动开关、电连接器、紧固件等元器件完全不属于“国家安全例外”之规定情形。虽然，美国国会多次声称：许多物件亦可以用于军事目的。但本课题组认为，GATT（1994）第21条（c）款所规定的“间接”概念，从法律语意学角度进行解释，应理解为“具有较高军事使用价值或本身具有较高技术水准或对军用而言具有一定不可替代性的物件”；对那些广泛运用于日常生活且并无太高技术含量的基础性元器件，如果仅仅因为美国单方面认定其存在间接用于军用可能性，就将其纳入“国家安全例外”范畴，那么不知像菜刀、汽车、手表等物品是否也该纳入此类“例外”进行出口管制。无疑，这显然是荒谬且缺乏常识的。美国国会的立法实际上已经超越了GATT（1994）的规定，构成了对“国家安全例外”原则的滥用与曲解。其次，美国的立法违反了“最惠国待遇”原则，构成了对中国的贸易歧视。最惠国待遇原则又称“无歧视原则”，是WTO框架下的一项基本原则，是指“给惠国给予受惠国或者与该受惠国有确定关系的人或物的优惠，不低于该给惠国给予第三国或者与该第三国有同样关系的人或物的待遇。”该原则体现在“立即和无条件”要求上，也体现在“适用于全部进出口商品”上。然而，美国的国内立法，实际上是将中国与其他WTO成员国区分开，在“国家安全例外”原则的幌子下，给予差别待遇，侵害了中国本应享有的最惠国待遇，客观上与主观上均形成针对中国的严重贸易歧视。

（2）与联大决议的冲突

联大决议虽然不具有强制性的国际法约束力，但被普遍认为应具有国际

“软法”效力。考虑到五大公约之后外层空间法的最新立法成果主要体现为“软法”形式，因此也应将联大决议作为国际法的潜在渊源加以严肃看待。1996 年，联合国大会通过《关于开展探索和利用外层空间的国际合作，促进所有国家的福利和利益，并特别要考虑到发展中国家的需要的宣言》。中国作为航天大国，积极参与到国际航天发射市场，有助于依托自身的可靠性优势和成本优势，推进发展中国家以更加低廉的成本分享太空利益，推动全球商业发射市场的良性竞争，推进航天国际合作，完全符合该项决议的精神内核。美国遏制中国的方针，不仅损害了中国的经济利益，更对全球商业航天发射市场，尤其是正处于航天培育期或发展期的广大发展中国家产生了极其负面的影响，这显然直接违背了联大的相关决议。

（3）与国家主权原则的冲突

美国通过其国内法，强迫采购其元器件的他国卫星制造商在选择商业发射方时，如选择中国企业，必须提前获得美国政府的行政许可，这实际上是迫使其放弃与中国企业的合作。考虑到中国运载火箭的高成功率及显著的价格优势，美国的做法客观上侵犯了他国充分自由选择发射企业的权利，也增加了卫星运营商的发射成本与风险。《联合国宪章》确立了国家主权原则，强调“各国独立自主的主权地位，反对他国干涉一国内政”，这已成为当代国家关系的一项基本原则。然后，美国的做法粗暴干涉了他国根据自身利益自由、自主选择发射方的权利，客观上侵犯了一国的经济主权，这是对他国国家主权原则的粗暴践踏。

综上所述，WTO 确立了最惠国待遇、国民待遇原则，以此消除各国在国际贸易中所设置的各种壁垒，消除有关的不公平歧视。上述精神理当延伸到商业航天发射等航天活动中。以及美国针对中国所设立的一系列壁垒措施，以及美国针对中国航天企业的歧视政策，中国空间法学界应勇敢传播和弘扬无歧视的公平竞争学说。推行无歧视的公平竞争，一是有助于构建更加开放的国际航天市场，这是贸易自由的必然要求，符合 WTO 规则和要求；二是有助于各国尤其是发展中国家以更加低廉的价格、更低的门槛分享空间利益，这符合联大通过的《关于开展探索和利用外层空间的国际合作，促进所有国家的福利和利益，并特别要考虑到发展中国家的需要的宣言》，符合广大发展中国家的利益；三是有助于增进不同国家、跨国企业之间的航天合作，发挥各自的比较优势，推进航天技术的进步和商业航天的发展，这符合《外空条约》所确立的“各国要促进并鼓励国际合作”的基本原则；四是有助于打破美国以自身国内法来限制和干涉他国遵循自身意志所进行的国家主权行为，使各国可以更加自主地与中国进行航天合作，抗衡美国在航天领域的国际霸权，这符合现代国际法的一般准则。中国学者应积极扩大该学说的国际影响力，使其成为国际空间法学的主流学说，使我们掌握空间外交斗争的主动权。

六、结论

（一）国内法建议

中国航天立法要充分消化和借鉴美国在同类产业立法方面的先进经验，同时充分考虑我国现阶段航天产业发展的特点和任务；树立需求牵引，树立问题导向；重在商业航天的培育，重在关键产业的孵化，重在体制机制的突破。要坚持运用产业经济学的思路，坚持产业促进法和行政组织法相结合的定位；始终着眼于顺应国际航天产业发展趋势，着眼于我国航天企业竞争力的增强，着眼于民营航天高科技企业的扶持；统筹各方面积极因素，制定出一部具有世界眼光、体现中国智慧的优秀法律。

（二）国际法建议

当前，中国正处于由航天大国向航天强国迈进的关键时期，而中国空间法学研究也正处于国内国际并重、学术向实务延伸的发展时期。在此背景下，中国空间法学研究必须着眼于为中国的航天外交提供法理支撑，切实回应美欧在该领域提出的新的研究热点，积极提出符合中国国家利益、适应国际航天发展趋势的空间法学理论，努力实现在国际空间法学研究方面占据重要一席之地的奋斗目标。

参考文献

[1]　冯鸿彬，李修远，冯国栋．走向市场，让航天产业成为新的经济增长点［J］．中国航天，2008（8）：24-28.

[2]　张晓强．我国航天产业发展的战略重点与几点考虑［J］．中国工程科学，2006（11）：7-12.

[3]　中国航天工程咨询中心．太空经济：未来航天发展的主战场［N］．中国航天报，2008-07-25（4）．

[4]　美国航天基金会．2012年航天报告［J］．卫星应用，2012（4）：45-49.

[5] 周笑非．美国航天工业对经济的贡献以及对中国航天工业的启示［J］．现代商贸工业，2007，5（5）：21－22.
[6] 谷英喜．中国航天法律制度研究［D］．北京：中国政法大学，2011.
[7] 林蔚然．美国航天发展战略的调整及影响［J］．中国航天，2004（9）：8－12.
[8] 李长军．借鉴美国空间政策法规，加强航天产业立法力度［J］．航天器工程，1995（3）：63－65.
[9] 薄守省．中国航天活动商业化之法律架构［J］．北京理工大学学报：社会科学版，2012（3）：104－131.
[10] 陈海鹏，张兵，容易，等．美国航天商业运输发展之路述评［J］．中国航天，2013（9）：32－38.
[11] 尹玉海，朱贞艳．美国国家空间商业活动政策与法律介绍［J］．中国航天，2013（6）：11－13.
[12] 李剑刚．《美国法典》国家商业空间法专编研究［J］．中国航天，2013（1）：50－54.
[13] 金壮龙．中国航天产业竞争力研究［D］．上海：复旦大学，2002.
[14] 马兴瑞．全面构建航天科技工业新体系为建设国际一流大型航天企业集团而努力奋斗——马兴瑞总经理在航天科技集团公司第四次工作会上的报告（摘要）［J］．中国航天，2008（8）：3－8.
[15] 万青．中国航天产业政策研究［D］．南京：南京航空航天大学，2008.
[16] 韩霞，刘双双．民营企业准入国防科技工业的经济分析［J］．财经科学，2009（8）：95－101.
[17] 李莉，郭梁．论国外信息产业立法对我国的启示［J］．浙江青年专修学院学报，2010（3）：53－55
[18] 蔡高强，徐徐．论外层空间商业化的法律规制［J］．社会科学辑刊，2007（2）：79－84.
[19] 肖冰．论中国卫星导航立法的基本定位［J］．当代法律问题研究，2014（3）：37－46.

课题主持人简介

冯国栋，高级经济师，现任上海航天技术研究院法律事务处处长、上海交通大学法学院兼职硕士生导师、中国空间法学会理事、上海市经济法研究会副秘书长、上海市闵行区法律服务工作协会副会长，第二届国防科技工业优秀法律顾问。长期跟踪国内外空间法研究趋势，发表各类论文近十篇。在中国航天科研生产部门首开面向航天一线工程技术人员进行外层空间法培训之先河，培训规模已达近千人次。

弹道导弹不扩散国际机制研究*

北京师范大学课题组

目　录

导弹及其技术控制机制（MTCR）是目前国际防扩散实践的重要组成部分。本课题围绕该机制的主要特点，将该机制放在国际政治多场所竞合的视野下，分析其发挥作用的基本原理与局限性。通过研究与 MTCR 在国际和国

---

* 本文为中国空间法学会 2014—2015 年度第 2 号学术课题研究项目结题报告，荣获中国空间法学会 2014—2015 年度学术课题研究项目一等奖。课题主持人：北京师范大学法学院教授李滨博士。课题组成员：秦晓静、聂明岩、李明天。

内层面的实施，探讨该机制对国际外空立法与实践可能产生的影响。

一、导弹及其技术控制机制的主要特点

（一）国家间的政治合作

导弹及其技术控制机制是国际社会首次以多边形式寻求在导弹及其技术防扩散问题上建立有效政治合作的尝试。在国际社会还没有订立专门的国际公约来限制扩散以实现有效维护国际安全的前提下，西方主要工业国家开始尝试通过国际谈判的方式建立国家间非正式的政治互信，以寻求减少导弹及其技术的扩散。迄今为止，MTCR 成员国已经达到 34 个。这一机制创设的背景可以追溯到 20 世纪 70、80 年代。一方面，在美苏争霸的背景下，美苏都将输出导弹及其相关技术视为争夺政治势力和攫取经济利益的手段，不断向第三世界国家输出较低级的弹道导弹；另一方面，20 世纪 70 年代初至 80 年代初，一些地区性强国如韩国、伊拉克、印度、利比亚、阿根廷等，在寻求弹道导弹及其生产技术的过程中取得了实质性进展。美国越来越意识到弹道导弹的扩散对于地区稳定和安全带来的威胁。自 1983 年开始，美国、英国、法国、联邦德国、意大利、日本、加拿大等西方七国进行了长达四年的秘密谈判，于 1987 年达成《与导弹有关的敏感转让准则》及《设备、软件、技术附则》。上述两文件构成导弹及其技术控制机制（MTCR）的基础。

《与导弹有关的敏感转让准则》明确：MTCR 的宗旨是，对可能用于发展核武器、化学和生物武器等大规模杀伤性武器运载系统（不包括有人驾驶飞机）的转让项目加以控制，以减小上述武器的扩散风险，并降低管制项目及其技术落入恐怖组织和恐怖分子手中的风险。《设备、软件、技术附则》旨在帮助落实对 MTCR 附件项目的出口控制。《附则》由类别Ⅰ和类别Ⅱ构成。类别Ⅰ中的项目最为敏感，包括：射程超过 300 千米或者负载超过 500 千克的完整火箭系统、无人飞行器，用于生产上述系统的设施，主要的子系统。成员国对于类别Ⅰ中的项目遵循非常严格的出口控制。《附则》中剩下的部分组成了类别Ⅱ，成员国在处理类别Ⅱ项目的转让许可时，具有更大的灵活性。

MTCR 的主要特点是通过政治磋商，在有关国家间达成涉及导弹及其技术的“供给侧”限制措施的承诺。MTCR 不能从根本上遏制有关国家在导弹和导弹技术上的发展，但可以阻碍、推迟有关国家自主发展导弹及相关技术，或者大大提升某些国家发展导弹及相关技术的成本。可以说，MTCR 是以限

制“供给侧”发展，建立国际合作的典型机制[1]。

（二）MTCR 的实施依赖国内法

MTCR 的主要目的是通过国家间的有效合作来实现维护全球和地区安全的目标。这一目标的实现，最终取决于各国在国内层面采取有效的防扩散措施，将在国际层面的谈判磋商结果加以忠实和有效地落实。因此，是否采取签订国际公约的途径，以国际法的形式来固定各国政治合作的成果已经显得并不重要，因为即便签订多边国际公约，该公约是否得到有效履行最终仍旧依赖于各缔约国各自采取的措施。换言之，无论采取政治合作的方式，还是采取制定国际条约的方式，在防扩散的问题上，合作的有效性最终都取决于参与国的自主措施，特别是各国能否在国内法上以法律手段来具体落实有关防扩散的国际政治承诺。尽管 MTCR 对于成员国没有施加强制性的义务，但它强调的是各参与国在遵守该机制上具有共同利益，由此达成真正的共识。同时借助大国的领导力和各参与国之间的相互监督，包括定期交换出口许可的信息，来具体落实 MTCR 的《准则》和《附则》的要求。

例如，美国奥巴马政府自 2013 年起提出出口管制改革动议，旨在适当降低出口管制的门槛，简化相应的政府管制措施。在这一背景下，美国商务部工业与安全问题办公室对国际层面的 MTCR 谈判成果采取了更为及时主动的实施措施。特别是，根据 MTCR 参与国 2014 年在挪威奥斯陆举行的全体会议通过的 MTCR 附件，该办公室于 2015 年 4 月及时修订了美国国内的《出口管制规则》（Export Administration Regulations，EAR）[2]；随后，又针对“瓦森纳安排”在 2014 年的最新修订，相应修改了本国的国内管制规则[3]，这些修订内容具体反映在出口管制分类号、具体管理措施等方面的变动上[4]。

（三）其他国际政治合作机制对 MTCR 的巩固与促进

为了某一目标开展的国际政治合作，往往并不受建立某个专门的国际机

---

① Dinshaw Minstry，Mark Smith，Negotiating Multilateral Instruments against Missile Proliferation，International Negotiation，2005（10），p. 425 - 451。

② Revisions to the Export Administration Regulations Based on the 2014 Missile Technology Control Regime Plenary Agreements，80 Fed. Reg. 18，522，18，522（Apr. 7，2015）。

③ Wassenaar Arrangement 2014 Plenary Agreements Implementation and Country Policy Amendments，80 Fed. Reg. 29，432，29，432（May 21，2015）。

④ J. Boscariol，J. Patrick Briscoe（et al.），Export Controls and Economic Sanctions，The International Lawyers，Vol. 50，p. 33。

制作为合作行动的限制。为了实现同一目标，国家间的政治合作往往可以通过场所转变的方式，通过类似或具有互补性功能的其他国际机制，来补充、完善或巩固某一专门国际机制，从而能够更好地实现该专门机制的宗旨或目标。以谋求区域或全球安全为目标的MTCR机制，在这方面就表现得比较具有代表性。事实上，国际社会在MTCR机制之外，还先后建立《防止弹道导弹扩散的海牙行为准则》、“1540机制”、《武器贸易条约》及“全球控制系统”等其他体制来更好地实现防扩散的目标。

1.《防止弹道导弹扩散的海牙行为准则》

为应对全球导弹扩散的风险、促进国际社会达成共识，MTCR成员国于1999年发起起草国际行为准则的内部讨论，随后与非MTCR成员国磋商，后于2001年形成《防止弹道导弹扩散的海牙行为准则》（简称《海牙行为准则》，HCoC）的草案文本。《海牙行为准则》建立了关于弹道导弹的发射前通知制度和年度报告制度。根据《海牙行为准则》，请求国际合作的国家和签字国将采取合作措施，在个案分析的基础上共同应对弹道导弹扩散的挑战。关于《海牙行为准则》的联合国决议于第59、60、63、65、67届联合国大会通过。截至2014年7月，共有137个国家接受了该准则。《海牙行为准则》并不旨在取代MTCR，而是作为后者的补充，巩固防扩散的国内措施与国际合作。《海牙行为准则》并不要求各参与国削减导弹数量，而只是为导弹及相关技术的贸易活动设置标准。《海牙行为准则》本身并不具有法律约束力，它仅仅明确了防止导弹及相关技术扩散的基本原则，而没有包含具体的行动计划，也没有规定有效的核查和制裁措施。从整体上看，《海牙行动准则》的目的是通过提升透明度在各参与国之间建立信任。值得注意的是，在联合国裁军议题框架下，《海牙行为准则》不断得到重申与肯定的实践，进一步突出了导弹及其技术扩散的非法性。《海牙行为准则》的主要贡献在于，通过提高各参与国在防扩散措施上的透明度，来强化各参与国之间的信任与依赖，能够更为有效地督促各国在国内法层面上实施MTCR包含的具体规则。

2. 1540机制

2004年，联合国安理会通过第1540号决议，以间接方式支持MTCR及其附件所包含的内容，要求联合国所有成员国在国内法上建立有关“防止大规模杀伤性武器扩散”的制度。此外，MTCR附件也成为联合国安理会关于制裁伊朗的第1737和第1929号决议，以及制裁朝鲜的第1718号决议的基础。由此可见，MTCR已经成为关于与导弹有关的负责任的出口行为的国际标准[①]。这表明，尽管 MTCR 本身没有当然的法律约束力，但由于安理会根据《联合国宪章》第 7 章作出的决议普遍被认为不同于其他决议对会员国有法律约束力[②]。MTCR 可以因为获得有约束力的安理会决议的"背书"而产生一定法律效力。有观点认为，第 1540 号决议在国际反恐合作的背景下，将会发展成为最为有力的防扩散国际机制[③]。不过，值得注意的是，安理会第 1540 号决议也受到个别国家的质疑与反对，认为该决议的制定过程仅由少数国家参与和控制，这些规则的形成未能经过充分的协商，而且决议设定的国际义务具有约束性，联合国成员国实质上被剥夺了决定是否接受那些义务的自由[④]。当然，由于安理会根据《联合国宪章》第 7 章作出对成员国有约束力决议的实践已经在国际社会获得普遍认同与接受，上述反对意见并没有广泛的代表性。

值得注意的是，联合国安理会第 1540 号决议特别强调，各国不得以任何形式支持非国家行为体开发、获取、制造、拥有、运输、转移或使用核生化武器及其运载工具。第 1540 号决议对所有国家规定了具有约束力的义务，即通过立法，防止核生化武器及其运载工具的扩散，并就防止相关材料的非法贩运建立适当的国内管制。决议还鼓励增强这方面的国际合作，特别是根据安理会决议建立的"1540 委员会"，其通过全面审查措施，能够进一步提高各国在防扩散措施上的透明度，通过促进合作提高各国的防扩散能力[⑤]。从防扩散国际体制发展的角度来看，联合国安理会第 1540 号决议及"1540 委员会"反映出防扩散从非正式向正式国际体制转变的趋势，可以被视为一种"混合

---

① John R. Crook, Twenty - fifth Anniversary of the Missile Technology Control Regime, American Journal of International Law, July, 2012, p. 677。

② 关于对安理会根据《联合国宪章》第 7 章作出的决议的法律效力问题分析，参见 Jared Schott, Chapter VII as Exception: Security Council Action and the Regulative Ideal of Emergency, Northwestern Journal of International Human Rights, Fall 2007, p. 2。

③ Nicholas D. Smith, Guarding Pandora' s Box: Strengthening Physical Protection at Facilities that House Weapons of Mass Destruction and Related Materials, Fordham International Law Journal, February 2009, p. 1078。

④ Masahiko Asada, Security Council Resolution 1540 to Combat WMD Terrorism: Effectiveness and Legitimacy in International Legislation, Journal of Conflict & Security Law, 2008, 13 (3), p. 303 - 332。

⑤ 联合国安理会，Final document on the 2009 comprehensive review of the status of implementation of Security Council resolution 1540 (2004): key findings and recommendations, S/2010/52, 2010 年 2 月 1 日。

型”的国际机制[①]，在法律效力上，它兼具自愿性与强制性相结合的双重特征。

3.《武器贸易条约》

值得注意的是，2013 年联合国大会表决通过《武器贸易条约》（Arms Trade Treaty，ATT），并开放供所有国家签署。根据该条约生效条件的规定，条约应于 2014 年 12 月 24 日生效。该条约被认为是迄今为止联合国关于常规武器转让规范的最重要的倡议。ATT 在监管范围上包含了 MTCR 的监管内容，在法律效力上强于 MTCR，在执行依据上采用了 MTCR 的落实方式，在执行主体方面比 MTCR 广泛。可以说，ATT 在 MTCR 主导国（以美国为首的西方国家）不需付出任何成本和做出任何妥协的情况下，间接强化了 MTCR 的法律效力，扩大了 MTCR 的管控区域[②]。不过，由于俄罗斯拒绝签署该条约，美国虽已签署但截至目前尚未批准条约，这两个最大的武器贸易国家的态度使得 ATT 能否实现其预期的宗旨目前还很不确定[③]。此外，在 ATT 草案磋商过程中暴露出的若干问题并没有因为条约的正式达成而被消除，它们仍旧对条约的实际实施造成阻碍[④]。

4. 全球控制系统

另外值得注意的是，与 MTCR 几乎平行、由俄罗斯提议建立的全球控制系统，是一个保护国际社会免受导弹袭击的控制体系。1998 年，朝鲜和伊朗的导弹发射凸显了以 MTCR 为基础的国际导弹防扩散体系的不足：缺乏普适性，没有法律约束力，缺少监督执行的国际实体。因此，国际社会采取多种措施加强遏制导弹的扩散。这其中就包括俄罗斯总统在 1999 年 6 月的 G8 峰会上提出的“全球控制系统”。该项提议通过俄罗斯外交部于 2000 年 3 月和 2001 年 2 月组织的两场国际发布会，逐步发展成型。全球控制系统由两组来自现行或新的国际机制的要素，以及执行与咨询机制组成。第一组以导弹防扩散机制为主，第二组以导弹透明度机制为主。防扩散机制包括：MTCR 及

① Dr. Christopher A. Ford，Nonproliferation Bestiary：A Typology and Analysis of Nonproliferation Regimes，New York University Journal of International Law & Politics，Summer 2007，p. 983－984。

② 许源，《武器贸易条约》及对军贸之影响，《中国航天》，2014 年第 5 期，第 47 页。

③ Marlitt Brandes，“All’s Well That Ends Well” or “Much Ado About Nothing”?：A Commentary on the Arms Trade Treaty，Goettingen Journal of International Law 5 (2013) 2，p. 399。

④ Dean M. Hunter，Time to Reload：States Request More Time on the Arms Trade Treaty，Saint Louis University Public Law Review，2013，p. 229。

其行为准则、激励机制、安全协助、国家和多边措施防止导弹扩散、外交和经济措施。全球控制体系的透明度机制包括：发射提醒、发射技术管理、国际导弹数据交流中心和建立信任的措施。国际执行和咨询机制由一个全球控制体系协调机构、国际咨询机制和多种其他制度框架构成。在全球控制系统运行初期，美国认为其作用是削弱导弹技术控制制度，因此对全球控制系统持怀疑态度，并缺席了全球控制系统于2000年和2001年在莫斯科举行的两场会议。然而，包括众多西欧国家和日本在内的美国盟友却积极参与了全球控制系统。在2001年2月的会议上，已经有超过70个国家的代表出席。这也使得全球控制系统为一些互相视为“有导弹威胁”的国家提供了直接表达安全关切的平台。

5. 其他相关国际机制

在国际层面，目前MTCR机制的规则仅通过承诺不出口导弹技术来阻止导弹扩散，而未来导弹防扩散机制的规则应当通过承担不拥有导弹的义务来阻止导弹扩散。这就如同完善的核不扩散机制的规范，是通过采取不拥有核武器和最终消除核武器的步骤一样①。只有这样，MTCR的有效性才能获得充分保障。当然，这是一种非常理想的状态，它能否实现还很难充分预见。MTCR不是条约机制，而是一种松散的协调机制。维护MTCR有效性的最现实出路是，从外围对MTCR进行制度建设。简言之，制度修复是弥补MTCR机制缺陷的最有效方法，其中，应重点加强全球导弹控制体系（GCS）、反弹道导弹国际行为准则（ICOC）和防扩散安全倡议（PSI）的制度建设作用②。实践表明，以防扩散安全倡议这种多国联合行动为代表的国际合作措施在实现防扩散方面发挥着越来越重要的作用。可以说，即便在不存在具有法律约束力的国际公约的前提下，有关国家同样可以通过具体有效的合作措施，在实质上提升参与国家的防扩散能力，维护防扩散体制的有效运转，促进防扩散目标的实现。这就意味着，强调只有制定具有法律约束力的国际公约才能确保防扩散实际效力的传统观念，在实践中逐渐弱化。国际社会越来越强调防扩散制度的执行力，从国际法效力的视角来观察，这可以被概括为从形式主义向功能主义转变的发展趋势。

---

① 李小军，制度根基、制度缺陷和制度修复——对“导弹及其技术控制制度”的理论思考，《国际论坛》，2005年第1期，第38页。

② 李小军，“导弹技术控制制度”的困境与出路：一种机制研究，《国际政治研究》，2005年第3期，第95页。

二、导弹及其技术控制制度的局限性

（一）MTCR的政治约束力

MTCR的基本宗旨是寻求限制导弹和导弹技术扩散的非正式的国家间政治互信。不同于国际条约，MTCR并不会对成员国施加具有法律约束力的义务。作为一种多边出口控制的非正式机制，在其成员国之间仅存在一种没有法律约束力的保证型的承诺关系，各成员国对特定敏感物项是否发放出口许可系在其国家自由裁量权的基础上决定的。在非正式的制度安排下，成员国对机制规定的遵守行为是一种以政治或道德承诺来维系的主权性权利（sovereign right），而不是一种国际法义务[①]。

尽管MTCR不具有国际法上的约束力，但是，它对防扩散的国际实践发挥了重要的影响，产生了不可否认的实际效果。在MTCR成立之后的27年中，MTCR成员国通过努力，减少了拥有可运载大规模杀伤性武器国家的数量，抑制了相关国家对于获取该类导弹及技术的兴趣。MTCR成员国和遵守MTCR的国家建立的出口控制制度有效防止了扩散者从这些国家获得尖端技术的支持。MTCR所建立的出口控制、信息共享及合作机制，大大增加了获取弹道导弹的时间和金钱成本，增加了扩散的难度。到MTCR建立10周年之时，阿根廷、巴西、埃及、伊拉克、利比亚、南非、韩国、叙利亚等国家或地区放弃了导弹开发或开发计划，美俄之外拥有最大战略武器力量的乌克兰已经销毁了战略导弹和核武器，白俄罗斯、哈萨克斯坦也相继销毁了战略导弹和核武器[②]。又如，MTCR就曾导致阿根廷-伊拉克-埃及放弃Condor Ⅱ弹道导弹计划，因为这三国集团无法获得需要的技术和材料制造远程弹道导弹。

MTCR的实际效果显然与该机制的主导者美国的大力推动分不开，特别是与美国国内出口管制法律制度的实施有关。其中，美国通过适用国内出口管制法律制度中的制裁条款，迫使相关国家遵守或满足MTCR所设定的导弹及相关技术的防扩散标准。美国国内法成为维护非正式、没有法律约束力的国际体制有效性的强有力工具，以至于缔结正式条约的必要性和实用性在实

① 刘宏松，多边出口控制机制的局限与困境——非正式国际机制的视角，《国际政治研究》，2009年第3期，第125页。

② National Intelligence Council, Foreign Missile Developments and the Ballistic Missile Threat to the United States through 2015, September 1999, p. 9。

践中被淡化了[①]。为了通过制裁手段强迫他国考虑其利益及关切，美国将本国法律与MTCR进行对接，在此基础上实行援引美国本国法律制裁外国个人、实体甚至政府的治外法权行为。

美国主要通过两种途径实现本国法律与国际多边防扩散机制的对接。其一，将MTCR清单中的限制物项纳入《武器出口控制法》和《出口管理法》等美国出口管理的框架性法律中，一旦转让MTCR清单中的物项即有可能触发此类法律规定的相应制裁措施。其二，为保证美国在世界各地的政治、经济利益，美国通过出台和扩充防扩散法案及总统行政令等手段调节其防扩散政策，如《伊朗不扩散法案》《伊朗-伊拉克不扩散法案》及第12958号总统行政令等[②]。

虽然上述制裁措施通常因被视为“治外法权”的具体表现而遭受批评，但这种单边措施的影响却很难回避。例如，从20世纪至今，美国经常以导弹防扩散为由对我国军贸公司和两用品出口公司实施经济制裁[③]。2006年7月，美国商务部颁布关于向中国出口和转出口管制的新规则，进一步加重了美国出口企业的负担，同时也被认为无助于阻挡中国军事现代化的进程[④]。自2009年以来，奥巴马政府先后17次针对若干中国企业实施制裁，但美国同时也希望在涉及朝鲜、伊朗、巴基斯坦及叙利亚等国的防扩散问题上实现与中国开展可靠的合作。因此，与出口管制相关的制裁措施的有效性，即制裁是否是促成中美之间开展合作的有效手段开始遭到质疑[⑤]。美国出口管制制度不仅影响到进口国，同时也对美国航天产业的产品和技术出口带来许多负面效

① Mallory Stewart, Are Treaties Always Necessary?: How US Domestic Law Can Give Teeth to Non - binding International Commitments, American Society of International Law Proceedings, 2010, p. 191。

② 王峰，许源，美国导弹防扩散制裁方案的政策研究，《导弹与航天运载技术》，2011年第3期，第39页。

③ 许源，伍赣湘，导弹技术控制制度对我国军贸公司的影响，《中国航天》，2012年第4期，第9页。

④ Andrew F. Diamond, Dueling Over Dual - Use Goods: the U. S. Department of Commerce's Misguided Attempt to Promote U. S. Security and Trade with China through Restrictive Export Controls, Brooklyn Journal of Corporate, Financial & Commercial Law, Fall 2008, p. 154。

⑤ Shirley A. Kan, China and Proliferation of Weapons of Mass Destruction and Missiles: Policy Issues, CRS Report, 同前引注, Summary. 另参见 Anastasia A. Angelova, Compelling Compliance with International Regimes: China and Missile Technology Control Regime, Colombia Journal of Transnational Law, 1999, p. 419 - 449。

应。因此，美国国内企业和相关利益方也在不断推动美国国内的出口管制改革[①]。2013年，美国政府颁布有关出口管制改革的基本思路[②]。但在这一轮最新改革中，特别重申要强化美国不支持中国军事现代化的政策。2015年以来，美国商务部进一步推动出口管制的改革，强调在与MTCR最新标准保持一致的同时，进一步简化管制措施，减轻美国国内出口企业在获得出口许可上的负担[③]。这也表明，出口管制是一把双刃剑，它需要在维护国际安全与追求商业效率、保护美国企业国际市场竞争力之间建立合理的平衡[④]。

（二）MTCR的灵活性与双重标准问题

MTCR的正当性首先取决于该制度本身是否公正。这意味着防扩散体制的制度设计本身以及它的实际运行，必须符合该体制成员的共同利益和国际社会的整体利益。相反，如果MTCR的实施只符合少数国家的利益，那么它就是一个不中立和欠缺公正的制度，这种正当性的缺失必然影响到该制度本身的实际效力。无论是以美国为代表的采取国内法上的单边制裁措施，还是在国际层面上通过相关国家的实质合作来维护防扩散制度的有效性，这些实践都应当以其符合正当性的要求为前提，因为只有正当的防扩散制度才能具有持续和稳固的效力。作为一种政治合作机制，MTCR带有与生俱来的灵活性，而该机制的政治约束力又在很大程度上依赖于对国际事务拥有领导力的少数大国的实际控制。这就导致该机制很可能受政治因素考虑的影响，在实践中被扭曲。特别是，MTCR的灵活性一旦被政治因素所利用，就很可能形成MTCR规则在具体实施过程中呈现出双重标准的歧视性做法，从而在根本上损害MTCR的可信度和正当性。

美国在MTCR体制的建立和运转中始终扮演主导角色。政治压力是维持

---

① John R. Crook，U. S. Agencies Revise U. S. Export Controls on Major Aerospace Exports，American Journal of International Law，July，2013，p. 671。

② U. S. Dep't of State Fact Sheet，The President's Export Control Reform Initiative：Reinventing the System and Promoting National Security（May 10，2013），http：//www. state. gov/r/pa/pl/2013/209319. htm，2014年10月19日浏览。

③ Revision to the Export Administration Regulations Based on the 2015 Missile Technology Control Regime Plenary Agreements，Federal Register/Vol. 81，No. 64/Monday，April 4，2016/Rules and Regulations。

④ Jared A. Borocz－Cohen，Export Control Proliferation：The Effects of US Governmental Export Control Regulations on Small Businesses － Requisite Market Share Loss；A Remodeling Approach，23 U. Miami Bus. L. Rev. 225 2014－2015，p. 225。

MTCR 运行的重要因素。特别是，美国通过 MTCR 抑制弹道导弹的出口，保持对扩散国家的高压态势。但是，政治压力的局限性是明显的。一方面，当有关国家与成员国之间的政治、经济、军事关系密切时，成员国施加的政治压力才能发挥作用。另一方面，当国家安全利益、导弹扩散的经济利益大于政治压力时，政治手段往往会失灵。更为重要的是，以单边措施通过政治压力确保实现防扩散的目标，往往在实践中会背离中立原则，美国的选择性防扩散做法严重损害了 MTCR 的可信度。例如，在 MTCR 成立初期，美国就曾向英国出口“三叉戟”弹道导弹，由此也引发一些对 MTCR 机制的质疑。有学者指出，冷战后美国防导弹扩散政策的突出特点是：防威胁重于防扩散，且具有强烈的选择性；以意识形态划线，具有强烈的集团政治色彩；强调先发制人的打击，具有强烈的军事性。其今后的政策走向可能是：进一步完善各种防导弹扩散措施，建立一个全面的国际防导弹扩散机制，由片面强调先发制人的军事打击向灵活运用“巧实力”转变。今后其防导弹扩散政策可能更加露骨地推行选择性防导弹扩散政策，选择性防扩散并非仅仅是防导弹扩散政策，也是一种国家安全政策甚至是战略，美国不会轻易放弃①。因此，MTCR 有可能退化为美国推行其外交政策的国际工具。

从 MTCR 的适用范围上看，也存在某些片面性。有分析指出，美国切实感到目前存在的实际威胁，最主要的就是弹道导弹。因此，美国一方面积极发展 BMD 系统，增强防御能力；另一方面竭力推行其导弹技术控制制度，防止弹道导弹这类进攻性导弹武器的扩散，尤其是对弹道导弹的出口在射程和战斗部质量上提出了限制，从其指标限制上可清楚地看到主要限制中国。然而先进战机和舰船，包括远程轰炸机、航空母舰和潜艇等载体所装载的巡航导弹与其他远程攻击导弹等则不在 MTCR 控制之列，这显然是不公平的，实在有些“只许州官放火、不许百姓点灯之意”②。特别是，由于在巡航导弹的防扩散问题上尚未达成国际共识，MTCR 并不针对巡航导弹及相关技术的扩散，从而有利于掌握该项产品与技术的国家，这也使得该体制的公正性受到质疑③。

更为重要的是，MTCR 项下的执行责任需要通过成员国国内立法来保障，但每个国家国内立法和实践则不尽相同。尽管所有的 MTCR 成员国都会保持

① 刘子奎，美国防导弹扩散政策的特点与走向，《现代国际关系》，2012 年第 9 期，第 49 页。

② 谭邦治，ABM、TMD、NMD 与 MTCR（下），《中国航天》，2000 年 2 月，第 39 页。

③ Michael Dutra，Strategic Myopia：The United States，Cruise Missiles，and the Missile Technology Control Regime，Journal of Transnational Law & Policy，Fall 2004，p. 65。

该机制要求的最低执行标准（300千米/500千克），但是国家间立法的差异仍然造成机制内执行标准的不统一。例如，在Black Shaheen陆基巡航导弹的认定问题上，美国、法国、英国为了各自利益对MTCR标准各自拥有不同的解释。其结果是，各国解释标准的差异导致防扩散标准的实际执行情况因各国具体政策考量不同而有所区别，从而严重减损MTCR的实际效果。如何避免MTCR被国家政策左右和利用，成为防扩散体制必须解决的关键问题。这是因为，一个缺失公正与中立的国际体制不可能真正实现其预期的宗旨与效果。

从历史经验上看，中国与MTCR的关系在很大程度上取决于中美之间在防扩散领域的互动状况。中美之间围绕着导弹技术的制裁、反制裁从来就没有停止过[①]。例如，美国国会于1999年9月通过2000财年《国防授权法》（P. L. 106－65），要求美国总统同中国就后者遵守“导弹技术控制体制及其附件”达成协议；该法同时规定，如果中国不能满足特定条件的话，就不得允许其加入“导弹技术控制体制”[②]。此外，美国质疑中国对MTCR的遵守程度，认为中国向发展中国家，特别是巴基斯坦、伊朗和朝鲜出售了敏感的导弹技术，进而对中国政府关于MTCR的承诺产生怀疑[③]。与此同时，美国却不断用行动破坏着MTCR[④]。这种实践的双重性标准使MTCR的可信度遭到质疑。另外，美国对台军售中突破MTCR的可能性，也是中美之间在MTCR问题上建立互信的重要障碍。总之，尽管中国政府早已明确肯定，“防止大规模杀伤性武器及其运载工具的扩散有利于维护国际和地区的和平与安全，符合国际社会的共同利益，这已成为国际共识”[⑤]，同时防扩散也符合中国的国家安全利益。但MTCR的实际执行力与效果，取决于中美之间在防扩散问题上的相信程度。

（三）国际体制冲突视角下的MTCR

MTCR的局限性也体现在该机制及相关实施措施与其他国际机制之间的

① 任远喆，中国与“导弹及其技术控制制度”：进程与前景，《国际论坛》，2012年第2期，第43页。

② Shirley A. Kan，China and Proliferation of Weapons of Mass Destruction and Missiles：Policy Issues，CRS Report，August 29，2014，p. 62。

③ Richard F. Grimmett，Paul K. Kerr，Conventional Arms Transfers to Developing Nations，2004—2011，August 24，2012，p. 11，available at http：//fas. org/sgp/crs/weapons/R42678. pdf。

④ 赵通，李彬，美国遵守MTCR规定吗?，《国际政治科学》，2007年第2期，第26页。

⑤ 国务院新闻办公室，《中国的防扩散政策与措施》，2003年12月3日，原文发表于中国政府网，链接如下：http：//www. gov. cn/zwgk/2005－05/27/content _ 1469. htm。

关系上。由于不同国际机制追求的目标不同，它们设定的规则之间可能存在冲突，因此，有必要将MTCR体制置于国际法整体框架下来分析其局限性。例如，有关国家根据MTCR制定的国内防扩散立法及其具体实施措施可能与各国自由利用外空的法律原则、世界贸易组织制度的最惠国待遇原则及例外，以及国际海洋法中有关在公海中船舶行使登临权的规定存在冲突。如何避免上述冲突，促使MTCR与一般国际法相符，对此有必要进行更为深入的研究。

1. MTCR与和平利用外空法律制度之间的冲突

1967年《外空条约》第1条明确了外空自由的原则，即各国享有和平利用外空的权利。但是，MTCR的适用范围涵盖了具有双重用途的导弹技术和相关产品。该机制由于可能对那些和平利用外空的产品与技术加以控制，因而阻碍有关国家获得为开展航天活动，如卫星发射等，所需的产品与技术，从而影响其发展航天活动的能力。特别是，严格的出口管制措施已经对跨国商业发射活动造成了严重的阻碍。它不仅以安全为名破坏了发射服务的公平竞争，同时也影响到许多国家航天活动能力的发展①。在现有国际法框架下，与外空利用有关的法律原则与规则并不禁止各国在航天活动中利用军事技术，它所禁止的是在外空及天体部署和利用具有进攻性的大规模杀伤性武器。相应地，对外空的非进攻性的军事利用并不被禁止，在月球和其他天体上以和平目的使用军事装备和军事人员是被允许的②。相比之下，防扩散制度由于在适用范围上没有对民用航天活动所需的发射产品与技术作出例外规定，从而可能会与发展中国家行使外空自由的权利产生冲突。由此，出口管制使发达国家与发展中国家之间在利用外空能力上的差距被进一步扩大③。从实践上看，美国对MTCR作出严格的解释与适用，对于空间活动计划本身是否具有和平性质不加区分，将与和平利用外空有关的导弹及相关技术也列入防扩散措施的适用范围，使得MTCR在实施效果上损害了其他国家，特别是发展中

① H. Peter van Fenema, Exports Control and Satellite Launches: What' s New?, 46 Proc. on L. Outer Space 239 2003, p. 239。

② 参见Paul G. Dembling & Daniel M. Arons, The Evolution of the Outer Space Treaty, 33 J. AIR L. & COM. 419, 429 (1967)。

③ José Moserrat Filho, The Place of Missile Technology Control Regime in the International Space Law, 36 Proc. on L. Outer Space 89 1993, p. 89。

国家和平利用外空的自由与权利[①]。换言之，现行的MTCR制度与和平利用外空的法律原则如何协调，使防扩散制度与外空法律制度保持相符是一个有待解决的问题。

2013年11月21日，美国总统签署发布新版《国家航天运输政策》，旨在对相关政府部门和机构提供航天运输方面的全面指导。新版特别注重各种合作关系的建立，如政府和私营企业合作，推动商业航天运输企业参与竞争美国政府发射任务，参与航天发射场的建造、使用、维护等；重视政府航天部门与其他部门或机构的合作，提升部门间的协作能力。值得注意的是，本版政策中首次添加了关于“国际合作”的内容。美国政府认为，在航天运输领域开展互惠互利的国际合作是“政府未来项目和计划的重要组成部分”，但这种合作又是以严格的限制条件为前提的。本质上只是开展由美国主导、符合美国出口管制政策和满足美国国家利益诉求的国际合作[②]。

美国2013年新版《国家航天运输政策》4.3节专门提到限制导弹技术的扩散，防止过剩的弹道导弹对美国航天运输能力造成不良影响。其主要内容包括：

1）美国过剩弹道导弹只能由其政府保存、使用或销毁。如果可满足以下条件，美国政府部门及机构可以在符合相关法律及国家安全目标并得到国防部批准的前提下，利用过剩导弹将有效载荷发射入轨。

a）有效载荷可以支持发起机构的任务。

b）保证其用途不与美国签署的导弹及其技术控制制度（MTCR）、新的战略武器削减条约（START）与中程核武器条约（INFT）等协议，以及美国参与的其他国际协议所规定的义务相违背。

c）发起机构证实：较之于同样可满足任务要求的商业航天运输服务，过剩导弹在性能、进度、风险等方面效费比更高，且对美国航天运输业的影响有限。

2）美国鼓励其他持有过剩弹道导弹的国家限制其导弹使用用途：或仅供政府使用，或销毁。美国政府将逐项审核该国公司提出的利用过剩弹道导弹进行航天运输的要求，任何应用都必须符合武器控制协议、美国政府的防扩

① Barry J. Hurewitz, Non－proliferation and Free Access to Outer Space: the Dual－Use Dilemma of the Outer Space Treaty and the Missile Technology Control Regime, High Technology Law Journal, 1994, p. 232。

② 解晓芳等，美国发布新版《国家航天运输政策》，《中国航天》，2014年第3期，第34页。

散政策、美国技术转让政策及 MTCR 指导方针。

3）美国政府坚持其对非 MTCR 国发展或收购航天运输系统的不支持政策。与美国政府防扩散政策相一致，美国不鼓励 MTCR 新成员国发展航天运输项目。美国将制止先进航天技术或专业知识流向未批准的群体。政府部门及机构负责防止项目执行过程中的技术转让。

上述规定意味着导弹及相关技术控制制度在美国国内商业发射，以及美国对外开展的与商业发射有关的国际合作领域仍将发挥重要的限制作用。此外，美国继续坚持对非 MTCR 国发展或收购航天运输系统的不支持政策，这种做法同样与外空自由的法律原则存在冲突。

2. MTCR 与国际贸易法律制度的潜在冲突

有关国家在 MTCR 体制下采取的防扩散措施，有可能与其在世界贸易组织框架下承担的法律义务存在冲突。以美国为例，其国内出口管制立法与在世贸组织下承担的法律义务是否相符是值得研究的法律问题。根据世贸组织框架下的《关税与贸易总协定》（GATT 1994）第 1 条第 1 段确立的最惠国待遇原则，世贸组织任何成员不得在货物贸易中对其他不同成员采取歧视做法①。显然，以防扩散为目的的出口管制措施，就是要针对不同国家采取不同的出口待遇，这在表面上是与最惠国待遇原则相违背的。不过，世贸组织最惠国待遇原则也存在例外，其中最重要的是，GATT 1994 第 21 条关于国家安全例外的规定，该规定允许世贸组织成员以维护国家安全为由，对其他成员采取差别待遇②。但是，由于国际社会对“安全例外”的理解从军事安全扩展到了经济安全，使自由贸易政策受到了冲击，使贸易自由化的目标受到了一定程度的减损。例如，2006 年 7 月 6 日，美国《联邦公报》公布该国商务部工业与安全局拟定的《对中华人民共和国出口和再出口管制政策的修改和澄清以及新的授权合格最终用户制度》，其中提出的对华出口管制新建议包括：“禁止对华出口一些‘可能转为军用’的民用商品；阻止可能对中国的军事能力具有实质贡献的出口”。很显然，此种措施与最惠国待遇原则背道而

---

①　按照 1994 年关贸总协定第 1 部分第 1 条第 1 款规定：“最惠国待遇是指一成员方对于原产于或运往其他成员方的产品所给予的利益、优惠、特权或豁免都应当立即无条件地给予原产于或运往所有任一成员方的相同产品。”

②　该条（即“安全例外”条款）规定：“本协定不得解释为：要求任何缔约方提供其根据国家基本安全利益而认为不能公布的资料；或阻止任何缔约方为保护国家基本安全利益对有关下列事项采取其认为必须采取的任何行动；……或阻止任何缔约方根据《联合国宪章》为维持国际和平和安全而采取行动。”

驰，而且有悖于GATT第11条关于普遍取消数量限制的规定[①]。

美国国内对于出口管制的立法与措施是否符合世贸组织规则也存在争议。例如，在“九一一”事件之前，当时比较流行的观点是美国出口管制立法主要出于外交政策而非国家安全的考虑。同时，出口管制立法在维护国家安全方面是否符合必要性的标准也受到批评[②]。但是，在“九一一”事件之后，随着反恐成为美国国家安全中的核心要素，美国国内关于出口管制与世贸组织规则相符的观点逐渐占据上风[③]。不可否认的是，出口管制并非游离于世贸组织规则以外的国内法措施，它应当受到后者的规制[④]。比如，作为出口管制合法性基础的安全例外条款应当符合善意履行原则的要求[⑤]。不过，尽管有研究表明，美国的出口管制立法与GATT规定存在诸多不符之处[⑥]，但世贸组织现有的争端解决机制能否对美国出口管制的合法性进行有效审查，仍存在较大疑问。这就意味着，尽管世贸组织规则应当适用于出口管制，但其实际效力却在现有的国际贸易争端解决框架下难以获得真正的保障。对此，一种观点认为，随着美国国内法上的出口管制措施的实际效果不断在实践中显示出其局限性，美国将不得不寻求更多的跨国合作，通过形成出口管制的多边国际合作网络来更为有效地实现出口管制在防扩散上的预期目的[⑦]。

3. 防扩散安全倡议（PSI）及相关措施与一般国际法的冲突

2003年5月31日，美国总统小布什访问波兰期间，发布基于防扩散安全倡议（PSI）的集体安全政策。该倡议宣布，将采取一切手段阻止大规模杀伤性武器在全球扩散，并将建立起防扩散安全倡议的同盟。该倡议的目的在于寻求国家间的同盟合作，广泛利用各国的法律制度、外交、经济、军事等各

① 傅廷中，“安全例外”条款与自由贸易政策的价值冲突与协调，《WTO法与中国论丛》2011卷，第374页。

② Michael Gaugh，GATT XXI and U. S. Export Control：the Invalidity of Nonessential Non - Proliferation Controls，New York International Law Review，Summer 1995，p. 51 - 94。

③ Antonia Alice Badway，Controlling the Export of Dual - use Technology in a Post 9 - 11 World，Transnational Lawyer，2005，p. 445 - 448。

④ Mitsuo Matsushita，Export Controls of Natural Resources and the WTO/GATT Disciplines，Asian Journal of WTO & International Health Law & Policy，September 2011，p. 281。

⑤ 胡加祥，国际贸易争端的解决与国家安全利益的保护——以GATT第二十一条为研究视角，《上海交通大学学报（哲学社会科学版）》，2008年第4期，第19页。

⑥ Junlei Peng，US export controls under WTO law，International Trade Law & Regulation，2011，p. 98 - 114。

⑦ Gregory W. Bowman，A Prescription for Curing U. S. Export Controls，Marquette Law Review，Spring 2004，p. 682 - 688。

种工具，阻止大规模毁灭性武器及相关设备与技术的海陆空运输与扩散。目前，已有100多个国家支持并参与了防扩散安全倡议①。PSI的出现与发展，在实际效果上进一步巩固和延伸了MTCR在导弹及相关技术扩散问题上的效力。它被视为联合国安理会在采取有约束力的具体防扩散行动之前的重要替代措施，能够通过它逐步实现防扩散的有效国际合作，特别是信息共享与传播②。

在PSI框架下，美国还与其他国家达成了“船舶登临”双边协议，允许协议参与国对在公海上航行的悬挂本国国旗的船舶，当存在运输大规模杀伤性武器或违反反扩散标准产品的嫌疑时，有权采取措施核实相关船只的国籍，在必要时还可以对相关船只进行登临检查③。与以往的防扩散措施不同，PSI的特点是强调预防性与先发制人。当国家安全利益尚未受到紧迫威胁时，即可采取措施对正在形成的、具有一定严重性的危险情形采取反制措施④。不过，在上述情况下，也可能引出PSI及相关措施是否符合一般国际法的问题。其中，首先涉及对《联合国宪章》规定的自卫权是否应当包括预防性（anticipatory）和抵御性（preventive）两种不同的自卫形式。有关该问题讨论的实质是在新的安全形势下，国际法是否需要对武力使用的合法性作出新的界定。显然，这不是一个单纯的法律问题。目前，对预防性自卫权的合法性还缺乏普遍的国际共识。

近年来，PSI及相关措施与国际海洋法之间存在的冲突也引起了人们的关注。根据PSI确立的原则，安全倡议措施协议参与国对在公海上悬挂协议参与国国旗、被怀疑运输大规模杀伤性武器的船只，有权进行登临和检查。这就意味着，一个协议参与国可以针对其他协议参与国的船舶，在存在合理怀疑时进行登临检查。不过，《海洋法公约》第110条第1款规定，在公海上对外国船舶的登临与检查，必须以船旗国同意为前提，但非船旗国根据条约获得登临权时除外。这里存在的问题是：一方面，PSI本身并不是一项正式国际

① 关于PSI基本情况介绍，参见http：//www.state.gov/t/isn/c10390.htm，2014年10月17日浏览。

② Walter Gary Sharp，Sr.，Proliferation Security Initiative：the Legacy of Operacion Socotora，Transnational Law & Contemporary Problems，Spring 2007，p.1024。

③ 关于船舶登临协议的基本情况及签署国介绍，参见http：//www.state.gov/t/isn/c27733.htm，2014年10月17日浏览。

④ Daniel H. Joyner，The Proliferation Security Initiative：Nonproliferation，Counterproliferation and International Law，Yale Journal of International Law，Fall 2005，p.521。

条约，PSI 能否作为《海洋法公约》第 110 条关于条约例外的规定可能存在疑问；另一方面，更为重要的是，《海洋法公约》第 110 条第 1 款明确列举了登临权可以行使的涉及被登临船舶可能存在的五种违法行为，这五种行为显然没有直接涉及运输大规模杀伤性武器的情形。这是因为，运输大规模杀伤性武器本身并不非法，其合法性取决于参与大规模杀伤性武器交易的主体是否为防扩散措施所禁止。这就可能使得根据 PSI 采取的登临措施是否符合《海洋法公约》成为有争议的问题。PSI 常常被视为一种“软法”[①]，其具有的灵活性能够促进国际法自身的发展，以回应现实政治环境变化带来的新问题。从这一角度看，PSI 对国际海洋法发展的影响不容忽视。

三、《武器贸易条约》与导弹及其技术控制机制

（一）《武器贸易条约》概况

《武器贸易条约》是一个规制传统武器国际贸易的多边条约。目前已有 130 个国家签署、64 个国家批准该条约。根据条约生效条件的规定，《武器贸易条约》已于 2014 年 12 月 24 日生效，第一次缔约国会议于 2015 年 8 月举行[②]。《武器贸易条约》共有 28 条，其内容涉及条约的目的和宗旨、条约的实体性规定和程序性规定以及自身的规定[③]。

《武器贸易条约》第 1 条规定，条约的目的是为了制定用于监管常规武器国际贸易或者改进对常规武器国际贸易监管的尽可能高的共同国际标准，以及防止和消除常规武器非法贸易并防止其转作他用。而条约的宗旨是为了促进国际和区域和平、安全与稳定；减少人力苦难；促进缔约国在常规武器国际贸易方面的合作、透明和负责任的行动，从而在缔约国之间建立信任。

《武器贸易条约》第 2 条至第 11 条属于该条约的实体性规定。其中，第 2 条第（1）款规定了条约适用的常规武器范围，包括：（a）作战坦克；（b）装甲战斗车；（c）大口径火炮系统；（d）作战飞机；（e）攻击直升机；（f）军舰；（g）导弹和导弹发射器；（h）小武器和轻武器。此外，《武器贸易条约》第 5 条第（3）款规定，“缔约国对第 2 条第 1 款（a）～（g）项所述常规武器类型的定义内涵，不应比本条约生效时联合国常规武器登记册所使用的定义

---

① Timothy Meyer, Soft Law as Delegation, Fordham International Law Journal, Feb 2009, p. 941－942。

② 参见 http：//www. un. org/disarmament/ATT/，2015 年 3 月 22 日浏览。

③ 参见任明溪，《武器贸易条约研究》，大连海事大学 2014 年硕士学位论文，第 12 页。

内涵狭窄”。在第46届联合国大会通过的《军备上的透明》(第46/36L决议)的附件《常规武器登记册》中，第7类“导弹或导弹系统”是指，“导弹、弹道导弹或巡航导弹，运送弹头的射程至少达25公里；或经过设计或改装用以发射此类弹药的车辆、设备或装置”。由于弹道导弹通常射程较大，此范围可以包含绝大部分弹道导弹。

《武器贸易条约》第3条、第4条将弹药和零部件单列出来，要求缔约国对这两项建立和维持一个国家管制制度，并进行出口监督。第5条明确了条约实施的一般规定，要求缔约国建立国家管制制度、完成国家管制清单，并将国家管制清单提交秘书处。同时缔约国还应该指定国家主管部门监督前述武器的有效转让与管制。第6条是禁止性规定，包括不得违反联合国安理会所采取的武器禁运措施规定的义务，不得违反本条约规定的国际义务以及缔约国在批准时如了解到上述武器将用于犯下灭绝种族罪、危害人类罪、严重违反《1949年日内瓦四公约》的行为，则不得批准转让。第7条是关于出口和出口评估的内容，该条规定了出口缔约国在审议时应该考虑的相关因素。第8条是关于进口缔约国应当采取的措施，包括向出口缔约国提供信息、协助出口缔约国完成出口评估、监管武器进口等措施。第9条、第10条要求缔约国将第2条第(1)款中的常规武器的过境、转运、中介活动也纳入到监管范围之内。第11条是关于转用的规定，本条要求出口缔约国和进口缔约国共同采取措施防止武器被转作他用，还明确了缔约国在发现武器被转用之后所应采取的措施。

《武器贸易条约》第12条至第16条是该条约的程序性规定。这些程序性规定要求缔约国保存国家记录、向秘书处提交年度报告，促进国际合作与国际援助。《武器贸易条约》第17条至第28条是关于该条约自身的规定，包括缔约国会议、秘书处、争端解决、条约的修正、签署、批准、接受或加入、生效、保留等问题。

(二)《武器贸易条约》对MTCR的主要影响

1. 武器贸易的合法性问题

《武器贸易条约》结束了常规武器贸易领域无法可依的状态，将常规武器的贸易放入监管之中，要求各国建立国家管制制度，增加透明度，确立了常规武器贸易领域的一般性原则。《武器贸易条约》对防止弹道导弹等武器的非法交易也具有积极的影响。联合国裁军事务高级代表Angela Kane曾指出，《武器贸易条约》是全球第一个管理武器贸易的条约，弥补了国际社会在该领域的空白；不过，该条约本身并不是一个以裁军为目的的条约，其功能在于通过提升武器贸易的透明度，对武器贸易的走向实现有效跟踪，特别是旨在预防武器贸易流向存在或正在发生严重违反人道主义法及侵犯人权情形的进口国[①]。联合国军控事务办公室则明确重申，《武器贸易条约》不会干涉国内武器贸易和在成员国内拥有武器的权利，不会禁止武器出口，不会阻碍合法自卫权的行使[②]。

值得注意的是，《武器贸易条约》本身并没有直接规定武器贸易合法性的标准，而是从应当禁止的武器贸易这一反向角度规定了所谓的非法武器贸易。换言之，各国在武器贸易的政策制定上仍保留有较大的自主权，唯一例外就是各国开展的武器贸易不得与已有的国际法义务相冲突。各国不得从事的非法武器贸易情形主要规定在《武器贸易条约》第6条和第7条中。

《武器贸易条约》第6条包含3类应当被禁止的武器贸易活动。第一是禁止缔约国的武器贸易违背联合国安理会根据《联合国宪章》第7章作出的禁运制裁或类似决定；第二是禁止缔约国的武器贸易违反有关常规武器转让与交易的其他国际条约与协议；第三是当缔约国知道有关武器将被用于触犯灭种罪、反人类罪、严重违背日内瓦公约及其他直接针对平民的战争罪行时，不得开展相关武器贸易。

对于安理会的武器禁运决议，一些批评意见认为，此类决议对于制止和降低武装冲突缺乏实际有效性，其公正性受到质疑。对此，《武器贸易条约》的实际意义在于，对于安理会的武器禁运决议，国际社会始终缺乏有效的执行机制。武器禁运决议的效果在很大程度上取决于各国是否配合实施。而《武器贸易条约》的通过，则进一步明确了各缔约国实施此类决议的相关国际义务。不过，一些观点分析指出，《武器贸易条约》的目的并不是强化安理会在武器禁运上的职权，而是通过条约的途径，明确缔约国在违背安理会相关决议时将会构成国际不法行为，相应地应承担由该国际不法行为引起的国家责任，由此，违反安理会武器禁运的决议的责任将不再仅仅局限于政治责任[③]。更为重要的是，根据《武器贸易条约》关于条约实施义务的规定，各缔

① 参见 http：//www. un. org/apps/news/newsmakers. asp? NewsID=100，2015年3月22日浏览。

② 参见 http：//www. un. org/apps/news/story. asp? NewsID = 44539&Cr = arms + trade&. Cr1#. UVtISqt5zMp，2015年3月22日浏览。

③ Barry Kellman， “Controlling the Arms Trade：One Important Stride for Humankind”，Fordham International Law Journal，April 2014，p. 708。

约国将承担起为实施安理会武器禁运决议所需的国内措施的义务，这在以往也是没有过的。换言之，《武器贸易条约》为各缔约国确定了实施安理会武器禁运决议的积极作为义务。当然，相对于美国这类本国国内出口管制制度更为严格的国家而言，《武器贸易条约》则只是规定了最低的管制标准，因而对其国内措施的影响显得非常有限。

针对《武器贸易条约》第6条禁止的第三种情形，即缔约国知道武器将被用于犯下严重国际罪行的情形时，禁止有关的武器贸易则意味着与该条所覆盖的严重国际罪行的国家责任的延伸或扩张。向犯有严重国际罪行的国家授权提供常规武器本身将构成一种国际不法行为。当然，《武器贸易条约》第6条规定的情形，仅限于有关国家“在许可相关贸易时了解到”有关武器将被用于犯下严重国际罪行。该条中的“了解到”这一提法，在内涵上显然比严格责任下有关主观状态的标准要求要高，但却低于国际刑法中的帮助或唆使犯罪的标准。值得注意的是，在有关出口管制的国际机制中很少使用“了解到”这种法律标准。如何判断有关缔约国是否“了解到”武器贸易会用于犯下严重的国际罪行，这是一个需要在实践中进一步加以明确的法律问题。一种观点认为，根据《武器贸易条约》的目的和宗旨，应该对“了解到”这个用语作出如下解释，即当有关国家当局应当知道其武器贸易有可能用于严重罪行的风险时，就应当采取措施禁止相关的贸易活动[①]。

与《武器贸易条约》第6条相比，第7条为缔约国施加了更全面的义务，即缔约国应当不仅满足于第6条规定的禁止许可武器贸易开展的义务，而且还应当积极评估其合法武器贸易活动可能引起的负面影响风险。这些负面影响主要包括违反国际人道主义法、国际人权法、有关恐怖主义、跨国范围的国际条约规定等。当然，《武器贸易条约》第7条规定的负面影响风险评估的义务如何实际履行，以确保其发挥实效，还需要在实践中进一步完善。

最后，《武器贸易条约》还包括有关反转移措施（anti-diversion）的规定，即防止合法的武器贸易转化为非法的相关措施。对此，《武器贸易条约》第9条要求各缔约国采取适当措施，在必要和可行的情况下，根据相关国际法监管公约适用范围内的常规武器经过其领土的过境或转运。《武器贸易条约》第11条还进一步规定了缔约国有义务对常规武器的转用及其可能引起的风险进行评估。这意味着，假如有关国家未对转用的风险作出适当评估，则应当对由此引起的后果承担国家责任。此外，《武器贸易条约》还在第10条

---

① 同前引注，第712页。

专门规定了对中介活动的控制，以及在第 11 条中规定了各缔约国就转移措施问题开展信息交换和合作的义务。

《武器贸易条约》虽然为武器贸易的合法性设置了某种最低标准，但它的通过依然在很大程度上体现了国际社会在军控领域的实力博弈，是多方面因素综合作用的结果[①]。从该条约的磋商起草进程来看，由于各国在《武器贸易条约》的规制范围、标准、透明度等问题上无法达成共识，特别是，由于中国和俄罗斯等武器贸易大国没有支持条约的通过，这就为《武器贸易条约》的落实蒙上了阴影。有学者指出，《武器贸易条约》最终的框架和基本内容是以欧盟武器出口管控规则为蓝本的[②]。这意味着欧盟希望通过更广阔的国际舞台推动落实它在武器出口管制上的基本政策。对于中国而言，随着《武器贸易条约》的生效，欧盟很可能在解除对华武器禁运问题的谈判上，将中国加入和履行《武器贸易条约》作为谈判筹码或解除武器禁运的前提条件。当然，中国在 MTCR 体制下的具体实践同样也会对欧盟全面解除对华军售的政策产生重要影响。虽然《武器贸易条约》以管制常规武器贸易为内容，从适用范围上来看与 MTCR 并不存在交叉的情形，但是，根据“举重予以明轻”的道理，既然应当基于反恐和尊重人权与人道主义法规则的理由提升常规武器贸易的透明度，并进而对常规武器贸易施加合理限制，那么对于国际安全能够产生更大影响的弹道导弹，在进出口方面就应受到更为严格的管制。因此，《武器贸易条约》的生效会使弹道导弹及相关技术的防扩散机制的完善变得更为紧迫，在某种程度上可能倒逼 MTCR 实现某种变革以提升其实际效力。从这个角度而言，《武器贸易条约》对于常规武器贸易的管制规则，特别是其中的透明度与实施机制，对于 MTCR 的完善将会起到某种推动作用。

从以上各项规定来看，《武器贸易条约》对国际武器贸易设置了合法性的最低标准。相对于该条约而言，MTCR 作为一种非正式的国际机制，导弹及相关技术转让的合法性问题始终没有在该体制下获得明确界定。本课题组认为，《武器贸易条约》关于武器贸易合法性问题设定的是最低国际标准，它具有正当性与合理性，应当为 MTCR 所借鉴和参考。在今后 MTCR 机制的完善过程中，应当充分考虑引入或设定与导弹及相关技术转让问题相关的类似合法标准。特别是，由《武器贸易条约》设定的武器贸易的合法性标准，在

---

① 李维维、曹慧：联合国《武器贸易条约》及其对中国的影响，《现代国际关系》2014 年第 3 期，第 37 页。

② 同上。第 39 页。

有越来越多国家支持和实践的前提下，有可能进一步转化为习惯国际法，从而扩大其适用范围，对导弹及相关技术的转让产生直接的约束力。对此，MTCR 本身及其参与国都应予以充分的重视。

2.《武器贸易条约》的实施机制

《武器贸易条约》的通过是建立在缔约国不同利益之间相互平衡的基础之上的，因此，其实施仍旧会受到各国利益平衡的影响①。特别是，目前该条约的实施机制仍有需要进一步完善的较大空间，关于条约义务实施的现有规定还相对缺乏严格的约束力，而且留给各个成员国较大的自主余地。因此，条约能否真正发挥效力实现其宗旨与目的，仍旧取决于各国的配合与支持。例如，综合比较而言，《武器贸易条约》第 12 条给各成员国规定了较为明确和具有可操作性的义务规定，即国家保留相关记录的义务。根据该条规定，各国应该按照本国法律规定，保留有关第 2 条第（1）款所述常规武器的出口批准书或实际出口的国家记录。尽管如此，该条仍旧强调，各国是以本国法律为依据来设立和保留记录的，但对于出口活动的记录事项，《武器贸易条约》本身并未作出硬性要求，而是“鼓励”各国在记录内“酌情”纳入如下信息，包括常规武器的数量、价值、型号或类型，批注的国际转让，实际转让的常规武器，出口国，进口国，过境国，转运国及最终用户的详情。由此，有关国家记录的具体内容与事项，《武器贸易条约》原则上是留给各缔约国根据国内法来加以确定的。

又如，《武器贸易条约》第 13 条规定了缔约国向秘书处提交《武器贸易条约》履行情况报告的义务。但根据该条规定，该报告义务首先包括一份初步报告，即缔约国在《武器贸易条约》对其生效后的第一年内，通过报告向秘书处说明为执行条约而采取的国内措施，包括立法、国家管制清单、其他法规和行政措施。除此之外，《武器贸易条约》仅仅是“鼓励”缔约国通过秘书处向其他缔约国提供其有效实施《武器贸易条约》的相关信息。另外，该条还要求各缔约国在每年的 5 月 31 日之前向秘书处提交有关上年度常规武器的批准和实际进出口情况，但该报告可不列入商业敏感信息或涉及国家安全的信息。该条虽然规定了缔约国的报告义务，但却没有提到秘书处是否有权对各缔约国条约实施情况进行监督或审查，更没有涉及缔约国相互之间在条约实施上的监督机制。特别是，《武器贸易条约》第 14 条确立了各国采取适

① 参见 Dean M. Hunter, Time to Reload: States Require More Time on the Arms Trade Treaty, Saint Louis University Public Law Review, 2013。

当措施执行实施条约规定的本国法律和规定。这意味着，《武器贸易条约》本身在各国国内没有直接实施的效力，各缔约国实际上是通过制定国内法将条约转化为国内法规定，进而通过实施国内法来实现条约的宗旨和目的。另外，尽管《武器贸易条约》第15条规定了缔约国之间相互合作，但该规定的强制力相对较弱，特别是该条中使用了“鼓励”这样的用语，因此，缔约国的实际合作效果最终取决于缔约各国的自愿与实际行动①。

将《武器贸易条约》的实施机制与MTCR相比，可以发现二者在执行力度上都呈现出成员国保留较大自主性的特点。尽管《武器贸易条约》为国际武器贸易设定了合法性的最低标准，由此引申出国家违反合法性标准开展武器贸易应当承担的国家责任，但这种国家责任的实现还需要依赖国际社会的共同努力，特别是在国际事务中能够发挥重要影响力的大国的支持与推动。《武器贸易条约》在实施机制问题上存在缺陷与不足，折射出MTCR本身在实施中存在的同样问题。所不同的是，《武器贸易条约》的生效为缔约国进一步完善条约实施的实践提供了契机与平台。《武器贸易条约》的实际效果必然成为今后缔约国的主要关切，进而具有引发有关条约实际效果的深层次思考的潜在可能性。就武器贸易和导弹及相关技术的防扩散努力而言，如何理解安全和保障安全，是合法武器贸易与保障导弹及相关技术的不扩散都需要反思的核心问题。《武器贸易条约》的实施，将会在国际社会推动以维护和强化单方面控制为特征的传统安全观的演变与发展，并有可能进而延伸到防扩散领域，影响到MTCR机制本身的变革。

（三）中国关于《武器贸易条约》的基本立场与应对措施

中国在《武器贸易条约》谈判过程中经历了重要的立场演变，即从最初的迟疑逐渐向积极支持和参与谈判的转变。中国的立场转变非常明确地体现在2012年7月联合国《武器贸易条约》外交大会的具体谈判中，特别表现为其灵活性和建设性。尽管《武器贸易条约》的缔结最终因美国反对而失败，但中国及其他国家的后续努力仍推动了2013年3月18～28日的条约终期谈判得以举行②。

---

① 参见 Cindy Whang, The Challenges of Enforcing International Military - Use Technology Export Control Regimes: An Analysis of the United Nations Arms Trade Treaty, 33 Wis. Int'l L. J. 114 2015, p. 136。

② 伊丽莎白·柯卡姆，刘毅强，汤潇敏，《武器贸易条约》谈判进程——中国政策演变与谈判未来发展，《国际展望》，2013年第2期，第52页。

中国代表在联合国《武器贸易条约》大会首次筹备会的一般性辩论中表示，“《武器贸易条约》的首要目标是维护全球和地区稳定，确保各国行使自卫权和安全的需要，条约应具有普遍性、客观性和非歧视性。各方应平衡处理正当军事安全需要、经济利益和人道主义关切的关系，不能因为强调一个方面而忽视其他方面”，制定《武器贸易条约》的武器贸易转让标准时，“应充分考虑各国、各地区的具体情况和差异，以协商一致的方式做出决定”。

在《武器贸易条约》大会第二次筹备会上，中国代表表示，“执行机制”也是《武器贸易条约》的“有机组成部分”，并阐明了中方如下立场：第一，《武器贸易条约》旨在通过规范武器贸易行为防止和打击非法武器贸易，《武器贸易条约》既不是裁军和防扩散条约，也不是禁止武器贸易的条约；第二，《武器贸易条约》只解决武器贸易有关的问题，试图借助武器贸易条约解决可持续发展、人权等问题并不现实，只会使谈判复杂化；第三，《武器贸易条约》应当简洁、可行，有重点、有针对性地解决问题，不应影响各国安全、主权和正当国防需求；第四，应坚持公开、透明方式进行讨论，通过友好协商、充分讨论，弥合各方在《武器贸易条约》问题上的分歧，最终以协商一致方式做出决定。在这次会议中，中方代表还指出，主席文件中《武器贸易条约》的范围过大，应当采取《联合国常规武器登记册》中规定的七大类常规武器。

在《武器贸易条约》第二次筹备会上，当谈及转让标准时，中方代表指出，“转让标准应是规范各国武器贸易管理的普遍原则，充分考虑各国不同的国情和实际需要，确保其客观、平衡、现实、可行，避免出现政治敏感、有争议或带有歧视性色彩的内容。转让标准是指导各国武器贸易的重要参考，主权国家仍享有最终决策权”。中方代表建议缩小主席文件中的禁运区域范围，明确国家承担的国际人道主义法和国际人权法赋予的义务。此外，中方建议在转让标准中增加两个要素：“一是有助于接受国的正当自卫能力，二是不向任何非国家行为者转让武器。”中方还指出，非国家行为者非法获取和滥用武器，是损害地区和国际安全与稳定、造成人道主义关切的重要因素。因此，武器贸易行为应严格限制在主权国家政府之间进行，禁止向非国家行为者转让武器，这样才能有效打击和遏制非法贩运及滥用武器问题。

在联合国《武器贸易条约》大会的一般性辩论阶段，中方代表提出了四条观点。第一，《武器贸易条约》的主要目的是防止和打击非法武器贸易，通过规范武器贸易来保持全球和区域的稳定。同时，国家进行合法武器贸易的权利和自卫权不应被减损。第二，由于合法的武器贸易对各国的政治、经济、安全、国防需求有直接的意义，因此《武器贸易条约》应当以妥善的方式解决各国的正当利益与人道主义关切之间的关系。第三，《武器贸易条约》应当是广泛的、客观的、非歧视的。该条约不能出于政治目的误用，不能干涉正常的武器贸易，不能干涉他国内政。第四，《武器贸易条约》应当旨在督促各国在本国建立有效的武器管理和控制机制，提升规范武器贸易的相关能力。同时，充分尊重各国依照条约原则和标准开展武器贸易的权利。

在本次大会中，中方代表进一步就《武器贸易条约》的范围、标准、执行机制、透明度等问题阐述了中国的基本立场。首先，对于条约的范围，中方认为，《武器贸易条约》的适用范围应当界定为被国际社会广泛接受的传统武器范围之内，如果对武器范围的规定过宽或要求过高，反而会使条约难以取得成功。同时，制定《武器贸易条约》来规范武器贸易虽然很重要，但是如果引入太多争议性条款和规制过多的交易活动则不利于该条约的尽早达成。对于条约设定的转让标准，中方代表指出，该标准是各国做出武器贸易决定时的重要依据，但是各国仍有主权权利来决定是否进行武器贸易。其次，《武器贸易条约》的标准应该是客观的、平衡的、现实的、灵活的，并排除政治性、争议性、歧视性的因素。对于执行机制，中方代表表示，该机制应该确保条约的充分、有效执行，避免做出干预国家主权范围内的决定。为了规范武器贸易，各国建立本国的有效管控机制、提升相关能力非常重要。国家间的合作应当有益于上述目标，只有通过有效的国际合作，《武器贸易条约》才能得到广泛支持和有效执行。最后，对于透明度问题，中方代表表示，中国不反对建立国际常规武器登记册和武器贸易信息共享的适当透明度措施。同时，中方也指出，武器贸易关乎一国的国家安全，相关措施应当在透明度和国家安全之间找到适当的平衡。这意味着，十分清晰的透明度措施并不适用于所有国家，应当对透明度原则的适用加以合理限制。总之，在对待新近通过的《武器贸易条约》上，我国政府强调该条约应旨在防止和打击非法武器贸易，它既不是裁军和防扩散条约，也不是禁止武器贸易的条约①。由于《武器贸易条约》在实现武器贸易的主权权利与国际安全相互平衡的问题上最终没有体现中国的主要关切，因此中国暂缓签署。

尽管中国目前和未来一段时间在全球武器出口中只占很小份额且市场布局

① 中国代表团团长康勇副司长在联合国《武器贸易条约》大会第二次筹会上的发言，2011年2月28日，纽约，http://www.un.org/disarmament/convarms/ATTPrepCom/Documents/Statements-MS/PrepCom2/20110228/20110228China-C.pdf，2014年10月14日浏览。

零散，但近年来却一直被外界认为是“上升中的武器出口大国”。与此同时，西方智库认为，近年来中国对非洲、拉美和亚洲等发展中国家常规武器出口，特别是轻小武器出口大幅上升，引出所谓中国武器出口对武器进口国家和周边地区稳定产生负面影响的评论。因此，《武器贸易条约》的通过势必影响中国的海外武器市场份额与销售取向[①]。对此，必须明确的是，中国虽然暂缓签署《武器贸易条约》，但这不意味着在武器出口的实践上，中国完全忽视对非法武器贸易以及武器贸易对人权和人道主义保障措施。中国完全可以通过完善国内立法和强化执法措施等途径，自主、有效地推动武器贸易合法化限制的国际立法进程，在国际社会倡导武器贸易法治化的大趋势下作出表率作用。

四、结语

MTCR作为一种没有法律约束力的国际机制，其实际效力目前还主要依赖于防扩散大国，特别是美国单边措施施加的影响。导弹扩散治理机制的本质是将各国在防导弹扩散安全领域内的权力结构以一定的规则和程序等固定下来。但是，现实的导弹和导弹防御技术领域的权力结构严重失衡。

冷战结束后，美国为了实现自己的全球战略，忙于在这一领域寻求绝对优势和绝对霸权，不愿意通过构建相关的安全机制来束缚自己的手脚，导弹扩散治理机制成长所需的权力分配结构认同很难达成。简言之，导弹扩散治理机制的成长困境是由多方面原因造成的，但缺乏有效的政治领导是一个重要因素[②]。实际上，美国不愿意承担政治领导责任的原因，主要在于美国在维护外空资产安全上的基本策略是以绝对安全观为宗旨的，单纯强调构建外空威慑能力，拒绝外空行为规范对其威慑能力产生的束缚作用。然而外空威慑能力在理论和实践上都存在难以化解的困境，因此，美国越是追求外空威慑能力的建设，外空利用活动中的矛盾和冲突就越可能被激化，从而使其外空资产安全处于更大和更不确定的危险之中[③]。对于防扩散体制之外的国家，美国希望通过政治和军事压力来迫使其接受防扩散的规范体系。

---

① 李维维，曹慧，联合国《武器贸易条约》及其对中国的影响，《现代国际关系》，2014年第2期，第44页。

② 徐能武，金赛美，政治领导与制度设计：导弹扩散治理机制的成长，《哈尔滨工业大学学报（社会科学版）》，2009年第1期，第59-60页。

③ 参见何奇松，脆弱的高边疆：后冷战时代美国太空威慑的战略困境，《中国社会科学》，2012年第4期，第183-204页。

然而，在国际制度塑造的深层社会环境下，非成员国被要求接受规范体系，并以此作为行为准则，就必须满足两个基本条件：一方面是由于它期望享受国际制度带来的红利，另一方面则是由于其认知在互动过程中发生改变①。显然，目前以美国为主导的防扩散机制还无法充分满足上述两个基本条件。MTCR 的灵活性以及在实施过程中的双重标准问题，成为限制该机制充分发挥作用的主要障碍。不仅如此，在多重国际体制之间存在冲突或张力的背景下，目前的 MTCR 与一般国际法及其他国际法机制之间可能存在相互冲突的问题，而只有克服这种冲突，使 MTCR 与其他国际体制实现更好的配合与协调，才能逐步建构一个有关防止导弹及相关技术扩散管制的“跨国法律进程”。在这个进程中，国家和非国家实体能够在国内、区域和国际等多个层面上开展有效的配合与互动，参与相关国际法规则的形成、解释、实施，并最终实现国际法规则的内化②。

参考文献

一、中文参考文献

[1] 许源．《武器贸易条约》及对军贸之影响．中国航天，2014（5）：47.

[2] 王君．冷战后中国不扩散政策的转变及其原因分析．太平洋学报，2002（4）：66－68.

[3] 刘宏松．多边出口控制机制的局限与困境——非正式国际机制的视角．国际政治研究，2009（3）：125.

[4] 任远喆．中国与“导弹及其技术控制制度”：进程与前景．国际论坛，2012（2）：43.

[5] 赵通，李彬．美国遵守 MTCR 规定吗．国际政治科学，2007（2）：26.

[6] 王峰，许源．美国导弹防扩散制裁方案的政策研究．导弹与航天运载技术，2011（3）：39.

[7] 许源，伍赣湘．导弹技术控制制度对我国军贸公司的影响．中国航天，2012（4）：9.

[8] 李小军．制度根基、制度缺陷和制度修复——对“导弹及其技术控制制度”的理论思考．国际论坛，2005（1）：38.

[9] 李小军．“导弹技术控制制度”的困境与出路：一种机制研究．国际政治研究，2005（3）：95.

[10] 刘子奎．美国防导弹扩散政策的特点与走向．现代国际关系，2012（9）：49.

[11] 谭邦治．ABM、TMD、NMD 与 MTCR（下）．中国航天，2000（2）：39.

① 王玮，国际制度对非成员国的作用，《国际观察》，2009 年第 2 期，第 71 页。

② Harold Hongju Koh，Transnational Legal Process，Nebraska Law Review，1996，p. 183－184。

[12] 解晓芳，等．美国发布新版《国家航天运输政策》．中国航天，2014（3）：34.
[13] 傅廷中．“安全例外”条款与自由贸易政策的价值冲突与协调．WTO 法与中国论丛，2011. 374.
[14] 胡加祥．国际贸易争端的解决与国家安全利益的保护——以 GATT 第 21 条为研究视角．上海交通大学学报（哲学社会科学版），2008（4）：19.
[15] 徐能武，金赛美．政治领导与制度设计：导弹扩散治理机制的成长．哈尔滨工业大学学报（社会科学版），2009（1）：59－60.
[16] 何奇松．脆弱的高边疆：后冷战时代美国太空威慑的战略困境．中国社会科学，2012（4）：183－204.
[17] 王玮．国际制度对非成员国的作用．国际观察，2009（2）：71.
[18] 李滨．导弹及其技术控制机制（MTCR）的效力分析．空间法学研究年刊（2014年）．北京：中国宇航出版社，2015：158－178.

二、外文参考文献

[1] Dinshaw Mistry，Mark Smith，“Negotiating Multilateral Instruments against Missile Proliferation”，International Negotiation，2005（10），p. 425－451.
[2] John R. Crook，“Twenty－fifth Anniversary of the Missile Technology Control Regime”，American Journal of International Law，July，2012，p. 677.
[3] Jared Schott，“Chapter VII as Exception：Security Council Action and the Regulative Ideal of Emergency”，Northwestern Journal of International Human Rights，Fall 2007，p. 2.
[4] Nicholas D. Smith，“Guarding Pandora’ s Box：Strengthening Physical Protection at Facilities that House Weapons of Mass Destruction and Related Materials”，Fordham International Law Journal，February 2009，p. 1078.
[5] Masahiko Asada，“Security Council Resolution 1540 to Combat WMD Terrorism：Effectiveness and Legitimacy in International Legislation”，Journal of Conflict & Security Law，2008，13（3），p. 303－332.
[6] Marlitt Brandes，“‘All’ s Well That Ends Well’ or ‘Much Ado About Nothing’?：A Commentary on the Arms Trade Treaty”，Goettingen Journal of International Law 5（2013）2，p. 399.
[7] Dean M. Hunter，“Time to Reload：States Request More Time on the Arms Trade Treaty”，Saint Louis University Public Law Review，2013，p. 229 . 25. Victor Zaborsky，Does China Belong in the Missile Technology Control Regime?，http：//www. armscontrol. org/act/2004 _ 10/Zaborsky，2014 年 10 月 14 日浏览．
[8] Evan S. Medeiros，Chasing the Dragon，Assessing China’ s System of Export Controls for WMD－Related Goods and Technologies，2005 RAND Corporation，p. 93 .

[9] Shirley A. Kan, China and Proliferation of Weapons of Mass Destruction and Missiles: Policy Issues, CRS Report, August 29, 2014, p. 62.

[10] Richard F. Grimmett, Paul K. Kerr, Conventional Arms Transfers to Developing Nations 2004 - 2011, August 24, 2012, p. 11, available at http: //fas. org/sgp/crs/weapons/R42678. pdf.

[11] National Intelligence Council, Foreign Missile Developments and the Ballistic Missile Threat to the United States through 2015, September 1999, p. 9.

[12] Mallory Stewart, "Are Treaties Always Necessary?: How US Domestic Law Can Give Teeth to Non - binding International Commitments", American Society of International Law Proceedings, 2010, p. 191.

[13] Andrew F. Diamond, "Dueling Over Dual - Use Goods: the U. S. Department of Commerce' s Misguided Attempt to Promote U. S. Security and Trade with China through Restrictive Export Controls", Brooklyn Journal of Corporate, Financial & Commercial Law, Fall 2008, p. 154.

[14] Anastasia A. Angelova, "Compelling Compliance with International Regimes: China and Missile Technology Control Regime", Colombia Journal of Transnational Law, 1999, p. 419 - 449.

[15] John R. Crook, "U. S. Agencies Revise U. S. Export Controls on Major Aerospace Exports", American Journal of International Law, July, 2013, p. 671.

[16] U. S. Dep' t of State Fact Sheet, The President's Export Control Reform Initiative: Reinventing the System and Promoting National Security (May 10, 2013), available at http: //www. state. gov/r/pa/pl/2013/209319. htm.

[17] Dr. Christopher A. Ford, "Nonproliferation Bestiary: A Typology and Analysis of Nonproliferation Regimes", New York University Journal of International Law & Politics, Summer, 2007, p. 983 - 984.

[18] Michael Dutra, "Strategic Myopia: The United States, Cruise Missiles, and the Missile Technology Control Regime", Journal of Transnational Law & Policy, Fall, 2004, p. 65.

[19] Paul G. Dembling & Daniel M. Arons, "The Evolution of the Outer Space Treaty", 33 J. AIR L. & COM. 419, p. 429.

[20] Barry J. Hurewitz, "Non - proliferation and Free Access to Outer Space: the Dual - Use Dilemma of the Outer Space Treaty and the Missile Technology Control Regime", High Technology Law Journal, 1994, p. 232.

[21] Michael Gaugh, "GATT XXI and U. S. Export Control: the Invalidity of Nonessential Non - Proliferation Controls", New York International Law Review, Summer, 1995, p. 51 - 94.

[22] Antonia Alice Badway, "Controlling the Export of Dual - use Technology in a Post 9 - 11 World", Transnational Lawyer, 2005, p. 445 - 448.

[23] Mitsuo Matsushita, "Export Controls of Natural Resources and the WTO/GATT Disciplines", Asian Journal of WTO & International Health Law & Policy, September 2011, p. 281.

[24] Junlei Peng, "US export controls under WTO law", International Trade Law & Regulation, 2011, p. 98 - 114.

[25] Gregory W. Bowman, "A Prescription for Curing U. S. Export Controls", Marquette Law Review, Spring, 2004, p. 682 - 688.

[26] Walter Gary Sharp, Sr., "Proliferation Security Initiative: the Legacy of Operacion Socotora", Transnational Law & Contemporary Problems, Spring, 2007, p. 1024.

[27] Daniel H. Joyner, "The Proliferation Security Initiative: Nonproliferation, Counterproliferation and International Law", Yale Journal of International Law, Fall, 2005, p. 521.

[28] Timothy Meyer, "Soft Law as Delegation", Fordham International Law Journal, February 2009, p. 941 - 942.

[29] Harold Hongju Koh, "Transnational Legal Process", Nebraska Law Review, 1996, p. 183 - 184.

[30] Zeray Yihdego, The Arms Trade and International Law, Hart Publishing, 2007.

[31] Michael J. Glennon, The Fog of Law. Pragmatism, Security, and International Law, Stanford University Press, 2010.

[32] Daniel H. Joyner & Marco Roscini (eds.), Non - Proliferation as A Special Regime. A Contribution to Fragmentation Theory in International Law, Cambridge University Press, 2012.

[33] Mary Ellen O' Connell, The Power and Purpose of International Law, Oxford University Press, 2011.

[34] Jack L. Goldsmith & Eric A. Posner, The Limits of International Law, Oxford University Press, 2007.

[35] Barry Kellman, "Controlling the Arms Trade: One Important Stride for Humankind", Fordham International Law Journal, April 2014.

附录：关于弹道导弹的相关信息

弹道导弹是一种导弹，通常没有翼，携带一个或者多个弹头按照弹道学飞行轨迹飞向预设目标。弹道导弹只在最初相对短暂的飞行阶段受到动力引导，随后其飞行轨迹便受经典力学规律的支配。短程弹道导弹仍停留在大气层之内，而更长射程的弹道导弹被设计在大气层之外停留更长时间，因此被认为是处于亚轨道。弹道导弹通常按照射程进行分类，不同国家采取不同的分类方法。

1）美国将弹道导弹分为四类：

2）洲际弹道导弹（ICBM）：射程超过 5 500 千米；

3）远程弹道导弹（IRBM）：射程在 3 000 千米到 5 500 千米之间；

4）中程弹道导弹（MRBM）：射程在 1 000 千米到 3 000 千米之间；

短程弹道导弹（SRBM）：射程在 1 000 千米以下。

短程弹道导弹和中程导弹导弹也被称为战区弹道导弹，而远程导弹导弹和洲际弹道导弹被称为战略导弹导弹。

俄罗斯及苏联将弹道导弹分为五类：

1）战略导弹：超过 1 000 千米；

2）战略战役导弹：射程在 500 千米到 1000 千米之间；

3）战役导弹：射程在 300 千米到 500 千米之间；

4）战役战术导弹：射程在 50 千米到 300 千米之间；

5）战术导弹：射程在 50 千米以下。

根据武器控制联合会、美国科学家联盟的数据及公开的资料，现列出当今世界上拥有弹道导弹国家的名单，以及其导弹的类型、运行状况、广泛接受的射程以及推进剂的情况。相关情况如下：

国家	系统	状态	射程	推进剂
阿富汗	飞毛腿-B	未知	300 千米	液体
亚美尼亚	飞毛腿-B	运行中	300 千米	液体
巴林	ATACMS（MGM-140）	运行中	不超过 300 千米	固体
白俄罗斯	SS-21	运行中	120 千米	固体
	飞毛腿-B	运行中	300 千米	液体
埃及	飞毛腿-B	运行中	300 千米	液体
	项目-T（飞毛腿）	运行中	450 千米	液体
	飞毛腿-C	运行中	550 千米	液体
法国	M4A/B（潜射导弹）	运行中	6 000 千米	固体
	M45（潜射导弹）	运行中	6 000 千米	固体
	M51（潜射导弹）	测试/开发	8 000 千米	固体

续表

国 家	系统	状态	射程	推进剂
格鲁吉亚	飞毛腿-B	运行中	300 千米	液体
希腊	ATACMS (MGM-140)	运行中	165 千米	固体
印度	大地-1	运行中	150 千米	液体
	大地-2	运行中	250 千米	液体
	大地-3	开发	350 千米	固体
	丹努什	运行中	400 千米	液体
	萨卡里卡/K-15（潜射导弹）	测试	750 千米	固体
	烈火-1	运行中	700 千米	固体
	烈火-2	运行中	2 000 千米	固体
	烈火-3	运行中	3 000 千米	固体
	烈火-4	测试	3 500 千米	固体
	烈火-5	开发	5 000 千米	固体
伊朗	穆沙克-120	运行中	130 千米	固体
	穆沙克-160	运行中	160 千米	固体
	吉亚姆-1	运行中	300 千米	液体
	征服者-110	运行中	200 千米	固体
	通达尔-69 (北约代号“CSS-8”)	运行中	150 千米	固体
	飞毛腿-B	运行中	300 千米	液体
	飞毛腿-C	运行中	550 千米	液体
	流星-3/地震-3	运行中	1 300～2 000 千米	液体
	力量-1/力量-110	测试/开发	2 500 千米	液体
	阿舒拉/使者/使者-2	测试/开发	2 000～2 500 千米	固体
伊拉克	Al Fat’h	未知	160 千米	固体
	萨姆德 2 型	未知	180～200 千米	液体
以色列	长矛	运行中	130 千米	液体
	杰里科-1	运行中	500 千米	固体
	杰里科-2	运行中	1 500 千米	固体
	杰里科-3	运行中?	4 800 千米	液体/固体

续表

国 家	系统	状态	射程	推进剂
英国	D－5 三叉戟（潜射导弹）	运行中	7 400 千米	固体
美国	ATACMS Block I	运行中	165 千米	固体
	ATACMS Block IA	运行中	300 千米	固体
	ATACMS Block II	运行中	140 千米	固体
	民兵－3	运行中	9 650～13 000 千米	固体
	D－5 三叉戟（潜射导弹）	运行中	超过 7 400 千米	固体
越南	飞毛腿－B	运行中	300 千米	液体
也门	飞毛腿－B	运行中	300 千米	液体
	SS－21	运行中	120 千米	固体
	飞毛腿改进型	运行中	300～500 千米	液体

注：参见《运载工具：专门设计的能够运载核生化武器的导弹、火箭和其他无人驾驶系统》①。

从上表可以看出。所列国家主要分布在东亚、南亚、中亚、中东、东欧、西欧、南欧、北美、北非地区。除欧洲和北美之外，其他地区的区域矛盾和冲突不断，均为国际政治的热点地区。

在拥有弹道导弹的 31 个国家中，只有 9 个国家（中国、法国、印度、以色列、韩国、巴基斯坦、俄罗斯、英国、美国）拥有或者被怀疑拥有核武器。这 9 个国家和伊朗已经制造了或者测试了射程超过 1 000 千米的导弹。中国和俄罗斯是仅有的两个有能力从本国领土发射弹道导弹到美国本土的非美国盟友国家。

除 20 世纪 80 年代中国向沙特出口东风－3 弹道导弹和 20 世纪 90 年代美国向英国出口三叉戟弹道导弹之外，近年来没有中远程弹道导弹的国际贸易。

综上，随着一些国际防扩散机制（如 MTCR）发挥作用，大国对非短程弹道导弹的出口以及技术转让保持着谨慎和克制态度。但是，由于当前的弹道导弹国际机制是非正式的，美国等国并没有完全遵守这些机制。此外，具有较为雄厚的工业基础，处于国际冲突之中的国家，仍有寻求弹道导弹技术支持的需要，并存在为政治目的而向其他国家扩散弹道导弹及其技术的风险。

① http：//www. un. org/zh/documents/view _ doc. asp? symbol = S/RES/1540 （2004）&referer=http：//www. un. org/zh/sc/1540/index. shtml&Lang=E. 。

课题主持人简介

李滨，北京师范大学法学院教授，主要担任国际公法、国际经济法的教学科研工作。中国空间法学会理事，国际空间法学会会员。2009年获法国巴黎第一大学博士学位，2011—2012年间在法国南特高等研究院任访问学者。主要研究方向为国际法基本理论问题、国际空间法、国际海洋法等。近年来在国际空间法领域主要研究成果包括：《全球导航卫星系统（GNSS）法律责任的若干问题》，载于中国空间法学会《空间法学研究年刊（2012年）》；主持完成中国空间法学会2011—2012年度学术研究课题《外空军事利用的法律问题研究》并荣获二等奖，载于《空间法学研究年刊（2012年）》；《导弹及其技术控制机制（MTCR）的效力分析》一文荣获中国宇航学会·中国空间法学会2014年学术年会优秀论文特等奖，载于《空间法学研究年刊（2014年）》。

外空软法的法理研究*

北京理工大学课题组

目　录

"软法"一词是舶来品，尽管其包括国内软法和国际软法，但该词最早产生于国际法，特别是国际环境法和国际人权法。自20世纪后半叶开始，国际空间法领域也出现了一系列软法性质的国际文件。对于此类软法的法律属性、范畴及其执行情况，国际社会一直在持续关注和讨论。2013年4月，联合国外空委法律小组委员会通过了日本在奥地利、加拿大、法国、尼日利亚和美

---

* 本文为中国空间法学会2014—2015年度第3号学术课题研究项目结题报告，荣获中国空间法学会2014—2015年度学术课题研究项目一等奖。课题主持人：北京理工大学法学院教授李寿平博士。课题组成员：王国语、李华。

国的共同支持下提交的工作文件《关于就不具法律约束力的联合国外空活动文书的一般信息交流的新议题》[①]。2014 年 4 月，联合国外空委法律小组委员会首次审议“关于不具法律约束力的联合国外空活动文书的一般信息交流”议题[②]。在《关于就不具法律约束力的外空活动文书方面的实践进行一般信息交流的新议题》的国际文件中，使用了“不具法律约束力的外空活动文书”这一术语，用其替代“国际外空软法”的意图比较明显。

本课题将对国际外空软法的界定、法律属性及其功能进行研究，通过分析国际外空软法与现行国际空间条约之间的互动，研究国际外空软法的发展趋势，并就中国在国际外空软法发展中应持的立场及对策进行研究。

一、国际外空软法及其法律属性

（一）国际软法的起源及其法律特征

国际软法（International Soft Law）最初是由德国驻爱尔兰大使 Karl Struppzl 于 1934 年提出。他认为，鉴于“政治文件长期以来是以条约和非条约安排（non-treaty Arrangement）的方式予以通过”，建议“加强对此类非条约协议（non-treaty Agreement）的关注”[③]。Karl Struppzl 所指的非条约安排或非条约协议实质上就是指国际软法或国际软规范。

至于国际软法规范则早在一百多年前就已经存在。20 世纪之初，国际商会已经确立了一些非强制约束性的规范，供需要的商人使用。这些示范性的规则，施米托夫将之理解成为中世纪商人法的延续，并名之为“新商人法”[④]。此后，在第二次世界大战结束后，《联合国宪章》确立“重申基本人权，人格尊严与价值……”[⑤]，在国际人权保护领域出台一系列人权保护的国际文件，国际软法在国际法领域开始受到关注。如《人权宣言》《维也纳宣言》《发展权利宣言》《消除针对妇女的暴力宣言》等，形成了一系列人权保护国际软法体系。从 20 世纪 70 年代开始，在国际环境保护领域再次兴起国际软法规范

① 联合国文件：A/AC. 105/C. 2/L. 291。

② 经 2014 年联合国外空委法律小组委员会讨论，拟继续就联合国框架下不具法律约束力的文件进行一般信息交流，同时可视情讨论其他框架下的软法文件。

③ Hurtmut Hillgenburg，A fresh look at soft law，EJIL10 (1999) 499-515。

④ 转引自何志鹏、孙璐．“国际软法何以可能：一个以环境为视角的展开”，载于《当代法学》2012 年第 1 期。

⑤ 《联合国宪章》序言。

的热潮。从 1972 年《斯德哥尔摩宣言》开始，《人类环境宣言》《内罗毕宣言》《世界自然大宪章》《人类环境行动计划》和《世界自然资源保护大纲》等构成了国际环境保护的国际软法体系。特别是在国际经济领域，自“新商人法”至今，国际软法一直在发挥重要作用，如海牙国际私法协会通过的一系列国际贸易、国际金融、国际投资方面的国际文件。

进入 21 世纪，国际软法在国际法的大多数部门领域得到了飞速发展，成为当今全球国际治理的重要手段之一。尽管国际软法在实现全球国际治理的实践中得到广泛接受，但是，对于国际软法的法律内涵及其法律性质，国际社会一直存在争议。

1. 国际软法的定义

对于国际软法的定义，国际法学界没有一个统一的界定。大多数学者是从国际软法的法律属性来描述国际软法。弗兰西澳尼（Franeioni）认为，国际软法是指不包括在《国际法院规约》第 38 条第 1 款国际法渊源之内的那些国际规范、原则；这些规范和原则缺乏具体的规范性内容，无法产生可以执行的权利和义务，但可以产生一定“法律效果”①。

哈里斯（Harris）把国际软法等同于那些包含行为规则的书面文件，认为国际软法不具有法律约束力，不受条约法规制②。谢尔顿（Sheldon）认为，国际软法是指条约之外的包含原则、规范、标准或者其他预期行为声明的任何国际文件③。Linda Senden 则通过对国际软规范进行定义认为：“国际软规范是不具有法律约束力，但可能具有间接或直接法律效力、并且可能产生现实影响的成文行为规范”④。而 Richard L，Williamson Jr 则认为：“国际软规范文件，包括国际条约的附属文本，这些并不具有强制约束力，只是对条约

① Francesco Franeioni，International “soft Law”：A Contemporary Assessment’ in Fifty Years，the International Court of Justice，Essays in Honor Sir Robert Jennings，A. V. Lowe and M. Fitzmaurice，eds（1996），P. 167. 转引自陈海明：“国际软法在国际法律秩序中的作用”，载于《新疆社科论坛》2010 年第 1 期。

② D. J. Harris，Cases and Materials on International Law，6th edn（2004），P. 62. 转引自陈海明：“国际软法在国际法律秩序中的作用”，载于《新疆社科论坛》2010 年第 1 期。

③ D. Shehon，“International Law and Relative Normativity” in International Law，M. D. Evans，ed（2003），P. 166. 转引自陈海明：“国际软法在国际法律秩序中的作用”，载于《新疆社科论坛》2010 年第 1 期。

④ Linda senden，Soft Law In European community Law [M] . Oxford：Hart publishing. 2004. P. 533。

的目的给予支持，是没有法律义务的全体一致通过的决议，也就是君子协定”①。特别是 Snyder 教授对国际软规范的定义一直被国际法学界视为比较经典的界定：“软规范是原则上不具有法律约束力，但却具有实际效果的行为规范。”②

有学者则通过对国际软法文件的内容性质进行界定来定义国际软法。如英国爱丁堡大学的 Boyle 教授认为：“首先，软规范是由一般规范或原则组成的，并不是由规则组成的。规则与原则有着本质的区别，规则是指那些规定了清晰详细的特定义务，并且有强制力保证其实施的行为规范，也就是硬规范。原则或一般性规范因为其内容比起规则要更具有灵活性和开放性，因此认为其是软规范。譬如《气候变化公约》，形式上看上去像是硬规范，但公约内容决定了该公约是软规范。其次，国际软规范是不具有约束力的，如《赫尔辛基协议》就是这种非约束性协议形式。再次，国际软规范的实施不是以具有强制约束性的争议裁决为依据的，在运用软规范来解决国际间争端时，争端双方或单方可以将争议事项提交给非约束性调解或非约束性自愿服从程序的条约，如《关于臭氧层协议的蒙特利尔条约》。”③

也有学者通过对国际软法表现形式的描述来定义。如 Michelle Cini 认为，国际软规范“介于国际社会的政策性阐述与国际立法之间”，认为对国际软规范应该“不仅包括国际协议，还包括欧盟机构发布的文本，还有行为规范、框架协议、决议、信息通报、宣言、指导备忘录，甚至于公告通知”④。Jaye Ellis 也认为：“国际软规范的表现形式有很多种，包括国际会议的序言性陈述、国家召开的多边会议的目的陈述与宣言、单方声明、行动规范、国际组织发布的行动计划与指导方针、国际组织通过的非约束性的劝告与决议等。”⑤

---

① Richard L. Williamson. Jr.，Hard Law，Soft Law and Non—Law in multilateral Arms Control：Some compliance Hypothese [J] . Chicago Journal Of International Law. 2003. 4. 1. Academic Research library. P. 59。

② Francis Snyder，Soft Law and Institutional Practice in the European Community. Steve Martin：The Construction of Europe：Essays in Honour of Emile Noel，Kluwer Academic Publishers. 转引自姜明安：“软法的兴起与软法之治”，载于《中国法学》2006 年第 2 期。

③ A. E. Boyle. Some Reflections On The Relationship Of Treaties And Soft Law [J] . International And Comparative Law Quarterly. V01. 48. Octorber 1999. P. 901。

④ Michelle Cini. The Soft Law Approach：Commission Rule Making In The EU' s State Aid Reggime [J] . Journal Of European Public Policy 8：2. April 2001，P. 194。

⑤ Jaye Ellis. Soft Law As Topos：The Role Of Principles Of Soft Law In The Development of International Environmental Law [J] . Proqoest Information And Learning. 2001，P. 106。

Aust 也将国际软法描述为："一般地说，国际软法是对于一些新生事物所确立的文件，由于订立条约还不成熟，但是又有必要确立起一些基本规范来表达应然存在的正义指向，并希求得到一般和普遍的遵行。所以采取指南、原则、宣言、实践准则、建议和日程等名称"①。

国内学者对于国际软法的定义大多是从其法律属性来界定。如王铁崖先生认为："国际软法是指在严格意义上不具有法律拘束力，但却能产生实际效果的规范文件。"② 王曦先生在其《国际环境法》一书中认为，国际软法是不具有法律拘束力的文件，但却能对国际关系产生较大的影响③。何志鹏则认为："国际软法是在超越一国辖区的地理范围内订立的、在形式和效力上尚未完全法律化的规范。"④

从上述国内外学者对国际软法的定义来看，大多学者一致认为，国际软法是不具有法律约束力的文件，在形式上也有异于国际条约。但是，大多数学者在界定国际软法时，过分强调其非强制性的法律约束力，而忽视其法律效果及其形成渊源。本课题组认为，国际软法就是指国际社会在国际交往中形成的、不具有法律约束力但能产生执行效果的非条约性的国际文件。

2. 国际软法的法律属性

关于国际软法的法律属性，国际法学界主要有三种不同类型的观点。第一种观点是"国际软法亦法"。持该观点的学者认为，国际软法尽管不属于传统的国际法渊源，但国际软法也属于国际法体系之内，具有约束力⑤。第二类观点是"灰色地带说"。该观点极为典型的表述就是美国学者伊迪斯·布朗的"特洛伊木马论"。他认为，软法通常不过是学者们或立法倡导者在促进某一立法时所用的缓兵之计，尽管在它出现时还没有被采纳为具有法律约束力的规范，但是假以时日它一定会摇身一变成为硬法，或至少成为一些积极推动

---

① A. Aust，Handbook of International Law，Cambridge University Press，2010，p. 11。

② 王铁崖：《国际法》，法律出版社 1995 年版，第 456 页。

③ 王曦：《国际环境法》，法律出版社 2005 年版，第 7 页。

④ 何志鹏，孙璐："国际软法何以可能：一个以环境为视角的展开"，载于《当代法学》2012 第 1 期。

⑤ 持此类观点的有漆彤："2020 年的国际法：国际金融软法的效力及其趋势展望"，载于武汉大学"70 后"国际法学术团队主编《"2020 年的国际法"暨中国青年国际法学者论坛会议论文集》，武汉大学出版社 2011 年版，第 135－157 页。龚向前："试析国际法上的软法"，载于《社会科学家》2006 年第 2 期，他认为"无拘束力的软法并不是在法律上毫无意义，可能带有规范化的影响，存在一定法律效力"。参见 Francis Snyder，Soft Law and Institutional Practice in the European Community. Steve Martin：The Construction of Europe：Essays in Honour of Emile Noel，Kluwer Academic Publishers。

者们认为的有法律拘束力的规范[1]。第三种观点则强调“国际软法非法”，认为国际软法仅仅是一种非法律规范而已，不具有法律约束力[2]。

实际上，对于国际软法的法律属性，我们不能简单地用“法”与“非法”来描述。从本课题对国际软法的定义看，国际软法不同于具有法律约束力的国际条约和国际习惯。也就是说，违背国际软法并不产生国际法意义上的国际责任。但是，国际软法属于国际法的渊源之一，国际软法在国际法的渊源体系中，国际软法的位阶仅次于国际条约和国际习惯。基于此，本课题组认为，国际软法是国际法体系的重要构成部分，其尽管不具有强制性的约束力，但是能产生实际的法律效果。

问题的关键是在国际条约以外如何识别国际软法。因为并非所有的国际文件都是国际软法。在国际实践中，片面地扩大国际软法的范围是对国际软法性质的误读。到底哪些国际文件属于国际软法的范畴？本课题组认为，应从以下两个方面来界定国际软法。

一方面，国际软法必定是国际组织或国际会议已经通过的国际文件。国际社会组织化是国际软法产生的基础。除了联合国安理会和欧盟理事会等极为有限的组织可以直接通过有约束力的法律文件之外，大多数国际组织（包括非政府间国际组织）只是初步草拟文件或者宣告文件，通过的文件不具有直接约束力，这是国际软法产生的最直接平台。此外，随着一些新生事物的出现，国际社会为了及时解决这些新生事物，在没有国际组织框架的情况下，也可能通过国际会议的形式形成国际软法文件。譬如，现行的国际软法大多都是由联合国大会及其机构、海牙国际私法协会、人类环境会议、外交大会等产生的。这实际上是判断国际软法制定主体的标准。也就是说，只有国际组织（包括非政府间国际组织）、国际会议通过的国际文件才可能成为国际软法。

此外，必须是国际组织或国际会议已经通过的国际文件才可能成为国际软法，这是表明国际社会已经广泛接受。也就是说，那些尚未通过的提案、建议等都不能视为国际软法。如欧盟提出的《外空活动国际行为准则》，尽管

---

① ［美］伊迪丝·布朗·韦丝：《国际环境法律与政策》（英文版），中信出版社2003年出版，第199页。参见P. Wei, Towards Relative Normativity in International Law, 77AJIL (1983), P. 411; J. Klabbers, The Redundancy of Soft Law, 65 Nordic Journal of International Law 167 (1996), PP. 167-182。

② 参见D. J. Harris, Cases and Materials on International Law, 6th edn (2004), P. 62. 万霞："国际法中的软法现象探析"，载于《外交学院学报》2005年第1期。

其名称具有法律效果的形式，但由于该文件并没有在任何国际组织或国际会议上获得通过，因此不能视为国际软法。

另一方面，国际软法必定明确具体的行为规范。国际组织决议是指国际组织的某一机构依程序规则以书面形式通过的决定。其形式和名称呈多样性，如决定、命令、规章、建议、宣言等。由于国际组织的决议不仅数量很大，而且内容各不相同，包括从有关国际和平与安全的高度政治性问题到决定召开一次会议的技术性事项，同时，决议还有各种各样的表现形式，可能是一项建议或请求，也可能是一项决定、声明或宣言。因此，很难说它们具有同样的法律效力。本课题组认为，只有明确确立具体的行为规范或明确事物的法律性质的国际文件，才能视为国际软法。

（二）国际外空软法的范畴及其法律特征

国际空间法是国际法的一个重要部门法。因此，可以说，国际外空软法也是国际软法的一个重要组成部分。根据国际软法的定义，本课题组可以将国际外空软法定义为，国际社会在国际外空交往中形成的、不具有法律约束力但能产生执行效果的非条约性的国际文件。

结合国际空间实践及国际软法的法律特征，我们不难发现，国际外空软法也有其自身的特点。

第一，国际外空软法是非条约性的国际文件，其表现形式主要是宣言、原则、决议等。所谓非条约性国际文件，就是指国际社会在国际组织或国际会议框架下通过决策程序通过的国际文件。这些国际文件只需国际组织或国际会议参与者按照组织机构的程序规定通过即产生效力，不需要成员国家国内程序的批准，成员国对此类国际文件的相关内容也不能依据条约法提出保留等权利。就国际外空软法来说，大多数软法文件是在联合国框架下工作组或专家组通过研讨形成议案，然后由联合国外空委法律小组委员会或科技小组委员会审查后，交联合国大会或外空委通过。这些国际文件是根据多数表决制予以通过，不需要成员国国内批准，因此不具有条约的性质。

第二，国际外空软法主要是联合国及其机构、联合国的专门机构通过的，其他非政府组织很少参与。与国际空间活动相关的国际组织主要是联合国、国际电信组织、国际海事卫星组织、欧洲空间局、亚太空间合作组织等。只有这些组织通过的与空间活动相关的国际文件才可能构成国际外空软法。也就是说，单个国家或国家联盟提出的一些文件，尽管与空间活动有很紧密的关联，但不是国际组织或特定的国际会议通过的，因此，不能视为国际外空软法。

第三，国际外空软法尽管不具法律约束力，但是具有很强的实施效果。这是国际外空软法最核心的特征，也是界定国际外空软法范围的重要标准。对于国际外空软法的性质，“不承认软法主义”和“泛软法主义”都不利于国际外空法治。只有适当地界定国际外空软法的范围，才能真正树立国际外空软法在国际空间治理中的作用。在实践中，国际组织或国际会议通过的文件有很多种类，根据国际文件的效力对象，可以分为“内部决议”和“外部决议”①。一般来说，具有规范性作用的国际文件是指外部文件。但是，即使是外部文件，也不一定构成国际软法。因为有些外部文件即便是国际组织通过的甚至是联合国大会通过的文件，也不能构成国际软法，如联合国秘书长的报告。

在国际空间实践中，真正能够成为国际外空软法的国际文件只能是就特定事项、特定问题做出的，其内容具有可执行性或具有比较明确的行为规范。

基于上述分析，国际外空软法的范畴相对比较狭窄。现行国际外空软法可以通过列举的方式予以界定。

一方面，在联合国框架范围内，联合国大会通过的五项原则或宣言、五项决议，以及联合国外空委通过的两个文件是当前国际外空软法的主要组成部分。联合国大会通过的五项原则或宣言主要是指：《各国探索和利用外层空间活动的法律原则宣言》《各国利用人造地球卫星进行国际直接电视广播所应遵守的原则》《关于从外层空间遥感地球的原则》《关于在外层空间使用核动力源的原则》《关于开展探索和利用外层空间的国际合作，促进所有国家的福利和利益，并特别要考虑到发展中国家的需要的宣言》。

五项决议主要是指 1961 年 12 月 20 日第 1721A 和 B（XVI）号决议《外空和平使用之国际合作》，2000 年 12 月 8 日第 55/122 号决议《和平利用外空的国际合作关于使用地球静止轨道的一些问题》，2004 年 12 月 10 日第 59/115 号决议《适用“发射国”概念》，2007 年 12 月 17 日第 62/101 号决议《关于加强国家和国际政府间组织登记空间物体的做法的建议》，2013 年 12 月 11 日第 68/74 号决议《就有关和平探索和利用外空的国家立法提出的建议》。

联合国外空委通过的两个文件主要是指 2007 年《空间碎片减缓指南》及

① 国际组织的“内部决议”是国际组织为其内部工作之目的而制定的、关于组织本身职能的决议。为了参与国际社会部分事务的管理，国际组织为外部目的、针对会员国而制订的扩展到组织本身职能之外的决议，称为“外部决议”。

2009 年经外空委核可的《外层空间核动力源应用安全框架》。

此外，联合国第三次外空大会通过的《空间千年：关于空间和人的发展的维也纳宣言》也是国际外空软法的重要组成部分。

另一方面，在联合国框架外，一些国际组织也确立了一些国际外空软法。例如，机构间空间碎片协调委员会（IADC）作为空间碎片领域影响力最大的政府间国际论坛机制[①]，2002 年 4 月第 20 届 IADC 会议制定的《空间碎片缓减指南》不仅是联合国外空委《空间碎片缓减指南》的基础并为联大决议援引[②]，也是主要空间国家在空间活动中的重要行为指南。此外，国际电联（ITU）、世界气象组织（WMO）、国际标准化组织（ISO）还为与空间有关的技术制定诸多技术标准，这些国际标准或组织标准也是当前空间国家重要的规范。

此外，国际法协会（ILA）早在 1958 年就专门成立空间法委员会，研究空间法领域重要问题，并逐渐拟订相关公约草案、准则和建议。近年来，国际法协会制订的文件中有两个影响较大。一是 2012 年完成的《国家空间立法示范法索非亚模本》[③]，该模本对外空委国内立法工作组和最终联大决议发挥积极作用；二是受常设仲裁院邀请，拟定《外空活动相关争端仲裁任择性规则》，并于 2011 年 12 月开始适用。《规则》填补了联合国各项外空条约在争议解决方面的空白，而且对私营当事方开放，成为软法应对外空商业化发展迈出的重要一步。这是当前联合国框架范围外主要的国际外空软法制定机构。

需要指出，当前国际社会提出了诸多与空间有关的国际文件，这些国际文件是否能构成国际外空软法，还需要进一步研究。根据上述分析，国际外空软法的范围是限定的，无限扩大国际外空软法的范围不利于外空法治的实施。除上述联合国框架下的国际软法文件外，联合国大会还通过了一系列的国际文件，如《防止外空军备竞赛》《和平利用外空的国际合作》《透明度与信任措施的建立》《外空委报告》等。这些国际文件尽管是联合国机构通过的，甚至是联合国大会通过的，具有很强的政治意义；但是，这些文件有一个共同的特点，就是都没有明确具体的行为规范或权利义务性的规定，因此，很难具有法律执行的效果。

此外，欧盟提出的《外空活动国际行为准则（草案）》和中国与俄罗斯

---

① IADC，http：//www.iadc－online.org。

② 参见联大决议 A/RES/68/75，第 9 段。

③ 参见联合国外空委文件，A/AC.105/C.2/2013/CRP.6。

在裁军谈判会议上联合提出的《防止在外空放置武器、对外空物体使用或威胁使用武力条约（草案）》（PPWT），有学者认为这是比较典型的国际外空软法。尽管该两个文件有明确的行为规范，也可能是未来相关国际条约通过的基础，但是，该两个文件仅仅是国际组织或相关国家提出的建议文本，不仅其最终版本未能确立，而且也没有得到国际社会的一致通过成为广泛接受的国际文件。因此，本课题组认为，其不具有国际外空软法的性质。

（三）国际外空软法的发展

外交部商震将外层空间法的发展进程总结为三个阶段[①]。第一阶段为1957—1967 年，主要内容是不具法律约束力的联大决议，部分决议被普遍认为是软法。第二阶段为 1967—1979 年，主要标志是制订完成了五项外空条约，被称为外空法发展的黄金时代。第三阶段为 1980 年至今，除个别同外空

① 关于外空法的发展阶段，各国学者采用不同的分类标准，提出了不同的观点，例如以下五种分类：1）贺其治和黄惠康将外空法发展分为两个阶段：第一阶段为 1957—1976 年，主要标志是制定了外空原则宣言以及《外空条约》《营救协定》《责任公约》《登记公约》四项公约，有关公约得到大多数国家批准和加入；1976 年以后为第二阶段，主要成果是制订了《月球协定》，但由于其缔约国数量较少，影响有限，以联大决议为主体的软法开始发挥重要作用。参见贺其治、黄惠康：《外层空间法》，青岛出版社，2000 年，第 12 页。2）意大利学者塞尔吉奥·马尔基西奥（曾担任外空委法律小组委员会主席）将外空法发展分为三个阶段。第一阶段自法律小组设立至 1980 年，为外空条约立法阶段；第二阶段自 1980 年至 20 世纪 90 年代中期，为外空软法阶段；第三阶段为 20 世纪 90 年代中期至今，主要特征是推进外空条约的普遍接受并评估其适用。参见 Sergio Marchisio，The Evolutionary Stages of the Legal Subcommittee of the United Nations Committee on the Peaceful Uses of Outer Space（COPU-OS），Journal of Space Law，Volume 31，Number 1，Summer 2005，P224 - 225。3）知名空间法专家弗兰斯·范·德·邓克围绕外空软法，将外空法的发展分为三个阶段，主要是将外空五大条约的制订作为第二阶段，之前和之后的两个阶段均以软法为主要特点。这也是本文采用的分类方法。参见 Frans von der Dunk，Contradictio in terminis or Realpolitik? A Qualified Plea for a Role of 'Soft Law' in the Context of Space Activities，Both in Irmgard Marboe Ed.，Soft Law in Outer Space——the Function of Non - binding Norms in International Space Law，（Böhlau Verlag Wien：2012），P32 - 35。4）马新民将外空法三个阶段划分为：第一阶段是 1957—1979 年，联合国通过了一个宣言和五个条约，确立了以 1967 年《外空条约》为核心的外空法律体系；第二阶段是 1980—1992 年，联合国通过三项没有法律约束力的原则或宣言，进一步完善外空法律框架；第三阶段是自 1993 年迄今，联合国未再制订或修订任何新外空条约，但国内外空立法继续得到加强，双边或区域性协议增多。参见马新民，"国际外空法的现状及发展趋势"，《空间法评论》，第二、三卷，哈尔滨工业大学出版社，2009 年。5）还有学者将外空法也划分为三个阶段。第一阶段是 1960—1970 年，标志是外空条约的制订；第二阶段为 1980—1990 年，主要内容是关于一般原则的外空软法的制订，具体包括联大通过的四个外空原则或宣言；第三阶段为 2000 年以后，主要内容是关于具体问题的外空软法的制订。参见 Brian Wessel，The Rule of Law in Outer Space：the Effects of Treaties and Nonbinding Agreements on International Space Law，Hastings International and Comparative Law Review，Summer 2012，P292 - 294。

相关的条约[①]之外，未再制定任何条约文件，外空法的发展体现为各项不具法律约束力的软法进程齐头并进。

从外层空间法的发展也可以发现，国际外空软法的发展也经历了三个发展阶段。第一阶段是国际外空软法的形成阶段（20 世纪 60 年代），第二阶段是国际外空软法的沉寂阶段（1967—1980 年），第三阶段是国际外空软法的繁荣阶段（1981 年至今）。

1. 国际外空软法的形成阶段（20 世纪 60 年代）

第一阶段以三项联大决议为代表，标志着国际空间活动进入规范化时代。这一阶段是国际空间活动兴起之时，国际软法开始尝试扮演外空国际法治的角色。苏联的斯巴达尼克 1 号卫星在 1957 年升空，美国随后在 1958 年发射了其第一颗人造卫星。在随后的近十年，苏美两国开始了航天领域的激烈竞争。随着空间活动的发展，越来越多的新情况和新问题需要法律予以规范。

然而，20 世纪中叶正是美苏两国冷战时期。因此，最初的外空活动，美苏两国均将国家安全作为首要目标，力图保留在外空使用传统武器的可能。考虑到当时美苏发射的卫星 75%以上都装有军事应用载荷，且双方都在发展核弹道导弹[②]。为此，制定相应的国际法律规范来防止外空军事化利用的进一步扩大越来越重要。

在联合国框架下和美苏冷战对抗的背景下，要通过一项具有法律约束力的文件比较困难。特别是在 20 世纪 60 年代，苏联在空间活动领域基本上占据优势地位，在此情况下通过国际条约约束其活动则更困难。因此，为了确立空间活动的基本规范，特别是为了禁止开展进入绕地轨道的核武器试验等活动，禁止在绕地轨道放置除核武器和大规模杀伤性武器之外的常规武器。在美国的推动下，在联合国框架下通过一些具有一定法律效果的国际文件不仅必要，也是可行的。在此背景下，三个国际文件应运而生。这实际上不仅是国际外空软法的形成阶段，也是国际空间法的形成阶段。

第一项决议是 1961 年联合国大会通过的 1721A、1721B、1721C、1721D、1721E 号决议。1721A 号决议《外空和平使用之国际合作》提出了探测和使用外空应遵循的两个重要原则，一是《联合国宪章》在内的国际法

---

① 在国际统一私法协会主持下，各国于 2012 年谈判完成《移动设备国际权益公约有关空间资产特定问题的议定书》。

② Peter Jankowitsch, The Role of the United Nations in Outer Space Law Development: Past Achievement and New Challenge, Journal of Space Law, Vol. 26, No. 2, 1998, P103.

“对外空及各天体一体适用”，二是“外空及各天体可由各国依国际法探测和利用，不得为任何国家所专有”。这两项原则得到了普遍接受，为外空法律秩序的建立成功迈出第一步[①]。

1721B 号决议针对空间物体登记，首先提出“发射物体进入轨道或越出轨道的国家应迅速经由秘书长向外空委提供情报，以便登记”，并“请秘书长设一公开登记处”[②]。其次，要求外空委作为外空国际合作的协调中心，同联合国秘书长合作推进三类事项，即“与外空问题有关之政府组织及非政府组织保持密切联系”，“办理各国政府所自愿供给有关外空活动之资料之交换事宜”，并“协助研究促进外空活动国际合作之措施”[③]。

1721C 和 1721D 号决议还分别要求世界气象组织和国际电信联盟牵头推动气象研究和卫星通信领域的国际合作。但有关内容仅涉及联合国专门机构间的合作等，未提出相关法律原则和规范。

第二项决议是 1963 年通过的 1962（ⅩⅧ）号决议《各国探索和利用外层空间活动的法律原则宣言》。该决议明确规定各国在探索和利用外层空间时应遵循的原则，主要包括为全人类谋福利原则、自由探索和利用外空原则、不得将外空和天体据为己有原则、国家承担国际责任原则、国际合作原则、登记国控制和管辖原则、发射国承担赔偿责任原则、营救航天员原则。

第三项决议是 1963 年通过的第 1884 号决议《关于普遍和彻底裁军问题》。该决议明确规定“勿将任何载有核武器或任何其他大规模毁灭性武器之物体放入环地球之轨道，勿在天体上放置此类武器，或以其他方式将此种武器留置在外空”[④]。

2. 国际外空软法的沉寂阶段（1967—1980 年）

这一阶段自 1967—1980 年。在此阶段，国际社会通过了五项专门的国际空间条约。而在此期间，几乎没有不具法律效果的国际文件通过，国际外空软法处于沉寂阶段。

从国际空间活动发展历史来看，这一阶段美苏之间的空间竞争逐步从苏联主导向美苏共同主导过渡。1961 年 4 月苏联航天员加加林完成载人航天飞

---

① 联合国文件 A/RES/1721（XVI）：外空和平使用之国际合作，http：//daccess - dds - ny. un. org/doc/RESOLUTION/GEN/NR0/166/51/IMG/NR016651. pdf? OpenElement，2015 - 4 - 1。

② 同上。

③ 同上。

④ 联合国文件 A/RES/1884（ⅩⅧ）：《关于普遍和彻底裁军问题》，http：//daccess - dds - ny. un. org/doc/RESOLUTION/GEN/NR0/184/46/IMG/NR018446. pdf? OpenElement，2015 - 4 - 1。

行，历时1小时48分钟。1965年底，美国的宇宙飞船也能在外空停留长达14天之久。1969年美国航天员阿姆斯特朗成为第一个踏上月球的人。之后，苏联的宇宙飞船飞抵金星。1975年7月，美国阿波罗号飞船和苏联联盟号飞船进行第一次联合飞行，包括飞船的靠拢结合，以及航天员的互相通过。特别是1981年4月，美国率先使用航天飞机哥伦比亚号。该航天运输工具可以多次重复使用，具有极高的经济效益。同时，航天运输工具的载重量也已经大大地增强了。航天飞机的出现，标志着美国在航天领域夺回了期盼已久的领先地位。主要空间国家之间的实力平衡给国际空间立法的谈判提供了基础。

此外，在此期间，美苏以外的其他国家也开始了空间活动，导致空间活动主体越来越多。1965年11月至1967年2月，法国钻石号火箭将A－1、D－1人造卫星送入太空。欧洲空间局研制的阿里安1号运载火箭于1979年12月24日首次发射成功。1975年9月，日本首次用N－1火箭成功地发射菊花1号技术试验卫星。1970年4月24日，中国长征1号航天运载火箭顺利地将“东方红1号”人造地球卫星送入太空轨道；1975年，中国又首次成功发射返回式遥感卫星。

更为重要的是，随着空间活动的发展，国际空间合作越来越重要，特别是在空间营救、空间活动责任方面，国际空间立法已经迫在眉睫。在此背景下，自1967年通过《外空条约》[①] 之后的十余年中，国际社会迅速通过了《营救协定》[②]《责任公约》[③]《登记公约》[④] 和《月球协定》[⑤]。

五项国际空间条约的密集出台，为国际空间活动提供了基本的行为规范。这些国际空间条约为人类空间活动确立了四项主要的法律制度，即外空营救制度、损害赔偿制度、空间物体登记制度以及月球探测制度。特别是《外空条约》被誉为“外空宪章”[⑥]。诚然，空间条约的出台，确实为人类空间活动

① 1966年12月19日联合国大会通过《关于各国探索和利用包括月球和其他天体在内的外层空间活动的原则条约》，该条约于1967年10月10日生效。

② 1967年12月19日联合国大会通过《关于援救航天员、送回航天员和归还发射到外层空间之物体之协定》，该条约于1968年12月3日生效。

③ 1971年11月29日联合国大会通过《空间物体造成损害的国际责任公约》，该条约于1972年9月1日生效。

④ 1974年11月12日联合国大会通过《关于登记射入外层空间物体的公约》，该条约于1976年9月15日生效。

⑤ 1979年12月5日联合国大会通过《关于各国在月球和其他天体上活动的协定》，该条约于1984年7月11日生效。

⑥ 贺其治著：《外层空间法》，法律出版社1992年版，第34页。

提供了相对比较完备的法律制度，且此阶段就空间活动出台相应的条约时机比较成熟。因此，国际外空软法的必要性和对条约的替代性在变弱。

在此阶段，尽管国际社会也出台了一系列与空间活动有关的国际文件。如 1978 年 1 月发生宇宙－954 号核动力卫星坠毁事件发生后，联大通过决议“请发射国家在载有核能源的空间物体发生故障，放射性物质有可能重返地球时，通知有关各国”，反映了各国对外空核动力源问题的高度关注[①]，但这些文件并非空间活动的行为规范，仅仅是一项倡议，很难构成国际外空软法。

3. 国际外空软法的繁荣阶段（1981 年至今）

随着人类航天技术和外空活动的发展，外空活动在 20 世纪 80 年代后进入了新的发展时期。在这一时期，外空活动的应用范围越来越广，从通信卫星到遥感卫星、导航卫星的不断发展，从空间物体发射到载人航天的发展，从主要的军事利用外空到外空活动的商业化发展。同时，随着外空活动的发展，国际社会也发现，现行的外空法律制度已越来越不适应外空活动的新发展。

然而，从《月球协定》的出台及现状来看，国际社会在航天领域出台一项国际条约变得越来越困难。其主要原因是随着国际空间活动主体的增多，联合国框架下的协商程序变得越来越复杂。但是，随着冷战的结束，国际社会绝对对立的因素越来越少，协商一致解决问题的氛围不断优化。特别是 20 世纪 60 年代形成的国际外空软法经验给国际社会提供了很好的范例。国际外空软法是解决国际空间领域新兴法律问题的一个很有效的模式。在此背景下，为解决和应对空间活动中出现的新兴法律问题，在联合国框架下和框架外都出现了一系列的国际文件，对于国际空间法体系的完善起到了重要的推动作用。

此阶段联合国框架下通过的国际外空软法主要是联大通过的原则或宣言。1982 年《各国利用人造地球卫星进行国际直接电视广播所应遵守的原则》，1986 年《关于从外层空间遥感地球的原则》、1992 年《关于在外层空间使用核动力源的原则》[②] 1996 年《关于开展探索和利用外层空间的国际合作，促进所有国家的福利和利益，并特别要考虑到发展中国家的需要的宣言》。

此外，还包括联大通过的关于具体问题的决议，包括 2000 年第 55/122

① 参见 1978 年第 33/16 号联大决议：《和平利用外层空间的国际合作》，第 9 段。

② 关于这三个原则的制订背景、主要宗旨和具体内容，请参见贺其治、黄惠康主编：《外层空间法》，2000 年版，第 135－194 页。

号决议中《关于使用地球静止轨道的一些问题》，2004 年第 59/115 号决议：《关于适用“发射国”概念》，2007 年第 62/101 号决议：《关于加强国家和国际政府间组织登记空间物体的做法的建议》，2013 年第 68/74 号决议：《就有关和平探索和利用外空的国家立法提出的建议》。

另外，联合国外空委也通过了若干其他国际外空软法文件。如 2007 年《空间碎片减缓指南》和 2009 年《外层空间核动力源应用安全框架》。这两份文件均是外空委牵头制订的技术指南文件，由各国和国际组织自行参考执行。前者提出了航天器和运载火箭在生产制造、在轨操作、任务结束三个不同阶段应为减少空间碎片产生所采取的具体措施。后者从政府指南、管理指南、技术指南等三方面，提出了在政府授权使用、应急准备反应、安全领导和管理责任、核安全技术能力、减轻事故后果等环节应采取的具体安全措施。

在联合国框架范围外，机构间空间碎片协调委员会（IADC）作为空间碎片领域影响力最大的政府间国际论坛机制①，所制定的《空间碎片缓减指南》为联合国《空间碎片缓减指南》提供重要基础，并为联大决议援引②。另外，国际电联（ITU）、世界气象组织（WMO）等同外空事务联系紧密的国际组织和国际标准化组织（ISO）也制定了诸多技术标准③。

此外，常设仲裁院 2011 年通过《外空活动争端仲裁任择性规则》，填补了联合国各项外空条约在争议解决方面的空白，而且对私营当事方开放，成为软法应对外空活动商业化发展需求迈出的重要一步。

二、国际外空软法的价值分析

结合国际外空软法形成及其实践，我们不难看出，国际外空软法的价值或功能主要表现在以下几个方面：

第一，国际外空软法为国际空间法的发展奠定了基础。

一方面，从国际空间条约的发展历程来看，现行国际空间条约大多是在国际外空软法基础上形成的。1963 年《外空宣言》就是最佳范例。该宣言共提出 9 条原则，可分为两大方面。第 1～4 条为一般原则，提出探索和利用外空的宗旨和目的、外空的法律地位等，具体包括全人类共同利益原则、自由

① IADC，http：//www.iadc-online.org。

② 参见联大决议 A/RES/68/75，第 9 段。

③ Frederick A. Slane，ISO Space Standards，Presentation to the UN COPUOS STSC meeting，February 2013，http：//www.oosa.unvienna.org/pdf/pres/stsc2013/2013lts-02E.pdf。

探索和利用原则、不得据为己有原则和遵守国际法原则。这些原则在 1967 年的《外空条约》都得到了直接援引。第 5～9 条为具体原则，针对当时已知的问题提出解决方法，为外空法的发展打下基础①。这包括外空活动的国家责任、合作和互助原则、登记国的管辖权和所有权，发射国的损害赔偿责任，援救航天员的义务等，这些原则此后还发展为专门公约。如发射国的损害赔偿责任原则成为后来《责任公约》最核心的原则。营救航天员原则也是后面《营救协定》最核心的内容。

联大第 1884 号决议是第一个明确提出禁止外空武器化的联合国文件，要求“各国不得在绕地球轨道放置任何携带核武器或任何其他大规模毁灭性武器的实体，不在天体上配置这种武器”。该决议在 1967 年《外空条约》序言中得到援引，有关内容实际上就是《外空条约》第 4 条②的基础。

另一方面，从国际习惯的角度来看，在国际空间法的渊源中，国际外空软法也是国际习惯的来源。如联合国大会的 1721 号决议，该决议重申“请各国采纳以下原则，并于探索和利用外空时有所遵循：(a) 国际法，包括《联合国宪章》，适用于外空及各天体；(b) 外空及各天体可任由各国依据国际法规定探索和利用，不得为任何国家所专有。”该规定确立了两项后来普遍接受的国际空间法原则：空间活动受国际法规范，外空及各天体任由各国自由探索和利用。“这一原则也很快成为了习惯法的一个部分。”③

第二，国际外空软法是澄清和解释国际空间法的重要渊源。

《维也纳条约法公约》第 31 第 3 款规定，“应该结合文本，考虑条约当事方之间在事后达成的关于条约解释及其条款适用方面的任何协议”。这里的“任何协议”应该包括类似于宣言、决议之类的国际文件。现行国际空间法体系尽管确立了相对比较完善的四项制度，但诸多条约条款亟待进一步澄清或解释。

如《外空条约》第 7 条与《责任公约》都确立了“发射国承担国际赔偿

① Vladimir Kopal，the Role of United Nations Declarations of Principles in the Progressive Development of Space Law，Journal of Space Law，Vol. 16，No. 1，1988，P7。

② 自人类进入空间时代伊始，军事活动就是外空活动的组成部分，在相关国际机构和平台为各国讨论。因此，《外空条约》第 4 条除受到 1963 年第 1884 号决议影响外，还参考借鉴了 1959 年《南极条约》和 1963 年《部分禁核试条约》相关条款的内容。参见 Hobe，Setphan/Schmidt - Tedd，Bernhard/Schrogl，Kai - Uwe (eds.)，Cologne Commentary on Space Law，Volume I，Heymanns，Cologne 2013，P73。

③ ［意］Marco Pedrazzi，赵海峰：《国际空间法教程》，黑龙江人民出版社 2006 年版，第 7 页。

责任”制度，但是，现行国际空间条约只是通过列举方式界定了“发射国”的定义。随着在轨卫星转移及外空商业化的发展，各国合作发射和私人实体发射的情况越来越多，这已经超出了《外空公约》《责任公约》和《登记公约》中规定的发射国定义范围[①]。为此，外空委通过了《适用“发射国”概念》的第59/115号决议，提出各国应考虑颁布和实施国内立法，“以批准和持续监督受其管辖的非政府实体的外空活动”，并建议各国根据《责任公约》就联合发射或合作方案订立协定。这实际上是通过为各国国内法提供参考，从统一国家实践的角度来推进现有国际法的有效实施。

再如，一般认为，1996年联大《外空国际合作宣言》就是对1967年《外空条约》中“共同利益原则”的具体化和明确化[②]。

第三，国际外空软法具有直接的规范价值。

特别是在国际空间领域，随着航天技术和外空活动的发展，诸多领域成为尚无法律约束的真空地带。如地球静止轨道作为有限的自然资源，法律地位一直是国际社会的争议焦点[③]，但对此并没有任何法律规制。联合国大会2000年通过的《关于使用地球静止轨道的一些问题》规定，地球静止轨道“必须合理、有效、经济和平等地使用”，若按照“先到先得”原则进行安排，可能造成发达国家之间及发展中国家之间难以协调的局面；要求有关国家在需要进行协调时，“已有利用机会的国家应采取一切实际可行的步骤”，使发展中国家享有平等的利用机会。这为明确地球静止轨道的法律地位提供了重要依据。

此外，随着空间活动的发展，针对如何规范外空使用核动力源行为、如何保护空间环境、如何规范卫星遥感地球数据的合理使用、如何规范卫星直播业务与国家主权的关系以及外空国际合作的基本原则等问题，现行国际空间条约与国际空间习惯都没有明确规定。联合国大会通过的《各国利用人造地球卫星进行国际直接电视广播所应遵守的原则》《关于从外层空间遥感地球的原则》《关于在外层空间使用核动力源的原则》《关于开展探索和利用外层

---

① 参见《外空条约》第7条，《责任公约》第1条（c）款，《登记公约》第1条（a）款。

② 贺其治、黄惠康主编：《外层空间法》，2000年版，第290页。

③ 以哥伦比亚为代表的赤道国家一开始曾主张地球静止轨道是其领土组成部分，由于未得到多数国家支持，又进而提出对其领土上空的一段静止轨道享有某些优先权利，但国际电联在空间频率和静止轨道的分配和登记上，一直按地面无线电通信中传统上的“先登先占”方式，这种方式对暂时不具备空间能力的发展中国家不利。详见贺其治、黄惠康主编：《外层空间法》，2000年版，第30－37页。

空间的国际合作，促进所有国家的福利和利益，并特别要考虑到发展中国家的需要的宣言》则为这些活动提供了直接的行为规范。

特别是2007年联合国外空委通过的《空间碎片减缓指南》，明确要求："会员国和国际组织应通过国家机制或其各自的有关机制，自愿采取措施，确保通过空间碎片减缓做法最大限度内执行这些指南"[①]。尽管《指南》并不具有法律约束力，但具有广泛的政治影响力。有些国家已经根据《指南》通过本国机制自愿实施了空间碎片减缓措施[②]。我国为此制定了《空间碎片管理与控制暂行办法》来加强对空间环境保护，落实《指南》有关空间碎片减缓做法的执行。

第四，国际软法是当前空间国家增进国际合作和相互信任的重要途径。这是软法所特有的功能。因为国际外空软法虽没有法律约束力，但可在政治、道义和技术等方面勾勒行为规范，从而在国际法主体间沟通协调、推动合作[③]。

在美苏争夺空间霸权的20世纪，《外空宣言》所确立的营救航天员原则，不仅推动了《营救协定》的出台，也实际上通过营救航天员的实践缓解了两国在航天领域的冲突。特别是1996年《外空国际合作宣言》为空间国际合作的开展，为发达国家与发展中国家在航天领域的信任和合作提供了重要的依据。

三、国际外空软法与国际空间硬法的互动

（一）国际外空软法的实施

国际外空软法的实施主要是通过以下几种途径：国际外空软法通过转化成国际空间条约或国际习惯在国际社会普遍实施；国际外空软法通过转化成国内法得到国际社会的认可和实施；国际外空软法通过国际司法机构司法裁决的援引或国际社会空间实践中援引的方式得到国际社会的认可和实施。

---

① 联合国文件A/62/20：《和平利用外层空间委员会的报告》（附件：《和平利用外层空间委员会空间碎片减缓指南》），http：//www.unoosa.org/pdf/gadocs/A_62_20C.pdf，2008年7月16日浏览。

② 李寿平，"空间碎片减缓国家机制的构建"，载于《北京航空航天大学学报（社会科学版）》2008年第4期。

③ 商震，"试论外空软法的发展及功用"，载于《中国宇航学会·中国空间法学会2014年学术年会论文集》。

1. 国际外空软法转化成国际空间条约

在国际法的发展实践中，国际外空软法实施最具有典范性质的是 1963 年《外空宣言》。该国际外空软法不仅在 1967 年转化成《外空条约》，也是后来《营救协定》《登记公约》《责任公约》的重要依据。

具体来说，《外空宣言》所确立的九项原则全部转化成为《外空条约》的条文。《外空宣言》确立的第一项原则“为全人类谋福利和利益”在《外空条约》第 1 条第 1 款中得到了实施①。第二项原则“自由探索和利用外空”在《外空条约》第 1 条第 2 款中得到了落实②。第三项原则“不得据为一国所有”在《外空条约》第 2 条中得到了落实③。第四项原则“遵守国际法”在《外空条约》第 3 条中得到了直接落实④。第五项原则“国家承担国际责任”在《外空条约》第 6 条得到了落实⑤。第六项原则“适当考虑他国利益”在《外空条约》第 9 条得到了落实⑥。第七项原则“登记国管辖与控制”在《外空条约》第 8 条得到了直接体现⑦。第八项原则“发射国承担国际损害赔偿责任”在《外空条约》第 7 条得到了落实⑧。第九项原则“营救航天员”在《外空条约》

---

① 《外空条约》第 1 条第 1 款：探索和利用外层空间（包括月球和其他天体），应为所有国家谋福利和利益，而不论其经济或科学发展程度如何，并应为全人类的开发范围。

② 《外空条约》第 1 条第 2 款：所有国家可在平等、不受任何歧视的基础上，根据国际法自由探索和利用外层空间（包括月球和其他天体），自由进入天体的一切区域。

③ 《外空条约》第 2 条：各国不得通过主权要求、使用或占领等方法，以及其他任何措施，把外层空间（包括月球和其他天体）据为己有。

④ 《外空条约》第 3 条：各缔约国在进行探索和利用外层空间（包括月球和其他天体）的各种活动方面，应遵守国际法和联合国宪章，以维护国际和平与安全，促进国际合作和了解。

⑤ 《外空条约》第 6 条：各缔约国对其（不论是政府部门，还是非政府的团体组织）在外层空间（包括月球和其他天体）所从事的活动，要承担国际责任。

⑥ 《外空条约》第 9 条：各缔约国探索和利用外层空间（包括月球和其他天体），应以合作和互助原则为准则；各缔约国在外层空间（包括月球和其他天体）所进行的一切活动，应妥善照顾其他缔约国的同等利益。……若缔约国有理由相信，该国或其国民在外层空间（包括月球和其他天体）计划进行的活动或实验，会对本条约其他缔约国和平探索和利用外层空间（包括月球和其他天体）的活动，造成潜在的有害干扰，该国应保证于实施这种活动或实验前，进行适当的国际磋商。缔约国若有理由相信，另一缔约国计划在外层空间（包括月球和其他天体）进行的活动或实验，可能对和平探索和利用外层空间（包括月球和其他天体）的活动，产生潜在的有害的干扰，应要求就这种活动或实验，进行磋商。

⑦ 《外空条约》第 8 条：凡登记把实体射入外层空间的缔约国对留置于外层空间或天体的该实体及其所载人员，应仍保持管辖及控制权。

⑧ 《外空条约》第 7 条：凡进行发射或促成把实体射入外层空间（包括月球和其他天体）的缔约国，及为发射实体提供领土或设备的缔约国，对该实体及其组成部分在地球、天空、或外层空间（包括月球和其他天体）使另一缔约国或其自然人或法人受到损害，应负国际上的责任。

第 5 条得到了落实[①]。

此外，《外空宣言》相关原则在其他国际空间条约中得到了转化。《外空宣言》之原则 9 在《营救协定》中也得到了实施。原则 9 明确，航天员的地位是“人类派往外层空间的使节”，因此，在“发生意外、遇难、或于外国领土或公海紧急降落”，各国要提供一切可能的援救，并将其交给登记国。而《营救协定》实际上就是将该原则的规定予以细化。如《营救协定》第 2 条规定，“如因意外事故、危难、紧急或非出于本意降落之结果，宇宙飞船人员在一缔约国管辖领域内降落，该缔约国应立即采取一切可能步骤援救此种人员，并提供一切必要协助，该缔约国应将所采步骤及其进展情形通知发射当局及联合国秘书长。”

《外空宣言》之原则 8 在《责任公约》中也得到了进一步转化。该条尽管没有明确提到“发射国”的术语，但该条规定了国际赔偿责任的主体是“向外空发射空间物体的国家”“向外空发射空间物体的发起国家”“被利用国土或设施向外空发射空间物体的国家”。《责任公约》一方面通过术语定义的方式将该责任主体归纳称之为“发射国”。该公约第 1 条规定，发射国是指发射或促使发射外空物体之国家，外空物体自其领土或设施发射之国家[②]。将《外空宣言》第 9 条中所列举的三类国家界定为发射国。然后，通过第 2 条、第 3 条明确规定，发射国对其发射的空间物体造成的损害承担绝对责任或过失责任[③]。

2. 国际外空软法转化为国际习惯

国际外空软法通过转化成国际习惯得到实施最具典范的是《空间碎片减缓指南》。2002 年 4 月第 20 届 IADC 会议正式通过《IADC 空间碎片减缓指南》，共有 11 个国家的航天局签署此文件。《指南》要求各国制订政策保证今后的航天活动中能够有效地控制空间碎片的大量产生。要求“一个组织在规划和运行空间系统时，从任务需求分析和定义阶段开始就应采取系统性行动，

① 《外空条约》第 5 条：各缔约国应把宇宙航天员视为人类派往外层空间的使节。在宇宙航天员发生意外、遇难、或在另一缔约国境内、公海紧急降落等情况下，各缔约国应向他们提供一切可能的援助。宇宙航天员紧急降落后，应立即、安全地被交还给宇宙飞行器的登记国家。

② 参见《责任公约》第 1 条。

③ 《责任公约》第 2 条：发射国对其外空物体在地球表面及对飞行中之航空机所造成之损害，应负给付赔偿之绝对责任。《责任公约》第 3 条：遇一发射国外空物体在地球表面以外之其他地方对另一发射国之外空物体或此种外空物体所载之人或财产造成损害时，唯有损害系由于前一国家之过失或其所负责之人之过失，该国始有责任。

通过将空间碎片减缓措施引入空间系统的寿命周期来减少对轨道环境的不利影响”。2007 年 2 月，联合国外空委科技小组委员会第 44 届会议通过了由“空间碎片工作组”提交的《空间碎片减缓指南》。会议决议指出：“认识到当前的空间碎片环境对地球轨道上航天器构成了危险。……立即执行一些适当的碎片减缓措施被认为是有助于为子孙后代维护空间环境的审慎而必要的步骤。”[①] 2007 年 6 月，外空委通过联合国外空委科技小组委员会提交的《空间碎片减缓指南》。《指南》明确要求，“会员国和国际组织应通过国家机制或其各自的有关机制，自愿采取措施，确保通过空间碎片减缓做法最大限度内执行这些指南”[②]。

本课题组认为，空间碎片减缓已经成为了国际空间活动中的一项国际习惯法规范。如前所述，构建空间碎片减缓国家机制是《空间碎片减缓指南》的明确要求。很显然，在当今的国际空间实践中，几乎所有国家都将减缓空间碎片作为一项法律义务，同时减缓空间碎片在大多数国家的大多数空间活动中被多次实践。

一方面，空间活动国家都承认减缓空间碎片是一项法律义务。联合国外空委通过《空间碎片减缓指南》后，世界大多数国家通过官方表示遵守《指南》规定的义务，这表明世界主要国家已经认识到减缓空间碎片的义务。2005 年 12 月 8 日通过的联合国大会 60/99 号决议，再次表明国际社会对减缓空间碎片的义务的认同[③]。

另一方面，国际社会减缓空间碎片的国际实践也已经形成。从国际层面来看，由多个国家及组织组成的机构间空间碎片协调委员会通过的《空间碎片减缓指南》就是国家履行减缓空间碎片义务的国家实践；从区际层面来看，欧洲空间标准化合作组织一直致力于制订空间碎片缓减标准[④]，并且得到了欧

① 联合国文件 A/AC. 105/890：2007 年 2 月 12 日至 23 日在维也纳举行的科学和技术小组委员会第四十四届会议报告，http：//www. unoosa. org/pdf/reports/ac105/AC105 _ 890C. pdf，2008 年 7 月 12 日浏览。

② 联合国文件 A/62/20：《和平利用外层空间委员会的报告》(附件：《和平利用外层空间委员会空间碎片减缓指南》)，http：//www. unoosa. org/pdf/gadocs/A _ 62 _ 20C. pdf，2008 年 7 月 16 日浏览。

③ 2005 年 12 月 8 日通过的联合国大会 60/99 号决议第 27 段：大会认识到成员国更多地关注空间物体与空间碎片相撞问题很重要，大会号召国家对此问题进行持续不断的研究，大会同意通过国际合作扩大适当可行的在未来空间活动中将空间碎片的影响降至最低的战略。

④ 其中由英国主持一个负责协调整个标准化组织中有关空间碎片缓减标准方面各项工作的工作组。在起草这些标准时，英国设法尽可能使其与空间碎片协委会有关空间碎片缓减的指南保持一致。

洲主要的航天国家的积极响应：2007年，英国国家航天中心、法国国家空间研究中心、德国航空航天中心、意大利航天局和欧洲空间局签署《缓减空间碎片欧洲行为准则》，2008年，欧洲空间局制定《ESA机构项目的空间碎片减缓要求》；从国家层面来看，一些国家已经通过国家机制自愿采取减少空间碎片措施，这些措施符合机构间空间碎片协调委员会《空间碎片减缓指南》和大会第62/217号决议核可的外空委《空间碎片减缓指南》[①]。美国从1981年起就有了空间碎片减缓政策，2001年2月又出台轨道碎片减缓标准操作规范和限制轨道碎片的指南和评估程序，2006年制订国家空间政策，2007年NASA制订了有关限制轨道碎片的程序文件（NPR 8715.6）和技术标准；俄罗斯2007年出台由机械制造中央科学研究所制订的《空间系统人造近地空间污染减缓一般要求》（俄联邦国家标准）；2007年，德国航空航天中心已经以《缓减空间碎片欧洲行为准则》为基础，按照德国空间项目的各项需要修改了缓减空间碎片国家指导方针[②]。总之，各个国家和国际组织有关减缓空间碎片的国家政策和标准的制定充分表明减缓空间碎片的国家实践的形成，同时也证明了空间碎片减缓国际习惯法的形成[③]。

此外，1986年《遥感宣言》第12条规定，被遥感国"得在不受歧视基础上依照合理费用"获得关于其领土的遥感数据。由于该原则是基于公约，在各国国内法、双边或多边条约中又不断得到援引，被认为构成了国际习惯法[④]。

因此，国际外空软法不仅可以编纂国际习惯法或证明国际习惯法的存在[⑤]，甚至可以成为国际习惯的直接渊源。

3. 国际外空软法转化成国内法

通过将国际外空软法转化成国内予以实施的情况则更多。如前所述，《空

① 《大会正式记录，第62届会议，补编第20号》（A/62/20），第117和118段及附件。

② 联合国文件A/AC. 105/918：《和平利用外层空间委员会的报告》（秘书处的说明："各国对空间碎片、核动力源空间物体的安全以及这些物体与空间碎片碰撞问题的研究"），http://www.unoosa.org/pdf/reports/ac105/AC105_918C.pdf，2008年8月10浏览。

③ 各国法律中与空间碎片减缓机制相关的内容（管理机制、许可机制、登记机制等）将在下文详细介绍。

④ 贺其治、黄惠康主编：《外层空间法》，2000年版，第291-292页。

⑤ Marco Ferrazzani, Soft Law in Space Activities - An Updated View; Setsuko Aoki, the Function of " soft law" in the Development of International Space law. Both in Irmgard Marboe Ed., Soft Law in Outer Space——the Function of Non - binding Norms in International Space Law, (Böhlau Verlag Wien: 2012), P111 - 115。

间碎片减缓指南》要求会员国和国际组织应通过国家机制或其各自的有关机制，自愿采取措施，确保通过空间碎片减缓做法最大限度执行这些指南。为此，欧洲空间局2008年制定《ESA机构项目的空间碎片减缓要求》，中国政府通过《空间碎片减缓与防护暂行管理办法》，实际上就是通过国内立法形式实施了《空间碎片减缓指南》。

此外，联合国《关于从外层空间遥感地球的原则》为相关国家的遥感活动规定了一些基本原则，如为所有国家谋福利原则、遵守国际法的原则、国际合作原则、技术援助原则、遥感数据公平利用原则等。为了规范自身的遥感活动，有些国家就通过国家立法的方式确立了本国的遥感法律制度。如1992年1月3日，美国国会两院共同颁布1992年《陆地遥感政策法》，旨在通过确保陆地卫星计划的数据持续性，维持美国在陆地遥感领域的领导地位，制定一套新的国家陆地遥感政策。全文共6个条款，分别规定了陆地卫星、私有遥感空间系统的许可、研究开发和验证、后续陆地遥感系统、一般规定，以及禁止气象卫星商业化等六个方面的内容。

4. 国际外空软法得到国际空间实践的广泛接受

在国际空间实践中，尽管国际空间外空软法不具有法律的强制实施力，但是，各国相关的国际空间实践中都明确支持或援引国际外空软法规定，从未出现过任何国家明确反对国际外空软法规定的现象。

当然，由于半个世纪以来国际空间实践中尚未发生过任何与空间有关的国际司法案件，因此，目前尚无国际司法机构援引国际外空软法的情况。

（二）国际外空软法与国际空间硬法的互动

国际外空软法与国际空间硬法之间的互动主要是通过国际外空软法促进和推动国际空间硬法的形成，国际空间硬法又反过来为国际外空软法的产生提供依据。这种互动关系是完善国际空间法律体系的重要途径。

一方面，国际外空软法促进和推动国际空间硬法的形成，使软法“硬化”。国际法学者布鲁特曼在论述国际软法的属性时提出过邻近理论(proximity arguments)[①]。他就邻近理论提出软法两大功能，一是作为正在形成的国际法的前提或基础；二是对现有国际法的补充。国际外空软法的这种功能实际上既促进国际空间硬法的发展也促进了自身的“硬化”。

① László Blutman，In the Trap of a Legal Metaphor：International Soft Law，International and Comparative Law Quarterly Vol. 59，July 2010。

另一方面，国际空间硬法又反过来为国际外空软法的产生提供发展的机会。由于国际空间条约的发展无法跟上国际空间技术发展的步伐，因此，国际空间条约必然会存在诸多需要进一步完善和补充的地方。基于空间领域的特殊性和国家间达成新的国际空间条约的困难性，通过国际外空软法来解释、完善国际空间法成为当前最可行的途径。如在轨卫星转移的空间实践中，对于发射国和登记国的法律定义，现行《责任公约》和《登记公约》的界定就需要进一步完善。2004年12月10日第59/115号决议《适用“发射国”概念》和2007年12月17日第62/101号决议《关于加强国家和国际政府间组织登记空间物体的做法的建议》等新的国际外空软法也就产生了。

当然，在当今的国际空间实践中，国际外空软法与国际空间硬法之间也存在对抗或冲突的现象。这种冲突可以称之为两者之间的消极互动。在现行的国际外空软法和国际空间硬法体系中，两者之间由于产生背景的不同，确实存在不少冲突之处。如《外空宣言》和《外空条约》《营救协定》之间的冲突最为明显。根据《外空宣言》第9条关于营救航天员的原则，被营救的对象是航天员（astronaut），营救后交还的对象是登记国（state of registry）。《外空条约》承袭《外空宣言》的规定，但是《营救协定》却规定，营救对象是宇宙飞船人员（personnel of spacecraft），营救后交还的对象是发射当局（launching authority）。

这种消极互动不利于国际空间法律体系的统一，但是，这种消极冲突又为未来国际外空软法的形成提供了新的机会和空间。

四、国际外空软法的发展趋势及中国的对策

（一）国际外空软法的发展趋势

自1979年《月球协定》以后，联合国框架下的国际空间立法一直处于一种停滞阶段，至今没有通过一项国际空间条约。但是，自1979年《月球协定》以后，国际外空软法进入了发展的茂盛时期。

可以预见，随着国际空间活动的发展，国际空间主体日益呈现多元化的发展趋势。在世界空间格局中，国际空间主体之间的利益冲突越来越明显，国际空间主体之间的发展不平衡也越来越明显，在此背景下，通过国际外空软法来解决国际空间活动中出现的新问题也将成为国际社会的务实选择。

也可以预见，在未来国际外空软法的发展中，国际外空软法的创制主体将出现多元化，国际外空软法所规制的范围也将逐步扩大，国际外空软法的

“硬”性程度将日益加强。

1. 创制主体日益多元化

国际外空软法的最初创制主体主要是联合国，特别是以通过联大决议的方式创制国际外空软法，如联合国大会1963年通过的《外空宣言》。特别是在21世纪以前，国际外空软法的创制主体主要是联合国大会及联合国专门机构。

进入21世纪，国际外空软法的创制主体开始出现一些新变化，但联合国大会仍然是国际外空软法的创制主体。最大的变化就是在联合国框架外开始有国际组织创设的国际外空软法，如2004年机构间空间碎片协调委员会（IADC）通过的《空间碎片减缓指南》。此外，还有常设仲裁院（PCA）2011年通过的《外层空间活动争端仲裁任择性规则》。

同时，在联合国框架下，联合国的专门机构也开始参与国际外空软法的创制，如联合国外空委2007年通过《空间碎片减缓指南》、2009年通过《外层空间核动力源应用安全框架》。

不可否认，在未来的国际外空软法创制中，其主体将会变得更加多元化。如一些政府间国际组织很有可能会成为国际外空软法的重要创制主体，如ESA、APSCO和欧盟。正如欧盟2008年以来提出的《外空活动国际行为准则》，如果获得国际社会的普遍认可，也有可能成为一项重要的国际外空软法。同时，一些非政府间国际组织将有可能成为未来国际外空软法的重要创制主体，如海牙国际私法协会、国际法协会甚至国际空间法学会都有可能成为国际外空软法的创制主体。

此外，一些国际会议也有可能成为国际外空软法的创制主体，如1999年联合国第三次外空大会通过了《关于空间和人的发展的维也纳宣言》，在未来的空间外交实践中，类似的会议也很有可能成为国际外空软法的创制主体。

2. 规制范围不断扩大

回顾国际外空软法发展的半个世纪，国际外空软法不仅为国际空间活动提供了基本原则，也为国际空间合作、卫星遥感地球、卫星直播、外空使用核动力源、空间碎片减缓等提供了重要的法律渊源。

随着人类空间活动的发展和空间技术的发展，诸多法律问题亟待国际立法予以规范和推动，在国际空间条约解决空间法中的问题缺乏重要推动力的背景下，国际外空软法将起着重要的替代作用。可以预见，国际外空软法将在以下几个方面得到进一步发展。

随着外空商业化利用，对于空间资源（包括月球资源以及未来深空探测其他星球和天体中的资源）的开发与利用、促进空间旅游发展等方面很有可能通过外空软法文件来规制和促进。同时，在国际社会正在积极探索的空间交通管制、外空活动长期可持续性、防止外空军备竞赛等方面，虽然通过国际空间条约的可能性很小，但是，可以预见，具有软法性质的国际文件实际上正在研究和启动之中。此外，低地球轨道和临近空间的发展与利用直接关系到国家的安全与利益，而该地区的开发与利用正是国际社会近年来所瞄准的区域，国际规范亟待出现。因此，有关该领域开发与利用的国际外空软法亟待国际社会关注。

因此，随着空间活动范围的不断扩大，国际外空软法所约束的范围也将不断扩大。

3. “硬”性程度日益加强

在国际外空软法半个世纪的发展中，其“硬”性程度在不断加强，也可以预见，国际外空软法的约束力将越来越强，将成为国际空间法的重要法律渊源。其主要原因是：

一方面，在国际空间法体系发展中，国际空间条约的发展严重滞后。特别是国际空间技术的飞速发展，亟待国际立法来规范和推动。在此背景下，国际外空软法的替代作用越来越明显，其重要性也就越来越得到国际社会的认可。

另一方面，由于国际空间活动的飞速发展，空间活动的诸多领域亟待规范和完善。而现行的国际外空软法实际上正是反映了空间活动发展的现实，其本身的规定也有助于空间活动的规范和发展。因此，国际外空软法的国际社会认可度不断得到肯定。

（二）中国的相关立场建议及对策分析

“国际外空软法”是一个理论性名词，在国际空间法学界和国际社会上也是一个有争议的名词。其主要原因是对于国际外空软法的性质、效力及其范围，在国际上没有达成一致。

在联合国外空委框架下、日本政府的推动下，法律小组委员会第 52 届会议通过《关于就不具法律约束力的外层空间活动文书方面的做法进行一般信息交流的新议题》的国际文件。该文件使用了“不具法律约束力的外层空间活动文书”的术语。该文件第 1 段提出，“1980 年代早期以来，法律小组委员会制定了与空间活动有关的若干原则和声明，以补充四项联合国外空条约，这些原则和声明在联大决议中得到通过。科技小组委员会也在采用各项技术准则和框架方面发挥了重要作用，这些技术准则和框架作为外空委报告的一部分，已得到大会的认可。”[①] 该段还通过注释形式提出，“此类不具法律约束力的规则的实例包括：《关于在外层空间使用核动力源的原则》（第47/68号决议）、《关于加强国家和国际政府间组织登记空间物体的做法的建议》（第62/101号决议）、《外空委科技小组委员会的空间碎片缓减指南》（A/62/20，附件）”。另见《联合国关于外层空间的条约和原则、大会有关决议以及其他文件》（ST/SPACE/61）。”[②]

显然，联合国外空委法律小组委员会是想通过上述文件将“不具法律约束力的外空活动文书”来替代“国际外空软法”。当然，从该文件第1段的注释可以发现，其主要是替代联合国框架下的国际外空软法。对此，本课题组认为，中国政府在联合国框架下对此问题应该有自己的立场和对策。

第一，现行联合国外空委法律小组委员会讨论的“不具法律约束力的外空活动文书”用词不准确。在联合国框架下通过的外空活动文书的法律性质各异，有些文书类似于该文件第1段注释所列举的部分文书，这些文书应该是国际空间法重要的法律渊源（辅助渊源），我们称之为“国际外空软法”。因此，不能简单界定其不具有法律约束力。有些文书属于事务性的文书，可以界定为不具有法律约束力。

但是，该文件第1段提及“1980年代早期以来，法律小组委员会制定了与空间活动有关的若干原则和声明”及“科技小组委员会也在采用各项技术准则和框架”，这些文件虽然属于联合国机构通过的国际文件，但是其范围实在太大，该两个机构每年都要通过若干国际文件（有时包括原则和声明）。从上文的分析来看，这些文件大多能够纳入国际外空软法的范畴。

第二，在国际空间实践中，国际外空软法确实存在，但是，我们应严格加以限定。在现行国际空间实践中，国际外空软法的界定要明确标准，即内容明确且相关权利义务得到国际社会的广泛认可。因此，在联合国框架下，不能否认外空委法律小组委员会和科技小组委员会的创制主体资格。但是，这些专门机构通过的国际文件必须包含明确的权利义务，具有“法律确信”。

第三，作为空间大国，中国政府应该积极推动国际外空软法的发展，参与国际外空软法的创制，加强中国在国际空间立法领域的话语权。可以预见，

① 联合国文件A/AC.105/C.2/L.291：《关于就不具法律约束力的外层空间活动文书方面的做法进行一般信息交流的新议题》。

② 同上。

在未来的国际空间立法中，国际外空软法将起到极其重要的作用。因此，中国政府要积极加强对国际空间实践中新问题的研究，积极主导和参与国际外空软法的创制。如中俄在裁军谈判会议联合提出“防止在外空放置武器、对外空物体使用或威胁使用武力条约”对于防止外空军备竞赛具有十分重要的意义。但是，在当今国际空间外交格局下，要达成这样的国际条约确实十分困难。如果先将此提议通过国际外空软法的形式予以固化，再逐步推动其条约化，其效果可能会不同。

五、结论

国际外空软法是国际社会在国际空间交往中形成的不具有法律约束力但能产生执行效果的非条约性的国际文件。国际外空软法为国际空间条约的发展奠定了基础，为澄清和解释国际空间法提供了重要渊源，是增进空间国家国际合作和相互信任的重要途径。随着空间技术的发展和空间活动的发展，诸多领域成为了尚无法律约束的真空地带，国际外空软法还具有直接规范功能。

国际外空软法通过转化为国际空间条约、国际习惯、国内法或国际社会直接承诺遵守等方式已经得到了很好的实施，其“硬”性程度也在不断增强。国际外空软法的发展直接促进和推动了国际空间硬法的形成和发展，国际空间硬法也为国际外空软法提供了发展的机会。

在未来国际外空软法的发展中，国际外空软法的创制主体会不断多元化，其规制的范围将不断扩展，其约束力也将不断加强。但是，国际社会在确认国际外空软法确实存在的同时，对国际外空软法的范畴要严格加以限定，不能盲目扩大化。

参考文献

一、中文参考文献

[1]　何志鹏，孙璐．国际软法何以可能：一个以环境为视角的展开．当代法学，2012（1）．

[2]　陈海明．国际软法在国际法律秩序中的作用．新疆社科论坛，2010（1）．

[3]　王铁崖．国际法．北京：法律出版，1995.

[4]　王曦．国际环境法．北京：法律出版社，2005.

［5］ 漆彤．2020 年的国际法：国际金融软法的效力及其趋势展望．武汉大学“70 后”．

［6］ 国际法学术团队．“2020 年的国际法”暨中国青年国际法学者论坛会议论文集．武汉：武汉大学出版社，2011.

［7］ 龚向前．试析国际法上的软法．社会科学家，2006（2）．

［8］ 伊迪丝布朗韦丝．国际环境法律与政策．北京：中信出版社，2003.

［9］ 万霞．国际法中的软法现象探析．外交学院学报，2005（1）．

［10］ 贺其治．外层空间法．北京：法律出版社，1992.

［11］ Marco Pedrazzi，赵海峰．国际空间法教程．黑龙江：黑龙江人民出版社，2006.

［12］ 贺其治，黄惠康．外层空间法，2000.

［13］ 李寿平．空间碎片减缓国家机制的构建．北京航空航天大学学报（社会科学版）》，2008（4）．

［14］ 商震．试论外空软法的发展及功用．中国宇航学会·中国空间法学会 2014 年学术年会论文集．

二、外文参考文献

［1］ Hurtmut Hillgenburg，A fresh look at soft law，EJIL10（1999）499 - 515.

［2］ Francesco Franeioni，International “soft Law”：A Contemporary Assessment in Fifty Years，the International Court of Justice，Essays in Honor Sir Robert Jennings，A. V. Lowe and M. Fitzmaurice，eds（1996）．

［3］ D. J. Harris，Cases and Materials on International Law，6th edn（2004），P. 62.

［4］ D. Shehon，International Law and Relative Normativity，in International Law，M. D. Evans，ed（2003），P. 166.

［5］ Linda Senden，Soft Law in European Community Law［M］．Oxford：Hart publishing. 2004. P. 533.

［6］ Richard L. Williamson Jr.，Hard Law，Soft Law and Non - Law in multilateral Arms Control：Some compliance Hypothese［J］．Chicago Journal Of International Law. 2003. 4. 1. Academic Research 1ibrary. P. 59.

［7］ Francis Snyder，Soft Law and Institutional Practice in the European Community. Steve Martin：The Construction of Europe：Essays in Honour of Emile Noel，Kluwer Academic Publishers.

［8］ A. E. Boyle. Some Reflections On The Relationship Of Treaties And Soft Law［J］．International And Comparative Law Quarterly. V01. 48. October l999. P. 901.

［9］ Michelle Cini. The Soft Law Approach：Commission Rule Making In The EU’s State Aid Regime［J］．Journal of European Public Policy 8：2. April 2001. P. 194.

［10］ Jaye Ellis. Soft Law As Topos：The Role of Principles of Soft Law in the Development of International Environmental Law［J］．Proqoest Information and Learning. 2001. P. 106.

[11] A. Aust, Handbook of International Law, Cambridge University Press, 2010, p. 11.

[12] Francis Snyder, Soft Law and Institutional Practice in the European Community. Steve Martin: The Construction of Europe: Essays in Honour of Emile Noel, Kluwer Academic Publishers.

[13] P. Wei, Towards Relative Normativity in International Law, 77AJIL (1983), P. 411; J. Klabbers, The Redundancy of Soft Law, 65 Nordic Journal of International Law 167 (1996), PP. 167 - 182.

[14] D. J. Harris, Cases and Materials on International Law, 6th edn (2004), P. 62.

[15] Sergio Marchisio, The Evolutionary Stages of the Legal Subcommittee of the United Nations Committee on the Peaceful Uses of Outer Space (COPUOS), Journal of Space Law, Volume 31, Number 1, Summer 2005, P224 - 225.

[16] Frans von der Dunk, Contradictio in terminis or Realpolitik? A Qualified Plea for a Role of 'Soft Law' in the Context of Space Activities, Both in Irmgard Marboe Ed., Soft Law in Outer Space - the Function of Non - binding Norms in International Space Law, (Böhlau Verlag Wien: 2012), P32 - 35.

[17] Brian Wessel, The Rule of Law in Outer Space: the Effects of Treaties and Nonbinding Agreements on International Space Law, Hastings International and Comparative Law Review, Summer 2012, P292 - 294.

[18] Peter Jankowitsch, the Role of the United Nations in Outer Space Law Development: Past Achievement and New Challenge, Journal of Space Law, Vol. 26, No. 2, 1998, P103.

[19] Frederick A. Slane, ISO Space Standards, Presentation to the UN COPUOS STSC meeting, February 2013.

[20] Vladimir Kopal, the Role of United Nations Declarations of Principles in the Progressive Development of Space Law, Journal of Space Law, Vol. 16, No. 1, 1988, P7.

[21] Hobe, Setphan / Schmidt - Tedd, Bernhard/Schrogl, Kai - Uwe (eds.), Cologne Commentary on Space Law, Volume I, Heymanns, Cologne 2013, P73.

[22] Marco Ferrazzani, Soft Law in Space Activities - An Updated View; Setsuko Aoki, the Function of " soft law" in the Development of International Space law. Both in Irmgard Marboe Ed., Soft Law in Outer Space——the Function of Non - binding Norms in International Space Law, (Böhlau Verlag Wien: 2012), P111 - 115.

[23] László Blutman, In the Trap of a Legal Metaphor: International Soft Law, International and Comparative Law Quarterly Vol. 59, July 2010.

课题主持人简介

李寿平，北京理工大学法学院副院长，北京理工大学空间法研究所所长，教授，博士生导师。2001—2003 年在复旦大学欧洲问题研究中心从事博士后研究，2003 年在英国阿伯丁大学法学院从事访问研究，2010 年在美国密西西比大学国家遥感及航空航天法中心从事访问研究，2013 年在美国乔治·华盛顿大学空间政策研究所从事访问研究。《中国空间法年刊》创刊主编，主要从事国际空间法、国际组织法研究。兼任中国空间法学会常务理事、国际空间法学会会员、中国欧盟法研究会副会长、北京市国际法学会常务理事、中国 WTO 法研究会理事。

航天器使用核动力源法律问题研究*

北京理工大学课题组

目　录

---

* 本文为中国空间法学会2014—2015年度第5号学术课题研究项目结题报告，荣获中国空间法学会2014—2015年度学术课题研究项目二等奖。课题主持人为北京理工大学空间法研究所副所长王国语副教授。课题组成员包括：李寿平、李华。课题组在此特感谢中国空间法学会提供的研究平台和经费支持。感谢北京理工大学法学院2012级研究生陶阳子，2013级研究生钱欢颜、姚望、王衍虎，2014级研究生刁翔宇、叶亚楠，2015级研究生吕端等同学在资料搜集、整理和翻译上的辛勤工作。

（八）术语表

四、外空核动力源规则发展趋势分析及应对建议

（一）航天器使用核动力源与其他国际规则的关系

（二）《关于在外层空间使用核动力源的原则》与《外层空间核动力源安全应用框架》发展前景

（三）中国的应对建议

参考文献

美国火箭之父罗伯特·戈达德早在1907年就预言："星际空间的探索取决于原子裂变问题的解决"。深空探测面临的首要问题是航天器的能源问题。对于远地行星探测，随着距离的增加，太阳常数显著减小，使太阳能电源技术几乎不具有任务支持能力。为解决上述问题，引入核电源是当前技术条件下的必然选择。目前，空间核电源主要使用同位素电池和反应堆电源，选用的核素为^{238}Pu和^{235}U。前者本身具有核辐射，后者反应产物具有核辐射。为保护人类与环境，有必要对其安全问题进行研究。

国际上在外层空间开发和利用核动力已有40多年的历史。外空核动力在近地轨道和深空探测都得到了应用。在深空探测领域，外空核动力是人类实现对太阳系木星以远的天体进行探测的关键设备。同时，无论是在地面还是在外层空间，外空核动力源都需要将安全风险降到最低。鉴于此，联合国外空司和国际原子能机构于2009年共同发布《外层空间核动力源应用安全框架》（以下简称《安全框架》）文件，作为国际上外太空使用空间核动力源的安全防护指导性条文，为各国发展空间核动力提供安全方面的管理和技术建议①②。

一、航天器使用核动力源（NPS）问题概述

（一）外空核动力源应用的历史与现状

核动力航天器泛指一切使用核能的航天器。核能的产生包括衰变、裂变和聚变三种方式；核能的空间利用包括热源、电源和推进三种形式。据统计，

① 杨彩霞、崔海豹，空间核动力源的国际法律规制，北京航空航天大学学报：社会科学版，2014（2）：22。

② 朱安文、赵守智，空间核动力源安全问题的讨论，联合国和平利用外层空间委员会科技小组委员会第49届会议技术性报告，2012年2月6日至17日。

迄今为止，人类共发射了73颗核动力航天器，其中，美国32颗，苏联40颗，中国1颗；同位素航天器38颗，核裂变航天器35颗①。

航天技术和核技术是20世纪最吸引眼球的两大高技术，而核动力航天器则是这两大技术的完美结合。由于核动力航天器自身具有的战略意义，其发展一直都受到航天大国的密切关注。核动力航天器发源于美国，并在美苏太空竞赛背景下获得了发展的原动力。在强烈的战略需求推动下，美国和苏联都大力支持核动力航天器的发展，并推动其逐步走向成熟。初创时期，只有美国和苏联进行了核动力航天器的工程研制。美国的核动力航天器以同位素航天器为主，且应用领域分布较为广泛，包括导航、通信、气象和试验卫星以及深空探测器等；而苏联则以核反应堆航天器为主，且绝大部分都应用于军事海洋监视。

从核动力航天器萌芽直至初步成熟的时期，我们称为初创时期，时间跨度约从20世纪50年代初持续至80年代初。从里根总统提出"星球大战"计划，到苏联解体，再到苏联解体后俄罗斯持续约十年的不稳定时期，我们统称为"星球大战"时期，时间跨度约从20世纪80年代初持续至20世纪末。进入21世纪，多极化格局日益显现，核动力航天器发展又呈现出新的特点，我们称之为新世纪，时间跨度约从21世纪初持续至今②。

1. 初创时期

（1）美国

在发展初期，美国空间核电源可以与空间太阳能技术媲美。但是，随着太阳能技术的成熟且核安全问题逐渐引起人们的重视，美国的核动力航天器从近地轨道应用逐步转向深空探测应用，而核安全问题则最终将其发展推入停滞期。

二战后，美国军方一直在寻找可为侦察卫星提供足够能源的设备，兰德公司多次推荐使用空间核电装置。20世纪50年代初，美国空军（AF）和美国原子能委员会（AEC）都曾支持了空间核电源的研究。1955年，空军-原子能委员会（AF-AEC）联合工作组成立，随后美国的空间核电源项目整合并更名为SNAP计划。1955年，美国启动核火箭研发计划，最初名称为ROVER，后来改为NERVA。核电推进研究也在开展，SNAPSHOT卫星搭载了核反应堆供电的离子发动机。1957年，苏联发射第一颗人造卫星后，美国为

① 马世俊、杜辉、周继时、朱安文，核动力航天器发展历程（上），中国航天，2014（4）：31。

② 同上。

了在太空竞赛中获胜，于1958年组建了NASA。1960年，AEC－NASA联合项目办公室成立，并接管几乎所有的空间核技术研究项目。

SNAP计划将美国的核动力航天器的发展推入快车道。SNAP计划同时支持同位素电源（RTG）和核反应堆电源。1961年6月29日，世界上第一颗核动力航天器Transit－4A军用导航卫星发射并成功在轨运行。随后的多颗Transit卫星相继使用RTG。

1965年4月3日，由空军支持、用于验证空间核反应堆电源的SNAPSHOT卫星发射。SNAPSHOT是世界上第一颗也是美国唯一一颗在轨使用核反应堆的航天器。1969—1972年间发射的Apollo 12—17飞船上均使用了RTG，用于为月球表面试验包ALSEP提供约50W的功率。ALSEP在月面由航天员展开，航天员需在表面布置好ALSEP后，将燃料棒插入发电机中。所有的ALSEP都在1977年9月30日被统一关闭。阿波罗计划使得美国同位素航天器技术逐步趋于成熟，并为人们普遍接受。

Apollo任务成功后，美国在太空竞赛中取得胜利，其重点开始转向国内民族和经济问题，空间项目受到了很大影响。SNAP计划和NERVA计划均在1973年被美国政府终止。NASA所提出的载人行星际探测任务被取消，太阳系大旅行计划也大大缩水。被保留下来的无人行星际探测任务广泛地使用了RTG。美国空军则于1976年在LES 8/9通信卫星上最后一次使用了核能。

1978年1月，苏联核动力卫星在加拿大坠毁后，卡特总统宣布美国不会在太空中飞行此类装置。1979年，三里岛（Three Mile Island）核电站燃料泄漏事件爆发，美国民众对所有形式核能的风险都表示担忧。美国核动力航天器的发展从此进入较长时间的停滞期。在“星球大战”计划提出前，美国再也没有研制过核动力航天器。

（2）苏联

苏联的外空核动力技术起步较美国晚，但是发展较为迅速。由于国内政治、经济相对稳定，这一时期苏联核动力航天器的发展卓有成效，在核反应堆航天器方面积累了丰富的经验。

苏联较早地进行了同位素电源和热源的研制，且两者在轨均有应用。1965年9月，苏联Orion－1和Orion－2军事导航卫星首次使用RTG。同位素热源则在月球车Lunokhod－1和Lunokhod－2上用来为仪器舱加温。20世纪70年代中期，苏联开展了用于支持火星探测的RTG系统VISIT的研制。

苏联的重点一直放在可提供大功率的核反应堆系统上。苏联空间核反应堆电源从20世纪50年代初期开始研究。第一个空间核反应堆电源系统是Romashka。20 世纪 60 年代早期，苏联并行启动了使用热电转换的 BUK 和使用热离子转换的 TOPAZ 反应堆电源系统项目。由于 BUK 系统的出现，Romashka 没能在轨应用。1970—1988 年，苏联共发射 32 颗使用 BUK 反应堆电源的 Cosmos 系列卫星，这些卫星都属于军事海洋监视系列卫星 RORSAT。1978 年 1 月 24 日坠毁在加拿大的 Cosmos954 卫星曾引起较大的政治风波。在此事件后，BUK 反应堆助推系统进行了设计改进，以避免反应堆再入大气。

在初创时期，苏联的核推进研究主要集中在核热推进上，并先后研制了 IGR、IVG-1 和 IRGIT 等专门用于核热推进研究的反应堆系统。

2. “星球大战”时期

这一时期，美国的核动力航天器发展迈向了新台阶，而苏联则日渐萎缩。美国的主要精力集中在 100kW 以上核动力航天器的研发上，面向军事和深空探测应用，取得了较好的研究成果。苏联的研究也面向中大功率核动力航天器，但是由于政治和经济环境的影响，新的项目并没有取得成效。欧洲在这一时期也开始进行核动力航天器的相关国际合作和研发。

（1）美国

“星球大战”计划和空间探索倡议是这一时期美国核动力航天器发展的主要推动力。1983 年 3 月，里根总统提出“星球大战”计划，其成为核时代向太空时代转变的指导战略。作为具有战略作战意义的计划，该计划一直由美国军方主导。1989 年 7 月，老布什总统提出空间探索倡议（SEI），倡议发展轨道空间站、永久返回月球和载人登火星等任务。SEI 主要由 NASA 主导。1991 年 12 月，苏联完全解体，美国成为世界上唯一的超级大国。在这种形势下，无论是星球大战计划，还是空间探索倡议，都失去了发展的战略意义，美国政府对核动力航天器的兴趣日益减弱。

“星球大战”的定向能武器需要核反应堆电源来提供能源，核武投送能力以及空间武器的轨道机动则可通过核推进提供动力。以 SP-100 项目为代表的核电源和以 SNTP 为代表的核热推进项目得到美国政府的大力资助。SP-100 由 NASA、美国国防部和太空防御倡议办公室 SDIO 联合支持，于 1983 年启动。1990 年，美国国防部退出 SP-100 项目。1993 年，SP-100 项目停止。1987 年，军方将前期的核火箭计划更名为 SNTP（空间核热推进），并重新启动。SNTP 项目面向军民提出的高速拦截器、运载火箭上面级、轨道转移/机动运载器等需求，其首先应满足美国空军提出的火箭上面级推进任务需求。在完成原理样机研制后，SNTP 于 1994 年终止。

太空探索倡议提出后，NASA积极行动。在核电源方面，其积极参与SP-100并同时支持RTG。在核推进方面，1989年NASA与美国国防部、能源部合作开展了核电推进和核热推进项目的研究。1991年，NASA成立核推进项目办公室，并启动自己的核推进项目。最初，NASA的研究重点放在核热推进上，后期，核电推进受到NASA的重视。

20世纪80年代，美国研制了GPHS-RTG。从探测木星的Galileo卫星开始，美国的核动力航天器转而使用GPHS-RTG，淘汰了前期的多种类型的SNAP-RTG。1990年发射的Ulysses深空探测器使用了GPHS-RTG。苏联解体后，美国还发射了土星探测器Cassini-Huygens（使用GPHS-RTG）和火星着陆器Mars Pathfinder（使用3个RHU）。

在美国空间武器关键技术尚未突破的情况下，苏联就解体了。所以，直到1993年项目终止，美国军方也一直没有发射基于SP-100的航天器。NASA也开展了基于SP-100的深空探测任务概念研究，但均没有上型号。有文献报道，军方开展了基于SP-100的未来监视任务研究。NASA所提出的概念的代表是土星环会合任务。

SNTP项目所面向的高速拦截器、运载火箭上面级、轨道转移/机动运载器等鲜有报道。NASA所提出的载人火星探测设计参考任务DRM是基于核热推进技术设计的。DRM利用核热推进来实现地球与火星间的星际转移，并利用核反应堆电源来为飞船和火星基地提供电源。

在苏联解体后，美国和俄罗斯开展了核反应堆电源研制项目的合作，由俄罗斯为美国提供技术和培训。1992—1993年，美国SDIO还开展了基于TOPAZ II的核电推进空间测试项目NEPSTP的研究。NEPSTP主要目的是在美国境内发射一颗使用俄罗斯TOPAZ II的电推进卫星。这些项目都没有形成实质性成果。

（2）苏联/俄罗斯

“星球大战”时期是苏联核动力航天器发展从巅峰逐步走向衰退的时期。冷战在1991年底以苏联解体作为结局，使得俄罗斯处于长时间的政治和经济动荡时期。在这样的背景下，核动力航天器的发展显然是不受重视的。作为那个时代最为先进的空间核反应堆电源系统，TOPAZ仅在轨使用了两次就被束之高阁。苏联解体后，TOPAZ II甚至被卖给曾经的对手——美国用来深入解剖、测试、教学和培训。到20世纪末，虽然俄罗斯也试图恢复核动力航天器的研发，但是受到脆弱的经济的影响，所有的项目都停留在地面，未能上天。

在这一时期，为应对美国的“星球大战”计划，苏联也开展了多个空间核反应堆项目的研究。TOPAZ 和 TOPAZ II 反应堆电源系统得到了进一步发展。这一时期，苏联核动力航天器发展标志性的事件是，1987 年使用 TOPAZ 的 Plasma－A 试验卫星发射并成功在轨运行。

苏联解体后，俄罗斯的核动力航天器项目主要采取国际合作的形式来开展。除与美国合作外，1992 年，俄罗斯还为 ESA Leda 月球项目的着陆器设计、生产并测试了一种寿命末期功率 3.75 W 的 RTG。20 世纪 90 年代末期，俄罗斯为其主导的 Mars－96 国际火星着陆探测器项目研制了 RHU 和 RTG。可惜的是，这些项目都没有在轨应用。

（3）欧洲

这一时期，ESA 作为主要参研单位，与 NASA 合作开展了 Ulysses 和 Cassini－Huygens 的研制，积累了核动力航天器研发经验。法国独立开展了空间核动力项目研制。1982 年，法国开始了 ERATO 计划，采用快中子堆，拟用于同步轨道的电推进。在 20 世纪 90 年代，法国还开展了 MAPS 核热推进系统的研究。

3. 新世纪

这一时期，中国加入了研制核动力航天器的行列。美国和俄罗斯都不约而同地将目标瞄准 MW 级以上核动力航天器的研发，应用则主要面向载人星际飞行。

（1）美国

美国在新世纪提出了多个涉及空间核动力的计划或倡议，构成其核动力航天器发展的主要推动力。2002 年 2 月，NASA 发布核系统倡议 NSI，支持同位素和反应堆电源及推进系统的研发。2003 年 3 月，NASA 成立木星冰月轨道器（JIMO）项目办公室，同时整个核动力研究项目更名为普罗米修斯工程。2005 年，普罗米修斯工程因为经费问题以及 NASA 发展优先级的变化而被终止。2004 年 1 月，为提振美国人对太空探索的热情，小布什总统发布太空探索愿景，提出重返月球和载人登火星等太空探索任务。2010 年 4 月 15 日，奥巴马总统提出在 21 世纪 30 年代中期载人登火星。2011 年，NASA 发布《2013—2022 行星科学愿景和旅行十年计划》，提出重点研究新的火星巡视器、木卫二的探索和天王星及其卫星探测任务。NASA 一直在以载人火星探测为最终目标来循序渐进地开展火星任务。上述项目都需要发展核动力航天器。

进入 21 世纪后，美国发射了多颗用于深空探测的核动力航天器，包括

Spirit 和 Opportunity 火星车（2003）、冥王星探测器 New Horizons（2006）、好奇号火星车（2011）。

（2）俄罗斯

2000 年普京总统上台后，俄罗斯的政治形势日趋稳定，经济实力不断增强。2001 年以来，俄罗斯对太空重拾兴趣，加大了资金投入，重组航天局，努力重现苏联的航天实力。以月球基地和载人火星探测为代表的、需要空间核动力技术支持的远景计划一直存在于俄罗斯的各种航天规划中。齐奥尔科夫斯基宇航科学院与俄罗斯导弹航天领域的重要工业组织及科研院所 2005 年 10 月初共同拟定的《2005—2035 年俄罗斯航天活动构想及优先发展方向》，俄罗斯科罗廖夫能源火箭航天集团 2005 年底制定并提交的《2006—2030 年俄罗斯载人航天规划构想》，普京总统 2013 年 4 月批准的《2030 年前及未来俄联邦航天活动领域国家政策原则的基本规章》，都将空间核动力以及需要其支持的深空探测任务列为优先发展方向。

2000 年以来，俄罗斯主要开展了大功率核推进以及相关的核裂变反应堆电源的研究。大功率核推进系统和核裂变反应堆电源系统都用于支持以载人火星探测为代表的行星际飞行。21 世纪初，俄罗斯在 RD－0410 的基础上重新开展核电源推进系统 NPPS 的设计。该系统计划使用布雷顿循环，燃料则计划使用氙和氦，系统电功率 50 kW，推力 68 kN。2010 年 6 月，俄罗斯 Keldysh 研究中心按照总统的指示，牵头启动了使用 NPPS 的星际拖船项目的研究，星际拖船用于将载荷从地球轨道拖至火星轨道。2010 年，俄罗斯还启动了一个核离子推进系统研制计划，系统设计寿命 3 年，电功率 100～150 kW，计划于 2017 年完成系统的总装测试。除此之外，俄罗斯还开展了核热推进项目的研究。新世纪，俄罗斯开展了核动力载人火星飞船的研究。

（3）中国

作为一个航天大国，在深空探测方面，当前中国主要在发展月球和火星探测任务。中国自 2007 年 10 月成功发射嫦娥一号月球探测器起，逐步加快了深空探测的步伐，在探测距离和探测形式等方面也开始有了新的变化。2013 年发射的月球探测器携带着陆器和巡视器进行月球着陆和月面巡视。中国实施的探月工程软着陆任务中，嫦娥三号着陆器和巡视器均应用了基于 ^{238}Pu 的同位素热源，用于着陆器和巡视器在月夜温度的维持。这是中国第一颗核动力航天器，而中国也因此成为世界上第三个研制并发射核动力航天器的国家。随着空间技术的不断发展，在条件成熟的前提下，中国将逐步开展深远空间的探测工作，拓展人类对宇宙空间的认识范围[①]。

（4）欧洲

在世界多极化格局日趋明显的新世纪，欧洲发出了发展自己的核动力航天器的呼声。2001年，ESA启动曙光计划Aurora。此计划包含了载人深空探测的内容，最终目的是将航天员送上月球和火星。为了完成深空探测任务，ESA已启动了同位素电源和热源的研制工作。ESA特别提出，RTG和RHU的所有原材料和燃料都应能在欧洲境内获得。

2002—2004年，法国开展了电推进系统OPUS的研究。近期，法国正在开展100 kW空间核反应堆电源系统的研究。意大利航天局从20世纪末就开始支持核裂变推进系统的研究并一直延续至今。该推进系统使用Am－242作为燃料，有望实现星际间的快速飞行。

4. 外空核动力源的应用前景分析

目前可用于航天器的能源形式主要是化学能、太阳能和核能，其中核能主要包括同位素电源和反应堆电源。早期的返回式对地观测卫星一般选用化学能，在轨运行时间不超过1个月。目前最常用的空间能源形式为太阳能。当航天器的功率需求达到一定程度时，需要的太阳电源系统的总质量和尺寸要求，将对飞行任务和航天器的系统设计造成非常大的技术困难。此时寻找新的能源形式，提高整个系统的效率成为必然。人类在向木星及更远的太阳系行星发射航天器时，将优先考虑使用空间核电源。由此可见，木星以远的行星际探测，空间核电源基本上是必然的选择。另外，对于深空探测任务，受自然环境影响，如月夜等，无法应用太阳能电源且化学能电源不能满足使用要求，因此需要选用空间核动力源。

纵观世界范围内核动力航天器六十多年来的发展历程，我们可以得到如下启示：

核动力航天器是世界性大国的战略性选择。美国和苏联作为世界上曾经的两个超级大国，都大力发展核动力航天器。随着空间核电源功率水平向兆瓦级迈进，核动力航天器的战略意义将越来越明显。无论是体现一个国家科技实力的深空探测，还是更具战略威慑的空间武器，都离不开核动力航天器。核动力航天器如同核动力航母和核动力潜艇一样，对一个国家具有重要的战略意义。作为崛起中的大国，我国有必要发展核动力航天器。

① 朱安文、赵守智，空间核动力源安全问题的讨论。联合国和平利用外层空间委员会科学和技术小组委员会第49届会议，2012年2月6日～17日，维也纳。

核动力航天器的发展由军事需求推动，并在深空探索领域得到进一步发展。军事应用一直以来就是核动力航天器发展的最大推动力。在初创时期，无论是美国的 Transit 和 SNAPSHOT，还是苏联的 Orion 和 RORSAT，都是军事用途。在军方支持下，核动力航天器技术成熟度提高后，其应用领域开始向深空探索领域扩展。在星球大战时期，为了支撑空间武器，美国和苏联军方推动了诸如 SP－100、SNTP 和 NPPS 等重大项目的立项。这些项目也刺激了民用项目发展。进入新世纪，核动力航天器的军事用途略有弱化，但是核动力航天器本身蕴藏的巨大军事应用潜力不容忽视。

发展初期，核动力航天器必须得到国家长期持续的支持。美国支持 SNAP 计划长达十几年，才最终孕育出 Transit、Apollo 和 Voyager 等核动力航天器。苏联从 20 世纪 50 年代一直到 20 世纪 80 年代末，都在持续大量地投入核动力航天器及其关键技术的研发，保证了 RORSAT 的持续发展，也诞生了诸如 TOPAZ 和 TOPAZ Ⅱ等世界领先的核反应堆电源和世界独有的核电源/推进一体化系统 NPPS。ESA 目前正在开展的 RTG 和 RHU 研制项目，从 2009 年持续至 2017 年，长达 9 年。

核动力航天器的需求出现两极分化，我们要平衡发展，不能有所偏废。一方面，太阳系及外太阳系小型探索任务需要百瓦级、长寿命、小功率的核电源和核推进；另一方面，空间武器、载人火星探测等任务需要兆瓦级及以上的大功率核电源和核推进。为保证不同任务的需求，基于空间核反应堆的大功率空间核技术和基于同位素的小功率空间核技术均应予以支持，统筹发展，不能偏废。

重视核安全。苏联造成的空间核事故提醒我们，在发展核动力航天器时必须要注意核安全。为此，我们有必要提前启动空间核安全技术的研究①。

（二）外空核动力源的概述

1. 对外空核动力源安全的认识

空间核动力源中存在放射性材料或核燃料，并且可能因此发生事故而对地球生物圈中的人与环境造成危害。因此，其使用安全性受到公众的广泛关注。截至目前，世界上发生了多起核安全事故。地面核电站的事故，包括 1979 年的三里岛事故、1986 年的切尔诺贝利事故及 2011 年的福岛事故等地面核事故。空间核反应堆再入大气层事故，包括 1973 年 RORSAT 发射失败

① 马世俊、杜辉、周继时、朱安文，核动力航天器发展历程（下），中国航天，2014（5）：32－35。

导致核动力源坠入日本北部的太平洋；1978年COSMOS卫星再入加拿大西北部大气层，产生放射性碎片散落到约100 000平方公里的区域；以及1983年COSMOS再入大气层坠入大西洋等。上述每次事故都成为公众关心和议论的焦点，引发了公众对核应用安全问题的普遍关注。

核动力源在外层空间的应用已有四十多年的历史。其应用范围包括从低地轨道的海洋监视卫星，到对太阳系外缘行星进行探测的航天器。绝大多数航天器都圆满完成了飞行任务，同时满足设计要求，没有对所处的环境造成核辐射污染。可见，这些航天器采取的安全措施是可行而且有效的，可以为后续开展外层空间核动力源的应用提供参考。

在可预见的未来，针对远地深空探测等航天飞行任务，核动力源成为解决航天器能源问题的必要技术手段。但是我们必须加强对空间核安全的重视，必须把安全问题作为空间核动力源设计和应用的固有部分，贯穿于空间核动力源应用的全过程，涵盖空间核动力源、航天器、发射系统、飞行任务设计和飞行管理等。必须从管理和技术上开展核安全防护和故障对策等研究工作，提高安全能力，确定应对措施，完善解决方案，努力降低核动力源使用的安全和事故风险[①]。

2. 在外空使用核动力源的特点

在讨论外空使用核动力源时，也必须考虑这些动力源的独特特点与需求。尤其是，与在陆地核应用中使用的类似动力源相比，在外空使用的核动力源具有非常不同的属性[②]，尽管这些动力源具有共同点。其不同点取决于核应用的独特性质。外空中的核动力源与陆地应用中使用的动力源均基于先进物理学和工程学，为人类提供便利。两者都注重安全及事故损害的预防。然而，各种重要的因素使得核动力源的这两种应用形式又具有不同特点。在外空使用的核动力源一般设计成自动或遥控运行，关闭后可以长期存在且持续存在，小型电源和小质量要求，小型热电源水平。

外空中核动力源或核过程的特定性质取决于各种标准[③]，包括：

1）应用的性质；

2）运行环境；

3）系统运行的性质与自主性；

① 朱安文、赵守智，空间核动力源安全问题的讨论，联合国和平利用外空委科技小组委员会第49届会议，2012年2月6日～17日，维也纳。

② UN Doc. A/AC. 105/781，2002年3月12日。

③ 同上。

4）放射性物质的数目；

5）频率与使用寿命；

6）与人口稠密区域的距离、正常运行及潜在事故对人口稠密区域的后果；

7）系统的复杂性及设计时的可靠性；

8）消极和/或积极系统的使用；

9）服务的终止。

因此，设计、生产、使用及运行外空中使用的核动力源时所适用的任何规范性框架或安全标准必须考虑这些因素。

二、《关于在外层空间使用核动力源的原则》述评

（一）《关于在外层空间使用核动力源的原则》制定的历史背景

国际空间法、美国空间法奠基人 Haley 教授早在 1958 年就指出："法律应当先于人类进入外空"。但关于外空核动力源的使用，规则的制定是实践促成的结果。当载有核动力源的卫星在人口密集的领土上空重返造成放射性损害之后，国际社会才协商制定了《关于在外层空间使用核动力源的原则》①（以下简称《核动力源原则》）。宇宙 954 号对加拿大领土西北部造成的损害引发了国际社会对于在外空使用核动力源的担忧和关注②。

1978 年 1 月 24 日，苏联宇宙 954 号卫星重返地球大气层并解体，产生的碎片降落在加拿大西北部阿尔伯塔和萨斯喀彻温省。在该事件发生后的数分钟内，美国向加拿大政府提供了紧急行动的技术与物质协助，而苏联在当天晚些时候才提出协助。加拿大接受了美国的协助，拒绝了苏联。加拿大和美国启动联合搜寻与回收行动，代号为"晨光行动"，发现宇宙 954 号的碎片除了两片之外，全部都具有放射性③。在其后的意见交换中，苏联极其不情愿向加拿大提供其要求的信息。在 1978 年 3 月 3 日的照会中④，加拿大详述了在

① UNGA Res. 47/48，Principles Relevant to the Use of Nuclear Power Sources in Outer Space，14 December 1992. http：//www. unoosa. org/oosa/en/SpaceLaw/treaties. html。

② Canada：Claim against the Union of Soviet Socialist Republics for the Damage Caused by Soviet Cosmos 954，International Legal Materials（18）1979，pp. 899－930。

③ Canada：Claim against the Union of Soviet Socialist Republics for the Damage Caused by Soviet Cosmos 954，International Legal Materials（18）1979，Annex A，p. 902，903，904。

④ UN Doc. A/AC. 105/217。

其领土回收的组件，包括发现的物体的地点及放射性强度。加拿大提出“损害”包括对财产污染造成的损害，同时根据《外空物体所造成损害之国际责任公约》(《责任公约》)[①] 的定义，也包括由于放射性污染导致该财产贬值的损害。苏联对事件表示遗憾，但同时又拒绝支付加拿大提出的赔偿数额，表示假如苏联专家参与了搜寻与清理工作，费用会便宜些[②]。应当指出，清理与回收工作的费用高达将近1400万加元[③]，而加拿大仅向苏联提出600万加元的赔偿请求[④]。最终的结果是，苏联“严格按照”《责任公约》同意“一次性全部”赔偿300万加元[⑤]。

宇宙954号事件及其赔偿不仅启动而且深刻影响了《核动力源原则》的制定。加拿大与苏联之间遇到的赔偿问题给大部分原则的构建提供了蓝图。尤其体现在，初稿仅仅解决有关损害导致的赔偿问题以及一般性安全措施，而其后的草案特别关注了通知与信息问题以及紧急协助问题[⑥]。

在宇宙954号坠毁差不多十年前，阿波罗13号月球任务失败，决定重返地球。而阿波罗13号上载有的一个核发电机丢失了，美国国家航空航天局(NASA)再也没能找到[⑦]。载有的SNAP-27放射性同位素热电发电机(RTG)在重返后幸存下来，尽管1970年4月17日登月舱在地球大气层发生燃烧，该发电机降落在太平洋底部的汤加海沟。美国海军“硫磺岛号”成功营救航天员James A. Lovell、John L. Swigert和Fred W. Haise，没人注意到RTG可能泄漏。RTG携带3.9千克放射性^{238}Pu，放射性会持续2000年。

---

① Convention on International Liability for Damage Caused by Space Objects (done 29 March 1972, entered into force 1 September 1972). 中英文版本请参见 http://www.unoosa.org/oosa/SpaceLaw/liability.html。

② Canada: Claim against the Union of Soviet Socialist Republics for the Damage Caused by Soviet Cosmos 954, International Legal Materials (18) 1979, Annex A, p. 915。

③ Kim, Doo Hwan, Some Considerations on the Liability of the Compensation for Damage Caused by Space Debirs, Law/Technology (28) 1995, No. 4, p. 7。

④ Canada: Claim against the Union of Soviet Socialist Republics for the Damage Caused by Soviet Cosmos 954, International Legal Materials (18) 1979, Annex A, p. 904。

⑤ Canada - Union of Soviet Socialist Republics: Protocol on Settlement of Canada' s Claim for Damages Caused by Cosmos 954, International Legal Materials (20) 1981, p. 689。

⑥ UN Doc. A/AC. 105/C. 2/L. 115，体现在澳大利亚、比利时、加拿大、智利、哥伦比亚、埃及、德国、伊朗、意大利、日本、肯尼亚、墨西哥、塞拉利昂、瑞典、英国提交的工作文件中，1978年4月4日。

⑦ Cheng Bin, International Liability for Damage Caused by Space Objects, Manual on Space Law, Volume I, Oceana Publications, New York 1979, pp. 83-84。

目前为止，该RTG似乎还没有释放任何钚[①]。

认识到核动力源是目前一些外空任务中唯一能使用的电源，《核动力源原则》努力保护地球及外空环境不受航天器使用的核动力源造成的损害。烃电源的缺失以及电池能力的有限，导致为外空探索发展光电池动力源及核动力源。当外空任务需要穿越至太阳系以外时，核动力源设备是唯一可行的动力源，可以为长时间的任务提供充足的能源。因此，一般来说，并不禁止在外空使用核动力源。然而，1983年，一些国家呼吁暂时停止在外空使用核动力源，直到采纳可以规制其使用的、具有法律约束力的国际标准或体系。但是到目前为止，根本就没有达成一致[②]。

（二）《关于在外层空间使用核动力源的原则》协商与起草背景

宇宙954号事件发生后，加拿大与其他8个国家一起，提议建立一个工作组，考虑“有关在外空使用核动力源的问题”[③]。尽管苏联反对该提议，工作组还是建立起来了，其目标是研究多边、技术性标准体系，规范核动力源的使用。该工作组参与了1979—1981年及1984—1991年的科技小组委员会会议。1983年，工作组被要求制定出在外空安全使用核动力源的技术标准[④]。加拿大和其他一些国家极力要求在法律小组也设立一个平行的工作组。在与苏联协商后，作出的建议是“审查现存的有关外空活动的国际法，目的在于确定补充这种含有有关在外空使用核动力源的条款的法律是否恰当”[⑤]。尽管在发生宇宙954号事件之后加拿大要求规范核动力源的使用，然而一些代表有这样的感觉，“科技小组委员会关于在外空使用核动力源问题的讨论在某些程度上受一些国家在大众传媒上大肆发起运动的影响”[⑥]。一些学者甚至表示，“核动力源这事就是针对苏联的”[⑦]。

① S. Hobe, Schmidt-Tedd, Schrogl (ed.), Cologne Commentary on Space Law, Volume III, Carl Heymanns Verlag, 2015, p. 198。

② UN Doc. A/AC. 105/318。

③ 其他8个国家是澳大利亚、哥伦比亚、厄瓜多尔、埃及、意大利、日本、尼日利亚和瑞典。UN Doc. A/AC. 105/C. 1/L103，1978年2月27日。

④ UN Doc. A/AC. 105/781。

⑤ UNGA Res. 34/66，1979年12月5日。

⑥ S. Hobe, Schmidt-Tedd, Schrogl (ed.), Cologne Commentary on Space Law, Volume III, Carl Heymanns Verlag, 2015, p. 200。

⑦ Benko Marietta, The Use of Nuclear Power Sources in Outer Space, in: International Space Law in the Making-Current issues in the UN Committee on the Peaceful Use of Outer Space, 1993, p. 20。

1980年，加拿大和苏联都向法律小组委员会提交了各自工作稿形式的反对意见[①]。随后，“是否设立一个解决在外空使用核动力源产生的法律问题的工作组”的争论提交到联合国外空委和联大。1980年11月，联大第35/14号决议决定将“补充有关在外空使用核动力源的国际法规范的可能性考虑”列入法律小组委员会议事日程且设立一个工作组。最终，在法律小组委员会内设立了一个工作组，研究进一步通过法律手段保护人类环境不受因在外空使用核动力源而产生的污染的损害。加拿大表现积极，与法律小组委员会其他成员国协商，寻求工作稿内容的一致。美国也就其在航天器使用核动力源的国家实践公布了工作稿。美国对于制定有关在外空使用核动力源的原则表现出合作、积极的态度。与此形成对比的是，权威公法学家与苏联都持消极态度。然而，在随后的几年内，这两个超级航天大国对于制定决议的态度发生了较大转变[②]。

委员会当时的主席、来自奥地利的Peter Hohenfellner认为，《原则》是在“妥协的精神下”达成的。这点尤其体现在针对后来成为原则3的文本的最终同意上。在冷战背景下，“制定国际法的新领域（外空）的过程非常剧痛、艰难。科学、技术、法律、政策、合作以及国际舞台的意识形态冲突都在这里体现。”[③]

由于加拿大持续要求法律小组委员会制定一套有关在外空使用核动力源的原则，1985年联大同意将题为“制定有关在外空使用核动力源的原则草案”列入法律小组委员会1985年的议事日程[④]。1990年，联大批准联合国外空委的建议，要求进一步完善核动力源的使用规则，“目标是将原则定稿”[⑤]。而此时，美国处于里根政府时代，美国采取的态度就不那么积极了，这严重损伤了联合国外空委的一致决策[⑥]。然而，各国还是就安全使用核动力源的原则3达成了一致。该原则被广泛视为加拿大提出的众多原则中最重要的一个原则。

联合国外空委最终在1992年6月26日一致通过了《核动力源原则》[⑦]。

---

① UN Doc. A/AC. 105/781，1980年4月10日。

② S. Hobe，Schmidt - Tedd，Schrogl (ed.)，Cologne Commentary on Space Law，Volume III，Carl Heymanns Verlag，2015，p. 200 - 201。

③ 同上。

④ UNGA Res. 40/162，1985年12月16日，

⑤ UNGA Res. 45/72，1990年12月11日。

⑥ Galloway，Eilene M，Consensus Decisionmaking by the UN Committee on the Peaceful Use of Outer Space，Journal of Space Law (7) 1979，p. 3。

⑦ UN Doc. A/47/20，1992年8月28日。

随后，1992年12月14日，联大表决通过了决议47/68，《关于在外层空间使用核动力源的原则》[①]。《原则》特别从其范围和考虑中排除了任何裁军问题及禁止在外空使用武力。《核动力源原则》完全是为了和平使用的目的，因而《原则》对《外空条约》第4条只字未提。然而，《原则》直接提到《外空条约》第6条、第7条和第11条以及《责任公约》，且间接提到《外空条约》第3条、第8条和第9条。

（三）《关于在外层空间使用核动力源的原则》序言内容

大会，

审议了和平利用外层空间委员会第三十五届会议的工作报告及委员会所核可并附在其报告的关于在外层空间使用核动力源的原则的案文，

认识到核动力源由于体积小、寿命长及其他特性，特别适用于甚至必须用于在外层空间的某些任务，

还认识到核动力源在外层空间的使用应当集中于能够利用核动力源特性的那些用途，

又认识到在外层空间使用核动力源应当以包括或然风险分析在内的彻底安全评价为基础，特别应着重减少公众意外地接触到有害辐射或放射物质的危险，

确认在这方面需要一组含有目标和准则的原则，以确保在外层空间安全使用核动力源，

申明这组原则适用于专门在空间物体上为非推进目的发电的、其特性大体上与原则通过时所使用的系统和执行的任务相似的外层空间核动力源，

认识到这组原则将来需要参照新的核动力用途和国际上对辐射防护提出的新建议而进行订正。

联大决议的序言通常是为了总结最重要和最具决定性的问题，然后在决议正文部分的行动导向条款中进一步加以强调[②]。

1. 序言的结构

序言是根据适用于联大决议的一般做法来起草的。它包括8段，总结了联大关于《原则》的某些行为和远见。

---

① UN Doc. A/47/PV. 85，1993年1月7日。

② S. Hobe，Schmidt - Tedd，Schrogl (ed.)，Cologne Commentary on Space Law，Volume III，Carl Heymanns Verlag，2015，p. 205。

序言第1段至第7段反映了起草者的动机及《核动力源原则》背后的制定理由，而第8段宣布通过《原则》。第1段使用了导入性用语“审议了”，提到了外空委的工作报告及在该报告中核准的《核动力源原则》。值得注意的是，联大并没有像其以前一样提到此前有关制定原则的决议，比如《卫星电视广播原则》和《遥感原则》。与更近期的决议形成对比的是，序言也没有提到任何联合国关于外空的条约。只是在原则1中提到了国际法和《外空条约》。序言接下来的6段“认识到”及“申明”某些结论，这些结论此前由科技小组委员会和法律小组委员会作出，且由联合国外空委批准。这些用语在联大决议的某些语境中经常使用。韦氏大词典将“认识”定义为“接受且赞同（某事）具有法律或官方效力”[①]。此外，该词典对于“申明”的定义是“表明对（某事，如重要的观念）强烈的信仰或奉献”[②]。这两个定义很好地描述了联大在这六段中的意思，这六段为《原则》提供了哲学、预见性的基础[③]。

2. 序言重点内容

第1段反映了一项行为，审议工作报告——由联大审查委员会的报告（该委员会对联大负责）。“审议了”的用语，对象是委员会的报告和附上的原则，可以在联大就外空和其他事务通过的各种其他决议中找到。在有关外空的联大决议中，该用语已经出现在早期决议中，也与委员会报告相关。“审议了”一词是中性的，与其他两个用语——“注意到”及“注意”一样，经常用于联大决议。这些中性用语既不赞成也不反对。尽管在通过原则的语境，“审议了”变得很积极，意味着联大根据委员会的报告和附上的原则，决定采取行动，通过原则，而这就是第8段所规定的。

第2段和第3段明确认识到核动力源在某些任务中潜在的价值和必不可少的性质。第5段是各国达成一致的结果，在制定原则的早期阶段，就制定规范在外空使用核动力源的法律文件存在不同的观点。比如，在1982年科技小组委员会第19次会议上，一些代表认为有必要制定国际社会接受的有关在外空使用核动力源的安全法规；而另外一些代表表示现存的国际法，包括国际空间法，足以规范在外空使用核动力源。一些学者指出，“新领域，比如在外空使用核动力源，应当由技术附录来规范会更合适，而不是通过一般法律

① Merriam - Webster Online Dictionary，www. Merriam - webster. com/dictionary。

② 同上。

③ S. Hobe，Schmidt - Tedd，Schrogl (ed.)，Cologne Commentary on Space Law，Volume III，Carl Heymanns Verlag，2015，p. 205。

告知公约》和《核事故协助公约》应当完全应用于外空核动力能源的使用，而《核动力源原则》应当补充适用”。然而这些关切并没有得以解决[①]。

需要指出，《核事故协助公约》《核材料物理保护公约》《联合安全公约》和《核损害补充赔偿公约》均没有包含也没有排除关于外空核动力能源使用的事宜。《核责任公约》《核安全公约》定义了其各自的应用范围，其中排除了核动力能源。前者是适用于“除了那些给海洋或空中交通提供动力方式的任何核反应堆，无论是提供核动力或者其他目的”[②]，排除了核动力能源在空间物体上的使用；后者仅仅适用于“陆上民用核能发电厂”[③]。

总的来说，这些原则与上述公约并不冲突。耐人寻味的是，损害赔偿的概念在《核损害补充赔偿条约》中使用非常广泛。原则上，所有的损害，包括环境破坏导致收入、复原费用以及清理费用的损失，还包括预防性措施，都是可补偿的[④]。

2. 原则 2：用语

原则 2 原文如下：

1. 为这些原则的目的，“发射国”和“发射……的国家”两词是指，在与有关原则相关的某一时刻对载有核动力源的空间物体实施管辖和控制的国家。

2. 为原则 9 的目的，其中所载“发射国”一词的定义适用于该原则。

3. 为原则 3 的目的，“可预见的”和“一切可能的”两词是用来形容其实际发生的总体可能性到达了据认为对安全分析来说是有可信可能性的程度的一类事件或情况。“深入防范总概念”一词在适用于外层空间核动力源时是指用各种设计形式和航天操作代替或补充运转的系统，以防止系统发生故障或减轻其后果。实现这一目的并非一定要求每个单一部件都有冗余的安全系统。鉴于空间使用和各种航天任务的特殊要求，不可能把任何一套特定的系统或特点规定为实现这一目的所必须的。为原则 3 第 2（d）段的目的，“使其进入临界状态”不包括诸如零功率测试这类确保系统安全所必需的行动。

在谈判和起草过程中，有些国家的代表却认为，对于定义的讨论不必要或没有用[⑤]。自此以后，只是在有关的原则上讨论定义的问题，或是略而不谈。加拿大和德国提出的仅是关于“发射国”的讨论，并将其定义为根据

① UN Doc. A/AC. 105/411，1988 年 4 月 8 日。

② 《核责任公约》第 1 条。

③ 《核安全公约》第 2 条。

④ 《核损害补充赔偿条约》第 1 条。

⑤ UN Doc. A/AC. 105/C. 1/1986/WP3。

《登记公约》[①] 登记的或者是根据《外空条约》第 8 条行使管辖和控制权的国家。关于原则 3 的定义的内容是非正式协商的结果，第一次出现在 1992 年的核动力能源工作组主席的“非正式工作文件”中。

（1）发射国

原则 2 包括 3 段，其中两段主要规定“发射国”的含义。在原则 2 中，“发射国”和“发射……的国家”被解释为行使管辖权和控制权的国家。为达到《核动力源原则》的目标，发射国指的是当所讨论的原则适用时那些对于空间物体有管辖权和控制权的国家。根据《外空条约》第 8 条，空间物体的登记国（国内登记）享有对该空间物体的管辖权和控制权。本课题组认为，这并不意味着《核动力源原则》中的发射国仅指空间物体的登记国。

原则 2 的“发射国”定义与《责任公约》和《登记公约》中对发射国的界定有所差别。两公约均将“发射国”界定为“发射或促使发射外空物体之国家，以及外空物体自其领土或设施发射之国家”[②]。有学者认为，根据《核动力源原则》原则 4 之规定，发射国在发射载有核动力源的航天器之前应该对其进行安全评价，而实践中，核动力源航天器的设计、建造或制造国、控制国、登记国和发射国可能均不是同一个国家。发射国和登记国可能仅仅只是提供发射技术和场地，其对航天器本身并不能做出安全评价。因此，该款对“发射国”定义增加了“实施管辖和控制”因素，以便更好地解决此问题[③]。

本课题组认为，原则 2 中的“发射国”既可能大于外空法中的“发射国”的范围，也可能小于这个范围。例如，在提供发射设施或发射地的国家与真正主导发射的国家不同时，原则 2 中的“发射国”仅指后者，有主导权，即“管辖权和控制权”的国家；而根据外空法，前者也属于发射国。再假设可能发生在轨转移载有核动力源航天器的情形，受让国，即实际管辖控制核动力源使用的国家在外空法框架下既不是发射国，也不是登记国，但却是原则 2 中的“发射国”。

本课题组认为，在确定“实施管辖和控制”国家时，一方面应当根据“真实联系”原则，另一方面，也可以参照法经济学的理论，即根据成本理

① Convention on Registration of Objects Launched into Outer Space (done on 14 January 1975, and entered into force on 15 September 1976)。

② 《责任公约》第 1 条，《登记公约》第 1 条。

③ 杨彩霞、崔海豹，空间核动力源的国际法律规制．北京航空航天大学学报（社会科学版），2014 (2)：24。

辐照副剂量限度，但整个生命期间的平均年有效剂量当量不得超过每年1 mSv的主剂量限度。

应通过系统设计使发生上述具有潜在严重放射后果的事故的或然率非常小。

本段提及的准则今后若有修改，应尽快适用。

(d) 应根据深入防范总概念设计、建造和操作对安全十分重要的系统。根据这一概念，可预见的与安全有关的故障都必须可用另一种可能是自动的行动或程序加以纠正或抵销。

应确保对安全十分重要的系统的可靠性，办法包括使这些系统的部件具有冗余配备、实际分离、功能隔离和适当的独立。

还应采取其他措施提高安全水平。

2. 核反应堆

(a) 核反应堆可用于：

㈠行星际航天任务；

㈡第2 (b) 段界定的足够高的轨道；

㈢低地球轨道，条件是航天任务执行完毕后核反应堆须存放在足够高的轨道上。

(b) 足够高的轨道是指在轨寿命足够长，足以使裂变产物衰变到大约为锕系元素活性的轨道。足够高轨道必须能够使对现有和未来外空航天任务构成的危险和与其他空间物体相撞的危险降至最低限度。在确定足够高的轨道的高度时还应考虑到毁损反应堆的部件在再入地球大气层之前也须经过规定的衰变时间。

(c) 核反应堆只能用高浓缩铀235燃料。核反应堆的设计应考虑到裂变和活化产物的放射性衰变。

(d) 核反应堆在达到工作轨道或行星际飞行轨道前不得使其进入临界状态。

(e) 核反应堆的设计和建造应确保在达到工作轨道前发生一切可能事件时均不能进入临界状态，此种事件包括火箭爆炸、再入、撞击地面或水面、沉入水下或水进入堆芯。

(f) 为显著减少载有核反应堆的卫星在其寿命低于足够高轨道的轨道上操作期间（包括在转入足够高轨道的操作期间）发生故障的可能性，应有一个极可靠的操作系统，以确保有效地和有控制地处理反应堆。

3. 放射性同位素发电机

(a) 行星际航天任务和其他脱离地球引力场的航天任务可使用放射性同

位素发电机。如航天任务执行完毕后将发电机存入在高轨道上，则也可用于地球轨道。在任何情况下都须作出最终的处理。

(b) 放射性同位素发电机应用封闭系统加以保护，该系统的设计和构造应保证在可预见的轨道条件下在再入高层大气时承受热力和空气动力，轨道运行条件在有关时包括高椭圆轨道或双曲线轨道。一旦发生撞击，封闭系统和同位素的物理形态应确保没有放射性物质散入环境，以便可以通过一次回收作业完全清除撞击区的放射性。

(1) 原则中的“原则”

原则3开宗明义：制定安全使用的准则和标准是“为了尽量减少空间放射性物质的数量和所涉的危险，核动力源在外层空间的使用应限于用非核动力源无法合理执行的航天任务”。本课题组称之为制定安全准则和标准的“唯一性原则”，即原则中的“原则”。

减少发射性物质数量、控制风险，是整个原则3的核心。需要注意的是，关于核动力源使用范围的限制，“核动力源在外层空间的使用应限于用非核动力源无法合理执行的航天任务”。即对于某个航天任务而言，核动力源的使用是唯一的选择时才允许使用。前面多次论述，现阶段对于星际航行和深空探测而言，核动力源是不二之选。但以发展的观点来看，必定会出现替代技术，例如曲速引擎技术。美国国家航空航天局正在研究曲速引擎，这将是一个革命性的动力装置，有一天使人类可能比光跑得还快。美国国家航空航天局基于电磁驱动原理建立了曲速引擎的模型，推力来自封闭容器内的微波能量转化，美国国家航空航天局已经证明其能够在宇宙空间中运行①。

基于成本和技术的限制，即便曲速引擎技术和应用都变得成熟，也很难排除核动力源在外空的应用，即便其存在高风险性。这就要求对《核动力源原则》的原则3进行修改，取消“唯一性”的限制。但可以预测的是，这种情况下仍坚持使用核动力源的国家必定面临更大的国际政治压力。这种修改的提议能在多大范围和多长时间内达成一致，尚属未知。无论怎样，在推进核动力源外空应用的同时，加大对可替代技术预研、实验的投入，都应当是一个国家明智的战略选择。

① http：//www.dailymail.co.uk/sciencetech/article-2655105/Engage-warp-drive-Nasa-reveals-latest-designs-Star-Trek-style-spacecraft-make-interstellar-travel-reality.html，2015年1月10日访问。

（2）主要内容和起草历史

原则3规定的核动力源安全使用的准则和标准分为三个方面[①]：

一是关于放射性防护和核安全的一般目标，设定了四项安全标准，涉及免受辐射危害、遵守辐射防护目标、辐照防护准则和深入防范总概念；

二是关于核反应堆，设定了四项安全标准，涉及核反应堆使用或存放的轨道高度、燃料类型、临界状态进入之禁止、应急措施等；

三是关于放射性同位素发电机，规定了任务末期处置（轨位等要求）、再入时封闭系统保护要求等两项安全标准。

对于安全使用核动力源非常重要的一般安全措施已在外空使用核动力源工作组的科技委员会第一届会上被认定[②]。在法律小组委员会上的讨论始于1980年，类似于最终原则3的初步草案在1990年首次呈现[③]。这个草案，在经过稍微改动后，被加拿大和联邦德国提交给了法律小组委员会[④]。

原则3很可能是《核动力源原则》中最重要的原则，同时它也是最难被人接纳的原则[⑤]。原则3旨在尽可能限制源自于在外空使用核动力源所产生的潜在伤害。但同时原则3也限制了核动力源在不能被非核能源通过合理方式所操纵的那些空间任务。原则3被分割到三个独立段落中：放射保护和核安全的一般目标、核反应堆的一般目标、放射性同位素发电机的一般目标，下面逐一介绍。

① 有学者对原则3的表述略有不同："原则3规定的核动力源安全使用的标准分为三个方面：1）关于放射性防护和核安全的一般目标，这个方面最主要的内容就是相应规则的制订，此外还规定了各种可供采取的安全防范措施；2）关于核反应堆，规定核反应堆可使用于行星际航天任务和足够高的轨道，如在近地轨道上使用，则在航天任务完成后必须将其再射入到足够高的轨道上；3）关于放射性同位素发电机，强调放射性同位素应用封闭系统加以保护，保证在再入大气层时可承受热力和空气动力，一旦发生撞击，应确保没有放射性物质散入环境，以便用一次回收作业即可完全清除撞击区的放射性。"参见尹玉海、龙杰，《关于在外层空间使用核动力源的原则》之再思考，北京航空航天大学学报（社会科学版），2013（5）：26。

② UN Doc. A/AC. 105/238，26 February 1979。

③ UN Doc. A/AC. 105/456，12 March 1990。

④ UN Doc. A/AC. 105/C. 2/L. 177，3 April 1990。

⑤ MacAvoy，Joseph J.，Nuclear Space and the Earth Environment：The Benefits，Dangers，and Legality of Nu - clear Power and Propulsion in Outer Space，William&Mary Environmental Law&Policy Review (29)，2004，p. 228。

（3）放射保护和核安全的一般目标

原则 3 列出了关于核安全常见的四种目标[①]，它概括出空间物体设计的一般标准。原则 3 第 1 段（a）条款表明，国家要保护个人、人口和生物圈免受辐射危害。（b）、（c）条款规定了核动力源使用中可接受的伤害程度。（d）条款是关于核动力源的设计与安全系统的可靠性。

值得注意的是，原则 3 所涉及的安全使用准则和标准特别旨在保护个人、人口和生物圈，也是为了避免外空的环境污染。个人、人口作为这种保护的特殊受益者，并不意味着个人对国家表达诉求的授权[②]。有学者指出，这里并没有涉及包括月球在内的其他天体的环境保护问题[③]。

原则 3 第 1 段（a）条款的问题在于术语的模糊性。例如，“可预见”，以相当高度精确的必要性使危害被保持在“可接受水平”，核动力源的设计和使用应当保证高度可依赖性，以便阻止任何外空污染。这里没有界定什么是高度精确，也没有关于高度可依赖性的定义。

原则 3 第 1 段（b）条款要求达到国际辐射防护委员会所建议的、为了公众利益的适当辐射防护目标。该委员会发布的有关辐射防护的 20 多个文件中，包括《对人口的辐射防护监测原则》《辐射防护的优化和决策》《转换系数用于抵御外部辐射的辐射卫生保护》[④]。

原则 3 第 1 段（c）条款限制日常放射泄漏在限值 1 mSv。该项限制比用于地面应用系统的核动力源更加严格[⑤]。这与核动力源的外空利用风险更大、不确定性更大有着直接关系。尽管这种限制在 1990 年获得所有国家的一致同意，但美国在 1991 年曾要求将其调整为“将核危害风险尽可能降低、保持在可被合理接受的程度”。这与美国实际空间任务的需要不无关系。

原则 3 第 1 段（d）条款要求核动力源航天器必须根据原则 2 第 3 段所定

---

① El - Genk, Mohamed, Safety guidelines for space nuclear reactor power and propulsion systems, in: Pelton, Jospeh N. / Jakhu, Ram S. (eds.), Space Safety Regulations and Standards, Butterworth - Heinemann, Oxford 2010, pp. 319 - 370。

② McCorquodale, Robert, The Individual and the International Legal System, in: Evans, Malcom (ed.), International Law, 2nd edn., Oxford University Press, Oxford 2006, pp. 315。

③ 杨彩霞、崔海豹，空间核动力源的国际法律规制，北京航空航天大学学报（社会科学版），2014（2）：24。

④ International Committee on Radiological Protection, Conversion coefficients for use in radiological protection against external radiation, ICRP Publication 74, 1996。

⑤ S. Hobe, Schmidt - Tedd, Schrogl (ed.), Cologne Commentary on Space Law, Volume III, Carl Heymanns Verlag, 2015, p. 224。

义的“深入防范”概念进行设计。“‘深入防范’总概念”一词在适用于外层空间核动力源时是指用各种设计形式和航天操作代替或补充运转的系统，以防止系统发生故障或减轻其后果。实现这一目的并非一定要求每个单一部件都有冗余的安全系统。鉴于空间使用和各种航天任务的特殊要求，不可能把任何一套特定的系统或特点规定为实现这一目的所必须的。”

同时，国际原子能机构（IAEA）根据国际核安全咨询小组（UNSCEAR）的建议建立了自己的相关安全标准。这些标准可以被分为以下三组①：

一是安全基础：基本目标，安全的概念和原则，以及核能源使用中的核保护。

二是安全要件：在核能源使用中确保安全的要求。

三是安全原则：推荐的行动，满足安全要件的情形和程序。

（4）核反应堆

空间核反应堆在原则上与地面核反应堆和海军核反应堆相似，因为它们拥有相同的物理程序：控制和持续的核链式反应，释放的大量热量会被转化成有用的能源（在热电转化程序后只有电能被使用，但也很有可能使用核热推进的尾气动能）。空间核反应堆包括和地面核反应堆同样的元素：一个反应核，一个能源转换系统，一个排热系统。然而，空间核反应堆的动力层次和设计标准和地面核反应堆完全不同，包括质量提及限制要求、自动化要求和续加燃料的不可能性。在深层空间的散热效率和发射环境，空间核反应堆通常有非常小、紧密结合的高浓度（高浓缩铀 235）反应核，非常高的核转换系统温度（为能够适应小的散热器尺寸），低功率密度的核（为保证长期的运行寿命）②。

原则 3 第 2 段体现了在空间探索领域核反应堆的重要性，特别是在行星际航天任务中。要求核反应堆在足够高轨道上运行，或在它们被储存在足够高轨道运行任务结束之后会调整到低地球轨道。携带核动力源的空间碎片自身是放射性的，因此，这种空间碎片减缓要求更为重要。

原则 3 第 2 段的目标是为保护地球环境免受核反应堆事故的伤害。它只允许核反应堆应用于远离地球的行星际航天任务上或在足够高的轨道上。“足够高”意味着有足够时间使同位素衰退。

① 同上。

② 同上。

原则3第2段（c）条款强调核反应堆应当仅仅使用高浓缩铀235作为燃料，但没有关于燃料物质更进一步的技术参数，除了裂变和激活物质的放射性衰退应该被考虑到核反应堆的设计中去。这是一条清晰的规则：核反应堆在到达它们的运行轨道和行星际轨道之前，不应该变得很危险，也再一次指向了保护地球环境的目标。原则3第2段标志着外空核动力源安全使用的重要发展①。

原则3中的安全性考虑在原则3第2段的（e）、（f）条款中表现得非常明显。其为携带核动力源的空间物体临终或失败的可能性提供了安全防护措施。

（5）放射性同位素发电机

放射性同位素热电发射器（RTG）在核放射性同位素裂变期间提供散热功能。该热量可被用作形成电，或可通过热电器影响，或通过斯特林发动机这种主动转换系统。RTG已经为所有行星际航天任务乃至外太阳系提供了动力。所有美国的RTG都使用钡^{238}Ba，苏联或俄罗斯使用^{210}Ba②。

RTG的运用应遵循两点原则：一是只有在“航天任务执行完毕后将发电机存入在高轨道上”，才可用于地球轨道，而且“在任何情况下都须作出最终的处理”；二是确保在再入或撞击的情况下，“确保没有放射性物质散入环境”。

4. 原则4：安全评价

原则4原文如下：

1. 在发射时符合原则2第1段定义的发射国，应在发射之前在适当情况下与设计、建造或制造核动力源者，或将操作该空间物体者，或将从其领土或设施发射该空间物体者合作，确保进行彻底和全面的安全评价。这一评价还应涉及航天任务的所有有关阶段，并应顾及所涉一切系统，包括发射手段、空间平台、核动力源及其设备，以及地面与空间之间的控制和通信手段。

2. 这一评价应遵守原则3所载关于安全使用的指导方针和标准。

3. 根据《关于各国探索和利用包括月球与其他天体在内的外层空间活动的原则条约》第11条，应在每一次发射之前公布这一安全评价的结果，同时在可行的范围内说明打算进行发射的大约时间，并应通知联合国秘书长各国如何能够在发射前尽早获得这种安全评价结果。

原则4主要规定了安全评价的主体、内容、标准和传播。下面逐一述评。

---

① Bouvet，Isabelle，Use of Nuclear Power Sources in Outer Space：K，Technology Legal Challenges，Journal of Space Law（30）2004，p. 218。

② S. Hobe，Schmidt-Tedd，Schrogl（ed.），Cologne Commentary on Space Law，Volume III，Carl Heymanns Verlag，2015，p. 226。

（1）安全评价的主体和内容

根据发射前确保安全的目标，原则 4 要求发射国应确保进行包含所有系统的综合全面的安全评价。在起草原则 4 的时候，一些代表坚持，携带核动力源的空间物体发射前的通知要求，应独立于安全评价的要求。这个通知要求被随后合并在原则 5 中。专家们意识到，原则 4 是由一个妥协的结果所构成的，急切希望能在该原则的起草中达成一致同意①。

安全评价的发起主体是发射国，发射国有发起安全评价的义务，参与主体包括“设计、建造或制造核动力源者，或将操作该空间物体者、或将从其领土或设施发射该空间物体者”。安全评价应当在“发射之前在适当情况下”进行。

安全评价的内容还包括“航天任务的所有有关阶段，并应顾及所涉一切系统，包括发射手段、空间平台、核动力源及其设备，以及地面与空间之间的控制和通信手段。”

（2）安全评价的传播（通知义务）

在起草过程中，加拿大首先提议，将计划中的发射和安全评价结果通知联合国秘书处的义务应在发射前至少一个月进行，这个信息应当由秘书处披露给各国，国家应当提供关于携带核动力源的在轨物体的信息②。以上建议构成进一步讨论的基础。意大利认为，计划发射前一个月的通知时间太短，认为国家应当在一个合理的时间和先于发射前不少于两个月时间提供信息。关于“一个月”的问题的讨论持续到 1986 年③。自 1986 年开始，预先通知不再附加任何具体时间表，信息是先于发射还是发射之后被传播成为另外一个讨

① UN Doc. A/AC. 105/514，Report of the Legal Subcommittee on the Work of Its Thirty - First Session（23March～10 April 1992），Annex I，Report of the Chairman of the Working Group on Agenda Item 3（TheElaboration of Draft Principles Relevant to the Use of Nuclear Power Sources in Outer Space, with theAim of Finalizing the Draft Set of Principles at the Current Session），20 April 1992，pp. 14 f.，para. 5 - 8。

② Principle A of LT1V Doc. A/AC. 105/C. 2/L. 126，Canada：Working paper—Use of Nuclear Power Sources in Outer Space，25 March 1980，in：IJN Doc. A/AC. 105/271，Report of the Legal Sub - Committee on the Workof Its Nineteenth Session（10 March～3 April 1980），Annex III，Documents submitted to the Legal Sub - Committee at its nineteenth session，10 April 1980，p. 1。

③ UN Doc. A/AC. 105/351，Report of the Scientific and Technical Sub - Committee on the Work of ItsTwenty - second Session，Annex II，Report of the Working Group on the Use of Nuclear Power Sources in Outer Space on the Work of Its Fifth Session，28 February 1985，p. 27，para. 17。

论热点[①]。1986 年加拿大草案提出，通知义务和登记义务应在发射之后尽快进行[②]。

原则 4 第 3 段提到《外空条约》第 11 条的通知和信息的义务："为了促进在和平探索和利用外层空间方面的国际合作，在外层空间，包括月球与其他天体在内进行活动的本条约各缔约国同意，在最大可能和实际可行的范围内，将这类活动的性质、进行情况、地点和结果通知联合国秘书长，并通告公众和国际科学界。联合国秘书长在接到上述情报后，应准备立即作有效传播。"

原则 4 第 3 段试图确定国家在携带核动力源的空间物体发射之前，关于发射时间表和安全评价结果的通知义务。值得提及的是，在核动力源原则被接受之前，国际法院在"科孚海峡案"中宣布，"国家承担通知任何可能受到来自不规则危险活动的伤害威胁的国家的义务[③]。联合国大会 1978 年通过 33/16 号决议，强调发射国应当承担通知联合国和国际社会的义务，在携带核动

---

① UN Doc. A/AC. 105/369, Report of the Scientific and Technical Sub - Committee on the Work of ItsTwenty - third Session, 28 February 1986, p. 15, para. 76. UN Doc. WG/ (1987) /WP. 3, Sweden: work - ing paper, 17 March 1987, in: UN Doc. A/AC. 105/385, Report of the Legal Sub - Committee on the Work of Its Twenty - Sixth Session (16 March～3 April 1987), Annex I, Appendix, Working Papers Submitted to the Working Group on Agenda Item 3, 16 April 1987, p. 23; UN Doc. WG/ (1987) /WP. 8, Brazil, Chile, Egypt, Indonesia, Mexico, the Netherlands and Uruguay: working paper～PRINCIPLE 1, paragraph 1 bis, 23 March 1987, in: UN Doc. A/AC. 105/385, Report of the Legal Sub - Committee on the Work of Its Twenty - Sixth Session (16 March～3 April 1987), Annex I, Appendix, Working Papers Submitted to the Working Group on Agenda Item 3, 16 April 1987, p. 26; UN Doc. A/AC. 105/C. 2/L. 154/Rev. 2, Canada: Working paper, 31 March 1987, in: UN Doc. A/AC. 105/385, Report of the Legal Sub - Committee on the Work of Its Twenty - Sixth Session (16 March～3 April 1987), Annex III, Part A, The elaboration of draft principles relevant to the; Use of nuclear power sources in outer space, 16 April 1987, p. 39, Principle 2 para. 1 contained a footnote stating: The question of the availability of this assessment is to be discussed at a later stage in the light of the discussion of other proposed texts. ; and UN Doc. A/AC. 105/430, Report of the Legal Sub - Committee on the Work of Its Twenty - Eighth Session (20 March～7 April 1989), Annex I, Report of the Chairman of the Working Group on Agenda Item 3 (The Elaboration of Draft Principles Relevant to the Use of Nuclear Power Sources in Outer Space), 26 April 1989, p. 17, para. 7。

② UN Doc. A/AC. 105/C. 2/L. 154, Canada: Working paper, 25 March 1986, in: UN Doc. A/AC. 105/370,

Report of the Legal Sub - Committee on the Work of Its Twenty - Fifth Session (24 March～11 April 1986), Annex IV, Part A, The elaboration of draft principles relevant to the use of nuclear power sources in outer space, 5 May 1986, pp. 28 ff。

③ Corf Channel Case (United Kingdom vs Albania), (Preliminary Objections), [1948] ICJ Rep. 15. 参见 S. Hobe, Schmidt - Tedd, Schrogl (ed.), Cologne Commentary on Space Law, Volume III, Carl Heymanns Verlag, 2015, p. 231。

力源的卫星出现故障的事件中，特别是在问题卫星表现出重新进入放射性轨道或进入地球大气层的危险时①。

但由于外空委成员国之间意见不同，这项义务并没有成为《核动力源原则》中的一项独立准则。而是以折中形式补充合并到原则4中②，原则4第3段规定："应在每一次发射之前公布这一安全评价的结果，同时在可行的范围内说明打算进行发射的大约时间，并应通知联合国秘书长"。

（3）原则4的通知义务的特点

第一，约束力弱。"可行的范围内"的表述削弱了通知的义务性。需要注意的是，《月球条约》第7条规定的关于放射性物质的通知义务："缔约各国应将它们按照本条第1款所采取的措施通知联合国秘书长，并应尽一切可能预先将它们在月球上放置的一切放射性物质以及放置的目的通知秘书长。"而在《外空条约》和《核动力源原则》中，信息的提供并没有相应的强制性程序，也不要求信息发布必须在发射之前。

第二，通知的内容有限。原则4并不要求各国使整个安全评价透明化。它只要求将安全评价的结果告知联合国秘书长和国际社会。原则4允许各国就发布整个评价内容或仅仅发布评价结果方面拥有自有裁量权。也有人认为，不宜强制要求特定数据公之于众。虽然这可能会避免机密、军事或复杂的科学数据必须公之于众等难以实施的要求，但提供安全评价结果是否足够依然值得商榷。现在的问题是过分依赖于适当的安全标准和发射国的诚意。如果不能获得发射国使用的程序、标准等信息，那么最终结果对保证空间活动中核动力源的使用安全性目标的实现没有任何意义③。

（4）原则4通知义务的相关履行实践

1996年11月5日，俄罗斯对携带^{238}Pu核动力源的Mars－96的发射发出

① UNGA Res. 33/16，International cooperation in the peaceful uses of outer space，10 November 1978。

② Benko，Marietta/Grubex，Gerhaxd/Schrogl，Kai－Uwe，The UN Committee on the Peaceful Uses of Outer Space：Adoption of the Principles Relevant to the Use of Nuclear Power Sources in Outer Space，IISL，Proceedings of the 36th Colloquium on the Law of Outer Space，16～22 October 1993 Graz (Austria)，AIAA，1994，pp. 236－237。

③ S. Hobe，SchmidtTedd，Schrogl（ed.），Cologne Commentary on Space Law，Volume III，Carl Heymanns Verlag，2015，p. 232。

照会[①]。1997 年 6 月，美国对卡西尼号的预期发射发出照会[②]，确认已对卡西尼号任务做过全方位的安全分析，并且将安全评价的结果公布于众。尽管如此，美国国内还是对美国国家航空航天局的安全评价结果存在争议，并且要求通过立法来阻止卡西尼号的发射。虽然法院驳回了申请，但案件揭示了一个事实，即对安全评价结果是存在争议的。这说明，如果不对评估的方法、程序和标准等深入阐述，这样的安全评价结果可能还不够[③]。

针对 2006 年 1 月发射到冥王星的新地平线号，美国照会联合国秘书长，提供了关于这次任务所做的全面而彻底的安全评价报告。报告指出，这次任务符合原则 4 要求，并且美国宣布公众可以通过互联网或美国国家航空航天局科学任务理事会获取安全评价结果[④]。

5. 原则 5：重返时的通知

原则 5 原文如下：

1. 发射载有核动力源的空间物体的任何国家在该空间物体发生故障而产生放射性物质重返地球的危险时，应及时通知有关国家。通知应按照下列格式：

(a) 系统参数：

㈠发射国的名称，包括在发生意外事故时可以与其接触以索取更多资料或得到援助的有关当局的地址；

㈡国际称号；

㈢发射日期和发射地区或地点；

㈣对轨道寿命、轨迹和撞击地区作出最佳预测所需的资料；

㈤航天器的一般功能。

① UN Doc. A/AC. 105/647, Note Verbale dated 15 November 1996 from the Permanent Mission of the Russian Federation addressed to the Secretary - General, 20 November 1996。

② UN Doc. A/AC. 105/677, Note verbale dated 2 June 1997 ＃rom the Permanent Mission of the United States of America to the United Nations (Vienna) addressed to the Secretary - General, 4 June 1997; and UN Doc. A/AC. 105/677/Add 1 , Note verbale dated 1～4 July 1999 from the Permanent Mission of the United States of America to the United Nations (Vienna) addressed to the Secretary - General, 19 July 1999。

③ S. Hobe, Schmidt - Tedd, Schrogl (ed.), Cologne Commentary on Space Law, Volume III, Carl Heymanns Verlag, 2015, p. 233。

④ UN Doc. A/AC. 105/864, Note verbale dated 19 December 2005 from the Permanent Mission of the UnitedStates of America to the United Nations (Vienna) addressed to the Secretary - General, 20 December 2005。

（b）关于核动力源的放射危险性的资料：

㈠动力源的类型：放射性同位素/反应堆；

㈡可能落到地面的燃料与受沾染和/或活化组件的可能物理状态、数量和一般放射特性。“燃料”一词是指作为热源或动力源的核材料。

这份资料也应当送交给联合国秘书长。

2. 一旦知道发生故障，发射国即应提供符合上述格式的资料。资料应尽可能频密地加以更新，并且在预计重返地球大气稠密层的时刻接近时，增加提供最新资料的频率，以便国际社会了解情况并有充分时间计划任何被认为是必要的国家应变措施。

3. 还应以同样的频率将最新的资料提供给联合国秘书长。

原则5规定了重返时的通知要求，主要包括故障通知、通知的格式、资料的更新和通知的对象。下面逐一述评。

（1）故障通知与通知的格式

第一个提到“当载有核动力源的空间物体在外空发生故障而需做出通知”的是联大决议33/16《和平利用外层空间的国际合作》①。该决议“请发射国在载有核能源的空间物体发生故障，放射性物质有可能重返地球时，通知有关各国”②。在协商早期阶段，科学与技术专家已经就通知格式的大部分要素达成一致。1981年，科技小组一致同意了最终采纳《核动力源原则》中的通知格式③。1983年，加拿大在核动力源使用原则的提案中，向法律小组提出了该格式④，其中包括系统参数和关于核动力源的放射危险性的材料。

《核动力源原则》原则5规定了通知故障的发生以及通知发生故障的载有核动力源的空间物体的重返；同时规定，发生故障的空间物体产生“放射性物质重返地球的危险”时，发射国必须公布的具体信息。

原则5第1段详细规定了发生这种重返危险时（使用的是“危险”，而非“重大危险”或“最小危险”或者任何其他该水平的改变），发射国应该公布

① UNGR Res. 33/16，international cooperation in the peaceful use of out space，10 November 1978。

② UNGR Res. 33/16，international cooperation in the peaceful use of out space，10 November 1978，para. 9。

③ UN Doc. A/AC. 105/287，1981年2月13日。

④ Principle C of UN Doc. A/AC. 105/C. 2/L. 138，1983年4月13日。

的信息[①]。它们包括“系统参数”，分为发射国名称，可以提供更多资料的当局的详细联系方式，空间物体的国际称号，发射日期和发射地点，对轨道寿命、轨迹和撞击地区作出最佳预测所需的资料，以及航天器的一般功能。发射国也需提供“关于核动力源的放射危险性”的资料，如动力源的类型、可能落到地面的燃料与受沾染和/或活化组件的可能物理状态、数量和一般放射特性。如此规定，表明该原则意识到不公开信息可能导致的灾难性后果。尤其是，《核动力源原则》限定了“发射国”仅指行使“管辖与控制”的国家。

有学者认为，基于此，“只有一个国家有责任提供信息”。本课题组不同意这个观点。如前所述，发射国的确定应当依据真实联系和效率原则，不排除两个以上的国家与重返通知具有真实联系。鉴于重返所带来的不可预知和控制的危害，甚至应当要求在发射国不能提供相关信息时，相关国家应当承担通知义务，即规定符合“善意原则”的通知义务转移。

（2）与《及早通报核事故公约》的比较

如前所述，《及早通报核事故公约》也要求各国公布类似信息。《核动力源原则》原则 5 第 1 段规定的义务与《及早通报核事故公约》第 2 条和第 5 条相似，后者也规定了当“引起或可能引起放射性物质释放、并已经造成或可能造成超越国界的国际性释放”时，发射国通知其他国家的程序[②]。假如这种核事故发生，《及早通报核事故公约》第 2 条规定各国应通知“那些实际受影响或可能实际受影响的国家”。此外，《及早通报核事故公约》第 5 条明确了公开的信息，包括核事故的时间、确切地点及性质[③]，以及“推测的或已确定的起因和可预见的发展”[④]，“已采取或计划采取的场外保护措施”[⑤]，以及“预测的放射性释放过程中的行为”[⑥]。

尽管《核动力源原则》的规定可能与这些义务类似，但应注意到，事实上《核动力源原则》比《及早通报核事故公约》规定了更早的通知义务，即更早汇报任何可能的核或辐射事件。《核动力源原则》原则 5 规定，一旦载有核动力的空间物体发生故障，发射国就得通知其他国家和联合国，所以在任

① Lyall，Francis / Larsen，Paul，B，Space law a Treatise，Ashgate，Burlington/Surrey2009，p. 289。

② Art. 1，Early Notification Convention。

③ Art. 5 para 1 lit（a），Early Notification Convention。

④ Art. 5 para 1 lit（c），Early Notification Convention。

⑤ Art. 5 para 1 lit（g），Early Notification Convention。

⑥ Art. 5 para 1 lit（h），Early Notification Convention。

何放射性物质释放之前，原则5就已经生效了。不论是否产生任何显著放射性安全危险，都必须通报空间物体的故障及重返的危险。此外，没有规定放射性物质任何跨越国界的释放，从而使得原则5比《及早通报核事故公约》的要求更加严格。

有学者提出，《及早通报核事故公约》与原则5相冲突。相反的观点认为：第一，《及早通报核事故公约》在国际法中具有法律约束力，其效力高于所有非拘束力的联大决议。第二，尽管两个文件在谁是通知责任人以及通知格式上存在细微差异，但这些差异并不互相矛盾。两个文件的差异来自在地面发生核动力源事故以及载有核动力源的空间物体发生故障的不同。因而，《核动力源原则》可以作为《及早通报核事故公约》的补充。本课题组同意后者的观点。

（3）原则5重返通知的国家实践

截至目前为止，原则5只适用过一次。1996年11月16日，俄罗斯执行的Mars-96任务在发射时发生故障。固态推进火箭按预计是将其发射到飞往火星的轨道，但火箭在发射时点火失败，导致火箭以及有效载荷停留在绕地轨道。发射日前一天，俄罗斯联邦向联合国秘书长送交了普通照会，说到“1996年11月16日，俄罗斯空间飞行器Mars-96将从拜科努尔发射场被发射至星际间轨迹，其目的是研究火星。该飞行器携带基于^{238}Pu的放射性核热源，总热产出为153 W，该放射性核热源可防止泄漏，具备高度可靠性，达到了放射性安全的特别的国际和国家标准”①。发射失败不到48小时后，俄罗斯联邦又给联合国秘书长发照会，向联合国通知Mars-96的重返。在其1996年11月18日的照会中，俄罗斯联邦根据其导弹中心的计算，确切通报了空间物体将重返地球大气层。照会也包括了解体的确切时间以及空间物体在太平洋的坠毁。俄罗斯明确表示“如之前的报道一致，空间物体Mars-96载有的基于^{238}Pu的放射性核能源将不会在任何无法预测的情况下解体”②。

此外，在通知联合国秘书长关于“和平号”空间站离轨时，俄罗斯表示，“空间站不载有放射性、生物、化学或其他有毒物质。”③

（4）原则5的重返通知义务与《登记公约》的关系

1975年《登记公约》第4条第4段规定：“每一登记国应在切实可行的最

① UN Doc. A/AC. 105/647，1996年11月20日。

② UN Doc. A/AC. 105/648，1996年11月21日。

③ UN Doc. A/AC. 105/759，2011年2月1日。

大限度内，尽速将其此前曾提送情报、原在地球轨道内但现已不复在地球轨道内的外空物体通知联合国秘书长。”理论上，自然包括重返的通知。与《核动力源原则》原则 5 相比较，有三点不同：

第一，通知的前提不同。《登记公约》要求的重返通知的范围不同于原则 5 的范围，不仅限于可能有“产生放射性物质重返地球的危险”的情形。同时，原则 5 要求只要存在该危险，即便尚未重返，也要进行通知。

第二，通知的主体不同。《登记公约》的通知主体是登记国，既可能是进行国内登记的国家，也可能是国内国际都进行登记的国家。但原则 5 的通知主体是发射国。如前所述，“发射国”的范围要大于“登记国”的范围。因此，原则 5 是《登记公约》通知义务的有益补充。

第三，通知的对象不同。《登记公约》仅要求通知联合国秘书长。原则 5 还要求通知“有关国家”。

在《核动力源原则》被通过之前，1983 年，苏联通知过联合国秘书长关于宇宙 1402 号核动力的重返。在照会中，苏联陈述到，根据《登记公约》第 4 条的国际义务公布信息。苏联公布的“宇宙 1402 号卫星结构的碎片并不包含核反应堆的关键部分，碎片预计在莫斯科时间 1983 年 1 月 24 日上午 2 点至 9 点之间在阿拉伯海区域”重返。苏联就重返事项通知联合国的事实表明，有法律拘束力的法律文件，如《登记公约》，规定的通知及共享信息的义务的重要性。值得注意的是，照会附录 3 表示，核反应堆核心也将会重返地球大气层，但已经将其完全关闭，不会造成放射性危害①。然而，《登记公约》并没有就核动力源重返地球的细节作出改动。

另外一次苏联通知联合国是有关宇宙 1900 号，它也携带核动力源。此次通报也是根据《登记公约》的苏联的义务。照会陈述了为了航天器放射性安全而采取的措施，包括将核动力源转移到 800 千米之上的轨道以及航天器内置的自动保险机制②。该照会的 6 个附录明确了宇宙 1900 号的目标、轨迹及发射规格。苏联就宇宙 1900 号所采取的通知过程特别有启示意义，因为这表明了根据《登记公约》第 4 条第 2 段对核动力源航天器进行通知的程序义务。

---

① UN. Doc. ST/SG/SER. E/72/Add. 3，1983 年 1 月 27 日。

② UN. Doc. ST/SG/SER. E/176，1988 年 5 月 13 日；UN. Doc. ST/SG/SER. E/176/Add. 1，1988 年 5 月 13 日；UN. Doc. ST/SG/SER. E/176/Add. 2，1988 年 6 月 14 日；UN. Doc. ST/SG/SER. E/176/Add. 3，1988 年 9 月 24 日；UN. Doc. ST/SG/SER. E/176/Add. 4，1988 年 9 月 30 日；UN. Doc. ST/SG/SER. E/176/Add. 5，1988 年 10 月 4 日；UN. Doc. ST/SG/SER. E/176/Add. 6，1988 年 10 月 7 日。

苏联的国家实践将对《登记公约》通知义务进行条约解释产生重要影响。

（5）资料的提供与更新

原则5第2段的时间要求让模糊的“及时”提供信息变得更加具体。有学者表示，“及时”的用词减弱了原则5第1段的效力，因为它太模糊了①。尽管原则5第2段没有规定公布相关信息的特殊时间表，然而它明确要求发射国“一旦知道发生故障”提供信息。此外，发射国必须确保信息“应尽可能频密地加以更新，并且在预计重返时，增加提供最新资料的频率”。当预计的重返时间接近时，重要的可利用信息的更新肯定会不可或缺。因此原则5第2段保证国际社会将会在尽可能早的时间获知相关信息。

（6）通知的对象

相关信息直接向“有关国家”提交，也向联合国秘书长送交，通过联合国秘书长向国际社会公布。从而保证了在发生核事故时，相关信息能快速、直接获得。为确保将相关信息尽可能快地向尽可能多的国际社会成员公布，原则5第3段规定“以同样的频率”向联合国秘书长送交“最新资料”。

6. 原则6：协商

原则6原文如下：

根据原则5提供资料的国家，应尽量在合理可行的情况下，对其他国家的索取进一步资料的要求或协商的要求迅速予以答复。

（1）起草历史和主要内容

原则6第一次出现在加拿大草案的第四次修订中②。根据工作文件的序言，该原则在法律小组第27次会议上第一次提出。该原则根据《及早通报核事故公约》第6条制定。工作组一年后就规定内容达成一致③。

原则6与原则5、原则7密切相关。它提供了国际合作的机制，即协商机制，拥有或运行发生故障的载有核动力源的空间物体的国家，应当根据有关国家的要求通知或援助这些国家。协商机制单独列为一项原则是为了突出拥有或运行载有核动力源的物体的国家在发生核动力源紧急情况时与其他国家合作的重要性。因为空间核动力源事故可能对全球造成危险，因而这种事故对全球各国都有影响，必须确保环境及生命得到足够的保护。

---

① Christol，Carl Q，Nuclear Power Sources (nps) for Space Object: a New Challenge for international law，in：IISL，Proceedings of the 36 Colloquium on the of out space，16－22 1993Graz (Austria)，AIAA，1994，P. 246。

② Principle of UN Doc. A/AC. 105/C. 2/L. 154/Rev. 4，Canada，1988年3月28日。

③ UN Doc. A/AC. 105/430，(1989年3月20日～4月7日)。

（2）协商原则与相关国际条约和规定的关系

第一，与国际原子能机构和国际放射防护委员会规定的关系。协商也用于在国际原子能机构（IAEA）和国际放射防护委员会（ICRP）框架内的有关放射防护与核事故的国际机制。事实上，科技小组和法律小组已经仔细研究过这些机构在处理有关领土核物体事务的经验。科技小组的核动力源工作组 1979 年同意，“载有核动力源的航天器的轨道任务全过程中发射防护的恰当措施应当取材于国际发射防护委员会（ICRP）推荐的、现有的、国际接受的、基本的标准”[①]。“合理可行的”一词与 IAEA 和 ICRP 采纳的各种国际文件的用词类似。在各原则的语境下，这个词具有自身的意思，它表明有关卫星寿命和衰减的精确预测是一项相当复杂的技术问题，这些预测是基于各种因素[②]。因而，就载有核动力源的物体的重返进行通知的国家，应当尽可能举行协商，但只能进行到“合理可行的”程度。

第二，与《及早通报核事故公约》的关系。原则 6 与《及早通报核事故公约》第 6 条的用词非常相似。此外，该公约也包含核事故的通知条款。可以得出结论，原则 6 来源于 IAEA 和 ICRP 制定的安全机制。

第三，与《外空条约》的关系。原则 6 与《外空条约》规定的磋商义务/权利是不同的。《外空条约》第 9 条规定：“如果本条约某一缔约国有理由认为，该国或其国民在外层空间，包括月球与其他天体在内计划进行的活动或实验可能对其他缔约国和平探索和利用外层空间，包括月球与其他天体在内的活动产生有害干扰时，则该缔约国在开始进行任何这种活动或实验之前，应进行适当的国际磋商。如果本条约某一缔约国有理由认为，另一缔约国在外层空间，包括月球与其他天体在内计划进行的活动或实验，可能对和平探索和利用外层空间，包括月球与其他天体在内的活动产生有害干扰时，则该缔约国可请求就该活动或实验进行磋商。”

原则 6 的协商义务与《外空条约》的磋商义务的区别有以下四点：

第一，原则 6 规定的协商的内容是具体的，“其他国家的索取进一步资料的要求或协商的要求”。而《外空条约》仅规定“就该活动或实验”进行协商，未明确具体协商的内容。

第二，原则 6 明确了被请求国的义务，“应尽量在合理可行的情况下，对其他国家的索取进一步资料的要求或协商的要求迅速予以答复。”《外空条约》

① UN Doc. A/AC. 105/238，1979 年 2 月 26 日。

② UN Doc. A/AC. 105/238，1979 年 2 月 26 日。

未明确规定被请求国的答复义务。

第三，《外空条约》规定了发射国在“在开始进行任何这种活动或实验之前”即承担磋商的义务。《核动力源原则》原则 5 仅规定了通知的义务，原则 6 的协商也是建立在重返通知义务基础上的。

第四，《核动力源原则》中的重返通知和协商的对象是可能受到核辐射危害的国家，而《外空条约》中磋商的对象是“进行和平探索和利用外层空间，包括月球与其他天体在内的活动可能受到有害干扰”的国家。前者的范围要比后者广泛，不仅限于有外空活动利益的国家。

7. 原则 7：对各国提供的协助

原则 7 原文如下：

1. 在接到关于载有核动力源的空间物体及其组件预计将重返地球大气层的通知以后，拥有空间监测和跟踪设施的所有国家均应本着国际合作精神，尽早向联合国秘书长和有关国家提供它们可能拥有的关于载有核动力源的空间物体发生故障的有关情报，以便使可能受到影响的各国能够对情况做估计，并采取任何被认为是必要的预防措施。

2. 在载有核动力源的空间物体及其组件重返地球大气层之后：

(a) 发射国应根据受影响国家的要求，迅速提供必要的协助，以消除实际的和可能的影响，包括协助查明核动力源撞击地球表面的地点、侦测重返的物质和进行回收或清理活动。

(b) 除发射国以外的所有拥有有关技术能力的国家、及拥有这种技术能力的国际组织，均应在可能的情况下，根据受影响国家的要求，提供必要的协助。在根据上述 (a)、(b) 分段提供协助时，应考虑发展中国家的特别需要。

原则 7 主要规定了涉及到预计重返大气层和重返大气层以后的不同阶段相关国家、国际组织和发射国的协助义务。

(1) 预计重返大气层时相关国家提供情报的义务

第一，“受影响的国家”。原则 7 规定的义务的给予对象是“受影响国家”。这个表述在其他原则里面没有出现过。根据词语的一般意义①以及原则 7 第 1 段的措辞中提到的“可能受影响的国家”，“受影响的国家”指遭受核动力源影响的国家，既包括在其管辖下受到直接影响的领土，包括海域；也包

① See Merriam Weberster on－line Dictionary，Definition of “to affect”，http//www.merriam－webster.com/dictionary/affect，accessed 10 December 2014。

括受到附近核动力源影响的放射性释放[1]。本课题组认为，“受影响的国家”范围应该更大，还应包括空间任务、空中任务有可能受到重返影响的国家。“影响”一词从原则本身看，似乎限于核动力源的放射或辐射影响。但本课题组认为，不应局限于此。还应包括一切有害的影响。

第二，“有关国家”。原则 7 第 1 段还提到了“有关国家”，原则 5 第 1 段提到了复数形式的“多个有关国家”。在其后的条款中，该用语指发射国必须就载有核动力源的空间物体发生故障进行通知的国家。有学者认为，这表明“有关国家”指有可能成为“受影响国家”的国家。但原则 7 第 1 段使用了单数形式，并且也提到了“可能受影响的国家”。因而，两者意思必然是不同的。原则 7 第 1 段讲的“有关国家”仅仅指根据原则 2 第 1 段发射核动力源的、作为发射国的国家[2]。

本课题组不同意该观点。本课题组认为，“有关国家”既包括原则 2 中广义的“发射国”，也包括“可能受影响的国家”。因为向“有关国家”提供情报的目的，是“以便使可能受到影响的各国能够对情况做估计，并采取任何被认为是必要的预防措施”。试想，如果仅将情报提供给发射国，如何会有利于“可能受影响的国家”对情况作出估计呢？

第三，拥有空间监测和跟踪设施的所有国家提供情报的义务。

意义：假如物体预计重返，提供最精确的轨道参数非常重要。但即便现阶段，绝大多数国家无法精确预测重返，因为太多的因素影响重返卫星最终的影响点。即便通过最精确的数据预测，也只能预测卫星的地面跟踪，从而形成一条长几百千米、宽大约 80 千米的带，物体及其组件预计在这个带内撞击。根据原则 5 发射国提供的数据必须由其他跟踪实施来补充及验证。

前提：“在接到关于载有核动力源的空间物体及其组件预计将重返地球大气层的通知以后”，拥有空间监测和跟踪设施的所有国家才承担原则 7 下的情报提供义务。因此，为确保可能受影响的国家一次性接收到完整的数据，空间物体发射国承担着沟通相关数据的义务。根据原则 5 第 2 段，将该信息包含在通知内。

最后，有学者认为：“根据原则 2 第 1 段，发射国仅指一个国家，该国在发生故障之时对空间物体具有管辖与控制权。尽管第 1 段要求‘拥有空间监

[1] S. Hobe, Schmidt-Tedd, Schrogl (ed.), Cologne Commentary on Space Law, Volume III, Carl Heymanns Verlag, 2015, p. 244。

[2] 同上。

测和跟踪设施的所有国家’参与数据转移，然而根据原则5发射国承担发布该数据的义务。因此，第1段适用于在故障发生之时不享有管辖与控制权的国家（第三国）”[①]。本课题组认为，本处“拥有空间监测和跟踪设施的所有国家”中的“所有国家”应当指，除了发出通知的发射国以外的所有国家。这些国家也可能是享有管辖权和控制权，但却未履行通知义务的国家。

（2）重返大气层后发射国的协助义务

第1段适用阶段从故障发生时起到核动力源重返地球大气层（重返阶段前期）并且针对所有国家，而第2段适用只适用于重返之后（重返阶段后期）。综合来讲，重返阶段前期由原则5、原则6和原则7第1段规制，重返阶段后期由原则7第2段来规制。原则5和原则6对应的是原则7第2段（a）项（发射国义务），而原则7第1段对应的是原则7第2段（b）（第三国的义务）。

宇宙954号事件导致加拿大发起《核动力源原则》的制定。在解决该问题上有关协助的三大问题反映在原则7的讨论上。它们是：第一，发射国是否有权利或至少有优先权协助受影响国家；第二，受影响国家的主权及其要求从第三国获得协助的权利；第三，“必要协助”的定义及范围。

（a）发射国的主权与权利

苏联宇宙954号在加拿大领土西北处解体后的数分钟后，美国向加拿大政府提供了紧急行动的技术与物质协助，且加拿大接受了[②]。加拿大拒绝了苏联的协助，苏联的协助是在当天晚些时候才做出的。苏联对此表示遗憾，并且还拒绝加拿大提出的赔偿数额，声称如果苏联专家参与的话，搜寻与清理费用会便宜很多。从发射国角度看这确实具有说服力，但从受影响国家来讲，如果发射国在没有经过受影响国家同意的情况下进行搜寻与清理工作，则是对其主权赤裸裸的侵犯。然而，苏联在起草《营救协定》时鼓吹主权，“坚持发射国享有向受害国提供协助的优先权”[③]。

《核动力源原则》倾向于保护受影响国家的主权，同时强调发射国对其空

① S. Hobe, Schmidt－Tedd, Schrogl (ed.), Cologne Commentary on Space Law, Volume III, Carl Heymanns Verlag, 2015, p. 245。

② Canada claims against Union of the Soviet Socialist Republics for the damage caused by Soviet Cosmos 954. International Legal Materials (18) 1979, p. 902, Annex A, para. 3。

③ Quizhi, He, Towards a New Legal for the Use of Nuclear Power Sources in Outer Space, Journal of Space Law (14) 1986, p. 106。

间活动的责任。科技小组有关核动力源的第一次讨论就强调国家主权的重要性①，且写入了《核事故协助公约》。这也是起草《营救协定》中有关救助与搜寻工作条款的主要因素。各国应根据本国情况，就受影响国家提出的请求提供协助，而发射国必须提供协助且提供必要协助不得有任何明显的范围上的限制。从而，发射国提供协助的责任与请求无关，且范围上更加宽泛，但并没有给予发射国参与搜寻或清理工作上的相应优先权利。

（b）必要协助

原则 7 规定："发射国应根据受影响国家的要求，迅速提供必要的协助，以消除实际的和可能的影响，包括协助查明核动力源撞击地球表面的地点、侦测重返的物质和进行回收或清理活动。"

各国尽管已经解决了发射国角色和受影响国家主权之间的问题，但就"必要协助"的范围问题始终没有达成一致。一些代表在协商中呼吁要求明确定义或解释，而其他人表示，该词在国际法中非常明确且在《营救协定》中已经使用②。作为妥协，协助原则最终没有给"必要协助"明确定义③。

但这并不具有说服力，因为《营救协定》中使用的"必要协助"是指对航天员的协助。必须根据人道考量的语境或者《营救协定》前言中的"人性情感"来理解。1963 年《原则宣言》的起草历史表明，在国际社会对该义务的人道性质已经有了广泛共识。考虑到拯救航天员或航天器人员生命的义务具有广泛接受的人道性质，与清理工作的必要协助相比，"必要协助"的范围十分宽泛。此外，在关于协助航天员或航天器人员上，对于预期结果没有疑问，即拯救人类生命。因而，与核动力源事件之后的清理工作相比，确定"什么是必要的"非常简单。在确定"什么是必要的"之前，我们必须明确什么构成一个洁净的环境。处理受污染的土壤和水源，以及确定土壤和水源是否受污染的放射性限制问题已经对明确清理工作目标造成困难。

"必要协助"的确定与"有适当依据的搜索、回收和清理工作的费用，其中包括第三方提供援助的费用"的问题密切相关。尽管"有适当依据的"被视为"必要费用"的替代用语，但它并不能替代必要协助的定义。本课题组认为，有"适当依据"的费用未必是"必要费用"。

---

① UN Doc. A/AC. 105/238，1979 年 2 月 22 日 . Annex II，1979 年 2 月 26 日 . UN Doc. A/AC. 105/305，1982 年 2 月 1 日～19 日。

② UN Doc. A/AC. 105/305，1982 年 2 月 1 日～19 日 . Annex II，1982 年 2 月 24 日。

③ UN Doc. A/AC. 105/370，1986 年 3 月 24 日～4 月 11 日，Annex II，1986 年 5 月 5 日。

IAEA的《核事故或放射性紧急情况下的互相紧急协助安排指南》[①] 可提供参考。该指南的技术附录[②]规定了核事故不同的阶段以及减轻影响的必要活动。这些包括了征询专家意见，提供设备，甚至派送对设备使用和清理工作进行过训练的小组。总之，国际法并没有关于核动力源事故“必要协助”的一般定义，而是从每一个案例中决定哪些行为是必要的。这取决于核动力源的性质，如果有放射性物质的释放，那么考虑因素包括其释放的数量、发生事故的区域，以及受影响国家的技术与科学发展水平。

因此，尝试定义“必要协助”会产生没有预计到所有可预见的、应当包含的协助方式的危险，从而没有将新的发展包含进来。在这方面，将该词留作开放解释的决定提供了更加宽泛和变化的概念，使其在当前日新月异的科技进步中不会过时。

《核动力源原则》没有规定发射国进行清理工作的一般义务。联合国外空系列条约也没有对这种情况进行规定。《外空条约》第9条第2句仅仅适用于“由于引入地球大气圈之外的物质而引起的对地球环境的不利改变”，因而不包括人造核动力源。《营救协定》第5条第4段适用的条件是发出请求的国家回收了“具有危险或毒害性质”的空间物体，而这相当不现实。为什么国家会去回收公海或任何其他不受任何国家管辖的地方的具有放射性的空间物体？仅仅发现物体并不足以要求发射国有所行动，一国必须拥有讨论中的空间物体。《责任公约》第21条呼吁当“倘外空物体所造成之损害对人命有大规模之危险或严重干扰人民之生活状况或重要中心之功能”时采取行动；因而，至少有两三个备选项，处理案例将会存在“受影响的国家”。其中第一个备选项，“对人命有大规模危险”与一国领土并不是那么明显地有关，但是大规模危险难以想象。假若放射性物质从不在任何国家管辖的遥远的区域释放，而这时通常没有多少人，假如有的话，会受到影响。

（3）重返大气层后相关国家和组织的协助义务

原则7第2段（b）款规定：“除发射国以外的所有拥有有关技术能力的国家、及拥有这种技术能力的国际组织，均应在可能的情况下，根据受影响国家的要求，提供必要的协助。”

---

① International Atomic Energy Agency, Guidelines for Mutual Emergency Assistance Arrangement in Connection with a Nuclear Accident or Radiological Emergency, IAEA INFCRIC/310, January 1984。

② 同上，Technical Annex in Radiological Emergency。

(4) 原则7与相关国际条约的关系

原则7主要是明确及重申了合作与互相协助原则。这些原则包含在《外空条约》第9条、《营救协定》第5条和《责任公约》第21条中。核危害产生的对各国的协助义务，则由更加具体的《核事故协助公约》来规定。

《营救协定》第5条第4段规定“……如果缔约国有理由认为，在其管辖的区域内出现的或在其他地方保护着的空间物体或其组成部分，就其性质来说，是危险的和有害的时候，则可通知发射当局在该缔约国的领导和监督下，立即采取有效措施，消除可能造成危害的危险。”与原则7相比，发射国的协助均以受害国的请求为前提，都应在遵守受害国的主权为前提下进行。但《营救协定》更为明确之处在于“在该缔约国（即受害国）的领导和监督下”。关于发射国的优先权，在《营救协定》的制定阶段，各国同意由于主权，空间物体降落在哪一国的领土上，该国就有权进行营救及搜寻行动。因此，一些代表提出发射国的优先权其实是对主权重要性的态度改变。但显然，受影响国即便不赋予发射国清理的优先权，也并不意味着影响发射国的营救与搜寻的权利。毕竟营救和搜寻还需要履行一定公约要求的手续，在权利实现上与清理权利相比，有着现实的滞后性。

此外，该原则没有提到《及早通报核事故公约》和《核事故协助公约》。有学者认为这不利于原则的具体实施[1]。

8. 原则8：责任

原则8原文如下：

按照《关于各国探索和利用包括月球与其他天体活动在内的外层空间活动的原则条约》第6条，各国应为本国在外层空间涉及使用核动力源的活动承担国际责任，而不论这些活动是由政府机构或非政府实体进行的，并应承担国际责任，保证本国所进行的此类活动符合该条约和这些原则中的建议。如果涉及使用核动力源的外层空间活动是由一个国际组织进行的，则应由该国际组织和参加该组织的国家承担遵守上述条约和这些原则中所载建议的责任。

(1) 责任（responsibility）与赔偿责任（liability）

规定责任的最初几个提案并没有严格区分责任与赔偿责任。1982年的三个提案规定的仅仅是赔偿责任的问题。随后就这些提案的讨论表明了这种情

① S. Hobe, Schmidt-Tedd, Schrogl (ed.), Cologne Commentary on Space Law, Volume III, Carl Heymanns Verlag, 2015, p. 247-248。

活动的原则条约》第7条和空间物体所造成损害的国际责任公约的各项规定，发射或促使发射空间物体的每一国家，以及从其领土或设施发射空间物体的每一国家对此种空间物体或其构成部分所造成的损害应承担国际赔偿责任。这完全适用于此种空间物体载有核动力源的情况。两个或两个以上国家共同发射空间物体时，各发射国应按照上述公约第5条对任何损害共同及单独承担责任。

2. 此类国家按照上述公约所应承担的损害赔偿，应按照国际法和公平合理的原则确定，以便提供的损害赔偿使以其名义提出索赔的自然人或法人、国家或国际组织能够恢复至损害发生前的状态。

3. 为了本原则的目的，所作的赔偿应包括偿还有适足依据的搜索、回收和清理工作的费用，其中包括第三方提供援助的费用。

（1）原则9与已有的外空责任机制的关系

在联大决议中出现有关赔偿责任与赔偿的条款非常“罕见”，显然这表明各国法律小组代表重视外空活动中核动力源产生损害的赔偿责任，也重视《核动力源原则》的起草与采纳。尤其是各国十分坚定，由《外空条约》第7条和《责任公约》确立的关于发射国造成损害的赔偿责任的司法机制将不会被《核动力源原则》改变。关于赔偿责任条款的讨论集中在《责任公约》体系在处理携带核动力源的空间物体造成损害上是否足够。第一个关于赔偿责任的提案由意大利在1981年提出[①]。它提出在加拿大提案添加关于赔偿责任的一段[②]。提出该段仅仅是为了明确制定出的草案不会“影响关于国家为探索和利用外空活动中的损害产生的赔偿责任的原则”。原则9最终文本来源于德国1987年的工作稿。

（2）发射国

尽管一些代表期望为决议的每一个原则制定不同的发射国的定义，法律小组未接受这种想法。需注意，尽管与《责任公约》中的定义相比，扩展《核动力源原则》中“发射国”的定义是恰当的，但是法律小组并不是对该用语进行解释或修订的正确场所。因此，原则9中的“发射国”与外空系列条约中的“发射国”的概念是一致的，换言之，它与《核动力源原则》中“发射国”范围以“实际管辖权和控制权”为确定标准是不同的。这使《核动力源原则》实际上存在了并行的责任机制，一个是《责任公约》的责任机制，

① UN Doc. A/AC. 105/238。

② UN Doc. A/AC. 105/C. 2/L. 129，1981年3月30日。

一个是违反了《核动力源原则》中义务的责任机制。与前者相比，后者缺少具有法律约束力的责任机制的保障。

（3）产生的损害的国际赔偿责任

根据《外空条约》第 7 条[①]和《责任公约》，原则 9 第 1 段规定了发射国的责任，且重申该原则“完全适用于此种空间物体载有核动力源的情况”。该赔偿责任针对的是“发射或促使发射空间物体的每一国家，以及从其领土或设施发射空间物体的每一国家”。因此这包括处于任何一国国家管辖之外的发射设施，如公海或外空，也包括位于第三国的发射设施，如拜科努尔航天发射场，从而重申了《外空条约》第 7 条和《责任公约》第 1 条（b）中关于“发射国”的定义。这与原则 2 第 1 段规定的“发射国”定义不同。所有的此种发射国都将为载有核动力源的航天器造成的损害共同地或单独地承担赔偿责任，从而重申了《责任公约》第 5 条[②]。

根据《外空条约》及《责任公约》，“发射国”负国际赔偿责任。这种明确仅提到空间法文件，于是引起了一个问题，即其他条约，如 IAEA 的《核物质引起损害的赔偿责任公约》是否适用。正如原则 1 所述，空间法不能视为完备的体系，因而本身并不排除适用其他国际赔偿责任体系。但是，在《核物质引起损害的赔偿责任公约》体系下，必须完全证明赔偿责任。根据选择的国际体系不同，可能导致不同的承担赔偿责任的国家。

（4）赔偿的确定

原则 9 第 2 段几乎逐字逐句地重复了《责任公约》第 12 条，规定赔偿“应按照国际法和公平合理的原则确定，以便提供的损害赔偿能够恢复至损害发生前的状态”。因而，在确定赔偿数额时，适用标准是国际法、公平合理原则以及恢复原状原则。所以，第 2 段与《责任公约》第 12 条的含义相同。

载有核动力源的空间物体造成损害时，“发射国”应当赔偿的“损害”的

① 《外空条约》第 7 条：凡发射或促使发射物体进入外层空间，包括月球与其他天体在内的缔约国，以及以其领土或设备供发射物体用的缔约国，对于这种物体或其组成部分在地球上、在大气空间或在外层空间，包括月球与其他天体在内，使另一缔约国或其自然人或法人遭受损害时，应负国际责任。

② 《责任公约》第 5 条：1）两个或两个以上的国家共同发射空间物体时，对所造成的任何损害应共同及单独承担责任。2）发射国在赔偿损害后，有权向共同参加发射的其他国家要求补偿。参加共同发射的国家应缔结协定，据所负的共同及个别责任分摊财政义务。但这种协定，不得妨碍受害国向承担共同及个别责任的发射国的任何一国或全体，索取根据本公约的规定应予偿付的全部赔偿的权力。3）从其领土或设施上发射空间物体的国家，应视为参加共同发射的国家。

和 3］的目的，应当根据 1972 年《责任公约》的条款提出和解决争议”[①]。其他代表并不赞成根据《责任公约》解决任何主张。因为并不是所有的国家是《责任公约》的成员国，且有关争议解决更一般的段落更符合各国代表的一致利益。

11. 原则 11：审查和修订

原则 11 原文如下：

这些原则应由和平利用外层空间委员会审查和修订，时间不应迟于原则通过后两年。

在《核动力源原则》中加入审查和修订条款的呼吁第一次出现在 1987 年科技小组会议上[②]。在 1987 年 3 月 12 日的草案中[③]，加拿大通过插入脚注向法律小组提出该条款，脚注内容是有关“安全使用的指南与标准”的原则。该原则规定：“在外空安全使用核动力源的指南与标准在其采纳后每十年审查一次。除了包含在原则 2 中的之外，其他安全使用的指南与标准由联合国外空委的科技小组确定。”通过草案，确定了审查条款，但直到 1990 年才将其从“安全使用的指南与标准”中分离，使得其适用于全部原则[④]。

在加拿大提出修订之后，讨论了是否将该条款作为脚注、还是放在原则里面、还是作为可能的联大决议的前言[⑤]，但在 1987 年会议上，将其纳入作为有关“安全使用的指南与标准”的原则的最后一段[⑥]，且留待以后考虑[⑦]。1989 年时发生了改变，在没有参考法律小组报告[⑧]或工作组报告[⑨]决定的情况下，“以后考虑审查”条款被删除了。同时也决定将审查条款适用于全部原则，而非仅仅是“安全使用的指南与标准”。

一直到 1992 年，审查的时间都是 10 年。而仅仅在工作组最后一次讨论中，时间变成了 2 年。联合国外空委认为，“有必要早些时候审查及修订原则”[⑩]。

① UN Doc. A/AC. 105/484，1991 年 3 月 12 日～4 月 15 日。

② UN Doc. A/AC. 105/383，1987 年 3 月 3 日。

③ UN Doc. A/AC. 105/C. 2/L. 154/Rev. 1，1987 年 3 月 16 日～4 月 3 日。

④ UN Doc. A/AC. 105/C. 2/L. 154/Rev. 6，1990 年 4 月 2 日～20 日。

⑤ 同上。

⑥ 同上。

⑦ 同上。

⑧ UN Doc. A/AC. 105/430，1989 年 4 月 26 日。

⑨ 同上。

⑩ UN Doc. A/47/20，1992 年 8 月 2 日。

《核动力源原则》不仅规定某些技术的使用，而且提供了技术指导。这解释了为什么该原则是唯一包括“审查与修订”条款的文件。因而，起草者显然注意到了技术的飞速变化以及更新适用标准的需求。《卫星电视广播原则》或《遥感原则》虽然处理的也是飞速变化的技术，但是在制定时，可以避免提到某些技术的具体细节，因为它们规制的是空间应用而非空间物体设计。因而，可以使用一般用于描述广播或遥感技术的原则，使得各原则与未来科技发展不矛盾。尽管该立法技术一般是奏效的，对于《核动力源原则》来讲却并不可行，因为存在原则 3。根据原则 3 而制定审查与修订条款，可以从审查与修订条款最初是为了安全使用指南与标准原则而制定中得到反映①。

2003 年，科技小组决定进行开展“基于国际科技的、为外空核动力源应用安全的目标和建议框架”。这项倡议最终导致了 2009 年 5 月采纳《外层空间核动力源应用安全框架》。尽管它不是《核动力源原则》的修订，且“不补充、修改或解释”《核动力源原则》或任何其他有关在外空使用核动力源的条约和原则，但是它可以被视为可能的审查与修订过程的重要的预备步骤，该过程在近期可能被提出。法律小组在外空核动力源应用的议题如何处理上等待决定，因此法律小组决定将《核动力源原则》可能的审查与修订的议题放入其日程表。

（五）《关于在外层空间使用核动力源的原则》与《外层空间核动力源应用安全框架》

《核动力源原则》前言已经认识到，“核动力源必须用于在外层空间的某些任务”，且随着人类探索外空更深、更快，会变得更加重要。深空探测，如旅行者探测仪，不可能由太阳能或非核电池完成，并且核火箭引擎比目前的化学能火箭引擎效率高两倍。核动力源与核推进的发展是探索外空，特别是太阳系外系统的能源问题的解决途径。这会给科技带来很多好处，航天工程师与科学家指尖的能源数量将会导致“任务计划者的范式转移”。使用核动力源可能为更加节省及更加深远地探索外空打开大门。为了利用该潜能，美国已经开始重新生产^{238}Pu，因为目前的存量即将耗尽。

美国 20 世纪 70 年代早期取消 NASA 的火箭飞行器应用的核引擎（NERVA）计划。随后，苏联决定不再继续发展其核推进系统。核推进现在重新引

① 同上。

起兴趣，它可以作为驱动火箭引擎进行星际旅行的方式。俄罗斯工程师计划发展能够在两到四个月内将航天器带到火星并返回的核引擎。为实现行星际航天飞行，这种引擎对于减少旅行时间不可或缺，因为使用化学燃烧系统将使得暴露于宇宙辐射的时间太长。NASA 正集中研究核推进，而且也在测试 RTG 的新类型，高级斯特林放射性同位素发电机（ASRG）。尽管欧洲就核发电站存在争议，欧盟也在进行核推进的研究。

在外空使用核动力源仍然是有争议且敏感的话题，尤其是从公众角度出发。然而，技术讨论的成功，如联合国外空委的科技小组以及机构间空间碎片协调委员会会（IADC），指明了一个机制。该机制具有创造可行适用的标准与指南的双重优势，同时解决政策及国际社会的其他担忧。存在多个在外空使用核动力源国际安全框架的提案。在该方面成功的一次尝试是采纳了《外层空间核动力源应用安全框架》（简称为《核动力源安全框架》），该框架是一个专门解决控件核动力源应用的、卓越的、独立的文件。与《核动力源原则》不同，《核动力源安全框架》包括使用核动力源进行推进，而这由《核动力源原则》前言第 6 段所排除。《核动力源安全框架》与《核动力源原则》并行适用，表明其并不替代《核动力源原则》。其关注点与《核动力源原则》不同：《核动力源原则》制定具体的义务，而《核动力源安全框架》是机制。实施这些机制能确保空间核动力源的安全，且就如何免除外空核动力源国际义务提供指导。尽管《核动力源安全框架》不能取代《核动力源原则》，其有可能变得更加重要，获得更加广泛的应用，因为《核动力源安全框架》全面的范围以及使用技术成熟的形式反映了当前的标准。

全球公众高度重视空间活动，特别是带有核动力源的活动。因此，根据活动的性质，活动会影响行为者的形象及公共声誉，而行为者仍然大部分是国家。遵守国家同意的指南及建议的心理压力十分大，违反这种指南的行为获得的评价不高。因此，尽管《核动力源安全框架》不具有法律约束力，然而其很有可能变得事实上有效。此外，包含在《核动力源安全框架》内的不具有法律约束力的技术条款可能在某些条件下获得法律意义及效力，或演变成国际法习惯，或最终基于《核动力源安全框架》由明确的条约采纳。现在仍缺少这种具有法律约束力的国际标准，尽管有人呼吁将《核动力源原则》或者/及《核动力源安全框架》变成硬法文件，但是目前还没有实施这种行为。

在未来非常现实的一个情况是，存在人工空间碎片和载有核动力源的地球轨道空间物体碰撞的风险，该情况突出了这种具有法律约束力的国家标准的重要性。根据俄罗斯联邦的计算，空间碎片颗粒的碰撞概率在 22 世纪为 0.12。该碰撞会在 700 千米至 1100 千米高度产生严重的损害或片段。即便是在碰撞的情况下，核动力源片段重返的概率仍然十分小。然而，地球轨道不断增加的空间碎片，以及在空间任务中使用核动力源，使得这是一个很现实的担忧。正如法律小组所呼吁，这是应当考虑禁止在地球轨道使用核动力源的理由。其采纳似乎很具希望，因为已经有了一致同意，正如《核动力源原则》所表明，核动力源仅仅在行星际任务中使用，或在足够高的轨道，若其他电源不可利用。考虑到先进的太阳能阵的效率以及各国计划使用核动力源的地点，不存在在地球轨道的任务，其"不能由非核能源以合理方式进行"。因而，禁止在地球轨道使用核动力源不会超越《核动力源原则》的范围，但是如果它具有法律约束力的形式，那么其不会使得这个获得认可的原则变得具有法律约束力。

然而，该议题仍在联合国外空委及其小组委员会的议事日程上。科技小组采纳了新的多年份工作计划，包括 2010—2015 年，即《核动力源安全框架》被采纳之后的"在外空使用核动力源的工作组"。该工作计划集中于收集核动力源应用的国家实践的信息、计划中的未来核动力源应用以及未来挑战的确认。该工作组的任务授权在 2014 年 2 月的科技小组第 796 次会议上被延长到 2017 年。法律小组仍在每次会议上考虑对《核动力源原则》可能的审查。

三、《外层空间核动力源应用安全框架》述评[①]

《外层空间核动力源应用安全框架》是独立于《核动力源原则》的一份自主性文件，由联合国外空委（UNCOPUOS）科学技术小组委员会（STSC）和国际原子能机构（IAEA）最初于 2007 年起草，并提前一年于 2009 年 2 月结束起草。国际原子能机构安全标准委员会于 2009 年 4 月通过《核动力源安全框架》。2009 年 6 月，联合国外空委主委员会对其进行认可[②]，并与科学技术小组委员会和国际原子能机构在 2009 年 12 月进行联合发布。此前，联合

① UN Doc. A/AC.105/934, Safety Framework for Nuclear Power Sources Application in Outer Space, 19 May 2009. 中英文文本参见 http://www.unoosa.org/oosa/en/COPUOS/stsc/wgnps/index.html。

② UN Doc. A/64/20, Report of the Committee on the Peaceful Uses of Outer Space, GA Official Records, Sixty-fourth Session, Supplement No. 20, 1 July 2009, p. 20, para. 138。

国大会在第 64/86 号决议中“满意地迎接”了这份文件[①]。

《核动力源安全框架》是典型的“软法”[②]，在有关空间活动的行为规范发展中，行为者往往依赖于这种软法。就国际法院规约第 38 条第 1 款所列举的国际法渊源来看[③]，很明显，它处于传统国际法渊源体系的范畴之外。它旨在通过提取美国和俄罗斯的本国架构经验，为相关行为者提供权威可靠的技术指南。它提供的是公众基准。即便如此，《核动力源安全框架》也并不具有强制约束力，而是建议行为者对其提供的指南进行自愿遵从。国际通用的指南或标准就是以提供国际基准的这种方式来获得重要性。因此，即使这些文本并不具有法律约束力，假以时日，它们仍然可以获得习惯法上的约束力，特别是有着广泛的、具有代表性的充分国际支持时，用于解释审慎调查义务。

《核动力源安全框架》的构成如下。在一般前言和“安全目标”之后，是三个明显的“指南”部分：第三部分规定了政府指南，第四部分规定了管理指南，第五部分则规定了技术指南[④]。

（一）起草历史

1.《核动力源原则》修订的停滞

《核动力源原则》于 1992 年通过时，为了使之一致通过而达成的妥协不可避免地使其存在一些固有缺陷。序言第 7 段“认识到这组原则将来需要参

---

① UNGA Res. 64/86，International cooperation in the peaceful uses of outer space，10 December 2009，p. 3，para. 10。

② On that notion，参见 Freeland，Steven，The Role of ‘Soft Law’ in Public International Law and its Relevance to the International Legal Regulation of Outer Space，in：Marboe，Irmgard（ed.），‘Soft Law’ in Outer Space – The Function of Non – Binding Norms in International Space Law，Bohlau，Vinna et al. 2012，pp. 9 – 30。

③ Art. 38，Para. 1，ICJ Statute reads：“The Court，whose function is to decide in accordance with international law such disputes as are submitted to it，shall apply：a. international conventions，whether general or particular，establishing rules expressly recognized by the contesting states；b. international custom，as evidence of a general practice accepted as law；c. the general principles of law recognized by civilized nations；d. subject to the provisions of Article 59，judicial decisions and the teachings of the most highly qualified publicists of the various nations，as subsidiary means for the determination of rules of law.”

④ For more background on due diligence in public international law，in particular in international environmental law：Birnie，Patricia/Boyle，Alan/Redgwell，Catherine，International Law and the Environment，3rd edn.，Oxford University Press，Oxford 2009，p. 148。

照新的核动力用途和国际上对辐射防护提出的新建议而进行订正”。此外，原则 11 强调，“这些原则应由和平利用外层空间委员会审查和修订，时间不应迟于原则通过后两年”。

有少数事实导致国家不愿意修订这些原则：苏联解体、俄罗斯近地轨道核反应堆发射的中断、俄罗斯 Mars - 96 和美国卡西尼-惠更斯号的发射（两者均搭载同位素动力源），阻止了原则的进一步修订。《核动力源原则》通过后的前两次空间核动力源发射都得到了极大的公众关注：1996 年，俄罗斯 Mars - 96 航天器从南美西海岸再入，搭载了同位素动力源；1997 年，美国卡西尼-惠更斯号的发射产生了一些争议，并在两年后飞越地球时引发了一场深入的核安全审查①。

然而，核安全并非不曾出现在科技小组委员会的讨论中。在《核动力源原则》通过后的数月内，英国代表团提交了一份工作文件以进一步改善《核动力源原则》②。这一主题同样在空间碎片议程下得到了进一步关注。自 1993 年起，科技小组委员会就开始收到工作文件，该结果来源于有关核动力卫星

---

① For a first evaluation of the Mars 96 accident, e. g. Reichhardt, Tony/Levitin, Carl/Masood, Ehsan, Lost Mars mission thrusts Russian space science further into crisis, Nature (384) 1996, p. 199; for a first hand and technical account on the safety aspects of the embarked Radioisotope Power System (RPS) se Pustovalov, Alexey A. /Polyakov, V. /Nikulichev, V. , Certification of plutonium - 238 radionuclide power sources for Mars - 96 international mission, Space Bulletin (2) Issue 4, 1995, pp. 8 - 9; for the Russian RPS fabrication and certification process for and after the Mars 96 mission RPS. Zavalishin, Yu. K. /Pustovalov, Alexey A. /Derbunovich, B. V. /Akimov, I. M. /D' iachenko, V. I. , Technological capabilities to manufacture heat sources based on plutonium - 238, International Scientific Journal for Alternative Energy and Ecology 2004, Issue 12, pp. 42 - 45; for an analysis of the Cassini re - entry risk evaluation. e. g. Frank, Michael V. , Probabilistic analysis of the inadvertent reentry of the Cassini spacecraft' s radioisotope thermoelectric generators, Risk Analysis (20) 2000, pp. 251 - 260; for the details of the method for the propagation of uncertainty for the Cassini risk analysis. Kampas, Frank J. /Loughin, Stephen, Deconvolution of variability and uncertainty in the Cassini safety analysis, in: El - Genk, Mohamed S. /Bragg, Mary J. , AIP Conference Proceedings (420) 1998, Space Technology and Applications International Forum, 25 - 29 January 1998 Albuquerque, NM (USA), AIP, 1998, pp. 1263 - 1268; and Frank, Michael V. , Treatment of uncertainties in space nuclear risk assessment with examples from Cassini mission applications, Reliability Engineering & System Safety (66) 1999, pp. 203 -221。

② UN Doc. A/AC. 105/C. 1/L. 187, Use of Nuclear Power Sources in Outer Space: Safety Principles for Nuclear Power Sources in Space revisited: Working Paper Submitted by the United Kingdom of Great Britain and Northern Ireland, 16 February 1993。

安全和核动力空间物体撞击产生空间碎片问题的国家研究计划[①]。根据《核动力源原则》中原则 11，《核动力源原则》的审查和修订自 1994 年起就一直在法律小组委员会的议程中，但它一直在限制实质上的处理，仅仅是在科技小组委员会的讨论中有所提及。

在卡西尼-惠更斯号发射的那一年，科技小组委员会决定重设“外空使用核动力源工作组”，向科技小组委员会的所有成员和观察员开放，并于 1998 年 2 月首次重聚工作组，有限制地授权其“鉴定及研究目前有关核动力源使用的国际技术标准”。该授权产生了一项多年期工作计划，即“为外空核动力源安全保障方式及标准建立框架”。在 1998 年的同一会议中，与联合国大会第 47/68 号决议原则 11 相反，小组委员会同意“不批准对《原则》进行修订”[②]。此外，科技小组委员会同意，将此议题传递给法律小组委员会是不合适的，“除非坚定地达成科技一致”[③]。这一多年期工作计划有着充分的时间来收集分析所有可能与“有关核动力源的地面进程与技术标准”相关的信息，以及回顾“国家与国际的方式、提议与标准”[④]。

此种回顾不仅包括各类公约、标准、建议及其他可能与空间核动力源有关的技术性文件，以协助未来就安全过程和标准的讨论，还提供了关于“在有关领域的国际技术性文件方面用以发展和获取一致同意的过程”的部分[⑤]。即使 1998 年的原始工作计划并未进行明确表述，然而该信息仍在此后科技小组委员会-国际原子能机构就《核动力源安全框架》的联合发展过程中被证实

① UN Doc. A/AC. 105/593，National Research on Space Debris，Safety of Nuclear Powered Satellites，Problem of Collision of Nuclear - Powered Sources with Space Debris，1 December 1994；UN Doc. A/AC. 105/593/Add. 1，National Research on Space Debris，Safety of Nuclear Powered Satellites，Problem of Collision of Nuclear - Powered Sources with Space Debris，24 January 1995；UN Doc. A/AC. 105/593/Add. 2，National Research on Space Debris，Safety of Nuclear Powered Satellites，Problem of Collision of Nuclear - Powered Sources with Space Debris，6 February 1995；UN Doc. A/AC. 105/593/Add. 3，National Research on Space Debris，Safety of Nuclear Powered Satellites，Problem of Collision of Nuclear - Powered Sources with Space Debris，7 February 1995；and UN Doc. A/AC. 105/593/Add. 4，National Research on Space Debris，Safety of Nuclear Powered Satellites，Problem of Collision of Nuclear - Powered Sources with Space Debris，24 February 1995。

② UN Doc. A/AC. 105/781，A review of international documents and national processes potentially relevant to the peaceful uses of nuclear power sources in outer space，Report of the Working Group on the Use of Nuclear Power Sources in Outer Space，12 March 2002，p. 3，para. 3。

③ 同上，p. 3，para. 3。

④ 同上，p. 3，para. 4。

⑤ 同上，p. 11，para. 52。

意义重大。

2. 2003—2006 年：有关新国际空间核安全文件目标、范围及性质的协议

2002 年报告涵盖了对国际文件和国家方式的回顾。之后，一项新的工作计划于 2003 年通过，在 2003—2006 年这一期限内的目标是以“框架”形式准备一份新文本。对于文件的种类有着密切的讨论。“框架”一词代替“标准”成为最小众的命名方式。新的工作计划在形式上的最主要目的是为“外空核动力源（NPS）应用安全目标及建议的技术性国际框架”“确立目标、范围及性质”。工作组被特别安排任务，与国际原子能机构一起，以灵活的合作方式对《核动力源安全框架》的可行性进行调查，以发展安全标准①。该工作计划于 2005 年修订，包括 2006 年 2 月科技小组委员会和国际原子能机构的联合研讨会以及重新排定日程，将最终报告的提交时间由 2006 年改为 2007 年。

在 2006 年 2 月和 6 月的工作组会议中开展了有关与国际原子能机构进行全面合作的密切讨论。在联合国外空委下，这种形成空间法文本的合作尚无先例，并且联合国外空委和国际原子能机构不同的批准及工作程序也涉及到一些待解决问题②。讨论主要集中在与国际原子能机构共同发展的三个非排他性选项上：第一个选项包括与国际原子能机构共同工作的联合计划，使用国际原子能机构的安全标准，工作涉及科技小组委员会的专家。第二个选项是组织一个联合研讨会，期间国际原子能机构的专业知识可以被纳入过程中。第三个选项从组织上而言最简便，“工作组相关成员促进工作［…］以在多边基础上出于科技小组委员会的考虑开发一般标准”，并由国际原子能机构在标准草案上进行同行审议③。

参与到工作组的欧洲代表团，尤其是法国，更偏向于与国际原子能机构

① The workplan was adopted as Annex III of UN Doc. A/AC. 105/804，Report of the Scientific and Technical Subcommittee on its fortieth session，held in Vienna from 17 to 28 February 2003，Annex III，Workplan for developing an international technically based framework of goals and recommendations for the safety of nuclear power source applications in outer space，5 March 2003，pp. 46 - 47。

② The actual partnership was then between the STSC and the IAEA，mainly to keep the discussions on a technical level only. A partnership between the COPUOS Main Committee and the IAEA would probably have aroused discussions on the involvement and role also of its Legal Subcommittee。

③ UN Doc. A/AC. 105/C. 1/L. 268，Possible organizational plans for potential co - sponsorship of an effort to develop an international space nuclear power source technical safety standard and potential advice of the International Atomic Energy Agency to the Scientific and Technical Subcommittee in the preparation of such a standard，23 September 2003。

的紧密融合。然而美国代表团却较为犹豫。俄罗斯代表团及大多数参与者并未表达任何强烈倾向。2006 年 2 月的联合研讨会仅仅提及一些要点，其他的则与国际原子能机构互换函件时进行了特定程度的表述。关于此种新文件的产生，国际原子能机构内部也存在不确定性，尤其是国际原子能机构准备发布其基本安全原则文件[①]，将首次整合之前分散各处的高级文件，并旨在成为所有国际原子能机构安全标准的基础。然而，该文件草案很明显不适用于空间核动力源应用[②]。2006 年 6 月，在核动力源工作组闭会期间的会议中，一致同意与国际原子能机构进行合作。

除了阐明有关国际原子能机构程序及合作选项的某些方面外，研讨会还为国家和地区机构、参会成员国、国际原子能机构间的观点及信息分享提供了平台。会上做了有关以下主题的发言：正在进行的、计划中的、目前可预见的空间核动力源应用；有关空间碎片的核动力源信息；有关空间《核动力源安全框架》范围、性质和目标的信息，最为显著的是同位素和反应堆应用方面此种框架的最基本要素。与美国一起，俄罗斯、法国及欧洲空间局就正在进行的、计划中的、目前可预见的空间核动力源应用发言，并就同位素核动力源使用的国际安全框架基本要素问题发言。

2006 年底，各国同意《核动力源安全框架》的关键特征为：应当具有一般化的性质，技术上有效并相对独立于不断演变的技术，以能够反映广泛国际认同的指南形式出现[③]。

3. 2007—2009：《外层空间核动力源应用安全框架》的起草

《外层空间核动力源应用安全框架》的实际起草始于 2007 年。当时工作组同意了框架的实施，即实质上同意了与国际原子能机构合作的选项，并创立“联合专家组”以开展实际工作，允许专家组的工作相对自由（例如，只用英文进行工作，在联合国外空委闭会期间也是如此）。新的多年期工作计划预见了以四年时间起草、达成协议、发布《核动力源安全框架》。2007 年 6

① International Atomic Energy Agency, Fundamental Safety Principles, IAEA Safety Standard Series. No. SF-1 (STI/PUB/1273), 2006。

② An analysis of one of the draft documents further raised some discussions on its development process and the role of the IAEA secretariat since there appeared to be textual changes (e. g. a reference to space nuclear power sources in a footnote) which were added and deleted in a process that included fewer oversight by Member States than was possible for a document developed by COPUOS。

③ UN Doc. A/AC. 105/869, Report of the Scientific and Technical Subcommittee on its forty-third session, held in Vienna from 20 February to 3 March 2006, Annex III, Report of the Working Group on the Use of Nuclear Power Sources in Outer Space, 16 March 2006, pp. 40-47。

月，在新成立的联合专家组第一次会议上，美国代表团以一纸“稻草人”文件发起了起草程序，对框架大纲做出了建议。由于2003年和2007年间的准备期限较长，各方的期待得到了协调，联合专家组[①]在两次工作会议后同意了《核动力源安全框架》首份草案，并于2007年底向科技小组委员会各成员国分发[②]。

联合专家组内部进行首次讨论后，遗留了一些问题，一是国际原子能机构术语的使用（例如“首要责任”一词的使用），二是关于欧洲空间局之类国际政府间组织的任务实施中，不同条款的不确定性，例如政府指南、管理指南和技术指南间存在的差别。国际原子能机构和联合国外空委成员国在审议首份草案时，主要顾虑和问题在于文件不具有约束力、地球轨道上核动力源的潜在使用、国际原子能机构术语的使用（例如“可以合理达到的最低限度”）以及《核动力源安全框架》与《核动力源原则》之间的关系。然而，2007年工作计划被联合国外空委和国际原子能机构成员国接受时，多数问题已经在文件中得到了一致同意[③]。

国际原子能机构的审议程序不仅包括国际原子能机构安全标准委员会，还允许全部四个专家委员会的参与[④]，产生的评论比预期要少，因此2008年对首份草案的修订只有很少的编排修改。于是，2009年2月，联合专家组、核动力源工作组和科学技术小组委员会提前一年就草案终稿达成了一致。

（二）前言

前言的前两段对空间核动力源的使用历史及现状做了一般的纯事实性陈

① As during the preparation phases, the NPS Working Group and the Joint Experts Group were led by Dr. Sam Harbison from the UK delegation. While there were small fluctuations in the participating delegates to the NPS Working Group, a core group of delegates from the USA, Russia, France, UK, Germany and ESA remained essentially unchanged, participated in all meetings and provided most of the content during the drafting phases。

② UN Doc. A/AC. 105/C. 1/L. 292, Draft Safety Framework for Nuclear Power Source Applications in Outer Space, 17 December 2007。

③ As part of the Document Preparation Profile, UN Doc. A/AC. 105/C. 1/L. 289/Rev. 1, Development of an international technically based framework of goals and recommendations for the safety of planned and currently foreseeable nuclear power source applications in outer space, Annex II, Recommended multi-year workplan, 10 April 2007, pp. 14f。

④ The IAEA committees that have reviewed the document are the Nuclear Safety Standards Committee, the Radiation Safety Standards Committee, the Transport Safety Standards Committee and the Waste Safety Standards Committee。

因此在某些语言和组织中有时仍然分开使用。关于《国际原子能机构安全术语汇编》的早期协议避免了涉及翻译和定义的长篇累牍。

（三）导言

导言前两节回顾了前言的前两段。以往对空间核动力源应用的描述都是包括性的而非排除性的，因此可以用于技术发展带来的新应用。值得注意的是，这些小节并没有指定轨道区域。2008 年 9 月 1 日起，在《核动力源安全框架》草案的评论中，委内瑞拉玻利瓦尔共和国常驻代表团的交流显示，委内瑞拉要求移除所有涉及地球轨道空间核动力源的内容，称“在地球轨道上使用核动力源是不被许可的，因为任何外空活动都应遵循保护生命、维持和平的原则”①。

第二小节的最后一句，“某些可预见的空间飞行任务除了以空间核动力源为动力之外别无其他可行的选择，有些空间飞行任务也只有如此才能大大提高其动力”，反映出工作组就空间任务使用核动力源问题曾讨论过可行的替代动力源。2006 年 11 月，美国国家航空航天局公布火星科学实验室任务的最终环境影响报告，包括两种可行的任务替代选项，一种依靠核动力源的使用，一种仅依靠太阳能。由于前者拥有更多科学回报，报告推荐使用核动力源②。

第 1.3 节和第 1.4 节都强调前言中涉及空间核动力源应用特殊性的相关段落，尤其是与地面核动力源的使用相比较。第 1.1 节“背景”是《核动力源安全框架》后续章节的简介，坚持认为任务中的所有要素都可能影响核安全，因此还强调将所有主要的任务要素包含在内，如空间核动力源、航天器、发射系统、任务设计和飞行规则。

（四）安全目标

《外空核动力源安全框架》“根本安全目标是保护地球生物圈中的人与环境，使其免受空间核动力源的应用在有关发射、运行和寿终阶段可能带来的

---

① IAEA Ref. No. N－1656－08，Ministry of Science and Technology of the Bolivarian Republic of Venezuela，Comments via a communication from its Permanent Mission to the United Nations，Vienna，addressed to Mr. El Baradei，Director General of the International Atomic Energy Agency，1 September 2008。

② NASA，Final Environmental Impact Statement for the Mars Science Laboratory Mission－Volume 1，vi－vii，1－1，http：//science. nasa. gov/media/medialibrary/2010/11/05/MSL－FEIS_Vol1. pdf，accessed 10 December 2014。

危害”，这样的表述回顾了《国际原子能机构基本安全原则》的安全目标，即“保护人类和环境免于电离辐射的有害影响”①。为达到此目标，包括政府在内，凡是涉及空间核动力源应用的全部类型的组织实体都应当“采取措施，确保人（个人和集体）与环境受到保护”，再次体现出与《国际原子能机构基本安全原则》相似的措辞，后者规定“这一保护人类（个人和集体）和环境的基本安全目标必须在对引起辐射危险的设施运行或活动的开展不存在不当限制的情况下实现”②。

使用“应当（should）”一词再次暗示了《核动力源安全框架》不具法律约束力的特征，而应该被理解为技术专家做出的政治建议。《国际原子能机构基本安全原则》中的措辞也被采纳了，承认存在遗留风险，规定这种保护“不会不适当地限制空间核动力源应用的使用”。在《核动力源安全框架》的首份草案版本中，“空间核动力源应用的使用”之前原本有“受益”一词，在委内瑞拉进行评论后被删除了③。

“不适当地”一词以及联合专家组的讨论内容均表示了每个任务都有具体问题具体分析的评估需求。评估对象一方面是针对“可能因为发生事故而由此对地球生物圈中的人与环境造成危害”（遗留风险）的必要保护，另一方面是空间核动力源应用的预期惠益。第 3 节“政府指南”则提供了更为详细的信息。

（五）政府指南

第 3 节“政府指南”分为四个小节，均涉及发射国责任。根据《外空条约》和《责任公约》，《核动力源安全框架》中的建议指出了相关政府的特别责任，因为空间核动力源应用可能带来全球性的风险。政府建议中有三项涉及规制问题，即安全政策、要求和程序（第 3.1 节）、空间核动力源应用的理由（第 3.2 节）、飞行发射授权程序（第 3.3 节）的设立和保障一致。同时，第四项建议涉及政府的直接活动，特别是应急准备和应对（第 3.4 节）。

《责任公约》第 2 条规定了发射国对其外空物体在地球表面及对飞行中之航空机所造成之损害的绝对责任，意在使发射国努力减少关于发射的风险，

① 同上。

② 同上。

③ Joint Expert Group (JEG) Document, Disposition Table for the Member State Comments on the Draft Safety Framework for Nuclear Power Source Applications in Outer Space (ver.: C. 1/L. 292/Rev. 1), 4th Meeting of the JEG, June 2008。

《核动力源安全框架》向政府和国际政府间组织提供了切实的方法和手段以最大程度地减少损害的风险，并依靠空间核动力源应用的实践经验，保护地球生物圈中的人与环境不受与发射、运行和寿终阶段有关的潜在危害的影响。[①]。如此一来，美国和苏联/俄罗斯在过去 50 年中使用空间核动力源所获取的经验和专业知识是相当有价值的，并且可以向其他国家和组织结构传播。

在《核动力源安全框架》的这一节中，指南是提供给“政府和有关国际政府间组织”的[②]，但第 3.3 节中有关空间核动力源应用的飞行发射授权程序除外，其仅提供给监督和授权空间核动力源飞行作业发射任务的政府。政府指南大体上可以与《国际原子能机构基本安全原则》之原则 2 相比较。后者规定：“必须建立和保持有效的法律和政府安全框架，包括独立的监管机构。”[③]

1. 安全政策、要求和程序

《核动力源安全框架》建议：“无论空间核动力源飞行任务是由政府机构还是非政府实体执行的，负责授权或核准这类活动的国家政府和有关国际政府间组织应当制定其各自的安全政策、要求和程序并确保其得到遵守，以满足根本安全目标和达到各项安全要求。”此种表述反映了《外空条约》第 6 条第 1 句中部分措辞的理念：“本条约各缔约国对本国在外层空间，包括月球与其他天体在内的活动应负国际责任，不论这类活动是由政府机构或是由非政府团体进行的。它并应负国际责任保证本国的活动符合本条约的规定。”

《核动力源安全框架》中的“授权”和“核准”借鉴了国际原子能机构安全术语汇编中的定义。这两个词都指监管部门通过“核准”这一更为正式的程序授予同意，通常意味着对操作者开展具体活动进行书面许可。两种定义的解释空间都仍然很宽广，这与《核动力源安全框架》的目的相一致，即向行为者——此种情况下是政府——根据具体处境提供一定的灵活性。

国际原子能机构术语汇编中已经预见到某种特殊活动需要多方核准的可

① Section 3 NPS Safety Framework—Guidance for Governments; and UN Doc. A/AC. 105/C. 1/L. 289/Rev. 1, Development of an international technically based framework of goals and recommendations for the safety of planned and currently foreseeable nuclear power source applications in outer space, 10 April 2007, pp. 3 f., Chapter III, Section A. Objectives。

② The only relevant international intergovernmental organization in this context at the time of drafting of the NPS Safety Framework has been the European Space Agency (ESA)。

③ International Atomic Energy Agency, Fundamental Safety Principles, IAEA Safety Standard Series No. SF-1 (STI/PUB/1273), 2006, p. 7。

能性。据此，不止一个国家或国际组织可以成为核准或授权空间核动力源任务的主体。因此，这种空间核动力源任务的管辖可能相互冲突，并在之后要经历多重技术审查程序。在这些必然需要相应发射国进行额外授权或核准的情况下，以及在空间核动力源任务由国际政府间组织开展的情况下，形成共同的、完整的、联合的安全政策、要求和程序显然更为可取，或至少是对已有的规则做出进一步协调。

2. 存在空间核动力源应用的理由

使用空间核动力源应"有合适的正当理由"，这一建议原理与政府在任务核准程序中的角色息息相关。《核动力源安全框架》特别建议："组织应当确保每次使用空间核动力源应用的理由考虑到其他选择，并有合适的正当理由。"这一节谈论的是空间核动力源应用的理由，因此强调了整个系统所要求的评估。即使"考虑到其他选择"，这一表述也明显包含两个方面：是否有核动力源的替代物和是否能为了达成目标而采取另一种完全不同的方式。

从实践上来看，技术成果最有可能达到的是分析任务飞船上所使用核动力源的替代物。第 3.2 节最后一句不仅建议考虑这种任务的"风险"，还提到了"惠益"，即使没有明确提及，也暗示了某种风险和惠益间的"权衡"："这一过程应当考虑到空间核动力源应用的惠益和有关发射、运行和寿终阶段给人与环境带来的相关风险。"关于空间核动力源应用"惠益"的措辞有些模棱两可：虽然可以将"惠益"与"给人与环境带来的"风险联系起来，它却更像是一般的、无条件的"惠益"，由有关政府决定，对政府来说也有可能是任何种类的惠益。

3. 飞行发射授权机制

本节建议为有关空间核动力源的任务制定一个独立、起补充作用的专门核准程序。与"政府指南"下所有其他条款相反，飞行发射授权的建议仅仅针对政府，而不是对"政府和有关国际政府间组织"。本节还体现出，授权程序包括发射安全所涉非核方面和地面方面，并且注重核安全方面的飞行发射授权程序应由同一政府制定。第二句建议包括来自"其他参加组织"的信息评价，体现出与第一句的联系，即授权政府也是"参加组织"。这么看来，《核动力源安全框架》似乎是美国和俄罗斯框架的示范结果。就文本体现的精神而言，应当解释为包括所有参加组织对所有相关信息和考虑的评价。

第 3.3 节进一步建议设立"独立的安全评价"，作为"授权程序的一个组成部分"。《核动力源安全框架》将"独立"一词解释为"独立于执行飞行任务的管理组织进行的审查"。这与《国际原子能机构基本安全原则》相一致，并可直接在国家架构下适用。然而，这份建议在适用于国际政府间组织的空间核动力源任务时，为解释这种程度的独立留出了余地："执行任务的管理组织"能否做出"独立的安全评价"，以及国际政府间组织成员国的国家机构是否被视为独立的执行任务的管理组织？

设立独立安全评价的建议来源于美国采取的方式，其空间核动力源应用的发射核准要求和程序由两方面规定。一是《国家环境政策法》（NEPA）[①]，二是第25号总统指令/国家安全委员会备忘录授权了"有潜在大规模不良环境影响的科学或技术实验及向外空发射核系统"（PD/NSC-25）[②]。NEPA程序旨在确保考虑到发射可能造成的环境影响及其他合理的选择，而PD/NSC-25则试图确保在发射核动力源之前总统级别的决策得到通知，因此往往只在发射前的短时间内完成。

除美国国家航空航天局之类执行任务的机构外，PD/NSC-25的程序还涉及能源部（DoE），它主导着"安全分析报告"中大部分有关辐射风险估测的活动。在白宫科技政策办公室要求核安全发射核准前，该报告由独立的"特设机构间核安全评审专家组"（INSRP，包括所有重要的政府股东）基于能源部和环保局的报告及评论/支持，以"安全评价报告"的形式进行评价。这是美国政府内部做出政治决策的最高级别，通常基于独立的外部专家的特别意见。他们通过量化事故风险和相关误差，估测任务中计算出的所有遗留风险是否与预期的科学惠益相匹配。核安全核准因此成为安全发射核准程序中的常规投入。

建议中提到，审查"独立于执行飞行任务的管理组织"，从美国国内角度来理解是有关组织的行政独立，即使它们必然是同一政府的组成部分、基于同一联邦资金建立并最终向美国总统报告。因此，"独立"可以解释为视层级

---

① National Environmental Policy Act，42 U. S. C. 4321-4347，1969。

② Only the original presidential directive of 1977 is available online http：//www. fas. org/irp/offdocs/pd/pd25. pdf accessed 10 December 2014，the current version，as amended 8 May 1996，is not in the public domain and its content is therefore only inferred to via its application and secondary publications. See e. g. O/Connor，Bryan，Coordinate Nuclear Launch Safety Approval（NLSA）Process，NASA，17 January 2006 http：//nodis3. gsfc. nasa. gov/HQDQMS _ Docs/QMS/HQ _ OWI _ 8710 _ GD000 _ 014 _ D _ . pdf，accessed 10 December 2014；and UN Doc. A/AC. 105/C. 1/2011/CRP. 6，Wilcox，Reed，"Safety in the Design and Development of United States Space NPS Applications"，4 February 2011。

而定并在层级上产生相互作用①。至于国际政府间组织，除了与欧洲空间局的联系之外，可以说国家机构在这种意义上独立于执行任务的组织，足以执行此种审查。因为两种组织间的层级独立已经到了不会影响安全审查程序之公正的高度。

4. 应急机制

本节第 4 小节做出的政府建议着重强调为保护人类与环境之目的，在发生事故的情况下及时与周密准备的重要性。它反映了《国际原子能机构基本安全原则》之原则 9，后者规定“必须为核事件和辐射事件的应急准备和响应做出安排”②。《核动力源安全框架》为政府规定了这项责任，与空间条约中国家的角色相呼应，而《国际原子能机构基本安全原则》之原则 9 针对的是所有行为者，不仅仅是政府③。《核动力源安全框架》并未就紧急情况做出特别说明或分类。它没有采用《国际原子能机构基本安全原则》中使用的“可合理预见的事件”一词。后者与“任何事件”存在区别④。它只在关于管理指南第 4.1 节下使用了一次类似的措辞，规定“制定程序以加强在一切可合理预见情况下的安全”。

（六）管理指南

《核动力源安全框架》这一部分包括对空间核动力源应用管理的建议，因此主体是“涉及空间核动力源应用”的组织。其范围非常宽泛，所使用的措辞将实际上相关的实体都包括了进来。“对涉及空间核动力源应用的组织提供管理方面的指导”这段话针对的是组织的管理层，而不是使用空间核动力源

① This interpretation is also consistent with the wording and spirit of the International Atomic Energy Agency, Fundamental Safety Principles, IAEA Safety Standard Series No. SF-1 (STI/PUB/1273), 2006, which recommend in Para. 3.11 under the Principle 2 dealing with the role of government that “in the event that the licensee is a branch of government, this branch must be clearly identified as distinct from and effectively independent of the branches of government with responsibilities for regulatory functions.” The equivalent of the “licensee” in the Fundamental Safety Principles would be the “organization that conducts the mission”。

② See International Atomic Energy Agency, Fundamental Safety Principles, IAEA Safety Standard Series No. SF-1 (STI/PUB/1273), 2006, p. 14。

③ 同上。P. 14, Para. 3.35 which includes “the license, the employer, the regulatory body and appropriate branches of government” which are all asked to “establish, in advance, arrangements for preparedness and response for a nuclear or radiation emergency at the scene, at local, regional and national levels and, where so agreed between States, at the international level.”

④ 同上，p. 14。

任务的一般管理。管理的三项任务并不是排他的：1）负有主要安全责任，2）为安全提供充足的资源，3）促进安全文化。

在《核动力源安全框架》起草阶段，第二点和第三点只收到了很少的评论，并无实质探讨；在形成阶段，实质上的讨论主要集中在有关“主要责任”的条文上。

“主要责任”这一概念对核安全组织而言极为重要，由国际原子能机构考虑到地面核活动而提出。《国际原子能机构基本安全原则》之原则1规定：“对引起辐射危险的任何设施或活动或对实施减轻辐射照射的行动计划负有责任的人员或组织对安全负有主要责任”①。该原则被认为是国际原子能机构安全标准丛书中消除歧义的基础。

在《核动力源安全框架》中，“主要的安全责任”这一概念可以被理解为针对的是相关参与者的任务的内部分配，其目标是为了在飞行任务的准备和实施中尽量优化安全等级，避免有关权限的任何口角。法律层面上的责任没有任何争议，例如《外空条约》第6条和《核动力源原则》之原则8中规定的“国际责任”。国际责任主要涉及相对于第三方的法律责任，可能出现可归责的不法行为引发的责任②。《外空条约》第6条最后一句以及《核动力源原则》之原则8拓宽了国际责任的概念，将活动的实施主体由国际政府间组织延伸至国际组织和参与的国家，国际空间法编纂的受害者导向方式很好地解释了这一点。

1. 安全责任

《核动力源安全框架》第4节的对象是涉及空间核动力源“应用”（定义更为广泛）的所有组织，而第4.1节只提及了一个组织和空间核动力源“飞行任务”。其规定，“执行空间核动力源飞行任务的组织负有主要的安全责任”。《核动力源安全框架》的术语表并未包含“执行空间核动力源飞行任务的组织”的精确定义，国际原子能机构安全术语汇编也未能对如何定义执行任务的组织提供帮助。同样，《外空条约》和《责任公约》的措辞也无法回答这个问题，因为它们的着重点在于国家活动和责任。

这些条文均涉及执行飞行任务的组织，其背后的精神同样体现在《核动

---

① See Chapter 3, para. 3.3. International Atomic Energy Agency, Fundamental Safety Principles, IAEA Safety Standard Series No. SF-1 (STI/PUB/1273), 2006, p. 6。

② See Gerhard, Michael, Article VI, in: Hobe, Stephan/Schmidt-Tedd, Bernhard/Schrogl, Kai-Uwe (eds.), Cologne Commentary on Space Law, Volume I, Carl Heymanns, Cologne 2009, p. 116, 52。

力源安全框架》的文本以及美国国内的组织结构里，这两者都是起草阶段的参考来源。《核动力源安全框架》第 4.1 节明确了此类组织需要拥有的关系类别："该组织应当包括飞行任务的所有有关参与方（如航天器提供方、运载火箭提供方、核动力源提供方、发射场地提供方等），或者与它们订有正式安排。"

此种分类体现出组织需要处在中心位置。关于国家任务，例如俄罗斯和美国所执行的，鉴定执行任务的组织比较直截了当，而执行任务的国际政府间组织则带来一些仍在探讨中的问题。在典型的探索和科学任务，即最可能使用空间核动力源的任务中①，国际政府间组织倾向于与发射服务提供者签订发射合同，与总承包商签订多个阶段的开发合同，后者通常还负责开发和组装航天器。在很多情况下，总承包商还与发射系统提供者有着正式关系。初看之下，执行任务的组织会是国际政府间组织，但原则上三类实体都有此资格。发射和测试阶段过后，发射服务提供者通常不再参与到操作中，因此也被视为三类实体中最不合适具有此资格的一个。

关于正式装置，原则上，发射服务提供者、总承包商、国际政府间组织

---

① See Abelson, Robert D.（ed.）, Enabling Exploration with Small Radioisotope Power Systems, JPL－Publication 04－10, September 2004 http://trs－new. jpl. nasa. gov/dspace/bitstream/2014/40856/1/04－10. pdf accessed 10 December 2014, p. 1－2, Table 1－1; Abelson, Robert D（ed.）, Expanding Frontiers with Standard Radioisotope Power Systems, JPL D－28902, 12 January 2005 nasa. gov/multimedia/downloads/Standard _ RPS _ Report _ Final _ 011205. pdf accessed 10 December 2014; Campbell, Michael D.（ed.）, The Role of Nuclear Power in Space Exploration and the Associated Environmental Issues: An Overview, A Report by the Uranium Committee of the Energy Minerals Division, AAPG, 2 June 2009 http://www. mdcampbell. com/RoleofNuclearinSpace060209V2. 3Cover. pdf accessed 10 December 2014; Furlong, Richard R. /Wahlquist, Earl J., U. S. space missions using radioisotope power systems, Nuclear News (42) 1999, No. 5, pp. 26－34; Pustovalov, Alexey A., Role and Prospects of Application of RTG on Base of Plutonium－238 for Planetary Exploration, in: The European Thermoelectric Society, Proceedings of the 5th European Conference on Thermoelectrics, 10～12 September 2007 Odessa（Ukraine）http://ect2007. its. org/ect2007. its. org/system/files/u1/pdf/05. pdf accessed 10 December 2014; Schmidt, George/Wiley, Robert/Furlong, Richard, Radioisotope Power Systems (RPS) for New Frontier Applications, Presentation to New Frontiers Program Pre－proposal Conference, 13 November 2003 http://newfrontiers. larc. nasa. gov/PDF _ FILES/09 _ NF _ PPC _ Schmidt. pdf accessed 10 December 2014; Summerer, Leopold/Finzi, Elvina/Messina, Piero, Nuclear Power Sources for Space Explorations: Status and Prospective in Europe, in: Proceedings 10th ISU Symposium on Space Exploration, 30 November～2 December 2005 Strasbourg (France), ESA Publications Division, 2006; and Summerer, Leopold/Stephenson, Kenneth A., Nuclear power sources: a key enabling technology for planetary exploration, Proceedings of the Institution of Mechanical Engineers, Part G: Journal of Aerospace Engineering (225) 2011, pp. 129－143。

可以与空间核动力源提供者签订正式的开发或采购合同。在实践中，尤其是有关接口装置时，将空间核动力源与航天器进行整合最直接的技术手段是采取与其他子系统同样的方式，从而落入总承包商和核动力源提供者之间分包合同的框架内。考虑到国际政府间组织和总承包商之间的合同性质，包括分包者层级的决定权与能见度，可以说，即使在这样的情况下，“正式装置”也不仅仅存在于总承包商和核动力源提供者之间，还同样存在于国际政府间组织和核动力源提供者之间。

组织处在中心位置的目的是在任务的整个开发和操作阶段承担主要责任，并与其他所有相关实体保持正式关系，推行所有必要的安全相关条款及变数。由于核安全需要从整体角度来对待，组织从任务早期的设计阶段就承担主要责任非常重要。发射服务提供者在任务早期很少会出现。在任务设计开发阶段也可以变更总承包商；如果它承担主要责任的话，那么主要责任也需要转移。

有关执行任务的组织的安全责任，所有条款，特别是第（g）小节中关于“向公众提供相关、准确和及时的信息”，国际政府间组织是承担所述“主要责任”的最佳人选。

值得注意的是，第4.1节第（c）小节是《核动力源安全框架》中唯一使用了“在一切可合理预见情况下”的地方，建议制定程序对其进行加强。在这点上，它不同于《国际原子能机构基本安全原则》，后者使用的措辞是“可合理预见的事件”①。

2. 安全领导与管理

本节涉及有关空间核动力源应用的内部组织方面。它重复了《国际原子能机构基本安全原则》之原则3中一些语句，例如总括性陈述“在与辐射危险有关的组织内以及在引起辐射危险的设施和活动中必须确立和保持对安全的有效领导和管理。”

《国际原子能机构基本安全原则》列举了三点以描述一种恰当的安全文化所必需的要素，即各级领导、管理部门和人员对安全的个别承诺和集体承诺，各级组织和个人在安全问题上的问责制，在安全问题上鼓励质疑和学习态度和防止自满情绪的措施②，大致与《核动力源安全框架》中第（c）小节至第

① See International Atomic Energy Agency，Fundamental Safety Principles，IAEA Safety Standard Series No. SF-1 (STI/PUB/1273)，2006，pp. 11，14，15。

② 同上，pp. 8-9。

(e) 小节相同。此外，《核动力源安全框架》还包括了第 (a) 小节与第 (b) 小节，涉及明确划分职权、责任和通知渠道，以及积极反馈和持续改进。

（七）技术指南

本节与前两节不同，并不涉及政府或管理层的具体行为者类型。第 3 节和第 4 节之后也许会有为工程师或技术人员提供的指南，但它并不是。这个慎重选择的原因是，其内容并不是为工程师或技术人员提供实践指南。它仍然主要涉及空间核动力源应用的组织管理层，并在一定程度上涉及政府管理层。由于其中内容与工程师可能期待的技术性无关，因此，其标题“技术指南”也许有些误导。

它涉及空间核动力源应用任务的设计和开发阶段所需的能力、权限、技术活动，以及风险降低评估和事故后果管理。

1. 核安全方面的技术能力

第 5.1 节第 (a) 小节至第 (d) 小节指出“从一开始发展空间核动力源应用”就建立能力，实践中会给使用空间核动力源的任务带来沉重的负担。除了项目与组织上的负担外，还有额外的费用与复杂性。此外，所有四个小节，特别是第 (a) 小节、第 (b) 小节、第 (d) 小节要求空间核动力源应用的主要合作方开展极为密切的技术合作，大量交换数据，在很多情况下不仅仅是商业保护原因，还是出于国家安全的考量。

第 5.1 节第 (a) 小节要求界定事故情形及其预期发生概率，特别是它们对应的概率是空间核动力源应用安全评估的关键参数时。如果发射平台属于商业发射市场，上述情形还具有商业敏感性，可能包含限制性信息。发射保险费用也会将此信息纳入考虑范围，但界定事故情形及发生概率有不同的方式。

第 5.1 节第 (b) 小节对工程细节做出了要求，主要形式是事故所引发后果的成熟模型。对一般任务而言，这种模型限于必要的传统安全范围，例如事故发生后碎片的轨道范围。然而，有关空间核动力源应用发射的事故情形，其相关物理条件还包括温度、压力、化学反应、能量（粒子）碰撞及各种化合反应。这些参数中多数只在未定边际相对较大时被知悉。

第 5.1 节第 (c) 小节做出了异于一般任务的要求：将第 (b) 小节中的不同物理条件转化为核动力源应用和核动力本身的反应。由于发射事故的条件相对苛刻，这些物理参数往往限于材料反应的典型工程知识，因此需要更多的测试和实验。

事故发生时，核动力源可能暴露于某些极端环境中，从而无法通过材料工程和保护层措施来进行减轻。因此，降低风险要求在任务早期设计程序向设计配置转换时进行评估。第（d）小节从而建议“确定并评估哪些固有的和工程设计上的安全设置可以减少可能发生的事故对人与环境的风险”，这对一般空间任务来说又是一个不同寻常的措施，直接引出了第（a）小节、第（c）小节、第（d）小节及第 5.2 节的建议。

2. 设计和开发方面的安全

要对这一小节进行评论，重要的是确定它审慎地包括了哪些内容、排除了哪些内容。相较于《国际原子能机构基本安全原则》之原则 8 规定的防止事故，它没有规定“深入防范”这一概念，而在《国际原子能机构基本安全原则》之原则 8 中这一概念被描述为“防止和减轻事故后果的主要手段”[①]。《核动力源安全框架》侧重于“制定综合设计和开发程序”和“在其中纳入对空间核动力源应用全过程”以达到安全目标。

之所以与地面核活动安全原则的国际认可出现显著偏差，是与空间系统的严苛要求有关，其并非往往能够在实践中有所冗余，以确保“任何单一的技术故障、人为或组织失误都不会导致有害影响”[②]。

第（a）小节、第（c）小节和第（d）小节直接呼应了第 5.1 节中的建议。查明、评论和落实设计上的设置、控制和防备措施，一方面能降低事故的概率，另一方面能降低可能释放放射性材料的强度及其潜在后果，要求从空间任务设计早期就开始进行彻底的技术迭代。这方面在第（d）小节中也得到了体现，即“向设计过程提供反馈”，意味着需要尽早在任务设计程序中开展详细的风险分析以准备好出现变数。第（c）小节提到了使用测试和分析以“验证和鉴定设计上的安全设置和控制”，从而与第 5.1 节第（c）小节有着直

① International Atomic Energy Agency, Fundamental Safety Principles, IAEA Safety Standard Series No. SF-1 (STI/PUB/1273), 2006, Principle 8, para 3.31, p. 13: “The primary means of preventing and mitigating the consequences of accidents is ‘defence in depth’. Defence in depth is implemented primarily through the combination of a number of consecutive and independent levels of protection that would have to fail before harmful effects could be caused to people or to the environment. If one level of protection or barrier were to fail, the subsequent level or barrier would be available. When properly implemented, defence in depth ensures that no single technical, human or organizational failure could lead to harmful effects, and that the combinations of failures that could give rise to significant harmful effects are of very low probability. The independent effectiveness of the different levels of defence is a necessary element of defence in depth.”

② 同上，p. 13。

接关联。

第（b）小节和第（e）小节中的建议更具组织化性质，使用了“教训”一词及采用设计复查。这两者是所有空间任务的标准要素，对“以往的经验”一词未做深一步阐述，暗示了还可以利用组织外的其他任务经验，意味着可以考虑美国和俄罗斯分享的经验。美俄两国在使用空间核动力源应用上有着丰富经验，并在 2010 年到 2015 年的科技小组委员会多年期工作计划中①，一直以外空使用核动力源工作组研讨会的形式进行经验分享②。

3. 风险评估

第 5.3 节回顾了对不同事故情形可能带来的辐射风险进行的评估，这种行为对政府活动和发射核准程序而言极为必要。它特别强调了如何处理不确定因素，即尽可能对其进行量化。

4. 减轻事故后果

技术指南第 1 节至第 3 节涉及防止事故的措施，第 4 节则就事故发生的准备做出了建议。它规定，“应当对各项措施进行评价以减轻有可能向地球释放放射性材料的事故的后果”。这些是空间核动力源应用安全程序的一部分，虽然其措施，特别是“评价”一词，表明实际措施可能在该程序外采取。第 4 节的导语里使用了减轻潜在事故后果的“各种切实努力”来描述这种实际措施。

第 4 节更为详细地阐述此种程序的必要能力，即应当“建立并酌情利用”，以及时为这些活动提供支持。第（a）小节至第（f）小节提供了大量有关这些行为的类别。

---

① UN Doc. A/AC. 105/958, Report of the Scientific and Technical Subcommittee on its forty-seventh session, held in Vienna from 8 to 19 February 2010, 11 March 2010, p. 21, para. 134。

② See UN Doc. A/AC. 105/C. 1/2012/CRP. 3, Bechtel, Ryan/Smoke, Ronald, The United States Approach to Nuclear Launch Accident Mitigation, 3 February 2012; UN Doc. A/AC. 105/C. 1/2012/CRP. 4, Wilcox, Reed, United States Preparedness and Response Activities for Space Exploration Missions Involving Nuclear Power Sources, 3 February 2012; UN Doc. A/AC. 105/C. 1/2012/CRP. 6, Solodukhin, Alexander, Joint statement made by representatives of the Russian Federal Space Agency and the State Atomic Energy Corporation "Rosatom" at the seminar of the Scientific and Technical Subcommittee of the Committee on the Peaceful Uses of Outer Space on the Safety Framework for Nuclear Power Source Applications in Outer Space: current and planned applications, and challenges, 3 February 2012; UN Doc. A/AC. 105/C. 1/2011/CRP. 5, Bechtel, Ryan et al., U. S. Approach to Risk Assessment and Its Role in Implementing an Effective Safety Programme for Space Nuclear Power Source Applications, 4 February 2011; and UN Doc. A/AC. 105/C. 1/2011/CRP. 6, Wilcox, Reed, "Safety in the Design and Development of United States Space NPS Applications", 4 February 2011。

（八）术语表

术语需要与前言第9段一起评论。后者规定，“《安全框架》中使用的安全术语含义按《原子能机构安全术语汇编》定义。如此处所用，‘核安全’一词包括辐射安全和辐射防护。其他一些空间核动力源应用的特有术语在《核动力源安全框架》题为‘术语表’的一节中定义”。

术语表中的术语是空间任务的一般标准术语。“飞行规则”“发射系统”“运载火箭”“飞行任务”“飞行任务设计”“飞行任务核准”“飞行发射授权”等术语的定义无须特别评论。在《核动力源安全框架》起草阶段的讨论中，它们也没有引发实质性讨论。

关于“寿终阶段”一词，有意思的是国际原子能机构术语表并未对寿终进行定义。《核动力源安全框架》中使用的定义情形对地面核动力源来说是不同寻常的：“航天器任务的使用和控制阶段后很长一段时间，与航天器的通信已陷于停止。”

术语表对“空间核动力源”和“空间核动力源应用”的区别定义值得一谈：“空间核动力源”指的是产生电能或热能的“装置”，“空间核动力源应用”指的是包括“空间核动力源”在内的整个系统。

《国际原子能机构安全术语汇编》没有包含“空间核动力源”或“动力源”，但对“源”一词有较长的定义：“任何可以例如通过发出电离辐射或通过释放放射性物质引起辐射照射而且为防护和安全目的可以看作一个实体的物项”，其还有许多子定义①。

《核动力源安全框架》中的定义更为审慎而广泛，因为它用了“装置”这一通用词汇，“使用放射性同位素或核反应堆”，并且目的是“进行发电、加热或推进”。根据现有知识，已搭载的或构想中的核动力源都属于此范围。与《核动力源原则》相比较，它还包含了用于推进的核动力源。

“空间核动力源应用”的额外定义也值得注意，因为《核动力源安全框架》中大多数建议都没有专门针对“空间核动力源”，亦即实际的装置，而是在整体应用层面阐述安全问题。因此，起草者在经过讨论后，在起草阶段加入了整体应用的这一定义。除“实施空间核动力源的空间飞行任务所涉及的整个体系”这一措辞已经有了广泛的包含范围外，括号里还添加了“空间核

① International Atomic Energy Agency, Safety Glossary: Terminology Used in Nuclear Safety and Radiation Protection, 2007 Edition, (STI/PUB/1290), 2007, pp. 71 ff。

动力源、航天器、发射系统、飞行任务设计、飞行规则等”的内容。尤其是添加了“飞行规则”这一抽象元素以及在句尾强调“等”，表明《核动力源安全框架》的起草者采取了整体分析法。不仅将空间核动力源安全问题放在装置层面考虑，还包括了整个体系的所有方面。起草者虽然没有特别使用“飞行任务”一词，但可以做出更为限制的解释。

《核动力源安全框架》反复使用了“授权”和“核准”这两个术语，术语表却并未被单独列出，因为在《国际原子能机构安全术语汇编》中已有充分的定义[①]。它们都指取得监管部门基于“核准”立场对某个正式程序的同意，通常意味着开展特定活动的操作者所需的书面批准。根据《核动力源安全框架》的意图，两者都留有解释空间。《国际原子能机构安全术语汇编》已经包括了特定活动需要多方核准的可能性：多于一个国家或国际组织可以核准或批准空间核动力源任务。此种空间核动力源任务从而可以被提交至数个相互冲突的管辖主体，并经历多重技术审查程序。

四、外空核动力源规则发展趋势分析及应对建议

（一）航天器使用核动力源与其他国际规则的关系

基本结论：其他国际规则对于航天器使用核动力源规则起着重要的补充、重复强调和提升的作用。《核动力源原则》《核动力源安全框架》中的“注意、通知、协助、协商”等义务在其他国际规则中得到了重复强调。此外，在空间碎片减缓、空间态势感知领域，其他国际规则对于核动力源规则起到了重要的补充作用。其他国际规则在透明度要求、协商机制等领域对于核动力源规则起到了提升作用。

1. 联合国外空透明度与建立信任措施专家组报告

联合国外空透明度与建立信任措施专家组报告要求，国家间就空间政策信息进行全面的（包括军事航天和国家安全方面）交流，要求国家就外空活动的信息进行交流和通报，要求国家进行减少风险的通报（包括通报和监测无控制的高风险重返大气层事件、通报紧急情况等）。此外，报告提出了更为具体的协调程序、机制（如联合国机构间机制）和机构基础（例如建立私营部门的协调中心）。

联合国外空透明度与建立信任措施专家组报告着眼于在理念层面保障外

① 同上，pp. 21，27。

空活动和地面人员财产的安全。整体大环境的透明与改善，比之单独在核动力源使用方面的透明具有更强更高的政治约束力。

2. 联合国外空委外空活动长期可持续性指南

一些指南对于核动力源使用风险的防控具有积极意义。例如，“限制有控再入对任何财产造成的风险”，“建立联合国近地监测信息中心”等。此外，还提出了长期可持续性文化建设的重要性。“促进安全文化”是《核动力源安全框架》对国家管理层面提出的要求之一。

3. 欧盟《外空活动国际行为准则（草案）》

欧盟《外空活动国际行为准则（草案）》在合作机制部分规定对于“重返的空间物体或其残余材料可能造成重大损害或发射性污染的预期高风险重返事件”，必须进行通报，这里没有限定通报的主体。对于核动力源规则是有益的补充。欧盟《外空活动国际行为准则（草案）》也提出了全面的交流空间活动的信息。此外，欧盟《外空活动国际行为准则（草案）》还提出构建一个目前为止所有国际外空规则中最为详尽的磋商机制（设立特别调查团）。

4. IADC《空间碎片减缓指南》

IADC在近两年的讨论中，将再入活动减缓标准的制定作为工作的重点之一，提出了很多量化的标准。例如，再入活动需要保证对地面人员财产造成损害的可能性不得高于 10^{-4}。

（二）《关于在外层空间使用核动力源的原则》与《外层空间核动力源应用安全框架》发展前景

1. 核动力源规则体系应根据需要进行必要的修改

有学者指出，《核动力源原则》的适用范围亟待明确，核动力源的应用应当仅限于用作推进动力的目的；《核动力源原则》中的“合理性”检验标准亟待具体化；“充分”、“足够长”和“最小”等弹性措辞的使用亟待改变[①]。还有观点认为，《核动力源原则》面临以科学研究为伪装的战争威胁的挑战。

如前所述，《核动力源安全框架》实际上已经认可了核动力源作为推进动力使用。而弹性用词，一方面正是《核动力源原则》之所以能被广泛接受的前提，另一方面，它符合技术发展所要求的个案分析的思路。至于涉及核动

① 参见李寿平、赵云，外层空间法专论，北京：光明日报出版社，2009：140－146；参见尹玉海、龙杰，《关于在外层空间使用核动力源的原则》之再思考，北京航空航天大学学报（社会科学版），2013（5）：26。

力源的武器应用，完全可以通过裁谈会平台，通过外空非武器化和军控的谈判来实现，没有必要将其列入核动力源现有规则的完善范围，否则只会增加达成一致的难度。

2. 制定具有法律约束力的核动力源规则文件既不现实也无必要

一些学者提出，有必要就航天器核动力源问题制定新的条约①。本课题组认为，这并不现实。一方面，具备核动力源外空使用能力的国家没有动机去制定一个对自己增加约束的条约。另一方面，在外空使用核动力源所造成的损害，通过《外空条约》《责任公约》和一般国际法已经能够得到有效的调整。而在实践中，最为现实和可行的争议解决手段是外交途径。因此，制定新公约既不现实，也无必要。

另外，有学者认为，一些核动力源规则已经具备国际习惯法的效力。这种观点值得商榷。自1992年通过《核动力源原则》至今已超过20年，但是其是否具有国际习惯法的地位仍备受质疑。1992年至今，只有四次发射载有核动力源的任务。它们是俄罗斯和德国发射失败的Mars-96任务以及美国的三次任务②。尽管这些任务至少部分地遵守了《核动力源原则》之原则3规定的安全措施与目标，但很难证明法律确信。第一，美国在联大四委会议上表示，“《核动力源原则》不具备指导外空安全使用核动力源的、适当的、明晰的技术有效性”，所以美国会继续适用自己的标准，尽管这些标准与《核动力源原则》类似③。此外，国家实践仅能在《核动力源原则》之原则4中找到，而俄罗斯和美国只在两种情况下提到过。在1996年11月15日的照会中，俄罗斯就计划的发射任务“根据联大1992年采纳的《核动力源原则》”通知联合国秘书长④。然而，进入轨道失败的信息没有提到任何条约或决议⑤。美国认为，美国在其任务之前实施了环境影响评估（EIA），但这只是遵守了美国的环境政策，而非遵守美国可能受约束的任何国际法律义务。这些环境影响评估没有提到《核动力源原则》，尽管提交联合国秘书长的有关卡西尼、新地

① 参见李寿平、赵云，外层空间法专论，北京：光明日报出版社，2009：148；参见杨彩霞、崔海豹，空间核动力源的国际法律规制，北京航空航天大学学报（社会科学版），2014（2）：27。

② S. Hobe，Schmidt-Tedd，Schrogl (ed.)，Cologne Commentary on Space Law，Volume III，Carl Heymanns Verlag，2015，p. 198。

③ www. state. gov/documents/organization/65951. pdf，1992年10月28日，2014年10月12日访问。

④ UN Doc. A/AC. 105/486，1996年11月15日。

⑤ UN Doc. A/AC. 105/487，1996年11月18日。

平线以及火星科学实验室任务的通知中提到了这些评估。在这些通知中，美国在讨论发射前进行的环境影响评估中提到了《核动力源原则》之原则4。综上，相关的国家实践十分有限，而在照会中提及《核动力源原则》的这种做法是否可以视为确立了法律确信也是个问号①。

3. 核动力源规则体系的完善可以经由其他国际规则的制定和国内管理体系的完善来实现和推动

有学者指出，"在空间核动力源领域，软法将长期作为该领域的重要法律支撑，并可以借助软法对各国国内空间核动力源法律规则的影响间接实现对其规制之目标。"②。本课题组赞同这个观点。具体而言，核动力源规则体系的完善，一方面是通过对已有的原则和安全框架进行修订，另一方面可以借助其他具有系统性、全面性的外空软法规则的制定：一是加入航天器使用核动力源的规则，二是在通报、通知、协助和协商等层面制定更为细致、系统的规则，从而将核动力源问题予以统一解决。

另外，还有观点主张建立单独的论坛。联合国外空委每年都在讨论外空核动力源应用的议题，但越来越多的学者专家开始质疑外空委是否是一个合适的讨论场所。有学者认为，应该新建一个专门讨论外空核动力源应用技术标准的论坛，类似于"机构空间碎片协调委员会"（IADC）。建立此核动力源论坛的另外一个优势就是能够解决外空委现阶段不能解决的问题。外空委可以通过外部的核动力源专家组提供技术和法律支持，履行对联合国大会的职责③。但从实践来看，其需求与可能性并不大。联合国外空委法律小组委员会和科技小组委员会都有关于核动力源的专门议题，甚至工作组，讨论平台已经存在；而且从具备核动力源使用能力的国家范围来看，成立一个专门论坛的需求与空间碎片领域是不具有可比性的。

外空核动力源使用体系更重要的完善途径是国内相关管理体系的建立和完善。核动力源问题的关键是国内管理问题，而不是国际协调问题。国际协调往往出现在事故即将发生或已发生的善后阶段，这不是外空核动力源治理的根本所在。国内管理体系的建立和完善与国际体系的完善应当是并行不悖，

① S. Hobe, Schmidt - Tedd, Schrogl (ed.), Cologne Commentary on Space Law, Volume III, Carl Heymanns Verlag, 2015, p. 199。

② 杨彩霞、崔海豹，空间核动力源的国际法律规制，北京航空航天大学学报（社会科学版），2014（2）：27。

③ 尹玉海、龙杰，美国外空核动力源安全机制对中国的启示，北京理工大学学报（社会科学版），2014（2）：16。

设置应当是前置、先行的。核动力源规则体系形成的历史证明，国家实践对国际规则的制定将继续起到决定性的作用。

（三）中国的应对建议

1. 战略的制定尤为急迫

面对外空核动力源国际规则体系的构建和发展，中国的应对首先应当考虑一个多层次战略的制定。不同的战略定位，将决定中国不同的参与角色和目标。这个多层次战略最为宏观和具有决定性意义的是中国的航天战略，首先要解决航天在国家战略层面的意义和定位。

第二个层次，是明确航天活动的首要目的。与国家安全、经济发展、国际声望相比，本课题组认为，科技促进应当是开展航天活动最为长远和最为重要的目标。

第二层次，是明确深空探测在航天战略中的地位。本课题组认为，与载人航天、导航、运载能力建设相比，深空探测更涉及到全局，因为深空探测要求具有系统性的技术能力建设。

第三层次，是核动力源外空应用的战略制定。如果明确了航天在国家战略中的重要地位，明确了科技促进是航天活动的首要目的，明确了深空探测的优先发展战略地位，那么核动力源应用的重要性就不言而喻。同时，也会带动可替代性技术，如曲速引擎等技术的发展。这才是具有前瞻性和长远性的。

国家战略的制定，不仅影响到国内资源的优先配置，同时也将直接决定政策法规制定的导向，直接影响国际谈判战略和策略的制定。

2. 政策的跟进与法律规则的孕育

如学者指出，中国目前还没有规制外层空间活动的法律，只有一些简单的部委规定和指导性文件，即原国防科工委和外交部发布实施的《民用航天发射项目许可证管理暂行办法》和《空间物体登记管理办法》。这些规定由于效力低以及数量少，导致其发挥的作用非常有限。就外空核动力源的应用而言，中国还没有专门规范，更谈不上像美国那样专门的行政立法。在外空核动力源得到普及应用的大趋势下，当前滞后的外空立法状况会严重阻碍中国外空活动中使用核动力源的步伐，为国内乃至整个国际社会留下环境污染和核安全风险的隐患①。有学者建议，中国应当制定外空核动力源应用的专门

① 尹玉海、龙杰，美国外空核动力源安全机制对中国的启示，北京理工大学学报（社会科学版），2014（2）：16。

法，提高立法层次，规范外空使用核动力源活动，尽快建立国家核动力源安全评估制度以及核安全框架①。

本课题组认为，目前从法律角度细致规定外空核动力源的国内管理制度是不现实的。相比之下，首先应当考虑相关政策和部门管理文件的制定和完善。

美国已经制定了比联合国《核动力源原则》更为严格的核动力源安全框架。就像学者指出的那样，中国可以根据现阶段核动力源的使用情况以及发展趋势建构适合国情的核动力源安全框架。在核动力源的设计、开发、测试、运行、回收全过程中，要求有具体的核安全评估和监督机制。如果在任何一个环节中发现核动力源不符合安全标准，则不得启动或必须马上停止核动力源系统的应用。此外，鉴于在外空环境中运用核动力源本身具有独特性，以及核动力源事故风险具有很高的不确定性和可变性，为最大限度确保核动力源使用的安全性，必须严格贯彻执行核安全评估制度②。

3. 透明度建设

战略、政策的制定是提高透明度的前提，提高外空政策的透明度，是中国亟待解决的任务。透明度提高的另一个前提是整个管理体系的理顺。适时适当的透明与公开，应当是中国当前采取的正确选择。

4. 在国际外空规则乃至国际法发展舞台上的应有定位

国家战略的明确、国内管理体系的完善和透明度的提高，是在国际舞台上发挥更重要作用的前提。随着中国航天实力和综合国力的不断提高，中国应当适时考虑在外空规则制定舞台上的角色定位。由积极参与、深度参与、积极引导到主导是任何一个航天大国走向航天强国的必由之路。

参考文献

一、中文参考文献

［1］ 李寿平，赵云．外层空间法专论［M］．北京：光明日报出版社，2009.

［2］ 尹玉海，龙杰．美国外空核动力源安全机制对中国的启示［J］．北京理工大学学报（社会科学版），2014（2）．

［3］ 杨彩霞，崔海豹．空间核动力源的国际法律规制［J］，北京航空航天大学学报（社会科学版），2014（2）．

① 同上。

② 同上。

[4] 朱安文，赵守智．空间核动力源安全问题的讨论．和平利用外层空间委员会科学和技术小组委员会第 49 届会议，2012 年 2 月 6－17 日．

[5] 马世俊，杜辉，周继时，朱安文．核动力航天器发展历程（上、下）[J]，中国航天，2014（4）－（5）．

二、外文参考文献

[1] Canada：Claim against the Union of Soviet Socialist Republics for the Damage Caused by Soviet Cosmos 954，International Legal Materials (18) 1979.

[2] Kim，Doo Hwan，Some considerations on the Liability of the Compensation for Damage Caused by Space Debirs，Law/Technology (28) 1995，NO. 4.

[3] Canada－Union of Soviet Socialist Republics：Protocol on Settlement of Canada' s Claim for Damages Caused by "Cosmos 954"，International Legal Materials (20) 1981.

[4] Cheng Bin，International Liability for Damage Caused by Space Objects，Manual on Space Law，Volume I，Oceana Publications，New York 1979.

[5] S. Hobe，Schmidt－Tedd，Schrogl (ed.)，Cologne Commentary on Space Law，Volume III，Carl Heymanns Verlag，2015.

[6] Benko Marietta，The Use of Nuclear Power Sources in Outer Space，in：International Space Law in the Making－Current issues in the UN Committee on the Peaceful Use of Outer Space，1993.

[7] Bouvet，Isabelle，Use of Nuclear Power Sources in Outer Space：Key Technology Legal Challenge，Journal of Space Law (30)，2004；MacAvoy，Joseph J.，Nuclear Space and the Earth Environment：The Benefits，Dangers，and Legality of Nu－clear Power and Propulsion in Outer Space，William & Mary，Environmental Law&Policy Review (29) 2004.

[8] Freeland，Steven，The Role of "Soft Law" in Public International Law and its Relevance to the International Legal Regulation of Outer Space，in：Marboe，Irmgard (ed.)，'Soft Law' in Outer Space － The Function of Non－Binding Norms in International Space Law，Bohlau，Vinna et al. 2012.

[9] Qizhi，He，Towards a New Legal for the Use of Nuclear Power Sources in Outer Space，Journal of Space Law (14) 1986，P. 106.

[10] International Atomic Energy Agency，Guidelines for Mutual Emergency Assistance Arrangement in Connection with a Nuclear Accident or Radiological Emergency，IAEA INFCRIC/310，January，1984.

[11] Hobe Stephan / Schmidt－Tedd Bernhard / Schogl，Kai－Uwe (eds.)，Cologue on commentary on space law，Volume I，Carl Heymanns，Cologne，2009.

课题主持人简介

王国语，北京理工大学空间法研究所副所长，北京理工大学法学院副教授，中国空间法学会理事。吉林大学法学学士、国际私法硕士、法经济学博士。英国皇家国际关系研究所高级研究员（2014.3—），美国密西西比大学国家遥感及航空航天法中心访问学者（2011—2012）。主要研究方向为国际空间法律与政策、法经济学。主要研究领域涉及外空安全（外空军控、空间碎片）、外空危机管理、国家航天立法（中国、美国）等。2012年以来，作为中国代表团成员多次参加联合国外空委系列会议。

《国家空间立法示范法索非亚模本》研究*

中国政法大学课题组

目　录

缩略语

（以首字拼音字母为序）

[1]　柏林大会：2004年国际法协会德国柏林双年大会

*　本文为中国空间法学会2014—2015年度第6号学术课题研究项目结题报告，荣获中国空间法学会2014—2015年度学术课题研究项目二等奖。课题主持人：中国政法大学国际法学院廖敏文副教授。课题组成员：李居迁、凌岩、梁霄。

［2］ 第三次外空大会：第三次联合国探索与和平利用外层空间大会
［3］ 多伦多大会：2006年国际法协会加拿大多伦多双年大会
［4］《登记公约》：《关于登记射入外层空间物体的公约》
［5］ 2001年拓展项目：德国科隆大学2001年项目之拓展项目
［6］ 法律小组委员会：外空委法律小组委员会
［7］ “发射国”概念项目工作组：法律小组委员会审查“发射国”概念项目工作组
［7］ 国家空间立法的一般信息交流：与和平探索和利用外层空间有关的国家空间立法方面的一般信息交流
［8］ 国家空间立法问题工作组：与和平探索和利用外层空间有关的国家立法方面的一般信息交流议题工作组
［9］ 海牙大会：2010年国际法协会荷兰海牙双年大会
［10］ 空间法委员会：国际法协会空间法委员会
［11］ 联大四委：联合国大会特别政治和非殖民化委员会（第四委员会）
［12］ 里约热内卢大会：2008年国际法协会巴西里约热内卢双年大会
［13］ 伦敦大会：2000年国际法协会英国伦敦双年大会
［14］《索非亚模本》：《国家空间立法示范法索非亚模本》
［15］《示范法》：《国家空间立法示范法》
［16］ 审查五项条约的现状：审查联合国五项国际空间法条约的现状
［17］ 索非亚大会：2012年国际法协会保加利亚索非亚双年大会
［18］ 五项条约的现状和适用情况工作组：联合国五项外层空间条约的现状和适用情况工作组
［19］ 外空委：联合国和平利用外层空间委员会
［20］ 外空事务厅：外空委秘书处外层空间事务厅
［21］《外空条约》：《关于各国探索和利用包括月球与其他天体在内的外层空间活动的原则条约》
［22］ 新德里大会：2002年国际法协会印度新德里双年大会
［23］《遥感原则》：《关于从外层空间遥感地球的原则》
［24］《月球协定》：《关于各国在月球和其他天体上活动的协定》
［25］《责任公约》：《空间物体造成损害的国际责任公约》

导论：为什么要研究《国家空间立法示范法索非亚模本》

本课题报告以《国家空间立法示范法索非亚模本》为特定研究对象①。《索非亚模本》是国际法协会（ILA）授权其空间法委员会起草的《国家空间立法示范法》的最新草案文本。目前该文本在联大四委和外空委工作程序中的状况为已作为外空事务厅会议室文件进入法律小组委员会讨论程序。这表明《索非亚模本》已成为《示范法》的最终草案文本，未来的《示范法》已完成非官方起草阶段而进入官方确认阶段。

对《索非亚模本》这一《示范法》最终草案文本进行研究似乎有些超前，但其实不尽然。首先，尽管《索非亚模本》从《示范法》草案文本被提升为正式文本还有待时日，并有可能被进一步修改，但其构建模块和各模块的实质性条款已基本定型，它包含了未来《示范法》不可缺少的主要构建模块，从其可见未来《示范法》的架构和实体内容。其次，《索非亚模本》是空间法委员会历经十年的工作成果，其背后是以大量的空间法理论和实践信息为支撑的。对该草案文本的研究实际上是对未来《示范法》所蕴含的空间法理论和实践的研究，因而具有空间法学理和法理上的法律研究意义。

研究《索非亚模本》还具有重要的现实意义。首先，构成空间法的两大法律体系——国际空间法和国家空间法的发展是彼此依赖和相互促进的②。国际空间法的发展一方面有赖于国家空间立法实践的推动，另一方面有赖于国家将国际空间法所确立的原则、规则和制度，尤其是其中为国家设立的义务以及履行义务的标准和要求加以切实执行，这需要国家通过其空间立法对这些原则、规则和制度加以接受，在国内法中确认这些国际义务和纳入履行这些义务的标准和要求，这实际上也增强了国家空间立法的能力，促进了国家空间法的发展。其次，研究《索非亚模本》即是对未来《示范法》的研究。

① 关于《索非亚模本》的详细内容，英文版本见：国际法协会第75届大会No. 6/2012决议附件，文本来源：http：//wwww. ila－hq. org。中文版本见：廖敏文：《“国家空间立法示范法索非亚模本”译介》，载于中国空间法学会《空间法学研究年刊（2013年）》，中国宇航出版社2014年出版，第136－140页。

② 根据国际空间法学会（IISL）的定义，空间法指包括国内法和国际法在内的规制外空活动的法律领域。见：http：//www. iislweb. org/home，Defining the principles governing outer space activities。因此，空间法是国际空间法和国家空间法统称，随着国际空间法的逐渐发展和编纂，国际空间法可解构为国际空间公法和国际空间私法。

这一研究可以使我们提前对未来《示范法》在促进国家空间立法协调一致和加快各国空间立法进程方面的引导和示范效力获得理性认识。最后，虽然我国已跻身世界航天大国行列，但我国的航天立法却相对滞后，现有航天立法无论从体系还是规范上讲都与此种地位不相称。目前，我国航天立法正处于起步的初级阶段[①]，未来的《示范法》对我国航天立法无疑具有一定的示范或借鉴价值。因此，研究《索非亚模本》对加快我国航天立法进程具有现实意义。

本报告首先采用历史叙述方法对制定《示范法》设想产生背景和起草《索非亚模本》过程进行梳理，以厘清其理论与实践的脉络；其次，采用法律注释方法和比较方法分析《索非亚模本》构建模块及其实质性条款内容所承载的国际空间法法理和国家空间立法实践；再次，对《索非亚模本》的示范价值和局限性作出评价，以期阐明未来《示范法》在国家空间立法实践方面的引导与示范作用；最后，总结《索非亚模本》对我国航天立法的指导意义和借鉴之处，并就我国对该模本的外交应对提出建议。

一、起草《示范法》的缘起和过程

（一）起草《示范法》的缘起

1. 全球空间活动发展趋势及其对空间法资源的挑战

在 20 世纪最后十年和 21 世纪第一个十年的二十年间，航天技术的快速发展使全球空间活动呈现三大趋势：一是持续发展趋势。有能力开展空间活动的国家越来越多，包括发达国家和发展中国家。二是国际合作趋势。在空间活动方面的国际合作程度日益加深，国家之间的资源共享和技术合作的情况越来越多。三是全面的经济趋势。私营部门参与空间开发和应用越来越多，并且许多空间活动的构成是跨国性的，而政府对空间活动提供的财政资助却呈下降趋势。这表明以利润为目的的私营商业空间活动越来越多，空间活动已成为一种特殊的经济活动。这三大趋势互为影响和彼此促进。空间活动的全面经济趋势直接影响了空间活动的持续发展趋势和国际合作趋势，后两者反过来又推动了前者。

① 本课题报告在涉及我国空间立法时，采用我国空间法语境中的习惯用语“航天”而非世界大多数国家采用的“空间”一词。因此，报告中出现的“航天活动”“航天立法”等用语在内涵上等同于“空间活动”“空间立法”等。

所谓“空间活动商业化”是指以追求商业利润为核心的空间活动，是空间活动性质由政府垄断行为转化为多种经济模式并存发展的具体表现。空间活动不再是仅属于国家的一种非营利性公共行为，而是成为政府机构和非政府实体均可参与的经济行为。空间活动形成了庞大的空间产业，空间产业不但本身创造了大量空间产品、衍生副产品和服务，而且因其本身需要应用高科技产品而带动了其他高科技产业的发展。这些产品和服务通过私营工商业的投资和贸易而产生收入和利润，是空间活动商业化的物质基础。

空间活动商业化具有 7 个新特点：1）空间活动全球化和市场化日益明显，空间活动分工更细，共同发射空间物体的数量增多，活动构成要素愈加复杂。2）进行空间活动的国家越来越多，尤其是参与空间活动的发达国家数量增加。3）空间活动主体增加，除政府机构以外，非政府实体也成为商业空间活动主体。4）空间活动商业化为国家创造了巨大的财税收入。5）空间活动商业化不仅导致发射的卫星数量增加，而且导致新型卫星发射场大量出现，如经改装的导弹发射装置、航空母舰、移动海上平台和航空器。6）空间活动商业化使空间技术应用更加广泛，各种功能的人造卫星除了军用外，民生用途更加广泛。7）空间活动商业化发展最活跃的是卫星导航和定位、卫星通信和卫星遥感活动。卫星遥感活动的私营化和商业化日益明显，发展中国家从被遥感国转而成为遥感国，非政府实体参与遥感活动的数量不断增加。

空间活动的新特点表明，空间活动之所以成为一种特殊经济活动是国家允许非政府实体参与空间活动的结果。空间活动一旦成为经济活动，意味着国家应以平等民事关系主体参与，然而国家的特殊身份事实上会影响商业空间活动市场的公平竞争。因此，市场经济国家，主要是发达国家更愿意非政府实体参与空间活动，而使自己成为空间活动市场的管理者。

事实证明，非政府实体参与空间活动激活了商业空间活动市场，产生了巨大的经济效益。在和平利用外层空间为全人类谋福利的语境下，非政府实体所创造的巨大经济效益既为自己的国家带来益处，也为全人类创造福祉，联合国对此予以充分肯定。第三次外空大会（UNISPACE III）认为：空间技术应用能够带来许多益处，这意味着私营企业在减轻贫困和灾害方面起到关键作用，承认私营部门在空间技术发展中起到重要作用并对许多国家经济发展做出重大贡献，应鼓励这种作用和贡献。

第三次外空大会除了有 185 个联合国成员国与会外，还邀请了来自空间技术界的引领人物和私营企业代表参加。私营企业首次出席外空大会反映了全球工商业在空间技术的发展和外层空间的探索中所起的关键作用①，表明了在联合国主导下的国际社会对非政府实体参与和平探索与利用外层空间活动持肯定态度，商业化空间活动有利于践行和平探索与利用外层空间活动为全人类谋利益的宗旨和目的。联合国将非政府实体的空间活动纳入联合国体系，有助于监控商业化空间活动对国际和平与安全可能带来的潜在风险。可以说，第三次外空会议确立了鼓励私营商业空间活动的国际政策。

但是，许多国家空间活动转为商业运营在产生额外经济利益的同时也产生了一些问题。联合国秘书长在第三次外空大会的报告中，从国际和平与安全的角度认为：一方面，空间活动商业化使越来越多的国家为了国家经济和社会发展利用空间技术，如卫星通信、遥感等。另一方面，空间活动商业化增加了先进的空间技术被用于军事侵略目的的风险，如卫星发射技术可被应用于弹道导弹发射，通过高分辨率民用遥感卫星获得的信息被用于支持军事计划和行动②。

空间活动私营化和商业化的风险对空间法带来了空前挑战，并引发了一系列法律问题。这种挑战源自两个方面：一是对国际空间法资源的挑战。空间活动性质的变化使20世纪60～70年代确立的国际空间法体系面临是否适应此种变化的挑战，其核心首先是现有的国际空间法资源是否足以解决私营商业空间活动产生的国际法律问题，如因空间活动而导致损害的国家责任、空间碎片、空间环境保护、卫星遥感数据传播与利用和空间活动监管等问题。其次是国际空间法条约在国家层面的实施和执行问题，尤其是《外空条约》第六条为缔约国设定的国际义务的实施和执行问题。二是对国家实施和执行国际空间法条约的意愿和能力的挑战，其核心是国际空间法条约的国际义务在国家层面是否得到切实履行。或者说，国家在从空间活动的行为人变为监管者后，其国内空间立法资源是否能够为其监管职能提供充足的法律措施，这使国家空间立法成为一个重要的法律问题。例如，私营商业卫星遥感活动就严重挑战了空间法资源。在国际空间法方面没有一项有强制性法律约束力的遥感条约；在国家空间立法方面，对非政府实体的卫星遥感活动进行监管的国家空间立法寥寥无几，只有美国等极少数空间国家制定了监管非政府实

---

① 如发展和提供通信服务以及发射服务和从商业遥感卫星获得的高分辨率图像等。此外，微重力下的制药和合金的开发也是私营部门极有潜力的领域。

② UNISPACE III，Report of the Secretary - General，International Cooperation in Space Activities for Enhancing Security in the Post - Cold War Era，B. Commercialization and proliferation. 文本来源：http：//www. un. org/events/unispace 3。

体的卫星遥感活动的立法。因此，遥感和国家空间立法是私营商业空间活动涉及的主要法律问题。

2. 应对空间活动私营化和商业化挑战的国际行动

为应对空间活动私营化和商业化发展对空间法资源的挑战，与空间法有关的国际政府间组织和非政府组织已积极行动起来。在应对此种挑战的行动中，外空委主导的“审查联合国五项国际空间法条约的现状”、“审查‘发射国’概念”、“审议国家和国际组织在登记空间物体方面的做法”、“与和平探索和利用外层空间有关的国家立法方面的一般信息交流”等议题，以及由国际法协会主导并由其空间法委员会执行的研究活动尤其重要。这些行动构成与制定《示范法》设想的缘起有直接关联的背景。

（1）“审查五项条约的现状”议题

根据联大 A/RES/1472（XIV）号决议于 1959 年成立的外空委，以实现联合国为和平目的利用外层空间的承诺为己任，自其成立以来一直是有关外层空间的国际政治和法律讨论的全球平台，通过其法律小组委员会组织和主持讨论有关外层空间的法律问题，并提出建议。由五项条约和五项原则性法律文书构成的国际空间法体系即是此种讨论和建议的成果。前者因包含了探索和利用外层空间的不同方面而成为国家空间活动必须遵守的强制性规范，后者因包含了指导政策而成为国家空间活动应遵循的原则并留下了逐渐发展和编纂国际空间法的空间。所有这些国际法律文件代表了联合国解决与空间活动相关联的种种问题的重要成就。五项条约和五项原则性法律文书为国家空间活动提供了国际空间法律框架。

但是，在全球空间活动私营化和商业化的国际环境中，五项条约能否适应空间活动性质的变化继续发挥有效规范和指导国家空间活动的作用呢？为此，法律小组委员会在联大“国际合作和平利用外层空间”方针的指导下开展了“审查五项条约的现状”议题。该议题的目的不是要以任何方式重新对现行五项条约进行实质性辩论或者加以修订或修正，而是仅限于审查各国加入和遵守这些条约的现状，使这些条约得到最广泛的加入和最充分的认知，以便最大限度地遵守这些条约①。这一原则成为外空委指导该议题工作的方针。

外空委外空事务厅要求成员国就国家不批准五项条约的障碍问题提交意

① 法律小组委员会第 37 届会议报告，A/AC. 105/698，第 8 页。文本来源：http://www. un. org/zh/documents/。

见，并根据成员国的建议设立议题工作组，分析阻止国家批准或遵守外层空间条约的障碍[①]。1997 年 7 月 14 日，外空事务厅向所有成员国发出普通照会，邀请他们就未能批准五项条约的障碍问题提出各自的看法。首批回复的普通照会做出答复的有 9 个成员国和代表欧洲空间局及其合作协议国家的德国[②]。9 个国家中有 7 个做出了详细答复并深刻分析了加入或不加入这些条约的理由。外空事务厅从首批国家的答复中分析出如下要点。

（a）“审查五项条约的现状”产生了意想不到的作用和效果

首先，几乎所有做出答复的国家都批准了《外空条约》，这表明虽然《外空条约》在最初被视为空泛和模糊，但却代表着已产生重要结果的国际监管外空活动的方法。其原来的模糊性似乎对它更为有利，因为该条约具有被解释和适用于不同情况的灵活性，这也许是最初拟订该条约时没有想到的[③]。其次，各国明显愿意将促使批准和加入的可能性引起有关决策者的关注，以便进行研究和审查。因此该议题对各国为批准这些条约而重新审查其条款提供了动力[④]。最后，在这些国家的答复中都有关于如何改进五项条约的加入情况以及旨在改进现有法律状况的具体行动计划的建议。成员国认识到，需要而且也有必要讨论阻却各国批准这些条约的障碍问题，通过讨论可营造了解问题和促进批准的气氛。这些国家的答复证明了这种总体趋势，为法律小组委员会的讨论奠定了良好基础[⑤]。

（b）“审查五项条约的现状”查明了国家不批准或不加入某项或某几项条约的原因

国家没有批准、加入或签署的原因有：1）本国法规妨碍批准任何外层空间条约。2）对《月球协定》缺少兴趣和无月球活动计划从而没有理由批准该协定等原因使多数国家只批准、加入或签署了其他四项条约。3）五项条约是

① Report of the Committee on the Peaceful Uses of Outer Space，General Assembly Official Records，Fifty - second Session Supplement No. 20（A/52/20），paras. 131～132. 文本来源：http：//www. unoosa. org。

② 这 9 个国家是：阿根廷、比利时、加拿大、哥伦比亚、印度尼西亚、意大利、马来西亚、墨西哥、荷兰。欧洲空间局所代表的国家有：德国、奥地利、比利时、捷克共和国、丹麦、芬兰、法国、希腊、匈牙利、爱尔兰、意大利、荷兰、挪威、波兰、葡萄牙、罗马尼亚、西班牙、瑞典、瑞士和大不列颠及北爱尔兰联合王国。

③ 法律小组委员会第 37 届会议，审查五个外层空间国际法律文书的现状，秘书处的说明，A/AC. 105/C. 2/L. 210，第 6 - 7 页。文本来源：http：//www. un. org/zh/ga/documents/。

④ 同上。第 7 页。

⑤ 同上。

在空间活动主要是为国家行为主体时拟订的，现在许多活动是由国际组织和私营实体进行的，双边或限制性的多边协定和国内立法更适合监管这些行为者的行为。因此，空间活动的私营化和商业用途导致其他国际法律文书适用于空间活动。4）缺少外层空间的定义、不希望承担空间法律领域的新责任、不愿意接受关于月球是人类共同继承财产和限制外层空间军事利用的声明等原因，因此仅有少数国家批准、加入或签署所有五项条约[①]。

（c）“审查五项条约的现状”明确了国际空间法体系并建立了空间法数据库

国际空间法是否足以规范私营商业空间活动的问题需要从两个方面来看。就国际空间法的体系框架来看，足以规范所有性质的空间活动，无论空间活动是国家行为还是非政府实体行为。从国际空间法的规范标准和要求来看，却表现为法律资源不足。具体的问题有：概念定义缺失或不明确，如“外层空间”“空间活动”等概念没有定义；“发射国”概念的定义不明确；标准和要求不能适应空间活动的发展，如对登记信息的要求等。

规范私营商业空间活动的国际法律法源多元化，这种规范和标准“政出多门”的情况削弱了五项条约的效力。为正本清源，在第37届会议上，法律小组委员会议定外空事务厅在现有资源范围内编写一份关于与空间活动有关的国际协议和其他现有法律文书一览表并标明其出处[②]，以作为成员国的工作文件，外空委随后同意了这一建议[③]。外空事务厅根据这一要求列出了一份《初步一览表》提供给法律小组委员会第38届会议考虑。

这份《初步一览表》内容详细而庞杂，包括与空间活动有关的多边协议、联大决议、建立与空间活动有关的国际组织和机构的协议、与空间活动有关的双边协议和现有国家空间立法。该表经法律小组委员会讨论修改，修改后的版本制作成电子文档，并作为第三次外空大会的正式官方文件。修改后的《一览表》只保留联合国有关外层空间的条约和原则，于1999年以“联合国大会通过的关于各国探索和利用外层空间活动所应遵守的条约和原则的案文

① 同上，第7、8、12页。

② 同上，第59段。

③ 联大正式记录，第53届会议补编第20号，外空委的报告，A/53/20，para. 144。文本来源：http：//www. un. org/zh/documents/。

和现状”为标题，作为第三次外空大会发行的纪念版正式公布①。明确国际空间法体系是“审查五项条约的现状”议题的一项重要成果。国际空间法体系的核心法律文件——五项条约和五项原则性法律文书于 2002 年被正式编纂出版②。

该文件包括五项条约、五项原则性法律文书、与外层空间活动有关的国际协定的现状和通过五项条约时发言的摘要汇编等四个部分。前两部分首次明确了国际空间法体系。第三部分反映了五项条约和其他规范空间活动或与空间活动有关的一般性和机构性国际协议的现状，即这些国际协议生效、保存、签署和批准的基本信息，反映了国家签署和批准这些国际协议的情况。第四部分是国家代表对五项条约通过时的评论，从而反映了各国对这些条约的立场和态度，以及嗣后是否遵守所做出的承诺。

另一项重要成果是建立空间法数据库。法律小组委员会第 38 届会议后，成员国应外空事务厅的要求，列出其国内空间立法和其他与空间活动有关的法律文件的一览表，制成可以不断更新的电子文档格式。该表可以反映国家空间立法情况和立法内容，从而可以发现特定国家是如何通过其国内空间立法履行自己监管本国空间活动的国际义务。

“审查五项条约的现状”是国际合作发展空间法以应对空间活动私营化和商业化的一个重要举措。正如联大在赞同该议题时所指出的那样：重申国际合作在发展法规，包括空间法有关规范方面的重要性，这些规范对以和平目的探索和利用外层空间的国际合作所起的重要作用，以及重申尽可能广泛遵守促进和平利用外层空间国际条约的重要性③。

“审查五项条约的现状”与国家空间立法的逻辑联系是：五项条约为国家设定了监管本国包括国家行为和非政府实体行为在内的空间活动的义务，从而使国家成为监管本国任何性质的空间活动的主体。根据国际法原理，一国履行监管本国空间活动的国际义务的前提是该国须是国际空间法条约

① 联合国与外层空间有关的条约和原则，联合国大会通过的关于各国探索和利用外层空间活动所应遵守的条约和原则的案文和现状，为第三次外空会议发行的纪念版，A/AC. 105/722、A/CONF. 184/BP/15。文本来源：http：//www. un. org/zh/documents/。

② ST/SPACE/11，《联合国关于外层空间的条约和原则：联合国大会通过的规范国家探索和利用外层空间活动的条约和原则案文》，United Nations Publication，Sales No. E. 02. I. 20，ISBN 92 - 1 - 100900 - 6。

③ A/RES/52/56，和平利用外层空间的国际合作，第 3 段。文本来源：http：//www. un. org/zh/documents/。

的缔约国。“审查五项条约的现状”可以发现国际空间法条约缺少批准、加入和签署的原因和障碍，从而找到使更多国家通过批准、加入和签署这些条约、成为其缔约国的可行方式方法和路径，使更多国家承担监管空间活动的国际义务。制定含有履行国际义务的标准和要求的国内法是国家履行其承担的有效国际义务的主要方式。根据这一处理国际法和国内法关系的原理，国家应制定与国际空间法条约相一致的监管本国空间活动的规范、标准和要求。

由于“审查五项条约的现状”与国家空间立法在法理上存在上述逻辑关系，为使五项条约得到最充分的加入，在外空委主导下已形成的机制是：“审查五项条约的现状”已从法律小组委员会最初计划的三年临时议题成为每届会议都要审议的常设议题。成员国在该议题下交换意见和展开讨论，法律小组委员会将成员国的意见和讨论情况形成审议结果报告，报告内容进入外空委届会报告，由专为该议题设立的工作组根据审议情况就五项条约的现状、适用情况和执行情况做出决定和提出建议，设立反映国家批准、接受、赞同、加入、继承、签署和声明接受五项条约情况的数据库。该数据库的数据不定期更新，并以附录的形式公布。这一机制的运作既能发现五项条约的现状、适用情况和执行情况中的问题，又能敦促各国尽早和尽量地成为五项条约的缔约国。

（2）“国家空间立法的一般信息交流”议题

“国家空间立法的一般信息交流”议题是法律小组委员会根据工作计划审议的项目，美国是该项目的提议者。事实上，法律小组委员会在以往“审查‘发射国’概念”和“国家和国际组织在登记空间物体方面的做法”等议题下曾审议过、从各成员国收到的关于国家监管框架的信息，但这只能反映国家在“发射国”概念和空间物体登记方面的立法信息，不能获知国家空间立法全貌的信息。

根据联大第 63/90 号决议，法律小组委员会 2009 年第 48 届会议设立了“与和平探索和利用外层空间有关的国家空间立法方面的一般信息交流”议题的工作组。国家空间立法问题工作组根据外空委 2007 年第 50 届会议核可的、并在其第 54 届会议上得到修订的为期五年（2008 年—2012 年）的工作计划开展工作。该计划的主要内容是：1）请求成员国提供介绍本国与政府和非政府空间活动有关的国家立法报告；2）在工作组中对已收到的答复进行审查，以便逐步了解成员国如何规范政府和非政府的空间活动；3）工作组继续对已收到的答复进行审查并着手草拟报告，包括结论；4）工作组最后审定给法律小组委员会的报告[①]。根据上述多年期工作计划，各国将提交有关本国空间立法和监管框架的信息。按照计划，该工作组将收集并审查来自成员国就请求介绍本国有关政府和非政府空间活动的国家立法信息所作的答复，以便了解各成员国管理这些活动的方法。

2009 年，“国家空间立法问题工作组”提请成员国就为何无国家空间立法的原因作出答复。除此之外，还请成员国就 7 个主要问题作出答复。这 7 个问题是：1）国家颁布空间立法的原因；2）国家监管框架所针对的空间活动范围；3）国家对空间活动的管辖权范围；4）国家当局对空间活动的审批、登记和监管职能；5）审批和登记时须满足的条件；6）关于赔偿责任的规定；7）遵守情况和监督。这些问题载于该工作组主席提交法律小组委员会 2009 年第 48 届会议审议的报告中[②]。2010 年，该工作组除了继续收集与审查来自成员国就请求介绍空间活动国家立法情况所作的答复外，还审议了各国对转让空间物体所有权及向第三方移交已获批准开展的空间活动的监管，以及私人个体参加太空飞行，在服务提供商合同中处理与卫星在外层空间发生碰撞时所造成的赔偿义务和责任有关的问题[③]。

该议题受到成员国的赞同，认为应当对工作组的调研结果加以综合归纳，以便更好地了解各国监管空间活动的方式。这些信息将有助于各成员国起草和制定各自的国家空间立法，也将是对空间法能力建设的一个宝贵贡献，与发展中国家具有特别的利益关系。这些信息还可以为今后协调各国空间立法提供基础[④]。

成员国对上述研究项目给予了积极回应，并对法律小组委员会的请求给予了积极配合。2009 年，对国家空间立法情况作出说明的国家有：中国、捷克、德国、蒙古、韩国和土耳其。提供国家空间立法信息的国家有波兰、沙特阿拉伯、南非、日本、法国、美国、巴西、哥伦比亚、德国、荷兰。向法

① 法律小组委员会，与和平探索和利用外层空间有关的国家空间立法问题工作组关于在其多年期工作计划下进行的工作报告，A/AC. 105/C. 2/101，第 1 页。文本来源：http：//www. un. org/zh/documents/。

② 法律小组委员会第 48 届会议报告，A/AC. 105/935，附件三，第 30 页。文本来源：http：//www. un. org/zh/documents/。

③ 法律小组委员会，与和平探索和利用外层空间有关的国家空间立法问题工作组关于在其多年期工作计划下进行的工作报告，A/AC. 105/C. 2/101，第 2 页。文本来源：http：//www. un. org/zh/documents/。

④ 法律小组委员会第 48 届会议报告，A/AC. 105/935，附件三，第 31 页。文本来源：http：//www. un. org/zh/documents/。

律小组委员会进行专题介绍的国家有：法国和比利时。欧洲通信卫星组织（EUTELSAT IGO）作为观察员对法国空间法作了评论。就介绍本国空间立法的请求作出答复的国家有：捷克、德国、摩洛哥、尼加拉瓜和乌克兰[①]。2010 年，就国家空间立法信息作出答复的国家有：奥地利、爱沙尼亚、德国、伊拉克、日本、塞尔维亚、泰国、英国、荷兰、突尼斯。向法律小组委员会进行专题介绍的国家有：日本、德国、美国、法国[②]。2011 年，中国、德国、俄罗斯、西班牙和美国的代表在法律小组委员会第 50 届会议就“国家空间立法的一般信息交流”议题作了发言。捷克、意大利、乌克兰、萨尔瓦多等国提交了本国空间立法情况。向法律小组委员会作专题介绍的有法国和美国[③]。为增进成员国了解规范政府和非政府空间活动的方式，工作组对各成员国提供的答复进行了审查。

“国家空间立法的一般信息交流”议题的目的是通过国家空间立法的一般信息交流，使拥有有效空间法律制度的国家能够向其他国家提供有关空间立法的具体实例和信息，从而促进空间法能力建设。信息交流为在多年期计划下开展工作奠定了重要基础，使其能够继续审查国家一级空间法的主要发展情况，以查明共同的原则、规范和程序。成员国交换的信息使所有国家尤其是发展中国家得以了解现有各国监管框架，并有助于各国根据本国具体的需要和发展水平努力建立各自的国内监管框架[④]。正如法律小组委员会认为的那样：“国家空间立法的一般信息交流”议题与关于空间法能力建设的议题具有密切联系，因为能力建设工作对于促进了解各国对空间活动的要求非常重要，特别是鉴于各成员国具有不同的宪法和法律制度。传播这种信息可推动国家空间法的制订，并能大大加强国际合作，尤其有利于发展中国家[⑤]。

通过审议国家空间立法情况有以下发现：

（a）制定国内空间立法的国家增多但立法形式呈现多样性

随着空间活动的数量持续增加和范围不断扩大，以及随着政府行为人和

---

① 同上，第 19、30 页。

② 法律小组委员会第 49 届会议报告，A/AC. 105/942，第 19 页。文本来源：http://www. un. org/zh/documents/。

③ 法律小组委员会第 50 届会议报告，A/AC. 105/990，第 18 页。文本来源：http://www. un. org/zh/documents/。

④ 法律小组委员会第 48 届会议报告，A/AC. 105/935，第 19 页。文本来源：http://www. un. org/zh/documents/。

⑤ 同上，第 20 页。

非政府行为人进行此类活动，越来越多的发展中国家颁布了国家空间政策并将国际空间法条约的规定纳入了各自的国家法律制度①。但是，由于国家监管框架代表了不同的法律制度，这些制度的立法形式呈现多样性，有的具有统一的法律，有的则由各种国家法律文书组合而成，从行政条例到法令和法律等。各国根据具体需要和现实考虑调整本国的法律框架，国家法律要求在很大程度上取决于已开展的空间活动的范围和私营部门的参与程度②。各国监管国家空间活动立法的多样性，与发射活动或在外层空间运行的空间物体上存在的区别有直接关联性。

(b) 各国颁布或未颁布国家空间立法的原因

国家颁布空间立法的共同原因是：1）需要履行作为国际空间法条约缔约国的条约义务；2）需要实现国家管辖下开展空间活动方面的一致性和预测性，以及需要为私营部门参与提供切实可行的监管制度；3）改进国家协调和整合多种国家空间活动的需要③。国家未颁布空间立法有两方面的原因，一是在某些情况下难以明确区分国家空间活动和非政府空间活动，致使没有颁布国家空间立法，尽管其参与了有可能引起国际责任和国际赔偿义务的空间活动；二是不认为自己是航天国，因而迄今尚未考虑颁布国家空间立法。

尽管如此，对于未颁布国家空间立法的第一个原因，仍有一些国家认识到，需要对政府或公共性质的空间活动加以监管，以便为国家空间活动建立一个可靠有序的法律框架。对于第二个原因，有观点认为，开展空间活动的私营行为人有增无减可能会导致自认为不是航天国的国家参与。此外，参加国际组织空间活动的国家需要考虑到关于空间活动的国际法律框架。即便由各国自行决定如何履行其对国家空间活动的国际责任，但在国家级制定一些法规仍可能符合国家自身的利益④。

(c) 国家监管空间活动的法律框架涵盖的主要方面

国家监管空间活动的法律框架一般涵盖5个主要方面：1）监管政府和非政府实体空间活动的国家管辖权；2）国家空间活动审批和许可程序；3）赔偿责任和赔偿程序；4）登记射入外层空间物体和建立国家登记处；5）对国

① 同上，第19页。

② 法律小组委员会，与和平探索和利用外层空间有关的国家空间立法问题工作组关于在其多年期工作计划下进行的工作报告，A/AC.105/C.2/101，第1页。文本来源：http://www.un.org/zh/documents/。

③ 同上，第4页。

④ 同上。

家空间机构或被授权开展和监督空间活动的其他国家实体的监管框架[①]。这一发现非常重要，它为随后外空委向联大提交的关于国家空间立法构成要素的建议和空间法学界提出的国家空间立法“构建模块”理论提供了依据，即这些构成要素已有国家实践为基础。

“国家空间立法的一般信息交流”议题的成果有：

(a) 促成编制《关于国家空间活动监管框架图表式概览》

国家空间立法问题工作组在从成员国收到的信息基础上编拟了一份《关于国家空间活动监管框架图表式概览》的文件，并附有国家监管框架介绍性摘要。该图表式概览直观地提供了各国空间法律、法规现况的全面概貌。该图表式概览在成员国提供的最新信息基础上经过三次修改[②]，该工作组对其结构和效力进行了评估，因而具有较为可靠的法律效力。该工作组建议对该图表式概览定期加以修订，以便由法律小组委员会予以审议。

(b) 充实更新了外空事务厅空间法数据库

“国家空间立法的一般信息交流”议题收到的来自成员国空间立法信息，为外空事务厅维护空间法数据库提供了最新信息，能够随时充实更新国家空间立法信息，包括国际多边和双边协定，有利于国家和国际组织了解国家空间法的发展和在空间活动方面的国际合作协定。为此，法律小组委员会鼓励各国继续向外空事务厅提交与空间活动有关的法律、法规文本以及政策和其他法律文件的文本，以供纳入该数据库[③]。

“国家空间立法的一般信息交流”议题成果的意义在于：1）为各国提供关于各国空间法律法规现况的概览，有助于各国全面了解建立各国与空间活动有关的监管框架。国家空间立法问题工作组展开的讨论使成员国得以了解现行国家的监管框架，就各国在拟订本国空间法律方面所获宝贵经验交流看法。2）发现各国均在做出各种努力，力图建立本国与空间活动有关的新的监管框架或对现有框架加以改进，并且在拟订本国与空间活动有关的文书方面，各国重视其对联合国各项外层空间条约所持的义务[④]。

---

① 同上。

② A/AC. 105/C. 2/2010/CRP. 12，　A/AC. 105/C. 2/2011/CRP. 9，　A/AC. 105/C. 2/2013/CRP. 7。

③ 法律小组委员会第48届会议报告，A/AC. 105/935，第19页。文本来源：http://www.un.org/zh/documents/。

④ 法律小组委员会第50届会议报告，A/AC. 105/990，第18页。文本来源：http://www.un.org/zh/documents/。

“国家空间立法的一般信息交流”议题与制定《示范法》设想的逻辑关系是：尽管空间活动私营化和商业化使空间活动的主体多元化，但由于国家在确保和平利用外层空间上所负责任的重要性无可替代，因此国家始终是确保和平利用外层空间的责任主体和五项条约所载义务的履行主体。如通过设立国家登记处并向联合国秘书长提交登记数据的做法，以期交流关于空间活动的性质、程序、地点及其结果相关信息的义务，则必须通过国家才能执行。五项条约为国家设定的义务只能通过缔约国制定国内空间立法加以实施。但在此环节出现的问题是：不同的立法考虑会导致各缔约国的国内空间立法监管本国空间活动的标准和要求规定不同，从而导致各缔约国监管本国空间活动国际义务的履行标准和要求出现差异。

因此，有必要查明各缔约国的国内空间立法情况，在期发现各缔约国是否将五项条约的规定切实纳入到各自的国家空间法律制度中；以及实施这些国际法律规定的原则、规则、标准和程序，以期获得国家立法实践情况和国家履行相关义务的国家惯例，为制定一项国家空间立法示范法的构成要素获得第一手信息。通过这种示范法，展示国家空间立法的基本构成要素，从而将国家履行监管本国空间活动的国际义务在国内法上的实施标准和要求基本协调一致，国家空间立法的协调一致反过来提高国际空间法的适用性。这是“国家空间立法的一般信息交流”议题与制定《示范法》在法理上存在的逻辑联系。

“审查五项条约的现状”和“国家空间立法的一般信息交流”两个议题试图阐明外层空间条约体系得到普遍接受，并对普遍建立国家执行制度具有重要的理论意义。开展空间活动的国家应考虑采取步骤实施国家法律，以批准和不断监督其国民在外层空间的活动，以及履行其根据《责任公约》和《登记公约》及其他国际协议所负有的国际义务。制定执行国际空间法体系的国家空间立法可以使有关国家获得四项益处：1）实现国家对空间物体的管辖和控制；2）减少发射事故和空间活动造成的其他损害风险；3）迅速有效地对这类损害给予赔偿；4）对负有《责任公约》规定的国际责任的政府提供能够向造成损害的任何非政府实体追索赔偿的机制①。此外，由于国家间与空间有关的国际合作方案和项目日益增多，制订国家空间立法对规范和推动这类合作活动可以发挥重要作用。

① 法律小组委员会第 46 届会议报告，A/AC.105/891，第 16 页。文本来源：http://www.un.org/zh/documents/。

综上所述，制定《示范法》的缘由可以概括为：

第一，空间活动私营化和商业化对空间法资源的挑战是以联合国为框架的政府间国际组织和非政府国际组织采取以审议空间法资源为主要应对措施的国际行动的直接原因。审议空间法资源从两个方面进行。一方面，审议国际空间法资源，以期发现国际空间法资源是否足以应对空间活动私营化和商业化趋势的挑战；如果不能，应该考虑怎样发展和完善既有的国际空间法条约和原则性法律文书。另一方面，审议国家空间法资源，以期发现各国现行空间立法是否足以履行监管本国非政府实体的空间活动这一国际义务的情况。

第二，在国际空间法方面，现行国际空间法框架内的法律资源匮乏表现为：对具体法律的规范和概念缺乏明确性的问题越来越凸现。在国家空间立法方面，国家空间立法的法律资源匮乏表现为：联合国会员国成为五大条约缔约国的数量增加与成为空间活动国家的数量增加不成正比，但进行空间立法的国家除了早期进行空间活动的少数几个国家外，后来参与空间活动的国家在空间立法方面几乎是空白①；并且，已有空间立法的国家在立法实践方面差距很大，尤其是在将五大条约的原则、标准和要求纳入国家空间立法的做法大相径庭。

第三，为应对空间活动发展新趋势带来的空间法律资源匮乏问题，在目前不能增加国际空间法的法律资源的情况下，如修正和补充现行国际空间法条约、将原则性和宣言性国际文书转变成具有强制性法律约束力的条约等，联合国把重点放在了扩展国家空间法的法律资源上。为此，联合国采取的措施有：一是敦促有空间活动但未成为五大条约缔约国的国家尽早成为缔约国；二是审议五大条约自身的法律资源；三是加强对现有国家空间立法的实例调研，以期发现各国对空间活动私营化和商业化涉及的法律问题的共识。这三项措施均是为了发展空间法，以增加规范空间活动的空间法资源。

第四，制定《示范法》的设想发端于遥感活动的私营化和商业化引起的法律问题对国际空间法资源匮乏和国家监管遥感活动意志不足的挑战。涉及的问题主要是国家空间立法没有充分执行国际空间法为缔约国设定的监管非政府实体的空间活动的国际义务。同时，国家空间立法在履行这一国际义务的做法上彼此差异很大，缺乏在标准上的协调一致。

---

① 迄今为止，只有 28 个国家有国内空间立法。该数字根据法律小组委员会第 52 届会议的会议室文件统计。见：A/AC. 105/C. 2/2013/CRP. 7，Schematic Overview of National Regulatory Frameworks for Space Activities。

第五，审议空间法的国际行动一开始就与三个关键词有关，即遥感、空间物体登记和国家空间立法。三者产生联系的原因是：私营商业遥感活动引起的法律问题既有国际性又有国内性。国际性方面主要涉及《遥感原则》的模糊性和非强制性，在国内性方面主要涉及空间物体登记问题，而空间物体登记问题本身又具有国际性和国内性。在国际性方面涉及国家对《外空条约》和《登记公约》设定的国家承担空间物体登记的国际义务的承认问题，在国内性方面涉及这一义务必须通过国家立法加以执行。因此。遥感活动和空间物体登记既触及国际空间立法又触及国家空间立法①。

（二）起草《示范法》的过程

作为关注和参与空间法发展的非政府组织，国际法协会与空间法有关的活动被纳入法律小组委员会“国际政府间组织和非政府组织与空间法有关的活动情况”议题框架内。因此，空间法委员会的工作任务始终与法律小组委员会正在审议和讨论的项目相匹配②。

空间活动私营化和商业化最突出的领域和表现形式是遥感活动。遥感活动在发达国家的突出表现是，遥感卫星的发射和运行更多由私营机构进行，以及遥感数据的分发和传播的商业化。而遥感活动在发展中国家的突出表现是，越来越多的国家从被遥感国成为遥感国，但国家仍然是遥感活动的行为人。《遥感原则》的国际法规制效力因此受到严峻挑战。《遥感原则》已不适应私营商业遥感活动的发展趋势，在调整遥感活动方面明显表现出其规范资源匮乏，这是发达国家和发展中国家的共识。但在如何解决《遥感原则》规制遥感活动的规范资源匮乏问题上，两大阵营发生了严重分歧。一边是发展中国家倡议制定一项关于遥感的有约束力的国际条约，赞成审议国家实践并

① 监管遥感活动的国家空间立法被认为如此重要以致曾出现过起草“关于遥感的国家示范法”的设想。ILA，Toronto Conference（2006），Space Law，Legal Aspects of the Privatization and Commercialization of Space Activities，Remote Sensing and National Space Legislation，Second Report，p. 4. 文本来源：http：//www. ila－hq. org。

② 国际法协会成立于1873年，其宗旨是从事国际法研究和发展工作。总部设在伦敦，由大不列颠及北爱尔兰联合王国最高法院法官Mance勋爵担任执行主席。现任空间法委员会总报告员是Stephan Hobe教授（德国分部）。该协会每两年举行一次双年大会。自1990年以来，国际法协会在外空委享有常驻观察员地位。国际法协会在法律小组委员会“国际政府间组织和非政府组织与空间法有关的活动情况”议题项目下报告其与空间法有关的活动。国际法协会的通常做法是与参与空间活动领域的其他机构合作开展工作。这些机构既有国际政府间组织，也有非政府组织。国际政府间组织和非政府组织在空间法方面的活动具有重要意义，大大有助于空间法的拟订工作。

以新视角讨论《遥感原则》。这一阵营有阿根廷、巴西、智利、哥伦比亚、古巴、厄瓜多尔、希腊、墨西哥和秘鲁。另一边是发达国家根据大量的发展中国家在使用遥感技术和《遥感原则》适用运行良好的事实，认为没有必要更新《遥感原则》，赞成遥感数据的取得、分发和商业化充分自由原则。这一阵营有美国和日本①。

为配合法律小组委员会"审查五项条约的现状"议题，空间法委员会开展了"鉴于商业空间活动审查外空条约"的专题研究。国家间的分歧也反映到空间法委员会的讨论中。来自发达国家的委员认为，起草关于遥感的国际条约在目前政治环境下几乎是一件不可能的事情②。来自发展中国家的委员认为，《遥感原则》不足以调整在遥感活动方面存在的问题，如自由探索和利用外层空间原则与国家主权原则的冲突、遥感数据自由获取与事先知情同意的冲突等。因此，有必要将《遥感原则》转变为一项专门全面规制遥感活动的有法律约束力的条约，以公平公正地平衡遥感国的技术和经济权，以及保障被遥感国的合法权益③。

该项研究于新德里大会宣布结束，并通过了有关这一专题的1/2002号决议。在该决议中，空间法委员会提出的建议是：通过单行文书的方式实施，保持原条约文本不变，对现行空间法条约做一些变通，以期对这些条约加以阐明。从该建议可以看出，反映发达国家委员立场的观点被认可。因此，在不可能制定一项有约束力的专门全面规制遥感活动的新国际条约的情况下，如何解决《遥感原则》规范遥感活动的效力不足问题已成为焦点。

在"鉴于商业空间活动审查外空条约"的专题研究任务结束后，自柏林大会起，空间法委员会开始"空间活动私营化和商业化的法律方面：遥感与国家空间立法"这一新专题研究。研究该专题的初衷显然是想挖掘国内空间法资源，通过国家空间立法来规制私营商业遥感活动。制定《示范法》的设想就是伴随这一专题研究逐渐定型的。

---

① Report of the Legal Subcommittee of COPUOS adopted on 8 April 2004, A/AC. 105/826, p. 21。文本来源：http：//www. un. org/zh/documents/。

② ILA, Berlin Conference (2004), Space Law Committee, Report on the Legal Aspects of the Privatization and Commercialization of Space Activities, Remote Sensing and National Space Legislation, p. 10。文本来源：http：//www. ila－hq. org。

③ ILA, Berlin Conference (2004), Space Law Committee, Report on the Legal Aspects of the Privatization and Commercialization of Space Activities, Remote Sensing and National Space Legislation, p. 9。文本来源：http：//www. ila－hq. org。

《示范法》草案的起草任务授权给空间法委员会承担，由空间法委员会负责人、总报告员斯特凡·霍贝（Stephan Hobe）教授负责起草工作。在霍贝教授主持的德国科隆大学“2001 年扩展项目”（Project 2001 Plus）框架下[①]，举行了一系列专题研讨会，如“迈向欧洲国家空间立法协调一致的路径研讨会”“空间物体登记目前问题研讨会”等。尤其是在此项目下召开的“关于国家空间立法研讨会”等重要研究成果为起草《示范法》提供了理论基础和学理根据，其中国家空间立法五个“构建模块”理论尤为重要。此外，《示范法》草案还吸收了《科隆空间法评注》2009 年对《外空条约》第 6 条的诠释，以及对较早及近期的不同国家空间立法进行深入理论讨论的结果和建议，并尽量使理论路径和实际需要相结合[②]。

《示范法》起草工作开展于柏林大会与海牙大会两届双年大会之间。其间，在多伦多大会和里约热内卢大会两届双年大会上，空间法委员会分别讨论了起草进展情况。按照多伦多大会和里约热内卢大会的安排，空间法委员会的工作重点是制定《示范法》，并根据其工作进展情况在海牙大会或索非亚大会上最后通过。

与上述五届大会的安排相对应，空间法委员会为《示范法》起草工作的理论奠基和草案文本提交了五份报告。前三份报告主要是解决国家空间立法的理论问题，后两份报告涉及《示范法》草案的阶段性成果。

1. 第一次报告《空间活动私营化和商业化的法律方面：遥感与国家空间立法》

2004 年，空间法委员会向柏林大会提交关于“空间活动私营化和商业化的法律方面：遥感与国家空间立法”的第一次报告。该报告由两个部分组成，阐述了遥感问题与国家空间立法问题，提出了国家空间立法“构建模块”理论，并对这一理论进行了初步阐述。遥感与国家空间立法之所以成为极为重要的法律问题，是因为遥感和对地观察卫星的商业应用增多，这些空间活动

① 科隆大学 2001 年项目名称为“外层空间商业利用的法律框架”（Project 2001 - Legal Framework for the Commercial Use of Outer Space）。该项目由德国科隆大学航空航天法研究所和国际商法主席设计完成，与德国宇航中心（DLR）共同发起，是至今为止在空间法方面最大的研究项目。该项目成立 6 个工作组，举行了一系列研讨会。

② 《科隆空间法评注》由斯特凡·霍贝、伯恩哈德·施密特-泰德（Bernhard Schmidt - Tedd）和凯-乌韦·施罗格尔（Kai - Uwe Schrogl）主编，参见：COPUOS，Legal Subcommittee，Fifty - second session，Vienna，8～19 April 2013，Information on the activities of international intergovernmental and non - governmental organizations relating to space law，Note by the Secretariat，A/AC. 105/C. 2/2013/CRP. 6，p. 2。文本来源：http//www. unoosa. org。

引起的法律问题与国家空间立法的种种问题，与在当下探索和利用外层空间活动中出现的问题，如空间物体登记问题存在紧密联系。

（1）遥感与规范遥感活动的国家空间立法现状分析

报告第一部分内容主要包括：遥感问题产生背景、遥感问题研究现状、遥感数据与国际诉讼和空间法委员会主席的评论和结论。其中空间法委员会主席的评论和结论成为空间法委员会在遥感与国家空间立法问题上的工作任务支点。对遥感与国家空间立法关系的主要观点，一是强调现行有关遥感活动国家空间立法的重要性，二是强调国家空间立法对于国内空间活动失败或造成损害可能承担的严重国际赔偿责任的重要性。

国家遥感立法当下状况是：有六个国家制定了规范卫星遥感活动的国内法①，其中只有美国就遥感进行了专项立法。美国于 1984 年制定了《陆地遥感商业化法》，该法于 1992 年 10 月 28 日被《陆地遥感政策法》取代。根据《陆地遥感政策法》第 2 条第 2 款，该法适用于“受美国管辖或控制”的任何人。因此，只要与美国有联系的任何人都受《陆地遥感政策法》的法律管辖。在美国本土外受美国控制的领土上从事私营遥感活动的非美国公民也属于该法的管辖范围，在此类领土上的私营遥感活动要求获得美国许可证②。国家空间立法适用于遥感活动的国家和地区有瑞典、英国、俄罗斯、南非、乌克兰，以及中国香港特别行政区③。这一事实表明，只有若干国家实施了国家空间立法。对此比较尖锐的观点是：国家不愿意执行其在《外空条约》第 6 条项下

① 这 6 个国家是美国、瑞典、英国、俄罗斯、南非、乌克兰。另有中国香港进行了地方立法。

② ILA，Berlin Conference（2004），Space Law Committee，Report on the Legal Aspects of the Privatization and Commercialization of Space Activities，Remote Sensing and National Space Legislation，p. 16. 文本来源：http：//www. ila - hq. org。

③ 例如：瑞典 1982 年《空间活动法》“除了适用于完全在外层空间进行的活动外，还包括把空间物体射入外层空间、所有操控手段或促使物体射入外层空间的任何方式”的规定涵盖了遥感活动。该法适用于任何从瑞典领土上或由“任何其他地方”的瑞典法人和自然人从事的任何空间活动。1986 年英国《空间法》适用于发射或促使发射空间物体或“在外层空间的任何活动”的规定包括了私营个人的遥感活动。俄罗斯 1993 年《空间活动法》第 1 条第 3 项明确包括遥感活动。南非 1993 年《空间事务法》明确包括遥感活动。乌克兰 1996 年《空间活动法》对私营实体的任何空间活动采取许可证和合格证明要求。欲在乌克兰境内或在乌克兰境外但受乌克兰管辖的领土上进行空间活动必须获得乌克兰国家空间局的许可证。由于香港的特殊情况，香港 1997 年《外层空间法规》确保任何被许可的空间活动遵守中华人民共和国的国际义务。

的国际法义务，即制定国家空间立法，这意味着故意不遵守国际法义务[①]。

一些国家有许可证制度，但仅涉及发射活动。因此引起的问题是现有立法是否覆盖了任何私营商业遥感活动。国家空间立法主要覆盖源自《外空条约》第 6 条设定的国际法上的国家责任。赔偿责任在国际层面上仍然与发射国的发射活动有关联。就包含促使发射而言，这意味着赔偿责任协议直接关系到私营遥感运营人。鉴于《外空条约》第 6 条规定的国际法义务和至今监管非政府实体的空间活动的国家空间立法方面少有的国家实践，以及由于全球化引起的越来越多的私营商业空间活动对国家空间立法的强烈需要，因此寻求实际解决办法极为重要。关键是应找到一个折中的解决办法，在遥感活动涉及的商业利益与公共利益之间求得平衡。

（2）国家空间立法“构建模块”理论的初步阐明

国家空间立法“构建模块”最初是作为空间法委员会起草《示范法》草案应遵循的工作模式和程序而提出的[②]。柏林大会建议空间法委员会应讨论空间活动的批准、空间活动的监管、空间物体的登记和赔偿规定等四个“构建模块”。第一个“构建模块”涉及空间活动的批准，包括对空间活动概念的解释、涉及属地和属人空间活动应遵守的原则、政府和非政府行为人的财政责任风险分担、遵守合作和相互协助义务。第二个“构建模块”涉及空间活动的监管。监管可依据批准授权书规定条件以批准授权书持有人提供的或政府机关收集的周期信息资料的方式进行。此外，在不遵守批准授权书规定条件

① ILA，Berlin Conference（2004），Space Law Committee，Report on the Legal Aspects of the Privatization and Commercialization of Space Activities，Remote Sensing and National Space Legislation，p. 17. 文本来源：http：//www. ila－hq. org。

② 就规范遥感活动的立法而言，“构建模块”应包括：1）国家坚持批准和持续不断监管空间活动的义务；2）国家登记空间物体的义务；3）按照国际法对非政府实体的行为或空间活动负有责任的国家赔偿并同时向该非政府实体追索的规定；4）鉴于空间活动存在不可避免的后果，要求强制保险。这四个“构建模块”是 2001 年 5 月在科隆举行的 2001 年项目会议的成果，在“2001 年扩展项目”框架内，由科隆大学航空航天法研究所和德国宇航中心（DLA）共同主办，于 2004 年 1 月在柏林举行的研讨会对“构建模块”作了进一步阐明。“2001 年扩展项目”的目的是分析全球化和欧洲经济一体化对未来商业空间活动，尤其在越来越私营化和商业化的空间活动领域中的影响后果。柏林研讨会考虑了 2001 年项目的“国家空间立法的需求与前景”研讨会的成果、法国“空间法在法国的演进”研究的成果和国家空间法近期发展。在慕尼黑研讨会确定的“构建模块”也作为进一步讨论的根据。鉴于《外空条约》和《责任公约》指明的国家的国际法义务，这些“构建模块”被认为是未来空间立法必不可少的基石。ILA，Berlin Conference（2004），Space Law Committee，Report on the Legal Aspects of the Privatization and Commercialization of Space Activities，Remote Sensing and National Space Legislation，p. 17。文本来源：http：//www. ila－hq. org。

的情况下可通过处罚，或在违反批准授权书规定条件的情况下通过撤销或中止批准授权书等措施实施。第三个"构建模块"涉及空间物体的登记。这包括空间物体概念的解释和适用、空间物体国家登记册的建立和登记监管机关的设立。登记首先必须按照《登记公约》第4条的要求提供信息和其他信息[①]，如空间物体的体积大小和在牵涉核动力源的情况时必须包括安全评估；其次，对再入地球大气层的物体登记、登记信息变更的可能性和查阅登记册等有关问题必须做出规定。第四个"构建模块"是赔偿规定。在此部分必须包括在发射国已按照《外空条约》第7条和《责任公约》向另一国支付赔偿的情况下对私营实体的追索权。此种追索权甚至在损害仅是由非政府实体引起时也应有效。但此种权利必须受限于在此之外该国能够保证支付的某个固定数额，还应考虑对任何有赔偿要求的国家的资助[②]。

需要考虑的其他规定涉及到保险和赔偿责任、专利法和其他知识产权问题、出口管制调控、财政担保、交通运输法和争端解决等。这些问题因与公平竞争有密切联系而应做相应的规定。财政担保也需要作为一个内容，但由于国际统一私法协会关于空间资产权益的讨论正在进行，尚不应在国家层面实施[③]。

空间法委员会按照"构建模块"组织专题研讨会以便充实和完成《示范法》框架。讨论的内容主要集中在行政管理程序中的批准时间长短问题、批准费用问题、接受外国批准问题、技术安全评估问题、赔偿问题、保险和赔偿责任问题、协调一致的方式问题。空间法委员会就这些问题讨论后提出了以下建议[④]：

第一，关于行政管理程序，在欧洲国家要花费2～6个月的时间，并做出

---

① 在空间物体登记的语境中，英文"information"的中译在涉及空间物体登记的国际条约、联大决议和其他国际文书中都不同，已出现的中译有"情报"、"资料"、"信息"等。在联大A/RES/68/74号决议中采用了"信息"的中译。根据新译由于旧译原则，本文采用"信息"一词。

② ILA, Berlin Conference (2004), Space Law Committee, Report on the Legal Aspects of the Privatization and Commercialization of Space Activities, Remote Sensing and National Space Legislation, p. 17 - 18。文本来源：http://www.ila-hq.org。

③ ILA, Berlin Conference (2004), Space Law Committee, Report on the Legal Aspects of the Privatization and Commercialization of Space Activities, Remote Sensing and National Space Legislation, p. 18。文本来源：http://www.ila-hq.org。

④ ILA, Berlin Conference (2004), Space Law Committee, Report on the Legal Aspects of the Privatization and Commercialization of Space Activities, Remote Sensing and National Space Legislation, p. 18 - 19。文本来源：http://www.ila-hq.org。

不会超过这一期限的提示。同样，批准费用各国都不同，建议依据空间活动的目的和申请做出具体数额的限制。

第二，通过比较不同国家空间立法后发现，只有英国和澳大利亚的空间立法才有接受外国批准的规定。建议如果有关批准符合拟将阐明的《示范法》要求的同样条件才接受外国批准。关于安全问题，技术安全评估是必要的，这能使对合同方和第三方造成的损害降到最低。对大多数国家空间立法而言，技术安全评估是基本要求。在此方面，尽管企业主张不要太多的规定，尤其是涉及技术安全方面，但各国负责技术安全评估当局采用的方法和标准需要协调一致。

第三，批准要求应包括质量标准，其是评估的一部分，并考虑建议技术安全评估要以申请人提交的文件为基础。国家应保持与标准化组织的联系，如欧洲航空标准化协作组织（ECSS），以便就某些共同目标达成一致。

第四，关于强制保险，在欧洲国家间的立法和做法上显然存在重大差别。建议国家空间立法应规定整个活动期间的第三方责任保险，包括空间物体再入地球大气层。保险范围应按照空间活动的特点界定，但应限于一定数额。应对保险承保单确定其合适性以便对空间活动引起的损害提供第三方保护。国家政府应被明确列为附加被保险人，以此与其国际法上的责任产生联系。

第五，对于责任问题，有三方面要严格论证：一是支持发射国向私营行为人追索赔偿限额的规定；二是依法规制或认可相互豁免；三是国家保证支付依照外国法裁定的第三方赔偿额。对于赔偿限度，各国有很大不同。建议发射国在为私营实体造成的损害承担赔偿责任后，可向其追索赔偿。追索的最终金额应限于一定数目，还应限制期限，起草追索条款应考虑所要求的最高保险险种。如果违法或违背批准授权书要求、故意渎职或严重过失，则追索应没有限制。由于相互豁免被广泛接受，国家应有效地相互豁免赔偿责任。

虽然欧盟迄今尚无明确协调欧洲各国空间立法的职能，但在一些与空间法相关的领域有协调职能，如环境问题和交通问题。除这些领域外，还可从《欧盟条约》第 3 条第 1 项派生出更多的职能以便防止扭曲共同市场。欧洲各国必须在彼此之间进行正式或非正式磋商以达成协调一致。

上述讨论结果和建议是迈向欧洲国家空间立法协调一致路径的重要一步。下一步将对制定《示范法》进行论证。从这一角度，建议空间法委员会讨论“构建模块”和起草为《示范法》设置框架与奠定基石的具体条款草案。该

《示范法》应覆盖任何商业空间活动，为各国制定国家空间立法做出示范①。

空间法委员会的第一次报告对《示范法》起草工作是奠基性的。首先是提出了制定《示范法》的设想，其次是提出了《示范法》四个“构建模块”架构思路；再次是提出《示范法》针对的范围是任何商业空间活动，最后是提出了制定《示范法》的目的是为各国制定国家空间立法做出示范。

2. 第二次报告《遥感与国家空间立法》

2006 年，空间法委员会向多伦多大会提交了关于“空间活动私营化和商业化的法律方面：遥感与国家空间立法”的第二次报告。第二次报告旨在侧重柏林大会确定的工作任务中提出的最有争议的问题，目的在于对遥感与国家空间立法的具体建议奠定基础，以向国际法协会 2008 年第 73 届双年大会提交。对《示范法》起草工作，空间法委员会的结论是：如果能够将国家空间立法的构建基石阐明为今后起草国家空间立法的指南②，空间法委员会的审议成果就会富有成效③。该报告的实体内容分为两部分：第一部分是关于遥感、对地观察卫星和空间物体登记，第二部分是关于国家空间立法与空间物体登记。可见，第二次报告的重点与第一次报告的重点有所不同，从遥感与国家空间立法转向遥感、空间物体登记与国家空间立法。

该报告的三个核心词值得注意，这就是遥感、空间物体登记和国家空间立法。这表明三者存在法律上的逻辑关联性。遥感与国家空间立法在目前国际舞台上是两个无疑正在演进的、彼此相关联的话题，而且正越来越多地涉及射入外层空间的空间物体的登记问题。后者则是由《登记公约》规制的一种活动，但该公约在国际社会得到的支持却差强人意，其种种缺陷成为政府部门和私营部门、国内和国际各层级关注的事情。空间法委员会意识到，第二次报告的内容需要包括空间物体登记，并切合实际地从工作任务初始阶段就将这一问题与遥感和国家空间立法相联系④。

---

① ILA，Berlin Conference（2004），Space Law Committee，Report on the Legal Aspects of the Privatization and Commercialization of Space Activities，Remote Sensing and National Space Legislation，p. 19。文本来源：http：//www. ila - hq. org。

② 为此，《示范法》草案《索非亚模本》被冠之以“guidelines”（指南）。

③ ILA，Rio De Janeiro Conference（2008），Space Law，Legal Aspects of the Privatization and Commercialization of Space Activities，Third Report，Remote Sensing，National Space Legislation，Registration，p. 14。文本来源：http：//www. ila - hq. org。

④ ILA，Toronto Conference（2006），Space Law，Legal Aspects of the Privatization and Commercialization of Space Activities，Remote Sensing and National Space Legislation，Second Report，p. 1 - 2. 文本来源：http：//www. ila - hq. org。

空间物体登记不仅与遥感和国家空间立法有关，而且还与空间法的其他领域有联系，如外层空间的定义和划界就首先与此有联系。空间物体登记对于空间法委员会并非一个新问题。早在伦敦大会和新德里大会的框架下，“鉴于商业空间活动审查五项外空条约”的专题研究就涉及并讨论过这一问题。该专题的研究报告确认，《登记公约》的一些条款内容迫切需要澄清。在科隆大学“2001 年项目之扩展项目——全球和欧洲对 21 世纪航空航天法的挑战”为主题的一系列国际研讨会中，有一个研讨会以“航空航天法在未来航天应用中面对的共同问题：以登记和责任为例”为专题进行讨论，承认空间物体登记问题的重要性。空间法委员会的委员应邀出席并参加讨论。此次研讨会上对国家空间立法与遥感的重要性及其与空间物体登记的关系达成了共识①。

然而，《外空条约》和《登记公约》所体现的国际义务在许多方面未被国际社会正确领会，是问题越来越严重的原因。法律小组委员会于 2005 年设立关于国家和国际组织在空间物体登记实践问题工作组，在国家层面实施关于目前国家实践的三年期项目就有力地表明了对该问题的关注。事实上，有数据明确显示，在联合国登记的空间物体数量减少。外空委提供的下列数字非常说明问题。在《登记公约》前，根据联大 1721B（XVI）号决议，射入外层空间的 129 个空间物体全部进行了登记，未登记率为零；1990 年，射入外层空间的 165 个空间物体中有 160 个进行了登记，未登记率为 9%；在 2002 年，射入外层空间的 92 个空间物体中有 73 个进行了登记，未登记率为 20%；在 2004 年，射入外层空间的 72 个空间物体中有 50 个进行了登记，未登记率为 30.5%；这表明，空间物体的登记数字呈下降趋势②。

为了审议当下国家空间立法在空间物体登记方面的实践，以便对其做出切合实际的法律评述，空间法委员会采取的工作方法是在多伦多大会预备期间向空间法委员会委员散发调查问卷。调查问卷特设的问题包括现有国家空间立法概述和在遥感与空间活动登记方面的国家实践讨论。调查问卷是讨论柏林大会提出的四个“构建模块”的第一步。调查问卷强调在遥感活动和空间物体登记方面的国家空间立法。来自十个不同国家的委员就调查问卷向空

① ILA，Toronto Conference（2006），Space Law，Legal Aspects of the Privatization and Commercialization of Space Activities，Remote Sensing and National Space Legislation，Second Report ，p. 2。文本来源：http：//www. ila－hq. org。

② ILA，Toronto Conference（2006），Space Law，Legal Aspects of the Privatization and Commercialization of Space Activities，Remote Sensing and National Space Legislation，Second Report p. 2－3。文本来源：http：//www. ila－hq. org。

间法委员会主席和总报告编撰人提交了答复，反馈的实质多样性和区域多样性都给人以深刻印象。分析评价委员们的答复构成该报告的核心内容。对调查问卷结果的分析表明，许多国家没有充分意识到其国际法义务，有忽视批准和监管国内空间活动的倾向，因而有必要通过国家空间立法。国家空间立法尤其要有效解决因登记、许可、费用和保险等法定要求可能出现的“许可证交易”，私营实体可能通过改变其商业环境的各种因素来选择准据法，由于特定环境空间活动可能受多项国家立法约束等问题①。

（1）关于国家空间立法实践的当下情况②

一般来说，与遥感活动有关的国家空间立法应解决批准与许可证、卫星的运营与监管、数据政策与获取控制等问题。但关于遥感活动的专门国家立法一直是明显的例外。当下只有美国建立了适用于遥感的专门规范体系，其他国家尚在起草遥感立法的过程中。如德国有望在 2006 年生效的立法草案中规定运营人须申请运营先进遥感系统的许可证，并将对卫星操控和监管、信息对地传输等问题做出规定。

加拿大已通过一些商业遥感活动的准入控制政策。加拿大议会目前正在制定规范遥感空间系统运营法案。立法草案对与加拿大有实际联系的所有运营人规定了许可证综合制度，包括规定原始数据和未处理过的遥感产品应在合理期限内以合理费用等条件提供给被遥感国政府，但要受到部长可能设置的限制③。此外，原始数据的传播预期也将受到限制。

英国、瑞典、挪威、俄罗斯、澳大利亚、阿根廷和巴西制定了一般性的国家空间立法，或者至少有空间活动的行政管理条例。这些法律中，有些包括了遥感活动，而其他却没有包括。如瑞典《空间活动法》虽然可以覆盖遥感活动，但处理遥感活动的某些方面，如数据库处理，却被规定在覆盖保护土地利用信息的法律中。该法规制了国家管辖、批准程序、许可证、监管和控制、责任和刑事管辖等问题。

其他国家目前正在制定国家空间立法，如荷兰。荷兰经济事务部已开始

---

① ILA，Toronto Conference (2006)，Space Law，Legal Aspects of the Privatization and Commercialization of Space Activities，Remote Sensing and National Space Legislation，Second Report，p. 24。文本来源：http：//www. ila - hq. org。

② ILA，Toronto Conference (2006)，Space Law，Legal Aspects of the Privatization and Commercialization of Space Activities，Remote Sensing and National Space Legislation，Second Report，p. 22 - 23. 文本来源：http：//www. ila - hq. org。

③ 空间法委员会认为，此举确认了《遥感原则》之原则 12，然而其做法则违反《遥感原则》。

设计国家空间立法框架。该框架包括私营空间活动，以及遥感活动的许可证制度和登记程序。遥感制度可能包括安全与保障、责任和保险。许多国家至今没有国家空间立法，在这些国家中有从事航天活动的重要国家，如法国，目前正在准备向法国总理提交包括遥感在内的空间法问题报告。

（2）关于空间物体登记的国家做法的当下情况①

（a）在空间物体登记管理机制方面的国家实践

由于《外空条约》和《登记公约》所载国际义务尚未被国家充分承认，大多数国家没有关于空间物体登记的专门国家空间立法，但是保持有国家登记册。掌管国家登记册的国家当局却不同，如通过国家航天局或空间委员会、外交部或国家贸易部掌管，甚至通过联邦航空局掌管。巴西在 2006 年成为《登记公约》缔约国之前，既没有国家登记册也没有登记空间物体的法律，尽可能简化空间物体登记程序是巴西促进发射活动商业化的措施之一。意大利关于批准和执行《登记公约》的法案在 2004 年 6 月提交议会。该法案非常明确规定了登记程序。在此之后，意大利在 2005 年成为《登记公约》缔约国。空间物体的登记将授权给意大利空间局，由该局设立和保持国家登记册。登记册适用于意大利个人或实体，或从意大利领土或设施发射进入空间的物体。

（b）在空间物体登记程序方面的国家实践

尽管空间物体登记的行政程序、空间物体登记和批准程序期限对各国当局和旨在运营的空间物体登记实体很重要，但只有美国才有批准程序最长期限的规定：由联邦航空管理局（FAA）颁发的发射许可证的发证程序应在收到申请后 180 天完结。在欧洲国家实践中，没有与之可比的条款规定。瑞典的做法是在申请许可证和向联合国提交登记信息时间之间的期限大约是两至四个月。考虑到空间物体登记过程的国际方面，此种时间期限的规定似乎有其合理性。其他国家，如德国，可比较的平均时间期限是大约三个月。在英国，期限在二至六个月。在俄罗斯，许可证程序持续时间不超过两个月。

在此方面国家实践的特点首先是批准程序期限与强制性批准要求条件的多少密切相关，并取决于要求条件的多少。其次是空间物体登记程序的期限不必与批准程序期限等同。是否应给予批准的决定可在登记程序开始前做出。再次是在对登记所需的期限方面，由于《登记公约》没有提供一套严格的规

① ILA，Toronto Conference（2006），Space Law，Legal Aspects of the Privatization and Commercialization of Space Activities，Remote Sensing and National Space Legislation，Second Report，p. 23 - 24。文本来源：http：//www. ila - hq. org。

定，而是留下了可能延期的空间（as soon as possible），因此，首次延期可审慎解释，但第二次延期应受限制。最后是登记费用和成本可能对私营实体在选择何地登记空间物体有很大影响，有的国家不收取登记费用，如瑞典和法国。

（c）在空间物体登记与保险方面的国家实践

瑞典对空间物体登记程序没有保险要求，但对许可证有附加条件，如与同步或两极轨道卫星控制有关系的瑞典空间公司实际上没有订立保险合同。但是，对于卫星发射，发射服务提供商一般提供发射和早期轨道第三方保险，包括作为被保险方的运营人。瑞典的做法表明，保险要求以及其他义务，如支付费用，应与许可证程序有关系，而与空间物体登记没有关系。

根据国家在空间物体登记方面的实践，空间法委员会认为空间物体登记问题是在需要由国家空间立法解决的各种问题中特别重要的问题。有的国家甚至没有国家登记册，这显然违背《外空条约》和《登记公约》分别规定的义务。国家应牢记空间物体登记是《登记公约》规定的法律义务，其作用是为了国内和国际对空间物体的识别。并且，根据《外空条约》第 8 条，登记国将保持对在其国家登记册上记录的空间物体的管辖权和控制权。除此义务外，还应考虑登记权，如在空间物体所有权转让的至关重要的情况下，事后登记会促进法律的确定性，使空间物体所有权转让更容易。因为明确赔偿责任、管辖权和控制权不会引起更多的法律问题。

由此可见，鉴于遥感与国家空间立法和空间物体登记之间的密切联系，在探讨遥感与空间物体登记问题的可行路径时，必然触及国家空间立法；反之亦然，只是视角不同而已。与国家空间立法和空间物体登记问题相关的学术讨论和外空委成员国讨论有助于《示范法》起草工作，所达成的理论共识如下[①]：

第一，联合国登记册是并且应该一直是国家政府和国际组织提供所有类别的空间物体信息的主要来源。为加强联合国登记册的作用和功能，参与发射或运营空间物体的任何国家应成为《登记公约》缔约国。载于国际登记册的所有数据也应在国家登记处登记。因此，应强调国内登记的必要性和重要性。

第二，需要审议空间物体登记目前的政策，如登记国提供的从格式到内

① ILA，Toronto Conference（2006），Space Law，Legal Aspects of the Privatization and Commercialization of Space Activities，Remote Sensing and National Space Legislation，Second Report，p. 20 - 22。文本来源：http：//www. ila - hq. org。

容大相径庭的信息和事实的确认等问题。《登记公约》第1条第1款规定的“促使”发射概念留出了解释空间，尤其在私营实体参与发射或运营空间物体的情况下。例如，英国和荷兰明确声明：在空间物体由私营实体发射的情况中，就《登记公约》《责任公约》或《营救协定》而言，自己既不是“发射国”也不是“登记国”。鉴于这些声明，此类国家是否会制定有效处理登记和责任问题的国家空间立法似乎令人怀疑。这表明，《登记公约》缔约国应研究各自的国内政策以确定需要协调一致和完善的重要方面。

第三，对在外层空间的空间物体所有权转让和《登记公约》第2条第2款规定的“发射国间协定”等具体问题的共识是：如果有两个或两个以上的发射国，此类发射国间协定对确定登记国就有必要，在某些情况下要求对发射装置和任何有效载荷进行单独登记。

第四，联合国外空事务厅提供的登记册与国际空间研究委员会（COSPAR）和国际电信联盟（ITU）提供的信息类别之间缺乏相应联系。建议通过外空事务厅网站建立与其他载有空间物体信息的国际登记册，如与国际电信联盟的登记册建立链接，以及加强和完善《登记公约》，对于发展未来的空间交通管理综合制度有实质相关性。

第五，对国家空间立法多样性的共识是：为规范商业实体的竞争，协调一致的国家空间立法是必要的。虽然欧盟方面确定了一些行动措施，但建议通过合作和协调来实施这些措施，包括国家间的国际协议。

第六，根据《外空条约》第6条，国家无论是否实施国内空间立法都有监管本国空间活动的义务和责任。国家空间立法应起到既监控又支持空间活动的作用。为便于国家空间立法的实施，从事空间活动的国家之间有必要签订国际协议。缺少对私营实体在联合国登记信息的要求、许可证交易（license shopping）和术语“相应国家”的定义也是应关注的问题。

第七，登记和责任是航空航天法的共同问题，达成的共识是：空间物体的有效登记要求国家空间立法对国家登记册所要求的信息有明确标准。在登记、责任、许可证和不守法乘客等方面，航空运输和外层空间客运之间既有相同之处，也有不同之处。

第八，2004年法律小组委员会开始的“国家和国际组织登记空间物体的实践”工作计划一方面鼓励国家遵守《登记公约》，完善该公约的适用和增强公约的有效性，另一方面有助于发展和增强有关空间物体登记的国内法律规范。

第九，各国代表在2005年4月法律小组委员会会议上讨论的观点是：在最近几年空间物体登记数量不断减少，空间物体的登记缺失削弱了国际空间法的各项条约，建议如果把国家递交联合国的信息的形式和内容统一成某些固定标准，则能增强《登记公约》的执行和适用。有代表还建议，法律小组委员会应考虑递交联合国登记册的信息统一；在不止一个国家参与发射空间物体时所做的国际调整，以及在其发射后一定期限内登记空间物体等问题。

第十，“国家和国际组织登记空间物体的实践”工作组拟在2006年确认国家有哪些共同做法并提出提高遵守《登记公约》的建议。被列入以后讨论清单的问题包括登记实践的协调一致、登记空间物体、在轨空间物体所有权转让方面的实践、“外国”空间物体的登记实践等问题。

据此，该报告的结论是：需要更多的国家空间立法以填补国际法律框架中的空白，尤其要考虑《外空条约》《登记公约》和《责任公约》。空间法委员会的明确目标是：提出国家空间立法构建基石的建议和明确界定保证《外空条约》和《登记公约》在国家层面有效执行的法律要求。为了能够对以后的工作计划提出具体建议，需要分析在国家空间立法方面的国家实践。迄今为止，美国、俄罗斯、乌克兰、挪威、瑞士、英国、比利时、澳大利亚和南非有国家空间立法。部分国家，如巴西，制定了空间活动特殊方面的管理条例。其他国家，如加拿大、德国、意大利和法国，已开始讨论和磋商通过国家空间立法，并向国内立法机关提交了完整草案。

该报告对《示范法》起草工作的建议是①：

第一，空间法委员会自然不可能决定国家应在其空间立法中包括哪类条款规定。但是，《外空条约》（尤其是第6条、第7条和第8条）和《登记公约》确立了所有缔约国须遵守的、有约束力的国际义务框架。为促进增强《外空条约》和《登记公约》的效力，空间法委员会应明确哪些是必须由国内立法具体制定的条款，以此方法出台一些国家空间立法的最低标准。这有助于国家意识到，如果不在其空间立法中制定这些条款，则可能使其处于违背国际空间法条约的危险中。

第二，空间法委员会关于国家空间立法和空间物体登记问题的工作成果要求是：明确界定《外空条约》和《登记公约》所载的国际法律义务在国内有效执行的法律要求。这些国家空间立法构建基石可作为今后起草国家空间立法的指南，以保证国际空间法条约每项条款规定得到国际社会的遵守。

① ILA，Toronto Conference（2006），Space Law，Legal Aspects of the Privatization and Commercialization of Space Activities，Remote Sensing and National Space Legislation，Second Report，p. 24。文本来源：http：//www. ila-hq. org。

第三，鉴于法律小组委员会已将“国家和国际组织登记空间物体的实践”列入其议程并为空间法委员会收集有特别价值的资料，空间法委员会将在国家空间立法方面与法律小组委员会协调以后的活动，并认真研究法律小组委员会发布的后续报告。

3. 第三次报告《国家空间立法与空间物体登记》

2008 年，空间法委员会向里约热内卢大会提交第三次报告。报告特别强调空间物体登记。空间法委员会所讨论的国家空间立法和空间物体登记正是国际社会高度关注的两个问题。此次报告的内容主要是回顾 2006—2008 年法律小组委员会和空间法委员会对涉及国家空间立法的不同议程和空间物体登记方面的国家实践进行讨论的相关活动。国家和国际组织登记空间物体的实践问题工作组的工作成果是：有关空间物体登记国家实践的审议和讨论联大在 2007 年 12 月 17 日通过题为“关于加强国家和国际组织登记空间物体的实践的建议”的第 62/101 号决议。该决议旨在使空间物体的登记程序和信息内容等多方面协调一致，这有助于增强国家登记其空间物体的意愿。就国家空间立法而言，国家似乎越来越愿意加入更具体的讨论。

空间法委员会在报告中决定，在认真考虑其通过的构建模块的基础上，阐明一项具体示范法，该示范法拟为要开启起草国家空间立法进程的国家提供示范作用①。第三次报告的重要性在于，制定《示范法》工作任务被再次确定，并明确“构建模块”理论将作为指导《示范法》起草工作的指南。

4. 第四次报告《〈示范法〉草案海牙版本》

2010 年，空间法委员会向海牙大会提交了第四次报告。该报告一如既往地强调加强国家空间立法的必要性和重要性，但所阐述的论点更明确，即《外空条约》第 6 条要求国家对在本国登记的空间物体有关的空间活动，必须获其批准并受其不断监督和管辖。鉴于不断增加的私营商业空间活动，国家空间立法应涵盖各种问题，如私营空间行为人的某项活动对另一空间物体、或空气空间的航空器，或地球上的人或财产造成损害承担责任的问题。但《责任公约》仅规定了国家责任而没有规定私营行为人的责任，因此只有通过国家空间立法才能确保承担责任的发射国可向私营空间活动行为人主张由第三方承担的损害赔偿。因此，赔偿和保险问题应通过国家空间立法进行监管。

---

① ILA，Rio De Janeiro Conference（2008），Space Law，Legal Aspects of the Privatization and Commercialization of Space Activities，Third Report，Remote Sensing，National Space Legislation，Registration，p. 15 - 16。文本来源：http：//www. ila - hq. org。

对私营行为人的空间活动的批准和不断监管义务本身也应受到监管，因为批准和监管是国家管控这些活动的唯一方法①。

该报告的第二部分是关于《示范法》起草进展情况的汇报。报告强调，起草《示范法》草案的重要构建基石来自四个方面：一是现有的国家空间立法；二是空间法委员会委员对 2005 年调查问卷的答复；三是科隆大学航空航天法研究所和欧洲宇航中心（DLR）在“2001 年扩展项目”的框架内组织的 2004 年“迈向欧洲国家空间立法协调一致的路径”研讨会；四是法律小组委员会目前审议项目和起草工作组的专题讨论②。

该报告强调，《示范法》草案需要经过深入的讨论程序，并需要经过 2010 年海牙大会空间法委员会会议的通过程序。必须从一开始就明确未来《示范法》的地位，《示范法》对国家绝没有任何形式的约束力，国际法协会将其作为一个非政府国际组织的建议性文本，仅供国家政府在起草国内空间立法时参考并促进其立法③。

载于该报告供空间法委员会讨论的《示范法》草案海牙版本仅是一个建议性草案，该版本只有九个条款：

第 1 条　对私营空间活动的要求

1. 国家的自然人或法人所从事的任何空间活动和在一国领土上进行的任何空间活动……都必须获得许可证。

2. 以到达外层空间或海拔 100 千米以上高度为目的所有活动即为空间活动。

3. 如果自然人或法人无许可证从事空间活动，应承担相应的国内法上的责任。

4. 按照国内法要求依法设立颁发许可证的主管当局。

第 2 条　许可证内容

1. 许可证只能在下列情况下颁发：1）许可证接受人可个人承担责任；2）

---

① ILA，the Hague Conference (2010)，Legal Aspects of the Privatization and Commercialization of Space Activities，Fourth Report，Part II，National Space Legislation - A Draft Model Law，para. 4。文本来源：http：//www. ila - hq. org。

② ILA，the Hague Conference (2010)，Legal Aspects of the Privatization and Commercialization of Space Activities，Fourth Report，Part II，National Space Legislation - A Draft Model Law，paras. 9 - 10。文本来源：http：//www. ila - hq. org。

③ ILA，Rio De Janeiro Conference (2008)，Space Law，Legal Aspects of the Privatization and Commercialization of Space Activities，Third Report，Remote Sensing，National Space Legislation，Registration，p. 13。文本来源：http：//www. ila - hq. org。

许可证接受人有从事空间活动的财政能力；3）许可证接受人被证明可靠和具有所要求的知识。

2. 为从事空间活动，法人应证明其财政和技术能力。

第3条 许可证转让

向第三方转让依照本法规定条件已获批准的空间物体控制权须经行政管理当局事先批准。

第4条 保险

1. 任何私营个人或法人向外层空间发射空间物体应为发射空间物体引起的可能赔偿风险进行保险。

2. 保险的最高限额可由国内法确定。

3. 保险细则应由专门法律规定。

第5条 登记

1. 特设立国家登记册以便登记在……（包括国民）若干当局被认为是发射国时，由其中……某一当局（包括国民）发射的空间物体。空间物体应按照《外空条约》第8条、《登记公约》和联大有关空间活动决议的规定进行登记。

2. 任何射入外层空间的空间物体须在该国家登记册进行登记，无论是国家政府当局还是私营实体发射的。国家……射入外层空间的物体由非政府实体负责的应按照《联合国登记实践决议》向国家递送有关空间物体信息。

3. 从发射空间物体两周内，应使联合国秘书处获得《登记公约》第4条第2款项下所要求的信息。

4. 在向外层空间发射空间物体的国家不止一个的情况下，国家……应确定该物体已在其本国登记册和联合国登记册登记，或另一发射国已进行所要求的登记。

5. 涉及射入外层空间物体在轨运行或再返期间的任何有关变化，必须在国家登记册登记。同样，应相应地通知联合国秘书长。

第6条 监管

1. 任何射入外层空间的空间物体须受国家监管机关的充分监管。监管细则应由专门的国内立法规定。

2. 监管当局应定期向国家最高一级行政机关报告监管结果。

第7条 环境评估

1. 开展空间活动的任何自然人和法人只有在地球和外层空间环境得到保障的情况下才能开展空间活动。

2. 环境影响评估——即发射对地球和空间环境可能影响的评估——应在

空间活动开始前进行。

3. 在建造空间物体时应尽量避免产生空间碎片。规划中的空间活动尤其在空间物体的发射阶段或再入地球大气层期间涉及空间碎片的产生，应对其设置同样的义务。

第8条 赔偿

1. 当发射国按照《外空条约》第7条或《责任公约》第2条和第3条承担对第三方的赔付责任时，发射国可享有对发射空间物体的自然人或法人的追索权。

2. 可对国家向自然人或法人的追索权进行限制。

第9条 争端解决

1. 任何因这些示范规则的解释或适用引起的争端可通过诉诸国内法院解决，也可通过争端解决法庭解决。如果在60天后仍未达成协议，争端当事方可建立仲裁程序。适用仲裁程序的法庭应由三个成员组成。争端各方可指定一名仲裁员，并须就主持仲裁庭的第三个仲裁员达成协议。

2. 裁决应是终局裁决并有约束力，除非争端当事方另有协议。

上述《示范法》草案海牙版本表明：任何未来的国家空间立法不可或缺的实质性立法应包括批准程序与许可证的义务和细则及分别要求、监督义务、私营空间行为人的必要保险。在海牙版本中，组装《示范法》草案的五个“构建模块”已经清晰可见。这五个“构建模块”是空间行为的批准、空间活动的监管、空间物体的登记、赔偿规定和其他规定。

上述国家空间立法不可或缺的三方面实质性立法和五个“构建模块”是后来《索非亚模本》解释性说明的概述的核心内容。从第四次报告的上述内容可知，《示范法》的起草工作有了重大进展，这使得《示范法》有了九个实质性条款表述，并在原来的四个“构建模块”的基础上增加了一个模块。增加的第五个模块是一个包容性和兜底性模块，表明国家空间立法应有前瞻性和灵活性。前瞻性是指国家空间立法和国家监管机构的监管职权必须针对可能不断变化的空间活动情况和技术经济的发展而发生演变。灵活性是指考虑到各国之间包括发展中国家之间的个别差异，特别是经济社会发展阶段、国家法律传统以及有关国家进行的空间活动的准确性等方面的差异[①]，国家在起草确立国家空间政策和制度的法律时，应考虑本国实际需要和实际应用，并

① 外空委，联合国/国际航空航天法研究所空间法方面能力建设研讨会的报告，2002年11月18日至21日，海牙，A/AC.105/802，第5页。文本来源：http：//www.unoosa.org/pdf/reports/。

允许有灵活性。

但草案海牙版本仅具备《示范法》草案的雏形。该版本并没有完全具备概述中所要求的五个构建模块，并且条款内容相对粗放，一些用语和表述缺乏严谨性。

5. 第五次报告《〈示范法〉草案索非亚模本》

2012 年，空间法委员会向索非亚大会提交题为“空间活动私营化和商业化的法律方面：遥感和国家空间立法”的第五次报告，即终期报告。该报告第二部分是带有解释性说明的“国家空间立法示范法草案”。但在此报告中，《索非亚模本》尚未单独成为草案文本，每一条款仍与起草者的解释性说明一起成为一个单元①。索非亚大会毫无异议地通过了空间法委员会的报告，以大会第 6/2012 号决议对报告的通过加以确认，并去掉报告第二部分中的每一条款草案的评注解释性说明，以《国家空间立法示范法索非亚模本》这一名称作为该决议的附件。至此，《索非亚模本》作为《示范法》最终草案文本的非官方编纂成果得到确认。

索非亚大会第 6/2012 号决议要求国际法协会秘书长将空间法委员会的报告和该决议递交联合国秘书长、外空委及其法律小组委员会和科技小组委员会、外空事务司、常设仲裁院和其他有关政府和非政府组织以供考虑②。根据这一要求，国际法协会于 2013 年 3 月在“国际政府间组织和非政府组织与空间法有关活动情况”议题下向法律小组委员会提交索非亚大会与空间法有关活动情况，其中包括空间法委员会向索非亚大会提交的上述报告。根据国际法协会提供的资料，外空事务厅编写的《秘书处的说明》将上述报告主要内容载入 A/AC. 105/C. 2/103 号文件，并专门说明将把载有《索非亚模本》及其解释性说明的报告第二部分载入一份会议文件，以提供给法律小组委员会③。法律小组委员

① ILA, Sofia Conference (2012), Space Law, Legal Aspects of the Privatization and Commercialization of Space Activities, Fifth and Final Report, Part II, A Draft Model Law for National Space Legislation and Explanatory Notes, pp. 21 - 26。文本来源：http：//www. ila - hq. org。

② ILA, Sofia Conference (2012), Resolution No. 6/2012, Space Law, para. 9。文本来源：http：//www. ila - hq. org。

③ 《索非亚模本》在外空事务厅的该项会议室文件和法律小组委员会的有关文件中被中译为“国家空间立法示范法索非亚准则”。见：法律小组委员会第 52 届会议，国际政府间组织和非政府组织与空间法有关的活动情况，秘书处的说明，A/AC. 105/C. 2/103，第 4 页。法律小组委员会第 53 届会议，国际政府间组织和非政府组织与空间法有关的活动情况，秘书处的说明，A/AC. 105/C. 2/104，第 3 页。文本来源：http：//www. un. org/zh/documents/. “The Sofia Guidelines for a Model Law on National Space Legislation” 中的 “guidelines” 在作为“国家立法示范法”草案文件中的中译值得商榷。

会第52届会议文件专门提及国际法协会有关《索非亚模本》的报告[①]。《索非亚模本》的英文和法文文本连同国际法协会总报告员的解释性说明作为外空事务厅2013年3月26日会议室文件的主要内容提供给法律小组委员会。外空事务厅《秘书处的说明》认为，《索非亚模本》应被视为进一步讨论未来《示范法》的指南和渊源[②]。这表明，作为未来《示范法》最后草案文本的《索非亚模本》获得了外空事务厅的认可，将正式成为法律小组委员会讨论《示范法》的基础草案文本。起草《示范法》的思路也从原来以欧洲为中心的国家空间立法示范模式转向了拟作为世界各国的国家空间立法示范模式。

二、《索非亚模本》构建模块的法理分析

就其核心内容而言，《索非亚模本》有14个实质性条款，按其规定的内容，这14个条款可称之为：1）适用范围条款；2）术语与定义条款；3）授权书条款；4）获得授权书条件条款；5）监督条款；6）撤销、中止和修改授权书条款；7）环境保护条款；8）减缓空间碎片条款；9）空间活动转让条款；10）登记条款；11）赔偿责任和追索权条款；12）保险条款；13）程序条款；14）处罚条款。就其基本架构而言，《索非亚模本》由五个“构建模块”组装而成，即：空间活动的批准与许可证模块、空间活动监督模块、空间物体登记模块、赔偿规定模块和其他规定模块。

根据本课题报告第一部分关于起草《示范法》的背景和过程的回顾和分析，《索非亚模本》承载了厚重的国际空间法的法理和国家空间立法实践，对此进行分析具有重要的法律意义。本课题报告在此部分主要研究《索非亚模本》五个“构建模块”和每一条款构成的法理依据，包括源自五项条约的国际空间法依据和国家空间立法的实践依据，以期展示《索非亚模本》是如何把五项条约为缔约国设定的监管空间活动的国际义务细化为具体要求和标准的，并论证这些具体要求和标准是否满足了这些国际义务的内涵和外延，以及如何反映和吸收了现有的国家空间立法实践。

---

① 法律小组委员会第52届会议，国际政府间组织和非政府组织与空间法有关的活动情况，秘书处的说明，A/AC. 105/C. 2/103，第3－4页。文本来源：http：//www. un. org/zh/documents/。

② COPUOS，Legal Subcommittee，Fifty－second session，Vienna，8－19 April 2013，Information on the activities of international intergovernmental and non－governmental organizations relating to space law，Note by the Secretariat，A/AC. 105/C. 2/2013/CRP. 6，p. 2。文本来源：http//www. unoosa. org。

（一）《索非亚模本》一般规定的法理分析

1.《索非亚模本》适用范围条款的法理分析

《索非亚模本》第1条适用范围条款示范了规制或调整空间活动的国家空间立法首先要明确其适用范围，适用范围必须与制定空间立法的国家存在有效联系。这种联系可以依据属地原则和属人原则确立①。

国际空间法确立了国家监管空间活动的国际义务，根据权利义务双向原则，国家监管空间活动的国际义务在理论上也是国际法赋予国家的权利，即为有效履行监管空间活动的义务，国家有权制定国内空间立法实施和执行其国际义务，此项权利因而通过国内法转化为国家权力。鉴于国家权力是通过其政府行使的，因此，国家监管本国空间活动的国际义务在国内层面成为国家监管本国空间活动的行政权力。

国家空间立法的适用首先是对空间活动的行为和事件。国家对某一空间活动是否有监管的管辖权应根据属人原则和属地原则确立。因此，国家空间立法要适用于某一空间活动，必须依据两个连接点：一是开展空间活动的主体，即行为人（自然人、法人和组织）的国籍，二是开展空间活动的行为所在地。据此，空间立法国家既可依据具有其国籍的自然人、法人和组织开展的空间活动确立其监管的管辖权，也可依据开展空间活动的行为地位于其领土范围内或在具有其国籍的船舶和航空器上开展的空间活动确立其监管的管辖权。

该适用范围条款体现了国际法上确立国家属地管辖权和属人管辖权的属地原则和属人原则，并尽可能地扩大国家空间立法的适用范围，尤其扩大了对“人”的适用范围。凡在特定领土内、在特定国家登记注册的船舶和航空器上、在公海上的船舶和航空器上进行空间活动的，具有空间立法国家国籍的自然人、法人和组织，有关空间立法均可对其适用。

较之属人原则的适用范围，该示范条款规定的属地原则适用范围相对狭窄，仅将国家空间立法的属地适用范围限制于特定领土，并仅延伸到具有空间立法国家国籍的船舶和航空器，而没有延伸到空间立法国家的管辖范围，如专属经济区和大陆架。可见，鉴于空间活动的特点，《索非亚模本》适用范

① 根据国家主权原则，国家享有对特定的人、物和事件进行管理和处置的权利，即国家管辖权。根据国际法，国家管辖权可分为属地管辖权、属人管辖权、保护性管辖权和普遍管辖权。其中，属地管辖权和属人管辖权是国家管辖权最重要的体现，由国家依据属地原则和属人原则确立，这是由国际法早已确立的一般原则和制度。

围条款采用了属人原则和属地原则并重的立法原则，尽量扩大空间立法国家监管空间活动的管辖权。

该适用范围条款示范了国家空间立法的适用范围条款必须包含的三个基本要素：属事理由——立法适用于空间活动；属人理由——开展空间活动的行为人（自然人、法人和组织）具有本国国籍；属地理由——开展空间活动的行为地位于本国领土范围内，或在具有其国籍的船舶和航空器上。该三要素模式来自现有国家空间立法的适用范围条款中所包含的主要要素。仅举以下几例：

（1）荷兰《空间活动法》

荷兰《空间活动法》适用范围条款规定：1）本法适用于在或从荷兰境内，在或从荷兰境外的荷兰船舶或航空器上实施的空间活动。2）本法由议会依法宣布全部或部分适用于：a）由荷兰国民或法人在或从非《外空条约》缔约国领土上，在或从非《外空条约》缔约国管辖下的船舶或航空器上实施的指定空间活动；b）由自然人或法人从荷兰境内组织的外层空间活动①。

（2）比利时《发射、飞行运行和制导空间物体法》

比利时《发射、飞行运行和制导空间物体法》适用范围条款规定：本法适用于自然人或法人在位于比利时国家管辖或控制之下的区域实施的发射、飞行运行和制导空间物体或使用比利时国家所有或在其管辖或控制之下的装置、动产或不动产的活动。在根据国际协定规定的情况下，本法还可适用于第一条款所提及的活动并由具有比利时国籍的自然人或法人实施，不管此类活动实施的所在地在何处②。

（3）英国《外层空间法》

英国《外层空间法》适用范围条款规定，本法适用于无论是在联合王国或其他地方进行的下列活动：1）发射或促使发射空间物体；2）运营空间物体；3）在外层空间的任何活动。本法适用于联合王国的国民、苏格兰公司和根据联合王国任何地区的法律组成的法人、团体、机构。为此，“联合王国国民”指以下任何个人：1）英国公民、英国属地公民、英国侨民（海外）或英国海外公民；2）根据 1981 年《英国国籍法》而取得英国国籍的人；3）在上

① Netherlands, Rules Concerning Space Activities and the Establishment of a Registry of Space Objects (Space Activities Act) (13.06.06), Section 2。文本来源：http//www.unoosa.org。

② Belgium, Law of 17 September 2005 on the Activities of Launching, Flight Operation or Guidance of Space Objects, consolidated text as revised by the Law of 1 December 2013 (B.O.J. of 15 January 2014), Art. 2。文本来源：http//www.unoosa.org。

界定。至今为止，在国际空间法中不存在“外层空间”的法定定义或划界，国际社会也没有对“外层空间”的定义和划界达成共识，只有一些国家在其国家空间立法中将其立法的适用范围规定为适用于发生或预期发生在平均海拔100千米以上高空的空间活动，即“空间活动”的范围限制在100千米以上的高空，如澳大利亚《空间活动法》①。但霍贝教授在索非亚大会报告的第二部分“国家空间立法示范法草案和解释说明”中认为，“是否可以增加在海拔100千米高度以上的活动被认为是空间活动，还有待讨论。”②

从现有的28个国家的空间立法实践来看③，国家空间立法对“空间活动”概念的定义路径模式大致可以分为两类。第一类是“法律明示涵盖式”。此种定义路径模式的做法是：国家空间立法有定义条款，在该条款中把“空间活动”作为应定义的概念之一对其直接进行定义。第二类是“法律默示涵盖式”。此种定义路径模式的做法是：国家空间立法没有定义条款，或有定义条款但未把“空间活动”列为需要定义的概念之一，而是把“空间活动”概念的定义隐含在某个其他条款中或默示涵盖在整个该项法律中，比较典型的做法是隐含在法律适用范围条款中。在立法技术上，一般是规定该法律适用于“空间活动”或“外层空间的活动”，再列出属于该项法律适用范围的具体空间活动形式，对“空间活动”形式加以确认。

其中，采用“法律明示涵盖式”定义“空间活动”概念的国家有：俄罗斯、南非、乌克兰、哈萨克斯坦、奥地利、法国、荷兰④。在采用“法律明示涵盖式”定义“空间活动”概念的做法上，又分一般性定义和一般性定义加对“空间活动”形式的界定。前者的措词表达与国际空间法对“空间活动”的用语表达相同，即“探索和利用外层空间”。后者对“空间活动”概念首先进行一般性定义，然后以列举方式列出“空间活动”形式以

① launch a space object means launch the object into an area beyond the distance of 100 km above mean sea level，or attempt to do so. 见：Australia Space Activities Act 1998，Act No. 123 of 1998 as amended，Part 2，Definition。文本来源：http//www. unoosa. org。

② Legal Aspects of the Privatization and Commercialization of Space Activities，Fifth and Final Report，Part II，Draft Model Law for National Space Legislation and Explanatory Notes. A/AC. 105/C. 2/2013/CRP. 6，p. 25。文本来源：http//www. unoosa. org。

③ 该数字来自：COPUOS，Schematic Overview of National Regulatory Frameworks for Space Activities，A/AC. 105/C. 2/2013/CRP. 7。文本来源：http：//www. oosa. org。

④ 这些国家空间立法对“空间活动”的定义及对这些定义的分析详见：廖敏文：《国家空间立法定义“空间活动”的路径分析》，载《中国宇航学会·中国空间法学会2014年学术年会空间法律政策分会场论文集》，第125-128页。

明确哪些属于“空间活动”，从而界定“空间活动”形式的范围。措词表达的格式是：“空间活动”系指……，包括……。所界定的“空间活动”形式范围宽窄，根据空间立法国家的立法意图而定。在立法技术上可采用囊括法或排除法，或两种方式并用。俄罗斯空间立法是第二种做法的典型代表。《俄联邦空间活动法》第 2 条专门对“空间活动”概念作了界定。该条款首先对“空间活动”作了一般性定义，“空间活动”被定义为“任何与探索和利用包括月球和其他天体的外层空间的工作行动有直接关联的活动”，然后对“空间活动”的具体形式以列举方式作了界定，“空间活动”包括“空间研究；从外层空间遥感地球，包括环境监测和气象；导航、地形测量和大地测量卫星系统的使用；空间飞行任务控制；外层空间的材料和产品的制造；借助空间技术进行的其他活动”。“空间活动”还“包括创设（包括开发、制造和检测），以及空间技术、空间技术应用、进行空间活动所必需的其他产品和服务的利用和转让”①。

其余国家采用了“法律默示涵盖式”的定义路径模式，但具体做法各有不同。大致可分为两种做法。第一种做法是将“空间活动”概念的定义隐含在法律适用范围的条款中。第二种做法是将“空间活动”概念的定义隐含在其他条款或默示涵盖在整个该项或多项空间立法中。

采用第一种做法的国家一般在其空间立法适用范围条款中规定该项法律的对事管辖范围，以便确立国家监管空间活动的管辖权，因此必须确认哪些活动属于“空间活动”，即明确规定属于“空间活动”的形式。采用第一种做法的国家有：瑞典、比利时、英国②。瑞典《空间活动法》除了按“空间活动”的具体形式对“空间活动”进行定义外，还采取排除方法，把一些与空间有关的活动排除出空间活动的范围。该法第 1 条规定：“除了完全在外层空间进行的活动外，空间活动还包括把物体射入外层空间和所有运行手段或以任何其他方式影响射入外层空间的物体。根据本法，仅以某种其他形式从外层空间的物体接收信号或信息不被称之为空间活动。发射探空火箭也不被称为空间活动”③。

① Law of the Russian Federation " About Space Activity", Decree No. 5663 - 1 of the Russian House of Soviets, Article 2。文本来源：http：//www. oosa. org。

② 这些国家空间立法对“空间活动”的定义及对这些定义的分析详见：廖敏文：《国家空间立法定义“空间活动”的路径分析》，载《中国宇航学会·中国空间法学会 2014 年学术年会空间法律政策分会场论文集》，第 128 - 129 页。

③ Sweden, Act On Space Activities, (1982：963), Section 1。文本来源：http：//www. oosa. org。

其他国家都采用第二种做法，但这些国家界定“空间活动”形式的范围宽窄不一。这些采用第二种做法的国家都在其空间立法中只是确认“空间活动”形式，并没有定义“空间活动”概念，只有少数国家在其立法目的中默示涵盖了“空间活动”概念的一般定义。因此，上述国家的空间立法与其说是定义“空间活动”概念，不如说是界定“空间活动”形式。在被界定的“空间活动”形式中，发射活动是最主要的“空间活动”形式，几乎所有的国家空间立法都默示涵盖了这一“空间活动”形式。

美国空间立法没有采用“空间活动”的术语，而是采用了术语“航空航天活动”（aeronautical and space activities）。该术语的潜在意义在于没有将空气空间和外层空间截然分开，并考虑了空间物体进入外层空间和从外层空间返回都必须经过空气空间这一空间活动的特点[①]。在美国空间立法中，“航空航天活动”系指：1）研究和解决在地球大气层内外的飞行问题；2）为研究目的开发、建造、试验和运行航天器；3）空间运输系统的运行，包括航天飞机、多级火箭、空间站、以及相关设备；4）探索空间所需的其他活动[②]。

无论是采用“法律明示涵盖式”还是“法律默示涵盖式”，就立法技术而言，国家空间立法定义“空间活动”概念的做法可归纳为四种：一是对“空间活动”概念进行一般定义；二是对“空间活动”形式进行确认；三是以在外层空间开展活动为标准定义“空间活动”概念；四是一般定义加对“空间活动”具体形式的确认，把定义“空间活动”概念与界定“空间活动”形式相结合。但不管采用何种定义路径还是何种做法，有一类活动必然包括在“空间活动”定义中，即发射、操纵、运行和制导空间物体，使空间物体返回，以及进行这些活动所必需的其他活动。《索非亚模本》术语与定义条款对“空间活动”的定义采用了“法律明示涵盖”的定义路径模式，在定义的做法上采用了第二种做法，以确认“空间活动”形式的方式对“空间活动”概念进行狭义定义。

（2）定义“空间物体”的国家空间立法实践

《索非亚模本》关于“空间物体”的定义与国际空间法条约的法定定义完全一致。该定义在国际空间法上的法律依据是《登记公约》和《责任公约》的共同第 1 条第 2 款。在该条款中，“空间物体”被定义为“包括空间物体的

① 美国采用这一术语还与其“空天一体”的地缘政治理念有关。

② United States of America，National Space Agency，National Space Program，United States Code，Title 42（The Public Health and Welfare），Chapter 26（National Space Program，Sec. 2452. Definitions。文本来源：http：//www. oosa. org。

组成部分以及空间物体的发射载器及其零部件”。尽管两个公约不同时期的中文作准文本因翻译技术的原因使“空间物体”的中文定义在表述措辞上略有不同，但其英文定义的表述则完全相同。《索非亚模本》术语与定义条款的“空间物体”定义不仅符合两公约的定义，而且反映了国家空间立法定义“空间物体”的惯例。

1）澳大利亚《空间活动法》把“空间物体”定义为：“由一个发射器和该发射器送入距离平均海拔100千米以上的区域或从该区域返回的有效载荷（如果有任何有效载荷）组成的物体；或此类物体的任何零部件，即使该零部件仅处于送往距离平均海平面100千米以上的区域或从该区域返回的途中；或该零部件是因某一有效载荷或若干有效载荷在发射后从发射器分离而产生的”[①]。

2）奥地利《外层空间法》把“空间物体”定义为：“发射或试图发射进入外层空间的物体，包括其零部件”[②]。

3）比利时《发射、飞行运行和制导空间物体法》把“空间物体”定义为：“① 任何发射或预期发射到绕地球轨道上、或至更远目的地的任何物体；② 任何为发射物体到所指轨道上的装置，即使此种装置处于无有效载荷仅为其研制和测试阶段运行时；③ 任何①和②所提到的物体的组成部分。”[③]

4）哈萨克斯坦《空间活动法》把“空间物体”定义为：“发射到外层空间的航天器和/或装置及其组成零部件”[④]。

5）荷兰《空间活动法》把“空间物体”定义为：“任何发射或预定发射进入外层空间的物体”[⑤]。

6）韩国《空间开发促进法》把“空间物体”定义为：“为在外层空间使用

① Australia Space Activities Act 1998，Act No. 123 of 1998 as amended，Part 2，Definition。文本来源：http：//www. oosa. org。

② Austrian Federal Law on the Authorization of Space Activities and the Establishment of a National Space Registry (Austrian Outer Space Act，adopted by the National Council on 6 December 2011，entered into force on 28 December 2011)，§ 2，Definitions。文本来源：http：//www. oosa. org。

③ Law of 17 September 2005 on the Activities of Launching，Flight Operation or Guidance of Space Objects，consolidated text as revised by the Law of 1 December 2013 (B. O. J. of 15 January 2014)，Art. 3。文本来源：http：//www. oosa. org。

④ Law of the Republic of Kazakhstan on Space Activities，6 January，2012 No. 528 - IV，Article 1，Basic definitions used in the present Law。文本来源：http：//www. oosa. org。

⑤ Netherlands，Rules Concerning Space Activities and the Establishment of a Registry of Space Objects (Space Activities Act) (13. 06. 06)，Section 1。文本来源：http：//www. oosa. org。

而设计和制造的物体，包括空间发射器、人造卫星和宇宙飞船及其组成部分”①。

7）西班牙《建立空间物体登记法》和英国《外层空间法》直接套用了《登记公约》的定义，把“空间物体”定义为：“空间物体包括空间物体的组成部分，以及发射器及其零部件”②。

8）美国空间立法没有采用术语“空间物体”，而是采用“航天器”，并对其进行了定义。“航天器”系指“航空器、导弹、卫星，以及其他载人和不载人的空间飞行器以及相关设备、装置、组成部分和零部件”③。

9）俄罗斯在其空间立法中只有“空间物体”术语而没有“空间物体”定义，只是将“空间物体”界定为空间设施中的一种设备④。

对比上述国家通过空间立法定义“空间物体”的实践，可以看出，国家空间立法对“空间物体”的定义尽管有简有繁，但主要的定义要素是相同的，即《登记公约》和《责任公约》对“空间物体”的法定定义中的两大要素：射入或预期射入外层空间的物体及其组成部分和发射器及其零部件。国家空间立法实践表明，这两大定义要素已成为定义“空间物体”的习惯要素，是国家空间立法定义“空间物体”必须纳入的定义要素。只有美国对“空间物体”的定义是个例外，尤其值得注意的是，美国将导弹列入其所定义的“航天器”中。

国家空间立法的定义条款中的术语数量不限于《索非亚模本》术语与定义条款所列术语，国家空间立法者可以根据本国空间立法的需要，考虑增加更多的术语并给予定义。在国家空间立法实践中，定义条款不可或缺，但定义的术语各有不同，术语的多少也不一致。有的国家空间立法定义条款所定义的术语很少，最多只有 2～3 个；有的却很多，南非《空间事务法》定义了 23 个术语，澳大利亚《空间活动法》定义的术语多达 39 个。定义的术语多少还要根据立法类别和体例而定，如单行法规，定义的术语就可能少；综合立法，定义的术语就可能较多。

① Republic of Korea，Space Development Promotion Act，Law Number 7538 May 31，2005，Article 2，Definition。文本来源：http：//www. oosa. org。

② Royal Decree No. 278－1995 on the Establishment in Spain of the Registry of Objects Launched into Outer Space as Provided for in the Convention adopted by the United Nations General Assembly on 12 November 1974，Article 4. Outer Space Act，United Kingdom，1986，Chapter 38，13。文本来源：http：//www. oosa. org。

③ United States of America，National Space Agency，National Space Program，United States Code，Title 42（The Public Health and Welfare），Chapter 26（National Space Program，Sec. 2452. Definitions。文本来源：http：//www. oosa. org。

④ 《俄罗斯联邦空间活动法》第 10 条，载刘纪原主编《各国空间法汇编（下）》，中国空间法学会内部资料，第 566 页。如果按照笔者在外空事务厅的空间法数据库获得的英文版本，俄罗斯空间立法把“空间物体”界定为空间技术的组成部分。这种内容上的冲突可能因前者是俄语中译，后者是俄语英译造成的。

（二）《索非亚模本》五个构建模块的法理分析

1.“空间活动的批准与许可证”模块的法理分析

《索非亚模本》“空间活动的批准与许可证”模块由第3条、第4条、第6条、第9条等四个条款组成。“空间活动的批准与许可证”系指开展空间活动的主体应依法取得开展空间活动的行政授权，行政授权的取得以该主体依法获得空间活动的授权书，即许可证为表现形式，故也称空间活动的授权。

该模块第3条是授权书条款，该条款在国际空间法的法律依据是《外空条约》第6条。该条款规定：“本条约各缔约国对本国在外层空间，包括月球与其他天体在内的活动应负国际责任，不论这类活动是由政府机构或是由非政府实体进行的。它应负国际责任保证本国的活动符合本条约的规定。非政府实体在外层空间，包括月球与其他天体在内的活动，应经本条约有关缔约国批准并受其不断的监督。一个国际组织在外层空间，包括月球与其他天体在内进行活动时，遵守本条约的责任应由该国际组织和参加该国际组织的本条约各缔约国共同承担”。

该条款的规定为缔约国设立了三项义务：一是缔约国应对本国的空间活动承担国际责任，不论空间活动的行为人是政府机构还是非政府实体；二是缔约国应使本国的非政府实体的空间活动经过其批准，并受其持续不断的监督；三是缔约国应对其参加的国际组织的空间活动承担共同责任。其中，第二项义务构成《索非亚模本》“空间活动的批准与许可证”模块的法理基础。

第一项义务是后两项义务成立的原理，即任何行为人，不论是政府机构还是非政府实体开展空间活动的行为都应被视为国家行为，国家为此要承担国际法上的国际责任。进行空间活动是国际法不禁止的行为，但由于此类活动的高风险性和损害后果可能的跨国性，《外空条约》第6条要求国家在国际层面对此类活动造成的损害直接承担国际赔偿责任。第二项义务是第一项义务的具体体现。如果国家想要避免承担国际赔偿责任的风险，就必须切实履行对本国空间活动的监管义务。

为履行使本国非政府实体的空间活动经过其批准的义务，国家有权要求其管辖之下的任何空间活动须经过其审核和批准，这项权利可以通过国家空间立法转化为国家空间活动主管当局的审批权力。未经国家主管当局批准，任何非政府实体没有开展任何空间活动的权利。批准是国家监管本国空间活动的第一个重要环节，也是非政府实体取得开展空间活动资格的法定程序和可以开展空间活动的前提条件。

《索非亚模本》“空间活动的批准与许可证”模块的第 3 条采用了《外空条约》第 6 条中的法律术语“批准（authorization）”。“authorization”在英文中的含义指授予做某事的权利或权力（giving right or power to do something），简称“授权”，也可指授权书（document of giving right or power to do something）。作为法律术语的“批准（authorization）”的法律含义指“许可（permission，empowerment，giving a right to act）”和“授权书或许可证（legal document of empowerment or permission）”。该术语中的“许可证”的法律含义与另一法律术语“license（许可证）”的法律含义既有联系又有区别，后者指在经过“批准（authorization）”的程序后所获得许可的证明文件。据此可以解读出国际空间法的法律术语“批准（authorization）”中包含了三大要素：审批权、审批程序、颁发许可证（license）。在国家空间立法语境中，这三大要素即是国际空间法中的国家履行“批准（authorization）”本国空间活动义务的具体要求：国家空间立法首先要赋予主管当局享有审批本国空间活动的职能和权力，其次要确立审批程序，最后应给空间活动运营人颁发许可其开展空间活动的有效法律文件，即空间活动许可证。为满足这些要求，国家空间立法应建立审批本国空间活动的机制，确定空间活动运营人获得批准，即获得开展空间活动授权书——许可证应具备的条件和应满足的要求，规定许可证的撤销、中止、变更以及颁发许可证信息的公布等制度。国家空间立法还应在审批程序明确规定要获得授权书的申请人须提供的书面证明文件以证明自己符合和满足法定条件和要求。

国际空间法中没有规定空间活动运营人必须具备的基本条件和必须满足的基本要求，这当属国家内政事项，这为国家留下了立法权利和立法空间。《索非亚模本》“空间活动的批准与许可证”模块第 4 条为国家在此方面的立法做出了示范，规定要开展空间活动的运营人获得本国政府主管当局的批准必须具备和满足的基本条件与要求。这些基本条件和要求可以分为四类。

第一类是空间活动运营人必须具备的主体资格条件。要开展空间活动的运营人在申请批准时应具备：承担空间活动的财政能力，开展空间活动所需的技术知识。这是空间活动运营人是否具备开展空间活动的行为能力的两个基本条件。国家空间立法还可以将这两个基本条件进一步细化，规定具体的审查标准。审查财政能力条件可考虑资金数量标准和资金来源标准。审查开展空间活动所需的技术知识条件可考虑运营人开展空间活动组织团队的自然科学和社会科学的人才标准、人力资源标准、空间科学技术的理论研究及实践标准等。

第二类是空间活动运营人开展的空间活动必须满足的基本要求，这些基本要求是：不得损害地球和外空环境，以尽量减缓任何可能的空间碎片的方式进行，符合公共安全标准，不得违背国家安全利益，不得违背国际义务和本国的外交政策利益。国家空间立法还可在此基础上规定进一步具体要求并增加基本要求。

第三类是空间活动运营人在开展空间活动时必须满足国际法制要求。空间活动运营人在开展空间活动时必须遵守相关国际法的规定，尤其要遵守本国为缔约国的相关国际条约的规定。《索非亚模本》“空间活动的批准与许可证”模块的第3条把遵守国际电信联盟（ITU）规则作为对空间活动运营人在频率和轨道资源方面的要求。这里的国际电信联盟（ITU）规则指《国际电信联盟（ITU）条例》及其附录中的文件，如1977年和1983年《国际电信联盟（ITU）通过卫星直接广播频率分配计划》中的规则。

第四类是空间活动运营人在开展空间活动前必须满足国家空间立法和其他国内法规定的保险要求。为保障空间活动风险责任分担，国家空间立法应要求空间活动运营人承担必须投保的义务。国家空间立法应包含另外的专门条款规定保险要求的具体标准。

《索非亚模本》“空间活动的批准与许可证”模块的第6条是授权书的撤销、中止或修改条款。国家空间立法的空间活动授权书制度应规定，凡在获得空间活动授权书后，空间活动运营人被发现事实上不符合上述条件和不能满足上述要求或不遵守有关规定，主管当局有权撤销和中止授权书或修改授权书。

《索非亚模本》“空间活动的批准与许可证”模块的第9条是空间活动转让条款。“转让”是一种法律行为，指权利持有人（转让方）将权利，如对有形财产（物）或无形财产（物）的所有、占有和使用的权利，或依法取得的可以从事某种活动的权利转移给另外的人（受让方）的行为。转让可以是无条件或有条件的，可以是自愿或非自愿的，可以经过或不经过法律程序。转让会导致新的法律关系的产生①。“空间活动的转让”是个较宽泛的概念，包括进行一项具体的空间活动如发射活动的权利转让、空间技术转让、空间物体的所有权和使用权转让和在轨交付等。“向另一运营人转让任何空间活动都可能引起附带问题”②，如新的运营人的资质、民事能力、转让的权利是否受

---

① Henry Campbell Black, M. A. (ed.), Black’s Law Dictionary, Fifth Edition, West Publishing CO, 1979, p. 1342。

② Legal Aspects of the Privatization and Commercialization of Space Activities, Fifth and Final Report, Part II, Draft Model Law for National Space Legislation and Explanatory Notes, A/AC. 105/C. 2/2013/CRP. 6, p. 25。文本来源：http://www.ila-hq.org。

到相关法律的限制等。同时还会产生更加复杂的法律关系，如保险合同、技术转让合同等。授权书，即许可证的变更（variation）是转让空间活动的基本法律形式，即“空间活动的转让”在法律上是经过许可证的变更而实现的。因此，空间活动的转让一般不会是无条件的和不经过法律程序的，“空间活动的转让”须依法进行许可证变更，转让行为才合法。

如果国家允许“空间活动的转让”，就意味着允许空间活动授权书，即许可证的转让。国家因此必须将空间活动的转让，包括在轨空间物体的所有权或控制权的转让纳入其监管范围，即必须经过国家的批准。因此，任何空间活动的转让应取得主管当局的审批并获得授权书。为此，国家空间立法应规定空间活动或空间物体转让给另一运营人须事先获得主管当局颁发的授权证书。授权证书应依照授权书条款规定的条件和要求颁发，以确保新的运营人符合开展每一空间活动的条件和要求。

在轨转让空间物体所有权或控制权，各国有不同的做法，这已引起联合国的注意。根据联大 A/RES/59/115 号决议的建议，外空委提请成员国自愿提交资料，说明在轨转让空间物体所有权的现行实践，各国根据此类资料考虑可否酌情协调此类做法，以增进各国空间法与国际法之间的协调①。

从目前国家空间立法实践看，没有国家采用“空间活动的转让”这一用语，更不用说对其概念进行定义。国家空间立法一般不允许转让许可证，只允许在轨转让空间物体所有权或控制权以及所附带的已获批准的空间活动。在现有的28个国家的空间立法中，只有以下9个国家对空间活动的许可证转让和在轨空间物体所有权或控制权的转让做出了规定：

（1）澳大利亚

根据澳大利亚《空间活动法》第22条、第31条、第38条，空间许可证（Space License）、发射许可证（Launch Permit）和海外发射证书（Overseas Launch Certificate）可以转让，但须经过审批程序，由工业、科学和资源部部长以书面通知形式将上述三种许可证转让给另一人。该法第24条、第33条、第38条分别规定了上述三种许可证转让的程序。

（2）奥地利

奥地利《外层空间法》第8条规定，运营人的变更须经交通运输、创新和技术部部长批准，批准须按照该项法第4条规定的空间活动批准条件审批。

---

① 联大决议，适用“发射国”概念，A/RES/59/115，第9～10段。文本来源：http://www.un.org/zh/documents/。

（3）比利时

比利时《发射、飞行运行和制导空间物体法》第 12 条第 1 款规定，未经部长事先批准[①]，不得向第三方转让已获批准的活动，或者包括担保权在内的动产和不动产权利，即不得转让空间物体的有效控制权。该条款的其他款项规定了获得转让许可的程序、条件和要求。

（4）中国

中国《民用航天发射项目许可证管理暂行办法》第 12 条规定，许可证不得涂改、转让。但该法第 13 条规定，许可证内容可以变更，变更须由许可证持有人在许可证有效期期满之前 90 天向国防科工委提出变更申请，经审查批准后方可变更许可证。

（5）法国

法国《空间活动法》第 3 条第 1 款规定，向第三方转让依据本法的规定已获批准的空间物体的控制须经行政主管当局的事先批准。该条第 2 款规定，任何法国运营人要取得其发射或控制未按本法获得批准的空间物体，应为此获得主管当局的事先批准。

（6）荷兰

荷兰《空间活动法》第 8 条第 1 款规定，许可证不得转让。该条第 2 款规定，如果持有许可证的法人合并、分立或名称改变，部长可按要求修改登记册上的名称[②]。该国《空间物体登记法令》第 5 条第 1 款和《许可证申请规程》第 4 条规定所有权的转让应报告部长。

（7）韩国

韩国《空间开发促进法》第 11 条第 1 款规定，已获许可的项目的变更也应经科学与技术部部长许可，《总统法令》规定的微小变更除外，但请求发射许可者应在做出这些微小变更后的 30 日内报告。

（8）乌克兰

乌克兰《空间活动法》第 14 条规定，在以下情况下，空间设备应由乌克兰国家空间局从国家空间设备登记册中撤销：……按照规定程序转让给另一国家、国际或外国企业、机构或组织。

（9）美国

美国联邦规章法典第 14 编航空与航天第 415 条第 13 节规定，只有联邦航空局可以转让发射许可证。转让发射许可证的申请人应按规定提出许可证

---

① 指在国际合作框架下负责空间研究及其应用的部长。

② 指经济事务、农业和创新部部长。

申请并符合要求，联邦航空局将把许可证转让给对许可证要求以获得全部批准和确定的申请人。在执行审查和发放的批准与确定的过程中，联邦航空局可以参考方式增加认定作为记录的一部分，以支持初步的许可证确定。联邦航空局可以修改许可证，以反映许可证转让带来的必要变化。

在上述九个国家中，澳大利亚、奥地利、比利时和美国的空间立法明确规定空间活动的许可证可以转让，但只能在经过审批、符合法定条件和要求的情况下，由国家主管当局官方转让，空间活动运营人之间不能转让空间活动许可证。中国、荷兰的空间立法明确禁止空间活动的许可证转让，但允许空间活动许可证在经过审批、符合法定条件和要求的情况下变更，韩国、乌克兰也允许空间活动许可证的变更。

2. “空间活动的监督”模块的法理分析

《索非亚模本》“空间活动的监督”模块包括第 5 条、第 7 条和第 8 条。其中第 5 条是对国家监督本国空间活动的一般性规定：“任何空间活动应根据实施法令或实施条例中所规定的条件受行政当局的持续监督。”监督本国空间活动是国家的一项义务，这项义务来自《外空条约》第 6 条第 2 项义务的第 2 个要求，即“缔约国应使本国的非政府实体的空间活动……受其持续不断的监督（continuing supervision）”。可见，国际空间法对国家监督本国空间活动的具体要求是“持续不断”。为反映国际空间法这一具体要求，《索非亚模本》术语与定义条款把“监督”定义为“为长期观察和追踪（permanent observation and tracking）空间活动而建立的制度”。“长期观察和追踪”是“持续不断”的标准。从法律上讲，“监督”是一种法律制度，建立该制度是为了保障国家能够长期观察和追踪本国的空间活动。因此，国家监督本国空间活动的法律制度应对监督机制和监督事项做出规定，明确空间活动运营人应遵守的规程和准则。

国家空间活动立法的监督模块应包括三项重要的门槛制度：授权书（许可证）颁发制度、环境保护制度和减缓空间碎片制度。《索非亚模本》第 7 条和第 8 条为国家空间立法示范了后两种制度的制定模式。第 7 条是环境保护条款。国家监督本国空间活动不损害地球和外层空间，包括月球和其他天体的环境是国家应履行的一项义务。该项义务的法律依据源自《外空条约》第 9 条[①]。《外空条约》第 9 条的内容被概括为“应当充分注意规定”[②]，因为该条

① 《关于在外层空间使用核动力源原则》也应被视为保护空间环境义务的法律依据。

② Hofmann，Rettberg，Williamson （eds.），2010 IAA Cosmic Study：Protecting the Environment of Celestial Bodies，P. 97，available at http：//www. iaaweb. org。

款为缔约国规定了两个“应充分注意”的义务：一是要求缔约国在进行空间活动时应充分注意其他缔约国的相应利益，二是要求缔约国在进行空间活动时应充分注意避免使外层空间受到有害污染以及将地球外物质带入而使地球环境发生不利变化，并应在必要时为此目的采取适当措施[①]。为履行上述第 2 项义务，国家空间立法应包括保护地球和外层空间环境条款。

国家空间立法的环境保护条款首先应规定空间活动运营人保护环境的一般义务，即空间活动运营人开展的空间活动不得直接或间接对地球和外层空间及其任何部分造成环境损害；其次应规定空间活动运营人开展的空间活动必须经过环境影响评估之后才能开始。这两项规定的国际法依据是国际环境法所确立的不损害环境原则和预防原则[②]。为实施这两项规定，国家应制定与之配套的实施法令或实施条例。为确保空间活动运营人开展的空间活动符合最高的环境标准，实施法令或实施条例应规定评估空间活动对环境影响的具体要求和标准，以便对空间活动的环境影响进行有效评估。

第 7 条的规定吸收了国际宇航研究院（IAA）在其《2010 年关于天体环境保护的宇宙研究》中提出的对任何空间活动应进行环境影响评估的建议。为支撑对空间活动环境影响的有效评估，该研究建议[③]：

第一，应制定快速和较精确地评估整个活体生物载荷的新方法并使其标准化，以对空间环境各种威胁给予可靠评估。应较详细地调查载人航天任务中与搭载航天器的微生物的生理潜力。应验证在模拟火星条件下微生物样品向外污染和返回污染的确切程度。

---

① 《外空条约》第 9 条：本条约各缔约国探索和利用外层空间，包括月球与其他天体在内，应以合作和互助的原则为指导，其在外层空间，包括月球与其他天体在内进行的各种活动，应充分注意本条约所有其他缔约国的相应利益。本条约各缔约国对外层空间，包括月球与其他天体在内进行研究和探索，应避免使它们受到有害污染以及将地球外物质带入而使地球环境发生不利变化，并应在必要时为此目的采取适当措施。如果本条约某一缔约国有理由认为，该国或其国民在外层空间，包括月球与其他天体在内的活动或实验可能对其他缔约国和平探索和利用外层空间，包括月球与其他天体在内的活动产生有害干扰时，则该缔约国在开始进行任何这种活动或实验之前，应进行适当的国际磋商。如果本条约某一缔约国有理由认为，另一缔约国在外层空间，包括月球与其他天体在内的活动或实验，可能对和平探索和利用外层空间，包括月球与其他天体在内的活动产生有害干扰时，则该缔约国可请求就该活动或实验进行磋商。

② 预防原则指在国际性、区域性或国内的环境管理中，对于那些可能有害于环境的物质或行为，即使缺乏其有害的结论性证据，也应采取各种预防性手段和措施，对这些物质或行为进行控制或管理，以防止环境损害的发生。参见：林灿铃：《国际环境法》，人民出版社 2004 年版，第 177 页。

③ Hofmann，Rettberg，Williamson（eds.），2010 IAA Cosmic Study：Protecting the Environment of Celestial Bodies，P. 97。文本来源：http：//www. iaaweb. org。

第二，应编制化学和放射污染物的数据库，以支持在调查中鉴别地球污染物和产生于地球或月球的自然成分。应采用现行化学污染物检测方式以及环境净化方式，并开发新的方式。

第三，应在航天国家中达成一项关于保护月球和其他天体环境的普遍协约，设立标准和确定探索地点的污染或损害许可程度。对控制企业利用这些天体的有争议问题可留待今后谈判，但空间企业家和工业家应成为这项普遍协议的当事方。

第四，应在联合国和其他国际科学组织中讨论增强现有地球保护政策的新的法律制度问题。该法律文件的核心是《外空条约》的“应当充分注意”规定，该条款可被解释为尊重其他缔约国的利益和不损害包括天体在内的外层空间环境的义务。

第五，任何涉及月球或任何其他天体环境的空间活动应经过环境影响综合评估。这可被纳入国内许可证程序或建立在类似《南极环境保护条约 1991 年附加议定书》附件 1 规定的制度之上。应将在空间活动中所采取的保护天体环境的措施通报给联合国秘书长，并公布该通报。

尽管上述建议是对整个国际社会提出的，但国家空间立法应斟酌上述建议中关于空间活动环境影响评估需考虑的要素，如确立评估方法、建立数据库、验证搭载航天器的微生物的向外污染和返回污染的确切度等，尤其应重视上述第 4 点和第 5 点建议。

第 8 条是关于减缓空间碎片条款。该条款是《索非亚模本》第 4 条第 1 款第 4 项的延伸，进一步规定了空间活动运营人在开展空间活动时应承担尽量减缓任何可能的空间碎片的义务，空间活动应以尽量减缓任何可能的空间碎片的方式进行。这项义务被细化为 3 项具体义务：1）依照国际空间碎片减缓标准在正常运行期间限制碎片释放；2）将在轨解体的可能性减至最小；3）准备任务结束后的处置和避免在轨碰撞。

对上述义务的履行要求是国际标准而非国内标准，这些国际标准是由有关国际组织或机构制定并被冠之以“准则”的技术规范。国家空间立法只需规定本国管辖下的空间活动，运营人遵守这些规定和国际标准的准则即可，无需再设立一套国内标准。含有减缓空间碎片国际标准的政府间国际组织和非政府国际组织的文件有：外空委《空间碎片减缓指南》、欧洲空间局《欧洲空间碎片减缓行为准则》、机构间空间碎片协调委员会（IADC）《空间碎片减缓行为指南》和国际法协会《关于保护环境免受空间碎片造成损害的国际文件》。其中，外空委《空间碎片减缓指南》已被国际空间社会所接受，成为共同遵守的规则。

国际空间法体系中没有任何直接规定减缓空间碎片的法律方面的条款。鉴于空间碎片已成为对空间环境构成严重威胁的一个重大因素，减缓空间碎片国际义务的法理同样源自《外空条约》第 9 条的规定。此外，《责任公约》和《关于在外层空间使用核动力源原则》也应被视为减缓空间碎片义务的法律依据。“由于空间活动可导致产生空间碎片，那么就有一个减缓空间碎片产生的义务，从而保证自由进入《外空条约》所指的空间。”①

减缓空间碎片更多涉及科学技术，如空间碎片的观测技术、碎片环境的数学模型设计、空间碎片环境的特征、减缓空间碎片风险的措施，以及防止空间碎片碰撞的航天器设计措施等。在这些减缓空间碎片的科学技术方面，应该制定基本标准，以及将空间物体运行对未来空间系统遭遇轨道环境的影响减至最小的操作规程，目的是为了防止在轨解体和碰撞，从有用而拥挤的轨道区域移走并处置任务运行已结束的航天器，限制在正常运行期间释放物体。只有执行这些基本标准和操作规程才能保障将空间系统设计产生的空间碎片减至最小，并且鼓励采取在运行阶段能限制空间碎片产生的操作技术，并保证与运行阶段安全要求的一致性和相容性②。

这类国际文件本身不是法律，对国家不具有强制性的约束力，要依靠国家“自愿”地要求其管辖下的空间活动运营人必须遵守，而自愿执行是为了履行空间碎片减缓义务。只有国家将这些国际标准和操作规程的国际技术规范类文件纳入其空间立法，以法律形式规定本国的空间活动必须遵守这些技术规范，这些技术规范类国际文件才能获得法律约束力。

3. “空间物体登记”模块的法理分析

《索非亚模本》第 9 条“关于登记条款”构成“空间物体登记”模块。虽然只有 1 个条款，但该条款却包含了 7 个款项，组成一个与《登记公约》7 个实质性条款中的要求基本吻合的空间物体国家登记制度。

国家空间立法必须包含空间物体登记制度是为了履行向联合国通报有关空间活动的义务和登记空间物体的义务，这两项义务彼此密切关联。履行登记空间物体的义务是履行向联合国通报有关空间活动国际义务的具体义务和要求之一，而登记空间物体是向联合国通报有关空间活动的内容之一。但两

① 欧洲空间局，2004 年《欧洲空间碎片减缓行为准则》引言，第 5 段，第 5 页。文本来源：www.cnsa.gov.cn。

② 同上，第 5 页。

项义务的法律依据不同，前者的法律依据是《外空条约》第11条[①]，后者的法律依据是《外空条约》第8条。

从《外空条约》第8条的表述来看，该条款并没有直接规定缔约国登记空间物体的义务，而是确认了发射空间物体的缔约国的三项权利，即对其发射的空间物体及其所载人员的管辖权和控制权、对其发射的空间物体的所有权、对其发射的空间物体在本国境外发现有请求发现地国返还的权利。但缔约国要享有这三项权利，必须以其为发射空间物体的登记国为前提条件[②]。该条款体现了要享有某种权利必须先履行某种义务的法理。因此，国家登记空间物体的义务在第8条中不是明示义务，而是隐含在权利中的义务，国家登记空间物体的义务由此条款衍生。隐含这一义务的还有《外空条约》第5条[③]、《营救协定》第5条第3款[④]、《责任公约》关于发射国对其空间物体造成的损害所负责的国际规则和程序的每一个实质性条款无不隐含该义务，因为空间物体登记直接关系到发射国对其空间物体造成的损害所负责任的确定[⑤]。

鉴于空间物体的登记如此重要，以致国际社会"相信一种强制性的登记射入外层空间物体的制度，将特别可以帮助辨认此等物体，并有助于管理探索和利用外层空间的国际法的实行和发展"[⑥]。正是基于这种共识，在联合国

① 《外空条约》第11条：为了促进和平探索和利用外层空间方面的国际合作，在外层空间，包括月球与其他天体在内进行活动的本条约缔约国同意，在最大可能和实际可行的范围内，将这类活动的性质、进行情况、地点和结果通知联合国秘书长，并通告公众和国际科学界。联合国秘书长在接到上述情报后，应准备立即有效传播。

② 《外空条约》第8条：凡本条约缔约国为射入外层空间物体的登记国者，对于该物体及其所在人员，当其在外层空间活动在某一天体上时，应保有管辖权和控制权，向外层空间发射的物体，包括在某一天体上着陆或建筑的物体及其组成部分的所有权，不因其在外层空间活在某一天体上或因其返回地球而受影响，这类物体或组成部分如果在其所登记的缔约国境外被发现，应交还该缔约国，如经请求，该缔约国应在交还前提供认证资料。

③ 《外空条约》第5条第1款：……航天员如遇意外事故、危难或在另一缔约国领土上或公海上紧急降落时，应给予他们一切可能的协助；航天员降落后，应将他们安全和迅速地送回航天器的登记国。

④ 《营救协定》第5条第3款：射入外层空间的物体或其组成部分若在发射当局管辖的区域外发现，应在发射当局的要求下归还给该发射当局的代表，或交给这些代表支配。如经请求，这些代表应在物体或其组成部分归还前，提出证明资料。

⑤ 从《外空条约》在没有明示国家登记空间物体的义务但却直接采用"发射空间物体的登记国"的概念可以看出，从国家到联合国进行空间物体登记的实践在《外空条约》生效前就已经开始。这种实践开始于1961年。在1961年联大1721（XVI）号决议中，联合国就要求凡发射物体进入轨道或越出轨道的国家迅速经由秘书长向外空和平使用问题委员会（外空委前身）提供情报，以便登记；要求秘书长设公开登记处，登记发射国提供的资料。见：联大1721（XVI）号决议"外空和平使用之国际合作"(B)，第2、3段。自此开始了国家登记空间物体的国际实践。

⑥ 《登记公约》序言第8段。

主导之下，国际社会拟定了发射国登记其射入外层空间物体的规定，并在这一强制规定的基础上设置一个由联合国秘书长保存的射入外层空间物体总登记册[①]。规定该强制性登记制度的国际空间法条约就是《登记公约》。

《登记公约》第 2 条至第 6 条的实体性规定，对发射国提出了具体要求和把空间物体纳入国家登记册的标准：1）发射国登记所发射的空间物体并保存登记册；2）两个以上的发射国应确定其中一个为所共同发射的空间物体登记国；3）应登记入登记册的空间物体的信息包括发射国的名字、空间物体的登记号码、发射日期和地域地点、基本轨道参数和空间物体的一般功能；4）国家登记册应交一份给联合国秘书长存入联合国总登记册；5）空间物体登记信息变更应登记，并通知联合国秘书长。

《索非亚模本》"关于登记条款"的 7 个款项纳入了这些具体要求，尤其是第 4 款是该条款的核心，把《登记公约》第 4 条第 1 款要求登记的空间物体信息全部纳入该示范条款中，不同之处是特别要求登记私营发射实体的名字，无论该私营发射实体是自然人还是法人。

由于登记空间物体的国际义务具有强制性，国家空间立法应包含空间物体登记条款。此外，还应为该条款专门制定实施法令或实施条例作为子法。实施法令或实施条例应确定空间物体登记机制，对登记程序、登记信息、登记变更等做出规定。

登记信息的范围一直是国家履行登记义务争论的焦点，各国登记做法不一。为此，法律小组委员会根据外空委通过的"审议国家和国际组织在登记空间物体方面的做法"工作计划开展了对国家登记空间物体做法的审议工作。该项目从 2004 年起到 2007 年止为期四年，审议的结论和建议在 2008 年被联大 A/RES/62/101 号决议《关于加强国家和国际政府间组织登记空间物体的实践的建议》吸收。该决议提出了以下空间物体登记信息的新要求[②]：

（1）应当考虑向联合国秘书长提供的关于登记空间物体的信息统一类别

这种信息应包括：1）所适用的空间研究委员会国际代号；2）作为发射日期参考时间的协调世界时；3）作为基本轨道参数标准单位的千米、分和度；4）除《登记公约》要求提供的一般功能外，与空间物体功能有关的任何使用信息。

---

① 《登记公约》序言第 5、6 段。

② 联大决议，关于加强国家和国际政府间组织登记空间物体的实践的建议，A/RES/62/101，第 2～3 页。文本来源：http：//www.un.org/zh/documents/。

（2）应当考虑向联合国秘书长提供适当的附加信息

这种信息应包括：1）所适用的地球静止轨道位置；2）运行状态的任何变化（特别是当空间物体不再发挥功能时）；3）衰变或重返的大致日期，如果国家能够核实该信息的话；4）将空间物体移至弃星轨道的日期和实际状况；5）空间物体正式信息的网络连接。

《索非亚模本》没有把上述空间物体登记的新要求和标准纳入到空间物体登记条款中，这可能是因为联大 A/RES/62/101 号决议提出的空间物体登记的新要求只是一种国家自愿性统一做法，没有如同《登记公约》那样的强制性法律约束力。

4. “赔偿规定”模块的法理分析

《索非亚模本》“赔偿规定”模块由第11条“赔偿责任和追索权条款”和第12条“保险条款”两个条款组成[①]。

（1）赔偿责任和追索权条款

第11条在国际空间法上的法律依据有：1）《外空条约》第6条中所含第1项义务，即缔约国应对本国空间活动承担国际责任，不论空间活动行为人是政府还是非政府实体。2）《外空条约》第7条：“凡发射或促使发射物体进入外层空间，包括月球与其他天体在内的缔约国，以及以其领土或设备供发射物体的缔约国，对于这种物体或其组成部分在地球上、在大气空间或在外层空间，包括月球与其他天体在内，使另一缔约国或其自然人或法人遭受损害时，应负国际责任。”3）《责任公约》的全部实质性条款。

《外空条约》第6条采用的“国际责任”概念系指国际法上的国际赔偿责任，即国家实施国际法不加禁止的行为产生的损害性后果的国际责任。《外空条约》第7条进一步明确，承担此种国际责任的主体是发射国。《责任公约》据此制定了关于空间物体损害赔偿责任的国际规则和程序。

空间物体损害赔偿责任会产生新的国际法律关系。空间物体损害赔偿责任是一种特殊的侵权责任，同时又不同于其他特殊侵权责任。根据《责任公约》，在空间物体损害赔偿责任的国际法律关系中，首先是承担责任主体的特定性，即发射国承担因其发射的空间物体所造成损害的国际责任。其次是主张赔偿权利主体的特定性，即除发射国国民和应邀留在发射或回收地带的外国人以外的受空间物体侵害的国家、自然人、法人和国际组织。再次是归责原则的多元性，即空间物体损害侵权责任的确定分绝对责任、过失责任及共

① 追索权也称追偿权。

同与个别责任。再者是求偿途径的特殊性，即受害方的赔偿请求只能通过外交途径提出，即使责任方和受害方均是自然人和法人，也只能通过其国籍国、所在地国或永久居住地国提出。最后是在提出国际赔偿的程序上不适用用尽当地救济原则，但这不妨碍受害国或其代表的自然人或法人向发射国的法院、行政法庭或机关提出赔偿请求。受害国一旦诉诸发射国的国内救济途径，就不得再诉诸国际求偿途径。

与空间物体损害赔偿责任有直接关联的法律问题是“发射国”的界定。《外空条约》第7条提出“发射国”概念，并包含界定“发射国”的两大基本要素：“发射或促使发射”和“以其领土或设备供发射物体”。之后，《责任公约》和《登记公约》对“发射国”做出了相同界定[①]，将这两大要素纳入了“发射国”概念的定义之中。“发射国”是指：1）发射或促使发射空间物体的国家；2）从其领土或设施发射空间物体的国家[②]。

发射国的法律地位决定必须承担两大国际义务：一是对空间物体造成的损害负有责任并必须支付赔偿金的国际义务，二是负有按《外空条约》和《登记公约》登记空间物体的责任的国际义务[③]。因此，在“发射国”概念的适用中，由于“发射国”概念关系到国际责任的归责问题，直接涉及国家利益，各国对“发射国”概念的理解是有分歧的。如对“促使发射空间物体的国家”的界定，被求偿国和求偿国可能就有或窄或宽的界定，发射营销企业和空间物体国际融资等安排的参加国在分析自己是否属于促成空间物体的发射国时也会产生不同的界定。再如，空间物体的登记国是否即为发射国、一个国家须在某“设施”中拥有哪类或哪个层次的财产权益才能成为“发射国”等问题上产生争议。尽管“发射国”概念具有模糊性，但“发射国”概念确立了“发射国绝对有责任为其空间物体在地球表面或对飞行中的航空器造成的损害支付赔偿金”的强制性义务[④]。上述国际空间法条约未能预见到空间活动商业化和私营化的迅速发展和非政府实体开展的空间活动的大量增加。国家应对本国空间活动承担国际责任原则，使得在空间活动运营人是非政府实体的情况下，其空间活动所造成损害时，其登记国或有管辖权的国家不得不

---

① 先于《责任公约》和《登记公约》的《营救协定》只提出了“发射当局”的概念，“发射当局”是指对发射负责的国家，或是指对发射负责的国际政府间组织。参见：《营救协定》第6条。

② 《责任公约》第1条第3款。《登记公约》第1条第1款。

③ 法律小组委员会关于第41届会议的报告，附录，题为“审查‘发射国’概念”的议题9工作组结论，A/AC.105/787，第1段。文本来源：http：//www.un.org/zh/documents/。

④ 同上，第8段。

以发射国的名义履行国际赔偿义务。一方面，这显然有失公平合理，不符合公平竞争原则；另一方面，国家以“发射国”的名义履行赔偿义务也在法律上默示涵盖了另一种法律关系，即在发射空间物体的自然人和法人与其“发射国”之间存在代位赔偿的法律关系。这种法律关系默示涵盖了作为“发射国”的国家享有向作为实际肇事者的空间活动运营人追索赔款的权利。

尽管上述国际空间法条约没有规定国家的追索权，但基于公平竞争原则和代为赔偿的法律关系，法律小组委员会“审查‘发射国’概念”议题工作组在其结论中肯定了国际法协会关于在“赔偿规定”模块中规定国家可行使追索权的建议：“如果一（发射）国已根据《外空条约》第7条和《责任公约》的规定向另一国支付了赔偿金，可行使追索权，即使损害完全是由某一非政府实体造成的，而赔偿金被限制在某一固定数额或保险金额，超出部分可由该国保证支付（这是公平竞争问题），仍应行使追索权。”①《索非亚模本》第11条显然吸收了这一建议，规定当某国已为空间活动造成的损害向第三方支付赔偿以履行其国际义务，其政府享有向运营人追索赔款的权利。

此外，《索非亚模本》起草者还为“赔偿责任和追索权”条款预备了另一个“赔偿责任和追索条款”，即第11条示范一。该示范条款除了国家的追索权外，还对运营人的赔偿责任做出了明确的规定②。《索非亚模本》的说明人霍贝教授认为，该条款的优点是运营人的赔偿责任已明确，而且能在国内法院提起诉讼。因此受害方无需通过《责任公约》所规定的外交途径，而通过个人诉讼维护自己的主张，这有利于国家和受害人。如果尚不能解决，有关当事方应考虑诉诸常设仲裁院2011年通过的《与外空活动有关的争端仲裁任择性规则》③。

如果是过失责任，运营人应根据一般侵权法承担损害责任，国内法对此不设承担责任的最高限额。但是，如果运营人应承担绝对责任，国内法应设最高限额。国家空间立法应考虑一个既可反映合理投保数也可反映固定数额

① 同上，第11段。

② 第11条之示范一：1）运营人对空间物体在地球表面或对飞行中的航空器所造成的损害承担给付赔偿的绝对责任。2）空间物体在其他地方造成损害，运营人只有在损害是因其过失或其所负责之人的过失时才负有责任。3）依照第一款规定的赔偿责任的限额是……（待决定，既可是固定数额，也可由保险确定。）

③ Legal Aspects of the Privatization and Commercialization of Space Activities, Fifth and Final Report, Part II, Draft Model Law for National Space Legislation and Explanatory Notes, A/AC. 105/C. 2/2013/CRP. 6, p. 25。文本来源：http：//www. ila - hq. org。

的最高限额。根据上述国际法协会的建议，赔偿金被限制在某一固定数额或保险金额，超出部分可由国家保证支付。但运营人赔偿责任的最高限额不影响国家的赔偿责任。对在地球表面的第三方或对飞行中的航空器造成损害，此种责任始终是绝对责任和无限责任。

（2）保险条款

国际空间法条约不存在国家有义务应对其空间活动进行保险的规定。因此，国家空间立法应包含保险条款在国际空间法条约中找不到直接的法律依据。但国家为空间活动承当国际责任原则仍应被视为该条款的法理依据。该原则在法律上默示涵盖了国家应采取一切措施，对本国空间活动所造成损害的受害方迅速给予充分公正的赔偿，对损害所作的赔偿应能保证提出赔偿要求的自然人或法人、国家或国际组织把损害恢复到未发生前的原有状态。①

为确保空间活动所造成损害的受害人获得适当赔偿，国家有义务确保本国开展任何空间活动，尤其是发射空间物体活动的运营人能够实际支付这类赔偿。为此，对所开展空间活动，特别是进行发射空间物体活动的运营人，国家除了有权提出财政保证要求外，还有权提出强制保险要求。

保险是现代社会对危险性和可能导致灾难性后果活动的责任风险进行转移和分摊的重要方法。在现代国家法制中，将保险纳入对危险性和可能导致灾难性后果活动的责任风险的预防和赔偿机制已成为趋势。鉴于空间活动，尤其是发射空间物体活动本质上的危险性和可能导致灾难性后果，要求发射空间物体的运营人必须为其依《责任公约》所规定的绝对责任和过失责任进行保险。这不仅可以保护受害人，而且也可以确保国家按照《责任公约》规定的国际赔偿义务支付损害赔偿后，能够向进行发射空间物体活动的运营人行使追索权。空间活动运营人对其开展的空间活动应承担的保险义务只能在国家空间立法规定的情形下才能豁免。《索非亚模本》保险条款规定了两种可以豁免空间活动运营人投保义务情况：一是运营人有足够投资资本承担支付其赔偿责任数额；二是空间活动是非商业空间活动，并且是为了公共利益。

国家空间立法除了通过“空间活动的批准与许可证”模块的许可证制度规定空间活动的运营人进行保险的一般要求外，还应制定专门保险条款，规定保险的具体要求和标准，可根据不同的标准确立投保额。在现有国家空间立法中可资借鉴的确立投保额的标准有：1）明确规定投保额度，如美国、英国；2）明确规定应投保的险种，如俄罗斯、乌克兰；3）明确规定保险包括运营人

① 《责任公约》序言第4段及第12条。

和政府对第三方的责任险，额度以可能给第三方造成的最大损失为限，如澳大利亚；4）明确保险额的规定要兼顾受害人、保险人能够承保的款额及其他因素，如美国、英国、俄罗斯、乌克兰、澳大利亚、日本①；5）规定以“合理”为标准，如荷兰；6）以赔偿责任的上限决定投保额，如法国。但不管采用什么标准确定保险额，立法者都应注意“应以避免许可证交易为目的”②。

总之，国家应采取一切措施确保空间活动事故损害的受害人获得适当赔偿，作为法律保障措施，国家空间立法“赔偿规定”模块应：1）建立给第三方造成损害风险的空间活动责任制度；2）确立可能给第三方造成损害风险和给政府造成责任风险的空间活动的责任保险或财务责任要求，或者建立确保损害的受害人实际得到赔偿的其他机制，这可能包括确定空间活动可能造成的最大损害；3）针对可能造成政府责任风险的空间活动，建立政府向造成损害的实体按照《责任公约》支付给其他国家的损害赔偿金的追索机制；4）支付超出责任保险额的索赔的规定，如规定由政府支付超出部分③。此外，与发射活动保险相关联的风险除了由基本保险人承担外，还要在一个或多个再保险人当中分散承担④。

5. “其他规定”模块的法理分析

《索非亚模本》“其他规定”模块由第13条“程序条款”和第14条“处罚条款”两个条款组成。

---

① 美国：给第三方造成的死亡、人身伤害和财产损害以5亿美元为限，而给政府造成的财产损失以1亿美元为限或者（如果较低）按合理成本在世界市场上可能获得的最高额度责任保险。
英国：许可证的发放是以申请人证明他能获得保险金额为1亿英镑。
俄罗斯：为航天员和空间基础设施的全体人员投保强制性人寿保险和健康保险，并且还应按照法律规定的程序和条件承担造成其他人死亡或伤害或者其财产损害的损害赔偿责任。此外，依照俄联邦立法，俄罗斯航天局还有权要求受证人在进行发射准备时能出具空间设施符合要求的证明和空间运行的强制保险的保险单。
乌克兰：在从事空间活动方面强制投保的险种清单应由乌克兰现行的法规来确定。
澳大利亚：保险必须包括许可持有人（仅用于源自澳大利亚的发射）和澳大利亚政府对第三方的责任险，以可能给第三方造成的最大损失为限。
日本：从受害人的角度考虑应是适当的，同时要充分考虑保险人能够承保的款额及其他因素。
以上资料来源：联大外空委：审查“发射国”概念，秘书处的报告，A/AC.105/768，第10-11页。文本来源：http://www.un.org/document/。

② Legal Aspects of the Privatization and Commercialization of Space Activities, Fifth and Final Report, Part II, Draft Model Law for National Space Legislation and Explanatory Notes, A/AC.105/C.2/2013/CRP.6, p. 25，文本来源：http://www.ila-hq.org。

③ 外空委，审查“发射国”概念，秘书处的报告，A/AC.105/768，第20页。文本来源：http://www.un.org/document/。

④ 同上，第11页。

（1）程序条款

《索非亚模本》程序条款规定的内容主要包括两个方面：一是国家主管机关对行政决定和行使处罚权的时间限制；二是因国家空间立法的解释和适用而引起的争端的解决，尤其在空间活动有国际因素或涉外因素的情况下因法律适用问题引起的争端的解决。

如果把国家空间立法的性质定位于行政立法，这就涉及到空间活动的主管当局应对其行政许可批准权力、行政制裁权力以及其他处理与决定权力的行使程序和在事项及时间上的效力做出规定。对于做出许可批准和处罚决定的时间限制、办理许可证的费用和税率、行使处罚权的条件和程序、行政管理机关的经费来源、罚款的上缴等问题，国家除了在空间活动法中做出一般规定外，还应在实施法令或实施条例中专门做出具体详细的规定，以便将主管当局管理空间活动的行政权力置于责任状态之下而依法行使此种权力。

根据国家主权原则，因国家空间立法的解释和适用而引起的争端，无论这种争端是否含有国际或涉外因素，都应在国家管辖权范围内解决。这意味着含有国际或涉外因素的此类争端的解决应适用用尽当地救济原则，即应在国内法院解决。因国家空间立法的解释和适用而引起的争端如果含有国际或涉外因素，有关空间立法国家的司法管辖权优先。当事人只有在用尽当地救济的情况下，才可以诉诸国际司法机关，如常设仲裁院。

（2）处罚条款

《索非亚模本》“处罚条款”规定了国家空间活动主管当局的行政处罚措施。行政处罚是行政主体对违反法定义务者依法采取的一种制裁。国家空间立法应赋予其主管当局行政处罚权，国家空间活动主管当局依法对违反国家空间立法规定的义务者实施行政处罚是对本国空间活动行使其监督权力的一种具体形式。

《索非亚模本》“处罚条款”规定：“任何违反本法所规定的义务应处以不超过……元数额的罚款。如果在没有主管当局根据第 3 条和第 9 条颁发的授权书的情况下进行空间活动和转让空间活动的，均应处以不低于……的罚款”。从其规定的内容来看，对违反国家空间立法规定的义务的行政处罚是一种财产处罚，即采取罚款的措施作为制裁。此种处罚规定的依据有两方面：一是违反国家空间立法所规定的义务，如登记义务、保护环境义务、减缓空间碎片义务和保险义务等；二是非法开展空间活动和非法进行空间活动转让。

因此，国家空间立法应在该条款中确定可罚款的数额，也可确定标准或参照实施法令或其他国内立法。所确定的罚款数额最好是对无许可证空间活动和空间活动转让的最低处罚。在确定数额时，应比照违反行政法规但未达到刑事处罚程度的数额设定更高的限额，但违反该项国家空间立法的处罚额应高于其他行政法规的规定。

三、未来的《示范法》对国家空间立法的示范效力

从一开始，《索非亚模本》起草者就明确了未来《示范法》的法律地位：绝不意在约束任何国家，仅只是作为非政府国际机构的国际法协会空间法委员会的建议，供各国政府在起草本国空间立法时作为一个工作工具加以考虑[①]。此外，未来《示范法》也不构成对联合国各项外层空间条约的权威解释或拟议修订。这意味着未来《示范法》对国家没有任何法律约束力，但对国家空间立法具有示范效力。而作为其草案文本的《索非亚模本》因其非官方性质尚不具备此种示范效力，但具有一定的示范价值。此种价值在于对国家空间立法五个“构建模块”理论的运用。

（一）《索非亚模本》对国家空间立法构成要素的示范作用

《索非亚模本》的五个“构建模块”理论得到了外空委的同步呼应。空间法委员会的国家空间立法理论研讨和《示范法》的起草工作与法律小组委员会关于空间法的讨论看起来是平行进行的，一个是非政府间国际组织的活动，另一个是政府间国际组织的活动，但前者的成果被后者不断认可吸收，同时前者的工作尽量与后者的国家观点和意见以及需求相匹配。此种关系可说明，《索非亚模本》在国家空间立法构成要素方面示范作用的有效性。

根据国家空间立法问题工作组关于在其多年期工作计划下进行的工作报告，起草监管空间活动的国家空间立法应考虑的基本问题有：1）关于国家监管框架所针对的空间活动范围；2）关于对空间活动的国家管辖权范围；3）国家当局审批、登记和监管空间活动的权限；4）登记和审批所应满足的条件；5）遵守情况和监督；6）关于赔偿责任的法规；7）国家对转让空间物体所有权和将已获批准的空间活动移交第三方的监管；8）私人个体参与太空飞行以及服务供应商合同中处理卫星在外层空间发生碰撞时所造成的赔偿义务

---

① ILA，the Hague Conference (2010)，Legal Aspects of the Privatization and Commercialization of Space Activities，Fourth Report，Part II，National Space Legislation - A Draft Model Law，para. 4。文本来源：http：//www. ila - hq. org。

和责任问题[①]。

1. 国家空间立法“构建模块”理论：法律小组委员会项目工作组的认可

国际法协会的国家空间立法“构建模块”理论于 2001 年一经提出就受到“发射国”概念项目工作组的注意，并很快给予了认可性的呼应。2002 年，该工作组在法律小组委员会第 41 届会议的报告附录审查“发射国”概念议题结论中表示，工作组注意到国际法协会代表关于国家空间立法要素即“构建模块”的建议[②]。该结论概述了国家空间立法框架五个构建模块及其主要内容如下[③]：

（1）批准空间活动

该模块可被具体细化为：解释“空间活动”一词；空间活动的属地和属人适用范围；遵循联合国各项外层空间条约中的原则，例如防止有害污染原则；政府行动者和非政府行动者之间分担赔偿责任的财务风险；遵守有关合作和互助的义务。

（2）监督空间活动

该模块应规定监督空间活动通过下列方式进行：通过由某一项授权的所有者提供的或由某一有关授权条件的公共主管部门收集的定期信息；通过在不遵守授权条件的情况下实行制裁；以及通过在不遵守授权条件的情况下撤销或终止该项授权。

（3）登记空间物体

该模块可被具体细化为：解释“空间物体”概念；设立国家登记册；确定监督部门；登记册中的记载事项内容（拟根据《登记公约》第 4 条第 1 款规定提供的五项信息）；空间物体的质量等新的信息；在涉及核动力源时进行安全评估；登记非功能性物体和已重新进入地球大气层的物体；更改已登记信息的可能性；以及对登记册的利用。

（4）赔偿规定

该模块应规定：如果某发射国已根据《外空条约》第 7 条和《责任公约》

---

① 法律小组委员会，与和平探索和利用外层空间有关的国家立法问题工作组关于在其多年期工作计划下进行的工作报告，A/AC. 105/C. 2/101，第 5～6 页。文本来源：http：//www. un. org/document/。

② 原文如此，本研究报告认为是中译表达的不同。见法律小组委员会第 41 届会议报告附录，“审查‘发射国’概念”的议题 9 的工作组结论，A/AC. 105/787，第 21 页。文本来源：http：//www. un. org/document/。

③ 法律小组委员会第 41 届会议报告附录，题为“审查‘发射国’概念”的议题 9 的工作组结论，A/AC. 105/787，第 21 页。文本来源：http：//www. un. org/document/。

向另一国支付了赔偿金，可行使追索权，即使损害完全由某一非政府实体造成。而赔偿金被限制在某一固定数额或保险金额，超出部分可由该国保证支付，仍应行使追索权。此项规定是必需的，因为其关系到公平竞争的问题。

（5）新的规定

该模块是一个兜底模块，以适应解决新问题的需要。但该模块应使提及的所有要点都与“公平竞争”联系起来，如保险的管理、专利法和国际财产问题，以及出口管制的规定等[①]。

工作组认为，上述建议为各国考虑制订国家空间立法确定了可采用的要素。这一建议表明法律小组委员会项目工作组对国家空间立法“构建模块”理论的认可。在此，国家空间立法构建模块被第一次表述为国家空间立法要素。

针对上述国家空间立法应考虑的基本问题，外空委在审查五项条约的现状、审查“发射国”的概念、交流国家空间立法方面的一般信息和吸收国家空间立法“构建模块”理论的基础上，先后提出两套国家空间立法框架的必备构成要素的建议。

2. 国家空间立法框架必备构成要素：外空委的第一套建议

在“发射国”概念项目工作组认可国家空间立法“构建模块”理论的同一年，外空委提出一份能够归入国家空间立法和许可证制度的要素清单，初步阐明国家空间立法必备构成要素。这些要素有[②]：

（1）国家空间计划

国家空间计划要素包括：1）确定国家空间计划的政策目标和活动；2）建立负责实施或监督空间活动的政府机构并为其提供资金；3）人力资源开发，从基础科学教育到培养空间探险者；4）如果鼓励私营空间工业是一项国策，其措施可能包括私营部门参与政府项目、相互免除责任要求或财政奖励。支付超出责任保险保额的索赔是一项鼓励私营空间工业的政策。

（2）空间活动的批准和不断监督

空间活动的批准和不断监督要素包括：1）要求非政府实体，还有可能要求政府实体，在进行外层空间活动之前从指定的政府机构取得批准（如许可

---

① “发射国”概念项目工作组建议，鉴于目前国际统一私法协会正在就空间财产的国际利益进行讨论，因此目前不应在国家一级实施关于这些问题的特别规章。见法律小组委员会第 41 届会议报告附录，题为“审查‘发射国’概念”的议题 9 的工作组结论，A/AC. 105/787，第 21 页。文本来源：http：//www. un. org/document/。

② 外空委，审查“发射国”概念，秘书处的报告，A/AC. 105/768，第 19 - 21 页。文本来源：http：//www. un. org/document/。

证)。除其他外，这可能适用于由国民从事的外层空间活动和从本国领土上开展的活动。该要求可能要有必须获得批准的空间活动的更详细定义。对于政府和非政府实体开展的活动，各项要求与被指定负责审批空间活动的政府机构可能根本不同。2）在外层空间开展活动的实体可能要向政府提供有关空间活动的资料，包括有关最新资料。对于某些空间活动，由指定的政府官员检查和监督空间活动的规定，包括允许适当接触设施和技术资料的要求。3）概述空间活动的一般内容和它们可能获得批准的条件的规定。国家空间法还可能包括处罚条款，例如对不遵守批准条件的处罚，这可能包括撤销或中止批准。

（3）确保空间活动的安全

确保空间活动的安全要素包括：1）为可能给人类健康、财产或环境造成损害的空间活动制定安全和环境标准，并制定应对和调查事故的程序。这些可能包括碎片减缓（如重新入轨/脱轨要求）。例如，个人应胜任所进行的有关活动就是一项基本标准。2）规定对拟议的空间活动进行技术审查，这可能是审批该空间活动程序的一部分。此外，国家法律还可以包括为发射设施和诸如运载工具的某些空间技术出具证明的规定。应当指出，如果国家法律包括保险要求，保险公司也可能对其承保的空间活动进行技术审查。3）实施有关在外层空间使用核动力源之原则的规定。4）可以公开查阅安全评估，包括对核动力源的安全评估。5）用空中和海洋交通安全规则协调空间活动。6）事故的公开通报、搜索、营救、清理和调查。

（4）空间物体登记

空间物体登记要素包括：1）依照《登记公约》的规定设立射入外层空间物体的国家登记册，包括确定负责保管登记册的国家机构。2）依照《登记公约》第 2 条第 2 款，建立与其他发射国协调空间物体登记的机制。3）《登记公约》第 4 条项下向联合国提供规定的信息。

（5）责任、保险或财务责任要求及赔偿

责任、保险或财务责任要求及赔偿要素包括：1）建立给第三方造成损害风险的空间活动责任制度。2）确立给第三方造成损害风险，以及可能给政府造成责任风险的空间活动的责任保险或财务责任要求，或者建立确保受害人实际得到赔偿的其他机制。这可能包括确定有关空间活动可能造成的最大损害。3）对于造成《责任公约》项下政府责任风险的活动，法律可以建立一种政府向造成损害的实体追索按照《责任公约》支付给其他国家的损害赔偿金的机制。4）支付超出责任保险额的索赔的规定，例如由政府支付。

（6）其他事项

其他事项包括：1）联合国有关外层空间条约和原则的执行；2）对空间物体的财产权益，可能包括登记空间财产权益的制度；3）为空间财产提供经费，可能包括有关偿付债务的规定；4）知识产权；5）国家安全、对外政策和确保履行其他国际义务。

（7）国家空间立法的国际因素

国家空间立法国际因素包括：1）与其国民可能参与空间活动的其他国家协调空间活动的审批和监督，并且与其他潜在发射国协调发射许可证的发放。2）在各国之间协调关于许可证的发放程序和可以预见到的最大风险的计算等问题。

3. 国家空间立法框架必备构成要素：外空委的第二套建议

与第一套建议时隔十年之后，外空委根据国家立法问题工作组的报告提出第二套建议，建议国家在根据其具体需要制定监管本国空间活动的立法框架时应考虑到以下构成要素①：

（1）国家空间立法的适用范围

1）国家空间立法的适用范围对事管辖方面主要涉及“空间活动”形式范围的界定。国家监管空间活动的立法所针对的空间活动可酌情把向外层空间发射物体以及这类物体的返回、发射场地或重返运行以及在轨空间物体的运行及其控制列入活动范围；还可考虑的其他问题包括航天器的设计和制造、空间科学技术的应用以及探索活动和研究等。2）作为发射国的国际义务和管辖权。国家监管空间活动立法的适用范围应顾及本国作为发射国及作为负责任的国家而在联合国外层空间各项条约下发挥的作用；并确定本国对从其领土上实施的空间活动以及对在其自然人和法人等国民参与的在其他地方实施的空间活动所拥有的管辖权。但先决条件是，如果另一个国家对这类活动行使了管辖权，该国就应当考虑不再提出完全相同的要求，避免给空间物体运营方造成不必要的负担。

（2）国家主管机关的批准和许可

1）空间活动应当需要得到国家主管机关的批准。批准适宜采用单独的国家主管机关批准程序。对于给空间活动运营方发放许可证以及批准具体项目和方案，国家必须分别使用单独的程序。2）国际义务优先。国家空间立法有

① 法律小组委员会，与和平探索和利用外层空间有关的国家立法问题工作组关于在其多年期工作计划下进行的工作报告，A/AC. 105/C. 2/101，第7～9页。文本来源：http：//www. un. org/document/。

关批准的先决条件应当与国家承担的国际义务和承诺保持一致，尤其应当与本国在联合国外层空间各项条约及其他相关文书下承担的义务和承诺保持一致，并且可适当考虑到本国在国家安全和外交政策方面的利益。3）准许、修改、中止和撤销批准的主管机关、程序以及先决条件的规定。国家空间立法对有关准许、修改、中止和撤消批准的主管机关、程序以及先决条件都应加以明确说明，目的是建立一个可预测的并且可靠的监管框架。

（3）安全条件和要求

1）安全要求和标准。国家空间立法有关批准的先决条件应有助于确认空间活动以安全的方式进行，尽量减少对人、环境或财产造成损害，并且这些活动不致给其他空间活动造成有害干扰。这类先决条件还应与申请人的技术资格有关。2）减缓空间碎片的安全和技术标准。国家空间立法有关批准的先决条件可以列入符合《空间碎片减缓指南》要求，尤其应符合外空委《空间碎片减缓指南》的安全和技术标准。

（4）对非政府实体的空间活动实施持续不断的监督

国家空间立法应有适当的程序确保对得到批准的非政府实体的空间活动实施持续不断的监督和监测，如可就此适用现场视察制度或适用更为笼统的报告要求。执行机制可以酌情列入行政措施或制裁机制。

（5）空间物体的登记

1）维护和保持国家空间物体登记册。国家空间立法应规定由适当的国家当局维持关于射入外层空间物体的国家登记册，并要求运营方向国家当局提交相关信息，以便使国家能够根据国际文书，包括《登记公约》、联大第 1721（XVI）B 号决议和第 62/101 号决议，向秘书长提交相关信息。2）国家空间立法还可以要求空间物体运营方就空间物体尤其是就已经无法运行的空间物体主要特征的任何变动提交相关信息。

（6）赔偿责任和保险

国家在制定空间立法时，应当考虑在涉及其国际赔偿责任时如何向运营方追索的方法。为确保损害索赔适当承保，国家应当酌情推出保险要求和补偿程序。

（7）转让在轨空间物体所有权或控制权

国家空间立法应当确保发生在轨空间物体所有权或控制权的转让时，对非政府空间活动实施持续不断的监督。国家法规可规定有关空间物体运营状况发生变动时，需要得到批准，并有义务提交这类资料。

外空委第二套建议比第一套建议更加突出国家空间立法必备构成要素的重

点和关键词，更清晰地阐明了国家空间立法必备构成要素的实质性要求和标准。

4. 国家空间立法框架必备构成要素：联大 A/RES/68/74 号决议

上述第二套建议于2013年被提交联大第68届会议讨论，并被标题为“就有关和平探索和利用外层空间的国家立法提出的建议”的联大A/RES/68/74号决议通过①。该决议表示，鉴于非政府实体对空间活动的参与有增无减，尤其在审批和监督非政府空间活动方面，需要在国家一级采取适当行动。联大注意到，对空间活动的审批和监督需要前后一致并具有可预测性，还需要有一个关于非政府实体参与的实际可行的监管制度，以便进一步鼓励在国家一级颁布监管框架，并注意到有些国家还将政府性质的国家空间活动列入该框架②。

该决议承认国家空间立法实践的多样性，认识到各国在处理本国空间活动所涉各方面问题时采取了不同的方法，有的采用单一的法令，有的采用多项本国法律文书。注意到各国根据具体需要和现实考虑调整了本国的法律框架，以及各国的法律要求在很大程度上取决于所开展空间活动的范围以及非政府实体的参与程度③。

因此，该决议建议各国根据本国法，同时考虑到本国的具体需求，在颁布本国空间活动监管框架时酌情考虑以下要素④：

第一，国家监管框架所针对的空间活动的范围可酌情包括：向外层空间发射物体以及这类物体的返回、发射场地或重返场地的运作，以及在轨空间物体的运行和控制；有待审议的其他问题可能包括航天器的设计和制造、空间科学技术的应用以及探索活动和研究。

第二，各国应考虑到作为发射国以及作为负责任的国家，因本国外层空间活动必须承担联合国各项外层空间条约之下所规定的义务，确定本国对在其管辖和（或）控制的领土上实施的空间活动的管辖权；同样还应对其公民和（或）在其管辖和（或）控制的领土上创建、登记或设有机构的法人在其他地方实施的空间活动进行审批，并确保对其进行监督。但若有另一国家已对这类活动行

① 法律小组委员会认为该决议是成员国之间成功合作和广泛共识的结果，为那些希望加强或制定其国家空间立法的国家提供了极好的信息来源和指导。参见：法律小组委员会2014年3月24日至4月4日在维也纳举行的第53届会议报告，A/AC.105/1067，第13页。文本来源：http://www.un.org/document/。

② 联大第68届会议，就有关和平探索和利用外层空间的国家立法提出的建议，A/RES/68/74，第5、8段。文本来源：http://www.un.org/document/。

③ 同上，第9段。

④ 同上，第10段。

使了管辖权，该国应考虑不再提出雷同要求，以免造成不必要的负担。

第三，空间活动应需要国家主管机关审批。对于此类主管机关及其授予、修改、暂停和取消许可的条件和程序，应在监管框架内明确规定；各国可对不同类型的空间活动使用专门的许可发放程序和（或）审批程序。

第四，审批条件应与国家承担的国际义务保持一致，尤其应与联合国各项外层空间条约所规定的义务一致，并与其他相关文书保持一致，还可以体现各国的国家安全和外交政策利益；审批条件应当有助于确定空间活动以安全的方式进行，尽量减少对人、环境或财产造成的损害，并确定这些活动不致对其他空间活动造成有害干扰；此类条件还应与申请人的经验、专业知识和技术资格挂钩，还可包括尤其是符合外空委《空间碎片减缓指南》的安全和技术指标。

第五，适当的程序应确保对得到批准的空间活动实施持续不断的监督和监测。例如，可为此实行现场视察制度或适用较为宽泛的报告要求；强制机制可以酌情包括行政措施，如暂停或取消许可和（或）罚款等。

第六，应当由适当的国家主管机关维持射入外层空间物体的国家登记册；一国若被视为某空间物体的发射国，则应要求该空间物体的运营方或所有人向该国主管机关提交相关信息，以使登记此类物体的国家能够根据适用的国际文书，包括《登记公约》，并考虑到联大 1721B（XVI）号和第 62/101 号决议，向联合国秘书长提交相关信息；该国还可要求就空间物体，尤其是已经部分或全部失效的空间物体的主要特征上的任何变化提交相关信息。

第七，各国可以考虑，当空间物体的运营人或所有人按照联合国各项外层空间条约负有损害赔偿责任时如何向其索赔；国家可酌情规定保险要求和赔偿程序，以确保损害索赔得到适当偿付。

第八，在轨空间物体所有权或控制权若发生转让，应确保对非政府实体的空间活动继续实施监督；国家法规可以规定对所有权转让的审批要求，或规定有义务提交在轨空间物体运营情况发生变化的相关信息。

上述八项建议表述更严谨，在形式结构上与外空委的建议略有不同，实体要素与外空委的建议完全相同。国家空间立法必备构成要素由此可归纳为：1）空间活动的界定；2）作为发射国的管辖权的确立；3）空间活动审批机制；4）批准空间活动的条件和要求；5）空间活动的监督和监测机制；6）空间物体登记机制；7）损害赔偿责任履行机制；8）在轨空间物体所有权或控制权转让的审批、监督和运营信息登记。

联大 A/RES/68/74 号决议提升了外空委关于国家空间立法必备构成要素

建议的地位，从联合国机构的讨论性建议上升到联大的政策性建议。联大决议的严谨性和严肃性表明，国际社会在国家空间立法问题上存在三点政治意愿：一是国际社会对上述国家空间立法应当必备的八项构成要素达成共识；二是国际社会对现有的国家空间立法实践的认可；三是赞同该决议的国家在其国家空间立法中自愿践行这些建议。随着越来越多的参与空间活动的国家在其空间立法框架的构建中纳入上述八项构成要素，在此方面形成的国家通行惯例将被视为习惯国际法，从而弥补现行国际空间法条约为应对空间活动私营化和商业化挑战的法律资源匮乏问题。

将运用于《索非亚模本》的五个“构建模块”与联大A/RES/68/74号决议建议的八项必备构成要素相比较，可以发现两者基本一致，只不过称谓不同而已。前者被称为“构建模块”，后者被称为“必备构成要素”，但两者所展现的立法内容实质上是一样的。此外，尽管前者来自非政府间国际组织的建议，后者来自政府间国际组织的建议，但两者的形成背景、法理基础和建议目的都是相同的，即为了应对空间活动私营化和商业化的全球发展趋势对空间法资源的挑战，以国际空间法和国家空间立法实践为法理基础，为国家空间立法提供引导性建议和示范，并以通过联合国在全球实行自愿统一做法为目的。可见，五个“构建模块”在表面上似乎是为了解决国家空间立法的结构和内容协调一致的问题，但实质上是为了解决国家对国际空间法设立的监管本国空间活动的国际义务的履行标准协调一致问题。

综上所述，运用于《索非亚模本》的五个“构建模块”与联大A/RES/68/74号决议建议的国家空间立法八项必备构成要素有着理论上的演进关系，此种演进关系为未来《示范法》在国家空间立法必备构成要素方面的示范效力奠定了基础，也使《索非亚模本》在国家空间立法运用五个“构建模块”或八项必备构成要素理论方面具有示范作用和价值。

5.《索非亚模本》对国家空间立法的其他示范作用

（1）国家空间立法模式

各国的政体不同会导致国家立法模式和立法层级的不同，也会导致立法效力各异。对于国家空间立法的模式，从目前国家空间立法实践来看，有以下几种立法模式：

（a）母法配套子法式

此种模式采用国家立法机关制定“空间活动法”（母法）＋国家政府制定配套“实施法令”或“实施条例”（子法）的架构。采用此模式的国家有：澳大利亚、日本、韩国、俄罗斯、南非、瑞典、乌克兰、英国。

（b）综合法典式

国家立法机关制定针对空间活动和国家政府监管空间活动职能的综合立法。采用此模式的国家有：奥地利、法国。

（c）专典式

国家立法机关或国家政府以单行法令法规形式专门规定针对空间活动和国家政府监管空间活动职能的规范。采用此模式的国家有：阿尔及尼亚、阿根廷、白俄罗斯、比利时、巴西、智利、哥伦比亚、德国、意大利、荷兰、尼日尼亚、挪威、西班牙。

（d）散见式

国家政府既以单行法规形式专门规定针对空间活动和国家政府监管空间活动职能的规范，又在针对与空间有关的其他活动的单行法规，如航空法、无线电通信法、交通运输法、投资法、知识产权法的有关章节中规定针对空间活动和国家政府监管空间活动职能的规范。采用此模式的国家有：加拿大、美国。

从国家空间立法层级的实践看，有两种立法层级模式可通过下图展示。

第一种模式

立法名称：×国空间活动法
立法层级：国家立法机关
立法效力：一级立法

⇨

立法名称：关于……法规/条例
立法层级：国家政府行政立法
立法效力：二级立法

⇨

立法名称：关于……实施办法/规定
立法层级：主管当局行政立法
立法效力：三级立法

⇨

立法名称：关于……实施规则/细则
立法层级：执行部门行政立法
立法效力：四级立法

第二种模式

国家立法机关依法授权国家政府针对监管空间活动进行立法

⇨

立法名称：关于×国空间活动法规/条例
立法层级：国家政府行政立法
立法层级：一级立法

⇨

立法名称：关于……实施办法
立法层级：主管当局行政立法
立法效力：二级立法

⇨

立法名称：关于……实施规则/细则
立法层级：执行部门行政立法
立法效力：三级立法

《索非亚模本》没有明确其立法性质应属国家立法机关制定的基本法律还是国家政府制定的行政立法。从其内容整体来看，没有涉及到国家空间计划、国家空间活动基本政策、方针和原则，包括国际合作政策和原则，而只涉及国家对空间活动的管理和监督。从其重要实质性条款中的表述来看，在涉及授权进行空间活动的批准与许可证制度、监管空间物体的登记制度和空间活动责任制度三大国家空间立法重要制度的实质性条款中都出现了“实施法令或实施条例”规定具体要求、具体条件或“在实施法令或实施条例中”做出具体规定的表述①。这表明，《索非亚模本》在立法层级上当属国家政府层级制定的监管空间活动的行政立法，在此层级立法之下尚可有下位立法或次级立法，即国家政府主管当局还可以制定实施法令、条例、办法、细则和规章，逐层细化该国家政府层级立法的重要实质性条款。因此，未来《示范法》是一部拟制国家政府层级制定的监管其管辖下的自然人、法人和组织的空间活动的国家政府行政法规示范法。在立法层级上，未来《示范法》采用的是上述第二种模式。可见，未来《示范法》对国家空间立法在立法模式方面的示范作用是：建议国家采用上述第三种模式；在立法层级方面的示范作用是：建议国家采用第二种模式。

（2）“商业空间活动”定义

《索非亚模本》为国家空间立法提供了“商业空间活动”概念的参照定义。该模本将“商业空间活动”定义为“由政府实体或由非政府实体开展的以产生收入或利润为目的的空间活动”②。从该定义可以看出，商业空间活动主体包括政府实体和非政府实体。该定义在此方面是一个创新，即以空间活动的目的为标准而不是以空间活动主体的法律地位为标准来确定空间活动的性质。这为国家空间立法定义“商业空间活动”提供了示范。这表明，只要是商业空间活动，不管其主体的名称为何，也不管主体的法律地位为何，均应纳入国家监管的范围，从而扩大了国家空间立法监管空间活动的效力范围。

（二）从《索非亚模本》看未来的《示范法》的局限性

1. 监管针对的空间活动及其主体范围狭窄

（1）监管针对的空间活动范围狭窄

《索非亚模本》的核心是监管空间活动，但在监管针对的空间活动范围方面存在模糊性。首先是《索非亚模本》定义的“空间活动”概念狭窄。《索非

① 《索非亚模本》第 4 条、第 5 条、第 7 条、第 10 条、第 12 条等。英文版本见：国际法协会第 75 届大会 No. 6/2012 决议附件，文本来源：http：//wwww. ila－hq. org。中文版本见：廖敏文：《“国家空间立法示范法索非亚模本”译介》，载于中国空间法学会主办《空间法学研究年刊（2013 年）》，中国宇航出版社 2014 年出版，第 137～139 页。

② 同上，第 137 页。

亚模本》是针对监管空间活动的国家空间立法，但其定义的“空间活动”概念却是一个狭义的“空间活动”概念，即仅指将空间物体射入外层空间、在外层空间运行和制导空间物体、使空间物体从外层空间返回，以及开展这些活动所必需的其他活动[①]。这表明，未来《示范法》仅针对以空间物体为界定标准的“核心空间活动”进行监管，从进行此类“核心空间活动”的目的、场所、技术和方式为界定标准，可以派生出其他空间活动形式，即“外围空间活动”不属其监管范围。尽管在表述上有“所必需的其他活动”作兜底，但根据上下文，这一兜底显然不包括“外围空间活动”和那些与空间物体有间接关系的活动。如果国家以此为范式对“空间活动”概念进行狭义定义，会导致监管针对的空间活动过于狭窄，无法满足它们对空间活动更多的监管需求。此外，《索非亚模本》所确立的监管制度仅针对商业空间活动也说明其所定义的空间活动范围狭窄。

（2）监管针对的空间活动主体范围狭窄

《索非亚模本》的各项要求和监管制度仅针对开展商业空间活动的非政府实体，而不能适用于开展商业空间活动和非商业空间活动的政府实体。从上述外空委的第一套建议来看，非政府实体和政府实体都应被要求在开展外层空间活动之前得到指定的政府机构的批准并取得许可证，只不过对政府实体和非政府实体开展的活动要分别适用不同的要求，分别由不同的被指定负责审批空间活动的政府机构批准和监督。但《索非亚模本》却没有明确这一点，这使未来《示范法》不能为国家空间立法监管针对的空间活动主体范围是否应包括商业空间活动和非商业空间活动的政府实体方面做出示范。

总之，《索非亚模本》规范和监管的仅是非政府实体开展的商业空间活动，即私营商业空间活动，这使其对国家空间立法的示范作用非常有限。

2.“空间活动的批准与许可证”模块的缺陷

《索非亚模本》“空间活动的批准与许可证”模块是一个很重要的模块，但此模块有的条款规定和用语表达不尽人意。

（1）《索非亚模本》第6条的规定值得商榷

《索非亚模本》第6条规定：“如果不遵守第4条第1款所规定的条件，或者第4条第3款所规定的具体要求，各主管当局均可撤销、中止或修改授权书。（The respective authority may withdraw，suspend or amend the authorization，when either the conditions of Article 4，paragraph 1，or the spe-

① 同上，第136页。

cific requirements of Article 4，paragraph 3 are not observed.）”首先，该条款规定较笼统和模糊，没有明确在何种情况下撤销授权书，在何种情况下中止授权书。其次，修改授权书的法律效力也值得商榷。作为对不符合规定者或违反规定者的监督和处罚措施，撤销授权书意味着终止授权书的效力，中止授权书意味着暂停授权书的效力，待授权书持有者符合条件和满足要求后继续有效，但修改授权书会产生什么法律效力？最后，第 6 条中“修改”的英文表述用语“amendment”值得商榷。“amendment”是指对法律本身瑕疵的改正，或对法律本身进行修订和完善。根据第 4 条第 3 款，“授权书可载明条件和要求”，这表明，要么是授权书本身有错误需要修改；要么是国家空间立法有关获得授权书的条件和要求被修改，授权书所载明的条件和要求应做相应修改。可见，授权书的修改不是因为空间活动运营人不符合法定条件和要求，而是授权书作为法律文件本身有瑕疵需要修改或依法需要修改。因此，第 6 条“如果不遵守……第 4 条第 3 款所规定的具体要求”的表述在法理上存在问题。

（2）“空间活动的转让”用语表达不准确

“空间活动的转让”是一个非常宽泛的概念。在“发射国”概念项目工作组总结的五个“构建模块”的主要内容中没有“空间活动的转让”这一用语表述。在国家空间立法问题工作组提出的国家空间立法应考虑的基本问题中，国家对转让空间物体所有权和将已获批准的空间活动移交第三方的监管是应考虑的基本问题之一。这一表述首次出现了两个并行的概念，即“转让空间物体所有权”和“将已获批准的空间活动移交第三方”。外空委第二套建议和联大 A/RES/68/74 号决议都提到，在轨空间物体所有权或控制权的转让须经国家主管当局审批并受持续监督，运营人有义务提交在轨空间物体运营情况发生变化时的相关信息。

尽管表述措辞略有不同，但都是有关国家空间立法应规定空间物体转让事宜的建议，两者对国家空间立法在此方面的要求是一样的，其中的用语表述是“转让在轨空间物体所有权或控制权”。这一用语表述较之“发射国”概念项目工作组建议中的表述更准确：一是明确了空间物体在被转让时的位置状态，二是明确了转让的权利属性是所有权或控制权。但值得注意的是，在两者的建议中，均未出现“将已获批准的空间活动移交第三方”的用语表述，更不用说“空间活动的转让”的用语表述。这表明，《索非亚模本》中的“空间活动的转让”用语表达不符合外空委和联大 A/RES/68/74 号决议的建议，至少说这一用语表达不准确，值得商榷。

若要实现“空间活动的转让”，在法律上只能通过空间活动许可证的转让，即获得空间活动许可证的运营人把许可证转让给第三方，或者说另一运营人，由受让方进行已获批准的空间活动。《示范法》草案海牙版本使用的用语是“许可证转让”，该版本条款规定：向第三方转让依照本法规定条件已获批准的空间物体的控制权须经行政管理当局事先批准。这一理解可从该规定中得到证实。

由于任何空间活动始终必然与空间物体相联系，在轨转让空间物体的所有权或控制权必然涉及与之相关的已获批准的空间活动的移交，按照国家空间立法的监管要求，必然涉及许可证的变更。因此，空间活动许可证的转让不能被理解为允许许可证交易，而是因为在轨空间物体的所有权或控制权转让所附带的已获批准的空间活动由受让人运营而必须依法变更空间活动许可证。在国家实践中，鲜见允许空间活动许可证交易的实例。国家空间立法只能允许以转让在轨空间物体的所有权或控制权为标准确定其所附带的已获批准的空间活动移交第三方。因此，所谓“空间活动的转让”应是随在轨空间物体的所有权或控制权的转让而同步转让与之相关的空间活动。

由此可见，“空间活动的转让”既不符合国际官方采用的用语，也不符合国家空间立法实践。同时由于“空间活动”形式范围的界定可宽可窄，该概念所载含义不能准确反映“转让”的法律性质。因此，《索非亚模本》第 9 条“空间活动的转让”没能为国家空间立法在此方面的规定做出明确示范。

3. 投保义务豁免规定的矛盾

《索非亚模本》第 12 条保险条款第 2 款规定，“投保义务不适用于国家政府以政府名义进行空间活动的情形”。此规定的示范作用值得商榷。

首先，规定没有对此处的“空间活动”性质进行限定，即没有明确此处的“空间活动”是商业空间活动还是非商业空间活动。在术语与定义条款中对“商业空间活动”的定义是：“由政府实体或由非政府实体开展的以产生收入或利润为目的的空间活动。”由此定义可知，政府实体也可成为商业空间活动的主体。根据该条款的第 3 款第 2 项，只有非商业空间活动且是为了公共利益才可以豁免投保义务。显然，政府实体的商业空间活动不能豁免投保义务，但《索非亚模本》却没有明确这一点，仍需要作进一步解释。

其次，“国家政府以政府名义进行空间活动”的表述不严谨，国家政府是政治实体，不可能成为空间活动的直接实施者，只能通过以其名义成立的实体或授权的实体进行空间活动。

最后，任何空间活动都存在危险性并可能导致灾难性后果，如果豁免开展商业空间活动的政府实体的投保义务，一旦发生《责任公约》规定的应承担绝对责任和过失责任的情况，同样会存在受害人损害赔偿的权益和政府追索权的权益都得不到保障的风险。此外，都是进行商业空间活动，政府实体可以豁免投保义务，而非政府实体则不能豁免，这不符合国家立法问题工作组关于保险的管理要与“公平竞争”问题联系起来的建议。国家空间立法应规定，不管是政府实体还是非政府实体，只要开展商业空间活动，都应履行投保义务，除非用国家财政担保，否则无法确定国家政府与其实体之间的赔偿责任划分。但遗憾的是《索非亚模本》在此问题上却没有进行这样的示范性规定。

4. 其他方面存在的局限性

（1）非政府实体的非商业空间活动是否豁免国家空间立法监管的模糊

尽管《索非亚模本》在国家监管的空间活动性质和主体方面提供了示范性规定，但却没有对非政府实体的非商业空间活动，尤其此种空间活动是为了公共利益，如经授权进行国防军事空间活动是否豁免监管等问题做出明确规定，只在保险条款第3款第2项中规定空间活动是非商业空间活动，并是为了公共利益可以豁免投保义务。这是否意味着非政府实体受国家政府委托以政府名义进行的非商业空间活动，即使符合“为了公共利益”这一条件也不能豁免在其他方面应受该项立法监管的义务？如空间物体登记义务和损害责任赔偿义务。此外，从其适用范围条款“本法适用于XY国国民或在XY国注册组建的法人所进行的空间活动和在XY国境内或在XY国登记的船舶或航空器上进行的空间活动”的规定来看，《索非亚模本》针对的是商业空间活动还是非商业空间活动也不明确。因此，此种不明确需要进一步解释。

（2）关于争端解决的程序条款规定与起草者的解释性说明不一致

《索非亚模本》程序条款有关因国家空间立法的解释和适用问题引起的争端，其解决规定与霍贝教授关于“程序条款”的解释性说明不一致。该条款规定：“任何因本法的解释和（或）适用而引起的争端应在国家管辖权范围内解决或根据常设仲裁院2011年《与外层空间活动有关的争端仲裁任择性规则》协议解决。”该规定表述中的“或”表示并行选择，即争端当事方既可以诉诸空间立法国家法院，也可根据常设仲裁院2011年《与外层空间活动有关的争端仲裁任择性规则》协议解决。而霍贝教授对该条款的解释说明是：“因本示范法的解释或适用引起的争端，按照规则应在国内法院解决。但是，一旦用尽当地救济，应存在诉诸上述提到的2011年常设仲裁院规则的可能性。”该解释性说明表明，两者不是并列选择，而是在用尽当地救济的情况下才能诉诸常设仲裁院按照2011年《与外层空间活动有关的争端仲裁任择性规则》协议解决。

（3）依据刑法处罚措施规定的缺失

根据《索非亚模本》第6条和第14条，对违反国家空间立法有关规定的空间活动运营人的处罚是撤销或中止许可证的处罚措施，对严重违反国家空间立法规定义务的处罚措施是罚款，这些都只是行政处罚措施。《索非亚模本》第14条处罚条款没有吸收有些国家关于“如果违反国家空间立法的严重程度达至触犯刑法和其他法律，应依照刑法或其他法律规定处置”的规定。如果国家空间立法也照《索非亚模本》一样缺失此种规定，会使其立法成为“没有牙齿”的法律。

（4）个别条款在整项立法中的位置分布需要调整

《索非亚模本》是按照五个“构建模块”组装的，其条款排列也应按照各模块内条款之间的逻辑关系分布。但《索非亚模本》在此方面做得不尽完美，属于某一模块的条款被排列在另一模块内，在条款排列顺序上似乎不协调。如第6条“授权书的撤销、中止或修改”条款属于“空间活动的批准与许可证”模块，应当作为第5条放在第4条之后。第9条空间活动的转让条款也应属这一模块，如果放在“授权书的撤销、中止或修改”条款之后更为合适。而第5条应属“空间活动监督”模块中的条款，却插在“空间活动的批准与许可证”模块中。条款的排列顺序最好按模块为单位排列，这有待《示范法》草案制定者给予调整。

四、结论和建议

（一）结论

综上所述，本课题研究报告的结论如下：

第一，国家空间立法之所以成为一个重要问题，首先是因为五项条约和五项原则性法律文书是专为规范国家空间活动而制定的；其次是因为空间活动私营化和商业化的发展；再次是因为国际社会要确保空间活动的安全和可持续发展；最后是因为要解决私营商业空间活动引起的损害赔偿问题。

第二，政府间国际组织和非政府间组织的国际合作发展空间法的各种研究活动表明，在试图通过扩展国际空间法资源仍不能监管非政府实体的商业空间活动的情况下，应将重点转向扩展国家空间立法资源来监管私营商业空间活动。国际空间法不能直接监管非政府实体的商业空间活动，只能通过国家空间立法监管此类实体的商业空间活动。大力促进国家空间法的发展，是确保外层空间用于和平目的并确保国家履行监管本国空间活动国际义务的重要手段。

第三，五项条约是国家空间立法的基础，尤其是规范和监管非政府实体空间活动方面立法的基础。对五项条约的缔约国而言，制定国家空间立法是履行和执行《外空条约》第 6 条规定的国际义务的起码要求。如果国家把发展私营商业空间活动及鼓励非政府实体开展空间活动作为一项国策，国家就应将空间立法的制定作为一项高度优先事项，以履行其根据各项国际空间法条约和原则性法律文书所负有的国际义务。因此国家空间立法的核心法规应充分体现国家主管当局履行其批准并持续不断监督非政府实体开展的空间活动的职责。

第四，根据国家主权原则，国家在处理本国空间活动所涉各方面问题时可以采取不同的方法，包括法律和政策措施。在法律措施方面，依法监管本国空间活动，包括政府和非政府实体的空间活动，其前提条件是制定监管空间活动的国家空间立法。国家空间立法的框架可根据本国发展和平探索和利用外层空间事项、监管空间活动的具体需求，从实质内容到法律文件形式具有本国特色和自主创新。同时应注意，本国空间立法应尽可能与国家普遍实践和通行惯例协调一致，是规范非政府实体商业空间活动的最佳路径。

第五，国家在进行空间立法时，应充分利用国际空间法条约赋予国家对空间活动的管辖权、监督权和控制权，将这些权利转化为国家权力并充分体现在其空间立法中。同时，国家空间立法要注意国家在监管本国非政府实体的空间活动与促进本国空间工业和空间活动商业化发展之间求得平衡，在空间活动的私营和商业利益与公共利益之间求得平衡。既不能为了有利于促进空间活动私营化和商业化发展而降低国家监管空间活动的立法标准，也不能使国家监管空间活动的立法标准过于苛刻而阻碍商业空间活动的发展。

第六，《索非亚模本》五个“构建模块”与联大 A/RES/68/74 号决议建议的八项必备构成要素是国家空间立法必备的基础。尽管两者在理论上分别被称为“构建模块”和“必备构成要素”，但它们所展现的立法内容实质上是叠合的。此外，尽管前者来自非政府间国际组织的建议，后者来自政府间国际组织的建议，但两者的形成背景、法理基础和建议目的都是相同的，即为了应对空间活动私营化和商业法的全球发展趋势对空间法资源的挑战。以国际空间法和国家空间立法实践为法理基础，采用《索非亚模本》五个“构建模块”和联大 A/RES/68/74 号决议建议的八项必备构成要素，构建本国的空间法是必要的。

第七，《索非亚模本》吸收了空间法学领域的学术研究成果和国家空间立法较完备的国家立法实践与具体做法，五个“构建模块”充分反映了现有国家空间立法惯例和国家对国际空间法的意见和观点。这表明，未来《示范法》对尚未进行国家空间立法的国家和正在制定国家空间立法的国家有一定的示范作用，可以基本满足这些国家在制定监管私营商业空间活动的立法上的借鉴和参照需求。《索非亚模本》实质性条款充分反映了国际空间法条约对国家履行条约义务的要求，并将这些要求具体标准化，这使国家空间立法在将履行国际空间法条约项下的国际义务作为优先事项方面有了可资参照的标准。

第八，《索非亚模本》的核心是确立国家与运营人在商业空间活动中的监管和被监管的法律关系。通过确立空间活动授权书颁发制度、空间物体登记制度、空间活动强制保险制度和空间活动损害赔偿制度，并设定要求和标准，如空间环境保护和减缓空间碎片，以及对违法从事商业空间活动的处罚措施等，《索非亚模本》确立了作为监管主体的国家政府和作为被监管对象的空间活动运营人之间的权利和义务关系。

第九，未来《示范法》旨在成为空间战略、空间法律和制度、空间政策和空间活动经济体制的、不同国家可接受的国家空间法框架，其作用有：a）协助国家制定和加强空间立法规范；b）为国家空间立法实践五个“构建模块”理论做出示范；c）使国家空间立法的构成要素基本相同。但国家空间立法在借鉴和参照《索非亚模本》五个“构建模块”的示范运用、立法层级和其他方面的示范时，应牢记无论是《索非亚模本》还是未来《示范法》，都不可能对国家空间立法的每一条款规定的具体表述做出示范，即使对现有的国家空间立法示范条款也不能逐字照搬。

（二）建议

1. 我国应对《索非亚模本》的建议

第一，按照外空委的工作程序，《索非亚模本》已作为法律小组委员会的会议室文件供成员国讨论，可能还会根据成员国的意见进行修改。该草案文本在外空委通过后，将按照联大特别政治和非殖民化委员会（第四委员会）的工作程序讨论通过后再进入联大讨论通过程序。之后，《索非亚模本》作为未来《示范法》的草案文本才有可能提升为《示范法》正式文本，方可产生正式的示范效力。可预见的是，这一过程需要一定的时间。在此期间，我国航天立法起草者和空间法学界应关注这一提升进程，尤其应关注各国政府的意见、观点和建议，以及《索非亚模本》的修改。

第二，如果《索非亚模本》作为未来《示范法》最终草案文本提交外空委成员国讨论，我国在参加外空委的讨论时，首先应考虑到我国是联大A/RES/

68/74号决议的赞同国，这表明我国对该决议建议的国家空间立法八项必备构成要素持赞成态度。鉴于运用于《索非亚模本》的五个“构建模块”与联大A/RES/68/74号决议建议的国家空间立法八项必备构成要素之间存在理论上的演进关系，可以对《索非亚模本》在运用五个“构建模块”理论方面的示范作用给予肯定，在此基础上，对《索非亚模本》可持基本肯定态度。其次，应注意《索非亚模本》仅只是为国家规范和监管私营商业空间活动立法提供参照的《示范法》草案文本，该草案文本尚不足以达到作为具有普适性指导作用的《示范法》的标准，需要进一步修改和完善。最后，应提出未来《示范法》应充分纳入联大A/RES/68/74号决议建议的国家空间立法八项必备构成要素，并将其细化为具体条款表述，以补充该草案文本五个“构建模块”的不足。

2.《索非亚模本》对我国航天立法的指导意义

第一，《索非亚模本》对我国航天立法有何指导意义取决于我国航天立法的定位。如果我国航天立法定位于统领我国航天立法体系的综合性立法，则《索非亚模本》对该项立法中规范和监管商业航天活动有关条款的制定有指导意义，而对该项立法的其他部分没有太大的指导意义。如果我国航天立法定位于促进、规范和监管商业航天活动立法，则《索非亚模本》对该项立法具有重要指导意义。纵观现有国家空间立法，特别是美国、俄罗斯、日本和欧盟的空间立法，在通过法律措施促进商业空间活动的同时，也通过法律制度规范和监管商业空间活动。这些法律制度包括审批与许可证制度、登记制度、监督制度和赔偿与保险制度。可以说，规范和监管商业空间活动的国家立法包含这四种制度已成为国家惯例。《索非亚模本》吸收了此类国家空间立法惯例，因而对我国规范和监管商业航天活动的立法具有重要指导意义。因此，我国商业航天立法除了规定法律促进措施外，规范和监管制度应注意吸收五个“构建模块”的组装模式，或纳入联大A/RES/68/74号决议建议的国家空间立法八项必备构成要素。换言之，五个“构建模块”或八项必备构成要素应成为我国规范和监管商业航天活动的立法不可或缺的基本内容，或是确定该项立法是否完备的衡量标准。

第二，我国航天立法起草预备工作可借鉴《索非亚模本》起草预备阶段的工作模式，在起草航天立法具体草案条款之前或同时，首先应进行起草预备性专题研究。专题研究应首先确定每一个模块以及模块中的条款会涉及哪些法律问题。其次，围绕该法律问题确定应研究的内容，研究内容包括：1）五项条约和五项原则性法律文书对该法律问题有无规定；如果没有，有关联大决议对该法律问题有无建议。2）各国空间立法对该法律问题是否存在立法实践和国家惯例及其可借鉴之处。3）我国现行航天立法对该法律问题有无规定，如果没有，国家有关主管部门对该法律问题有哪些实践可以提升到立法中。4）我国其他相关立法是否涉及该法律问题。5）对解决该法律问题的草案条款表述提出建议。专题研究应形成报告，为每一模块以及模块中的条款规定提供正当性和法理支撑。

3.《索非亚模本》对我国航天立法的借鉴价值

（1）关于适用范围的规定值得借鉴

《索非亚模本》吸收了荷兰、挪威等欧洲国家的空间立法关于适用范围条款的立法实践，这些国家关于适用范围的规定正在尽量扩大本国的属地和属人管辖权，如将属地管辖权扩大到本国的海外领地，将属人管辖权扩大到具有本国国籍的船舶和航空器，将本国具有一定自治权的领土纳入空间立法适用范围等。特别是将在本国船舶和航空器上开展的空间活动纳入空间立法的适用区域，这有助于扩大国家监管的权力范围。由于航天活动涉及国家领土安全，我国规范和监管商业航天活动立法的适用范围，应依据属人原则和属地原则，确立监管此类航天活动的管辖权；同时要尽量扩大属地原则的适用范围，除了适用于我国领土范围，还应适用于我国管辖范围，如专属经济区和大陆架上开展的商业航天活动，以及在我国船舶和航空器上开展的商业航天活动。

（2）关于重要概念的定义值得借鉴

《索非亚模本》对国家空间立法需要定义的几个重要概念进行了定义，如“空间活动”“空间物体”“商业空间活动”等。《索非亚模本》对“空间活动”的直接定义模式，对“空间物体”的定义直接采纳国际空间法条约的定义方式，以及对“商业空间活动”的定义采用目的论的方法，都值得我国航天立法借鉴。但《索非亚模本》采用狭义“空间活动”概念进行定义的方式是否有借鉴价值有待讨论和商榷。

我国航天立法应定义法律用语“航天活动”所载之概念，因为这直接涉及到受该项法律规范的“航天活动”的范围，以及和我国监管本国航天活动的国际义务的履行范围。就定义“航天活动”概念而言，我国航天立法制定者可以根据立法意图，从上述“空间活动”概念的定义路径模式和界定标准中选择适合我国航天立法定义“航天活动”的模式和标准，尽量使我国的航天立法对“航天活动”概念的定义和“航天活动”形式的界定与国际空间法和国家惯例协调一致。为此，不妨采用《索非亚模本》对“空间活动”概念的直接定义方式和一般定义加对“空间活动”具体形式的确认，建议采用把定义“空间活动”概念与界定属于“空间活动”的形式相结合的定义路径。

即使不采用上述定义方式，我国航天立法对“航天活动”的定义至少应包括联大 A/RES/68/74 号决议建议的“空间活动”定义要素：向外层空间发射物体，制导空间物体，以及空间物体的返回，发射场、航天器的设计和制造，空间科学技术的应用，探索外层空间的活动和研究。总之，不宜对“航天活动”作过于笼统的一般性定义，否则，不利于对商业航天活动的监管。

我国现行《空间物体登记管理办法》第 2 条将“空间物体”概念定义为：“空间物体是指进入外层空间的人造地球卫星、载人航天器、空间探测器、空间站、运载工具及其部件，以及其他人造物体。短暂穿越外层空间的高空探测火箭和弹道导弹，不属于空间物体”。首先，该定义以列举与排除并用的方式界定何为“空间物体”，具有明确性。但“进入”一词表明只有进入外层空间的上述形式的物体才是空间物体，这缩小了空间物体的范围，意味着那些处于射入或准备射入阶段，以及处于建造阶段的物体不能视为空间物体。其次，“其他人造物体”这一兜底表述不严谨。尽管在其后的规定中将“高空探测火箭和弹道导弹”排除出空间物体，但对界定其他人造物体是否属于空间物体带来不明确性。因此，建议我国航天立法将该定义修改为：“空间物体”指处于射入或预期射入和进入外层空间的物体，包括人造地球卫星、载人航天器、空间探测器、空间站和除短暂穿越外层空间的高空探测火箭和弹道导弹外的其他与探索和利用外层空间相关的空间物体，及其组成部分和发射器及其零部件。考虑到“空间物体”的国内登记和国际登记应内外有别，应在航天立法中扩大“空间物体”的范围，以便将“空间物体”尽可能多地登记造册，这有利于对“空间物体”作为国家资产的管理。而对应进行国际登记的“空间物体”的范围进行限制，仅限于进入外层空间的物体。

鉴于空间立法定义“发射国”概念的实践和国际空间法条约中“发射国”概念定义的模糊性，以及《索非亚模本》也未对“发射国”概念进行定义，我国可借鉴此种做法，在制定航天立法时可不考虑对“发射国”概念进行定义。但在国际空间活动合作中，应参照《责任公约》和《登记公约》对“发射国”概念的定义，以及法律小组委员会关于在应用“发射国”概念方面的国家惯例综述中各国应用“发射国”概念的惯例，结合我国自身实践，在国际协议中规定如何确定“发射国”，以便在国际损害赔偿中确定各合作方的责任。

（3）五个“构建模块”的实质性条款规定值得借鉴

第一，《索非亚模本》五个“构建模块”的实质性条款，如对获得国家主管当局的授权书应具备的条件、空间活动应在保护环境和减缓空间碎片的前提下开展、行为人应承担的空间物体登记和投保义务等做出了明确规定。这些规定吸收了美国、俄罗斯和欧盟国家的空间立法实践与做法。这些对开展空间活动的条件、要求和标准是最低限度的门槛条件、要求和标准。我国商业航天活动立法应参照这些起码条件、要求和标准制定实体规范，以促进和保障商业航天活动的有序发展，依法开展和得到监管。

第二，我国航天法的制定者应加强航天活动损害赔偿责任条款和追索权条款的研究。对民用航天活动而言，我国航天体制与欧美、俄罗斯等空间活动大国不同。现行航天管理体制是否适宜制定此种条款有待深入研究。但对商业航天活动而言，航天活动损害赔偿责任条款和追索权条款是商业航天立法不可或缺的。

第三，《索非亚模本》虽然规定了监督机制、处罚程序和争端解决程序等，但具体规定却过于粗放。我国航天立法应建立监督机制，制定监督和处罚制度，对处罚措施、处罚程序和争端解决程序做出详细规定。

第四，《索非亚模本》对商业空间活动的安全要求做出了详细的规定，并采用了广义“安全”概念，包括环境安全、公共安全、国家安全、外交利益安全、技术安全和质量安全等。我国航天立法应对商业航天活动安全问题做出规定，设立环境安全、公共安全、国家安全、外交利益安全、技术安全和质量安全评估机制，将符合环境安全、公共安全、国家安全、外交利益安全、技术安全和质量安全法定要求作为批准和颁发商业航天活动许可证的条件。

参考文献

一、中文参考文献

［1］ 廖敏文．“国家空间立法示范法索非亚模本”译介//空间法学研究年刊（2013 年）．北京：中国宇航出版社，2014.

［2］ 法律小组委员会第 36 届会议报告，A/AC. 105/674.

［3］ 法律小组委员会第 37 届会议报告，A/AC. 105/698.

［4］ 法律小组委员会第 37 届会议，审查五个外层空间国际法律文书的现状，秘书处的说明，A/AC. 105/C. 2/L. 210.

［5］ 联大正式记录，第 53 届会议补编第 20 号，外空委报告，A/53/20.

［6］ 联合国与外层空间有关的条约和原则，联合国大会通过的关于各国探索和利用外层空间活动所应遵守的条约和原则的案文和现状，为第三次外空会议发行的纪念版，A/AC. 105/722、A/CONF. 184/BP/15.

［7］《联合国关于外层空间的条约和原则：联合国大会通过的规范国家探索和利用外层空间活动的条约和原则案文》，ST/SPACE/11，UNITED NATIONS PUBLICATION，

Sales No. E. 02. I. 20，ISBN 92 - 1 - 100900 - 6.
[8] 联大决议，和平利用外层空间的国际合作，A/RES/52/56.
[9] 法律小组委员会，与和平探索和利用外层空间有关的国家立法问题工作组关于在其多年期工作计划下进行的工作报告，A/AC. 105/C. 2/101.
[10] 法律小组委员会第 46 届会议报告，A/AC. 105/891.
[11] 法律小组委员会第 48 届会议报告，A/AC. 105/935.
[12] 法律小组委员会第 49 届会议报告，A/AC. 105/942.
[13] 法律小组委员会第 50 届会议报告，A/AC. 105/990.
[14] 外空委，联合国/国际航空和空间法研究所空间法方面能力建设讲习班的报告，2002 年 11 月 18 日至 21 日，海牙，A/AC. 105/802.
[15] 法律小组委员会第 52 届会议，国际政府间组织和非政府组织与空间法有关的活动情况，秘书处的说明，A/AC. 105/C. 2/103.
[16] 法律小组委员会第 53 届会议，国际政府间组织和非政府组织与空间法有关的活动情况，秘书处的说明，A/AC. 105/C. 2/104.
[17] 刘纪原 . 各国空间法汇编（下）. 中国空间法学会内部资料 .
[18] 联大决议，适用“发射国”概念，A/RES/59/115.
[19] 林灿铃 . 国际环境法，北京：人民出版社，2004.
[20] 2004 年《欧洲空间碎片减缓行为准则》.
[21] 联大决议，关于加强国家和国际政府间组织登记空间物体的做法的建议，A/RES/62/101.
[22] 法律小组委员会关于第 41 届会议的报告，附录，题为“审查‘发射国’概念”的议题 9 工作组结论，A/AC. 105/787.
[23] 外空委，审查“发射国”概念，秘书处的报告，A/AC. 105/768.
[24] 法律小组委员会 2014 年 3 月 24 日至 4 月 4 日在维也纳举行的第 53 届会报告，A/AC. 105/1067.
[25] 联大决议，就有关和平探索和利用外层空间的国家立法提出的建议，A/RES/68/74.

二、外文参考文献

[1] UNISPACE III，Report of the Secretary - General，International Cooperation in Space Activities for Enhancing Security in the Post - Cold War Era，B. Commercialization and proliferation.
[2] Report of the Legal Subcommittee of COPUOS adopted on 8 April 2004，A/AC. 105/826.
[3] COPUOS，Legal Subcommittee，Fifty - second session，Vienna，8 - 19 April 2013，Information on the activities of international intergovernmental and non - governmental organizations relating to space law，Note by the Secretariat，A/AC. 105/C. 2/2013/CRP. 6.

[4] ILA, Berlin Conference (2004), Space Law Committee, Report on the Legal Aspects of the Privatization and . Commercialization of Space Activities, Remote Sensing and National Space Legislation.

[5] ILA, Toronto Conference (2006), Space Law, Legal Aspects of the Privatization and Commercialization of Space Activities, Remote Sensing and National Space Legislation, Second Report.

[6] ILA, Rio De Janeiro Conference (2008), Space Law, Legal Aspects of the Privatization and . Commercialization of Space Activities, Third Report, Remote Sensing, National Space Legislation, Registration.

[7] ILA, the Hague Conference (2010), Legal Aspects of the Privatization and Commercialization of Space . Activities, Fourth Report, Part II, National Space Legislation - A Draft Model Law.

[8] COPUOS, Schematic Overview of National Regulatory Frameworks for Space Activities, A/AC. 105/C. 2/2013/CRP. 7.

[9] Netherlands, Rules Concerning Space Activities and the Establishment of a Registry of Space Objects (Space Activities Act) (13. 06. 06) .

[10] Belgium, Law of 17 September 2005 on the Activities of Launching, Flight Operation or Guidance of Space Objects, consolidated text as revised by the Law of 1 December 2013 (B. O. J. of 15 January 2014) .

[11] United Kingdom, Outer Space Act , 1986, Chapter 38, Application of act.

[12] Royal Decree No. 278 - 1995 on the Establishment in Spain of the Registry of Objects Launched into Outer Space as Provided for in the Convention adopted by the United Nations General Assembly on 12 November 1974, Article 4. Outer Space Act, United Kingdom.

[13] Law of the Russian Federation " About Space Activities", Decree No. 5663 - 1 of the Russian House of Soviets.

[14] Act on Launching Objects from Norwegian Territory etc. into Outer Space, 13 June. No. 38. 1969.

[15] Sweden, Act On Space Activities, (1982: 963) .

[16] Law of Ukraine on " Space Activities" of 1996, Law of Ukraine of 15 November 1996 (VVRU, 19 97, p. 2) .

[17] Law of the Republic of Kazakhstan on Space Activities, 6 January, 2012 No. 528 - IV, Article 1 (7) .

[18] Legal Aspects of the Privatization and Commercialization of Space Activities, Fifth and Final Report, Part II, Draft Model Law for National Space Legislation and Explanatory Notes, A/AC. 105/C. 2/2013/CRP. 6.

[19] ILA，Sofia Conference (2012)，Resolution No. 6/2012，Space Law.
[20] United States of America，National Space Agency，National Space Program，United States Code，Title 42 (The Public Health and Welfare).
[21] Australia Space Activities Act 1998，Act No. 123 of 1998 as amended.
[22] Austrian Federal Law on the Authorization of Space Activities and the Establishment of a National Space Registry (Austrian Outer Space Act，adopted by the National Council on 6 December 2011，entered into force on 28 December 2011).
[23] Henry Campbell Black，M. A. (ed.)，Black's Law Dictionary，Fifth Edition，West Publishing CO.，1979.
[24] Hofmann，Rettberg，Williamson (eds.)，2010 IAA Cosmic Study：Protecting the Environment of Celestial Bodies.
[25] ILA，Sofia Conference (2012)，Space Law，Legal Aspects of the Privatization and Commercialization of Space Activities，Fifth and Final Report，Part II，A Draft Model Law for National Space Legislation and Explanatory Notes.

三、国际组织官方网站

[1] http：//www.un.org.
[2] http：//www.unoosa.org.
[3] http：//www.ila-hq.org.
[4] http：//www.iaaweb.org.
[5] http：//www.iislweb.org.

课题主持人简介

廖敏文，女，中国政法大学国际法学院国际公法研究所副教授，硕士生导师，主要从事国际法的教学和研究工作，学术研究旨趣主要在国际空间法、国际刑法和国际人权法等领域。近年来在国际空间法方面的主要研究成果包括：《中国航天白皮书：我国航天立法的政策引擎》，载于中国空间法学会主办《空间法学研究年刊（2012年）》；《“国家空间立法示范法索非亚模本”译介》，载于《空间法学研究年刊（2013年）》；《国家空间立法定义“空间活动”的路径分析》荣获中国宇航学会·中国空间法学会2014年学术年会优秀论文特等奖，载于《空间法学研究年刊（2014年）》；主持完成中国空间法学会2014—2015年度学术研究课题《“国家空间立法示范法索非亚模本”研究》并荣获二等奖，载于《空间法学研究年刊（2015年）》。

全球卫星导航服务提供商法律责任研究*

北京航空航天大学课题组

目　录

* 本文为中国空间法学会 2014—2015 年度第 7 号学术课题研究项目结题报告，荣获中国空间法学会 2014—2015 年度学术课题研究项目二等奖。课题主持人：北京航空航天大学法学院讲师高琦博士。课题组成员：薄守省，夏春利，窦海洋，陈凌。

一、全球卫星导航系统概述

（一）全球卫星导航系统现状

全球卫星导航系统（Global Navigation Satellite System，GNSS）是一个虚拟的概念。目前并没有统一的规划和认定标准，通常表示空间所有在轨运行的卫星导航系统的总称，是一个综合的星座系统①。

根据 UNISPACE② 的定义，全球卫星导航系统 GNSS 又称天基 PNT（定位、导航、授时）系统，“是一种外空无线电定位系统。无论何种天气，它都可以向在地球表面、空中或外空正确配置该设备的使用者提供 24 小时的三维方位、速度和时间的信息，该系统卫星提供的信息可以将方位计算精确到米，甚至精确到厘米。”③ GNSS 的关键作用是提供时间、空间基准以及所有与位置相关的实时动态信息④。

全球卫星导航系统由导航卫星、地面站点和用户定位设备等三个部分构成。地面站点位于地球表面的不同位置，监管卫星的位置与运行状况，将数

---

① 纪龙蛰、单庆晓，GNSS 全球卫星导航系统发展概况及最新进展，全球定位系统，2012，(5)：55。

② The Third United Nations Conference on the Exploration and Peaceful Uses of Outer Space (UNISPACE III)。

③ Draft Report of the Third United Nations Conference on the Exploration and Peaceful Uses of Outer Space . A/CONF. 184/3，Distr. General 16 April 1999，at 32 [hereinafterDraft Report 3nd UN onference] . “Space - based radio positioning systems that provide 24 hour three - dimensional position, velocity and time information，in any weather conditions，to suitably equipped users anywhere on the surface of earth，as well as airborne and space users. GNSS use satellites as reference points to calculate positions accurate to within meters or，with advanced techniques，to within a centimeter. ”

④ 曹冲，卫星导航系统及产业现状和发展前景研究，全球定位系统，2009，(4)：1-6。

据发送给中心站处理；中心站将测量好的卫星位置再传送给卫星，并入导航信息中；用户定位设备安装终端接收器[①]。其基本工作原理是：导航卫星上搭载专用的无线电设备，可向地面用户持续发射固定频段的无线电信号，用户利用导航接收机收到卫星上的导航信号后，通过时间测距或多普勒测速获得自己相对于卫星的距离参数，并根据卫星发播的轨道、时间参数等信息求得卫星的实时位置，进而解算出自身的地理位置坐标和速度矢量[②]。

由于GNSS系统在国家安全和经济社会发展中具有不可或缺的重要作用，世界各大国都竞相发展独立自主的卫星导航系统。目前，全球卫星导航系统国际委员会（ICG）确认了全球四大卫星导航系统提供商（provider）为[③]：美国GPS、俄罗斯GLONASS，欧盟GALILEO（伽利略）以及中国北斗卫星导航系统（BDS/COMPASS）。此外，为了增强以上全球卫星导航系统的精准度，许多国家还开发了全球卫星导航增强系统。

1. 美国GPS系统[④]

GPS是世界上第一个建成并在全球范围供军、民两用的卫星导航定位系统。1958年美国军方开发GPS系统，并于6年后开始投入使用。20世纪70年代，美国军方联合研发出新一代卫星定位系统，主要为军事领域提供全球的、实时的和全天候的定位及导航服务。除此之外，系统还具有应急通信、核爆监测和情报收集等特殊功能。1995年，GPS系统开始正式运行，系统基本星座由24颗卫星构成，其中21颗工作卫星、3颗备用卫星。随着GPS系统的升级及对失效卫星的更换，截止2015年3月，共有31颗GPS卫星在轨运行。

GPS系统由三个部分组成：GPS卫星星座、地面监控系统、GPS信号接收机。目前，“GPS由民用部门（美国交通部）和军用部门（国防部）合作维护和经营。交通部派代表驻总指挥部（MCS）和GPS联合计划办公室来参与每日的系统运行、系统开发和未来需求。交通部和国防部的关系由双方签订

① 卫星导航，http：//baike. baidu. com/view/39224. htm，最后访问日期2015年3月1日。

② 纪龙蛰、单庆晓，GNSS全球卫星导航系统发展概况及最新进展，全球定位系统，2012，(5)：55。

③ Providers' Forum，联合国外空事务委员会官网：http：//www. unoosa. org/oosa/en/SAP/gnss/icg/providersforum. html，最后访问日期2015年2月1日。

④ The Global Positioning System，载于GPS官方网站：http：//www. gps. gov/systems/gps/，最后访问日期2015年2月1日。

的协议备忘录决定。”①

经过几十年的发展和更新，GPS系统已经成为全球星座组网最完善、定位精度最高、用户数量最多的卫星导航系统，其应用占全球应用的95%以上②。GPS系统提供两种服务，一种是标准定位服务（Standard Positioning Service，SPS），全世界的民用用户可免费使用；另一种是精密定位服务（Precise Positioning Service，PPS），只对美军及其盟军以及获得授权的政府部门开放③。

2. 俄罗斯GLONASS系统

俄罗斯的GLONASS系统与美国GPS系统几乎同时起步，但经历了漫长而曲折的发展过程。该系统最早开发于苏联时期，后由俄罗斯继承，并由俄罗斯国防部独立研制和控制。1982年，苏联第一颗GLONASS卫星发射成功，至1995年底，GLONASS导航星座组网卫星数量超过24颗。1996年，俄罗斯宣布GLONASS全球卫星导航系统正式建成。从2003年开始，GLONASS系统进入全面升级阶段。2007年，GLONASS系统开始运营，但只开放俄罗斯境内卫星定位及导航服务。2010年，GLONASS已经覆盖俄罗斯全境所有地区。截止到2010年，GLONASS系统成为俄罗斯联邦航天局耗资最大的项目，占到俄罗斯联邦航天局2010年预算的三分之一。2011年10月，轨道星群的24颗卫星已全部修复，其卫星服务可以扩展到全球④。截止到2015年3月1日，GLONASS系统由28颗卫星组成，其中24颗在轨卫星正常工作⑤。

GLONASS系统为全球海陆空以及近地空间的各种军民用户全天候、全天时提供高精度的三维位置、三维速度和时间信息。系统由卫星星座、地面

① 戚永亮，全球导航卫星系统及其相关法律问题研究．北京航空航天大学学报（社会科学版），2006（4）。

② 汪勇、丁金学，全球卫星导航系统的市场应用前景，中国航天，2012（5）：28。

③ The Global Positioning System，GPS官方网站：http：//www.gps.gov/systems/gps/performance/accuracy/最后访问日期2015年2月1日。

④ GLONASS，维基百科网站：http：//en.wikipedia.org/wiki/GLONASS，最后访问日期2015年3月1日。

⑤ GLONASS Constellation Status，俄罗斯联邦航天局信息分析中心官方网站：http：//www.glonass-center.ru/en/，最后访问日期2015年2月1日。

监测控制站和用户设备等三部分组成[①]。目前，GLONASS 系统由俄罗斯联邦航天局负责系统开发、运行及维护。GLONASS 提供两种服务：开放标准定位服务[②]和精确定位服务。[③]

3. 欧盟 Galileo 系统[④]

伽利略（Galileo）卫星导航系统是欧盟正在建设中的全球导航定位系统，它是世界上第一个完全向民用开放的具有商业性质的卫星定位系统。能够为民众提供高精度导航信号，又可以提供给政府和军方高度安全的加密信号。

Galileo 系统工程始建于 2003 年，于 2014 年形成了一个具有开放服务功能的初步系统。预计将于 2018 年前后建成具有完全工作能力的全球导航定位系统。Galileo 系统的组网星座包括 30 颗卫星，其中 27 颗卫星为工作星，其余 3 颗为备份星。但目前为止。欧盟只落实建造 18 颗卫星的资金，其余 12 颗卫星的建造资金还未得到落实。

"伽利略项目定义和开发阶段所需的资金由欧洲空间局（ESA）和欧盟委员会（EC）共同支付。伽利略计划一开始就制定了以市场为导向的公私合作机制。公共部门由欧洲空间局（ESA）、欧洲委员会（EC）和伽利略联合企业（GJU）组成，私人部门则包括各国的航天公司、通信公司等。计划分阶段制定不同的合作方式。伽利略项目定义和开发阶段由 ESA、EC 主导，进入研发阶段则由 GJU 负责。最后的运营阶段主要由伽利略运营公司运营。运营公司全部由私人投资公司组成。公共部门将授予伽利略运营公司为期 20 年的特许经营权[⑤]。

Galileo 系统提供 4 种导航服务和 1 种搜索救援服务，其中导航服务包括 1 种免费的开放服务和 3 种付费授权服务：1）开放服务（Open Service，OS）；2）商业服务（Commercial Service，CS）；3）公共调控服务（Public Regulated Service，PRS）；4）生命安全服务（Safety of Life Service，SoLS）；

① 格洛纳斯，百度百科网站：http：//baike. baidu. com/link? url=8Xg-Pw12PqBClIxFp5RN0xHsc0YJPcDFB3f4pemF9KmhmJkZtJh1IPv _ 1lqTXHcLksu1G3IEe2AsBiRNgtW9cA1c _ PH2udgmXYnnt2cxhN54Bw72xG4IKWw64Tq7u36GBPSDwnIwpAAHlzE9f9A8oq，最后访问日期 2015 年 2 月 1 日。

② Open Standard-Precision Signal L1OF/L2OF。

③ High-Precision Signal L1SF/L2SF。

④ What is Galileo，欧洲空间局官方网站：http：//www. esa. int/Our _ Activities/Navigation/The _ future _ - _ Galileo/What _ is _ Galileo，最后访问日期 2015 年 2 月 1 日。

⑤ 王元、刘峰，向国际大科学工程和计划组织学习什么？求是理论网：http：//www. qstheory. cn/kj/kj/201110/t20111031 _ 120652. htm，最后访问日期 2015 年 3 月 1 日。

5）搜救业务（Search and Rescue Service，SAR）[①]。

4. 中国北斗卫星导航系统（BDS/COMPASS）[②]

中国北斗卫星导航系统（BeiDou/COMPASS Navigation Satellite System，BDS）是中国自行研制的全球卫星导航系统。2012 年，北斗系统已覆盖亚太地区，2020 年左右将覆盖全球。在 2014 年 11 月 17 日至 21 日的会议上，联合国负责制定国际海运标准的国际海事组织海上安全委员会，正式将中国的北斗系统纳入全球无线电导航系统。北斗卫星导航系统由空间段、地面段和用户段三部分组成。北斗卫星导航系统空间段由 5 颗静止轨道卫星和 30 颗非静止轨道卫星组成，地面段包括主控站、注入站和监测站等若干个地面站，用户段包括北斗用户端及与其他卫星导航系统兼容的终端。

北斗卫星导航系统致力于向全球用户提供高质量的定位、导航和授时服务，包括开放服务和授权服务两种方式。开放服务是向全球免费提供定位、测速和授时服务，定位精度为 10 米，测速精度为 0.2 米/秒，授时精度为 10 纳秒。授权服务为具有高精度、高可靠卫星导航需求的用户提供定位、测速、授时和通信服务以及系统完好性信息。

5. GNSS 增强系统

单纯依靠卫星导航系统，哪怕是目前定位精度最高的 GPS 系统也无法满足一些对定位精度要求比较高的应用需求，比如航空领域。针对这一需求，许多国家发展了自己的卫星导航增强系统。

根据《2012 年国际民航组织年度报告》（第 2 版）[③]，GNSS 有三种增强系统：航基增强系统（the Aircraft－Based Augmentation System，ABAS）；星基增强系统（the Satellite－Based Augmentation System，SBAS）；地基增强系统（the Ground－Based Augmentation System，GBAS）。

（1）航基增强系统（ABAS）

航基增强系统（ABAS）是由飞机搭载的一套增强或协调 GNSS 信号的系

---

① JEAN－YVES P. The European Satellite Navigation Programmes－EGNOS and Galileo［C］. the 3rd China Satellite Navigation Conference，Guangzhou，China，2012。

② 中国北斗卫星导航系统简介，中国北斗卫星导航系统官方网站：http：//www. beidou. gov. cn/2011/12/06/20111206e06b16a3bd8846459b969277a3317e5b. html，最后访问日期 2015 年 3 月 1 日。

③ Global Navigation Satellite System（GNSS）Manul，2nd edition，2012，ICAO Doc 9849 AN. 457。

统[1]，用来传输更加精确和完整的导航信号[2]。

（2）星基增强系统（SBAS）

星基增强系统（SBAS）通过地球静止轨道（GEO）卫星搭载卫星导航增强信号转发器，可以向用户播发星历误差、卫星钟差、电离层延迟等多种修正信息，实现对原有卫星导航系统定位精度和完整性的改进，从而成为各航天大国竞相发展的对象。目前主要用于飞行器导航，尤其是在飞机的着陆阶段。2003年，美国建成广域增强系统（Wide Area Augmentation System，WAAS）并投入使用，为加拿大、墨西哥用户提供增强信号服务。2007年，日本的多功能卫星增强系统（Multi-functional Satellite Augmentation System，MSAS）开始运作。除MSAS外，日本还在开发准天顶卫星系统（QZSS），并计划于2010年发射三颗卫星中的第一颗。作为GPS的一种增强服务，QZSS将更好地覆盖城市中所谓的城市峡谷（urban canyons）。2011年起，欧洲对地静止导航重叠服务（European Geostationary Navigation Overlay Service，EGNOS）系统建成并开始运行。2013年，印度的GPS辅助静地轨道增强导航（GPS Aided GEO Augmented Naviagtion，GAGAN）系统开始运行。俄罗斯开发的差分校正和监测系统（System for Differential Correction and Monitoring，SDCM），预期2015年建成使用。

（3）地基增强系统（GBAS）

地基增强系统（GBAS）是从陆基增强系统发送完整性和修正消息。这方面一个典型的例子就是局域增强系统（LAAS），该系统使具有相应配备的接收机能够在局部区域内计算出更高的精度和完整性[3]。

（二）GNSS的应用

随着全球卫星导航系统建设的不断完善，GNSS市场应用也日趋广泛。从最早应用于军用定位和导航，逐步扩展到民用，并渗透至国民经济各个部门，成为继移动通信和互联网之后全球第三个发展最快的电子信息产业经济

---

① Annex 10 to the Convention International Civil Aviation, Vol 1 Radio Navigation Aids, Chapter 3, table 3.7.1, “An augmentation system that augments and/or integrates the information obtained from the other GNSS elements with information available on board the aircraft”。

② Global Navigation Satellite System（GNSS）Manul, 2nd edition, 2012, ICAO Doc 9849 AN.457。

③ 陈俊勇，全球导航卫星系统进展及其对导航定位的改善，大地测量与地球动力学：2009（2）：1-3。

增长点。

独立的 GNSS 是建设强大国防、维护国家安全的重要手段。美、俄发展导航卫星的初衷都是军用。导航卫星可为全球海、陆、空及近地空间的各种用户提供全天候、连续、高精度的各种三维位置、三维速度和时间信息。这样不仅为海军舰船、空军飞机、陆军坦克、装甲车、炮车等提供精确导航，也在精密导弹制导、精密敌我态势感知、部队准确的机动和配合、武器系统的精确瞄准等方面得到广泛应用。

不过，在 GNSS 建设和发展过程中，其在民用方面的应用也是越来越受到重视。这方面，美国 GPS 做得最好，民用与军用发展并重，并占据了全球的大部分市场。而俄罗斯吸取美国的经验和自身的教训后，也逐渐从只重军用向军民共用转变，并努力追赶美国。事实证明，GNSS 有着广泛的民用前景，其应用范围遍及经济、交通和通信等几乎所有的民用领域。民用将是未来导航产业市场竞争的焦点。

根据欧洲全球卫星导航监督局（GSA）在 2012 年发布的市场预测报告① 显示，GNSS 民用市场正在快速发展。截至 2016 年，市场总规模预计将以平均每年 13％的速度增长。该报告预测，截至 2015 年，全球 GNSS 市场规模将超过 2 000 亿欧元（约合 2 600 亿美元）。纵观整个 GNSS 市场的占有份额，道路导航和位置服务仍高居榜首。这两大市场的终端设备销售额分别占整个 GNSS 终端设备销售总金额的 54％和 44％。而从终端销售量上看，位置服务占到整个 GNSS 市场的 87％。同时，GNSS 应用正逐渐向智能手机市场渗透，市场占有率已经达到 30％，而到 2020 年，这一比例预计将达 100％。可以预见，GNSS 应用将成为人们日常生活中不可或缺的一部分。

（三）GNSS 的特点

与传统的导航技术相比，全球卫星导航具有许多技术要求。根据 ICAO 规定，GNSS 有四个技术要素：精确性（Accuracy）、完好性（Integrity）、连续性（Continuity）与可用性（Availability）。

1. 精确性

卫星导航的精确性是指导航测算位置与实际位置间的一致程度②。其要

---

① 张永红、杨柯、赵利平译，《全球卫星导航系统市场报告》摘编［J］，卫星应用．2013（2）：13－17。

② Global Navigation Satellite System（GNSS）Manul，2nd edition，2012，ICAO Doc 9849 AN.457。

求卫星导航具有以下特质：首先，可预见性，即根据地理位置及地理坐标确定位置；其次，可重复使用，即导航用户可据以往导航位置信息精准返回；再次，可寻找周边设施，用户可以准确定位一个地点及其周边设施的位置①。

《美国联邦卫星导航计划》将"精确性"定义为：导航中，某一运输工具（包括汽车、飞机、轮船等）在某时的测算位置的精准度是指，测算位置与实际位置间的一致程度②。

2. 完好性

卫星导航的完好性是一种系统纠正信息偏差的能力，包括当系统无法运作时向用户发出警告的能力，其能确保系统数据错误不超过当前系统可承受错误的最大值③。

3. 连续性

卫星导航的连续性是指系统正常运行、不因无法预测的干扰而暂停运作的能力。对于航基增强系统，导航信号的连续性依赖可视导航卫星的数量；对于星基和地基增强系统，导航信号的连续性也依赖该增强系统的组成部分④。

4. 可用性

卫星导航的可用性是指在一个时期内，系统同时能保证导航信号的精确性和完好性。亦即，用户可随时获得精确连续、完好未损的卫星导航信号。事实上，导航信号的完好性往往决定导航信号是否可用。

全球卫星导航系统的最大特点就是具有复杂性、全球性、多样性、高风险性。卫星导航与其他导航系统有许多不同，其特点主要体现在：第一，多系统间兼容与互操作的复杂性。卫星导航的信号来源多样，包括 GPS、GLONASS、Galileo 和北斗，以及地区增强系统提供的信号。第二，空间卫星、地面基站的全球性。卫星导航的基础设施分布于全球，无论是空间部分还是地面部分，对国际合作要求高。第三，系统应用涉及主体的多样性。用户与

① ItalicMT》〗Guidelines for the Introduction and Operational Use of the Global Navigation Satellite System (GNSS), 1996, Circular 267 - AN/159, at 97。

② Department of Defense and Department of Transportation, ItalicMT》〗Federal Radionavigation Plan, 1996, at Appendix 2 & 3。

③ Global Navigation Satellite System (GNSS) Manul, 2nd edition, 2012, ICAO Doc 9849 AN.457。

④ 同上。

供应部分之间的系统综合与功能分配复杂。潜在用户广泛，他们来自不同的国家，受到不同法律和制度的约束。第四，空间损害的高风险性。系统故障对用户的影响大于现行的常规系统。

（四）GNSS 服务的风险

目前，GNSS 在全球获得普遍应用，并逐渐在各个领域发挥着越来越大的作用，但由于 GNSS 技术的复杂性、导航系统的多样性、导航应用的全球性以及导航活动的高风险性①，GNSS 服务提供商面临一系列可引发法律后果的潜在风险。根据 Galileo 联合执行体法律专家 Chiara Luccchini Gilera 分析②，GNSS 服务提供商面临的主要风险包括系统运行具备完全营运能力之前和之后两个阶段。前者主要与系统资产有关，后者则主要来源于信号传输。根据国际民航组织全球卫星导航系统专家小组（GNSSP）③ 的报告，随着 GNSS 的逐渐普及和对 GNSS 系统依赖程度的不断提高，GNSS 被干扰后产生的后果也将越来越严重，因此必须认真考虑 GNSS 导航信号脆弱性引发的风险，主要包括人为干扰及电子欺骗、大气效应的影响、卫星系统运作产生的风险，以及终止或部分停止服务的风险。

1. 人为干扰及电子欺骗

导航卫星距地球表面的距离十分遥远，因此卫星信号到达地球表面时已十分微弱，一般约为-166 dBW。这一功率比电视机天线接收到的电视信号功率要低 10 亿倍。GNSS 信号的抗干扰度不大，GNSS 核心卫星和卫星增强系统（SBAS）发出的信号极易被干扰掉。目前所发生的大多数 GNSS 干扰事件都可以追溯到机载系统，包括移动和固定的甚高频通信台站、使用 GNSS 频带进行的点对点无线电链接、电视台谐波④，以及某些雷达系统、移动卫星通

① Federal Radionavigation Plan，2012。

② 全球卫星导航系统的第三方责任问题：伽利略计划的欧洲经验．欧洲空间政策与法律问题研究．杨彩霞、高国柱主编．法律出版社．2011，P102－104。

③ 全球卫星导航系统（GNSS）的脆弱性及其缓解办法——包括地面、机载和程序解决办法，第 11 次航行会议议题 6：航空导航问题，2003 年 9 月 22 日至 10 月 3 日，蒙特利尔。

④ 山西晋中：联合多部门查处校园调频广播干扰民航导航频率案，http：//www.srrc.org.cn/NewsShow12284.aspx，2015 年 2 月 5 日。大连机场被不明信号干扰飞行导航，网易新闻：http：//news.163.com/15/0115/02/AFVFVBGL00014Q4P.html 2015 年 1 月 15 日。

信系统和军用系统[①]等。在北美和欧洲都遭遇过非故意干扰的情况。据统计，过去几年内，在美国本土 GPS 受到非故意干扰的次数被确认为 7 次。

电子欺骗是针对卫星导航系统的工作原理、GNSS 接收机的工作特性及存在的薄弱环节而采取的一种较为隐蔽的干扰方式。对民用航空而言，电子欺骗会故意侵蚀导航信号，致使航空器发生偏离并沿着虚假的航迹飞行。

2. 大气效应的影响

大气效应主要包括暴雨、对流层以及电离层效应等。暴雨对 GNSS 信号的冲淡作用仅为零点几个分贝，对运行影响不大。对流层效应可以通过系统设计解决，不会构成 GNSS 的脆弱性问题。电离层发生急速巨变和闪烁，对 GNSS 的影响较大，可以造成一个或多个卫星的 GNSS 信号暂时消失[②]。

3. 卫星系统运作的风险

第一，某个导航卫星星座由于维持整个星座的资源短缺，发生发射故障或卫星故障[③]、系统维护[④]以及卫星退役[⑤]时，就可能出现卫星数量不足，导致导航信号缺失或精度下降等问题。

第二，不常发生的情况，就是核心星座或卫星增强信号在整个覆盖区域发生衰减或者遏制[⑥]。

4. 终止或停止服务的风险

某些国家出现紧急状态时，可能会中断或减损 GNSS 服务。如果信号遏

---

① 在 2003 年 3 月 20 日开始的伊拉克战争中，美国利用 GPS 进行精确制导的武器，绝大部分准确命中目标，但美、英军队在伊方完全没有制空权的情况下，其精确制导武器也曾屡屡出现偏离预定航线、误炸、命中己方目标等情况。如 JDAM 制导炸弹落入伊朗境内，误伤平民，攻击伊拉克的巡航导弹落入土耳其和伊朗境内，美军爱国者导弹击落英国战斗机，美军 F－16 战斗机摧毁自己的爱国者导弹雷达系统等一系列事故，使精确打击效果受到一定影响。于是美军产生了疑惑，派情报人员进行调查，发现伊拉克军队使用了 GPS 干扰器，并怀疑是俄罗斯向伊拉克提供了这种干扰器。

② 2013 年强大太阳风暴袭击地球或导致 GPS 失灵，腾讯网：http：//tech. qq. com/a/20121217/000023. htm。

③ 2009 年由于美国 GPS 卫星系统故障以及卫星运行变化，导致 GPS 无法运作，出现无法定位的问题，参见“美国卫星调试 我市大量 GPS 定位失灵”，测绘地理发展研究：http：//fazhan. sbsm. gov. cn/article/xw/200906/20090600052882. shtml，最后访问日期 2015 年 1 月 15 日。

④ 由于美国更新 GPS 系统造成导航误差或无法定位的问题曾多次发生，如 1992 年由于美国空军更新 GPS 系统，导致导航误差达 300 米，见 Brandon Erik Ehrhart，A Techonological Dream Turned Legal Nightmare：Potential Liability Of The United States Under The Federal Tort Claims Act For Operating The Global Positioning Systems，33 Vanderbilt Journal Of Transnational Law，p376。

⑤ 欧洲“伽利略”全球导航系统一颗卫星即将退役，凤凰网：http：//news. ifeng. com/mil/3/detail _ 2012 _ 07/08/15866215 _ 0. shtml? _ from _ ralated 2012 年 7 月 8 日。

⑥ 中国空间法学会第九届 CASC 杯国际空间法模拟法庭竞赛案例（2012 年）。

制限制在某个特定区域，所有民用的 GNSS 都有可能被阻扰。但是，一般在这种情况下，受影响的空域也不会对民航交通开放。

综上所述，卫星导航服务提供商面临着一系列的风险，主要包括但不限于：系统缺陷风险、系统维护风险、空间物体损害风险（物理碰撞及电磁干扰）、人为损害风险、终止或部分停止服务风险等。上述任何一种风险，都可能导致灾难性后果，特别是高度依赖此项服务的民航和应急救援领域。因此，全球卫星导航服务提供商如何应对这些风险，如何确定法律责任已经成为当务之急。

二、全球卫星导航服务及法律关系辨析

全球卫星导航作为外空商业化活动之一，近年来吸引了众多公众目光。与之相关的法律问题自 GNSS 民用开始即广受关注。但是，此时的 GNSS 第三方责任问题仍是一个理论问题，因为 GPS、GLONASS 以及中国北斗分别由美国、俄罗斯和中国政府运作，是军民共用的系统。当发生 GNSS 系统故障或信号缺陷的诉讼时，如果这些提供商援引国家及其财产豁免理论主张豁免，是不会引发责任问题的。欧洲 Galileo 系统才是转为民用的全球卫星导航系统，由欧盟及欧洲空间局共同所有，这才使原来纯理论问题转化为实务问题，引起国际社会的广泛关注。因此，对 GNSS 法律提供商法律责任的探讨均是以排除国家豁免为前提的。本部分将类型化分析全球卫星导航服务的种类，总结卫星导航服务法律关系的种类，进而总结卫星服务提供商面临的法律责任种类。

根据前期研究，目前全球导航服务可以分为以下几类。

（一）GNSS 基础服务与增强服务

根据信号来源的基础不同，全球卫星导航服务关系可以分为基于基础信号的导航服务关系和基于增强信号的导航服务关系。此类法律关系中涉及 GNSS 基础信号提供商、GNSS 增强信号提供商。

1. GNSS 基础服务

根据全球卫星导航系统国际委员会（ICG）公布的信息[①]来看，全球四大

① Providers' Forum，联合国外空事务委员会官网：http：//www. unoosa. org/oosa/en/SAP/gnss/icg/providersforum. html。

卫星导航系统提供商（provider）包括：美国GPS、俄罗斯GLONASS、欧盟GALILEO（伽利略），以及中国北斗卫星导航系统（BDS/COMPASS）。基础信号提供者是导航服务的主要提供商，他们与用户有着直接和终端的接触，在GNSS参与者中承担主要责任。以下将具体分析四类GNSS基础信号提供商的管理、运营模式。

（1）美国GPS运营管理体系

美国的GPS由美国政府所有，各政府机构在规划和提供PNT服务中承担不同的任务和职责。

首先，国防部负责维护和运营GPS标准定位服务，为全球民用、商用和科研用户提供免费、连续的导航服务[①]。国防部还负责制定、测试、评估、实施、运营、维护专门用于作战和主要军事用途的导航与用户设备，并负责确保军事运输工具与民用运输工具间的协调，使之具备必要的PNT能力。

其次，交通部[②]负责为运输提供安全有效的导航保障，其下属的联邦航空管理局和圣劳伦斯河海道发展公司负责管理PNT系统。交通部下属的研究与技术创新局负责协调交通运输部与联邦其他民用部门间的PNT计划。

再次，美国国土安全部，在交通部部长和政府其他部门与机构的协作下，负责确定联邦机构及负责公共安全和应急事物的国家和地方权力机构使用GPS定位和授时应用标准。

最后，还有一些其他政府机构行使不同的职能，如：国家天基PNT执行委员会[③]，负责应用于国家和国土安全行动、民用、科学和商业用途的天基PNT项目、增强并为其活动制定方针和行动指南，亦即为GPS服务做顶层设计；商务部[④]负责代表美国利益审查系统需求，管理频谱并保护天基PNT频谱，改进现有GPS应用，以及促进联邦、州和地方使用PNT系统，亦即保护和推动GPS的应用与推广；国务院[⑤]负责参与国际合作、共同提高GPS及其增强系统在民用方面的服务和标准，牵头与外国政府和国际组织进行GPS

---

① 《美国法典》第10卷第2281（b）节。

② 《美国法典》第49卷第101节。

③ National Security Presidential Directive - 39. U.S. Space - Based Position, Navigation and Timing Policy, December 8, 2004。

④ 同上。

⑤ 同上。

谈判；国家航空航天局[1]负责通过地面与空间国家设施提供PNT服务（播发导航信号），研发运营支持NASA任务的PNT设备。

综上，美国已形成由国防部负责GPS军民信号服务的系统运营体系，以及由负责公共事务授权的国土安全部、负责导航安全的交通部、负责导航应用的商务部、负责导航国际合作的国务院、负责导航标准的国家天基PNT执行委员会、负责播发导航信号的国家航空航天局等机构共同组成的GPS系统管理体系。由此可见，美国GPS的所有者是美国政府、系统运营者为美国国防部、导航服务提供者为美国国家航空航天局。

（2）俄罗斯GLONASS运营管理体系

1991年，苏联宣布GLONASS是一个军民两用系统，提供免费的民用导航服务。GLONASS系统的发展、运行与管理完全由俄罗斯军方控制。1999年，俄罗斯发布总统令与政府声明后，为保证、促进GLONASS系统的发展，协调、平衡GLONASS系统军民两个方面的发展，俄罗斯成立由联邦航天局、国防部、工业与能源部和运输部组成的GLONASS项目部际协调委员会。委员会下设秘书处，负责将委员会提出的问题进行汇总，并将相关问题提交给GLONASS顾问委员会，由顾问委员会给出咨询意见。在GLONASS项目协调委员会中，联邦航天局和国防部是召集单位，并且是GLONASS系统最重要的用户。俄罗斯联邦航天局负责GLONASS系统的开发、GLONASS增强系统的开发、GLONASS系统的性能监测与控制。国防部负责GLONASS系统的开发、GLONASS系统的运行、供政府部门使用的GLONASS用户设备的开发。因此，俄罗斯联邦航天局与国防部既负责GLONASS及其增强系统的开发、GLONASSS系统的运行与管理，同时又是GLONASS系统最重要的用户。

俄罗斯工业与能源部和运输部主要负责GLONASS民用部分的管理，参与GLONASS系统政策的制订及部分GLONASS用户设备的开发。

为推动GLONASS全球化发展和应用，俄罗斯不断加强GLONASS国际合作工作。2004年12月3日，俄罗斯总统普京与印度总理辛格于新德里签署包括《关于和平利用俄全球导航卫星系统的长期合作协议》在内的11项合作协议。这一系列协议不仅对加速俄罗斯GLONASS全球导航卫星系统现代化计划的实施具有重要的战略意义，而且也为印度军方打开了全面使用天基导

---

① Public Law 85-568，July 29，1958，72 Stat. 426（42 USC 2451 et seq.），National Aeronautics and Space Act of 1958。

航、定位与授时服务的“方便之门”。该协议的主要内容如下：地球轨道卫星星上设备的联合开发。建立相关的地面设施，开发GLONASS及增强系统的组合接收机。印度还与俄罗斯签署了GLONASS卫星导航合作协议，将为俄罗斯发射6颗GLONASS卫星，并承担其中3颗卫星的组装。2006年5月9日，印度政府正式批准实施印度区域导航卫星系统（IRNSS）重大工程。该工程预计耗资142亿卢比（约合3亿美元）。IRNSS导航系统将由7颗卫星和一个大型地面控制段组成，按计划要求在其后6年内完成全系统部署①。

（3）中国北斗系统（BDS/COMPASS）运营管理体系

中国北斗系统（BDS/COMPASS）由中国政府所有，中国卫星导航系统管理办公室负责系统的运行与维持。北斗提供开放式服务和授权式服务两种方式，开放服务与其他卫星导航系统一样，在服务区内免费提供定位、测速和授时服务。因此，北斗的系统运营商和服务提供商均是国家。

（4）欧盟Galileo计划运营管理体系

与美国GPS、俄罗斯GLONASS以及中国北斗系统运营商和服务提供商均为政府的情况不同，欧盟Galileo的运作模式经历了一个从“公私合作模式”转向由欧盟所有、欧洲空间局运营的“国际组织运营模式”的过程。在Galileo计划中，欧盟、欧洲空间局与私人参与者之间的关系主要是特许协议关系。

Galileo计划从一开始就制定了以市场为导向的“公私合作机制”，即PPP运行管理模式（Public - Private - Partnership），政府部门与私人参与者将以“特许协议”为基础进行合作。公共部门由欧洲空间局（ESA）、欧盟委员会（EC）和伽利略联合企业（GJU）② 组成。私人部门则包括各国的航天公司、通信公司等。Galileo计划分阶段制定了不同的合作方式。开发和部署阶段所需的资金由欧洲空间局（ESA）和欧盟委员会（EC）共同支付。进入研发阶段则由GJU负责。最后的运营阶段主要由伽利略运营公司运营。运营公司全部由私人投资公司组成。公共部门将授予伽利略运营公司为期20年的特许经营权③。公私双方共同对项目负责，使风险在二者之间合理分配。

---

① 刘春保．俄罗斯GLONASS系统政策、管理与发展．中国航天．2007（4）．p 15。

② Council Regulation (EC) No. 876/2002 of 21 May 2002 Setting up the Galileo Joint Undertaking. 2002年5月21日理事会第876号条例设立Galileo联合企业，对Galileo发展阶段进行管理。该条例完全并直接地适用于所有成员国。

③ 王元、刘峰．向国际大科学工程和计划组织学习什么？求是理论网：http://www.qstheory.cn/kj/kj/201110/t20111031_120652.htm，最后访问日期2015年3月1日。

但在 Galileo 运营实践中，政府部门与私人参与者一直无法就 PPP 管理模式达成一致。2006 年 12 月 31 日，GJU 宣告解散，并将其所有职责移交给欧洲 GNSS 监管局（GSA）。2007 年 1 月 1 日，GSA 正式接管 GJU 的所有任务，负责欧洲 GNSS 项目的管理以及欧盟卫星导航计划的监督，进而协助欧盟执行委员会处理卫星无线电导航相关事宜①。2008 年的第 683 号条例确定，欧盟为 Galileo 计划的所有权人；欧盟委员会成为 Galileo 计划的合同授权机构，欧洲空间局负责系统的运营，成为采购合同的代理人；GSA 负责审批在实施和管理伽利略计划部署及运营阶段的私营特许运营合同。随后，2010 年 9 月，欧盟部长理事会和欧洲议会一道通过第 912/2010 号条例，废除了第 1321/2004 号条例②，欧洲 GNSS 监管局（GSA）被新设立的欧洲 GNSS 局（European GNSS Agency，EGA）取代，管理 Galileo 安全认证（Security Accreditation）以及 Galileo 安全中心的运行，致力于卫星导航系统的商业化准备以及欧盟委员会委托的其他任务。至此，Galileo 计划完成由最初的"公私合作模式"向"公营模式"的转变，此处"公营"是指政府间国际组织——欧盟、欧洲空间局及欧洲 GNSS 局。

根据欧盟第 683/2008 号条例第 8 条，EGNOS 和 Galileo 项目建设中产生的有形资产和无形资产均归欧盟所有。根据第 912/2010 号条例第 4 条，欧洲 GNSS 局是欧盟的机构之一，拥有法律人格。在欧盟成员国中，欧洲 GNSS 局享有国内法中赋予法人的广泛法律行为能力，尤其是它可以获取或处置动产和不动产，并且可以成为法律诉讼的主体。在法律责任方面，该条例第 19 条规定：欧洲 GNSS 局的契约性责任应由合同所规定的法律来处理，欧洲法院应当根据欧洲 GNSS 局缔结的合同中所包含的仲裁条款行使管辖权；在非契约性责任中，欧洲 GNSS 局应依据成员国法中共同的一般法律原则，对于其部门或职员履行职务时造成的损害给予充分赔偿，欧洲法院对损害赔偿争端享有管辖权；职员对于欧洲 GNSS 局的个人责任，应依据欧盟职员条例中规定的条件或雇佣时规定的条件来处理③。

从上述的分析不难看出，目前，全球卫星导航系统四大服务提供商分别

---

① Council Regulation (EC) No 1943/2006 of 12 December 2006 Amending Regulation (EC) No 876/2002 Setting up the Galileo Joint Undertaking。

② Regulation (EU) No 912/2010 of the European Parliament and of the Council of 22 September 2010 setting up the European GNSS Agency。

③ 张华．欧美全球卫星导航系统法律规范及其对中国的启示．北京理工大学学报（社会科学版），2012 (4)。

为国家和政府间国际组织。在系统建设阶段，四大服务提供商分别通过“特许协议”的方式，给予私人参与者从事系统建设的地位。因此，基础信号系统服务提供商与私人参与者之间形成了确定的“合同关系”。

2. GNSS星基增强服务

目前，GNSS星基增强系统包括美国广域增强系统WAAS、欧洲对地静止导航覆盖服务EGNOS，以及日本的多功能卫星增强系统MSAS等。地区增强系统是为了补充和增强GPS和GLONASS的基础信号而建造的，以弥补其准确性和可靠性的不足。

美国广域增强系统（WAAS）是由美国联邦航空局开发、美国雷神公司①负责承建的空中导航系统。该系统主要通过解决广域差分GPS的数据通信问题，从而提高全球定位系统的精度和可用性②。在美国及加拿大雇佣地面接收站监控GPS信号的完整性③。目前主要提供三种服务：第一，提供额外的完整信号，监控GPS运行并提供及时的警告。如果系统故障，地面站可检测并将该信息传回卫星，经由GPS信号将故障信息发送给地面GPS用户。第二，提高GPS信号的精准性。第三，通过增加可用卫星提高导航系统的可用性。WAAS卫星将持续发送GPS信号，成为GPS系统的辅助卫星。

对地静止导航覆盖服务系统（EGNOS）是欧洲空间局（ESA）、欧盟（EU）和欧洲航空安全组织（EUROCONTROL）联合规划的项目。欧洲空间局全面负责EGNOS系统的技术设计和工程建设，并在1999年和法国阿尔卡特航天工业公司（Alcatel Space）为代表的一个开发集团签署了研发合同。欧盟负责国际合作，并且确保把各类用户对系统的要求融入到EGNOS系统的设计和实施中。欧洲航空安全组织负责设计民用航空需求，并且在系统测

---

① 美国雷神公司是美国国防部武器供应商，其客户也包括其他北约盟国，如加拿大，英国等，主要业务范围为：导弹系统，雷达系统，潜艇声纳系统，战斗机、无人侦察机等。其中包括著名的标准III型拦截导弹和海麻雀防空导弹，并在进一步开发下一代定向能激光武器。雷声公司历史可追溯到1922年，由两位大学室友Laurence K. Marshall和Vannevar Bush创建。雷神公司当前是美国国防部第二大武器供应商，其导弹技术和雷达技术代表当今世界最高水平。美国雷神公司现任CEO为William H. Swanson，全球雇员78 000人，2006年营业额203亿美元。公司网站：www. raytheon. com。

② WAAS百度百科，http：//baike. baidu. com/view/170198. htm。

③ BoldMT》】Stephanie Andries，The Global Navigation Satellite System (GNSS) And The European Galileo Programme：Legal Issues，Institute of Air and Space Law McGill University，Montreal November 1999。

试中扮演主要角色[①]。根据欧盟第 683/2008 号条例第 8 条，EGNOS 和 Galileo 项目建设中产生的有形资产和无形资产均归欧盟所有。目前，EGNOS 系统提供三种服务：第一，EGNOS 完好性服务将在系统故障后 10 秒内通知系统用户；第二，进一步提高系统精度；第三，在特殊时间、地点为不能接受 GPS 与 GLONASS 信号的用户提供更多信息资源。

日本多功能卫星增强系统（MSAS）由日本国土交通省下属之日本气象局所有和运营[②]，合同承包商是阿尔卡特、东芝和三菱公司。其主要目的是“提供 GPS 增强信号、完整性信息及地区差分改正值”[③]。与此同时，为日本航空提供通信与导航服务。系统覆盖范围为日本所有飞行服务区，也可为亚太地区的机动用户播发气象数据信息[④]。

印度区域导航卫星系统（IRNSS）[⑤] 是由印度开发的独立地区卫星导航系统，为印度境内及印度周边 1 500 千米地区的用户提供精确位置导航服务。该系统由 7 颗卫星（很可能进入近地轨道和/或椭圆轨道）和地面站组成，太空段、地面段及用户接收器由印度制造。IRNSS 全系统由印度控制，印度航天部（DOS）是负责有关卫星导航各项事宜的政府机构。IRNSS 提供两种服务：为普通用户提供标准定位服务（SPS）、为授权用户提供授权服务（Restricted Service，RS）。

3. 基础服务提供商之间的关系

我们以 Galileo 的国际合作为例，Galileo 系统为确保现存各系统的相互可操作性，与 GPS、GLONASS 和中国签订了一系列国际合作协议。这些国际合作协议在有效规范 Galileo 项目各国间的权利义务时，也积极促进了 Galileo 的快速成长。如 2000 年，欧盟与俄罗斯启动谈判，旨在达成技术、工业和政治层面的合作协议。2003 年 10 月，欧洲与中国达成一项初步协议，包括中国将对该项目提供法规支持等（认证、频率、知识产权）。此后，中国与欧盟签订的合作协议中，进一步明确中国负责渔业应用系统的研发、Galileo 区域

---

① EGNOS 百度百科 http：//baike. baidu. com/view/1846689. htm。

② Japan Meteorological Agency，维基百科：http：//en. wikipedia. org/wiki/Japan _ Meteorological _ Agency。日本国土交通省设置法 http：//law. e - gov. go. jp/htmldata/H11/H11HO100. html。

③ A，Shimamura，MSAS (MTSAT Satellite - based Augmentation System) Project Status，Air and Space Europe (March - April 1999)，Vol. 1，Nr. 2，at 64。

④ MSAS，北斗卫星导航系统官网：http：//www. beidou. gov. cn/2014/01/10/201401100db540918a964d0082c22c988c48c5f3. html。

⑤ http：//isro. gov. in/irnss - programme。

增强系统服务的电离层研究和基础服务的标准化。美国虽然不情愿看到伽利略项目的实施，但在避免欧洲和美国系统信号之间出现有害干扰方面，做出了很大努力，并于 2004 年签订了《关于使用 Galileo - GPS 导航系统及其应用的协议》。

Galileo 计划签订的国际合作协议，主要集中于工业、研究和技术活动、区域完好性监控、财政合作等方面。简而言之，签订合同是为了保证监管职责不超出国际行政法传统法律原则和价值的底线。作为国际合作项目，由于其监管缺乏国内法的监管机制（如司法机构），签订合作协议尤为重要。但国际合同的内容没有固定模式，依据双方或多国的意愿，具有很大的随意性。因此，有学者提出有关 Galileo 合作协议中监管机制需满足的最低标准，应当在合同中明确责任机制和程序，不管是选择现有的国际条约或是新设立责任规则；还要规定有权提起赔偿请求的潜在受害人种类，需承担相应国际或区域责任的组织或团体，以及争端解决机制的选择等建议①。

4. 基础服务提供商与增强服务提供商的关系

1998 年 9 月 22 日，美国和日本签订联合声明，开启美日在 GPS 标准定位服务的合作关系。合作内容包括：确保日本区域增强系统与 GPS 的兼容与互操作、完善日本区域增强系统的设计以确保两者在亚洲的定位精度、促进 GPS 和日本区域增强系统的商业应用。2004 年 11 月 18 日，美日发布《关于 GPS 合作的联合声明》②。美国认为，日本开发的 QZSS 系统增强了美国 GPS 与日本的合作关系，将继续支持日本开发 QZSS 系统，为日本及其周边国家提供更精确的民用、商用或科学研究的导航、定位、授时服务，由此确立了美日合作建设 QZSS 系统的基础。2006 年 1 月 27 日，美日发布《关于 GPS 合作的联合公告》③，美日政府代表审议 GPS - QZSS 技术小组的工作报告，对该小组为日本建造 QZSS 系统的贡献予以确认，认为 GPS - QZSS 技术工作小组在建设 QZSS 过程中发挥了重要作用、增强了美日合作。2008 年 11 月 10

---

① Benedict Kingsbury，Nico Krisch，Richard B. Stewart. The Emergence of Global Administrative Law. 68，Law & Contemp. Probs. 15，2005。

② Joint Statement of the United States of America and Japan on Global Positioning System Cooperation，Nov 18，2004。

③ Joint Announcement of the United States of America and Japan on Global Positioning System Cooperation，Jan 27，2006。

日，美日发布《GPS合作联合公告》[①]，确认美国海洋大气管理局（NOAA）与日本宇宙研究开发机构（JAXA）的合作关系，美国允许JAXA在美国关岛建立QZSS地面监控站（MS）；作为对价，美国NOAA可以获取并使用QZSS监控站数据。此外，JAXA还与美国国家航空航天局（NASA）确立合作关系，在日本国家信息交流技术研究所（NICT）和美国海军气象天文台（USNO）的支持下，在夏威夷共同建设QZSS地面监控站、双向卫星授时和频率传输站。美日在建设QZSS系统中，关系进一步密切，已进入技术合作实质阶段。2010年，日本在美国关岛的QZSS地面监控站建成，并于2011年顺利开启地区增强系统的服务[②]。

由此可见，GPS的基本服务构成日本卫星增强系统导航服务的基础。离开GPS信号与技术，日本的地区增强系统则无法运营。日本QZSS与美国GPS之间形成了合同关系，因此GNSS基础信号提供商与地区增强信号提供商构成了合同关系，两者具体的权利义务关系由其签订的合同调整。此处分析以日本区域增强系统与美国GPS合作为例。据考察，多数地区增强系统的基础是原始系统，它们之间的关系为合同关系，由此产生的法律责任应该适用损害发生地的相关国内法[③]。但是，地区增强系统提供者的责任取决于它在整个卫星导航服务中的作用如何，以及它提供的信号对用户产生了怎样的影响。

（二）GNSS授权服务与开放服务

根据第一部分“全球卫星导航系统概述”介绍，目前四大全球卫星导航系统的主要服务类别如下。

---

① Joint Announcement of the United States of America and Japan on Global Positioning System Cooperation, Nov. 10, 2008。

② Joint Announcement of the United States of America and Japan on Global Positioning System Cooperation, Jan. 13, 2010 and Jan. 13, 2011。

③ Souichirou Kozuka, Third Party Liability Arising From Gnss - Related Services, p. 8. 日本学者Souichirou Kozuka认为：由于美国法院对此相关的判决与日本的不同，因此，当损害发生时，会产生不同的法律效果，也会产生挑选法院的结果。所以，建议应建立一套GNSS损害国际条约，确定相关责任确定赔偿标准，避免类似案件在不同法院起诉获得不同审判结果的情况发生。

GPS 系统提供两种服务：一种是“标准定位服务”[①]（Standard Positioning Service，SPS）或民用导航服务，全世界的民用用户可免费使用。美国政府承诺，将通过各种国际机构，为全球广大 GPS 用户免费提供标准定位服务，这一承诺已写入国际海事组织 A. 953（23）会议决议，同时也记录在国际民用航空组织第 10 次航空导航会议和第 29 届年会的相关文件中。美国政府声明：在可预见的未来，美国将为广大用户免费直接连续提供全球性 GPS 标准定位服务。根据 2008 年《美国联邦 GPS 标准定位服务性能标准》，全球 GPS 用户均可使用提供的标准服务。为维护 GPS 标准定位服务的完好性、可靠性和可用性，未来美国政府将采取各种必要措施在中断 GPS 任何操作或停止 GPS 标准定位服务前，至少 6 年通知国际海事组织、提前 10 年通知国际民航组织[②]。另一种是“精密定位服务”（Precise Positioning Service，PPS）或称军用导航服务。根据 2007 年《美国联邦 GPS 精密定位服务性能标准》[③]，美国政府为美国授权用户及其盟国授权军事用户提供连续的全球性 GPS 精密定位服务，因此该服务只对美军及其盟军以及获得授权的政府部门开放[④]。

GLONASS 提供两种服务[⑤]：“开放标准定位服务”（Open Standard - Precision Signal L1OF/L2OF）和“精确定位服务”（High - Precision Signal L1SF/L2SF）。自 2000 年起，俄罗斯启动 GLONASS 系统现代化建设，至 2011 年 GLONASS 恢复组网运行。2007 年 5 月，俄罗斯总统普京承诺为俄罗斯及全球民用用户，提供长期免费的“开放标准定位服务”，并宣布系统服务

---

① GPS Standard Positioning Service Performance Standard（4th Edition，2008），载于美国 GPS 官网：http：//www. gps. gov/technical/ps/。The SPS is a positioning and timing service provided by way of ranging signals broadcast at the GPS L1 frequency. The L1 frequency，transmitted by all satellites，contains a coarse/acquisition（C/A）code ranging signal，with a navigation data message，that is available for peaceful civil，commercial，and scientific use。

② 2012 Federal Radionavigation Plan. 载于 http：//www. navcen. uscg. gov/pdf/2012 _ FRP _ Final _ Signed. pdf，最后访问日期 2015 年 3 月 1 日。

③ 2007 GPS Precise Positioning Service Performance Standard，载于 GPS 官网：http：//www. gps. gov/technical/ps/2007 - PPS - performance - standard. pdf，最后访问日期 2015 年 3 月 1 日。

④ The Global Positioning System，载于 GPS 官方网站：http：//www. gps. gov/systems/gps/performance/accuracy/，最后访问日期 2015 年 3 月 1 日。

⑤ GLONASS，维基百科：http：//en. wikipedia. org/wiki/GLONASS，最后访问日期 2015 年 3 月 1 日。

性能水平与美国 GPS 系统相当①。此外，GLONASS 系统还为被授权用户如俄罗斯军队，提供“精确定位服务”。GPS 在系统指标体系方面的资料较为完善，而俄罗斯 GLONASS 并没有类似的服务性能标准资料，但在 GLONASS 接口控制文件中给出了相关系统性能指标的定义②。在《国际民航组织公约》附件 10《GNSS 标准和建议措施及指导材料》中，给出了 GLONASS 服务性能标准③。

北斗卫星导航系统④致力于向全球用户提供高质量的定位、导航和授时服务，包括开放服务和授权服务两种方式。开放服务是利用北斗卫星导航系统播发的公开服务信号，来确定用户的位置和速度。已实现的无线电导航服务，定位精度为 10 米，测速精度为 0.2 米/秒，授时精度为 10 纳秒⑤。授权服务为具有高精度、高可靠卫星导航需求的用户提供定位、测速、授时和通信服务以及系统完好性信息。

Galileo 系统提供 4 种导航服务和 1 种搜索救援服务（Search and Rescue Service，SAR）⑥，其中导航服务包括 2 种“开放服务”和 2 种“授权服务”。具体包括：第一，“开放服务”是指免费为社会公众提供的卫星导航、定位以及精密授时服务，包括“开放服务”（Open Service，OS）和“生命安全服务”SoLS（Safety of Life Service）。“开放服务”，是为大规模导航应用提供免费的定位、导航和授时服务，针对不需要任何保证的大市场应用。“生命安全服务”，主要涉及陆地车辆、航海和航空等危及用户生命安全的领域，要求

---

① Sergey Revnivykh. GLONASS government policy，status and modernization. In Proceedings of the 4th China Satellite Navigation Conference (CSNC 2013)，Beijing，China，May 2013。

② Interface Control Document of GLONASS，Navigational radiosignal in bands L1，L2 (Edition 5.1) [M]，2008。

③ International Civil Aviation Organization. ICAO Annex 10 volume I，Aeronautical Telecommunications，The Standards and Recommended Practices (SARPs) for GNSS. [M]，2012. 国际民航组织（编）. 中国航天标准化与产品保证研究院（译）. 国际民航组织公约附件 10 卷 I 无线助航设施节选，GNSS 标准和建议措施及指导材料 [M]，2012。

④ 北斗导航系统介绍，载于北斗网：http：//www.beidou.gov.cn/2011/12/06/20111206e06b16a3bd8846459b969277a3317e5b.html，最后访问日期 2015 年 2 月 17 日。

⑤ 《北斗卫星导航系统公开服务性能规范》（1.0 版），载于北斗网：http：//www.beidou.gov.cn/attach/2013/12/26/20131226fe8b20aad5f34091a6f8a84b08b1c4b1.pdf，2013 年 12 月 27 日，北斗卫星导航系统正式提供区域服务一周年新闻发布会在国务院新闻办公室新闻发布厅召开，正式发布《北斗系统公开服务性能规范（1.0 版）》。

⑥ JEAN - YVES P. The European Satellite Navigation Programmes - EGNOS and Galileo [C]. the 3rd China Satellite Navigation Conference，Guangzhou，China，2012。

提供迅速、及时和全面的系统完好性信息以及高水平的导航定位和相关业务；它还将提供全球完好性信号，可以被加密，是公开服务信号的一部分。第二，"授权服务"包括对注册付费用户（如航空公司）提供精确定位服务、军用高精密加密服务、盟国的防务服务，包括"商业服务"（Commercial Service，CS）和"公共调控服务"（Public Regulated Service，PRS）。"商业服务"主要涉及专业用户，是对开放服务的一种增值服务，以获取商业回报。它具备加密导航数据的鉴别功能，可测距和授时。"公共调控服务"，是以专门的频率向欧盟各国提供更广泛的连续性定位和授时服务，其卫星信号具有高连续性和强抗干扰性，并受成员国控制。"公共调控服务"主要用于：欧洲/国家安全、应急服务，全球环境和安全监测，其他政府行为，某些相关或重要的能源、运输和电信应用，对欧洲有战略意义的经济和工业活动等。成员国采取准入控制技术对用户进行授权。

由上可见，尽管每种导航系统承诺提供服务的名称各有不同，但基于军用、商用和民用的不同需求，各系统基本将服务分为付费授权服务与免费开放服务，进而提供不同精度等级的卫星导航服务。

1. 授权服务与合同关系

授权服务，是指GNSS系统运营商或服务提供者基于授权或合同为特定的政府、军队、商业机构、组织以及个人提供更加精准的有偿GNSS服务，这包含GPS的军用导航服务、GLONASS的精确定位服务、北斗和Galileo的授权服务。例如，美军和55个盟国签有协议，授权他们使用美国的军事精确定位服务①。因此，在此种授权服务框架下，卫星导航系统服务商与用户间的关系多为合同关系，两者间的权利与义务关系多由具体的合同规范。

2. 开放服务与侵权关系

免费开放服务，是指利用GNSS播发的公开服务信号，来确定用户位置、速度、时间的无线电导航服务，为民事、商事及科学研究提供无偿的导航服务。如GPS标准定位服务（SPS）、GLONASS开放标准定位服务（OSPS）、北斗的开放服务和Galileo的开放服务。鉴于此，提供免费开放服务的GNSS服务提供商与用户间并非合同关系，两者间并无预设的权利与义务关系。尽管有些学者认为GNSS开放信号提供商与用户间构成了"实际合同关系"②，

① 伯纳德·格鲁博，乔恩·安德森．精确至纳秒的GPS保障美国在现代战争中的太空优势．空天力量。

② Boakye Danquah Kofi Henaku，The Law On Global Air Navigation By Satellite：An Analysis Of Legal Aspects of The ICAO Cns/Atm System，1998. p. p 183－85。

但是多数学者认为这并非合同关系[①]。

在本类GNSS免费开放服务过程中，可能会因卫星导航信号或其服务质量问题而对使用者或者第三人造成损害，形成一定的侵权关系。比如，卫星导航系统或卫星技术不能正常运行，将造成一定的损害。损害最为严重的情况有两种：卫星系统失灵，例如在传输卫星导航信号时的信号缺失或者瑕疵；造成灾难性的损失，例如飞机坠毁、船舶碰撞毁损等。

（三）GNSS服务提供商可能承担的法律责任

由于GNSS系统服务不会在一个法律和法规真空的环境中存在，因此GNSS服务提供商面临的“责任”可以依据各国、国际组织现行有效之法律、法规解释。根据现行有效法律规定，所谓“责任”是指“在某些情况下应对可能的或实际的损失、花费承担的法律后果”，以及“一种由法律约束的应该支付报酬或恢复原状等后果”[②]。一般情况下，须在特定法律体系中确定义务主体的责任，比如国家法、欧盟法或国际法，它们确定特定责任的种类、法律关系的主体、责任的类别以及赔偿标准。

具体到GNSS服务提供商的法律责任，需要厘清以下四种责任：合同责任、侵权责任、产品责任以及侵权责任与违约责任的竞合。

1. 合同责任

合同责任是以协议或明确的合同为基础而在合同当事人之间形成的特定法律关系。在大陆法系，合同责任通常被称为违约责任，是指合同当事人不履行合同义务时所依法承担的法律责任。从此定义得知：“违约责任”是违反合同义务的产物。而英美法系没有使用合同责任这一概念，与之相似的概念是“违约救济”。依据美国《统一商法典》第1021条第34项对“救济”的解释，所谓“违约救济”是指合同一方违约后，合同另一方（受损方）通过或不通过法院而取得求助的权利。可见，在英美法系，当一方违约时，法院首先考虑的是从保护债权人（受损方）利益的角度出发，应该赋予债权人哪些救济的权利，这和大陆法系从违约方角度考虑如何追究违约方的违约责任是不同的。而且，这些救济的权利不会因一方违反合同义务的内容而受到影响。

① Michael Milde，Air Navigation and Safety：Institutional and Legal Problems of the Global Navigation Satellite System，2000. p. p 134－35。

② Fran G. Von Der Dunk，“Liability for global satellite navigation services：A comparative analysis of GPS and Galieo”，Journal of Space Law，2004，p. 129，p. 132－135。

关于合同责任，主要存在于以下几种关系中：

第一，全球卫星导航服务提供商提供了付费服务，如 Galileo 提供的商业服务、基础信号服务提供商之间，以及基础信号服务商与增强信号服务提供商形成的合同关系，此时因该类服务基于合同而产生，应按照合同法中关于“违约责任”或“权利救济”的相关规定确定其责任。由于合同关系主要由合同所确立的具体权利关系进行调整，因此需具体情况具体分析，不是本课题需要探讨和研究的重点。

第二，卫星导航服务提供商与卫星导航空间设备、地面设备及其他基础设备商之间也存在合同关系。例如：对于 GPS 卫星的制造，美国空军采用“授权协议”方式与私人参与者签订合作合同，他们之间形成了稳定的合同关系；由于合同方制造的卫星产品质量问题导致的损害赔偿问题，应由各国国内合同法或产品责任法进行调整。美国空军于 1996 年将 GPSIIF 卫星的研制合同授予波音公司，按照最初计划，美国空军将采购 33 颗 GPSIIF 卫星，不过这份订单最终减少到 12 颗。目前，已有 3 颗 GPSIIF 卫星发射升空，分别于 2010 年 5 月 28 日、2011 年 7 月 16 日和 2012 年 10 月 4 日发射。而 12 颗 GPSIIF 卫星订单中剩下的 9 颗卫星已经有 3 颗完成制造并入库保存，另有 6 颗卫星还处于制造和测试中。此外，2008 年 5 月 15 日，根据美国空军授予的合同，洛克希德·马丁公司将研制和生产 8 颗 GPSIIIA 卫星。

再如，伽利略系统将运行能力的采购分为 6 份合同①：系统支持、地面任务段、地面控制段、空间段、发射服务及运营。欧洲空间局代表欧盟委员会从 2008 年 7 月开始采购工作，初步入选公司被邀请提交最佳和最终报价，所有合同都依据“最合算”原则授出。2010 年 1 月 7 日，欧盟委员会宣布，授出 6 份中的 3 份伽利略系统初始运行能力采购合同。根据第 1 份系统支持合同，意大利泰雷兹·阿莱尼亚空间公司获得价值 8 500 万欧元的系统支持订单，合同时间从 2010 年持续到 2014 年，包括支持欧洲空间局整合和校验伽利略系统的工业服务。根据第 2 份卫星建造合同，德国 OHB 系统公司获得价值 5.66 亿欧元的前 14 颗伽利略卫星建造合同，首颗卫星将在 2012 年 7 月交付，之后每隔 1 个半月交付一颗卫星，最后一颗卫星计划在 2014 年 3 月交付。剩下的卫星将按照后续的工作订单采购，后续合同授予 OHB 公司还是阿斯特里姆公司将取决于谁能提供最有利的报价。根据第 3 份发射服务合同，阿里安公司赢得的合同价值 3.97 亿欧元，包括 5 枚联盟号火箭的发射，每次

① 徐菁．欧洲伽利略卫星导航系统进展．中国航天．2011 (8)，p23。

火箭发射将携带 2 颗卫星，首次发射计划在 2012 年 10 月进行，之后将每年进行 4～5 次发射。此外，欧盟还于 2011 年 6 月签署了 2 份地面段的合同。

2. 侵权责任

与合同责任相对应的另一种责任是“非合同责任”。“非合同责任”，或称为“侵权责任”是指非由合同关系而产生的损害所引起的责任。侵权责任是指民事主体因实施侵权行为而应承担的民事法律后果。侵权责任是任何人都对他人承担一种义务，即不因为自己的错误（过错）行为而侵害他人的合法权益，否则即构成侵权行为，要对受害方承担责任。侵权行为基本都是违法行为。

在侵权行为中，原告与被告之间属于非合同关系。如基础信号与增强信号服务提供者所提供的开放服务，服务提供者与用户之间并无合同关系。依据常规的侵权责任理论，因系统故障导致信号缺失或缺陷致损，就会产生侵权责任或者产品责任，其所依据的法律应该是各国的国内侵权法或产品责任法。

此外，还有一种情况可导致侵权责任，那就是卫星导航信号服务提供商主动停止播发信号或降低信号精度。目前，美国 GPS 和俄罗斯 GLONASS 系统已通过换信的方式向国际民航组织提交了承诺函，将提供免费服务的卫星导航开放服务，同时就服务的质量和时限等作出承诺[①]。同时，美国在其一系列 GPS 或 PNT 政策中，也承诺向全球民用用户提供“免费的、持续的、保证质量的 GPS 信号”。但这种承诺不是无条件的。如果当该服务妨碍到“军用及国土安全”时，美国政府有权降低、暂停或终止某地区的卫星导航服务。

此时，即使相关权利主体提出侵权诉讼，由于涉及到国家责任及国家豁免的问题，美国政府可以国家及其财产享有豁免权为由，拒绝参与诉讼。但作为理论研究，也存在行使豁免权的例外。仅在这种情况下，才能探讨因卫星导航信号缺失或缺陷导致第三方损害的责任，这也是以下研究的基础。

3. 产品责任

产品责任又称产品侵权损害赔偿责任，是指产品存在可能危及人身、财产安全的不合理危险，造成消费者人身或者除缺陷产品以外的其他财产损失后，缺陷产品的生产者、销售者应当承担的特殊的侵权法律责任。其一般被归类为特殊形式的侵权责任。

---

① 《国际民用航空组织与美国的信件交换》（1994）、《国际民用航空组织与俄罗斯的信件交换》（1996）。

当 GNSS 系统制造商生产的卫星或其他设施存在缺陷而造成第三方损害的，或者当 GNSS 信号被视为“产品”，由此产品缺陷或缺失造成损害的，都会产生产品责任。以往欧美学者多聚焦于 GNSS 信号缺失或缺陷导致第三方责任的问题，却很少探讨产品责任法对 GNSS 服务提供商的影响。下文将探讨 GNSS 产品缺陷是否产生产品责任的问题。

4. 侵权责任与违约责任的竞合

这种情况较为特殊，即当全球卫星导航服务提供商提供的授权服务侵害了用户的合法权益时，就发生了侵权责任与违约责任的竞合。

目前，国际处理此类问题的方法主要有三种：第一种，以法国为代表的国家禁止当事人自行选择，合同当事人不得因对方在履行合同过程中存在侵权行为而提起侵权诉讼。第二种，以德国为代表的国家规定，受害人可以任意选择，如提出侵权之诉后，因时效届满等原因被驳回，仍可以违约为由再次提起诉讼；并且在该过程中可以变更诉讼请求。第三种，以英美国家为代表的国家采用有限选择原则，受害人可以选择提出一个请求，但该请求败诉后不得以另一请求再诉。在一些特殊情况下，法律规定只能以侵权提出诉讼，如人身侵权等。由此可见，尽管各国对违约责任与侵权责任竞合的规定不同，但权利人只能行使一个选择权。对此，各国的立法和司法实践的立场是一致的[①]。

但是，在违约责任与侵权责任竞合的情况下，究竟选择侵权赔偿请求权还是选择违约赔偿请求权，对当事人尤其受害人的利益影响会很大。一般情况下，当事人应充分考虑诉讼的管辖权、举证责任的归属、赔偿范围的广度以及诉讼时效的区间等因素，经过比较研究，选择行使对自己有利的请求权，向法院提起诉讼请求保护自己的合法权利。此部分应根据各国的国内立法确定相应规则，不作为本课题研究的重点。

三、GNSS 服务提供商的国际法责任

前述第二部分探讨了 GNSS 服务提供商可能面临的法律责任类型，研究视角以民事关系为主。因为 GNSS 服务提供商为政府和国际组织，因此还会产生因 GNSS 引发的国际责任或国际赔偿责任。本部分将从各国豁免理论着手，探讨国家承担国际法责任的可能性，进而研究国家应该承担何种国际法责任及其国际法依据。

---

① 浦增平、翟崇林，民事法律关系中的侵权责任与违约责任竞合，法学，1989 年第 11 期。

美国政府不享有豁免权，详细论述见第四部分“《联邦侵权求偿法》的适用条件”。

2. 《欧洲国家豁免公约》

以成文法典为主要法律渊源的欧陆国家至今在国家豁免问题上仍没有专门国内法典。相反，那些判例法的英美法系国家却纷纷制定出关于外国国家豁免的专门立法。关于对外国国家侵权案件的国内管辖，在制定外国国家豁免立法的国家，除巴基斯坦以外，都规定外国非商业侵权行为不享有管辖豁免①。

1972 年，奥地利、比利时、丹麦、联邦德国、法国、冰岛、爱尔兰、意大利、卢森堡、马耳他、荷兰、挪威、瑞典、瑞士、土耳其、英国、塞浦路斯等欧洲 17 个国家签订《欧洲国家豁免公约》②，并于 1976 年 11 月开始生效。在侵权领域已经摒弃了基于外国行为性质决定管辖权行使的做法，《公约》确认了限制管辖作为其基本原则，用了 9 个条文阐述对国家管辖豁免权的限制。

《公约》规定的国家豁免的例外包括：

第一，《欧洲国家豁免公约》第 1 条规定：“除非缔约国明确以书面的形式表示同意，否则原则上禁止对缔约国财产实行强制执行和诉讼保全措施。”

第二，《欧洲国家豁免公约》第 2 条规定：“缔约国不得在另一缔约国法院主张豁免，如果由于下列缘由，该国已承担了接受该法院管辖的义务：1）由于国际协定；2）由于在书面合同中包含了一项明示的条款；或 3）由于在双方当事人间发生争端以后，已曾作出一项明示的同意。由此可见，由 GNSS 授权服务纠纷所提起的诉讼，GNSS 服务提供商不得主张管辖豁免。”

第三，《欧洲国家豁免公约》第 11 条规定：“除有关国家间另有协议外，一国在对主张由可归因于该国的作为或不作为引起的死亡或人身伤害、或有形财产的损害或灭失要求金钱赔偿的诉讼中，如果该作为或不作为全部或部分发生在法院地国领土内，而且作为或不作为的行为人在作为或不作为发生时处于法院地国领土内，则不得向另一国原应管辖的法院援引管辖豁免。”缔约国不得主张免于另一缔约国法院的管辖，如诉讼涉及因人身伤害或毁损有形财物而请求损害赔偿，而造成伤害或毁损的事实又发生于法院地国的领域内，其伤害和毁损的肇事者在发生此项事实时，亦在该领域内。该项规定与

① 龚刃韧，《国家豁免问题的比较研究》，北京大学出版社 2005 年版，第 256 页。

② http：//www.zzdzx.com/info _ show.asp? news _ id=36030。

《美国联邦国家豁免法》规定一致，即当致损行为及由此造成的损失同时位于受诉法院地国境内时，GNSS 服务提供商不享有国家豁免的权利。

通过上述分析不难看出，尽管传统的国际法认为，外国的侵权行为所产生的私人损害赔偿问题属于“国家责任”的范围，应当寻求本国政府行使外交保护以获得救济①；但是，从目前多数国家的立法和国际公约的规定来看，美国《外国主权豁免法》《联邦侵权求偿法》及签订《欧洲国家豁免公约》的国家有关“国家豁免”的立法，均要求国家在与其有关的作为或不作为引起的人身死亡或伤害、有形财产的损失或损害引发的金钱补充诉讼中，不得援引管辖豁免。而且，这些立法几乎都附加了相同的条件：该作为或不作为需“全部”或“部分”发生在法院地国领域内，且导致损失的行为发生在法院地国领域内。在上述情况下，GNSS 服务提供商不能主张国家豁免而免于在法院地国受诉。

（二）外层空间条约是否适用

目前，调整 GNSS 空间活动的国际公约主要包括：《外空条约》《登记公约》《责任公约》。

根据传统的侵权责任构成理论，侵权责任是对侵权行为成立、侵权行为人应负侵权的民事责任的条件概括。对一定类型的侵权行为，法律规定了相应的要件。当造成损害的行为符合这些要件时，其责任才被认定，责任人始负侵权的民事责任②。一般情况下，国际侵权责任的构成要件有三个：侵权行为、损害后果以及两者间具有因果关系③。

结合 GNSS 服务，根据《外空条约》第 7 条规定：“凡进行发射或促成把实体射入外层空间（包括月球和其他天体）的缔约国，及为发射实体提供领土或设备的缔约国，对该实体及其组成部分在地球、天空或外层空间（包含月球和其他天体）使另一国或其自然人或法人受到损害，即应该承担国际责任。”该条规定了外空物体发射国所应承担的国际损害赔偿责任。那么，在外空活动中，由“外空物体”造成“损害”才能构成外空侵权责任，国家应该承担国际赔偿责任。因此，为明确 GNSS 外空活动是否构成外空侵权行为，就需要辨析“外空物体”以及“损害”的具体内容。

---

① （英）詹宁斯瓦茨修订，王铁崖等译，《奥本海国际法》（第一卷第一册），中国大百科全书出版社，1995 年 12 月第 1 版，第 251 页。

② 张广兴主编，《债法》，社会科学文献出版社 2009 年版，第 302 页。

③ 王铁崖主编，《国际法》，法律出版社 1998 年版，第 139－146 页。

1. GNSS 空间设备、信号与“外空物体”

“外空物体”是属于一个或一个以上国家或政府间国际组织，被发射进入或飞越地球轨道，或在外空中组装，为和平探索和利用外空（包括月球和其他天体），并按照国际外空法的规定进行外空活动的一种人造技术装置结构、物件和天体上的建筑物，以及其组成部分和运载工具①。根据《责任公约》第 1 条 d 款和《登记公约》第 1 条 b 款：“外空物体，包括外空物体的组成部分、物体的运载工具与运载工具的部件。”“组成部分”是指从外空物体本身分离出来的部件，或者外空物体分裂后的各个残片，该用语迄今是指单个外空物体的部件，一般是指有体物。对照 GNSS 系统构成，其空间系统及设备理应属于法律意义上的“外空物体”，而 GNSS 信号是由 GNSS 系统运行产生的服务，属于“无体物”，不属于“外空物体”。基于这种判断，《责任条约》只适用于由 GNSS 空间系统造成的损害，GNSS 信号缺失或错误导致的损害不能依据《责任公约》请求 GNSS 服务提供国承担责任。

2. “损害”后果

根据《责任公约》第 1 条规定：“……就适用本公约而言……‘损害’的概念，是指生命丧失、身体受伤或健康的其他损害；国家或自然人、法人的财产或国际政府间组织的财产的损失或损害。”第 2 条把上项损害概念应用到对地面上的或对飞行中的航空器“所造成”（caused by）的损害②。第 3 条把这个概念应用到地面以外任何别处的属于一个发射国的外空物体，或其上所载的人或物，为另一个发射国的外空物体“所造成”的损害③。

但是，此类“损害”是否需要“物理接触”一直是理论界及实务界争论的焦点，学者对“损害”的范围持不同观点：

第一种，只有与空间物体或其组成部分进行物理接触造成的损害才是《责任公约》所规定的“损害”④。那么，因 GNSS 导航卫星故障导致其与其他空间物体、空气空间飞行器、地面设施及人员碰撞时，可适用《责任公约》；

① 欧阳安，外空物体的法律定义，学术探索，2005，第 82-85 页。

② Article II A launching State shall be absolutely liable to pay compensation for damage caused by its space object on the surface of the Earth or to aircraft in flight。

③ Article III In the event of damage being caused elsewhere than on the surface of the Earth to a space object of one launching State or to persons or property on board such a space object by a space object of another launching State，the latter shall be liable only if the damage is due to its fault or the fault of persons for whom it is responsible。

④ Frans G. von Dunk，Private Enterprise and Public Interest In The European “Spacescape” - Towards Harmonized National Space Legislation for Private Space Activities In Europe，1998。

至于GNSS信号失灵造成的损害不能适用《责任公约》。

第二种，《责任公约》既适用于空间物体造成的直接损害，也适用于间接损害[①]，不一定要求“物理碰撞”。导航卫星的主要作用是为用户导航、定位、授时，信号是GNSS导航卫星的产物，是实现导航卫星功能的唯一方式，在某种意义上信号属于导航卫星的附属物，因此，GNSS信号错误可以构成外空物体损害发生的间接原因，GNSS信号错误引发的侵权行为应该由《责任公约》调整。

本课题组认为，对于《责任公约》中“损失”的定义和范围，应遵照1969年《条约法公约》第31～32条的规定，遵循条约解释的三个原则[②]：第一，按照善意原则解释；第二，应推定条约用语具有通常的意义；第三，条约用语的通常意义应按照其上下文并参考条约的目的和宗旨确定。

首先，既然《责任公约》第1条明确列举了5类损害，包含丧失生命、人身伤害、其他健康受损、财产灭失以及财产损害，那么“没有列举出来的当然不能作为赔偿对象，除非缔约方有明确一致的修正。”[③] 而且，“这些损害都是属于实际的、直接的、一般的、可以预见的或能补偿的类别。”[④] 例如，因GNSS导航卫星故障导致其与其他空间物体、空气空间飞行器、地面设施及人员碰撞时导致的损害，则属于直接损害，可以适用《责任公约》。

其次，对于那些间接的、由此而生的、遥远的或者不可预见的后果或损害，例如，GNSS信号可追溯于GNSS系统并确认其空间设施，信号缺失或缺陷造成的损害只是GNSS运作的间接损害后果，则不属于《责任公约》的“损害”范畴。因为这种损害、损失或者伤害不是直接、立即来自该行为，而只是来自这种行为的一些后果或结果。

此外，依据《条约法公约》第32条第1款，如果对条约“意义仍属不明或难解”，“为确定其意义起见，适用解释的补充材料，包括条约之准备工作及缔约情况在内”。此时，我们可以依据缔约时的背景材料一探究竟。在制定《责任公约》时，美国代表明确建议限制《责任公约》中碰撞引起损害的范围，但加拿大和法国代表表示反对，认为“物理碰撞”范围太窄，不能包含

---

① Bin Cheng，Studies in International Space Law，1997，p506。

② 王铁崖主编，国际法，法律出版社，1998，第431页。

③ 李寿平．试论联合国框架下空间物体造成损害的赔偿责任法律制度［J］．时代法学，2009（2），第93页。

④ ［美］卡尔·Q·克利斯多尔著，郑衍构摘译、丘日庆、卢绳祖校，外空物体造成损害的国际责任，美国国际法杂志．1980（4）。

由外空物体引发损害的所有情况，由此形成了各国间的妥协：在《责任公约》第 2、3 条中将损害表述为“如果外空物体……所造成之损害”。由此可见，缔约国对《责任公约》是否应该包含“间接损害”持有质疑，缔约国并未就“间接损害”达成一致意见，那么对“损害”的解释仍应仅限于“直接损害”。

再次，从现行的国际法和国际实践来看，《责任公约》所赔偿的人身伤害和财产损害应该仅限于“直接损失”。证明此观点的最典型案例就是“亚拉巴马案”。当时日内瓦的仲裁庭，在裁决以前自发作出的声明中告知各当事方，法官们决不考虑关于间接损失的索赔要求，在所有的国际争端中总是严格地遵守这条原则。就我们所知，除德国-美国混合索赔委员会以外，凡属仲裁员定性为间接损害的案件，没有一次判给过赔偿。在 1938 年和 1941 年的“特雷尔冶炼厂案”（Trail Smelter Abitration case）中，仲裁庭仅接受了美国关于遭受的物质损害赔偿请求，对于间接损害，法庭予以拒绝，认为美国提出的商业损失、农作物减少等损失过于间接、太遥远①。

最后，通过对主要 GNSS 大国实践的考察，我们发现美国认为 GPS 造成的损害不适用《责任公约》②。同样，欧洲似乎也认为，《责任公约》的文本和精神没有表明它包含了 GNSS 故障造成的损害③。

综上所述，根据《责任公约》相关规定、国际司法实践以及 GNSS 系统提供商立场，我们得出以下结论：由于 GNSS 系统是基于空间设施运作的系统，GNSS 空间设施是“外空物体”，但由 GNSS 系统运作所产生的无体物——“信号”并非“外空物体”，导航信号缺失或缺陷导致损害属于由外空物体功能导致的“间接损害”，因此对于因 GNSS 系统运作故障导致“物理碰撞”的“直接损害”可以适用《责任公约》规定，对飞行器、地面造成损害的适用“无过错责任原则”④；对空间物体造成损害的适用“过错责任原

① 李寿平，试论联合国框架下空间物体造成损害的赔偿责任法律制度［J］．时代法学，2009（2），第 93 页。

② Spradling. The International Liability Ramifications of the US NAVSTAR Global Positioning System [J] . Outer Space. 1990 (93)。

③ Dam Van R. GNSS and Aviation：EUROCONTROL’s Perspective [J] . Newsletter of Committee (Outer Space) of the International Bar Association on Business Law，2000 (3)。

④ 《责任公约》第 2 条：发射国对其外空物体在地球表面及对飞行中之航空机所造成之损害，应负给付赔偿之绝对责任。

则”[①]。但是，GNSS导航信号缺失或缺陷导致损害不能适用《责任公约》。

（三）其他国际法规范能否补缺

根据上述结论，GNSS导航信号缺失或缺陷导致损害不能适用《责任公约》，那么其他的国际法规范是否能够补漏得以适用呢？这里我们尝试用国际法一般理论进行分析，包括“国际不法行为”理论及“国际法未加禁止的行为”理论。

1. 国际不法行为

国家对国际不法行为的责任是联合国编纂和发展国际法的重点议题之一。1963年，国际法委员会开始研究和编纂国家由于其不法行为而产生的一般责任的规制，从而摆脱了传统上国家责任限于违反某些特定的国际义务而非任何国际义务的束缚，实现了国际责任制度的重大转折。通过国际法委员会的努力，1996年通过《关于国家责任的条文草案》（Draft Articles on State Responsibility）一读稿。该草案将国家责任的范围扩展到包括一般国际不法行为和国际罪行的所有国际不法行为的国家责任。2001年11月，联合国国际法委员会第53届会议又通过《国家对国际不法行为的责任条款（草案）》[②]（Draft Articles on Responsibility of States for Internationally Wrongful Acts）。该草案是在《关于国家责任的条文草案》基础上的继承与发展，在某些领域实现了突破性进展。虽然，该草案并不具有法律约束力，但是其是国际法委员会在汇集各国实践、先例和学说的基础上，对尚未制定的国际法领域中关于国家责任的国际法编纂与逐渐发展[③]。因此，尽管《国家对国际不法行为的责任条款（草案）》尚未发展成为国际习惯法，但是根据《国际法院规约》第51条规定[④]，《国家对国际不法行为的责任条款（草案）》可以作为

---

① 《责任公约》第3条：遇一发射国外空物体在地球表面以外之其他地方对另一发射国之外空物体或此种外空物体所载之人或财产造成损害时，唯有损害系由于前一国家之过失或其所负责之人之过失，该国始有责任。

② http://legal.un.org/avl/ha/rsiwa/rsiwa.html。

③ 《联合国宪章》第13条第1款：“大会应发动研究，并形成建议，以……提倡国际法之逐渐发展与编纂。”国际法委员会履行这一职责。国际法的编纂是指在已经有广泛的各国实践、先例和学说的领域内，对国际法规则进行更精确的制定和系统化，而在《国际法委员会章程》中，“国际法的逐渐发展”是指“就国际法尚未订立规章或各国惯例尚未充分发展成为法律的各项主题，拟订公约草案。”

④ 《国际法院规约》第38条：一、法院对于陈述各项争端，应依国际法裁判之，裁判时应适用：……（卯）在第59条规定之下，司法判例及各国权威最高之公法家学说，作为确立法律原则之补助资料。

“各国权威最高之公法家学说”，进而在国际法院裁判时作为确定“国际法法律原则的补充资料”。因此，依据《国家对国际不法行为的责任条款（草案）》对国际不法行为进行理论研究具有重要的实践意义。

“国际不法行为”是指一个国家违反了该国所应承担的国际义务的行为，这种不法行为既包含作为、也包含不作为[①]。根据《国家对国际不法行为的责任条款（草案）》第 1 条：“一国的每一国际不法行为引起该国的国际责任”。但是，该条并未区分条约和非条约义务，也没有明确划分契约责任和侵权责任，在此概述层面也没有对双边和多边义务进行任何区分。第 2 条规定“国际不法行为存在所需要素：（a）行为可归于国家，该行为（b）违背该国国际义务。”这条规定的一个显著特点是，断定国际不法行为的存在无须国家具有过失或不法行为意图，只要国际不法行为违背了“国际义务”则构成国家责任。因此，行为的“违法性”构成国家承担“国际不法行为”责任的基础。

比如，一个 GNSS 服务提供商故意破坏、干扰另一个 GNSS 系统的导航信号，造成相应的空间飞行器、地面设施及人员的损失[②]，此时 GNSS 服务提供商的干扰行为因违反国际电信联盟《国际无线电规则》[③] 第 0.4 款规定“任何国家均不应对其他成员国的电信服务或通信造成有害干扰”，所以 GNSS 干扰行为就属于“国际不法行为”，造成干扰的 GNSS 服务提供商应该承担国家责任及国际组织责任。

对于 GNSS 服务提供商信号干扰行为的法律后果，《国家对国际不法行为的责任条款（草案）》主要规定了以下几种方式：此行为不影响责任国继续履行所违背义务的责任（第 29 条）；在违背行为持续时，责任国有义务停止其行为（第 30 条，a 款），以及在必要的情况下，提供不重复该行为的适当承诺和保证（第 30 条，b 款）。此外，国际不法行为意味着责任国有义务对所造成的损害提供充分赔偿（第 31 条）。

2. 国际法未加禁止的行为

二战以后，由于现代科学技术的发展以及人类对自然资源更广泛、更大规模的开发利用，越来越多的国家参与到远洋石油运输、核材料的开发利用、航空航天活动等对国际环境、人身、财产影响重大的活动中，由此造成的损害成为国家间急需解决的问题。然而，这些活动虽然造成损害性后果，但是

---

① 王铁崖主编，《国际法》，法律出版社 1998 年版，第 139 页。

② 中国空间法学会第 10 届 CASC 杯国际空间法模拟法庭竞赛案例（2013 年）。

③ ITU Radio Regulations，Art. 1.169，2012 Edition。

其本身并非国际法所禁止，因此就产生了由“合法行为”即“国际法未加禁止的行为”引发的国际责任问题。

所谓“国际法未加禁止的行为”，包含两种情况：一是，国际法有关文件明文规定对此种行为不加禁止；二是，国际法对此种行为既没有明文规定禁止，也没有规定允许。这两种情况都意味着国际法未加禁止的行为“不具有违法性”。因此，“国际法未加禁止的行为”责任性质应为“合法行为”的责任，国家及国际组织应该承担“国际赔偿责任”①。

至于国际赔偿责任应该适用的归责原则，在国际法委员会内部及各国的国际私法学者间都存在不同的看法。但综合各方面意见来看，“严格责任”或“无过错责任”将是大势所趋②。首先，这些行为本身即具有高度的危险性，即使施害国恪尽职守、履行了注意和预防义务，但是受技术等客观因素的制约，仍无法避免损害。其次，在跨界高度危险、高科技的活动中，受害方往往难以搜集到必要的证据来证明行为者的“过错”，而当此种危害来自“外空”时，技术上的问题与举证就更加困难。根据“过错责任”举证归责，受害方承担“过错”举证责任难度重重，容易使施害国逃脱责任、使受害国无辜受损。最后，实行严格责任，可使行为国充分履行注意和预防义务，尽最大可能防止损害发生。

例如，GNSS 服务提供商由于对 GNSS 系统的例行检修或其他不可预知的技术问题，导致系统运行故障或者信号缺失或错误，导致空间飞行器、地面设施及人员的损失，由于 GNSS 服务提供商的行为未违反“国际法的规定”属于“国际法不加禁止的行为”，此时国家或国际组织就应承担“国际赔偿责任”，并适用“严格责任”原则确定国际赔偿责任。

（四）制定 GNSS 责任公约的可行性分析

早期关于 GNSS 服务法律框架问题的讨论，尤其是系统运行商的法律责任问题，主要集中于航空运输导航中产生的相关法律责任问题。一方面，有人认为，应该建立特别的责任制度规范 GNSS，因为制度建立需要考虑当时的服务商业化的实际经验③。支持这种观点的主要是运行 GNSS 空间部分的国

---

① 王铁崖主编，《国际法》，法律出版社 1998 年版，第 162 页。

② 韩燕煦，“国际法不加禁止的行为所产生的损害性后果的国际责任”的最新发展及几个问题[J]，内蒙古财经学院学报（综合版），2006（1）。

③ Pérez P R C. GNSS Liability Issues：Possible Solutions To A Global System [D]. Montreal：Institute of Air and Space Law，McGill University，2002。

家，还有一部分是已经在自己领土内利用这样的信号进行导航的国家[①]。另一方面，有些人认为，有必要制定新的国际公约，不仅明确、直接，而且有利于 GNSS 运行与服务提供的不同参与者之间合理进行分配责任。[②]。

通过对各方利益的考量，ICAO 召开了一系列会议研讨此问题。ICAO 承认使用 GNSS 为航空导航带来的便利，因此设立了专门的研究组织“CNS/ATM 法律小组”。然而，该小组对于是否建立 GNSS 服务责任公约分歧颇重且无法调和，因此两派意见分别向 ICAO 大会提交了相左的意见[③]。自此，ICAO 对于起草相关国际公约就不再积极了。此外，国际统一私法协会（UNIDROIT）对此问题也进行了研究，并对该问题是否纳入该协会工作议程进行了初步讨论。

本课题组认为，尽管《外空责任公约》无法适用除 GNSS 空间设施物理碰撞造成损失的责任问题，但是现行国际法实践中关于“国际不法行为”理论及“国际法未加禁止的行为”理论均可解决 GNSS 干扰、系统故障、信号错误或缺失造成的损害问题。因此，在产业尚处于发展初期、各方利益诉求无法调和的情况下，即即即即尝试制定 GNSS 损害责任公约时机尚不成熟。

此外，导航服务的提供者只有少数几个，如果以强硬的方式规定卫星导航活动的国际法律规制，很可能会引起主要卫星导航服务提供国的反感。因为，外层空间国际法律规制从本质上讲是平等主权国家之间的法律，没有国家的参加与接受，外空法就不能发挥其作用。所以，即使制定了 GNSS 责任公约或相关法律规制，如果 GNSS 服务主要提供国不加入，再完善的法律文件也没有现实的法律意义。

四、GNSS 服务提供商的国内法责任——一般立法及实践

由此可见，在现有国际法层面 GNSS 特殊规约缺失的状态下，研究 GNSS 服务提供国关于卫星导航活动的国内法就具有重要的理论价值与实践意义。本部分将从分析美国和俄罗斯的国内立法、欧盟及欧洲空间局的相关法律文件入手，比较研究卫星导航服务提供商的侵权责任及司法实践。

---

① 龚向前，各国空间活动损害责任立法比较与中国的选择，中国空间法学会 2008 年年会暨“和谐世界中的空间法治”学术研讨会，北京：世界知识出版社，2009：39。

② 贺其治、黄惠康，外层空间法，青岛出版社，2000，第 45 页。

③ Final Report on the work of the Secretariat Study Group on legal aspects of CNS/ATM systems，A35 - WP/75 LE/5 Appendix，para. 5. 2. 1 - 5. 2. 7 (2004)。

（一）美国

目前，美国关于 GPS 的立法主要采用了"子法集成"[①]。的模式，多从行政法角度进行规范。如《美国法典》第 10 编、第 49 编和第 51 编对美国 GPS 和各地增强系统的管理和协调进行了总括性规定。此外，在美国国防部、国土安全部和交通运输部以及政府相关部门的共同筹划下，还出台了一系列全球卫星导航的政策性文件，如 2004 年《天基、定位、导航与授时服务政策》、2008 年《联邦无线电导航计划》、2010 年《联邦无线电导航计划》以及 2012 年《联邦无线电导航计划》，系统规范了美国联邦政府定位授时政策及管理、运营模式。

但是，美国并没有规定卫星导航损害责任的专门法律，实践中往往适用美国现行国内法处理，主要是《联邦侵权求偿法》[②]，该法规制了美国政府或其雇员侵权的问题。

GPS 地面控制系统由监测站（monitor Station）、主控制站（master Monitor Station）、地面天线（ground Antenna）组成，主控制站位于美国科罗拉多州的春田市（colorado，springfield）。地面控制系统负责收集由卫星传回之讯息，并计算卫星星历、相对距离、大气校正等数据。据此可能产生两种情况：第一种，GPS 主控站系统故障造成美国国内损害，但主控站所在地与侵权结果所在地并非同一州；第二，GPS 主控站系统故障造成海外国家或地区的损害，即侵权行为地与侵权结果所在地分别位于不同的国家或法域。此时，就产生侵权行为地法与侵权结果地法之间的冲突，亦即国际私法中的法律适用问题或法律选择问题。对此，我们可以参考《第二次冲突法重述》以及美国法院的司法实践。尽管美国《第二次冲突法重述》是美国法学会在总结美国司法实践的基础上抽象出的法律适用规则，不具有法律约束力，但在实践中却可作为实务及研究的有益指引。

1. GPS 涉外侵权的法律适用

根据《第二次冲突法重述》第 145 条：当事人在侵权行为某个问题上的权利义务，适用该事件及当事人有最重要联系的州的本地法。"最重要联系"的考量因素包含损害发生地，加害行为发生地，当事人的住所、居所、国籍、

① 尹玉海、田伟，俄罗斯空间立法发展对我国的启示，中国航天，2004（7）：25－26。

② http：//www. house. gov/content/vendors/leases/tort. php 和 http：//en. wikipedia. org/wiki/Federal _ Tort _ Claims _ Act。

公司成立地和营业地，当事人之间有联系时其联系最集中的地方。根据对美国相关空难司法判例的总结和分析，空难侵权应适用的法律通常为侵权发生地州的本地法。由于空难具有高风险性、高复杂性，与 GNSS 信号致损案件具有一定相似性，因此，本课题组认为，GNSS 信号致损案件可类推适用空难案件的法律选择规则，适用侵权行为地的法律。适用的理由很好理解：在空难或 GNSS 信号致损案件中，行为发生地是与侵权人责任密切相关的地方，侵权责任人只能根据本地法行使权利、履行义务，却无法预见损害所在地在什么国家或地区，更不可能预见损害所在地调整其权利义务的法律；而且，如果适用损害所在地法律，当损害发生在不同国家或地区时，就可能造成同一案件适用不同法律的结果，进而造成损害赔偿责任的巨大差异，这对 GNSS 案件影响尤其严重。

第一个案例，是侵权行为和损害结果均发生在美国，但位于不同的州。在“Richard v. United States 案”[①] 中，一架美联航的飞机自美国俄克拉荷马州图尔萨飞往纽约，途中在密苏里州坠毁。原告代理人诉称，依据《联邦侵权求偿法》规定，美国政府对允许未经检修的飞机飞离图尔萨负有过失责任。法院认为，美国《联邦侵权求偿法》只适用于侵权行为发生地州的法律，因此飞机检修地即俄克拉荷马州的法律得以适用，而并非飞机坠毁地——密苏里州的法律。

第二个案例，是侵权行为发生在美国、损害结果发生于国外。1974 年 3 月 3 日，土耳其航空公司的一架 DC－10 客机在法国巴黎起飞不久后坠毁，造成机组成员 346 人死亡。原告称美国政府应承担责任，因为美国联邦航空管理局对客机负有定期检查的义务。法官认为，应由侵权行为发生地法而不是损害结果所在地法决定是否适用《联邦侵权求偿法》。此案中，由于失察行为发生于加利福尼亚州，因此应该适用《联邦侵权求偿法》和加利福尼亚州法律，该判例再次印证了适用侵权行为地法确定法律适用的原则。

2.《联邦侵权求偿法》的适用

依据《联邦侵权求偿法》[②]，满足以下几个条件时，方能适用该法起诉美国政府。

第一，可归因于国家的侵权行为有三类：1）“联邦机关”，指各行政部门，各军事部门，美国各独立机关，主要为实现联邦服务或作为联邦机关活

① 369 U.S. 1，3（1962）。

② 于安译，美国联邦侵权求偿法，中外法学，1988（6）：63－66。

动的各种公司，但不包括与合众国进行交易的缔约者。2）“政府雇员”，包括任何联邦机关的官员或雇员，陆军或海军官兵，根据第32编第316、502、503、504或505条“正从事训练或执勤的国民警卫队成员”，和“以联邦机关的名义，暂时地或永久地在合众国的工作部门中，根据官方职权活动的人员，而不考虑是否领取报偿”。3）“在职务或雇用范围内活动”，对于美国陆军或海军官兵和第32编第101条第3款规定的国民警卫队成员，是指进行不超出职责界限的活动。

第二，侵权行为的方式[①]：该侵权行为可以是疏忽或错误的“作为”或“不作为”造成的“财产损失或损害”以及“人身伤害或死亡”。

第三，侵权行为的限制[②]：对于发生在外国的事项而引起的权利请求，不适用该法。即《联邦侵权求偿法》对侵权行为的范围做出了限制，只解决侵权行为发生在美国的损害赔偿案件，对于发生在美国领域境外的任何损害均不承担责任。

鉴于此，我们有理由相信：1）对于美国科罗拉多州主控站错误信息上传导致GPS导航错误的侵权，无论是美国用户还是外国用户，均可根据侵权行为地的法律主张权利。由于侵权行为地是美国科罗拉多州，因此可以援用《联邦侵权求偿法》的规定起诉美国政府[③]。2）对于非主控站错误而是由于卫星星座故障引起的侵权，则不能依据《联邦侵权求偿法》起诉美国。这是因为，根据1967年《外空条约》第2条，“各国不得通过主权要求，使用或占领等方法，以及其他任何措施，把外层空间（包括月球和其他天体）据为己有”。亦即，外层空间不属于任何国家也不受任何外国法院的管辖。而且，美国联邦最高法院的判决[④]确认了“外空”属于美国境外，因此，不能适用《联邦侵权求偿法》。

---

① 《联邦侵权求偿法》第2672条第1款：联邦机关的负责人或他指定的人员，依据司法部长颁发的规章，应当考虑、查明、评定、确认、调解和解决诉合众国的金钱赔偿的请求。该请求是由机关雇员在职务或雇用范围内活动时的疏忽或错误的作为与不作为造成财产的破坏或损失，人身的伤害或死亡所引起的。在上述情况中，如果受害者是非官方的私人，合众国将依照该作为或不作为发生地的法律向申请人承担责任。

② 28 U.S.C. § 2680（k）（1994）。

③ Kevin K. Spradling，The InternationalLiability Ramifications of the U.S.′ NAVSTAR Global Positioning System，Proceedings Of The Thirty－Third Colloquium On The Law Of Outer Space 93（1990）. At the publication of his paper，Kevin K. Spradling was a Major in the United States Air Force and Director of Space and International Law for the U.S. Air Force Space Command。

④ 李寿平主编，中国空间法年刊（2008），世界知识出版社，2009：39。

3. 类似判例

目前，美国《联邦侵权求偿法》已成为起诉美国承担侵权责任的主要途径。当政府雇员在其职责范围内构成普通法上的侵权时，美国政府即应承担责任。“Indian Towing Co.，Inc. v. United States 案”① 可以作为审理 GPS 政府侵权案件的有益借鉴。1951 年 10 月 1 日，美国海岸警卫队在操作灯塔时存在过失，造成拖船过程中货物被海水浸泡受损。原告认为，由于美国海岸警卫队负有“帮助导航”的职能，但是在 9 月 7 日至 10 月 1 日间，其疏于职守未对灯塔操作进行维护、检修，且未通知来往船只灯塔不能使用，因此海岸警卫队应该对货物的毁损承担侵权责任。被告辩称，管理和运作灯塔属于政府职能，应该属于国家豁免的范畴。法院判决认为：海岸警卫队本无需提供灯塔服务，但只要在 Chandeleur 岛上操作灯塔，且使灯塔用户“产生依赖”，海岸警卫队即需尽“注意义务”，并确保灯塔工作的状态。如果灯光熄灭了，海岸警卫队还需进一步承担注意义务，即发布警告并修理灯塔。如果海岸警卫队未尽注意义务造成用户损失，美国则应根据《联邦侵权求偿法》承担侵权责任。

此案对 GPS 故障或信号错误造成损害的案件具有借鉴意义。第一，提供灯塔服务与 GPS 服务的主体均为美国政府，尽管运营与管理机构不同，但是其行为均可归因于国家。第二，灯塔服务与 GPS 服务均属于导航服务，并且实践中两种导航与用户间均建立了长期的“依赖”或“信赖”关系，因此 GPS 服务提供商或美国应该对故障或信号错误负有一定的“注意义务”，对故障不仅应发布信息，而且还应尽到检修维护的义务。

2007 年 9 月 10 日联邦航空局局长代表美国政府重申，美国致力于向全球航空用户提供 GPS 标准定位服务，在所规定空域内提供 WAAS 增强服务。美国政府计划在可预见的未来采取必要措施，确保 GPS 标准定位服务和 WAAS 服务的完好性、可靠性和可用性，并在终止服务或服务性能降低时至少提前 6 年发布公告。但是，如果美国政府未尽到该“注意义务”或因 GPS 故障或信号错误受害的用户，仍可依据《联邦侵权求偿法》以及“Indian Towing Co.，Inc. v. United States”判例，起诉美国政府并提出赔偿请求。

（二）俄罗斯

俄罗斯作为较早发展航天事业的国家，形成了以 1993 年《俄罗斯联邦空

---

① Indian Towing Co. v. United States，350 U. S. 61，64 - 65（1956）.

间活动法》[①] 为核心的“母法主导”[②] 航天立法体系与立法模式。在卫星导航领域，则形成了以 2009《俄罗斯联邦导航定位活动法》为基础，以相关政策为依托的规制模式。相关政策包括：1999 年《关于 GLONASS 总统令与政府声明》[③]《GLONASS 之 2002—2011 发展计划》及《2006—2015 航天发展规划》。

1.《俄罗斯联邦导航定位活动法》

俄罗斯国家杜马于 2009 年 1 月 22 日通过的《俄罗斯联邦导航定位活动法》（№141725－5）共 12 条，旨在满足导航定位活动范围内对导航定位设备和服务的需求创造条件。从内容上看，规定并不算具体，但是对于一些关键问题，如相关定义、导航法律关系的主体、导航设备及导航活动设施的所有权，以及开放式导航信号的使用原则等问题作出了解答和规定，这对确定导航活动的发展方向具有指导性作用。遗憾的是，该法并未涉及 GNSS 导航活动引发的责任问题。

第一，明确了“导航定位活动的服务”。《俄联邦导航定位活动法》第 2 条第 4 款规定：“导航定位活动的服务满足对导航设备及导航设备利用以及导航信息需求的活动”。由此可见，导航服务应包含：1）提供导航设备；2）培训使用导航设备；3）提供导航信息。该定义对于“服务”的解释属于扩大解释，不仅包含传统意义上的无形服务，而且还包含有形服务——提供导航设备。导航设备的制造商属于导航活动服务商之一。

第二，明确了“导航活动法律关系主体”的类型。《俄联邦导航定位活动法》第 3 条规定：“建造卫星导航设备与导航活动客体并使其发挥功能的国家权力机关、地方自治机关、自然人与法人以及依据民事立法提供与获得导航活动服务的自然人、法人是导航活动的主体”。值得注意的是，该法对提供和获得导航服务的主体进行了限制，即只能为从事民事法律关系的平等主体——自然人和法人，而其他国家和国际组织参与的导航服务活动，不受该法调整。

第三，明确了“导航设备及导航活动设施的所有权”归属。《俄联邦导航定位活动法》第 5 条规定：1）由俄罗斯政府预算承担建造的航天装置与宇航

① 贾雪池译，俄罗斯导航定位活动法，载于 2011 年中国空间法年刊，世界知识出版社 2012 年版，第 255－257 页。

② 尹玉海、田伟，俄罗斯空间立法发展对我国的启示，中国航天，2004（7）：25－26。

③ 王杰华，国外卫星导航定位系统的管理体制及政策，航天工业管理，2008（3）：29－35。

地面设施归俄罗斯所有；2）俄罗斯政府、俄罗斯各主体、地方自治组织、自然人及法人间可以通过合同约定所有权的归属。

第四，确定了“开放式导航信号”的使用原则。《俄联邦导航定位活动法》第 9 条规定：“无偿与无限制地向卫星导航活动法律关系的主体提供开放式访问的导航信号”。由此可见，对于开放式导航信号采用“无偿”“无限制”的服务方式，但该原则仅对导航活动法律关系的主体有效。如前所述，如果导航活动的主体不包含提供和获得导航服务的“其他国家和国际组织”，那么，根据该法第 9 条，“其他国家或国际组织”则不能无偿、无限制使用开放式导航信号。

2. 《俄罗斯联邦空间法》的适用

如前所述，《俄联邦导航定位活动法》对 GLONASS 的维护与发展进行了基础性规定，但未解决 GNSS 损害责任问题。因此，我们只能转向《俄罗斯联邦空间法》[①] 及其国内法寻求解决方案，需要解决以下几个问题。

第一，俄罗斯法院是否有权管辖违反俄罗斯空间法的行为？

根据《俄联邦航天活动法》第 29 条[②]：“俄罗斯政府及其官员、政府组织及其官员以及俄罗斯公民，由于违反该法规定及其他外空规范时，应根据俄罗斯法律规范承担责任”。因此，可以确定：1)，在俄罗斯因外空侵权行为可诉的主体包括：政府及其官员、政府组织及其官员和俄罗斯公民。鉴于此，我们可以推论，在俄罗斯起诉的外空侵权案件中，俄罗斯政府不主张国家豁免，这就成为探讨外空活动侵权责任的前提。2)，对于责任的确定和归属，只能根据俄罗斯法确定。

第二，GLONASS 系统运作及播发信号是否属于外空活动？

① National Space Law：Russian Federation，Roman 》】 http：//www. unoosa. org/oosa/SpaceLaw/national/russian _ federation/decree _ 5663 - 1 _ E. html。

② Article 29. Responsibility of Officials，Organizations and Citizens State bodies and their officials，other organizations and their officials，as well as citizens guilty of violation of this Law and other legislative acts governing space activity shall be held responsible in accordance with legislation of Russian Federation。

根据《俄联邦航天活动法》第 2 条[①]第 1 款第 4 项：利用卫星导航系统的活动属于外空活动（use of navigation，topographical and geodesic satellite systems）[②]，GLONASS 系统运作及其提供的信号服务即属此类，GLONASS 活动应该受《俄联邦航天活动法》调整。

第三，GLONASS 系统故障或信号错误侵权的责任主体是谁？

根据《俄联邦航天活动法》第 30 条第 1 款和第 2 款，俄罗斯不仅对其政府的外空活动承担责任，而且也对私人的外空活动承担责任，私人外空活动包括组织和公民。这比《外空条约》第 6 条规定的“国家”活动更为具体、细致。但是，如果有关组织和公民在开发或使用航天技术时存在过错，那么相关组织和公民就应承担与其过错相应“appropriate”的损害赔偿责任。由于 GLONASS 由俄罗斯政府运行并提供服务，因此，当 GLONASS 系统故障或信号播发错误时，俄罗斯政府应首先对直接损失承担全部的赔偿责任。如果有关组织和公民存在过错，则应该承担连带赔偿责任。

第四，GLONASS 侵权应适用的归责原则有哪些？

对于外空物体侵权的规则原则，《俄联邦航天活动法》与《责任公约》规定一致：外空物体之间的损害采用过错责任原则；外空物体对飞行器或地面造成的损失，则采用无过错责任原则。因此，如果因 GLONASS 系统故障或信号缺失导致飞行器或地面物体损失，应该适用无过错责任原则。

第五，赔偿责任仅限于“直接损失”。

---

① Article 2. The Concept of Space Activity

1) For purposes of this Law space activity shall be defined as any activity immediately connected with operations to explore and use outer space，including the Moon and other celestial bodies. Space activity shall include：space researches；Remote sensing of the Earth from outer space，including environmental monitoring and meteorology；Use of navigation，topographical and geodesic satellite systems；Piloted space missions；Manufacturing of materials and other products in outer space；Other kinds of activity performed with the aid of space technology。

2) Space activity comprises creating (including development，manufacture and test)，as well as using and transferring of space techniques，space technology，other products and services necessary for carrying out space activity。

② 于海纯，俄罗斯联邦空间立法概述，黑龙江省政法管理干部学院学报，2007（3）：110－113。其认为，俄罗斯法定空间活动范围得到了扩大，空间活动包括利用卫星导航与地形测量系统的活动。

根据《俄联邦航天活动法》第30条[1]第1款：俄罗斯政府应对违反联邦立法的外空活动所造成的直接损失承担“全部”赔偿责任。但是“直接损失”是什么该法并未明确，仍需深入对其国内法进行研究。

（三）欧盟

鉴于欧盟是一个特殊的政治实体，其开展活动的必要前提就是具有相关的权能，即被视为欧盟“宪法”的基础条约是否赋予欧盟相关的权力。而就发展Galileo计划的活动而言，相关的宪法依据主要体现为《欧盟运行条约》第170～172条（“泛欧网络”Trans-European Networks）[2]。根据《欧盟运行条约》第170条：“欧盟应努力在运输、通信、能源等基础设施建设领域建立与发展泛欧网络。……欧盟的行动应旨在促进与国际网络的兼容性与互通性……。”

目前，在调整Galileo计划的法律法规中，只有欧盟第683/2008号条例和第912/2010号条例是现行有效的法律文件。

1. 欧盟第683/2008号条例

2008年7月，欧盟部长理事会与欧洲议会一道通过第683/2008号条例，主题是“进一步实施欧洲卫星导航项目（EGNOS和Galileo项目）”。该条例详细规定了实施“EGNOS项目”（全称为“欧洲地球静止导航重叠服务系统”）和“伽利略项目”的规则。其中主要涉及机构职能划分和财政预算规则，是目前欧盟发展GNSS的核心法规。

第683/2008号条例第7条“系统的兼容性和互操作”规定：欧盟委员会应确保EGNOS和Galileo的系统及其与其他GNSS系统乃至传统导航方式的兼容性和互操作。在所有权问题方面，《条例》第8条明确规定：EGNOS和Galileo项目建设中产生的有形资产和无形资产均归欧盟所有。

2. 欧盟第912/2010号条例

2010年9月，欧盟部长理事会和欧洲议会一道通过了第912/2010号条例，主题是“建立欧洲GNSS局”。欧洲GNSS局继承了第683/2008号条例

① Article 30 Liability for Damage: 1. Russian Federation shall guarantee full compensation for direct damage inflicted as a result of accidents while carrying out space activity in accordance with legislation of Russian Federation. 2. Compensation for damage inflicted as a result of accidents while carrying out space activity shall be paid by the organizations and citizens responsible for operation of the space technology involved。

② Consolidated Version of Treaty on the Functioning of the European Union 2010 OJC 83。

第16条为欧洲GNSS监管局设置的职能。

根据第912/2010号条例第4条：欧洲GNSS局是欧盟的机构之一，拥有法律人格。在欧盟成员国中，欧洲GNSS局享有国内法中赋予法人的广泛法律行为能力，尤其是它可以获取或处置动产和不动产，并且可以成为法律诉讼的主体。

在法律责任方面，由于Galileo计划是公私合营的典范，涉及国家、国际组织、私营机构和个人，因此法律责任制度设计比较系统、完备，目前包括责任划分、赔偿原则及管辖权。该条例第19条规定：欧洲GNSS局的契约性责任应由合同所规定的法律来处理，欧洲法院应当根据欧洲GNSS局缔结的合同中所包含的仲裁条款行使管辖权；在非契约性责任中，欧洲GNSS局应依据成员国法中共同的一般法律原则，对于其部门或职员履行职务时造成的损害给予“充分”赔偿，欧洲法院对损害赔偿争端享有管辖权；职员对于欧洲GNSS局的个人责任应依据欧盟职员条例中规定的条件或雇佣时规定的条件来处理。但是，该条例中的某些规定过于概括，如非契约责任规定采用“成员国法中共同的一般法律原则”及“充分”赔偿，因此，司法实践中也存在着适用的困难。

五、GNSS服务提供商的国内法责任——产品责任与服务责任

根据以上分析可知，两种情况可触发GNSS产品责任问题：第一种，GNSS接收器或卫星及其构成部分缺陷造成的损失；第二种，GNSS信号错误或信号缺失，前提是GNSS信号被视为“产品”。

产品责任是物件致人损害的特殊侵权责任，是人对物造成损害所应承担的法律责任；即产品致人损害时，与该致害产品有关联的当事人，如生产者、销售者等对所造成的损害承担赔偿责任，是一种特殊侵权责任①。法学界对产品责任概念的界定没有原则区别，但表述略有不同。一般来说，产品责任是指“产品制造者、销售者对因制造、销售或者提供有缺陷产品并致使他人遭受财产、人身损害所应承担的民事法律后果。”② 目前，欧美国家对产品责任适用无过错责任，确定产品责任构成的要素包括：产品存在缺陷，造成人身、

① 杨立新，《侵权责任法》，法律出版社2012年第2版，第296页。

② 王利明、杨立新等，《民法·侵权行为法》，中国人民大学出版社1993年版，第420页。

财产的损害，以及产品缺陷与损害事实间具有因果关系。所以，判断 GNSS 服务提供商是否会面临承担产品责任的时候，应该首先明确 GNSS 信号是“产品”还是“服务”，才能确定 GNSS 服务提供商是否承担产品责任。

（一）产品责任

“产品”是明确产品责任的首要因素，在确定产品责任中占据着最为重要的地位。由于各国国情不同，在经济、政策以及立法等方面都存在差异，各国对产品的定义也各不相同。本课题主要从美国和欧洲法律法规以及政策文件中，窥探“产品”的定义和范围，进而判断 GNSS 信号是否属于“产品”。

1. 美国法律法规

美国产品责任法形成最早，最为完善，最具有代表性。美国的产品责任法主要是州法，以判例法为其主要渊源。近年来，美国的产品责任法走上了法典化和统一化的道路。目前，产品责任法是各州的保留立法领域，但在统一各州产品责任法日益高涨的呼声下，美国商务部于 1979 年颁布《统一产品责任示范法》（简称《示范法》）。《示范法》规定了产品的三要素：“具有真正价值、为进入市场而生产以及能作为部件、零售交付或作为组装整件，但人体组织、器官和血液除外。”①

此外，美国法学会主持编撰的《第三次侵权行为法重述》（简称《重述》）在统一各州的产品责任法方面也起到了独特作用。尽管《重述》是在总结以往判例的基础上形成的学理，但对法官和律师的司法实务具有重要的指引作用。其中，《第三次侵权法重述：产品责任》第 19 条对“产品”的定义作出如下规定：“a）产品是指通过商业销售供给人们使用或消费的有形动产。其他类别，例如不动产和电，当其供应和使用方式与前述有形动产的供应与使用方式相似时，也属于产品；b）服务，即使是以商业方式提供的服务，也不是产品；c）人体血液和人体组织，即使是以商业方式提供的，也不适用于本《重述》。”

以上是美国成文法关于“产品”的定义。但是，在美国法院的实践审判中，法官出于各种对保护消费者和公共利益的考虑，倾向于对法律条文采取更广泛、更灵活的解释。产品从工业品扩大到农产品，从有形物扩大到无形物，如智力产品、电、天然气等②。例如，在 1978 年的“哈雷斯诉西北天然

① 刘静，产品责任论，中国政法大学出版社 2000 年版，第 108 页。

② 查晓雯，国际产品责任法中产品范围的比较及启示，民主与法制．2006（5）：32。

气公司案”中，法官将天然气纳入“产品”的范围。在“兰塞姆诉维斯康星电力公司案”中，法官认定电是“产品”。

2. 欧洲法律法规

1977 年，欧盟理事会通过《关于造成人身伤害与死亡的产品责任的欧洲公约》（即《斯特拉斯堡公约》）[①]。该公约对产品的定义比较宽泛，认为：“不论是加工还是没加工过的，是天然的或是工业的，只要是可移动的物品均为产品，甚至包括组合到另一可移动或不可移动物品中的物品。”《斯特拉斯堡公约》的核心内容为：在欧共体成员国内，对因产品缺陷导致人身及财产损失的产品制造商应该承担严格责任或称无过错责任。

1985 年，欧共体理事会通过《欧洲经济共同体使各成员国产品责任立法一致的修改正案》（即《欧共体产品责任指令》）[②]。该指令第 2 条规定：“产品是指初级农产品和狩猎物以外的所有动产，即使已被组合在另一动产或不动产之内。初级农产品是指种植业、畜牧业、渔业产品，不包括经过加工的这类产品。产品也包括电。”由于欧盟成员国不同程度地对《欧共体产品责任指令》进行了保留，各国对“产品”的定义也有所不同。如英国《消费者保护法》规定：“产品是指任何产品或电，而不论该产品是作为零部件、原材料或者其他组装到另一产品中，但不包含未经加工的捕获物或者农产品。”德国《产品责任法》规定：“任何动产和电流，但未经加工的动物饲养、养蜂业和捕鱼业的农产品，都不属于产品。”[③]

3. GNSS 空间及地面设施是“产品”

我们知道，GNSS 系统一般由空间设施（如卫星）、地面设施（地面监控站、数据注入站等）及用户设备（如导航设备）组成。这些组成部分都是“有体物”，根据欧洲和美国的成文法规，这些有体物属于“产品”。因此，当损害是由这些“有体物”造成的时，受害人可依据各法域的产品责任法请求“产品”制造商、销售商承担“严格责任”或“无过错责任”。在这种情况下，空间及地面设施的承建商、销售商应该承担产品责任，而 GNSS 导航信号服务提供商则无需承担产品责任。

---

① http：//www. chinalawedu. com/news/1200/23155/23156/23162/2006/4/li878173511246002570 – 0. htm。

② Council Directive of 25th of July 1985 on the approximation of the laws，Regulations and Administrative Provisions of The Member States Concerning Liability for Defective Products（85/374/EEC）。

③ 赵相林、曹俊，国际产品责任法，中国政法大学出版社 2000 年版，第 78 页。

4. GNSS 信号是否是“产品”

从上述对欧洲及美国相关产品责任法的考察不难看出，欧美立法和政策对“产品”的定义，主要以列举方式将“有体物”作为产品。尽管欧洲立法和美国司法实践表明，电成为产品责任法中的“产品”，但由于两地的立法均严格语义上的定义，因此根据“明示其一即排除其他”规则[①]，法律条文如果列明了特定的款项，未采用一般性的术语，其意图就是排除未列明的项目，即便未列明项目与列明项目具有相似性。由此，就排除了一般意义的“无体物”作为“产品”的可能性，只有特殊无体物“电”才是“产品”。所以，欧美法律已形成共识，即除电以外的“产品”是有体物，而“服务”是无体物。根据法律关系的客体不同，对产品制造商以及服务提供商适用不同的归责原则，前者适用“绝对责任”或“无过错责任”，后者采用“过错责任”[②]。

目前，从两地的成文法或是以往判例考察，两法域均未对“GNSS 信号”是否属于“产品”作出判断。本课题组的初步判断为，GNSS 信号作为无体物不属于上述两法域“产品”的法律概念范畴，因 GNSS 信号缺陷或缺失遭受损害的受害人不能根据欧洲及美国的产品责任法追究产品制造商的产品责任，而只能以“过错理论”为基础，追究 GNSS 信号服务提供商的一般侵权责任。

问题是，根据“过错责任”规则，GNSS 信号错误或瑕疵的受害人需要承担举证责任，但是 GNSS 属于高科技行业，一般受害人作为非专业技术人员很难就信号错误或瑕疵进行举证，这样就增加了受害人举证的负担，增大了获得赔偿的难度，形成事实上的不平等、不公正。本课题组认为，GNSS 导航服务具有高科技性、全球性、高危险性和复杂性，适用“过错责任”确定此类危险活动的责任，对受害方显失公平，明显不合适。

（二）服务责任

1. “服务”的定义

与上述法律概念“产品”相关的另一概念是“服务”。值得注意的是，《欧共体产品责任指令》只调整因“产品”瑕疵或缺陷导致的侵权法律关系，而不涉及因“服务”导致的法律问题。此外，《美国第三次侵权法重述》也用排除法说明“服务不是产品”，却未明确“服务”的定义以及因“服务”缺陷

① “明示其一即排除其他”是一项古老的法律解释规则，也是字义解释法中经常使用的一种“傻瓜”规则。其往往是为强化对字面含义的解释结果，转而使用此义而非彼义的对比式表达方式。

② Charles Cantu, The Illusive meaning of the term product under section 402A of the Restatement (Second) of Torts, 44, Oklahoma Law Review, 1991, p. 635, esp. p. 637。

或瑕疵导致的侵权责任。于是，我们难免困惑，究竟什么是“服务”?“服务”与“产品”有何区别?

根据欧洲共同体 1990 年《欧洲共同市场服务提供人责任指令草案》第 2 条[①]，“服务”的定义为：任何在商业基础上进行的或者以公共服务与独立方式提供的服务，不论是否有报偿，也无需动产的制造者与权利或知识产权的转让者将此种报偿作为服务的直接或唯一目的。本指令不适用于为维持公共安全所提供的公共服务。对于套装旅游或与废弃物有关的服务，亦不适用。由于该草案并未获得最后通过，因此其对“服务”的定义只是学理上的参考，不具有法律约束力。

此外，具有法律借鉴价值的“服务”定义，可以参考世界贸易组织乌拉圭回合谈判的《服务贸易总协定》(General Agreement on Trade in Services, GATS) 的规定。GATS 第 1 条第 3 款（b）项规定，就本协定而言，服务包括任何部门的任何服务，但在行使政府职权时提供的服务除外。此外又规定，“行使政府职权时提供的服务”系指既不依据商业基础提供，也不与一个或多个服务提供者竞争的任何服务[②]。显然，世界贸易组织是以排除方式来界定服务的范围，对于 GATS 所确定的服务范围，应严格按照其附件规定判断。在此，我们遗憾地发现，在 GATS 服务中并没有 GNSS 服务一项。究其原因，正是因为 GNSS 服务多为免费服务，因此并不属于服务贸易的范畴。

“服务”一词在国际法范畴、各国国内法学领域，并不存在统一的定义。但从上述“服务”的定义，不难看出，服务应具有以下特点：首先，服务不具有产品的有形特征，而是以无形的劳务为表征的作为或者不作为，此为服务与产品的主要区别。其次，服务是由特定人向特定人或不特定人以直接或者间接的形式给付的作为或者不作为。最后，服务能够满足消费者的某些需求。同产品一样，服务也具有特定的使用价值。如果不具有价值，服务也就不会作为消费的对象而存在。正是因为服务能满足个体的某些需求，服务才在特定的服务提供者与服务接受者之间形成服务法律关系。

对照以上特点，我们似乎可以得出结论——GNSS 播发导航信号的行为同时满足以上特征，因此，GNSS 播发导航信号的行为应该属于“服务”。那么，欧美国家是否存在调整服务者责任的法律规制呢?

---

① 张严方，消费者保护法研究，北京：法律出版社，2003：127。

② 房东，WTO《服务贸易总协议》法律约束力研究，北京：北京大学出版社，2006 年 1 月第 1 版，第 36 页。

2. 关于“服务责任”的法律规范

在美国的法律体系中，并没有类似于产品责任（product liability）制度的独立服务责任制度规范。一般性的服务侵权行为通常被包含在过失责任（negligence liability）理论体系中，而对医疗和律师等专业服务，则有专门的专家责任（malpractice/professional responsibility）制度来加以规范①。对于采用侵权责任处理专家对第三人的责任问题，往往通过注意义务来限制第三人的范围，同时在界定专家对第三人的责任时，不仅考虑法律逻辑，而且还要考虑公共政策。受害者可以依据职业过失、违约、违反忠实义务等多重诉讼请求向法院起诉。但是，专家责任的归责原则是过错责任，需要存在行为的违法性损害因果关系及加害人的过错为要件②。因此，如果将 GNSS 服务提供商看作是一种“专家”时，据此确定 GNSS 系统故障或信号缺失导致第三人损害，同样会发生受害人举证责任过重的问题。

我们再考察一下欧洲的情形。1990 年，欧洲共同体理事会倡导制定《理事会服务提供者责任指令》（Proposal for a Council Directive on the Liability of Suppliers of Services）也使用了“服务提供者责任”的概念，并且提议建立单独的服务提供者责任制度，对其使用“过错推定”的归责方式。但遗憾的是，由于未能获得足够的成员国支持，推广该指令的倡议已经被撤回③。因此，欧洲也没有关于“服务”责任的统一规则。

对于“服务责任”的规定散见于欧洲各国的国内立法。我们仅以德国为例。目前，德国法院创设了“一般安全注意义务”制度，确立了开启或者维持特定危险的人所应该承担的、根据具体情况采取必要的、具有期待可能性的防范措施，以保护第三人免受损害的义务④。“一般安全注意义务”将行为人负有的保护他人的积极义务扩大到了契约领域之外。“一般安全注意义务”适用范围广泛，有些情况下可以弥补成文法的不足，作为处理案件的法律依据。本课题组认为，“一般安全注意义务”的开启，可以成为 GNSS 服务提供商法律责任的重要依据，值得我们关注。但是，外空活动属于“高度危险活动”，而且由于 GNSS 导航活动的复杂性、全球性、不可预知性，此类活动的

---

① Kionka，Edward J.，Torts second edition，Black Letter Series，West Publishing Co. 1993，p. 221。

② 张新宝，中国侵权行为法（第 2 版），北京：中国社会科学出版社．1998：419。

③ 张严方，消费者保护法研究，北京：法律出版社．2003：127。

④ 周友军，社会安全注意理论及其借鉴//载梁慧星主编《民商法论丛》第 34 卷．法律出版社 2006 年版，第 194 页。

责任制度仍应坚持"受害人中心主义"①，即立法应该考虑受害人利益与便利，并使受害人得到"迅速和充分"的赔偿②。而"一般安全注意义务"是否与"高危险活动"的危害性相匹配，尚待研究。

（三）GNSS信号被认定为"产品"的可能性分析

那么，为什么GNSS播发的信号不能被当做GNSS系统制造的无形"产品"呢？事实上，GNSS导航信号是在GNSS空间系统、地面运作系统以及用户终端系统间通过信号传输、解码和转化才产生的。因此，GNSS信号可被视作GNSS系统制造出的"无形产品"。如果仅以欧美法律对"产品"有形性的判断，即认为无形的GNSS信号不属于"产品"，又似乎过于武断。因为欧美国家的产品责任判例已经渐渐将无形产品（例如"电"）纳入产品责任的范畴，应该承担绝对责任。所以，我们试图从美国"产品责任"的发展角度入手，采用类比的方法，对于产品责任是否适用于GNSS导航服务致损问题进行探讨。

1. 航空地图所包含的"信息"是"产品"

从美国法院的实践趋势来看，许多法院已经开始将"产品责任"扩大适用至"无形产品"。而且，在很多判例中，美国法院也不再区分"服务"与"产品"③。最为典型的就是一系列关于缺陷化的市场信息案例（defectively marketed information），如"Sallomey v. Jeppesen &Co. 案"（2d Cir. 1983），"Aetna Cas & Sur. Co. v. Jeppesen &Co. 案"（9th Cir，1981），"Fluor Corp. v. Jeppesen & Co. 案"（Ct. App. 1985），"Brocklesby v. United States案"（9th Cir. 1985）等。美国法院认为，在印刷材料中的"信息"可被视作"产品"，由该类信息缺陷导致的责任应适用产品责任的规定，采用严格责任（或无过错责任）规则④。

在"Aetna Cas & Sur. Co. v. Jeppesen &Co. 案"中，美国第九上诉巡回法院从性质的本质入手，认为不正确信息主要产生于航空地图。案件事实

① 《责任公约》序言。

② Walter Vasselli, A Legal Regime For Third Party Claims Relating To The Malfunctioning Of GNSS: Initiatives For New Legislation And Indications For Further Developments。

③ John Wade, Product Design Defects and Their Actionability, 33 Vanderbilt Law Review, 1980, p. 551, esp. p. 555。

④ Abney, David L. Liability for Defective Aeronautical Charts, 52 J. Air L. & Com. 323 (1986)。

如下：Bonanza Airline[1] 在飞往拉斯维加斯机场的途中坠毁，造成所有机组人员丧生。灾难发生后，受害者家属的代理人起诉了航空公司。最后航空公司与受害者家属达成协议，由保险公司 Aetna 支付最高保险条款的赔偿金。此后，保险公司 Aetna 又起诉了航空地图制造商 Jeppesen，诉因是航空地图存在设计缺陷，因此航空地图制造商应该依据“产品责任”承担严格赔偿责任。被告方 Jeppesen 主张，地图和地图所标明的信息属于“无体物”并非产品，因此不能适用严格责任。那么，联想到之前美国对“产品”的定义，我们似乎会赞同被告方的主张，并可以合理预期法院将裁定驳回原告的诉讼请求。然而，令我们惊讶的是，美国法院否认了被告的诉讼请求，并确认“航空地图中所包含的缺陷信息是产品”。

美国法院之所以会判决该案中的“信息”为“产品”，并判决其应该承担“产品责任”，主要考虑了“公共政策”因素。其一，能主动检测、消除产品缺陷的一方应该承担责任；其二，最易控制损失传播或发展的一方应承担责任；其三，受害方不能因举证困难而被剥夺获得赔偿的权利；其四，用户需要对产品制造商产生必要的“依赖”。

2. 对 GNSS 信号造成损失责任的影响

上述“Aetna Cas & Sur. Co. v. Jeppesen &Co. 案”与因 GNSS 信号造成损失的案件有一定的相似性。首先，卫星导航信号产生自 GNSS 系统，与“Aetna Cas & Sur. Co. v. Jeppesen &Co. 案”中的航空地图所包含的“信息”同具“无形性”。其次，航空地图与 GNSS 导航信号具有同样的功能——导航。进而，我们可以推论：第一，GNSS 信号应该与航空图表中的“信息”一致，享有“产品”的性质；第二，GNSS 信号导致的损失，GNSS 服务提供商应该承担“产品责任”，适用“严格责任”规则。尽管美国尚未形成关于 GNSS 信号服务的判例，但是我们有理由相信，这种“产品责任”的扩大适用，会对 GNSS 服务提供商的法律责任产生重大影响，也许未来 GNSS 信号服务也将成为“产品责任法”调整的对象。

六、GNSS 服务提供商规制模式及其对中国的启示

（一）中国现行相关立法与政策概览

中国北斗卫星导航系统自 2011 年 12 月 27 日正式宣布提供试运行服务以

① http：//en. wikipedia. org/wiki/Bonanza _ Air _ Lines。

来，已转入系统建设和应用推广并举的新阶段，并逐步拓展到交通运输、气象、渔业、林业、电信、水利、测绘等应用领域，产生了显著的经济社会效益。根据 2013 年国务院印发的《国家卫星导航产业中长期发展规划》[①]，2020 年我国卫星导航产业创新发展格局将基本形成，我国将建成由 30 余颗卫星组成的北斗卫星导航系统，提供覆盖全球的高精度、高可靠的定位、导航和授时服务。此外，产业应用规模和国际化水平大幅提升，产业规模将超过 4 000 亿元；北斗卫星导航系统及其兼容产品在国民经济重要行业和关键领域得到广泛应用，在大众消费市场逐步推广普及，对国内卫星导航应用市场的贡献率达到 60%，重要应用领域达到 80%以上，在全球市场具有较强的国际竞争力。目前，北斗已经全面进入国际民航组织（ICAO）、国际海事组织（IMO）和移动通信组织（3GPP），成为国际社会普遍认可的全球卫星无线电导航系统[②]。

但是，与我国在卫星导航领域取得的巨大成就相比，中国关于卫星导航的立法存在空白。卫星导航立法的落后其实是中国航天立法状况的一个缩影。我国一直积极开展探索和利用外空的活动，但基本上只注重航天科学技术的发展和应用，而忽视了航天法律制度的建立和健全。目前，中国在民用航天领域主要有两项部门规章：2001 年《空间物体登记管理办法》以及 2002 年《民用航天发射项目许可证管理暂行办法》。因此，在没有航天法作为顶层法律制度指导的背景下，中国卫星导航活动由一系列政府政策及部门指导文件进行调整和规范。中国关于卫星导航的政策性文件主要有：2007 年《关于促进卫星应用产业发展的若干意见》、2012 年《“十二五”国家战略性新兴产业发展规划》、2013 年《国家卫星导航产业中长期发展规划》、2014 年《国家测绘地理信息局关于北斗卫星导航系统推广应用的若干意见》等。

通过对美国“产品责任”判例制度演进发展可知，随着美国“产品责任”现代化进程的不断推进，美国法院将“产品”范围由“有体物”逐步扩大到“无体物”。我们可以预期，未来美国“产品责任”可类推适用于因卫星导航信号故障所产生的侵权责任。但是，与美国的判例法传统不同，中国是成文法国家，只能依据我国现行立法确定卫星导航信号故障导致的侵权责任是否构成“产品责任”。

---

① 国家卫星导航产业中长期发展规划，中华人民共和国中央人民政府网站：http://www.gov.cn/zwgk/2013-10/09/content_2502356.htm。

② 北斗卫星导航系统由区域运行向全球拓展启动实施，北斗卫星导航系统官网：http://www.beidou.gov.cn/2015/04/03/20150403f1386623cc8845b0ab57b22dbbf1acf7.html。

根据我国《产品质量法》第2条第2款：本法所称产品是指经加工、制作，用于销售的产品。由此可见，产品必须用于“销售”①；对于免费使用的产品，如免费使用的卫星导航信号则不能适用《产品质量法》，也不能适用《侵权责任法》关于产品责任的规定。因此，对于免费使用的卫星导航信号侵权，只能依据一般侵权行为的过错责任进行归责。本课题组认为，由于全球卫星导航活动具有高科技性、全球性、高危险性和复杂性，只有专业人士运用专业技术才能确定卫星导航信号是否存在瑕疵。如果由受害人就信号错误或瑕疵进行举证，无疑会增加受害人举证的负担、增大获得赔偿的难度，形成事实上的不平等、不公正。本课题组认为，全球卫星导航服务如果适用一般“过错责任”来确定此类危险活动的责任，对受害方显失公平，明显不合适。

那么，全球卫星导航信号故障侵权能否适用《侵权责任法》第9章所述之“高度危险活动责任”呢？根据《侵权责任法》第73条，“从事高空、高压、地下挖掘活动或者使用高速轨道运输工具造成他人损害的，经营者应当承担侵权责任，但能够证明损害是因受害人故意或者不可抗力造成的，不承担责任。被侵权人对损害的发生有过失的，可以减轻经营者的责任。”因此，在认定高度危险活动时，应严格按照法律列举的类型进行判断，因为高度危险责任采用封闭列举方式，因此不能扩张适用或类推适用②。虽然，卫星导航活动属于高危险的活动，但由于不属于我国《侵权责任法》列举的危险活动范畴，因此也不能适用高危险活动责任。

综上，在我国现行有效立法中，产品责任和高危险活动责任均不能调整卫星导航信号致害案件，而适用一般侵权责任确定卫星导航信号致害责任又存在明显的不公平，因此，现行侵权责任立法存在空白。

为推动卫星导航服务及产业的健康发展、保护卫星导航信号用户的正当权益，中国建立卫星导航信号致害侵权责任制度，立法有两种方式：其一，对现有《侵权责任法》进行修订，将卫星导航活动纳入高危险活动，适用严格责任；或者修改《产品责任法》，将无形产品——全球卫星导航信号纳入产品的范畴。其二，在《航天法》立法中规范卫星导航信号致害责任问题，将在下文中论述。

---

① 王利明、周友军、高圣平，中国侵权责任法教程，北京：人民法院出版社，2010：521。

② 周友军，侵权法学，北京：中国人民大学出版社，2011：307。

（二）关于中国卫星导航法律规制的建议

考虑到中国北斗卫星导航系统仍处于发展的重要时期，各项政府政策及部门指导文件，均以一种正向指引、鼓励发展的方式引导北斗产业发展，并未涉及北斗卫星导航系统运营及导航服务的法律责任问题。但是，法律和政策的空白并不意味着没有风险。正如外界媒体所指出："中国北斗系统面临的挑战并非来自技术方面，而在于商业化"[①]。因此，为促进北斗系统的良性发展，中国有必要借鉴美国、欧盟以及俄罗斯的立法经验，以法律手段更好地推动北斗导航系统的应用产业化。对中国而言，未来的北斗导航系统立法至少应考虑以下几点。

1. 立法模式的抉择——子法集成 vs. 母法主导

如前所述，目前全球卫星导航的法律规制模式主要为两种："子法集成"的美国模式与"母法主导"的俄罗斯模式。

美国关于 GPS 的立法主要采用了"子法集成"[②] 的模式，美国并没有指导 GPS 活动的顶层设计——《美国外空活动法》，而多从行政法角度进行规范，如《美国法典》第 10 编、第 49 编和第 51 编对美国 GPS 和各地增强系统的管理和协调进行了总括性规定，但未对卫星导航损害责任进行特别规制。这种模式的特点是，子法集中调整实践中急需解决的问题，因而具有很强的针对性、时效性、应用性。也正因为这种模式过于专注某类具体的法律关系和法律问题，其缺陷就十分明显——对没有明确规定的外空活动无法适用。

俄罗斯则形成了以 1993 年《俄联邦航天活动法》[③] 为核心的"母法主导"[④] 空间立法体系与立法模式。虽然俄罗斯制定单行的 2009 年《俄罗斯联邦导航定位活动法》对法律适用范围、基本概念、法律关系的主体、导航活动的特殊性要求、导航定位设备和导航定位活动设施的所有权、导航定位活动的财政保障等问题作出了系统规定，但是该法并未规范导航定位活动的法律责任问题。问题的解决仍需借助《俄联邦航天活动法》。这种模式的特点是：《俄联邦航天活动法》作为"空间宪法"具有纲领性指导意义，能够解决航天活动的一般问题；藉此再制定特别法或单行法，对卫星导航活动的相关

---

① 路透社，北斗导航系统面临商业化挑战，参考消息，2012-01-13（16）。

② 尹玉海、田伟，俄罗斯空间立法发展对我国的启示，中国航天．2004（7）：25-26。

③ 贾雪池翻译，俄罗斯导航定位活动法，载于《2011 年中国空间法年刊》，世界知识出版社 2012 年版，第 255-257 页。

④ 尹玉海、田伟，俄罗斯空间立法发展对我国的启示［J］，中国航天．2004（7）：25-26。

问题予以规制。因此“母法主导”的模式体现了成文法国家的立法传统与发展路线，系统规范的优点在于位阶分明、体系清晰。

综合比较美俄两种模式，本课题组建议采用俄罗斯的“母法主导”模式对中国卫星导航服务活动进行规制，有以下几点原因：

第一，从中国的立法传统来看，中国在法律制度、空间活动等领域曾受苏联的影响，与现行的俄罗斯立法存在一定的相似性。

第二，从中国的立法系统来看，中国属于成文法国家，在调整某一类法律关系时，均先制定“母法”原则性质的法律规范，然后再考虑“子法”性质的具体单行法规。如全国人大先制定了调整平等民事主体之间关系的《民法通则》，接着才先后制定了调整合同法律关系的《合同法》、调整侵权关系的《侵权责任法》等。

第三，从中国的立法现实来看，中国目前尚不存在《航天法》，但值得欣慰的是，2013 年全国人大常委会正式将航天方面的立法项目纳入了《十二届全国人大常委会立法规划》第三类①，国家航天立法进程实现了历史性突破。因此，在《航天法》立法草案中纳入卫星导航服务提供商的责任规则，这与制定一部尚未启动立法调研的单行法相比，更为现实、更值得期待。

2. 卫星导航服务商责任的构建——一般规则

本课题组认为，为囊括卫星导航服务提供者的责任，中国《航天法》立法应借鉴俄罗斯经验，重点解决以下几个问题：

第一，在总则中，可以借鉴《俄联邦航天活动法》第 2 条规定，确定航天或外空活动的范围，明确指明北斗卫星导航的活动属于外空活动。

第二，履行条约义务，将外空侵权责任转化为国内法。因为，中国是《责任公约》的缔约国，其有义务将《责任公约》的相关内容转化为国内法。这里，需要具体考量的因素包含：损害赔偿责任的主体、构成条件、责任范围、赔偿数额、清偿程序、国家在向受害者先行支付赔偿金之后的代位求偿权及求偿途径（外交途径、司法途径）等。在这里，需要明确区分“空间物体损害责任”与“空间活动损害责任”这两个概念：前者重点是“空间物体”，只涉及“有体物”的损害责任；后者着眼点是“空间活动”，不仅包含空间物体的运作，还包含某些不能被“物体”涵盖的无形服务，卫星导航活动即属于此类活动。在此，必须立足于中国国情，从国际、国内两个方面进

① 《十二届全国人大常委会立法规划 》（共 68 件），中国人大网：http：//www. npc. gov. cn/npc/xinwen/syxw/2013 - 10/31/ content _ 1812101. htm。

行考虑，以制定出能够切实维护中国利益、推进卫星导航产业不断发展的法律，而不能简单地照搬照抄。

第三，建立空间物体第三方损害强制保险制度。根据卫星导航活动风险高、损失大的特点，可以将 1967 年《外空条约》和 1972 年《责任公约》规定的国家承担先行赔偿责任的做法扩展适用于空间活动对本国国民造成的损害。虽然根据《责任公约》第 7 条，该公约不适用于发射国的空间物体对发射国国民造成的损害，但是规定适用于本国国民，可以使本国国民的利益得到更为充分的保障①。对此，可以借鉴《俄联邦航天活动法》第 30 条第 4 款的相应规定：1）参加开发和利用航天硬件的组织和公民，对航天活动中事故造成的损害所承担的责任，只限于保险金额或航天硬件和航天活动风险的保险合同中约定的保险赔款；2）如果保险金额或保险赔款不是赔付因航天活动事故造成的损害，则可以按照俄联邦法律规定的方式，从有关的组织和公民的财产中支付。

（三）中国卫星导航政策的完善与发展

1. 美国卫星导航政策体系与内容

目前，在美国国防部、国土安全部和交通运输部以及政府相关部门共同出台一系列全球卫星导航的政策性文件，如 2004 年《天基、定位、导航与授时服务政策》、2008 年《联邦无线电导航计划》、2010 年《联邦无线电导航计划》以及 2012 年《联邦无线电导航计划》。美国卫星导航政策的特点是：系统化、精密化、针对化、具体化地指引美国 GPS 卫星导航事业发展的方向和路径，系统规范美国联邦政府定位授时政策及管理、运营模式，对 GPS 导航活动具有十分重要的指示和引领作用。

我们在此以 2012 年《联邦无线电导航计划》为例进行介绍。该计划第一部分详细规定了联邦无线电导航计划的背景、目的和适用范围，确定提供 PNT 服务及其系统选择性因素的法定权限，旨在协调国家无线电导航计划服务、权利和责任三者之间的关系。第二部分详细论述了政府机构在规划和提供 PNT 服务中承担的任务和具体职责。第三部分系统论述了美国联邦无线电导航政策，包括时间政策、行政政策、GPS 服务政策等。第四部分针对 PNT 用户需求，则分门别类地划分了不同种类的需求，如空间、航空、地面、地

① 李滨，外层空间国内立法的趋势及中国的立法选择，北京航空航天大学学报（社会科学版），2007 (4)：47－51。

下、非导航应用和需求，这些都是经过总结的用户需要、急需或必须的东西，为美国政府提供相应服务奠定了基础。第五部分对 GPS 运营计划进行详细介绍，并提供了全球定位系统 GPS、增强系统以及其他辅助系统运营、发展和演变的框架。第六部分描绘国家 PNT 体系结构的发展成果及实施情况，并对未来发展趋势做出合理预期。

由此可见，2012 年《联邦无线电导航计划》宛如一部涵盖 GPS 历史、现在及未来的百科全书，为相关的无线电导航活动指明了方向，“系统、完整、详细、权责明晰”成为这部计划的标签。

2. 关于中国卫星导航政策的建议

目前，中国关于卫星导航的政策性文件主要有：2007 年《关于促进卫星应用产业发展的若干意见》、2012 年《“十二五”国家战略性新兴产业发展规划》、2013 年《国家卫星导航产业中长期发展规划》、2014 年《国家测绘地理信息局关于北斗卫星导航系统推广应用的若干意见》等。这些政策与指导意见，对中国北斗卫星导航产业的发展做出了宏观布局，对中国建立完整的卫星运营服务、地面设备与用户端制造、系统集成及信息综合服务产业链，促进中国北斗卫星应用产业的发展起着重要的推动作用。

但是，通过与美国卫星导航政策性文件的对比，我们不难发现，中国的卫星导航政策性文件大多是原则性的宣示和指引，并未明确北斗卫星导航活动的职、权、责、利等方面的关系。因此，本课题组建议，应加强国家层面的顶层设计和总体协调，一些管理关系需要进一步理顺，行政决策效率需要进一步提高。

参考文献

一、中文参考文献

[1] 贺其治．外层空间法［M］．北京：法律出版社，1992.

[2] 李寿平，赵云．外层空间法专论［M］．北京：光明日报出版社，2009.

[3] 马克·皮卓兹，赵海峰，吴晓丹．国际空间法教程［M］．哈尔滨：黑龙江人民出版社，2006．

[4] 尹玉海．美国空间法律问题研究［M］．北京：中国民主法制出版社，2007.

[5] 尹玉海．国际空间法论［M］．北京：中国民主法制出版社，2006.

[6] 凌岩．国际空间法问题新论［M］．北京：人民法院出版社，2006.

[7] 尹玉海．国际空间立法概览［M］．北京：中国民主法制出版社，2005.

[8] 李寿平．试论联合国框架下空间物体造成损害的赔偿责任法律制度［J］．时代法学，

2009，4.
[9] 赵云．试论外空责任公约及其完善 [J]．北京航空航天大学学报（社会科学版），2008，3.
[10] 李滨．外层空间国内立法的趋势及中国的立法选择 [J]．北京航空航天大学学报（社会科学版）．2007（12）．
[11] 高国柱．航空航天物体在空气空间的法律适用问题研究 [J]．中国民航飞行学院学报，2007（1）．
[12] 高国柱．中国立法的评价及未来展望 [J]．北京航空航天大学学报（社会科学版）．2007（3）．
[13] 杨宽．论卫星导航的法律规制 [J]．北京航空航天大学学报（社会科学版），2011（24）．
[14] 戚永亮．全球导航卫星系统及其相关法律问题研究 [J]．北京航空航天大学学报（社会科学版），2006（19）．
[15] 朱济杰．全球导航卫星系统规划与实施法律框架 [J]．民航经济与技术，1996（9）．
[16] 孙家栋．北斗卫星导航系统发展之路 [J]．太空探索，2010（7）．
[17] 朱筱虹，李喜来，杨元喜．从国际卫星导航系统发展谈加速中国北斗卫星导航系统建设 [J]．测绘通报，2011（8）．
[18] 李猛，李颖．论我国卫星导航的应用现状与发展 [J]．科技传播，2011（1）．
[19] 张双成，王利，黄观文．全球导航卫星系统 GNSS 最新进展及带来的机遇和挑战 [J]．工程勘察，2010（8）．
[20] 王杰华，吴文．国外卫星导航定位系统政策进展研究 [J]．中国航天，2011（1）．
[21] 佚名．俄罗斯全球卫星导航系统志在提升人类生活质量 [J]．太空探索，2011（7）．
[22] 杨志根，朱文耀，战兴群．全球卫星导航系统十年回顾及展望 [J]．前沿：科学，2010，62（2）．
[23] 王坤华．伽利略系统对 GPS 的冲击及美国的应对措施 [J]．中国航天，2005（1）．

二、外文参考文献．

[1] P. R. C. Pérez，GNSS liability issues：Possible Solutions to a Global System，Master Thesis，Institute of Air and Space Law，McGill University，2002.
[2] D. Bensoussan，GNSS and Galileo Liability Aspects，Master Thesis，Institute of Air and Space Law，McGill University，2002.
[3] B. del R. Ubago，The Emerging GNSS：Galileo，the European Alternative to the Global Positioning System，Master Thesis，Institute of Air and Space Law，McGill University，2002.
[4] D. W. Robertson，S. F. Friedell，and M. F. Sturley，Admiralty and Maritime Law in

the United States, Caroline Academic Press, Durham, North Carolina, 2001, p. 561.

[5] V. Kayser, Launching Space Objects: Issues of Liability and Future Prospects, Drodrecht / Boston / London: Space Regulations Library, Kluwer Academic Publishers, 2001.

[6] R. Van Dam, "GNSS and Aviation: EUROCONTROL's Perspective", (2000) 3: 1, Newsletter of Committee Z (Outer Space) of the International Bar Association on Business Law, p 48.

[7] L. de Andrade, Navigating into the New Millennium: the Global Navigation Satellite System Regulatory Framework, Master Thesis, Institute of Air and Space Law, McGill University, 2000.

[8] S. Andries, The Global Navigation Satellite System and the European Galileo Program, Master Thesis, Institute of Air and Space Law, McGill University, 1999.

[9] F. P. Schubert, "An International Convention on GNSS Liability: When Does Desirable Become Necessary?" (1999) XXW Ann. & Air Sp. L. p 255.

[10] D. P. Nicolaïdès, GNSS Legal and Institutional Issues, Master Thesis, Institute of Air and Space Law, McGill University, 1997.

[11] B. Kantasuk, General Legal Issues Concerning GNSS and the Impact on Developing Countries, Master Thesis, Institute of Air and Space Law, McGill University, 1997.

[12] H. Addison, Consideration with Regard to Global Navigation Satellite Systems of the Establishment of a Legal Framework, Master Thesis, Institute of Air and Space Law, McGill University, 1996.

[13] J. A. Rockwell, Liability of the United States Arising out of the Civilian Use of the Global Positioning System, Master Thesis, Institute of Air and Space Law, McGill University, 1996.

[14] M. A. Gbonaim, The Legal and Institutional Aspects of Communication, Navigation, Surveillance and Air Traffic Management Systems for Civil Aviation, Doctoral Thesis, Institute of Air and Space Law, McGill University, 1995.

[15] W. Habar, Coordination of a Separate Communications Satellite System under the INTELSAT Agreements Legal Analysis, Master Thesis, Institute of Air and Space Law, McGill University, 1991.

[16] S. A. Kaiser, Legal Implications of Satellite Based Communication Navigation and Surveillance Systems for Civil Aviation, Master Thesis, Institute of Air and Space Law, McGill University, 1990.

[17] D. E. Cassidy, Allocation of Liability between Government and Private Sector and Implication on Insurance of Space Commercialization, (1990) International Institute of

Space Law 33 pp. 23 - 25.
[18] K. K. Spradling，the International Liability Ramifications of the U. S. NAVSTAR Global Positioning System，(1990) 33 Collo. L. Outer Space 93.

课题主持人简介

高琦，女，法学博士，北京航空航天大学法学院讲师兼外事办公室副主任，北京航空航天大学外空法研究所副所长。研究领域：比较法、外空法和国际私法。2009 年毕业于中国社会科学院研究生院国际法专业、国际私法方向。主要访学经历：2011—2012 年和 2015—2016 年受邀赴美国圣玛丽大学授课，2007 年台湾玄奘大学访问学者，2014 年台湾政治大学访问学者。

"亚太地区空间机构论坛"（APRSAF）研究*

哈尔滨工业大学课题组

目　录

亚太地区空间机构论坛（APRSAF）是 1993 年由日本宇宙开发事业团倡

* 本文为中国空间法学会 2014—2015 年度第 8 号学术研究课题结题报告，荣获中国空间法学会 2014—2015 年度学术课题研究项目一等奖。课题主持人：哈尔滨工业大学空间法研究所所长赵海峰教授。课题组成员：哈尔滨工业大学空间法研究所李晶珠讲师、德国科隆大学航空航天法研究所法学博士生聂明岩先生哈尔滨工业大学法学硕士毕业生郭明玉女士。

导，由原日本科技厅和宇航所协助成立的。APRSAF 的参与主体非常广泛，包括空间机构、政府实体、国际组织、企业及大学等。截至 2014 年 12 月，共有来自世界 46 个国家和地区的 558 个机构以及包括联合国在内的 28 个国际组织参加 APRSAF。在 2015 年 12 月结束的第 22 届 APRSAF 年会上，来自 28 个国家、10 个国际组织的 477 人参加。APRSAF 是目前亚太地区最大的与空间活动有关的会议组织。随着越来越多的高级别官员参加会议，APRSAF 为空间活动国际合作的具体问题提供了探讨机会与平台。APRSAF 的成立宗旨主要是：汇集亚太地区的空间机构和国际组织的国家代表，通过发展空间技术及其应用，寻求促进亚太地区经济社会发展的措施并保护全球环境，在空间资源和国内空间项目上交换观点与信息，为其探讨空间合作项目、谋划未来空间发展趋势、促进空间技术交流和带动经济发展提供共赢的机会与平台，以期最大限度实现空间资源的优势互补，共享空间技术应用惠益。同时，鉴于该论坛的重要意义及合作诚意，亚太之外区域的国家或地区也积极将其纳入合作范畴之内，共谋合作前景。

APRSAF 的成立与发展，基本上反映了国际合作作为发展外空活动基本原则的大趋势。而 APRSAF 能够成功举办年会并发起诸多合作项目，则依赖诸多因素，其中政策与法律因素值得详细探讨，本课题将重点对此加以阐述。与世界上大多数地区有所不同，在亚太地区，除了由日本发起组织的 APRSAF 作为促进区域空间活动合作的平台之外，还有另外一个由中国发起并领导的“亚太空间合作组织”（APSCO）也发挥着类似的作用。与 APRSAF 不同，APSCO 是国际法意义上的国际组织，其成员方受到组织公约的约束。但总体而言，上述两机构的目的有诸多重复和类似之处。因此，探讨 APRSAF 与 APSCO 进行交流与合作的可行思路，是谋求亚太地区空间合作进一步发展的重要一环。

总体上，自 APRSAF 成立以来的二十几年间，其各项活动顺利推进，惠益亚太地区众多的不同国家，对亚太地区国家的吸引力不断增加，各国参与其活动包括组织制度与机构建设的积极性也日趋增长。这反映了日本对该组织的成功协调和掌控，也反映出日本以 APRSAF 为抓手，对亚太国家的空间事务拥有比较广泛的影响力。

本课题的主要内容可以进行如下概述：其一，作为 APRSAF 包括 APSCO 建立的法律基础的空间合作原则的概览；其二，APRSAF 相对成功运行的保障因素；其三，APRSAF 法律规制的优势与不足；其四，APRSAF 的成功经验给 APSCO 的运行和发展的启示；其五，APRSAF 与 APSCO 合作的可行性探讨。值得注意的是，APRSAF的相对良性运行依赖诸多条件，并且与世界上最为成功的区域空间合作组织欧洲空间局（ESA）相比，其成就还相去甚远。故而，在本课题研究过程中，APRSAF进一步发展的掣肘因素也会被加以探讨，针对亚洲空间合作更加稳健和良性发展的战略性建议也会被相应提及。

一、引言：APRSAF建立的国际法基础

1967年《外空条约》将“国际合作”视为基本原则，除了在条约前言之中明确提出“……希望在和平探索和利用外层空间的科学和法律方面，促进广泛的国际合作，深信这种合作将使各国和各民族增进相互了解，加强友好关系……”[①]。在条约正文之中，“国际合作”这一原则也多次被提及。但是，由于条约签订于东西方两大阵营对峙的背景之下，至今为止，除了条约规定的有限的几条合作措施之外，对于“国际合作”这一原则应如何具体实施，仍然没能在国际社会上达成共识。甚至关于《外空条约》认可的“国际合作”原则是否为外层空间法律框架下的法律义务也曾一度受到质疑[②]。随着科学技术的进步以及国际关系的缓和，外层空间领域的国际合作无论从形式还是内容方面都有了长足的发展。1996年，联合国以大会决议形式通过《国际合作宣言》，对《外空条约》中确定的国际合作原则予以进一步阐释。1996年《国际合作宣言》源于发展中国家在国际空间活动中的作用日益显著，其内容体现了发展中国家和发达国家之间利益的平衡[③]。例如，宣言第1条明确指出，国际合作应该为了所有国家和全人类的共同利益而开展，并特别考虑发展中国家的利益。但是宣言第2条和第4条随即指出，各国可以自由选择合作模式。这些规定被学者们认为是稀释了第1条将国际空间合作作为外空活动基

① 《关于各国探索和利用包括月球和其他天体在内的外空活动的原则条约》前言第4段、第5段。

② M. Miklody, International Cooperation - A Legal Obligation in the Law of Outer Space? in Proceedings of the Twenty - sixth Colloquium on the Law of Outer Space, International Institute of Space Law of the International Astronautical Federation, Oct. 10～15, 1983, Budapest, Hungary, American Institute of Aeronautics and Astronautics, pp. 231 - 234。

③ Marietta Benkoe, Kai - Uwe Schrogl, History and Impact of the 1996 UN Declaration on “Space Benefits”, in Space Policy, 1997, vol. 13 (2), p. 141。

本义务的可能性①。一方面，发展中国家希望通过法律将国际空间合作确定为基本义务，但是另一方面，发达国家主张合作的自由性，而 1996 年《国际合作宣言》中和了二者的利益诉求。

学术界对 1996 年《国际合作宣言》有着颇多期待，但是囿于宣言本身作为联大决议的性质，加之其内容中和了发展中国家与发达国家的诉求，导致相关规定并不清晰，尚不具备国际习惯法的效力②。但是这一宣言的通过至少有如下意义：其一，宣言丰富了"国际合作"的含义，并特别提及了发展中国家的利益，这对于未来空间活动的发展具有重要意义；其二，联大决议可以促进国际习惯法的形成③，随着空间活动实践的发展，"国际合作"原则有可能成为具备国际习惯法效力、规制外层空间活动的基本指导原则。

从实践层面看，联合国外空委的建立并良性运行可以看作国际范围内空间合作成功的典范。而从区域合作角度看，最为成功的模式则为欧洲空间局。建立于 20 世纪 60 年代的欧洲空间局致力于促进欧洲工业和经济的发展，同时希望保障欧洲探索外层空间的独立性④。在欧洲空间局建立之后，诸多区域性合作组织也相继建立。除本课题重点研究亚太地区的 APRSAF 与 APSCO，其他区域性空间合作机构包括：1997 年 3 月 11 日建立于拉丁美洲的"拉丁美洲与加勒比地区区域空间科技教育中心"⑤；建立于非洲地区的"非洲空间科技领导者会议"⑥，每两年召开一次，从 2005 年至今，已经先后分别在西非（尼日利亚，2005），南非（南非共和国，2007），北非（阿尔及利亚，2009）

① Art. 2 and Art. 4，see also：Brian D. Lepard，The Legal Status of the 1996 Declaration on Space Benefits：Are its Norms Now Part of Customary International Law?，in Irmgard Marboe (eds.)，Soft Law in Outer Space：the Function of Non - binding Norms in International Space Law，Boelau Verlag，2012，p. 307。

② Ibid。

③ Bin Cheng，United Nations Resolutions on Outer Space：'Instant' International Customary Law? in Bin Cheng，Studies in International Space Law，Clarendon Press. Oxford，1997，pp. 125 - 149。

④ Valnora Leister，International Cooperation in Outer Space：Extending the European Model，in Proceedings of the twenty - fourth colloquium on the law of outer space，International Institute of Space Law of the International Astronautical Federation，September 6 - 12，1981，Rome Italy，American Institute of Aeronautics and Astronautics，p. 207。

⑤ United Nations，Capacity - building in Space Science and Technology：Regional Centers for Space Science and Technology Education Affiliated to the United Nations，ST/SPACE/41，New York，2008。

⑥ Martinez Peter，African Leadership Conference on Space Science and Technology for Sustainable Development，in Space Policy，Vol. 28 (2012)，p. 33。

和东非（肯尼亚，2011）召开四次会议[①]，取得了一定的合作交流成果。

总体来看，无论是从基本国际条约的规定角度还是从具体的空间活动实践角度看，多边空间合作、区域空间合作已经是一个被普遍接受的有效开展空间探索和开发活动的方式。APRSAF 及 APSCO 就是在这样的背景下建立起来的。值得一提的是，亚太地区的两个合作机构几乎建立于同一时间[②]，并且，APRSAF 是全球最大规模的空间合作会议，而亚太空间合作组织则是欧洲空间局建立之后又一个区域空间合作组织的尝试。两个不同类型但是目的相似的合作机构并存于同一区域，对于空间合作的开展既是机遇也是挑战，相互之间的交流、借鉴及协调都是十分必要的。本课题研究的出发点为 APRSAF，所以首先要对保障 APRSAF 相对成功运行的因素进行梳理。

二、保障 APRSAF 成功运作的因素

与世界上最为成功的区域合作模式欧洲空间局甚至与 APSCO 相比，APRSAF 并非国际法框架下的国际组织。虽然建立论坛的基本理论依据来源于国际公约的一般性规定，但在具体的运行过程中，则更多依赖论坛组织的基本政策。与此同时，作为论坛发起国与组织国的日本，其国内政策对于论坛的影响值得特别注意。

（一）开放性的运行机制

APRSAF 所有文件全部通过其官方网站公布，其中包括历届会议的详细情况、组织章程、组织结构和工作机制。各国每年都要提供一份本国开展空间活动的政府和研究机构的组织结构图，以便其他国家和国际组织及时了解。这为任何对亚太地区空间机构论坛感兴趣的国家和国际组织提供了解 APRSAF 历史、发展和现状的机会，同时塑造了 APRSAF 务实和高效的形象。这一点对在国际合作中建立信任非常重要。

到目前为止，APRSAF 的参与国家和地区包括：澳大利亚、文莱达鲁萨兰国、加拿大、哥伦比亚、捷克、斯里兰卡、德国、法国、伊拉克、巴基斯

① Ibid. P. 34。

② 如上述，APRSAF 于 1993 年成立，而作为亚太空间合作组织前身的“亚太空间技术与应用多边合作”（AP - MCSTA）谅解备忘录则于 1992 年正式签订。（参见：Asia Pacific Space Cooperation Organization (APSCO)，available at http：//www. suparco. gov. pk/pages/apsco. asp)

坦、意大利、日本、肯尼亚、不丹、柬埔寨、泰国、荷兰、老挝、马来西亚、蒙古、尼泊尔、新西兰、孟加拉、中国、智利、印度、印度尼西亚、哈萨克斯坦、韩国、新加坡、菲律宾、土耳其、乌兹别克、罗马尼亚、俄罗斯、越南、南非、西班牙、以色列、乌克兰、缅甸、阿拉伯联合酋长国、英国、美国、中国台湾地区①。

参与 APRSAF 的国际组织包括：亚洲开发银行（ADB)、亚洲减灾中心（ADRC)、亚洲理工学院（AIT)、亚太经合组织气候中心、亚太地区空间技术与应用多边合作组织（AP - MCSTA)、亚太地区卫星通信委员会（APSCC)、亚太空间合作组织（APSCO)、东盟秘书处、东盟委员会、空间技术与应用（ASEANSCOSA)、欧洲空间局（ESA)、地球观测组织（GEO)、国际宇航联合会（IAF)、国际山地综合发展中心（ICIMOD)、国际水稻研究所（IRRI)、国际空间大学（ISU)、湄公河委员会（MRC)、经济合作与发展组织（OECD)、亚洲及太平洋可持续发展解决方案（SDSAP)、空间一代咨询委员会（SGAC)、联合国外空委（UNCOPUOS)、联合国亚洲及太平洋经济社会理事会（亚太经社会)、联合国粮农组织亚太区域办事处、联合国人类住区规划署（UNHABITAT)、联合国外层空间事务办公室、联合国亚洲及太平洋研究统计所（UNSIAP)、联合国教育、科学及文化组织（UNESCO)、联合国裁军研究所（UNIDIR)、联合国秘书长对水和卫生的顾问委员会（UNSGAB)②。

随着国际空间合作领域的不断延伸以及出席论坛成员的增加及级别的不断提高，APRSAF 还为各参加方讨论具体问题，进一步加强空间合作提供了更专业、更广泛的机会和条件。由于 APRSAF 不具备独立的法律主体地位，导致其在亚太区域性空间合作的实践中不可能像亚太空间合作组织一样具备稳定性和法律保障。但是，实践证明，这种非正式的论坛形式也具备一定优势。主要表现在其满足了参与主体和参与项目的自由度，大大提高了合作效率，避免了资源浪费，从而极大地促进了亚太地区区域性空间合作实践。

（二）持续而富有成效的年会制度

1993 年 9 月 9～10 日，APRSAF 第一次会议在日本东京召开。会议由日

① Participants of APRSAF - Countries and Regions，available at https：//www.aprsaf.org/participants/，2015 年 3 月 15 日访问。

② Participants of APRSAF - International Organizations，available at https：//www.aprsaf.org/participants/countries/international_organizations.php，2015 年 3 月 15 日访问。

本科学技术厅（STA）、日本国家空间发展局（NASDA）和日本宇宙与航天科学研究院（ISAS）共同举办，并由日本遥感技术中心赞助。此次会议的参加者分别来自澳大利亚、孟加拉国、加拿大、中国、亚太经社会、印度尼西亚、日本、基里巴斯（观察员）、韩国、马来西亚、蒙古、巴基斯坦、菲律宾、俄罗斯、新加坡和泰国等国家①。会议宗旨可以概括为：汇集来自亚太地区空间机构的代表；汇报国内空间项目；交换本地区内空间项目的观点与信息；探讨本地区在互惠基础上开展空间合作的可能性②。此后，1994 年 10 月 31 日至 11 月 2 日，1996 年 3 月 13 至 15 日，1997 年 3 月 17 至 19 日在日本东京召开了第二、三、四次年会③。截止到 2014 年 12 月，该论坛已成功举办 21 次年会，第 22 届年会于 2015 年 12 月 1 日至 4 日在印度尼西亚的巴厘岛举办④。APRSAF 年会主题明确，参与主体广泛，取得了良好的社会反响并对未来的空间合作实践具有重要意义。

APRSAF 历届年会一览表⑤

届数	时间	地点	主题	举办方	参与方		
					国家	国际组织	参加人数
1	1993－9－9～10	日本东京		日本科学技术厅（STA）、日本国家空间发展局（NASDA）和日本宇宙与航天科学研究院（ISAS）所共同举办，并由日本遥感技术中心赞助	15	1	
2	1994－10－31～11－2	日本东京			19	3	
3	1996－3～15	日东京本			18	2	
4	1997－3－17～19	日本东京			16	2	

① Meeting Report of APRSAF－1，available at https：//www. aprsaf. org/annual _ meetings/aprsaf1/pdf/APRSAF－1 _ reportpdf。

② Ibid。

③ About APRSAF－2，3，4，see respectively at：https：//www. aprsaf. org/annual _ meetings/aprsaf2/meeting _ details. php；https：//www. aprsaf. org/annual _ meetings/aprsaf3/meeting _ details. php；https：//www. aprsaf. org/annual _ meetings/aprsaf4/meeting _ details. php。

④ https：//www. aprsaf. org/annual _ meetings/aprsaf22/meeting _ details. php。

⑤ 上述表格根据亚太空间机构论坛官方网站提供数据总结归纳：https：//www. aprsaf. org/about/，2015 年 3 月 15 日访问。

续表

届数	时间	地点	主题	举办方	参与方		
					国家	国际组织	参加人数
5	1998-6-21～23	蒙古乌兰巴托		蒙古国家遥感中心和环境与自然部，日本科学技术厅，日本宇宙与航天科学研究院和日本国家空间发展局	11	1	42
6	1999-5-24～27	日本筑波	空间技术的应用	日本国家空间发展局（NASDA），日本科学技术厅，日本宇宙与航天科学研究院	19	3	
7	2000-6-19～22	日本东京	从空间获益的便捷途径	日本国家空间发展局（NASDA），日本科学技术厅，日本宇宙与航天科学研究院	19	3	
8	2001-7-23～26	马来西亚吉隆坡	亚太地区航天新时代	日本教育、文化、体育、科学和技术部（MEXT），日本国家空间发展局（NASDA）、日本宇宙和航天科学研究院（ISAS），马来西亚遥感中心（MACRES）和日本科学技术和环境部	20	5	75
9	2003-3-25～27	韩国大田	空间应用造福亚太地区	泰国科学和技术部（MOST），韩国航空航天研究所（KARI），日本教育、文化、体育、科学和技术部（MEXT），日本宇宙与航天科学研究院（ISAS），日本国家空间发展局（NASDA）	18	4	55
10	2004-1-14～16	泰国清迈	推动亚太地区空间应用合作	泰国科学和技术部，泰国地质信息与空间发展局，日本教育、文化、体育、科学和技术部	21	4	55
11	2004-11-3～5	澳大利亚堪培拉	不断壮大的航天事业	澳大利亚卫星系统合作研究中心，日本宇宙航空开发机构（JAXA），日本教育、文化、体育、科学和技术部	17	4	55
12	2005-10-11～13	日本北九州岛	航天最大限度服务社会	日本宇宙航空开发机构（JAXA）、日本教育、文化、体育、科学和技术部	21	7	120

续表

届数	时间	地点	主题	举办方	参与方		
					国家	国际组织	参加人数
13	2006-12-5～7	印度尼西亚雅加达	共同努力，建设一个安定繁荣的社会	印度尼西亚技术与研究部（RISTEK），印度尼西亚宇宙与空间研究所（LAPAN），日本宇宙航空开发机构（JAXA）、日本教育、文化、体育、科学和技术部	18	8	150
14	2007-11-21～23	印度班加罗尔	空间为人类带来更强能力	印度空间研究组织（ISRO），日本宇宙航空开发机构（JAXA）、日本教育、文化、体育、科学和技术部	19	5	127
15	2008-12-9～12	越南河内下龙湾	空间可持续发展	泰国科学与技术部（MOST），越南科学与技术学院（VAST），日本宇宙航空开发机构（JAXA）、日本教育、文化、体育、科学和技术部	22	7	200
16	2010-1-26～29	泰国曼谷	空间应用对人类社会安全与安定的贡献	泰国科学和技术部，泰国地质信息与空间发展局，日本宇宙航空开发机构（JAXA）、日本教育、文化、体育、科学和技术部	27	10	310
17	2010-11-23～26	澳大利亚墨尔本	空间与工业对解决环境变化的作用	澳大利亚创新、工业、科学与研究部，日本宇宙航空开发机构（JAXA），日本教育、文化、体育、科学和技术部	23	11	230
18	2011-12-6～9	新加坡	为了明天的环境开展地区合作	新加坡空间与技术协会，新加坡国立大学远程成像、遥感和加工中心，日本宇宙航空开发机构（JAXA），日本教育、文化、体育、科学和技术部	28	11	280
19	2012-12-11～14	马来西亚吉隆坡	利用创新型空间计划改善生活质量	马来西亚科学技术和革新部（MOSTI），马来西亚国家空间局（ANGKASA），日本宇宙航空开发机构（JAXA），日本教育、文化、体育、科学和技术部	33	14	380

续表

届数	时间	地点	主题	举办方	参与方		
					国家	国际组织	参加人数
20	2013-12-3~6	越南河内	航天价值：亚太地区 20 年的经验	越南科学与技术学院（VAST），日本宇宙航空开发机构（JAXA），日本教育、文化、体育、科学和技术部	28	8	420
21	2014-12-2~5	日本东京	飞跃到下一个阶段：提供创新理念和解决方案	日本宇宙航空开发机构（JAXA），日本教育、文化、体育、科学和技术部	33	12	
22	2015-12-1~4	印度尼西亚巴厘岛	通过空间协同作用共享解决方案	印度尼西亚研究、技术和高等教育部（RISTEK-DIKTI）、印度尼西亚国家宇航和空间学会（LAPAN），日本教育、文化、体育、科学和技术部（MEXT），日本宇宙航空开发机构（JAXA）	28	10	477

（三）务实的活动项目与倡议

APRSAF 成立以来，开展了一系列活动，并通过一些国际合作项目解决亚太地区的具体问题。这些活动和项目包括：亚洲灾害管理检测项目（Sentinel Asia for disaster management），环境问题空间应用项目（Space Applications for environment issues，SAFE），重要气候任务地区准备审查项目（Regional Readiness Review for Key Climate Missions），以及利用“希望号”开展亚太地区的有益合作项目（Kibo-ABC①）。此外，APRSAF 还通过工作小组以及具体倡议开展了一系列务实活动。

1. APRSAF 的工作小组

为保障参与者可以顺畅分享关于空间活动及未来计划等信息，APRSAF 成立了四个工作组，分别为：“对地观测工作组”（Earth Observation，EO WG），“通信卫星应用工作组”（Communication Satellites Application，CSA

① Asian Beneficial Collaboration through “Kibo” Utilization。

WG)、“空间教育及认知工作组”（Space Education and Awareness，SEA WG）以及“空间环境利用工作组”（Space Environment Utilization，SEU WG）[①]。这些工作小组建立的目的在于分享各国及地区在空间开发利用和未来计划方面的信息。APRSAF 还支持建立国际项目来为灾难和环境保护这样的共同问题提供解决办法，目的在于使参与方能实现合作。从 APRSAF 第 1 届会议到第 7 届会议，在全体会议的议题中就致力于交换各国的观点和意见来促进亚太地区未来的合作事宜。在第 8 届和第 9 届会议上，论坛建立了四个工作小组来开展区域合作。

“对地观测工作组”的目标在于对复杂的对地观测活动问题进行讨论，交换知识与信息，为亚太地区缓解和适应气候变化、灾害管理和其他形式的实践数据的运用作出实质性贡献[②]。与此同时，该工作组还致力于促进地球科学观测研究网络和能力建设，并在此基础上建立了 SAFE（Space Applications for Environment Issues）[③]。这个工作组还将对亚太地区进行环境监测作为自己的长期目标。

“通信卫星应用工作组”旨在对亚太地区长波服务的分配以及数字鸿沟（Digital Divide）等问题的规制作出贡献。除此之外，这一工作组也希望促进新的通信。卫星在亚太地区的远程教育、远程医疗以及灾害防治等领域的应用[④]。工作组的具体活动包括：创立卫星通信在远程教育、远程医疗以及灾害防治等领域新的应用及创新型概念，促进全球导航卫星系统（GNSS）相关活动在亚太地区的开展[⑤]等。

“空间环境利用工作组”旨在利用特定的外空环境条件（如高真空、失重）开展一系列活动，涉及各种各样的领域，包括科学研究、技术开发和教育。随着国际空间站建设的完成，空间环境利用的可能性进一步扩大，并且其成果已经开始出现在科学研究和技术开发领域。此外，在教育、文化和艺术领域的空间环境利用问题也被提上日程。随着国际空间站（ISS）运行的逐

---

① APRSAF，About Working Groups，available at http：//www. aprsaf. org/working _ groups/about/，2015 年 3 月 24 日访问。

② APRSAF，About Working Groups - Earth Observation，available at http：//www. aprsaf. org/working _ groups/eo/，2015 年 3 月 24 日访问。

③ Ibid。

④ APRSAF，About Working Groups - Communication Satellites Applications，available at http：//www. aprsaf. org/working _ groups/csa/，2015 年 3 月 15 日访问。

⑤ Ibid。

渐完善，作为其参与者，日本对于空间环境的利用具有先天的技术优势。因此，作为日本主导的 APRSAF 的工作组，“空间环境利用工作组”的目的在于促进空间环境以及国际空间站（ISS）在亚太地区的应用①。作为亚洲唯一的国际空间站项目参与者，日本希望充分利用国际空间站为亚洲其他国家谋福利②。

成立于 2004 年的“空间教育及认知工作组”，其目的可以做如下概括：其一，充分利用空间资源为青年人教育作出贡献；其二，在空间科技领域为青年人提供接受教育和培训的机会；其三，通过为青年人提供交换教育机会，促进亚太地区不同国家和组织之间的谅解与合作；其四，提高公众对于空间应用以及社会利益重要性的认识等③。自成立以来，该工作组的活动包括：组织青年人“水火箭”（Water Rocket）项目、青年海报竞赛，为学生、教师成立空间教育论坛、讨论组等④。

在经历 20 年的发展之后，在 2013 年 12 月 3～6 日召开的第 20 届会议上，APRSAF 执行委员会（ExCom）赞同对工作组框架改革进行进一步的讨论⑤。执行委员会在原有基础上提出了工作组的新框架。在 APRSAF 第 21 届会议上通过的新组建工作组包括：“空间应用工作组”（Space Applications WG），“空间技术工作组”（Space Technology WG），“空间环境利用工作组”（Space Environment Utilization WG），“空间教育工作组”（Space Education WG）⑥。根据执行委员会的研究，之前建立的工作组具有技术主导的特性，新的工作组在坚持技术主导的基础上还要以解决亚太地区的实际问题为目标，争取吸引更多的相关组织以及国内空间机构参与⑦。

具体而言，新成立的“空间应用工作组”整合了之前的对地观测和通信卫星应用工作组的部分功能，其目的以及主要工作包括重点关注区域灾害防

① Ibid。

② Ibid。

③ APRSAF，About Working Groups - Space Education and Awareness，available at http：//www. aprsaf. org/working _ groups/sea/，2015 年 3 月 25 日访问。

④ Ibid。

⑤ APRSAF，Annual Meetings：APRSAF 21 - Meeting Details（New WG Framework），available at http：//www. aprsaf. org/annual _ meetings/aprsaf21/new _ wg _ framework. php，2015 年 3 月 25 日访问。

⑥ Ibid.

⑦ Ibid。

治以及环境问题，讨论通过空间技术并结合其他技术解决这些问题的具体措施[①]。

“空间技术工作组”主要替代了之前的“通信卫星应用工作组”的职能，旨在交换非载人空间技术的信息，以满足亚洲国家相应空间技术发展的需求[②]。

“空间环境利用工作组”沿用了旧称，但在相关职能上有所调整，新的“空间环境利用工作组”除了继续促进和支持亚洲国家通过国际空间站利用外空环境之外，还准备纳入空间探索的职能，以应对这一领域日益增长的利益需求[③]。

新建立的“空间教育工作组”则旨在通过开展空间教育活动，为空间领域人力资源的发展做出贡献[④]。除此之外，工作组也希望通过促进与国际组织合作开展更有效率的活动。

APRSAF 执行委员会对于工作组职能的调整有一定的必要性。新组建的工作组除了关注科学技术信息的交流与合作之外，还着重提及了解决亚太地区的实际问题，结合上文介绍的 APRSAF 框架下发起的针对亚太地区实际问题的合作项目，这一改革具有重要意义。在具体合作项目的基础上，适应外空活动商业化的发展要求，后续谋求更多、更广泛的合作是可以预见的。

2. APRSAF 倡议的合作项目

APRSAF 为解决共同问题支持建立国际项目，诸如灾害和环境保护问题的方案，从而使参加者能实现合作的目的。

“亚洲哨兵项目”（Sentinel Asia Initiative）旨在促进空间机构和灾害管理机构之间的合作，应用遥感和网络地理信息系统技术来支持亚太地区的灾害管理[⑤]。这一项目的主要目标在于通过信息与通信技术和空间技术提高社会的安全性，提高灾害预防和预警的速度和准确性[⑥]。与“亚洲哨兵项目”对应，APSCO 提出的环境与灾害监测小卫星由中国牵头负责卫星研制，泰国、伊朗等参与国主要参加卫星地面应用站的建站工作。该卫星于 2002 年 10 月正式立项，卫星升空后将主要开展对地环境观测、灾害监测等工作。与此同时，

① Ibid。

② Ibid。

③ Ibid。

④ Ibid。

⑤ https：//www. aprsaf. org/initiatives/sentinel _ asia/。

⑥ Ibid。

中国国家减灾委和环境保护部联合提出的专门用于环境与灾害监测预报的小卫星星座，其卫星系列也成为《中国的航天》白皮书提出的民用遥感四大对地观测卫星系列之一。环境与灾害监测预报卫星星座由 8 颗小卫星组成，包括 4 颗光学小卫星和 4 颗合成孔径雷达小卫星（即“4+4”方案）。光学卫星可实现可见光探测，在 30 m 观测分辨率下，每天对国土进行全覆盖观测，红外探测在中等分辨率下，每两天对国土进行全覆盖观测，超光谱探测在中等分辨率下具备每两天对国土进行重复观测的能力。合成孔径雷达小卫星上装载有 S 波段合成孔径雷达，可实现对国土每天的重复观测能力。为了使卫星技术与应用得到循序渐进的发展，按照国家计划先期发射两颗光学小卫星和一颗合成孔径雷达小卫星（即“2+1 方案”），环境减灾 A/B 卫星就是其中的两颗光学卫星。这两颗卫星组成的星座，可以实现可见光每两天的国土覆盖观测能力、红外和超光谱每 4 天对国土的覆盖观测与重访能力，初步形成环境与灾害监测预报的天基能力。另外，根据亚太国家空间合作的要求，A 星作为亚太多边合作小卫星（SMMS），还装载了泰国的 Ka 波段通信载荷，用于通信试验①。

环境问题空间应用项目（SAFE）旨在鼓励为了减缓气候变化而进行的环境监测和研究，同时也包括其他因利用外层空间而进行的实践应用技术的研究，尤其是卫星遥感技术使得从太空观测地球成为可能，为测量诸如水资源、海平面、土地覆盖、森林砍伐、农业生产和生态系统、环境变化参数等提供了基础②。气候变化和人类活动加速了滥伐森林、干旱、洪水、食品安全和健康等危害的发生。为了控制和减缓这些危害，环境监测变得越来越重要。

在重要气候任务地区准备审查项目［The Regional Readiness Review for Key Climate Missions（Climate R3）］中，试图在未来几年中，提高参与 APRSAF 的国家和机构从选定的气候卫星任务提供的数据和信息中获益的能力；提升这些任务的积极作用以及这些任务在 APRSAF 参与方国内应用的意识；增强能力建设与协调发展，在分享本地区气候信息中创造更强大的地区身份和角色③。

利用“希望号”开展亚太地区的有益合作项目（Kibo - ABC）是由 APRSAF“空间环境利用工作组”建立的，旨在促进国际空间站的“希望号”

---

① 中国的环境与灾害监测预报小卫星星座 A/B 星，http：//www.space.cetin.net.cn/index.asp? modelname=spacechina/dzqk _ nr&recno=5313，2015 年 10 月 20 日访问。

② https：//www.aprsaf.org/initiatives/safe/，2015 年 3 月 18 日访问。

③ https：//www.aprsaf.org/initiatives/climate/，2015 年 3 月 18 日访问。

（Kibo）在亚太地区的利用。这个项目启动于 2012 年，围绕“希望号”利用活动，旨在提升亚洲国家分享并充分利用“希望号”的成果①。

（四）日本对 APRSAF 的发展与促进

日本在 APRSAF 的活动中始终秉承开放、务实和充分尊重各国意见的态度和工作作风。无论是国内相关机构之间，还是与其他国家以及国际组织的交流与合作，日本政府都积极参与，并主导着 APRSAF 的各项活动。

1. 日本主导作用的发挥

日本政府对 APRSAF 的主导作用非常明显。日本是历届 APRSAF 年会的举办者之一。作为主办组织之一，日本宇宙航空开发机构（JAXA）以秘书处的身份，不仅在论坛会议的规划和组织上发挥主要作用，而且派出的技术专家通过富有成果的讨论来体现在本地区的具体合作。大会的专题介绍和对主要议题的讨论都由日方代表作为主席或联合主席之一来主持，各工作小组的日方主席来自固定部门，其中一些科学家长期主持相关领域的讨论，从工作层面保证了日方在 APRSAF 会议上对舆论导向和结论的掌控。JAXA 既是管理部门也是外空领域的专业机构，可以代表政府在相关领域明确表态合作意向和合作原则。同时，该机构也非常了解日本国内相关项目的实施情况，可以直接回答技术问题，与各国参会代表进行多层面的交流。

APRSAF 虽然广泛征集和重视各方诉求，但是国际合作要围绕日本国内既定的航天计划这一原则从未松动。而且，日本从征集合作意向到开展可行性研究，到最终项目的实施，效率较高，执行力强，赢得了领导组织合作活动的主动权。在人力、物力和财力投入上和与各国的沟通协调上，日本的付出也是积极到位的，基本实现了促进国际合作并为亚太国家可持续发展做出贡献的承诺。

2. 日本支持作用的发挥

（1）在国内政策、立法及制度上的支持

2008 年通过的《日本空间活动基本法》是日本的第一部航天基本法，确认了日本空间活动的基本原则，对于日本航天工业的发展具有极为重要的促进意义，对于国际航天合作也有诸多规范。例如，该法第 6 条明确规定：“空间活动的开展应该通过有效地促进国际空间合作，为日本在国际社会上的利

① https：//www.aprsaf.org/initiatives/kibo _ abc/。

益起到积极推动的作用”[①]。同时，该法第14条提到，日本空间活动的开展应该同时服务于国际和平与安全[②]；而作为法律实施的具体措施，该法第19条规定：“国家应该采取必要措施，促进空间发展与应用方面的关于空间技术研发、国际技术协调等方面的国际合作；与此同时，深化日本与其他国家在空间发展与应用领域的理解，从而为日本在国际社会的利益提供有力保障”[③]。除了直接涉及国际合作的条款，2008年《日本空间活动基本法》还对保护外空环境[④]，促进外层空间的和平利用等问题作出了规定[⑤]。这些规定在客观上有利于促进APRSAF合作项目的开展。

2008年《日本空间活动基本法》第3章详细规定了日本基本空间政策的制定与实施等内容。日本空间发展战略总部（Strategic Headquarters for Space Development）分别于2009年、2013年和2015年制定了《日本空间政策基本计划》（以下简称为《政策》）[⑥]。基本空间政策有效期为五年，其中2013年制定的空间政策对于日本的空间合作进行了详细描述。

《政策》第2章提到了日本空间发展与利用的6个基本支柱，其中第5个支柱即为“促进国际合作”[⑦]。具体而言，为了促进空间活动的开展以及外层空间的有效利用，日本同时着眼于为区域合作和国际多边合作贡献力量。在区域合作领域，APRSAF是一个极为重要的平台。借助这一平台（也包括其他合作平台），日本的航天科技积极贡献于自然以及技术灾害的减缓与预防等[⑧]。与此同时，日本也意识到，空间活动的开展，例如卫星的发射必须依靠先进的科学技术、大量的资金，国际合作及其有效协调是解决这一问题的有效方式[⑨]。为此，《政策》提出，日本的遥感卫星数据可以在灾害发生时应用

---

① 2008年《日本空间活动基本法》英文版本由青木节子教授翻译，详细信息可以参考：Aoki，Setsuko，Introduction of Japanese Basic Space Law，in Boeckstiegel，Benkoe，Hobe（ed）. Space Law：Basic Legal Documents（vol. 5），Eleven International Publishing，2014，Part E. IV。

② 《日本空间活动基本法》，第14条。

③ 同上，第19条。

④ 同上，第7条。

⑤ 同上，第2条。

⑥ 日本2009年《日本空间政策基本计划》，参见：http：//www. kantei. go. jp/jp/singi/utyuu/keikaku/pamph _ en. pdf；日本2013年《日本空间政策基本计划》，参见：http：//www8. cao. go. jp/space/plan/plan - eng. pdf。

⑦ Chapter 2 - 2. 4，Six Basic Pillars for Japan’ s Development and Utilization of Space，Basic Plan on Space Policy，January，25，2013。

⑧ Ibid。

⑨ Ibid。

于其他亚洲国家，以此为基础建立一个和谐的互通有无的亚洲空间合作模式[①]。这一规范虽然没有直接提及 APRSAF，但是考虑到 APRSAF 各工作组的具体职能以及其框架下倡议的合作项目，这一政策对 APRSAF 的进一步发展具有极为重要的推动作用。而日本空间科技在亚太地区的应用，可以为 APRSAF 发起项目的有效运行提供重要的技术保障。

除此之外，作为日本开展空间活动的具体措施，《政策》中专门提及了日本空间机构正致力于促进国际尤其是亚洲地区的空间技术、空间基础设施以及其他与空间活动相关产品的出口[②]。在 APRSAF 框架下，这一提议具有特殊意义。日本作为 APRSAF 的发起者和领导者，一方面以其为平台积极提供应对全球性事件所必需的卫星数据等支持，另一方面也在空间商业化大背景下积极为亚洲其他国家提供商业空间服务。这些政策一方面直接作用于 APRSAF，使其各项活动能够顺利开展。从另一个角度看，日本开放的空间政策也有利于吸引更多亚洲国家和地区积极参与 APRSAF 的活动。

在制度层面，随着 APRSAF 的各类活动和参与机构逐渐增多，日本近些年开始加强对 APRSAF 的制度建设。JAXA 于 2009 年制定了加入环境问题空间应用计划的程序，之后还制定了环境问题空间应用计划和赞助方项目适应性评价管理程序，以吸引赞助方。此后，JAXA 又提议成立“亚洲哨兵项目”的任务组，负责制定行动计划，并在 2014 年年会上向联合项目组汇报[③]。

（2）物质上的支持

在资金上，日本通过政府开发援助计划、日本国际协力机构、日本学术振兴会以及联合国秘书长水与卫生顾问委员会的基金项目，国家空间计划的财政拨款，私营公司的商业运营和对 APRSAF 的专项拨款等方式提供资金支持。此外，日本航天活动的参与者和利益相关方全方位对 APRSAF 提供支持。从日本的空间事务最高决策部门空间政策委员会，到国家空间计划的政府管理部门 MEXT 和 JAXA，空间项目的用户单位日本总务省、经济产业省、环境省和邮政省，国家外交主管部门日本外务省，国际合作项目基金提供单位日本国际协力机构，空间科学科普机构日本科学未来馆，以及三菱公司、日本 NEC 东芝航

---

① Ibid。

② Chapter 3－3.3，Eight Cross Measures to Promote the Strategic Development and Utilization of Outer Space，Basic Plan on Space Policy，January 25，2013。

③ APRSAF，Annual Meetings：APRSAF 21 － Meeting Details（New WG Framework），available at：http：//www.aprsaf.org/annual_meetings/aprsaf21/new_wg_framework.php，2015 年 3 月 20 日访问。

天公司等日本主要的航天公司，都为 APRSAF 的合作活动提供过支持。

JAXA、MEXT、日本国际协力事业团（JICA）等以政府发展援助（ODA）的形式，向亚洲国家提供人力资源发展、太空应用技术联合研究以及太空基础设施建设等。例如，为了帮助越南建设国家太空中心并为越南制造、运营 2 颗 X 波段雷达成像卫星，日本向越南提供 10 多亿美元的贷款[①]。

日本作为东道国的主导和支持作用，为 APRSAF 参与方的合作提供了最为重要的保障。除此之外，其他参与国的响应也是合作成功不可或缺的因素。APRSAF 的参与国有中国、俄罗斯、印度、巴基斯坦、韩国等这些具有一定航天能力的国家，也有不具备航天能力的国家。一些国家虽然参加 APRSAF 的年会或工作组分会，但并不表明合作意向与愿望，是从最低程度上参与 APRSAF 的活动。从年会的举办情况来看，一开始日本主导并主办了前四届年会，之后陆续有其他参与国主办或与日本合作举办，这反映了参与国的参与程度越来越高。近年来，亚太地区空间机构论坛的各项活动进展顺利，对亚太地区国家的吸引力不断增加。各国参与其活动的积极性日趋高涨。从参与活动角度和内容来看，越来越多的参与国及国际组织积极参与到 APRSAF 组织制度与机构建设活动中。这反映了对组织的认同和接受，也反映了日本通过 APRSAF 提高了对亚太国家空间事务的影响力。

综上所述，作为一个空间合作会议，APRSAF 的成功运作不但依赖于合作框架本身的合理安排，而且也依赖于发起国日本政府的大力支持。当然，与世界上最为成功的区域空间合作机构欧洲空间局所取得的成就相比，无论从合作事项的深度和广度看，APRSAF 都还有进一步的发展空间。当然，同样无法忽略的是亚洲地区整体政治格局的发展，尤其是几个主要空间大国，如中国、日本以及印度之间关系的变化对空间合作有着巨大影响。当然，从积极方面看，APRSAF 与 APSCO 并存于同一地区，也体现了这一区域对于空间合作的迫切需求。当和平利用外层空间已经成为各国普遍认可的基本原则之后，尤其是空间商业化应用已经成为未来航天活动发展的常态之后，推动亚太地区国家航天合作的进一步发展存在巨大发展空间。

三、APRSAF 法律规制的优势及不足

与具有国际法主体资格的国际组织不同，APRSAF 的性质是一个国际会

① 张茗，亚洲太空力量的崛起：现实与趋势，国际观察，2015 年第 3 期，第 48－49 页。

议，并且成员方也并非仅限于政府机构，所以并没有制定严格的规范成员活动的组织公约。其法律规则也散见在相应的会议文件之中。而从总体上看，APRSAF 的法律规制在很大程度上有一定吸引更多成员方参与的优势，与此同时也存在相应的不足之处。区域空间合作的成功依赖许多外在条件，例如，不同国家之间的关系是否良好、经济发展程度是否均衡、整体利益诉求是否明显、是否存在较大的共同利益等。作为全世界最为完善的区域空间合作机构，欧洲空间局的建立和成功运作在很大程度上依赖欧洲一体化进程的发展，而保障欧洲空间局各项活动得以良性运行的法律规范则是在这一基础上运行的。与欧洲相比，亚太地区在上述诸多条件上都存在差距，很难在短时间内制定并且成功实施类似于欧洲空间局式的法律规范对空间合作进行管理。因此，相对行之有效的措施显得异常重要。通观 APRSAF 和 APSCO 建立以来所取得的成就，两个组织都有值得称道之处。但作为亚洲最大的空间合作会议，APRSAF 的法律规制具有独到之处，甚至在某种程度上与 APSCO 的法律规范形成互补。当然，这并不能否认 APRSAF 法律框架的诸多缺陷。只是从现阶段的发展状况看，APRSAF 的法律框架规范仍然有能力保障这一机构活动的有效运行。并且，如果能与 APSCO 形成良性互动，则更能推进区域空间活动的进步和长久发展。

（一）APRSAF 的法律规制模式

APRSAF 的法律规制可以分为两个层面。一个层面是 APRSAF 以及参加者需要遵守的基本原则；另一个层面则为 APRSAF 发起的具体空间合作项目的法律规制。

1. APRSAF 的基本原则

如上述，由于 APRSAF 并非严格意义上的国际组织，因此用于规制国际组织合作的公约之类的法律文件并不存在于 APRSAF 的法律框架体系之下。但是，为更好地保障其日常运作，APRSAF 的特别小组于 2012 年 2 月召开的第一次会议上制定了 APRSAF 的基本原则。这一原则经 2012 年 8 月召开的第二次会议以及 2013 年 5 月召开的执行委员会第二次会议的修改而最后通过[①]。

具体而言，APRSAF 的基本原则可以分为如下几个部分：

其一，基本目标。增进和扩大空间活动以及空间的和平利用，从而促进

① Principles of APRSAF，available at http：//www. aprsaf. org/about/pdf/Principles. pdf。

亚太地区经济社会的发展①。

其二，首要目标。APRSAF 促进合作的首要目标可以概括为如下三点：1）为亚太地区各国的空间机构、国际组织提供一个可以针对空间项目、空间应用以及空间科技等问题交换观点和信息的平台；2）发现并采取可以促进亚太地区经济社会可持续发展的具体措施，并通过空间科技及其应用保护环境；3）促进亚太地区空间研究及发展机构、空间基础设施提供商以及使用者之间多种利益模式的合作，同时也考虑与其他地区相关空间机构合作的可能性②。

其三，促进区域合作的措施。为实现上述基本目标和首要目标，APRSAF 采取的具体措施包括：1）提供一个开放灵活的合作框架；2）自愿参与 APRSAF 的活动；3）APRSAF 发起的项目主要针对服务于亚太地区的共同利益，并且通过具体的行动予以落实③。

通过上述介绍，可以对 APRSAF 制定的基本原则的特点概括如下：其一，APRSAF 致力于提供一个可以开展空间活动对话的平台；其二，APRSAF 针对参与者所规定的基本原则较为松散、开放与灵活；其三，为更好实现国际合作的目标，除召开会议之外，APRSAF 也组织发起具体的空间合作项目。但是鉴于 APRSAF 松散的法律规制框架，项目一般针对区域的共同利益而展开。这既有利于吸引更多参与者，也有利于项目的具体执行。

APRSAF 发起的具体空间项目，是通过具体行动予以落实的，而针对这些具体行动的法律规制，则有必要加以探讨。

2. APRSAF 空间应用项目的法律规制措施——以“亚洲哨兵”项目为例

APRSAF 发起的项目在客观上都符合全球治理的要求，这也是 APRSAF 所主导的项目得以吸引诸多参与者的重要原因。其中作为区域灾害预防与灾害控制典范的“亚洲哨兵项目”的法律安排具有代表意义，可以作为理解 APRSAF 主持发起的所有区域合作项目法律规制的典型事例予以分析评论。

“亚洲哨兵项目”的目的在于促进亚洲地区灾害监测的国际合作④。具体措施为使用对地观测卫星以及其他空间技术收集与亚太地区灾害相关的信息，

---

① Art. 1，Goal，Ibid。

② Art. 2，Objectives，Ibid。

③ Art. 3，Approach，Ibid。

④ Japanese Aerospace Exploration Agency，Sentinel Asia：Aiming to Mitigate Disaster Damage in the Asia - Pacific Region from Space，available at http：//global. jaxa. jp/article/special/sentinel _ asia/index _ e. html。

并通过互联网实现信息共享①。为保障信息及时有效的分享，发起者制定了专门的管理措施②。“亚洲哨兵项目”的整体运作框架可做如下概括：2007 年设立的“联合项目组（JPT）”负责具体执行③；“数据提供节点（DPNs）”则需要在区域灾害发生之后将从本国卫星获取的相关数据提供给“数据分析节点（DANs）”，提供数据者则包括项目成员中的各国空间机构及其他相关组织等；而“数据分析节点”则主要负责对提供者提供的无法直接应用于紧急灾害之中的数据及卫星图像进行分析和预加工，以保证数据可以较为有效地应用在灾害治理中；而技术工作组则主要负责生产和测试将信息运用到特定灾害的处理工具④。

灾害发生后，发生灾害的亚洲国家可以将请求发送给亚洲减灾中心（ADRC）⑤。索取卫星数据和图片；中心接收到请求之后通知日本宇宙航空研究开发机构（JAXA），JAXA 便布置具体行动计划并通过其拥有的对地观测卫星（ALOS）获取数据和图像，并将这些数据和图像通过亚洲减灾中心发送给受灾国家；与此同时，JAXA 还会通知其他成员的空间机构提供相应的支持⑥。

结上，APRSAF 不仅在空间项目中采取具体行动，并且在其发起的空间项目执行过程中相应的法律保障也较为完整。但是，这并不意味着这样的法律措施已经尽善尽美了。受到 APRSAF 本身性质的制约，项目的合作性质也

---

① Ibid。

② 关于“亚洲哨兵项目”整体的运作框架以及其与国际减灾合作框架以及亚洲区域减灾合作法律框架的联系以及其他相关问题，参见本课题组成员针对此问题专门论述的文章。聂明岩：亚洲“空间减灾多边合作法律框架”的完善和启示，载中国空间法学会《空间法通讯》，2014 年第 2 期，第 63－69 页。

③ Kazuya Kaku，Alexander Held，Sentinel Asia：A space－based disaster management support system in the Asia－Pacific region，in International Journal of Disaster Risk Reduction，2013：(6)，p. 3。

④ Ibid。

⑤ 亚洲减灾中心于 1998 年建立于日本神户，其目标为提高成员国抗灾能力，促进可持续发展。迄今为止，“中心”有 30 个成员国，包括中国、印度、日本、韩国等亚洲空间强国。（参见：Asia Disaster Reduction Center，Missions and Objectives. Available at http：//www. adrc. asia/aboutus/index. php）中心主要任务包括：收集和提供自然灾害的信息及治理灾害；促进减灾合作；在灾害发生期间收集数据，减缓灾害；传播灾害预防治理知识，提高减灾意识；促成减灾信息处理的教育及培训等。（参见：Asia Disaster Reduction Center，About ADRC－How We Work，available at http：//www. adrc. asia/aboutus/background. php）

⑥ Masami Onoda，Regional Disaster Monitoring by Remote Sensing：A Law and Policy Perspective，in Proceedings of the Fiftieth Colloquium on the Law of Outer Space，24－28 September 2007，Hyderabad，India，p. 728。

会受到影响，需要进一步完善。

（二）APRSAF法律规制的优势及不足

与世界上最为成功的区域空间合作组织欧洲空间局相比，日本主持发起的APRSAF无论是在形式上还是合作内容上及取得的成就上都稍逊一筹。但是，作为亚太地区最大的空间合作论坛，其成就不可忽视。世界上其他空间活动不发达地区已逐渐开始以APRSAF的组织模式为榜样，建立性质类似的本地区空间合作框架①；并且，从法律规制角度看，APRSAF的相关做法也值得肯定。当然，与此同时，其法律规制不足也颇为明显。

1. APRSAF法律规制的优势

从APRSAF整体的法律规制角度看，针对亚太地区的空间合作，其基本确定了如下原则：其一，开放性与灵活性并存；其二，参与方性质多元化；其三，参与方自愿参与论坛会议及其发起的项目；其四，不给参与方强加执行的义务。

上述几项原则的确立，优势是较为明显的。亚洲作为一个政治、经济、军事以及文化极为特殊且价值多元的地区，在涉及到外空领域的合作时，并不存在一个强大的推动力。与欧洲迫切希望独立发展外空事业的愿望相比②，亚洲地区已经有四个可以独立开展空间活动的国家，并且其中中国已经是世界上排名靠前的空间大国。换言之，任何企图通过严格的法律规则指导亚洲的空间合作，都可能面临一些问题。APRSAF作为一个亚太地区空间合作的平台，制定了极为宽松的合作条件，不给参与方附加任何强制义务，其目的就在于争取更多的参与者，起到一个促成广泛交流和协调的作用。

而从APRSAF主张发起的具体合作项目角度看，整体规制仍旧遵守自愿、开放并且非强制的原则。但是，为了在一定程度上保障项目的有效运行，APRSAF主持项目的法律规制应该做相应的调整。

其一，APRSAF组织的项目一般针对重大的全球性问题，涉及人类的共

① 如非洲建立的“非洲空间科学与技术领导人会议（ALC）”，致力于通过空间科学技术的合作促进非洲发展。参见：Peter Martinez，African Leadership Conference on Space Science and Technology for Sustainable Development，in Space Policy，Vol. 28（2012），p. 33。

② Valnora Leister，International Cooperation in Outer Space：Extending the European Model，in Proceedings of the twenty－fourth colloquium on the law of outer space，International institute of space law of the international astronautical federation，September 6－12，1981，Rome Italy，American Institute of Aeronautics and Astronautics，p. 207。

同利益。针对这些问题的项目一般在国际社会已经存在一个得到普遍认可的法律框架。例如上文作为例证的“亚洲哨兵项目”所要解决的灾害预防问题，在国际社会上已经有类似《空间与重大灾害国际合作宪章》①。这样的国际文件加以调整。虽然这些国际文件并不具备法律强制力，但是诸多观念仍会得到论坛项目参与者的普遍认可，从而在客观上保障项目的有效运行。

其二，在坚持基本原则的基础上，APRSAF为其所发起的相关项目制定了详细的行为准则，对各个参与方的具体活动做出了明确说明，这样就为参与方搭建了一个最为透明且极具可操作性的合作平台。当然，考虑到参与方对于具体项目的贡献并非强制性义务，作为APRSAF东道国的日本在项目具体执行过程中的作用极为重要。例如，在“亚洲哨兵项目”中，日本的JAXA是提供卫星数据给受灾国家和地区的最终保障，其所属的对地观测卫星（ALOS）的数据在保障“亚洲哨兵项目”有效运行的过程中具有十分重要的意义。

2. APRSAF法律规制的不足

从某种意义上讲，为了争取更多的参与者，APRSAF法律规制的某些权宜之计可以在一段时间内起到重要的作用。但是，这些灵活、开放的规定，也正是其法律规制的不足之处。

作为一个国际空间合作的论坛，APRSAF的性质存在先天的不足。灵活、开放以及自由的合作原则不能保障合作活动的有效性。合作参与主体性质的多元化也会导致合作深度和广度受限。APRSAF将有发展成为一个长期的一般信息交换平台的风险。这种情况虽然在各个亚太地区国家已逐渐形成共识，开展更为具体的空间合作具有客观上的促进作用，但是无法组织参与方投入资金、技术到具体项目进行深入合作。与欧洲空间局相比，APRSAF合作的深度和广度相去甚远，即便是与并不成熟的APSCO相比，在某些项目合作的方面，APRSAF也有一定差距。

① 《空间与重大灾害国际合作宪章》（以下简称《宪章》）由欧洲空间局和法国航天局于1999年7月在奥地利维也纳发起。（see：International Charter：Space and Major Disaster，available at：http：//www. disasterscharter. org/home）《宪章》的主要目的在于“促进各航天机构和空间系统运营商之间在利用空间设施用于自然或技术灾害危机管理方面的合作”。具体而言，可以概括如下：其一，在危机期间向其人口、活动或财产即将或已经遭受自然或技术灾害的国家或团体供应数据，为预测和管理潜在危机提供关键信息基础；其二，利用本数据以及空间设施开发的信息和服务参与紧急援助或重建和后续行动组织。（See：Charter on Cooperation to Achieve the Coordinated Use of Space Facilities in the Event of Natural or Technological Disasters Rev. 3，available at http：//www. disasterscharter. org/charter）

从APRSAF发起的具体项目看，同样受到了APRSAF参与方没有强制执行义务的限制。即便制定了极为详细的执行规则，项目合作的目的能否实现，还是依赖于各个参与者的主观意志。以“亚洲哨兵项目”为例，各国国内法关于遥感数据的严格保护可能会导致参与者无法提供数据①。在这种情形下，项目的整体运行只能依赖日本JAXA的数据，从而使合作项目变成了日本空间机构单方面对于亚洲其他国家的支援。

总的来看，APRSAF开放性、灵活性的原则，一方面保障了更多参与者的积极参与，另一方面针对具体项目制定的行为准则，也可以在很大程度上保障项目的有效运行。但是这些过分依赖参与方自觉性的措施，也会导致合作的深度与广度不够，从而导致项目本身运行效果不佳。虽然日本在无论APRSAF本身还是具体项目的运作过程中，都起到了极为重要的作用，但是这种主导作用的凸显恰好是合作不够充分的表现。随着经济全球化、一体化进程的加快以及亚洲区域关系的缓和，APRSAF的合作有改进的可能性。而与此同时，对于APRSAF开创的一些优秀合作模式，也有必要予以发扬。

（三）APRSAF法律规制的体系化应用及其完善

如上述，APRSAF的法律规制可以简单地分为针对APRSAF本身进行规制的基本原则以及针对专门项目的具体规定。依据2007年发布的“全球开发战略框架”（GES）② 的设想，一个致力于规范国际空间合作的法律框架应遵守如下原则：开放与包容，灵活且不断创新，有效率，以及考虑多方利益③。如此看来，日本主导的论坛制定的法律规范符合了上述的大部分要求，只是在效率性要求上存在一定问题，而这几乎是所有领域国际合作的普遍问题。因此，鉴于当前亚洲空间合作的实际状况以及未来发展趋势，针对APRSAF的法律规制并无必要进行过多修改完善以增强其执行效力，而是应该进一步扩大这种模式的应用。

---

① Paul B. Larsen, Limited Right of Access to Remote Sensing Data for the Prevention and Mitigation of Disasters, in Proceedings of the Fiftieth Colloquium on the Law of Outer Space, 24 - 28 September 2007, Hyderabad, India, p. 710。

② “全球开发战略框架”由14个国家的负责空间事务的主管机构共同参与、讨论并最终起草发行。这些空间机构包括：ASI（意大利），BNSC（英国），CNES（法国），CNSA（中国），CSA（加拿大），CSIRO（澳大利亚），DLR（德国），ESA（欧洲空间局），ISRO（印度），JAXA（日本），KARI（韩国），NASA（美国），NSAU（乌克兰），Roscosmos（俄罗斯）。

③ The Global Exploration Strategy: The Framework for Coordination, pp. 22 - 23, available at http://www.nasa.gov/pdf/296751main_GES_framework.pdf。

1. APRSAF法律规制的体系化应用

有学者在讨论国际空间合作的模式问题时，提出了空间合作的几种模型，认为这几种模型可以供未来合作借鉴：其一，便是上文介绍的“全球开发战略框架”，这一合作模式可以用于人类关于月球和火星的前期开发；其二是国际空间站合作框架，这一模式则适用于美国主导的月球探索以及空间开发项目等。而作为区域合作典范的欧洲空间局模式由于以欧洲经济、政治及文化背景的特殊性为基础，所以无法供未来的合作借鉴①。总的来说，我们认可上述论断。但是，上述研究者所提及的模式并不能完全涵盖空间合作的一切方面。并且，几种模式之间也不能割裂开来理解。在区域空间合作领域，以日本主导的APRSAF所代表的合作模式，在某种程度上整合了上述几种模式的特点，可以作为未来进一步合作的基础。

首先，APRSAF虽然针对亚太地区的空间合作，但是与“全球开发战略框架”所提出的目标及合作模式具有相似之处。虽然现阶段还很难断定APRSAF能否有效服务于未来亚太地区探索月球和火星的合作活动，但是“全球开发战略框架”也面临同样的问题。

其次，国际空间站是以具体合作项目为出发点，在此基础上形成了完善的法律规范。并且，空间站合作也由最初的军事争霸演变为为了全人类共同利益的科学研究以及其他商业目的。相比而言，APRSAF发起的项目也具备类似的特征。有所不同的是，以APRSAF项目为基础而制定的法律不具有强制力，完善程度不如空间站法律体系。

即便如此，APRSAF的法律体系仍有体系化应用的必要性和可能性，尤其是在亚洲空间合作程度日益加深的大背景之下。具体原因可以概括如下：

其一，空间规范的强制性缺失已经是时代发展的大趋势。自从1967年制定并通过的《外空条约》奠定空间法律规范基础之后，迄今为止，国际社会仅仅通过5个协调空间合作的具有法律约束力的公约，尤其1979年《月球协定》失败之后，国际空间合作的诸多事宜主要依靠不具法律约束力的联合国大会决议加以协调②。而在诸多国际空间合作领域，除了欧盟框架之外，已罕

① Alain Dupas, International Cooperation in Space Exploration: Lessons from the Past and Perspectives for the Future, in Kai-Uwe Schrogl, Charlotte Mathieu, Nicolas Peter (eds.), Yearbook on Space Policy (2007/2008): From Policies to Programmes, Springer Verlag, 2009, p. 186。

② 关于国际空间立法发展的几个阶段，参见：Stephan Hobe, Historical Background, in Hobe, Schmidt-Tedd, Schrogl (ed.). Goh (assist. ed.), Cologne Commentary on Space Law, (Volume I): Outer Space Treaty, Carl Heymanns Verlag, 2009, pp. 15-16。

有具备法律约束力的空间合作项目或者合作行为。

其二，在亚太范围内，中国领导的 APSCO 试图在一定程度上恢复具有法律约束力的合作行为，且在有限参与者之间发起了合作项目，并制定具有约束力的法律规范①。由此，日本所主持的 APRSAF 可以在另一方面发挥补充作用，充分利用其法律框架的优势。

具体而言，APRSAF 勾勒的法律框架所适用的合作领域应具有如下特征：其一，合作事务涉及全人类共同利益或者亚洲公共安全；其二，合作领域已存相应的国际规范（无论是否具有法律约束力），且规范已得到普遍认可；其三，如果亚太地区已经有相关的合作实践，则为最佳。如此看来，除上述的 APRSAF 已经着手的"亚洲哨兵项目""环境问题空间应用"（SAFE）"重要气候任务地区准备审查"（Climate R3）等项目，针对空间碎片治理的专门项目也有必要提上合作日程②。

2. APRSAF 合作的完善

虽然针对 APRSAF 的法律规制没有修改完善的必要和可能，但是对于 APRSAF 合作本身，还是有进一步加强的空间。较为现实且可具操作性的方式可以总结如下：

其一，以 APRSAF 发起的具体项目为着眼点，进一步调动合作项目参与者的积极性，适当完善合作项目法律规制的强制性。如上述，APRSAF 合作项目的一个主要优势在于不对参与方附加强制性义务，虽然在一定程度上激发了项目参与者的积极性，但同时也限制了项目合作的有效性。上文对这种合作项目的模式予以肯定，并提出了体系化运用此种模式的可行性与具体措施。但是从完善 APRSAF 合作的角度看，仍然有必要对那些已经成熟的合作项目加以完善。这其实是比较矛盾的。但从长远来看，为了 APRSAF 的可持续性发展，其东道国日本有必要采取相应措施，逐步加强参与方对于项目的参与度。以 APRSAF 较为成功的合作项目"亚洲哨兵项目"为例，虽然现阶段已针对这项目制定了较为详细的执行程序，但项目合作目标的实现最终在

① 例如，亚太空间合作组织的合作项目"亚太多任务小卫星（SMMS）"以及为了规制卫星数据的使用而专门通过的法律规范"Data Policy and Data Sharing Regulation"，see：http：//www. apsco. int/AboutApscosS. asp? LinkNameW1 = Policies， _ Rules _ and _ Regulations&LinkNameW2 = Rules _ and _ Regulations&LinkCodeN3=1722&LinkCodeN=13。

② 关于沿用亚太地区空间机构论坛的法律规制模式指导空间碎片治理区域合作的具体分析，可以参见：聂明岩：亚洲"空间减灾多边合作法律框架"的完善和启示，载于中国空间法学会《空间法通讯》，2014 年第 2 期，第 63 - 69 页。

很大程度上依赖于日本单方空间技术的支持。对此，作为东道国的日本可以对项目参与方中有相应能力的参与者提出在重大灾害发生时提供相应数据的要求。鉴于项目本身针对的是亚太地区共同利益，所以在这一问题上还是相对容易达成一定共识。当然，实现这一目的的一个重要基础便是APRSAF参与方的不断增加，尤其是那些具备一定空间实力的参与方的增加。针对这个问题，建议进一步促进APRSAF与APSCO的合作与交流，从而扩大亚洲空间合作的规模与合作领域。

其二，针对APRSAF与APSCO之间的进一步合作与交流，作为一个不具备国际法主体资格的合作会议，APRSAF参与其他国际组织的资格值得怀疑。但是，有学者指出，APRSAF参与APSCO发起的合作项目并无法律障碍，在国际空间合作领域，已经存在一系列的先例。例如，同样作为不具备国际法律人格的政府会议，对地观测组（GEO）便经常参与诸多空间国际组织，例如对地观测卫星委员会（CEOs）所组织的活动①。

关于具体的合作步骤及合作方式，以及两个机构间的互动，涉及到两个机构的发起国中国和日本之间的沟通与交流。下文中还要专门加以分析，本节只从两个机构的合作项目上进行简单归纳。具体而言，APRSAF首先可以委派代表出席APSCO召开的会议，尤其是涉及教育和培训的交流会议。因为两个组织的诸多项目和活动是重合的，所以随着交流的逐渐加深，更多关于具体项目的合作是有可能实现的。从目前APRSAF与APSCO各自的发展情况看，二者最有可能展开合作的领域应为卫星数据的应用。在APSCO框架下，数据分享占有非常重要的比重。为此，针对APSCO已经投入使用的“亚太多任务小卫星”（SMMS），各成员国还协商通过了“数据政策及数据共享规范”，规范致力于促进SMMS卫星数据的有效应用以及在成员国范围内的共享②。考虑到APRSAF发起的合作项目对卫星数据依赖颇多，若两个组织可以开展合作，对于卫星数据的分享及应用必然是首先需要解决的问题。

总地来看，为更好发挥和促进区域空间合作的功能，APRSAF一方面要在继续完善法律规则的基础上，扩大规则在其他类似项目上的应用，从而为更有效率的合作奠定基础。另一方面，APRSAF本身也要加强与APSCO的交流与合作，为亚洲空间活动的迅速发展做出贡献。

---

① Setsuko Aoki, Regional Cooperation in Asia Relating to Space Activities (Commentary), in Proceedings of the Space Law Conference 2006: Asian Cooperation in Space Activities a Common Approach to Legal Matters, 2-3 August 2006, Bangkok, Thailand, p. 169。

② Art. A, Data Policy and Data Sharing Regulation。

综上所述，APRSAF 在整体上制定了规范和组织参与者的一般性原则。原则的灵活性和无拘束力的性质保障了参与方的数量。而在具体项目的实施过程中，APRSAF 也制定了相应的行为规范，以保障项目的运行。由于 APRSAF 发起的项目多针对灾害预防、气候变化以及环境保护等公共事件，因此即便是规范项目运行的行为规范不具备法律约束力，也能在一定程度上保障项目的运行。尤其是作为东道国的日本在每个由 APRSAF 发起的项目中都起到十分重要的推动作用，则为项目的有效运行提供了根本保障。而 APRSAF 法律框架的缺陷也十分明显，但正像上文分析指出的那样，现阶段还没有必要和可能对 APRSAF 的法律框架进行修改。本课题组认为，当前应该着重对其法律框架的优势加以充分利用，具体方式为实现 APRSAF 主导项目的行为规范的体系化应用。在更多的类似领域中以相同的模式开展合作。而针对框架本身的缺陷，虽然没有合适的方式予以修正，但正如上述分析所指出，APRSAF 与 APSCO 在合作模式、性质、功能以及法律规制等方面具有互补性，因此，至少可以从如下两个层面采取措施：其一，APSCO 吸纳 APRSAF 的成功经验，促进其自身运行的完善；其二，APRSAF 与 APSCO 开展深入交流与合作，促进亚太地区空间合作的进一步发展。总之，无论是 APRSAF 还是 APSCO，单一方面的成功都不能算作亚太地区空间合作的成功。只有二者开展充分的互动与交流，才能充分体现区域空间合作这一模式的成功，以及合作能够展现对航天科技工业进步及人类经济社会发展的巨大推动作用。

四、APRSAF 的成功经验对 APSCO 的启示

上文主要集中讨论了 APRSAF 的成就以及其法律规制的优势及存在的不足，也针对其法律规制的完善提出了初步思路。鉴于亚太地区空间合作的特殊情况（两个目标类似的空间合作机构并存），我们提出 APSCO 与 APSCO 合作进行优势互补的方式作为弥补 APRSAF 法律框架存在先天不足的路径。然而，如果转换一个视角，以中国主导的 APSCO 为出发点，作为一个区域空间合作组织，其存在的不足也颇为明显，谋求与 APRSAF 的合作也是改善 APSCO 本身存在不足的重要方式，但是作为一个与 APRSAF 存在竞争关系的合作组织，APSCO 包括其东道国中国所要做的不止于此。结合 APSCO 自身的特点，借鉴 APRSAF 的成功经验，是进一步完善 APSCO 框架的重要举措。

（一）亚太空间合作组织（APSCO）分析

本课题的研究重点在于APRSAF的相关内容，但是，为了展开APSCO对APRSAF成功经验借鉴的探讨，对于APSCO的发展概况进行初步了解是必要的。当然，由于APSCO对于APRSAF经验的借鉴具有一定的针对性，所以本节内容也只对APSCO整体框架和其中的重要制度进行总括性的介绍。

APSCO的建立与法律地位：在亚太空间技术与应用多边合作的框架下，1992年11月，在北京举办了旨在探讨开展亚太区域空间合作的途径、方式、经费及法律等问题的亚太空间多边合作研讨会，为建立亚太空间合作组织进行必要的准备。各国一致同意建立AP-MCSTA并逐步推进该机制的组织化，即建立亚太空间合作组织[①]。2001年7月，亚太空间多边合作秘书处在北京建立，负责推动亚太空间多边合作项目及亚太空间多边合作机制的组织化。2003年8月，在泰国曼谷举行《建立亚太空间合作组织公约》（下文简称为《公约》）起草组第一次会议，同意将APSCO总部设在北京。同年11月，《公约》起草组第二次会议在北京举行，会议重点讨论了财务安排、外交特权与豁免、工业政策和空间技术保护等四项条款，并确定了公约的最终文本，为APSCO的建立奠定了法律基础。

2003年12月到2004年2月间，秘书处将《公约》最终文本呈送至25个亚太国家，等待其政府批准签署《公约》。2004年底，秘书处在北京组织了财务管理专家组会议，就APSCO机构的设置、2007年度的行政和基本活动经费预算，以及成员国最低财政捐款比例等议题达成建议[②]。

2005年10月28日，孟加拉国、中国、印度尼西亚、伊朗、蒙古、巴基斯坦、秘鲁、泰国等8个国家的政府代表正式签署《公约》。土耳其后来也签署了《公约》。

根据《公约》第3条，APSCO具有完全的国际法律地位，即拥有完全的国际法律人格。它在执行公务范围内，应享有管辖豁免和执行豁免，它是国际法的主体。APSCO因其具有国际法律人格，它可与其他国际组织以及有关国家缔结协定，也可根据国际空间条约的规定，通过发表声明，接受有关国际空间条约的约束，成为该条约的缔约方，只要APSCO的多数成员国是该条

① 赵海峰：亚空组织法及其与环太平洋空间法和空间活动的关系，载于赵海峰主编《空间法评论》第4卷，哈尔滨工业大学出版社2011年版。

② 罗格：《建立亚太空间合作组织推动区域空间合作》，http：//www.chinanews.com.cn/news/2005/2005-02-08/26/538877.shtml。

约的参加国[①]。它也应像欧洲空间局一样，具有接受和处置动产和不动产，成为法律诉讼当事方的能力[②]。

APSCO 的宗旨与原则：综合《公约》的相关规定并结合学者的总结，APSCO 的目的与宗旨可以概括为：通过推动成员国间开展空间科学、技术及其应用领域的多边合作，并通过对成员国予以协助，提高成员国和平利用空间的能力，促进其经济和社会的持续发展，带动亚太区域的共同繁荣，并为人类和平利用外层空间的事业做出贡献[③]。而在开展空间合作过程中，APSCO 将本着“和平利用、互利互补、平等协商和合作发展”的原则，致力于推动和加强在其成员国中共同开发空间技术；并协调成员国贯彻和执行空间发展政策，在空间技术研究和开发，应用和培训等方面开展有效的活动[④]。

APSCO 的合作范围：APSCO 在以下合作领域开展活动。空间技术及其应用项目；对地观测，灾害管理，环境保护，卫星通信和卫星导航定位；空间科学研究；教育，培训和科学家或技术专家的交流；为开展项目及传播项目和活动有关的技术和其他信息，建立数据中心；成员国同意的其他合作项目[⑤]。

APSCO 的组织机构：依据《公约》的规定，APSCO 的组织机构分为负责决策的由理事会主席领导的理事会和负责执行的由秘书长领导的秘书处，以及认为必要时设立的临时辅助机构。

理事会：理事会是 APSCO 的最高决策机构，由成员国负责空间事务的部长或部长级代表组成。每个成员国应提名一名部长或部长级代表作为其在理事会的代表。理事会设主席一名，副主席两名，任期为两年[⑥]。理事会的职责非常广泛，包括政策和法律规章制定权，成员、观察员和准成员批准、取消和终止权，项目、预算和会费批准权，包括任命秘书长在内的人事任命权，分支机构决定权，以及《公约》解释权等，共有 14 个具体方面[⑦]。

---

① 赵海峰：《亚太空间合作组织条约》评析，载于《黑龙江社会科学》，2008 年第 1 期，第 169 页。另参见：贺其治：亚太空间合作的形势和法律框架，载于《中国航天》，1994 年第 3 期，第 61 页。

② 同上。

③ 赵海峰：亚空组织法及其与环太平洋空间法和空间活动的关系，载于赵海峰主编《空间法评论》第 4 卷，哈尔滨工业大学出版社 2011 年版。

④ 《公约》序言。

⑤ 《公约》第 6 条。

⑥ 《公约》第 11 条。

⑦ 《公约》第 12 条。这些规定与《欧空局公约》第 11 条第 5 款及其零散的规定很相似。

秘书处：秘书处是 APSCO 的执行机构，由秘书长和秘书处职员组成。秘书长是 APSCO 的首席执行官和法定代表，这一地位与欧洲空间局局长相对应，其任期、职权等也与欧洲空间局局长相似。秘书长由理事会任命，任期五年，可以连任一届。秘书长应参加理事会会议，但无投票权。秘书长应向理事会报告工作，并根据理事会的指示，负责贯彻实施本组织理事会制定的所有政策；实现本组织的宗旨；负责本组织的管理和运作；起草年度报告、工作计划和财政预算，报理事会批准；拟定并实施秘书处内部管理规定；提交项目和活动的建议以及为完成本组织的项目和活动需采取的措施；根据理事会确定的服务条例，从成员国招聘内部部门的职员并加以管理；在合同基础上任命科学家、技术专家和其他专家等非正式职员，从事本组织委派的工作；经理事会批准，谈判和签署国际合作协议等①。

亚太空间合作组织的财政安排：财政安排是保证国际组织正常运转至关重要的一项事务。各国对于国际组织的费用如何分摊，以什么标准进行划分等，都十分关注。这些因素甚至影响到一国是否决定加入特定国际组织。APSCO 的经费来源于三个渠道：首先是成员国的会费，其次是东道国中国政府和其他成员国的自愿捐助、其他组织的捐赠或补助，再次是 APSCO 向他方提供服务的收益②。

每个成员国应根据理事会确定的财政安排缴纳本组织会费。每个成员国的会费分摊比例将由理事会协商一致决定。每三年将对会费分摊比例审查一次。每个成员国的会费分摊比例，应根据会员国经济发展水平和人均国内生产总值的平均值加以确定。同时规定，每个成员国应向本组织缴纳最低限额的会费，称为“低限”。“低限”由理事会成员三分之二多数投票决定。成员国缴纳的会费不应超过本组织批准的预算的百分之十八③。经第一届理事会研究决定，中国承担的会费比例为百分之十八。

（二）APRSAF 对 APSCO 及中国的影响分析

当前，外空活动已经进入多元化发展阶段。在这个阶段，和平利用外层空间与空间合作仍旧是空间活动的主流，但是也呈现出多样化的状态。以空间合作为例，多种合作模式并存已经是一个总体特征。同时，各空间大国也

① 《公约》第 17 条。

② 《公约》第 18 条。

③ 同上。

在尽力争取外层空间活动的合作伙伴。以亚洲地区为例，以中国为东道国的 APSCO 以及以日本为东道国的 APRSAF，其实在某种程度上具有竞争关系。两个机构作为促进亚洲甚或亚太地区空间合作平台的同时，也可以是中国和日本展开空间竞争的舞台。具体而言，APRSAF 对于 APSCO 以及其东道国的影响可以做如下阐述：

其一，两个机构皆位于亚太地区，且东道国都是亚洲地区最为重要的空间大国，尤其是两个机构具有极为类似的合作目的及宗旨。在这种情况下，如果两个组织处于对立的竞争状态，势必极大影响 APSCO 的发展空间。

具体而言，APRSAF 本身的模式为一个国际会议，其指导原则灵活宽松，不对参与方施加强制性义务，这对于参与者具有很大吸引力。而 APSCO 是具有国际法主体资格的国际组织，其成员国需要履行相应条约规定的促进组织本身的合作以及相应的合作项目发展的义务，这种强制性的规定在亚太地区这样一个并不具备一体化进程传统的区域具有一定的挑战性。尤其是考虑到 APRSAF 与 APSCO 在很多合作项目上具有诸多相似性。以上述的 APRSAF 的“亚洲哨兵项目”以及 APSCO 的合作项目“多任务小卫星”为例，二者的主要目的都是卫星数据分享，而这些数据都可以用在灾害治理的过程中。当然，这两个项目在法律规制方面也存在一定差异。“亚洲哨兵项目”虽然由 APRSAF 发起，但是由于 APRSAF 本身参与方涉及的范围较广，“亚洲哨兵项目”的数据可以提供给亚太地区的任一遭受自然灾害侵害的国家。而 APSCO“多任务小卫星”项目建立在 APSCO 框架下，依据相关协议规定，小卫星数据可以在成员国内部分享，对于其他非成员国并无明确规定[①]。而这一差异其实在客观上限制了 APSCO 的扩大。当然，在具体实践中，APSCO 的数据政策并非绝对严格地限制在成员国内部。针对重大灾害的治理问题，APSCO 也正努力做出自己的贡献。例如，2014 年，APSCO 代表就曾以组织名义为智利提供相应的卫星图片用于地震后治理[②]。这一举措其实表明了 APSCO“多任务小卫星”数据服务于亚太地区其他非成员国灾害治理的可能性。但是，由于尚无详细的法律措施，对于其他非成员国的吸引力还不够。

其二，需要注意的是，区域空间合作，尤其是亚太地区的空间合作在很大程度上受制于不同国家政治关系的影响。从大的范围看，APRSAF 与 AP-

① Art. A，A (1)，Data Policy and Data Sharing Regulation of APSCO。

② APSCO donated Satellite Data to Chile for Earthquake Relief http：//www.apsco.int/sitesearchOne.asp? ID=327。

SCO 分别由日本和中国领导，而作为亚太地区政治地位较为特殊的国家，中国与东亚、东南亚以及南亚的诸多国家关系较为复杂。例如近期中国与越南以及菲律宾等国的海洋领土争端①；中国与印度的特殊关系②等导致与这些国家在极具战略意义的外层空间的合作较为艰难。而与此同时，日本已经通过国内空间政策将着眼点渐渐移至南亚及东南亚诸多空间技术欠发达的国家。例如：2011 年，日本为越南发射卫星并开始参与越南国内的空间基础设施建设等③。相应地，日本主导的 APRSAF 在这些国家的影响力也会得到提高。

综上所述，APRSAF 有效的合作模式在很大程度上对于 APSCO 具有一定的挑战性。但是，在空间活动进入多元化发展的背景下，这两个机构共存发展将会是未来很长一段时间内亚太空间合作的主要特征。从促进 APSCO 及其东道国中国的空间活动与空间合作的发展角度看，可以从如下两方面着手：其一，借鉴 APRSAF 的项目合作经验，对 APSCO 的合作模式进行完善；其二，以 APSCO 为平台谋求与 APRSAF 的合作，从而扩大 APSCO 在亚洲空间合作事务中的影响力，为进一步扩大业务影响奠定基础。

（三）APRSAF 对改进 APSCO 工作的启示

作为一个具有国际法主体人格的国际组织，APSCO 的行为和活动一般由《公约》和其他行为准则进行约束。所以，如果要探讨 APSCO 的完善或者是借鉴 APRSAF 的成功经验等问题，主要可以从东道国中国所应采取的措施为切入点，同时兼顾 APSCO 本身的特点。经过上文对 APRSAF 的深入研究和分析，得出的一个初步结论为：日本作为 APRSAF 的东道国和支持国，对 APRSAF 的主导权的把握非常直接，这可能也是中国在 APSCO 中期待实现的目的。而且中方只有做得更好，才能获得更多亚太国家的支持，实现在亚太空间事务中的主导权。具体而言，作为 APSCO 东道国的中国可以采取下列措施，以强化其在合作中的主导地位，从而为 APSCO 的进一步发展，同时也为中国航天事业持续发展进步做出贡献。

1. 中国应明确参与 APSCO 国际合作活动的政策与原则

日本在开展 APRSAF 各项工作中从国内外各方面争取支持，人力、财力

① 关于中国与越南以及菲律宾关于中国南海领土争端的具体信息，可参考：环球网：中国南海争端专题，http：//www. huanqiu. com/zhuanti/world/nanhaijy/。

② 在外空合作领域，巴基斯坦为 APSCO 成员国，这导致印度在短期内很难与 APSCO 开展具有实质意义的合作。

③ 《日本空间政策基本计划》，2013 年，第 3 章。

和物力丰富，同时以高效务实的作风和国际化的开放态度开展多边合作，这一切又得到了其国际合作政策的保障。如上述，在2013年制定的《日本空间政策基本计划》中，日本明确提出了与亚洲国家合作和交流等意向。其中APRSAF作为一个重要的交流平台被重点提及。为促进日本空间工业的发展，同时也促进亚太地区空间合作的进行，日本其空间政策中对于卫星数据在区域合作中的使用以及在亚太地区开展空间商业交流做出了详细说明，这一切都值得中国在制定新的空间政策过程中学习。

作为APSCO东道国，中国在所有成员国中空间实力最为强大。所以，通过制定国内政策的方式，将中国的空间实力应用到APSCO的活动中去，使相关亚太国家获得外空活动的惠益，同时获取合作项目本身带来的收益是值得考虑的。从长远看，空间商业活动是空间活动发展的大趋势，日本2013年空间政策中已经明确意识到这一点，并且希望在亚洲范围内逐步开展此类活动，这不仅仅是获得空间商业利益的方式，也是增强APRSAF凝聚力的重要手段。

在先后于2000年、2006年和2011年发布的三版《中国的航天》白皮书中，国际合作的原则和加强亚太地区的区域合作，以及APSCO的建立和运作都被重点阐述[①]。如果能以此为基础，在制定新的空间政策时详细阐明亚太空间合作过程中，中国要采取的具体措施或者总体方向，则是非常有意义的。总体而言，中国也应借鉴日本的经验，以自己先进的航天科学技术，为APSCO成员国的航天事业发展提供服务。同时，中国可以使用相应的外交、经济、金融手段，更好地实现服务的目的。

2. 中国应在航天活动中更好地彰显大国风范

东道国在多边合作组织中的主导地位，取决于多种因素，除技术先进、项目优良外，从APRSAF的行为中还可以看出，其人员的高技术和为其他国家解决实际问题的精神也很重要。也就是说，要持之以恒地体现一种大国风范。要做到这一点，除了需要通过组织制度，还需要东道国积极主动提出先进的合作项目，并贯彻高效务实的精神。本课题主持人曾参加APRSAF会议的几场讨论，深刻地体会到日本在会议上的广泛影响力。要做到扩大影响力，中国必须加大对APSCO的重视和投入，并通过务实有效的工作吸引成员国的参与，支持中方在APSCO的活动。

---

① 2011年《中国的航天》白皮书，第五章（1），资料来源：http：//www.gov.cn/gzdt/2011-12/29/content_2033030.htm。

3. 借力“一带一路”，为区域空间合作提供有力保障

为保障空间活动有效进行，2008 年日本《空间基本法》和 2013 年《日本空间政策基本计划》都对国内相关部门事关空间活动的协调做出了规定。如 2008 年日本《空间基本法》第 12 条规定，为保障航天活动的发展，应该对行政组织和管理做相应改革；而 2009 年《基本空间政策》则提到，日本不同政府部门之间为了卫星数据的有效利用应该相互协调①。这些协调并未直接涉及空间合作的内容，但无疑会在客观上起到促进作用。尤其是考虑到上述介绍的卫星数据在 APRSAF 的多数项目中的重要意义，这种协调的必要性便得以彰显。更为重要的是，日本通过立法和制定政策的方式规定了政府部门之间的有效协调，这一做法对中国国内空间活动和区域空间合作都具有重要的启示意义。

目前，“一带一路”春风劲吹全中国及“一带一路”沿线国家，航天国际合作也应踏上这一快车获得更多资源保障，同时为这一国家战略保驾护航。具体而言，APSCO 正处于“一带一路”航天国际合作的中心位置。航天科技工业、外交、商务等相关部门如果能够按照支持“一带一路”的精神给予各方面的协助，将会在 APSCO 框架下发起并实施有影响力的合作活动。这不仅会带来 APSCO 的进步，也会为中国在高科技领域实施“一带一路”战略做出较大贡献。

4. 尽快建立亚太空间法研究中心

APRSAF 在政策法律问题上已经走得比 APSCO 更为靠前。日本方面在建立亚太空间政策和法律网络方面已经取得了进展。其“网络”已经就空间政策问题作为 APRSAF 的边会召开了三次（2013 在越南，2014 在东京，2015 年在印尼）。日本在空间法律和政策方面已经迈出了步伐，将来也许会作为一个小组加入 APRSAF。其中“网络”在东京已经开始日本和印度的共同课题研究工作，其内容在印尼会议上已经宣读。

与 APRSAF 的法律框架较为松散和不成体系不同，APSCO 有严格而系统的法律规范。参与 APSCO 活动的成员方为代表政府的空间机构，成员方的国内空间政策和国内空间立法对于合作的影响也至关重要。所以，仿照欧洲空间局欧洲空间法中心的模式在 APSCO 框架下建立亚太空间法中心应是一个重要举措。

① Chapter 3 - 3.4, The Method of Promoting Space - related Measures Efficiently and Effectively, Basic Plan on Space Policy, January 25, 2013。

亚太空间法中心在一些方面可以吸收欧洲空间法中心[①]的成功经验，通过举办夏季空间法培训班和实务人员空间法培训班等形式，推动空间法在亚太地区的研究和推广。另一方面，它又可以发挥国际空间法学会所具有的类似功能，在一些问题上作为 APSCO 的法律顾问，推动 APSCO 法的进一步发展。当然，这也是一个需要成员国达成政治共识后才能启动的事项，需要假以时日，等待时机[②]。而在这个过程中，中国应该起到主导作用。

（四）APRSAF 与 APSCO 合作可行性探讨及相应措施

如上述，APRSAF 与 APSCO 在相当程度上具有互补性。如果将着眼点放在区域一体化发展上，APRSAF 在与 APSCO 各自为政的发展并且相互竞争过程中，应该留有一定的合作空间。上文中在论及 APRSAF 法律框架完善的过程中，曾经将其更好的发展前提放在了与 APSCO 开展合作的问题上。而从 APSCO 角度看，其有限的参与国和财政来源的严格规定使其有足够的动力寻找合作伙伴。而如果单纯从扩充 APSCO 成员的角度看，发起与 APRSAF 的合作至少可以在一定程度上促进 APSCO 与 APRSAF 诸多参与方的交流与相互了解，从而为 APSCO 规模的扩大奠定基础。

从国际法规范角度看，作为国际法主体的 APSCO 参与 APRSAF 的活动并无法律障碍，而 APRSAF 这种国际会议的模式参与国际组织的活动也有相应的先例可循。

而涉及到具体的合作项目，在协商合作的初期，本课题组建议考虑具有如下特点的项目：其一，在双方各自合作的框架下开展运行较为成熟的项目；其二，涉及到区域共同利益或是全人类共同利益的项目；其三，具有商业化性质的小型空间工业或者是与空间工业相关联的产品和服务的交流；其四，空间立法、空间政策领域的交流；其五，空间科学技术和空间教育方面的交流。

上文提到的促进 APSCO 多任务小卫星项目与 APRSAF 灾害治理项目的合作，便是具备上述第一和第二个特征的合作领域。而关于具有空间商业化性质的交流，在现阶段还有一定难度，但是反观国际上空间活动整体的发展趋势，此类商业交往不可避免。如上述，APSCO 向他方提供服务是其财政来

① 欧洲空间法中心设立于 1989 年，由欧洲空间局在本领域的若干开拓者的支持下建立。

② 赵海峰：亚空组织法及其与环太平洋空间法和空间活动的关系，载于赵海峰主编《空间法评论》第 4 卷，哈尔滨工业大学出版社 2011 年版。

源的一个组成部分。所以现阶段，APSCO 可以主要致力于开展提供空间商业服务的技术能力，为之后可能出现的与 APRSAF 在这些领域的合作奠定基础，同时也在某种程度上解决财政来源问题。而关于空间法和空间政策的交流，依赖于亚太空间法中心的建立。空间科学技术与空间教育的交流是 APRSAF 和 APSCO 都十分重视的合作活动，如果此类交流合作能在双方之间展开，则无疑会极大促进亚太地区未来空间合作的进步。

结论

作为亚太地区最大的空间合作会议机构，APRSAF 取得的成就依赖于机构本身秉持的灵活、开放原则，同时也依赖于其发起国日本在立法、政策、财政和制度等方面的大力支持。APRSAF 在亚太空间合作领域较为成功的运作在整体上促进了空间活动的发展，也为亚太地区进一步开展更完善的空间合作奠定了一定基础。但更为重要的是，作为东道国的日本，通过对 APRSAF 的绝对主导，在开展国际合作的同时也有效地促进了其国内空间工业的发展，增强了其在亚太地区的竞争力。与之相比，亚太地区另一空间合作机构 APSCO 从建立之初至今也取得了较为突出的成就，但还存在诸多需要改善之处。作为东道国的中国应该从多方面学习日本运行 APRSAF 的经验，在通过 APSCO 促进区域合作有效进行的同时，提高本国在区域的空间竞争力。

当然，必须注意的是，在各国开展空间活动竞争的同时，进行更深更广意义的国际合作、区域合作同样是必要的。作为两个目标类似、在很大程度上能够互补的区域机构，应该走向合作共赢，共同促进亚太地区航天合作交流的进一步发展，同时也促进两个机构自身的共同发展。

参考文献

一、中文参考文献

［1］ 赵海峰．亚空组织法及其与环太平洋空间法和空间活动的关系［M］，//空间法评论．黑龙江：哈尔滨工业大学出版社，2011.

［2］ 罗格：建立亚太空间合作组织推动区域空间合作，http：//www.chinanews.com.cn/news/2005/2005－02－08/26/538877.shtml.

［3］ 赵海峰．《亚太空间合作组织条约》评析．黑龙江社会科学．2008（1）．

[4] 贺其治．亚太空间合作的形势和法律框架．中国航天．1994（3）．
[5] 聂明岩．亚洲“空间减灾多边合作法律框架”的完善和启示．空间法通讯．2014（2）．

二、外文参考文献

[1] M. Miklody, International Cooperation - A Legal Obligation in the Law of Outer Space? in Proceedings of the Twenty - sixth Colloquium on the Law of Outer Space, International Institute of Space Law of the International Astronautical Federation, Oct. 10 - 15, 1983, Budapest, Hungary, American Institute of Aeronautics and Astronautics, pp. 231 - 234.
[2] A/RES/51/122, Declaration on the International Cooperation in the Exploration and Use of Outer Space for the Benefit and in the Interest of All States, Taking into Particular the Needs of Developing Countries.
[3] Marietta Benkoe, Kai - Uwe Schrogl, History and Impact of the 1996 UN Declaration on ‘Space Benefits’, in Space Policy, 1997, vol. 13 (2), p. 141.
[4] Brian D. Lepard, The Legal Status of the 1996 Declaration on Space Benefits: Are its Norms Now Part of Customary International Law?, in Irmgard Marboe (eds.), Soft Law in Outer Space: the Function of Non - binding Norms in International Space Law, Boelau Verlag, 2012, p. 307.
[5] Bin Cheng, United Nations Resolutions on Outer Space: ‘Instant’ International Customary Law? in Bin Cheng, Studies in International Space Law, Clarendon Press. Oxford, 1997, pp. 125 - 149.
[6] Valnora Leister, International Cooperation in Outer Space: Extending the European Model, in Proceedings of the Twenty - fourth Colloquium on the Law of Outer Space, International Institute of Space Law of the International Astronautical Federation, September 6 - 12, 1981, Rome Italy, American Institute of Aeronautics and Astronautics, p. 207.
[7] United Nations, Capacity - building in Space Science and Technology: Regional Centers for Space Science and Technology Education Affiliated to the United Nations, ST/SPACE/41, New York, 2008.
[8] Martinez Peter, African Leadership Conference on Space Science and Technology for Sustainable Development, in Space Policy, Vol. 28 (2012), p. 33 - 34.
[9] Aoki, Setsuko, Introduction of Japanese Basic Space Law, in Boeckstiegel, Benkoe, Hobe (ed). Space Law: Basic Legal Documents (vol. 5), Eleven International Publishing, 2014, Part E. IV.
[10] Japanese Aerospace Exploration Agency, Sentinel Asia: Aiming to Mitigate Disaster Damage in the Asia - Pacific Region from Space.

[11] Kazuya Kaku, Alexander Held, Sentinel Asia: A space - based disaster management support system in the Asia - Pacific region, in International Journal of Disaster Risk Reduction, 2013: (6), p. 3.

[12] Masami Onoda, Regional Disaster Monitoring by Remote Sensing: A Law and Policy Perspective, in Proceedings of the Fiftieth Colloquium on the Law of Outer Space, 24 - 28 September 2007, Hyderabad, India, p. 728.

[13] Paul B. Larsen, Limited Right of Access to Remote Sensing Data for the Prevention and Mitigation of Disasters, in Proceedings of the Fiftieth Colloquium on the Law of Outer Space, 24 - 28 September 2007, Hyderabad, India, p. 710.

[14] Alain Dupas, International Cooperation in Space Exploration: Lessons from the Past and Perspectives for the Future, in Kai - Uwe Schrogl, Charlotte Mathieu, Nicolas Peter (eds.), Yearbook on Space Policy (2007/2008): From Policies to Programmes, Springer Verlag, 2009, p. 186.

[15] Stephan Hobe, Historical Background, in Hobe, Schmidt - Tedd, Schrogl (ed.). Goh (assist. ed.), Cologne Commentary on Space Law, (Volume I): Outer Space Treaty, Carl Heymanns Verlag, 2009, pp. 15 - 16 .

[16] Aoki Setsuko, Regional Cooperation in Asia Relating to Space Activities (Commentary), in Proceeding of the Space Law Conference 2006: Asian Cooperation in Space Activities a Common Approach to Legal Matters, 2 - 3 August 2006, Bangkok, Thailand, p. 169.

课题主持人简介

赵海峰，哈尔滨工业大学法学院教授，哈尔滨工业大学空间法研究所所长，哈尔滨工业大学法学院学术委员会主任。1996 年获得法国巴黎第一大学欧洲刑法与刑事政策法学硕士学位，研究方向为国际法学（尤其是空间法学、欧洲法学、国际司法制度）和比较法学。兼任中国空间法学会常务理事、国际空间法学会理事（2009—2015 年）、《Space Policy》杂志国际编委、中国欧洲学会欧洲法研究会副会长、中国国际法学会理事、中国欧洲学会理事、中国法学会航空法研究会常务理事等职。在常设仲裁院（PCA）“外空活动争端仲裁任择性规则”制定过程中（2009—2011 年），与其他 12 名世界知名空间法学家一起参与规则起草工作。

附　录

中国空间法学会推荐的2015年度空间法律政策作品名录

中国空间法学会办公室

2015年12月，为集中展示中国空间法学界2015年度学术研究成果，促进学术交流和知识共享，持续打造空间法学研究学术共同体，中国空间法学会面向全体会员（单位）公开征集中国专家学者（包括在华全职工作的外籍专家及在海外工作学习的中国籍专家学者）2015年度在国内外行业重点期刊、核心期刊、学术年会论文集上公开发表的空间法律政策论文和正式出版的空间法律政策专著（或文集）。经过公示，共有49篇国内重点中文期刊/年会论文集论文、7篇课题研究报告、4篇海外重点英文期刊（文集）论文、2部专业年刊、1部英文专著、1部英文主编著作入围，由此形成中国空间法学会推荐的2015年度空间法律政策作品名录如下（排名不分先后；如有两位以上作者，其隶属单位以第一作者为准）：

第一部分：2015年出版的空间法律政策论文（国内重点中文期刊、年会论文集）

序号	作者	论文标题	所载期刊/论文集	作者隶属单位
1	马新民	外层空间法的发展：框架、目标与方向	《国际法研究》2015年02期	外交部条法司
2	商震	论外空软法的发展和功用	《中国国际法年刊（2014年）》	外交部条法司
3	李滨	导弹及其技术控制机制（MTCR）的效力分析	《空间法学研究年刊（2014年）》	北京师范大学法学院
4	廖敏文	国家空间立法定义“空间活动”的路径分析	《空间法学研究年刊（2014年）》	中国政法大学国际法学院

续表

序号	作者	论文标题	所载期刊/论文集	作者隶属单位
5	何奇松	俄罗斯军事航天：理论、现实、改革	《空间法学研究年刊（2014 年）》	上海政法学院
6	苏金远	当前主要外空军控进程初级义务比较研究	《空间法学研究年刊（2014 年）》	西安交通大学法学院
7	尹玉海	反卫星武器的国际法律规制浅析——基于美国反卫星武器发展的视角	《空间法学研究年刊（2014 年）》	深圳大学空间法律与政策研究所
8	赵 云	《外空条约》第 9 条的适用与外空环境保护法律框架的未来发展	《空间法学研究年刊（2014 年）》	香港大学法律学院
9	李杜	论外空 3D 打印中的著作权保护	《空间法学研究年刊（2014 年）》	华中科技大学法学院
10	刘珂欣	国际空间法中国家责任的归咎——以 2014 年国际空间法模拟法庭赛题为视角	《空间法学研究年刊（2014 年）》	中国民航大学法学院
11	阎忻	试论发展中的外层空间争端解决机制——兼评《外层空间活动相关争端任择仲裁规则》	《空间法学研究年刊（2014 年）》	中国政法大学国际法学院
12	李晶珠	载人航天活动中航天员安全保障若干法律问题探讨	《空间法学研究年刊（2014 年）》	哈尔滨工业大学空间法研究所
13	王国语	中俄防止在外空部署武器条约（PPWT）草案法律政策分析	《中国空间法年刊（2014 年）》	北京理工大学空间法研究所
14	李寿平	发展空间太阳能电站的国际法律规制	《北京理工大学学报（社会科学版）》2015 年第 1 期	北京理工大学空间法研究所
15	蔡高强 刘功奇	中国商业卫星产业知识产权保护探析	《北京理工大学学报（社会科学版）》2015 年第 2 期	湘潭大学法学院
16	李杜	外层空间 3D 打印对知识产权制度的挑战	《北京理工大学学报（社会科学版）》2015 年第 3 期	华中科技大学法学院

续表

序号	作者	论文标题	所载期刊/论文集	作者隶属单位
17	王钊 杨东春 康志宇	空间碎片主动移除任务的相关法律问题	《北京航空航天大学学报（社会科学版）》2015年第2期	上海宇航系统工程研究所 上海航天技术研究院
18	苏惠芳	规制空间碎片致损责任之国际制度分析	《北京航空航天大学学报（社会科学版）》2015年第2期	包头师范学院政治与法律学院
19	郑派	论《开普敦公约》项下的空间资产概念	《北京航空航天大学学报（社会科学版）》2015年第2期	华东政法大学国际法学院
20	蔡高强 刘功奇	论航天搭载物的知识产权保护	《北京航空航天大学学报（社会科学版）》2015年第4期	湘潭大学法学院
21	张振军	十八届四中全会精神与法治航天建设	《中国航天》2015年第1期	中国空间法学会
22	陈菲	美国空间信息系统军民融合发展策略	《中国航天》2015年第2期	中国航天系统科学与工程研究院
23	赵春潮	对我国航天国际化贸易结构调整的思考	《中国航天》2015年第5期	中国长城工业集团有限公司
24	张振军	美国国会加快推进新一轮商业航天立法——小行星采矿所获资源所有权归属引发广泛关注	《中国航天》2015年第6期	中国空间法学会
25	张振军	新版《国家安全法》与中国航天事业的战略使命	《中国航天》2015年第7期	中国空间法学会
26	王一然	中国航天国际合作政策现状及展望	《中国航天》2015年第10期	中国航天系统科学与工程研究院
27	丁伟 冯国栋 李志刚	对美国国内法限制中国航天国际商业发射的国际法批判	《中国航天》2015年第11期	上海航天技术研究院

续表

序号	作者	论文标题	所载期刊/论文集	作者隶属单位
28	赵小津	关于加快发展我国商业遥感卫星产业的研究分析与思路途径	《中国航天》2015 年第 12 期	中国航天科技集团公司
29	张振军	关于中国商业航天的法律思考	《中国航天》2015 年第 12 期	中国空间法学会
30	王国语 陶阳子	美国《2015 外空资源探索与利用法》的分析及应对建议	《中国航天》2015 年第 12 期	北京理工大学空间法研究所
31	王钊 康志宇	美国新空间安全战略综合评析	《国防科技》2015 年第 5 期	上海宇航系统工程研究所
32	孙龙伟 徐能武	治理理论视域下联合国外层空间安全治理体系的机制性分析	《国防科技》2015 年第 5 期	国防科技大学人文与社会科学学院
33	王国语	空间碎片国际机制发展趋势分析	《航天器环境工程》2015 年 2 期	北京理工大学空间法研究所
34	吴莼思	试论联合国在外层空间治理中的角色	《国际观察》2015 年第 3 期	上海国际问题研究院
35	陆惠英	论空间碎片损害责任的归责原则	《法制与社会》2015 年第 32 期	嘉应学院
36	陈聪	临近空间的性质争议及法律定位	《学术交流》2015 年第 4 期	南京大学法学院解放军理工大学理学院
37	秦嗣权	日本《宇宙基本法》探析	《阴山学刊》2015 年第 5 期	包头师范学院政治与法律学院
38	陆惠英	论空间碎片损害赔偿的责任主体	《特区经济》2015 年第 10 期	嘉应学院
39	陆惠英	试论我国空间碎片损害赔偿责任制度的完善	《嘉应学院学报》2015 年第 1 期	嘉应学院
40	赵枫	维护外空安全的道义悖论及消解路径	《南京政治学院学报》2015 年第 2 期	解放军理工大学理学院

续表

序号	作者	论文标题	所载期刊/论文集	作者隶属单位
41	张莉敏	美国航天政策法规体系对航天工业发展的促进作用	《中国宇航学会·中国空间法学会2014年学术年会论文集》	中国航天系统科学与工程研究院
42	贾雪池	俄罗斯发展GLONASS的制度演进与路径选择	《中国宇航学会·中国空间法学会2014年学术年会论文集》	哈尔滨工业大学空间法研究所
43	姚娜 侯宇葵	美国空间战略与技术发展态势对我国未来航天发展的启示	《中国宇航学会·中国空间法学会2014年学术年会论文集》	中国空间技术研究院钱学森空间技术实验室
44	李洪波 魏向旺 张琦	空间法律及政策与空间活动的互动影响	《中国宇航学会·中国空间法学会2014年学术年会论文集》	中国运载火箭技术研究院研究发展中心
45	蔡高强 刘功奇	我国商业卫星的知识产权保护探析	《中国宇航学会·中国空间法学会2014年学术年会论文集》	湘潭大学法学院
46	蒋方	关于民间航天活动的立法建议	《中国宇航学会·中国空间法学会2014年学术年会论文集》	北京金海洋航天科技有限公司
47	高国柱	联合国有关外空条约与国家空间活动立法	《中国宇航学会·中国空间法学会2014年学术年会论文集》	北京航空航天大学空间法研究所
48	曹志杰 王林 伍赣湘 卢兆勇 任湘	防止外空武器化立法及PPWT形势研究	《中国宇航学会·中国空间法学会2014年学术年会论文集》	北京航天长征科技信息研究所
49	吕瑱	基于上海亚信峰会视角下亚太空间安全与合作的法律问题研究	《中国宇航学会·中国空间法学会2014年学术年会论文集》	北京卫星环境工程研究所

中国空间法学界2015年大事记

中国空间法学会办公室

2015年1月3日，中国空间法学会秘书长张振军会见到访的美国密西西比大学法学院荣誉教授、《空间法学报》荣誉主编、美国密西西比大学国家遥感与航空航天法中心原主任琼安·艾琳·盖博瑞诺维奇，并就空间法律政策前沿问题进行交流。

2015年1月6日，中国航天科技集团公司召开航天国际政策研讨会。中国现代国际关系研究院、中国航天系统科学与工程研究院、中国空间法学会、中国长城工业集团公司等单位参会交流。

2015年1月7日，经过面向全体会员单位和专家学者公开征集和评选，中国空间法学会揭晓《中国空间法学会推荐的2014年度空间法律政策作品名录》。

2015年1月7日，中国空间法学会、北京理工大学空间法研究所应邀出席亚太空间合作组织2015年新年招待会。

2015年1月9日，经过面向全体会员单位和专家学者公开征集和评选，中国空间法学会权威发布“中国空间法学界2014年十大新闻事件”。

2015年1月19日，中国空间法学会秘书长张振军应邀在《中国航天》杂志2015年1月号发表署名文章《十八届四中全会精神与法治航天建设》，引起国家有关部门高度关注。

2015年1月23日，中国空间法学会发布第36期《空间法通讯》。

2015年1月27日，国家国防科技工业局副局长吴艳华主持召开专题办公会，研究部署航天法有关工作。

2015年1月27日，中国国家航天局召开联合国外空委“外空活动长期可持续性”多边进程专题研讨会。外交部、中国空间法学会、中科院国家空间科学中心、中科院国家天文台、北京理工大学等单位参会交流。

2015年1月，西安交通大学法学院副教授、加拿大麦吉尔大学法学院Erin J. C. Arsenault研究员苏金远入选西安交通大学首届“十大学术新人”。该奖项评选旨在遴选青年学术带头人，要求参评者思维活跃、勇于创新，在学术前沿和交叉领域作出一定贡献。

2015年2月1～13日，中国空间法学会秘书长张振军、北京理工大学空间法研究所副所长王国语出席联合国外空委科技小组委员会第52届会议，以中国代表团法律专家身份参加“外空活动长期可持续性”多边进程谈判。张振军在议题讨论和工作组会议上多次代表中方作大会发言。

2015年2月26日，中国空间法学会秘书长张振军、哈尔滨工业大学空间法研究所所长赵海峰分别会见到访的东京大学公共政策学院特任研究员永井雄一郎（Nagai Yuichiro），并就亚太地区的空间法律政策研究动态进行交流。

2015年3月1日，芬兰拉普兰大学中国籍博士研究生吕卓艳受聘于国际空间大学，担任国际空间法讲师一职，负责该校硕士生项目、EMBA项目的授课及暑期班项目的学术协调。

2015年3月5日，国家国防科技工业局召开航天立法专题研究工作启动会。中国空间法学会、中国运载火箭技术研究院、中国长城工业集团公司、中国资源卫星应用中心、中国航天系统科学与工程研究院、北京航空航天大学、北京理工大学、哈尔滨工业大学、中国政法大学等单位参会交流。

2015年3月10日，国家航天立法专题研讨会在北京航天城举行。中国空间法学会、中国航天系统科学与工程研究院、中国国防科技信息中心、北京航空航天大学、北京理工大学等单位参会交流。

2015年3月16～17日，加拿大麦吉尔大学航空航天法研究所主办的第三届曼弗莱德·拉克斯国际会议在蒙特利尔举行。本届会议以“新空间商业化与法律”为主题，中国空间法学会、国际空间法学会、国际空间安全促进协会、世界安全基金会、加拿大商业航天协会等11家知名机构作为大会支持单位。中国空间法学会常务理事、北京理工大学空间法研究所所长李寿平教授应邀参会并做题为“发展空间太阳能的国际法问题”的报告。

2015年3月20日，中国空间法学会组织召开航天立法专题研讨会。国家大学等单位参会交流。

2015年7月11日，新版《国家安全法》于2015年7月1日颁布后，《中国航天报》科普周刊“名家观点”专栏特邀刊登中国空间法学会秘书长张振军署名文章《为外层空间安全入法点赞》。

2015年7月14日，中国国家航天局举行欧盟“外空活动国际行为准则”专题研讨会。中国空间法学会、北京航空航天大学、中国科学院国家天文台、中国长城工业集团公司等单位参会交流。

2015年7月15日，经过全球范围的公开竞选，中国空间法学会秘书长张振军高票当选国际空间法学会理事，成为中国航天科技工业部门首次进入该组织决策机构的法学专家，也是目前该组织理事会唯一的中国籍代表。

2015年7月19日，中国空间法学会秘书长张振军应邀在《中国航天》杂志2015年7月号发表署名文章《新版〈国家安全法〉与中国航天事业的战略使命》，受到国家有关部门高度关注。

2015年7月20日，中国国家航天局举行欧盟“外空活动国际行为准则”专题研讨会。中国空间法学会、中国科学院国家天文台、中国长城工业集团公司、北京航空航天大学、北京理工大学等单位参会交流。

2015年7月23日，国家国防科技工业局召开航天立法专题研讨会。中国空间法学会、中国长城工业集团公司、中国航天系统科学与工程研究院、中国运载火箭技术研究院、北京航空航天大学、北京理工大学、中国政法大学等单位参会交流。

2015年8月1日，中国空间法学会秘书长张振军会见到访的国际空间法学会理事、澳大利亚西悉尼大学教授斯蒂文·弗瑞兰德（Steven Freeland），并就空间法律政策前沿问题进行交流。中国政法大学国际法学院副院长李居迁参加会见。

2015年8月4日，中国航天对外宣传工作课题研讨会在北京航天城举行。国家发展和改革委员会宏观经济研究院、中国空间法学会、中国国防科技信息中心、中国航天系统科学与工程研究院、北京空间科技信息研究所等单位参会交流。

2015年8月5日，中国国家航天局举行欧盟“外空活动国际行为准则”等外空多边谈判进程专题研讨会。中国空间法学会、中国科学院国家天文台、中国长城工业集团公司、北京航空航天大学、北京理工大学、北京空间科技信息研究所等单位参会交流。

2015年8月19日，中国国家航天局举行联合国外空委“外空活动长期可持续性”进程专题研讨会。外交部、中国空间法学会、中国科学院国家天文台、中国运载火箭技术研究院、中国长城工业集团公司、北京理工大学等单位参会交流。

2015年8月28～29日，西安交通大学法学院副教授、麦吉尔大学航空航天法中心 Erin J. C. Arsenault 研究员苏金远应邀参加由希腊雅典大学、欧洲公法组织联合主办的“外空法的新挑战”国际会议，并做题为“空间碎片主动移除：关键法律问题和政策建议”的发言。

2015年8月31日，西安交通大学法学院副教授苏金远完成在麦吉尔大学航空航天法中心的博士后研究项目。苏金远担任该中心 Erin J. C. Arsenault 研究员期间，就外空安全、防空识别区等问题开展国际法研究，参与“全球外空治理”“罗德里奇外空法手册”等研究项目，并多次组织召开外空法学术会议。

2015年9月3日，中国空间法学会秘书长张振军应邀出席在北京天安门举行的纪念中国人民抗日战争暨世界反法西斯战争胜利70周年阅兵观礼活动。

2015年9月10日，中国国家航天局召开联合国外空委“外空活动长期可持续性”多边进程专题研讨会。外交部、中国空间法学会、中科院国家天文台、中国长城工业集团公司、北京理工大学等单位参会交流。

2015年9月17～25日，联合国附属空间科学与技术教育亚太区域中心（中国）、亚太空间合作组织、北京航空航天大学在北京联合举办“国际空间法律与政策培训班”，来自亚非拉国家的近40名中外学员参加培训。中国空间法学会秘书长张振军应邀出席开班式并致辞。尼克拉斯·海德曼（Niklas Hedman）、斯蒂芬·霍贝（Stephan Hobe）、琼安·盖博瑞诺维奇（Joanne Gabrynowicz）、阿默尔·克瑞斯特（Armel Kerrest）、安德里亚·J·哈灵顿（Andrea J. Harrington）、张振军、李寿平、赵云、李居迁、王冀莲、周武、王国语、夏春利、吴晓丹等一批中外专家为学员授课（详见本期年刊专题报道）。

2015 年 9 月 18 日，中国空间法学会主办的大型学术刊物《空间法学研究年刊（2014 年）》正式出版发行。

2015 年 9 月 21～23 日，中国宇航学会·中国空间法学会 2015 年学术年会在北京召开。中国宇航学会副理事长兼秘书长、中国空间法学会副理事长杨俊华主持大会开幕式。中国宇航学会名誉理事长、中国空间法学会名誉理事长、中国航天科技集团公司高级技术顾问王礼恒院士在开幕式上致辞并主持主题报告会。中国北斗卫星导航系统总设计师、中国宇航学会副理事长、中国空间法学会副理事长杨长风，中国国家航天局系统工程司副司长张宝红等有关领导在开幕式上致辞。来自国家有关部委、科研院所、企事业单位、高等院校、律师事务所等有关单位的 320 余位专家学者和青年学子出席会议。本届年会共有 28 篇空间法律政策类录用论文进行会议交流，其中一批优秀论文作者获奖（详见本期年刊专题报道）。

2015 年 9 月 21～22 日，由亚太空间合作组织（APSCO）、北京理工大学共同主办的“亚太空间合作组织 2015 年空间法律政策论坛”在北京举行。亚太空间合作组织代理秘书长李新军、中国国家航天局系统工程司副司长赵坚等有关方面负责人在开幕式上致辞。来自亚太空间合作组织成员国、联合国外空司、中国外交部、中国国家航天局及中国、美国、德国、法国的专家学者 50 余人参加研讨。

2015 年 9 月 23 日，工业和信息化部召开亚太空间合作组织发展战略研讨会。外交部、国家国防科技工业局、中国航天科技集团公司、中国现代国际关系研究院、中国航天系统科学与工程研究院、中国空间法学会等单位参会交流。

2015 年 9 月 23 日，中国国家航天局举办“全球空间治理与空间法”专题培训班，特邀联合国外空司处长尼克拉斯·海德曼（Niklas Headman）、香港大学法律学院教授赵云授课。中国空间法学会、中科院空间科学中心、中科院国家天文台、中国空间技术研究院、中国长城工业集团公司、北京理工大学等单位参会交流。

2015 年 9 月 29 日，中国国家航天局召开联合国外空委“外空活动长期可持续性”多边进程专题研讨会。中国外交部、中国空间法学会、北京航空航天大学、北京理工大学等单位参会交流。

2015 年 10 月 5～9 日，中国空间法学会秘书长张振军、中国长城工业集团公司法律事务部处长李剑刚赴维也纳出席联合国外空委“届间会”，受中国国家航天局委派参加“外空活动长期可持续性”指南草案多边谈判。张振军担任中国代表团首席代表，积极反映中方诉求，并与相关国家代表团协调立场。

2015 年 10 月 12～16 日，中国空间法学会秘书长张振军，北京理工大学空间法研究所所长李寿平、副所长王国语，香港大学中国法研究中心主任赵云等中国空间法专家赴以色列耶路撒冷出席第 66 届国际宇航大会（IAC）及国际空间法学会第 58 届学术年会（详见本期年刊专题报道）。

2015 年 10 月 12 日，第 66 届国际宇航大会（IAC）期间，中国空间法学会秘书长张振军参加国际空间法学会（IISL）理事会 2015 年秋季会议，与各国专家学者广泛交流。

2015 年 10 月 12 日，第 66 届国际宇航大会（IAC）期间，中国空间法学会秘书长张振军会见欧洲空间局法律顾问、欧洲空间局法律事务部部长 Marco Ferrazzani 和欧洲空间局国际关系部主管 Karl Bergquist，探讨在中欧航天合作框架内开展空间法领域的双边合作事宜。

2015 年 10 月 13 日，第 66 届国际宇航大会（IAC）期间，中国空间法学会秘书长张振军、中国运载火箭技术研究院研究员张生俊参加国际宇航联合会（IAF）外空安全委员会 2015 年秋季会议，并与各国专家学者广泛交流。

2015 年 10 月 13 日，第 66 届国际宇航大会（IAC）期间，在国际空间法学会第 58 届学术年会上，北京理工大学硕士研究生陶阳子作题为“外空自然资源开发国际制度制定程序探析”的英文报告。

2015 年 10 月 14 日，第 66 届国际宇航大会（IAC）期间，在国际空间法学会第 58 届学术年会上，香港大学法律学院博士研究生龙杰作题为“中国空间站项目与国际合作：可行性及相关法律问题”的英文报告，中国政法大学硕士研究生富毓作题为“外空武器化是否不可避免”的英文报告。

2015 年 10 月 16 日，第 66 届国际宇航大会（IAC）期间，在国际空间法学会第 58 届学术年会上，北京理工大学空间法研究所所长李寿平作题为“空间太阳能电站建设和运行的国际法律问题”的英文报告；香港大学法律学院教授赵云作题为“中国加入《开普敦公约》空间资产议定书的法律问题探究”的英文报告；北京理工大学空间法研究所副所长王国语作题为“外空自然资源的所有权问题”的英文报告。

2015年10月20日，中国国家航天局举行联合国外空委“外空活动长期可持续性”多边进程专题研讨会。中国空间法学会、中国科学院国家天文台、中国空间技术研究院、中国长城工业集团公司、北京航空航天大学等单位参会交流。

2015年10月25日，中国空间法学会秘书长张振军担任共同主持人、共同主编完成的国际宇航科学院（IAA）研究课题（SG3. 17）报告《外空矿物资源：挑战与机遇的全球评估》（英文）在美国正式出版发行。这是国际宇航界首次组织30位科技专家、管理专家、法律专家联手对外空矿物资源开发前沿问题进行的全方位专题研究，也是中国专家共同主持的IAA课题研究成果首次在美国出版（详见本期年刊专题报道）。

2015年10月30日，首届“中国商业航天高峰论坛”在江城武汉隆重举行。国家国防科技工业局总工程师、中国国家航天局秘书长田玉龙应邀出席并致辞。中国空间法学会秘书长张振军应邀作题为“关于中国商业航天的法律思考”的大会主题演讲。来自湖北省人民政府、国家发展和改革委员会、科学技术部、国家国防科技工业局、总装备部电子信息基础部、中国科学院、中国航天科技集团公司、中国航天科工集团公司、中国电子科技集团公司、武汉市人民政府、中国宇航学会等140余家单位的近400位政府官员、专家学者和企业家参会交流。

2015年11月5日，中国航天科技集团公司总经理吴燕生一行到中国宇航学会、中国空间法学会调研指导工作，充分肯定两学会“十二五”期间取得的成绩，勉励两学会紧密围绕“四个全面”战略布局，充分把握国家“一带一路”战略等重大机遇，认真做好“十三五”规划编制，为中国航天国际化战略和航天强国建设提供更加有效支撑。

2015年11月10日，国家国防科技工业局召开航天立法专题研讨会。中国航天科工集团公司、中国空间法学会、中国长城工业集团公司、中国航天系统科学与工程研究院、中国运载火箭技术研究院、中国空间技术研究院、中国航天科工运载技术研究院、北京航天情报与信息研究所、北京航空航天大学、哈尔滨工业大学等单位参会交流。

2015年11月12日，北京理工大学空间法研究所副所长王国语应邀在比利时布鲁塞尔召开的欧盟第三届防扩散裁军论坛外空军控分论坛上作题为

“外空非武器化的挑战和出路”的英文报告。

2015 年 11 月 12 日，上海航天技术研究院举办“宇航型号骨干培训班”，首课邀请上海航天技术研究院法务处处长冯国栋作“外层空间法概论”专题授课，100 余名宇航型号骨干参加培训。这是我国首次在航天技术骨干业务培训中引入外层空间法课程。

2015 年 11 月 15 日，中国空间法学会发布第 38 期《空间法通讯》。

2015 年 11 月 17～19 日，韩国航空航天法律政策学会名誉会长金斗焕教授应邀访问北京理工大学，并分别作题为“外空国际公约与韩国航天法”“为月球开发的新宇宙组织的设置和 1979 年《月球协定》”的专题讲座。

2015 年 11 月 18 日，美国密西西比大学法学院荣誉教授、《空间法学报》荣誉主编、国际空间法学会理事琼安·艾琳·盖博瑞诺维奇应邀为香港大学法律学院师生作题为“空间法的冷战源头及其在全球化时代面临的挑战”的专题讲座。

2015 年 11 月 19 日，北京理工大学空间法研究所副所长王国语应邀赴英国伦敦参加由英国皇家国际事务研究所主办的“外空活动中的网络安全”专题研讨会，并作题为“网络攻击卫星系统和设施治理的挑战与出路”的英文报告。

2015 年 11 月 20 日，美国好莱坞科幻大片《火星救援》在北京举行中国首映式。中国空间法学会秘书长张振军应邀出席，并在会后应邀为《太空探索》杂志撰文，从空间法视角点评影片故事情节和经典台词。

2015 年 11 月 26 日，国家国防科技工业局组织召开航天法论证起草工作领导小组第一次会议，研究确定我国航天法论证起草的框架思路、路线图，全面启动我国航天法论证起草工作。航天法论证起草工作领导小组组长、国防科技工业局局长、国家航天局局长许达哲出席会议并作重要讲话。航天法论证起草工作领导小组成员单位、国家科技工业局有关司局及局属事业单位、部分高校的领导和代表参加会议。

2015 年 11 月 27 日，在荷兰政府的大力支持和主导下，由荷兰莱顿大学国际航空航天法研究所发起的“海牙外空资源治理工作组”宣告成立并启动课题研究工作。中国空间法学会秘书长张振军应邀担任观察员，北京理工大学空间法研究所副所长王国语应邀担任工作组成员。

2015年11月29～30日，中国航天科技集团公司举行第六次工作会，系统总结“十二五”成绩，明确“十三五”规划指导思想和发展目标，全面部署未来五年的重大改革发展任务。中国空间法学会参会交流。

2015年11月30日～12月1日，中国与老挝、俄罗斯、美国共同举办的东盟地区论坛第三届外空安全研讨会在北京举行。来自东盟、中国、美国、俄罗斯、意大利、日本、韩国、朝鲜、澳大利亚、新西兰、印度、巴基斯坦、欧盟等20多个国家、联合国机构、区域组织及中外知名智库的近100名代表与会。中国外交部副部长李保东出席开幕式并致辞，全面阐述中国在外空安全问题上的立场与主张。中国外交部军控司参赞马声琨、中国国家航天局调研员江辉、中国空间法学会秘书长张振军、中国空间技术研究院首席科学家龚自正、香港大学法律学院教授赵云等中国官员和专家应邀作大会英文报告（详见本期年刊专题报道）。

2015年10～11月，北京理工大学空间法研究所副所长王国语成功应聘联合国裁军研究所“外空安全顾问”职位，并受该机构委托负责筹办在东盟地区论坛第三届外空安全研讨会期间举行的午餐会。2015年11月30日，王国语在联合国裁军研究所举办的午餐会上作题为“外空透明度与信任措施和外空条约的互动”的英文报告。

2015年12月2日，中国空间法学会与到访的中国国际战略学会安全战略研究中心有关负责人举行业务交流。

2015年12月2日，中国国家航天局与到访的俄罗斯代表团就联合国外空治理多边谈判进程举行会谈。中国外交部、中国空间法学会、中国长城工业集团公司等单位参会交流。

2015年12月2日，哈尔滨工业大学空间法研究所所长赵海峰应邀赴印度尼西亚参加第22届亚太地区空间机构论坛（APRSAF），并在其边会“亚太地区空间活动的未来”空间政策研讨会上作题为“中国航天政策和法律的最新发展”的英文报告。本届边会由日本东京大学空间政策研究机构主办，印度国际高等研究院协办，来自中国、日本、印度、马来西亚、印度尼西亚等国的专家学者参加会议并发言。

2015年12月8～20日，鉴于美国总统于2015年11月25日签署通过《2015年外空资源探索和利用法》，明确外空矿物资源开采后的所有权归属，对现行外层空间法律制度实现重大突破，国际空间法学会（IISL）理事会决定以协商一致方式编制立场文件表达关切。中国空间法学会全程参与文件编写工作，多次提交书面意见，表达中国学界立场和诉求，其中多项意见和建议被采纳。国际空间法学会的相关立场文件已于 2015 年 12 月 20 日正式发布。

2015 年 12 月 14 日，中国空间法学会举办第 2 期学术沙龙暨美国商业航天最新立法主题报告会。美国密西西比大学法学院荣誉教授、《空间法学报》荣誉主编、国际空间法学会理事琼安·艾琳·盖博瑞诺维奇（Joanne Irene Gabrynowicz）女士应邀担任本期沙龙演讲嘉宾。来自中国政界、业界、学界、新闻界的代表共计近 50 人参会交流（详见本期年刊专题报道）。

2014 年 12 月 14 日，为更好发挥外国专家作用，进一步推动中外学术交流，中国空间法学会决定设立“国际顾问咨询委员会”。美国著名空间法专家、美国密西西比大学法学院荣誉教授、《空间法学报》荣誉主编、国际空间法学会理事琼安·艾琳·盖博瑞诺维奇成为首位获聘的外国专家，并欣然接受中国空间法学会颁发的聘书。

2015 年 12 月 14 日，国际宇航联合会（IAF）外空安全委员会致函中国空间法学会，增补中国空间法学会秘书长张振军担任该委员会委员（兼职）。这是中国空间法学专家首次进入国际宇航联合会专门委员会任职。

2015 年 12 月 15 日，《中国宇航学会·中国空间法学会 2014 年学术年会论文集》正式出版发行，共计纳入 22 篇空间法律政策类录用论文。

2015 年 12 月 18～19 日，第八届全国空间碎片学术交流会在北京召开。北京理工大学空间法研究所副所长王国语在“优秀会议论文报告”环节作题为“空间碎片国际法治热点分析”的大会报告。

2015 年 12 月 19～20 日，中国空间法学会第 12 届 CASC 杯曼弗雷德·拉克斯国际空间法模拟法庭竞赛在北京落下帷幕。来自国内 7 所知名高校的 10 只参赛队伍经过激烈角逐，中国政法大学、北京理工大学、北京外国语大学分获冠亚季军，苏明珠（北京理工大学）、唐榕婕（中国政法大学）荣获“最佳辩手奖”，北京外国语大学两支队伍荣获“最佳书状奖”（详见本期年刊专题报道）。

2015 年 12 月 22 日，中国国际战略学会安全战略研究中心、中国运载火箭技术研究院联合举办空间态势评估战略研讨会。中国空间法学会、军事科学院、装备学院、国防科技大学、中国科学院国家天文台、北京理工大学等单位参会交流。

2015年12月22日，中国航天科技集团公司召开集团管控模式调整研究项目结题评审会。中国航天系统科学与工程研究院、中国空间法学会等单位参会交流。2015年12月，香港大学法律学院教授赵云被聘为厦门大学法学院陈安国际法学讲座教授，并于12月23～25日期间在厦门大学以“外层空间法的新发展”为主题下举办三场专题讲座，分别为“外空商业化和外空法的新发展”“外空商业化和中国空间法的现状与未来：外空法的法治问题”及“外空商业化、国家责任和争议解决”。

2015年12月28日，亚太空间合作组织举行2016年新年招待会。中国工业和信息化部、中国国家航天局、中国航天科技集团公司、中国空间法学会、联合国附属空间科学与技术教育亚太区域中心（中国）、北京理工大学等机构应邀出席。

2015年12月29日，中国航天科技集团公司召开航天国际政策研讨会。中国航天系统科学与工程研究院、中国空间法学会、中国长城工业集团公司等单位参会交流。

2015年12月29日，香港大学法律学院教授赵云会见到访的国际空间法学会（IISL）模拟法庭委员会联合主席玛莎·梅杰-卡伊瑟（Martha Mejia-Kaiser）并研究有关合作事宜。

2015年12月30日，中国国家航天局召开联合国外空委科技小组委员会会议对案暨空间法研讨会。外交部、工业和信息化部、中国航天科技集团公司、中国航天科工集团公司、民政部国家减灾中心、国家卫星气象中心、国家卫星海洋应用中心、国家航天局空间碎片监测与应用中心、中国科学院空间科学与应用研究中心、中国空间法学会、中国运载火箭技术研究院、中国空间技术研究院、上海航天技术研究院、中国长城工业集团公司、北京航空航天大学、北京理工大学、联合国附属空间科学与技术教育亚太区域中心（中国）等单位参会交流。

2015年12月30日，北京理工大学空间法研究所副所长王国语应邀出席国家国防科技工业局探月与航天工程中心“国际合作工作组”成立大会，并受聘担任其“综合协调组”的法律顾问。

2015 年 12 月 31 日，中国空间法学会公布 2014—2015 年度学术课题研究项目结题评审及评奖结果。“航天科研生产部门对中国航天立法的需求研究”“弹道导弹不扩散国际机制研究”“外空软法的法理研究”“航天器使用核动力源法律问题研究”“‘国家空间立法示范法索非亚模本’研究”“全球卫星导航服务提供商法律责任研究”“亚太地区空间机构论坛（APRSAF）研究”等 7 项课题全部通过结题评审，并分别荣获一、二等奖（详见本期年刊专题报道）。

2015 年 12 月 31 日，北京理工大学空间法研究所主办、李寿平教授主编的《中国空间法年刊（2014）》出版发行。

后　记

中国空间法学会成立于1992年12月，由原航空航天工业部、外交部、原国家科委（现科技部）、原国防科工委（现装备发展部）、中国科学院等五家单位发起成立，是由国家有关部门、空间法律政策研究机构、空间科学技术研究和应用机构及广大航天科技工作者、空间法学工作者组成的全国性学术群团机构，是组织开展空间法律政策研究、开展空间法律政策国际合作与交流、推进外层空间活动法治化建设、建设社会主义法治国家的重要力量。

中国空间法学会成立20多年来，在国家有关部委的正确指导下，在各发起单位、会员单位的大力支持下，牢牢把握正确的政治方向，团结带领广大会员单位开展了大量卓有成效的工作。圆满完成了组织开展学术课题研究、推进国家航天立法进程、服务国家空间外交活动、强化空间法学工作者队伍建设、宣传普及国际空间法、举办国际空间法模拟法庭竞赛、开展国际学术交流合作等项工作，为我国航天事业健康发展作出了积极贡献。

《空间法学研究年刊》由中国空间法学会主办，2012年策划创刊，2013年起正式出版发行，是集中反映中国空间法学界工作动态和学术研究成果的综合性文献资料汇编，是宣传外层空间法律政策、研讨国际空间法前沿问题的重要平台。《空间法学研究年刊》的主要读者群是中国空间法学会各发起单位、会员单位、协作单位的高层领导、职能部门领导，航天科技工作者，空间法学工作者，国际法学者，国际关系学者，空间法律及空间政策研究人员，高校师生，以及对中国航天事业、空间外交事业、空间法学事业感兴趣的社会各界读者。

《空间法学研究年刊》热忱欢迎社会各界专业人士踊跃投稿。《空间法学研究年刊》征稿范围包括：联合国和平利用外层空间委员会、联合国裁军谈判会议、联合国大会第一委员会、联合国大会第四委员会、国际宇航联合会、国际宇航科学院、国际空间法学会及其他国际组织相关会议内容综述，外层空间法各类高端学术研讨会内容综述，外层空间法律政策最新发展动态介绍，各国航天立法研究成果交流，外层空间法最新研究成果译介，外层空间法学术观点研讨，外层空间法国际合作与交流活动综述，外层空间国际公约及相关规范性文件解读，外层空间法国内外最新经典案例分析，外层空间法最新教学与科研成果展示，外层空间法模拟法庭竞赛活动综述等。

稿件内容应积极向上，观点明确，角度新颖，分析透彻，文字简洁，文风严谨，行文规范，文责自负，一般不超过 8 000 字，谢绝一稿多投。稿件内容不得涉及国家秘密，投稿前应通过本单位保密审查，新闻类、信息类稿件应通过所在单位内容审查。《空间法学研究年刊》的组稿和编辑工作实行主编负责制。编委会将保留决定是否刊登及对稿件进行删节、修改的权利。稿件一经采用，将根据内容、字数、质量等因素支付稿酬。《空间法学研究年刊》所刊载的文章仅代表作者（课题组）个人观点，并不代表作者（课题组）所在单位或其上级机构的观点，也不代表中国空间法学会及其业务主管单位、各发起单位、会员单位的观点。

在《空间法学研究年刊》策划和编纂过程中，我们得到工业和信息化部、国家国防科技工业局（国家航天局）、外交部、科技部、国务院法制办公室、中国科学院、中国工程院、中央军委法制局、中国航天科技集团公司、中国航天科工集团公司、中国载人航天工程办公室、中国卫星导航系统管理办公室、中国运载火箭技术研究院、中国空间技术研究院、四川航天技术研究院、上海航天技术研究院、中国航天电子技术研究院、中国卫通集团有限公司、中国长城工业集团有限公司、中国航天系统科学与工程研究院、中国航天科技国际交流中心、中国宇航出版社、中国航天报社、中国宇航学会、中国航天工业科学技术咨询公司、哈尔滨工业大学、北京航空航天大学、北京理工大学、中国政法大学、北京外国语大学、北京师范大学、中国民航大学、华中科技大学、中央财经大学、中南财经政法大学、西安交通大学、华东政法大学、深圳大学、湘潭大学、军事科学院、装备学院、上海政法学院、香港大学、联合国外空司、亚太空间合作组织、国际宇航联合会、国际宇航科学院、国际空间法学会、美国乔治·华盛顿大学、联合国附属空间科学与技术教育亚太区域中心（中国）等有关单位各级领导和专家学者的大力支持。中国空间法学会理事长、中国航天科技集团公司副总经理袁洁同志百忙之中亲笔为《空间法学研究年刊》撰写序言，并就刊物的重大事项进行决策。中国航天科技国际交流中心副主任、中国空间法学会秘书长张振军对全书结构和内容进行了总体策划，并对所有稿件、英文目录、英文摘要逐一进行审校。中国空间技术研究院罗钢桥研究员应邀对所有课题研究报告进行初审。编委会全体成员以不同方式对本刊的总体策划、组稿编辑和出版发行作出了各自的贡献。在此，我们谨向所有为本刊如期出版付出智慧、心血和汗水的各级领导和专家学者一并表示诚挚的谢意！

鉴于时间紧张和水平所限，书中缺点错误在所难免。中国空间法学会真诚欢迎各会员单位、专家学者及社会各界广大读者及时指出谬误，并就如何办好《空间法学研究年刊》提出宝贵意见或建议。

《空间法学研究年刊》编委会

二〇一六年八月二十八日

中国空间法学会联系方式：
电话：010－68767119　传真：010－88530401
邮箱：CISL2011@163. COM
地址：北京市海淀区阜成路8号（邮编：100048）